A Chronological Chart of Ancient, Modern, and Biblical History

고대와 근대, 그리고 성서적인 역사의 연표 차트

시간 지도의 탄생

시간 지도의 탄생
고대에서 현대까지 연표의 진화와 역사

첫 번째 찍은 날 2013년 8월 20일

지은이 대니얼 로젠버그·앤서니 그래프턴
옮긴이 김형규
펴낸이 김수기

편집 문용우, 김수현, 이정남
디자인 김재은
마케팅 임호
제작 이명혜

펴낸곳 현실문화연구
등록번호 제300-1999-194호
등록일자 1999년 4월 23일
주소 서울시 종로구 교북동 12-8번지 2층
전화 02-393-1125
팩스 02-393-1128
전자우편 hyunsilbook@daum.net

ISBN 978-89-6564-076-9 03900
가격은 뒤표지에 있습니다.

Cartographies of Time: A History of the Timeline
by Daniel Rosenberg and Anthony Grafton

First published in the United States by Princeton Architectural Press

이 도서의 국립중앙도서관 출판시도서목록(CIP)은 e-CIP홈페이지(http://www.nl.go.kr/ecip)와
국가자료공동목록시스템(http://www.nl.go.kr/kolisnet)에서 이용하실 수 있습니다.
(CIP제어번호 : CIP2013012495)

시간 지도의 탄생

고대에서 현대까지 연표의 진화와 역사

대니얼 로젠버그·앤서니 그래프턴 지음 | 김형규 옮김

CARTOGRAPHIES OF TIME

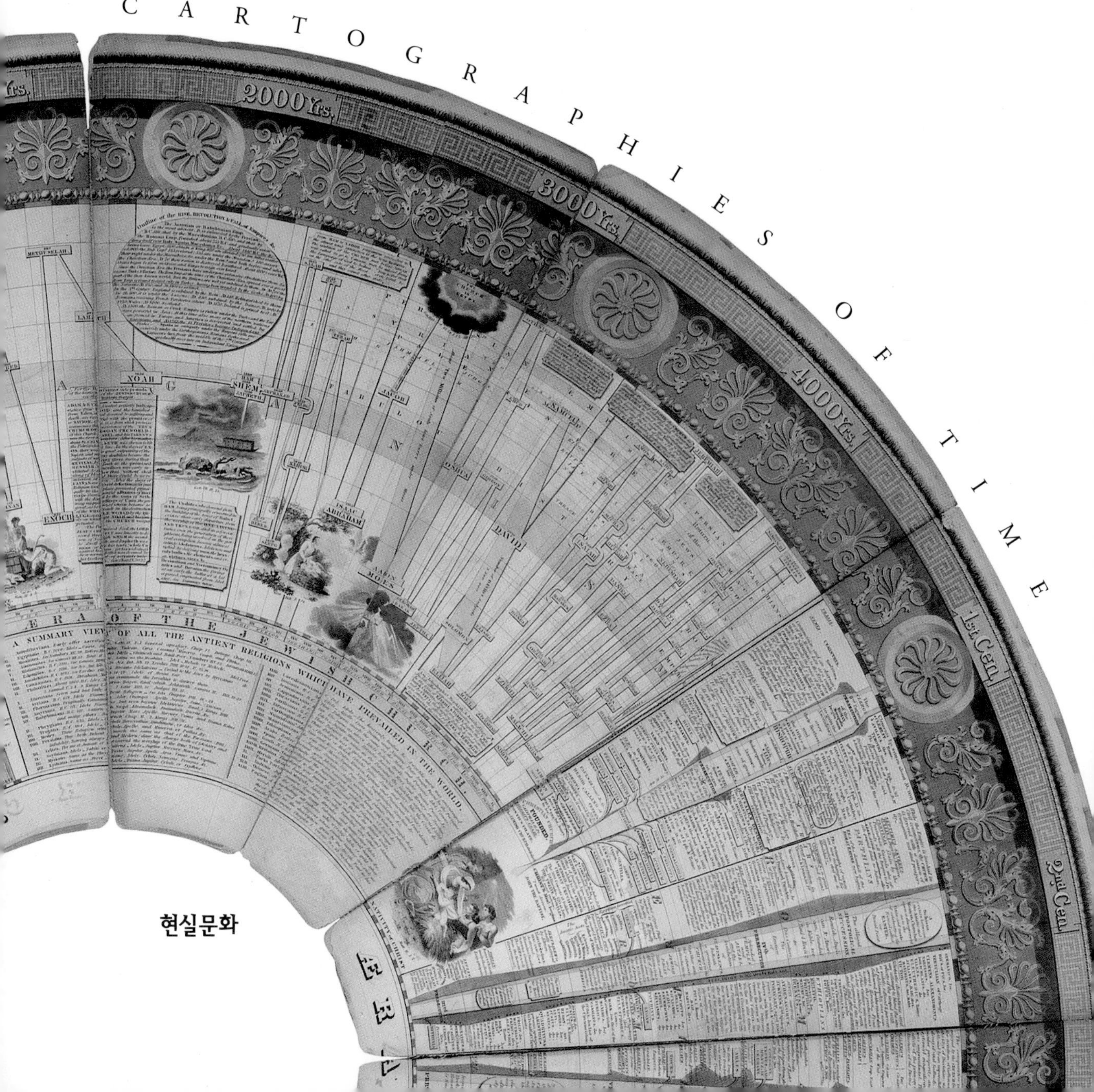

현실문화

차례

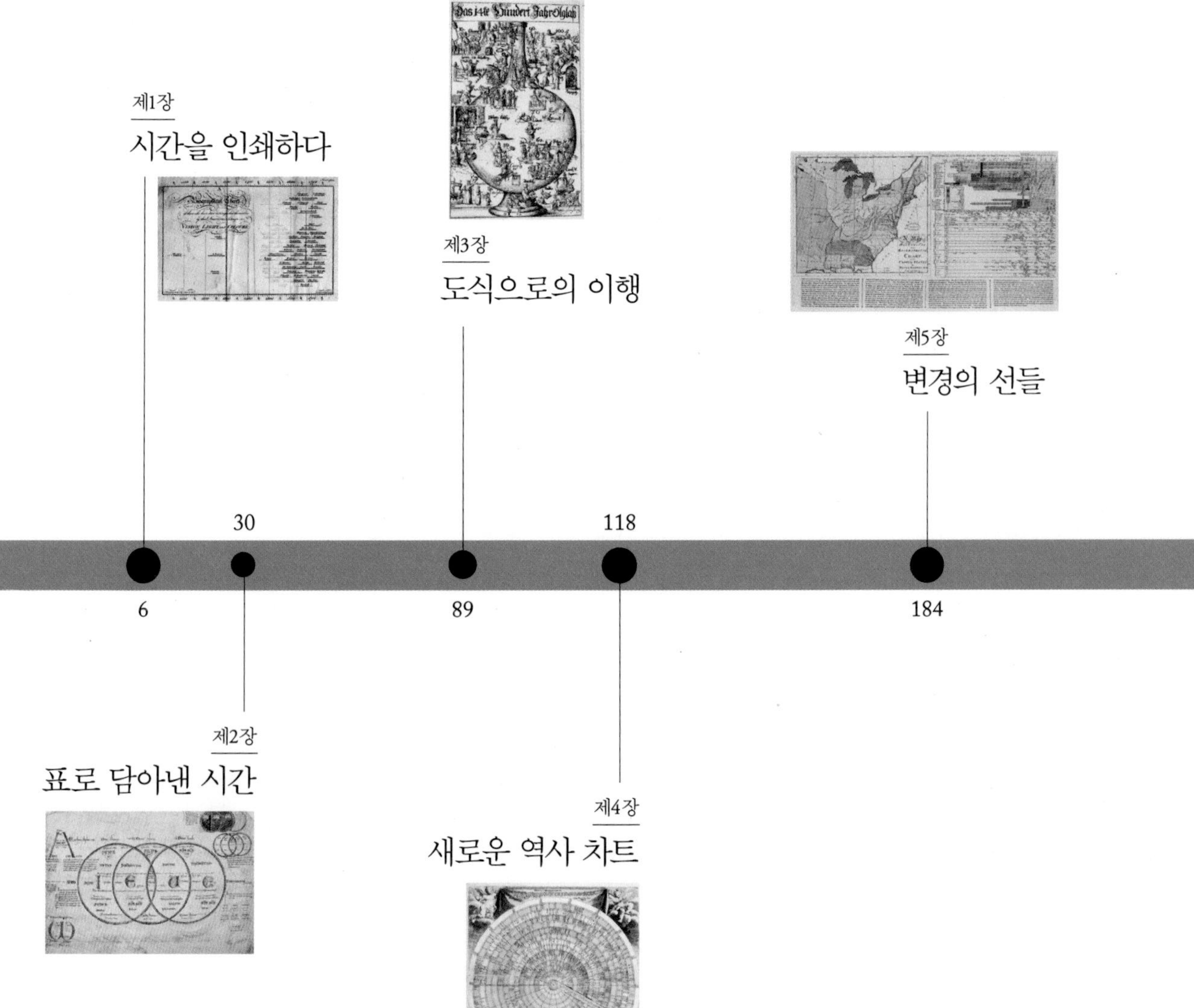

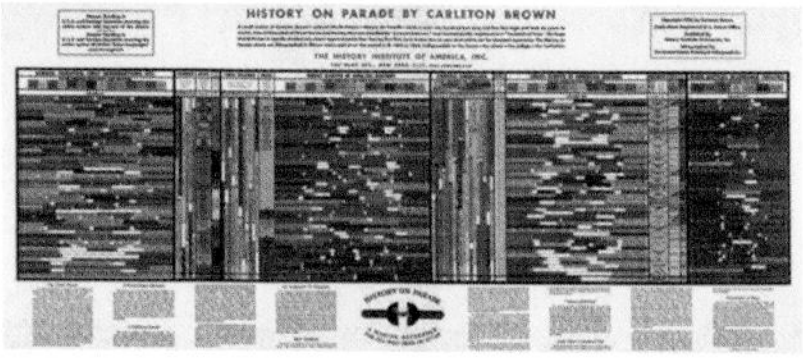

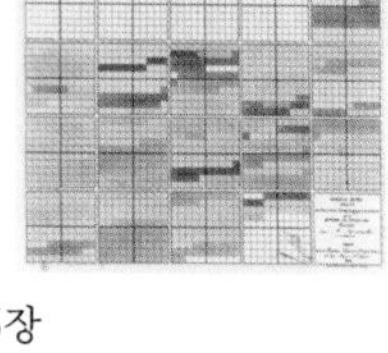

제1장

시간을 인쇄하다

Time in Print

역사는 어떻게 생겼을까? 시간을 그림으로 표현할 수 있을까?

오래도록 역사가들은 문자로 기록된 사료만을 중요한 분석 대상으로 삼아왔을 뿐, 시간의 시각적 표상이 제기하는 형식적이고 역사적인 문제들에 대해서는 주의를 기울이지 않았다. 이것은 결코 대수롭지 않은 문제가 아니다. 시각적 표상은 정보를 조직하는 가장 중요한 도구 가운데 하나이기 때문이다.[1] 그럼에도 역사 차트나 도표에 관한 저술은 거의 존재하지 않았다. 근래에 지도 제작법cartography의 역사와 이론을 다룬 훌륭한 서적들이 여럿 출간되었지만, 에비아타르 제루바벨*이 **시간 지도**라고 이름 붙인 분야를 다루는 것은 찾아보기 어렵다.[2] 이 책은 그러한 틈새를 메우려는 하나의 시도라고 할 수 있다.

이 책은 역사 도표의 기본적인 구성 요소인 선線에 대해 다양한 방식으로 진지하게 고찰할 것이다. 선들은 직진하거나 휘어지고, 갈라지거나 엇갈리고, 단순하거나 장식적이고, 기술적이거나 예술적이다. 우리는 이러한 선들이 흔히 생각하는 것보다 훨씬 더 복잡하고 다채로운 형태를 갖고 있음을 보여줄 것이다. 역사가들은 이 책이 다루는 주제의 중요성을 매우 흔쾌히 인정할 것이다. 우리 역사가들은 강의실에서 간단한 선형線形 도표를 활용해 상당한 효과를 보고 있다. 흔히 '타임라인timeline'이라고 부르는 것들이다. 타임라인은 무겁고 따분한 역사책을 박진감 넘치는 이야기책으로 멋지게 변신시켜준다. 역사가들에게나 학생들에게나 마찬가지이다.

그러나 타임라인이 단순하고 직관적인 것으로 보일지라도, 그것 역시 그 자신의 역사를 가지고 있다. 애초부터 우리의 강의를 돕기 위해 이곳에 존재했던 것이 아니며, 애초부터 우리가 지금 자연스럽게 떠올리는 형식을 취하고 있지도 않았다. 그러나 타임라인은 이미 우리 정신 구조의 익숙한 일부가 되어버렸고, 그래서 우리는 그것이 어느 무렵 고안된 산물이라는 사실을 종종 잊곤 한다. 타임

* 에비아타르 제루바벨(Eviatar Zerubavel, 1948~): 미국 러트거스 대학의 사회학 교수이다. 시간의 표준화와 인지사회학에 관해 많은 글을 썼다.

라인이 출현한 과정에 대한 이야기를 들려주는 것은 충분히 가치 있는 일이다. 오늘날 우리가 갖고 있는 역사적 개념들이 어디에서 기원했으며 어떻게 작동하는지, 그리고 무엇보다 그러한 개념들이 어떻게 시각적 형식들에 의존하게 되었는지를 이해할 수 있도록 도울 것이기 때문이다. 또한 이 멋진 이야기는 뒤틀림과 반전, 예상치 못한 등장인물들로 가득 차 있다. 그러한 등장인물들이 누구인지는 곧 알게 될 것이다.

타임라인에 대한 역사적이고 이론적인 이해에 틈새가 존재하는 데에는 또 다른 이유가 있다. 우리가 학문으로서의 연표chronology 연구에 상대적으로 낮은 지위를 부여하고 있기 때문이다. 우리는 언제나 연표를 활용하며, 연표가 없다면 어떠한 연구도 할 수 없을 것이다. 그럼에도 연표는 그저 복잡한 역사 서술과 개념들을 단순화한 것으로 여겨질 뿐이다. 대부분의 사람들에게 연표는 유용한 도구이고, 그것만으로도 충분하다. 그러나 이 책은 과거에는 상황이 꽤 달랐다는 사실을 보여줄 것이다. 연표는 유럽에서 고전고대로부터 르네상스 시대까지 가장 존중받는 학술 활동 가운데 하나였다. 실제로 어떤 면에서는 역사 연구 자체보다 더 위상이 높았다. 역사는 이야기를 다루지만, 연표는 사실을 다루기 때문이었다. 게다가 연표가 다루는 사실들에는 학술적인 역사 연구의 범위를 넘어서는 특별한 함의가 있었다. 연표는 크리스트교도들에게 언제 부활절을 기려야 하는가와 같은 실용적인 문제들만이 아니라, 언제 종말이 도래하는가와 같은 더욱 중차대한 문제들에 대한 해답을 제시해 주었던 것이다.

그러나 연표가 명백한 문화적 중요성을 지녔다고는 해도, 역사가 헤이든 화이트*가 말했듯 서구의 역사가들에게 연표에 원시적인 형식의 역사 기록 이상의 의미가 있다는 것을 설득하기란 꽤 어려운 일이었다. 근대적인 역사 관념의 탄생에 대한 전통적인 설명은 다음과 같은 경로를 따른다. 중세의 연보annals라 불리는 날짜 목록의 (아직은 서술

* 헤이든 화이트(Hayden White, 1928~): 객관적 사실에 근거한 자료주의적 역사학을 주창했다. 『메타 역사』 등의 책을 썼다. 현재 캘리포니아 대학에서 명예교수로 재직 중이다.

[그림1]

1932~1970년의 〈달력〉. 솔 스타인버그, 『무제』, 1970년.
종이에 잉크와 콜라주, 색연필, 14.5×21, 예일 대학 바이네케 희귀 도서 및 사본 도서관

이 아닌) 나열에서 출발해, 연대기chronicle라고 불리는 사건들의 (아직은 서사가 아닌) 서술을 거쳐, 근대성 그 자체와 함께 등장한 완전한 서사narrative 형식의 역사 기록으로 나아갔다는 것이다.[3] 이러한 설명을 따르자면, "상상적인 것이 아니라 실제의 사건들을 다룬다"라는 이유만으로는 역사 기록의 자격을 갖출 수 없다. 또한 "사건들을 그것들이 본래 일어났던 연대 순서를 따르는 담론의 질서 속에서 드러내는 것만으로도 역사 기록이 되기에는 부족하다. 사건들이란 모름지기 …… 의미의 체계라는 구조 속에서 드러나야 하며, 사건들의 단순한 나열은 그러한 구조를 갖지 않는다."[4] 연표는 오래도록 '사건들의 단순한 나열'로 취급받으며 역사학의 역사에서 일반적으로 배제되어왔다.

그러나 화이트가 주장했듯이, 일관성 있는 연표 혹은 그것의 시각적 유사물을 만들어내는 문제에서 '단순한'이라는 수식어가 어울리는 대상은 존재하지 않는다. 근대적인 크로노그래피의 형식들이 그렇듯이 그 전통적인 형식들 또한 역사적 사건의 기계적인 기록만이 아니라 상당히 진지한 개념적인 작업을 수행했다. 역사적인 정보의 다양한 조각들을 날짜 목록의 형식으로 조합하고, 선별하고, 조직했던 것이다. 우리는 서사 형식의 역사 기록만이 아니라 연표를 통해서도 그 제작자들이 과거와 미래를 어떻게 바라보았는지에 대해 많은 것을 알아낼 수 있다.

화이트는 『성 갈렌의 연보』라고 불리는 널리 알려진 중세의 수기手記 연표를 사례로 제시한다.

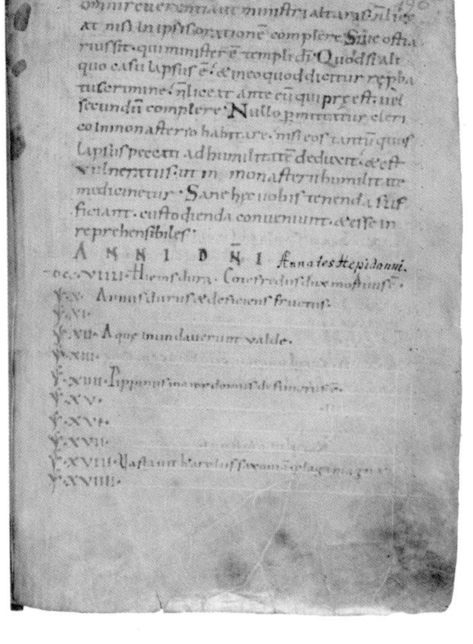

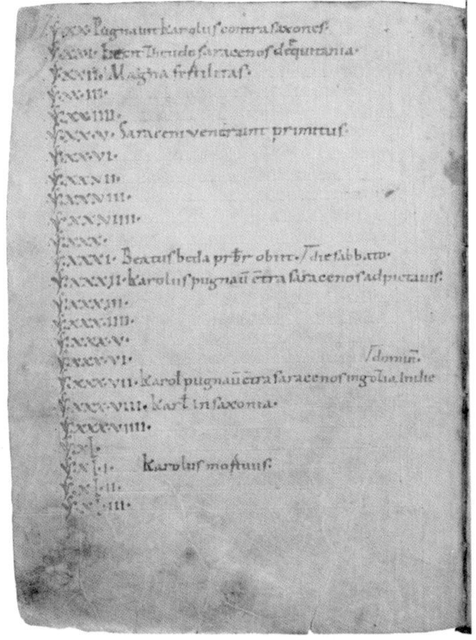

[그림 2~3]

『성 갈렌의 연보』, 스위스의 성 갈렌 수도원, 11세기 중반.

이 연표는 8~10세기에 프랑크왕국에서 일어난 사건들을 연대순으로 나열한 것으로, 각 행의 왼쪽에는 연도가 적혀 있고 오른쪽에는 사건이 기록되어 있다.[그림2~3] 근대인의 눈에는 이러한 연보가 낯설고 이상하게 보일 것이다. 시작하고 끝맺는 데 아무런 계기가 없는 것처럼 여겨질 뿐 아니라, 호르헤 루이스 보르헤스의 소설에 등장하는 유명한 중국 백과사전처럼 여러 범주가 뒤죽박죽으로 섞여 있기 때문이다.* 709년에서 734년까지의 시기를 다룬 부분을 한번 살펴보자.

709년. 혹독한 겨울. 고트프리트 공이 죽었다.

710년. 흉년이 들어 곡식이 부족했다.

711년.

712년. 전국에 홍수가 들었다.

713년.

714년. 궁재 피핀이 죽었다.

715년.

716년.

717년.

718년. 샤를이 작센인들을 크게 물리치고 몰살시켰다.

719년.

720년. 샤를이 작센인들과 싸웠다.

721년. 에우도가 아키텐에서 사라센인들을 몰

* 호르헤 루이스 보르헤스(Jorge Luis Borges, 1899~1986): 아르헨티나의 소설가이자 시인, 평론가이다. 마술적 리얼리즘에 기반을 둔 단편소설들로 포스트모더니즘 문학에 큰 영향을 끼쳤다. 본문에서 언급한 중국 백과사전 이야기는 보르헤스가 지어낸 것이다.

아냈다.

722년. 대풍년.

723년.

724년.

725년. 사라센인들이 처음으로 쳐들어왔다.

730년.

731년. 존자 비드가 죽었다.

732년. 샤를이 토요일에 푸아티에에서 사라센인들과 싸웠다.

733년.

734년.[5]

역사 기록이라는 관점에서 보자면 이 텍스트는 상당한 부분을 빠뜨리고 있는 것처럼 보인다. 서사의 극히 최소한의 정의는 충족시킨다고 할지라도(지시적이고, 시간성을 보여준다), 역사는 고사하고 그저 하나의 이야기에 대해 일반적으로 기대되는 특징들조차 거의 혹은 전혀 갖추고 있지 않다. 『성 갈렌의 연보』는 자연 현상과 인간의 행위를 구분하지 않는다. 원인과 결과를 지시하지 않으며, 더 중요하고 덜 중요한 항목의 구별도 없다. 1년 이하의 시간 단위에 대한 언급은 기이하리만치 금언적이다. 일례로 732년 항목에서 샤를 마르텔은 "토요일에 …… 사라센인들과 싸웠"지만, **어떤** 토요일인지는 구체적으로 명시되지 않는다. 1년 이상의 시간 단위에서는 시기의 구분이 없다. 익명의 연대기 작가들이 펜을 들면서 시작하고, 펜을 내려놓으면서 끝날 뿐이다. 그러나 『성 갈렌의 연보』가 의미 있는 구조를 갖고 있지 않다고 여겨서는 곤란하다. 오히려 화이트가 주장하듯 이러한 연보들은 바로 그 형식에서 중세인의 삶과 더불어 숨 쉬고 있다. 화이트에 따르면, 『성 갈렌의 연보』는 결핍과 폭력으로 가득 찬 세계, "무질서의 힘"이 사람들의 최우선 관심사인 세계, "사람들이 무언가를 **행하기보다** 무언가가 사람들에게 **닥쳐오는** 세계"의 모습을 생생하게 보여준다.[6] 당시 사람들의 관심과 세계관에 정확히 대응하는 형식을 표현하고 있는 것이다.

인도의 위대한 역사가인 로밀라 타파르*와 같은 비非서구의 학자들도 매우 유사한 견해를 내놓았다. 타파르는 계보와 연표를 역사 기록의 원시적인 형식으로 보아서는 안 된다고 오래도록 강조해왔다. 그렇기는커녕 과거를 설명하고 해석하는 강력하고 시각적으로 압축된 방식이라는 것이다.[7] 최근에는 로베르토 비초키Roberto Bizzocchi, 크리스티안 클라피슈-쥐베르Christiane Klapisch-Zuber, 로저먼드 맥키터릭Rosamond McKitterick 등의 유럽 전근대사가들도 이와 같은 시각적으로 복잡한 방식들에 정당한 관심을 기울이기 시작했다. (특히 나무 모양의) 계보 형식은 전근대만이 아니라 근대 서구의 역사

* 로밀라 타파르(Romila Thapar, 1931~): 인도고대사에 관해 현존하는 최고 권위자로 지목받는 인도 역사가이다. 2008년에 인문사회과학 평생공로상인 클루지상을 공동수상했다.

기록에서도 꾸준히 개량되며 활용되어왔다는 것이다.[8]

연표의 문제, 특히 그림 형태의 연표의 문제를 다루기 위해서는 다시 선으로 눈을 돌려 그 편재성과 융통성, 그리고 그것에 내재한 힘을 이해해야만 한다. 선은 텍스트와 이미지, 기계 장치를 불문하고 거의 모든 시간의 표상 속에 존재한다. 때로는 역사 교과서의 타임라인에서처럼 명확하기 그지없는 형태로 등장하지만, 어떤 경우에는 다소 모호한 형태로 등장하기도 한다. 예를 들어 아날로그시계의 시침과 분침은 허공 위의 선들을 따라서 움직인다. 빙빙 돌고 있기는 해도 어찌됐든 선인 것은 분명하다. 언어학자 조지 레이코프*와 철학자 마크 존슨**이 언급했듯이, 선의 은유는 심지어 선이라고는 전혀 찾아볼 수 없는 디지털시계에도 적용된다. 여기서 선은 일종의 "중간 은유"로서 존재한다. 시계를 보는 사람은 각각의 숫자들을 하나의 선 위에 있는 가상의 지점들에 대응시킴으로써 그 의미를 이해하는 것이다.[9]

시간에 대한 우리의 관념은 선의 은유로 완전히 둘러싸여 있어서 둘을 서로 분리하는 것은 거의 불가능한 일로 보인다. 문학평론가 W. J. T. 미첼***의 말대로, "사실 우리가 갖고 있는 시간 개념의 인지적 토대는 공간의 형태를 띠고 있다. 공간을 매개하지 않고서는 결코 '시간을 말할' 수 없는 것이다."[10] 미첼은 시간을 표현하는 모든 언어가 공간의 형상에 의해 "오염"되어 있다고 설명한다. "우리는 시간이 '길고' '짧다'고 말하고, 시간의 '간격'(원래의 의미는 '사이의 공간'이다)을 말하며, '전前'과 '후後'를 말한다. 이 모든 암시적인 은유들은 이어지는 선이라는 마음의 그림에 의존하고 있다. …… 연속성과 순차성은 끊어지지 않은 선 또는 면의 형태에서 비롯된 공간 이미지이다. 한편 동시성과 불연속성은 연속적이고 순차적인 시간 경험과 관련된 공간 이미지와 다른 종류의 공간 이미지에 기반을 두고 있다."[11] 당연히 미첼의 말이 맞다. 그러나 이 정도를 아는 것은 단지 시작일 뿐이다. 선은 시간의 표상이라는 영역에서 그 어디에든 존재할 수 있다. 융통성이 매우 크고, 취할 수 있는 형태가 몹시 다양하기 때문이다.

문학사와 예술사를 살펴보면 시간 개념과 형상이 복잡한 상호 의존 관계를 맺고 있는 사례를 한가득 찾아낼 수 있다. 그리고 디지털시계와 같은 많은 사례들에서도, 은유들은 비록 겉으로는 각기 다른 원천에서 그 힘을 끌어내는 것처럼 보이지만 실제로는 모두가 암시적인 선의 형상을 내포하고 있다. 심지어는 셰익스피어 작품의 유명한 구절에서도 그 사례를 발견할 수 있다. 맥베스는 시간을 의미 없는 조각들로 산산이 부서진 언어의 경험에 비유한다.

* 조지 레이코프(George Lakoff, 1941~): 미국의 인지언어학자이다. 정치적 논쟁을 분석하는 데 인지언어학을 응용해 '프레임'이라는 용어를 도입했다.

** 마크 존슨(Mark Johnson, 1949~): 오리건 대학 철학과 교수이다. 독창적인 은유 이론을 통해 오늘날 서구 철학이 직면한 주요 난제에 대해 비판하고 대안을 제시하고 있다. 조지 레이코프와 함께 『삶으로서의 은유』를 썼다.

*** W. J. T. 미첼 (W. J. T. Mitchell, 1942~): 시카고 대학에서 영문학과 미술사를 가르치고 있으며, 《크리티컬인콰이어리》의 편집위원이다. '시각문화'가 학제 간 연구 영역으로 정착되는 데 핵심적인 역할을 했다.

내일, 또 내일, 그리고 또 내일,
이미 쓰여 있는 시간의 마지막 음절에 다다를 때까지,
형편없이 느린 속도로 하루하루 기어간다.
지나온 모든 어제는 먼지로 흩어질 죽음의 길을 바보들에게 밝혀주었을 뿐.
차라리 꺼져, 꺼져 버려라, 짤막한 촛불이여!
인생이란 걸어 다니는 환영에 불과하니, 불쌍한 배우여,
그대는 점잔 빼고 고뇌하는 대사를 떠들며 무대 위의 시간을 채우지만,
연극이 끝난 뒤에는 어떤 소리도 들리지 않는다.
이것은 소란과 분노로 가득 찬, 어떤 바보가 지껄이는 이야기,
아무런 의미도 없다.[12]

평론가 J. 힐리스 밀러*가 말했듯이, "맥베스에게 시간은 죽음이라는 끝으로 이어지는 하나의 선 위에 펼쳐져 있는 날들의 연속이다. 하나 혹은 여러 개의 문장을 이루는 음절들의 연쇄와 비슷한 형상이다. 배우가 무대 위에서 늘어놓는 대사가 그렇듯이 말이다. 맥베스에게 시간은 이미 쓰여 있는 것으로서만 존재한다. 그것은 터무니없이 황당한 이야기이고, 앞뒤가 맞지 않는 서사이다. 이러한 서사는 서로 아귀가 맞지 않는 조각들로 이루어져 있다. 단어나 문장으로 결합되지 못하는 음절들의 연쇄인 것이다."[13] 그러나 심지어 과거와 미래가 모든 의미를 상실한 맥베스에게조차 시간의 흐름은 순서가 있으며 선의 형태를 띠고 있다. 그리고 인간들의 무의미한 생애는 제각기 정확히 측정할 수 있는 시간의 한 구획씩을 차지하고 있다. 즉, "무대 위의 시간"이다.

시각 예술에서도 같은 이야기가 성립한다. 가장 오래된 시대의 이미지들로부터 가장 현대적인 이미지들에 이르기까지, 선은 시간을 표상하는 가장 중요한 형상이었다. 또한 선의 은유는 일상의 시각적인 시간 표상들 속에도 편재한다. 모든 종류의 연감과 달력, 차트와 그래프 속에 존재하는 것이다. 계보나무와 진화나무가 특히 눈에 띄는데, 이는 "혈통"의 시각적 형상과 언어적 형상을 빌려 시간적인 상호 관계를 표상하는 형식들이다.[14] 물론 우리가 역사를 표상하는 방식 속에서도 비슷한 형식들을 살펴볼 수 있다.

타임라인은 우리에게 가장 필수불가결한 은유 가운데 하나인 것처럼 여겨진다. 그러나 단일한 축을 갖고, 규칙적이고 정확하게 날짜를 구분하는 근대적인 형식의 타임라인은 비교적 최근의 발명품이다. 엄밀하게 말하자면 타임라인의 나이는 250살도 되지 않았다. 타임라인은 어떻게 등장했을까? 그리고 그 이전에는 무엇이 타임라인의 역할을 대신했을까? 오늘날 역사 연표를 표상하는 또 다른 형식으로는 어떠한 것들이 존재할까? 이 책

* J. 힐리스 밀러(J. Hillis Miller, 1928~): 미국의 문학평론가로, 폴 드 만 등과 함께 해체주의에 큰 영향을 받은 예일학파의 대표적인 이론가이다.

의 주제는 바로 이러한 질문들이다.

먼저, 타임라인이 비교적 최근에야 등장한 이유가 기술적인 제약 때문은 아니었다는 사실을 밝혀두어야겠다. 물론 기술이 중요한 역할을 했지만, 그러한 변화를 추동한 힘이라고 말할 수는 없다. 주된 문제는 개념적인 것이다. 정교한 인쇄 기술과 조판 기술은 타임라인이 유럽에서 널리 유행하기 시작한 18세기 후반보다 오래전에 충분히 발전해 있었다. 기하학적인 제도 기술과 투영 기술 역시 그처럼 단순한 도표를 그리는 데 필요한 것보다 훨씬 복잡한 수준에 이르러 있었다.

게다가 연대기적 정보를 시각적인 형식으로 표현하는 것은 18세기보다 아주, 아주 오래전부터 여러 지역에서 중요한 문제였다.[그림4] 고대로부터 근대에 이르기까지 존재했던 모든 역사적 문화권은 중요한 사건들을 선별하고 목록화하는 제 나름의 방식들을 고안해냈다. 유대인과 페르시아인은 왕의 목록을 만들었고, 그리스인은 올림피아드의 목록을 만들었으며, 로마인은 집정관의 목록을 만들었다. 현존하는 가장 오래된 그리스의 연표는 서기전 264~263년에 대리석에 새긴 통치자와 주요 사건, 발명품의 목록이다. 로마의 가장 정교한 연표는 아우구스투스 시대에 제작한 집정관과 승전의 목록으로, 포룸Forum에 세워졌다. 레이코프

[그림4]

파로스 대리석은 현존하는 그리스 최고最古의 연표이다. 특히 퓨림 대리석으로 불리는 이 부분은 17세기 후반 이래 옥스퍼드 대학이 소장하고 있다. 서기전 264~263년에 이 연표를 새겨 넣은 이름을 알 수 없는 작가는 자신의 계산에 따라 아테네의 케크롭스Cecrops 왕이 즉위한 것으로 추정되는 서기전 1581~1580년 이래의 주요한 역사적 사건들을 기록했다. (노아가 아니라 데우칼리온Deucalion의) 대홍수, 데메테르의 농경 도입, 트로이의 멸망을 비롯해, 더 많은 근래의 사건들을 다루었다. 에우세비우스는 이와 비슷한 시기와 주제를 다룬 수기 연표들로부터 고대 그리스 역사의 자료를 얻었던 것이다.

와 존슨이 매우 설득력 있게 설명했듯이 이러한 많은 연표에서 선은 시각적인 형식이자 언어적인 은유로서 반복해 등장한다. 그러나 그 어떤 문화권의 그 어떤 연표에서도, 오늘날 너무나 당연한 것으로 여겨지는 단순하고 규칙적이며 정확한 형식의 타임라인은 아직 모습을 드러내지 않고 있었다. 하나의 표준으로서의, 그리고 역사가 **어떻게 생겼는지**에 대한 하나의 이상적인 기준으로서의 타임라인은 근대 이전까지 출현하지 않았던 것이다.

고대와 중세의 역사가들은 그들 나름의 연대기 표기법을 갖고 있었다.[그림5~6] 4세기 이래 유럽에서 가장 영향력 있고 전형적인 방식은 표였다. 고대의 연표들은 형식이 매우 다양했지만, 적어도 학자들은 표의 형식을 표준으로 삼았다. 오늘날의 타임라인과 비슷한 위상을 갖고 있었던 것이다. 4세기 이후에 표의 위상이 높아진 데에는 로마의 신학자 에우세비우스*의 공이 컸다고 할 수 있다. 에우세비우스는 이미 4세기에 전 세계의 역사 자료들로부터 확보한 여러 연표를 체계화하고 서로 조화시키기 위해 정교한 표의 구조를 만들어냈다. 그는 각각의 연표를 이스라엘 민족의 조상인 아브라함 및 아시리아의 건국으로부터 시작하는 평행한 세로줄들 위에 배치함으로써, 유대인과 이교도, 크리스트교도의 역사 사이의 상호 관계를 명확하게 보여주려 했다. 그래서 에우세비우스의 역사를 한 장 한 장 넘기다 보면, 온 인류가 로마제국의 보편적인 지배 아래로 들어와 구세주의 말씀을 영접할 때까지 모든 제국과 (유대왕국을 포함한) 왕국의 흥망성쇠를 살펴볼 수 있다. 당시의 독자들은 각각의 역사를 서로 비교하고 동일한 진보의 과정을 확인함으로써 신의 섭리가 그곳에 작동하고 있음을 깨달았을 것이다.

4세기는 크리스트교도들이 처음으로 성서 사본을 선별해 장정으로 묶어낸 시기였다. 에우세비우스 또한 한눈에 명확하게 들어오는 『연대기Chronicle』라는 연표를 작성해 자신이 묶어낸 장정의 일람표 자리에 배치했다. 『연대기』는 평행한 표의 형식 및 1년과 10년 단위로 내려가는 명확한 순서를 갖추고 있었다. 성서와 성서 이해에 필수적인 자료들을 활용하기 쉽도록 만들고, 신속하게 참조할 수 있도록 만들고자 했던 초기 크리스트교 신학자들의 욕망을 반영하는 것이었다. 책 디자인과 관련한 여느 크리스트교적인 혁신들과 마찬가지의 맥락이었던 셈이다. 『연대기』는 중세 내내 널리 읽히고, 필사되고, 모방되었다. 그리고 계보나무와 같은 대중적인 형식들이 채워주지 못했던 정확성에 대한 욕망을 충족시켜 주었다.

에우세비우스의 연표는 놀랄 만큼 긴 생명력을 보여주었다. 그리고 15~16세기 들어 인문주의자들이 연대기적 간격을 확립하는 문제에 새로이 관심을 갖게 되면서 다시금 주목받았다.[그림7] 에우세비우스의 근대적인 판본은 역사상 최초로 인

* 에우세비우스(Eusebius, 263~339): 로마의 역사가이자 석의학자로, '교회사의 아버지'로 불린다. 『교회사』, 『연대기』 등 당시 신학의 전 영역에 걸쳐 많은 저작을 남겼다.

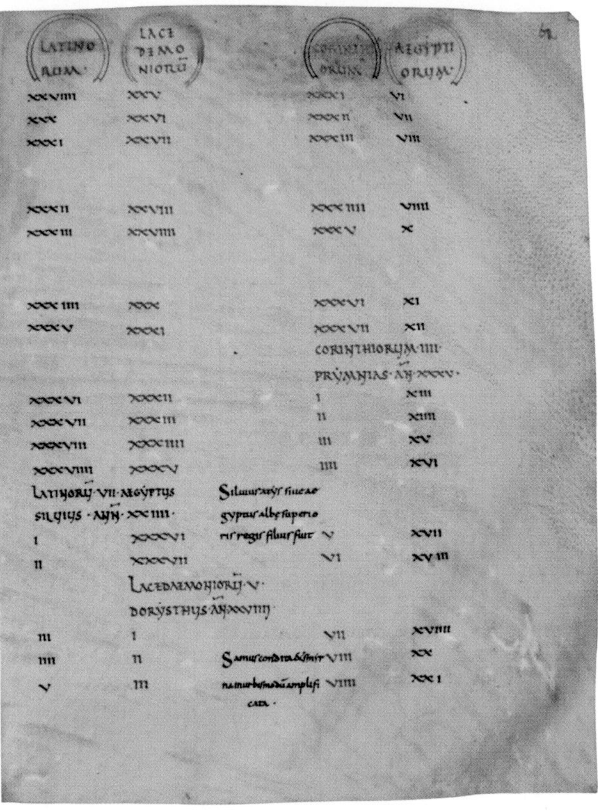

[그림5~6]

머튼 대학이 소장한 에우세비우스의 『연대기』 사본. 히에로니무스가 라틴어로 번역하고 개작했다. 5세기 중반 이탈리아에서 적색과 녹색, 검정색 잉크로 156장에 필사되었다. 마르켈리누스 코메스Marcellinus Comes의 『연대기』와 함께 장정되어 있다.

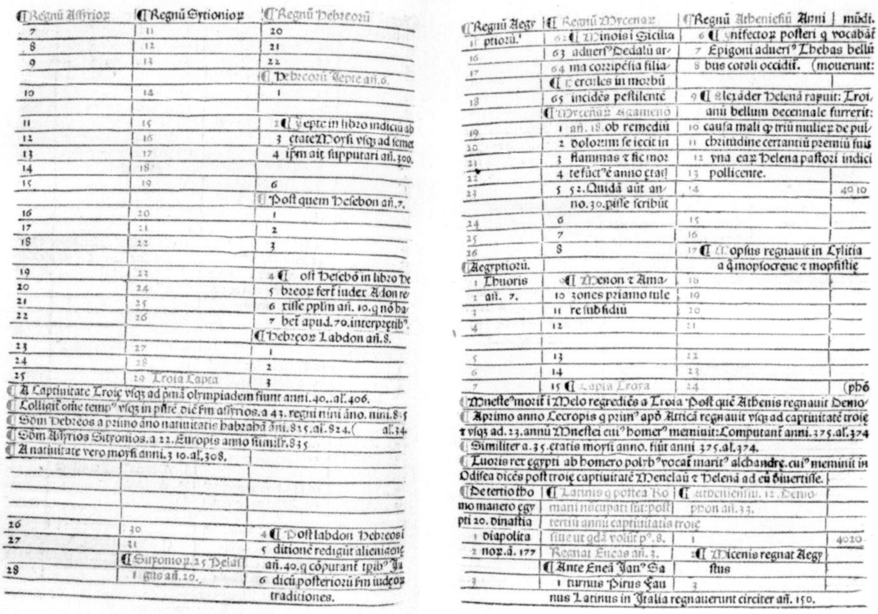

[그림7]

트로이의 멸망, 에우세비우스의 『연대기』, 15세기.

쇄된 책 가운데 하나였으며, 근대 초기 인문학자들의 소장품 중에서도 가장 중요한 참고문헌 가운데 하나였다.[15] 15세기 피렌체의 서적상 베스파시아노 다 비스티치*는 필사본 책 제작 분야의 뛰어난 기획자였다. 그는 에우세비우스 연표의 개정판을 시장에 내놓아 학자와 일반 독자에게 큰 성공을 거두었다. 페트라르카**와 같은 인문주의자들은 자신이 존경하는 고대의 작가들 및 자신의 후손들과 자신 사이에 가로놓여 있는 역사적이고 문화적인 거리에 매혹되었다. 페트라르카는 고대의 키케로와 베르길리우스에게, 그리고 미래의 독자들에게 보내는 편지에서, 자신과 그들을 갈라놓는 간격의 길이를 강조하기 위해 현재의 시점을 세심하게 명시했다. "포 강 너머에 있는 이탈리아 도시 베로나의 아디제 강 우안右岸, 살아 있는 사람들의 땅에서 쓰다. 당신이 결코 알지 못했을 하느님께서 오신 지 1345년째 해의 6월 16일에." 페트라르카는 이와 같은 연대기적 거리를 측정하는 데서 에우세비우스가 제공한 고대의 모범으로부터 도움을 받았다.[16]

* 베스파시아노 다 비스티치(Vespasiano da Bisticci, 1421~1498): 이탈리아의 인문학자이자 서적상이다. 당대의 도서관들을 구성하는 데 한몫을 했으며, 전문적인 학자는 아니었지만 다양한 장서와 서술로 후대인들이 15세기 인문학의 역사를 파악할 수 있게 해주었다.

** 프란체스코 페트라르카(Francesco Petrarca, 1304~1374): 이탈리아의 시인이자 인문주의자이다. 단테, 보카치오 등과 함께 이탈리아 문예부흥기를 대표한다. 중세의 가치관에 반발해 있는 그대로의 인간성을 주장했다. 고대에 대한 애착이 강했으며, 고대 사상을 기독교 교리에 포섭하고자 했다.

르네상스 시대의 학자들은 새로운 종류의 시각적 체계를 발전시켰을 뿐 아니라, 오래도록 등한시되어온 옛 형식들을 인쇄 서적의 양식에 맞도록 수정하기도 했다. 그러나 18세기 중반까지는 에우세비우스의 모델이 지배적이었다. 즉, 페이지의 꼭대기에 가로로 왕국들이 나열되어 있고, 왼쪽과 오른쪽의 세로줄을 따라 연도가 배열되어 있는 단순한 행렬의 형식이 가장 일반적이었던 것이다. 이러한 시각적 체계는 르네상스 학자들의 관심사에 잘 들어맞았다. 이는 다양하고 광범위한 출처로부터 끌어 모은 연대기적 자료들을 체계화하고 통합하는 데 용이했다. 단 하나의 구조로서 거의 모든 종류의 자료를 담아낼 수 있었으며, 시간에 대해 각기 상이한 관념을 가진 다양한 문명의 역사를 한데 융합할 때 어쩔 수 없이 마주하게 되는 문제들을 해결할 수 있었다. 만들고 고치기가 쉬웠고, 인쇄공들이 알파벳 순서의 색인과 같은 기능을 추가한 덕분에 필요한 자료를 신속하게 찾을 수 있었다. 무엇보다 신의 섭리가 시간에 작동하는 방식을 보여주는 도표로서의 기능을 여전히 갖고 있었다. 시각적인 관점에서 보자면, 많은 작은 서랍들을 이용해 크리스트교 세계의 역사를 보여주는 연대기 형식의 **경이의 방***이었던 셈이다.

그러나 실험은 계속되었다. 어떤 실험들은 도식적인 것이었다. 천지창조 또는 아브라함의 시대부터 현재까지가 아니라, 1월 1일부터 12월 31일까지의 달력 위에 모든 주요한 역사적 사건을 펼쳐놓으려는 시도도 존재했다. 과거의 중요한 사건들은 한 해 안에서 날짜에 따라 순서대로 배열되었다. 또 다른 실험들은 기술적인 것이었다. 고대와 중세의 연표학자들은 통치자와 사건의 옛 목록들을 있는 그대로 계승했으며, 그것들을 더 넓은 전체로 통합하는 일에만 최선을 다했다. 그러나 르네상스 시대의 역사가들은 더욱 야심만만하고 비판적인 태도를 갖게 되었다. 교사와 이론가 들은 연표와 지리학이 역사학의 두 눈이라는 주장을 거듭 반복했다. 연표와 지리학은 정확하고 의심의 여지 없는 정보를 제공함으로써, 마치 혼돈 속에 뒤엉켜 있는 것처럼 보이는 사건들에 질서를 부여해주리라는 것이었다.

시각적인 은유는 지리학에 아름다울 정도로 딱 들어맞았다. 지구 표면에 대한 새로운 지식으로 무장한 르네상스 시대의 지도 제작자들은 2세기에 프톨레마이오스**가 제작한 고대의 지도를 갱신했다. 아메리카와 인도양을 비롯한 많은 지역들을 추가한 것이었다. 그와 동시에 지도 제작 기술도 진보를 이루어 과학과 정치의 영역에 엄청난 결과를 가져왔다. 17세기에 이르러 지도는 왕조의 권력만이 아니라 지식 그 자체가 갖고 있는 힘의 가장 중요한 상징이 되었다. 지도 제작법은 새로운 응용과학의 한 본보기였으며, 또한 복잡성과 정확성을 동시에 갖춤으로써 직접적이고 사실적이라는 인상을 주었다.

연표도 상세함의 측면에서 그와 유사한 길을

* 경이의 방(Wunderkammer): 르네상스 시대 유럽의 귀족들 사이에서 유행했던 것으로, 일상생활에서는 보기 힘든 진기하거나 이국적인 물건들을 수집해 채운 장식장이나 전시실을 가리킨다.

** 프톨레마이오스[Klaudios Ptolemaios, 83(?)~168(?)]: 2세기 중엽에 알렉산드리아에서 활동한 그리스의 천문학자로서, 천동설을 완성했다. 『천문학 집대성』 외에 2세기 로마제국의 지리학을 엮은 『지리학』으로 후대에 큰 영향을 끼쳤다.

걸었다. 같은 시기의 천문학자들과 (지금은 지도 제작자로 알려져 있는 헤르하르뒤스 메르카토르*와 같은) 역사가들은 천문학적 증거를 수집하기 시작했다. 고대와 중세의 역사가들이 정확한 시기를 언급했던 일식과 월식 등의 천체 현상에 대한 기록들이었다. 천문학자와 역사가 들은 여러 해에 걸친 긴 기간에 대응해서만이 아니라, 날짜와 시간을 정확하게 따질 수 있는 일식과 월식에 대응해서 사건들을 배열하기 시작했다. 연표는 이제 정확하고, 새로운 의미에서 검증 가능한 것이 되었다. 그리고 정확성에 대한 새로운 열정은 시간을 참신한 방식으로 표상하려는 노력으로 이어졌다. 근대 초기에 '시각적인 역사'를 창조하는 과정에서는 몇 가지 놀랄 만한 실험들이 행해졌다. 대개 오래 살아남지는 못했지만 말이다. 예를 들어 1569~1570년에 제네바의 사업가와 예술가 들은 전쟁과 대량 학살, 각종 사건사고의 생생한 이미지를 연작으로 제작했으며, 프랑크푸르트에 있던 테오도어 드브리**의 작업실에서는 많은 양의 삽화를 넣은 역사책과 여행기를 제작했다. 월터 롤리***를 비롯한 이 시기의 많은 작가들은 역사에 대한 연대기적 관점을 중시했다. 알렉산더 로스****는 1652년에 롤리의 『세계사』 속편을 펴내며 이렇게 적었다. "진정으로 역사가 육신이라면, 연표는 역사 지식의 정신이다. 연표가 없는 역사란, 과거 사건들 사이의 관계가 생략된 역사란, 과거 사건들이 일어난 시점을 언급하지 않는 역사란, 그저 하나의 덩어리이고 분열하지 않은 배아이며 생명 없는 시체일 뿐이기 때문이다."[18]

17세기 말이 가까워지면서 인쇄의 기술적 측면은 혁신에 더욱 박차를 가했으며, 새로운 조판 기술이 등장해 더욱 크고 세밀한 삽화를 책에 실을 수 있게 되었다. 몇몇 연표학자는 지도 제작자에게서 힌트를 얻어 아름다운 결과물을 만들어내기 시작했다. 그렇지만 결국 지리학적 은유를 연표의 영역에 곧바로 적용하는 것은 부적절한 일로 밝혀졌다. 연구 기법이 크게 발전하고 많은 새로운 형식에 대한 탐구가 이루어지기는 했으되, 시간의 표상은 크로노그래피 형식의 표가 처음 도입된 1000년 전의 모습과 거의 달라지지 않았기 때문이었다.

시간 지도의 보편적인 시각적 표현 양식들은 18세기 중반이 되어서야 비로소 널리 쓰이기 시작했다. 18세기의 새로운 선형 양식은 어찌나 빠른 속도로 확산되었던지, 고작 몇십 년도 지나지 않아 과거에는 그러한 양식들이 사용되지 않았다는 사실을 기억하기 힘들 정도였다. 크로노그래피의 핵심적인 문제는 (17세기의 많은 자칭 혁신가들이 취했던 접근법인) 어떻게 하면 더 복잡한 시각적 도식을 만들어낼 것인가가 아니라, 거꾸로 어떻게 하면 더 단순하게 만들 것인가, 즉 역사적 시간의 동질성과

* 메르카토르(Gerardus Mercator, 1512~1594): 네덜란드의 지리학자이다. 1538년 프톨레마이오스·클라우디우스의 방법을 써서 세계 지도를 제작했으며, 지구의와 천구의도 만들었다. 1569년 '메르카토르 투영 도법'에 의한 세계 지도를 완성했는데, 이 도법은 방위를 바르게 표시하고, 항해에 편리해 항해 도법으로 불린다.

** 테오도어 드브리(Theodore de Bry, 1528~1598): 동판화가이자 금세공사이다. 유럽 곳곳을 돌아다녔고, 탐험가들의 이야기를 바탕으로 신개척지에 관한 많은 그림과 동판을 남겼다.

*** 월터 롤리(Walter Raleigh, 1552 또는 1554~1618): 영국의 정치인, 탐험가, 작가, 시인이자 영국 여왕 엘리자베스 1세의 총신으로 알려진 인물이며, 신세계 최초의 잉글랜드 식민지를 세운 공적이 있다.

**** 알렉산더 로스(Alexander Ross, 1590~1654): 스코틀랜드의 목사이자 시인이다.

방향성, 비가역성을 명확하게 전달할 수 있는 시각적 도식을 창조해낼 것인가가 되었다.

1765년 영국의 과학자이자 신학자인 조지프 프리스틀리*가 『전기 차트』를 출간한 일은 이 시기의 가장 중요한 사건 가운데 하나였다.[그림8] 프리스틀리의 차트는 기본적인 기법에 관해서라면 새로울 것이 거의 없었다. 그의 차트는 마치 길이를 재는 자의 눈금처럼 맨 위부터 맨 아래까지 연도가 표시되어 있는 단순하고 정확히 구획된 하나의 면에 지나지 않았다. 차트에 그려진 수평의 선들은 유명한 역사적 인물들이 태어나고 죽은 때를 보여주었다. 각각의 인물이 언제, 그리고 얼마나 오래 살았는지는 출생에서 시작해 사망으로 끝나는 선분으로 표시되었다. 『전기 차트』가 인상적일 만큼 단순한 도표였던 것은 사실이지만, 하나의 분수령이었다고 보기는 어려운 것이다.[19] 그러나 비록 프리스틀리의 차트가 수 세기에 걸친 실험들의 성과를 계승한 산물이었을지라도, 그것은 시간 지도의 완벽하고 고도로 이론화된 시각적 표현 양식을 보여준 최초의 사례라고 할 만했고, 따라서 당시 표준적인 연표의 구조였던 행렬 형식에 도전할 최초의 강력한 경쟁상대가 될 수 있었다. 시대적인 상황도 딱 맞아떨어졌다. 프리스틀리의 차트는 연도를 표시하는 데 효과적이었을 뿐 아니라, 역사의 진보라는 개념의 직관적인 시각적 유비를 제공해주었던 것이다. 18세기의 사람들은 진보의 개념 속으로 나날이 빠져들고 있었다. 역사적 사유와 새로운 시각적 표현 양식은 프리스틀리의 차트 속에서 대화를 주고받으며 서로를 크게 보완해주었다.

그러나 프리스틀리가 잘 알고 있었듯이, 그의 혁신 또한 몇 가지 문제점이 있었다. 역사적 서사는 선의 형태를 띠지 않기 때문이었다. 역사적 서사는 비교와 대조를 행하면서 후진하거나 전진하고, 플롯과 하위 플롯들을 따라 불규칙적으로 갈라진다. 기존의 행렬 형식은 이처럼 교차하는 역사의 많은 궤도들을 학자들이 이해하기 쉽도록 보여주는 장점을 갖고 있었다. 대조적으로 프리스틀리의 타임라인 형식은 중요한 경향들과 거대 역사big history를 강조해 보여주는 특징이 있었다. 이는 어떤 측면에서 굉장한 장점일 수 있었지만, 모든 측면에서 그렇지는 않았다. 하지만 프리스틀리는 이러한 조건을 기꺼이 받아들였다. 그에게 타임라인이란 "역사적인 지식에 최상의 도움을 제공하기 위한 하나의 수단"이었지, 역사 그 자체의 이미지가 아니었기 때문이다.[20]

물론 18세기의 작가 가운데 프리스틀리만이 선의 은유가 갖는 한계에 대해 숙고했던 것은 아니다.[그림9] 프리스틀리가 『전기 차트』와 그 속편인 『새로운 역사 차트』를 출간할 무렵, 로런스 스턴**이라는 소설가는 선형의 서사에 대한 비범한 풍자물

* 조지프 프리스틀리(Joseph Priestley, 1733~1804): 영국의 화학자, 성직자, 철학자이다. 자유주의 정치학, 종교, 실험과학 등 다방면에 기여했으며, 1771년 물의 조성을 처음으로 발견했다.

** 로런스 스턴(Laurence Sterne, 1713~1768): 영국의 소설가이다. 아일랜드 출생으로 요크에서 목사로 지냈으며, 1760년에 『신사 트리스트럼 섄디의 생애와 의견』을 출판해 문단과 사교계에서 명성을 얻었다.

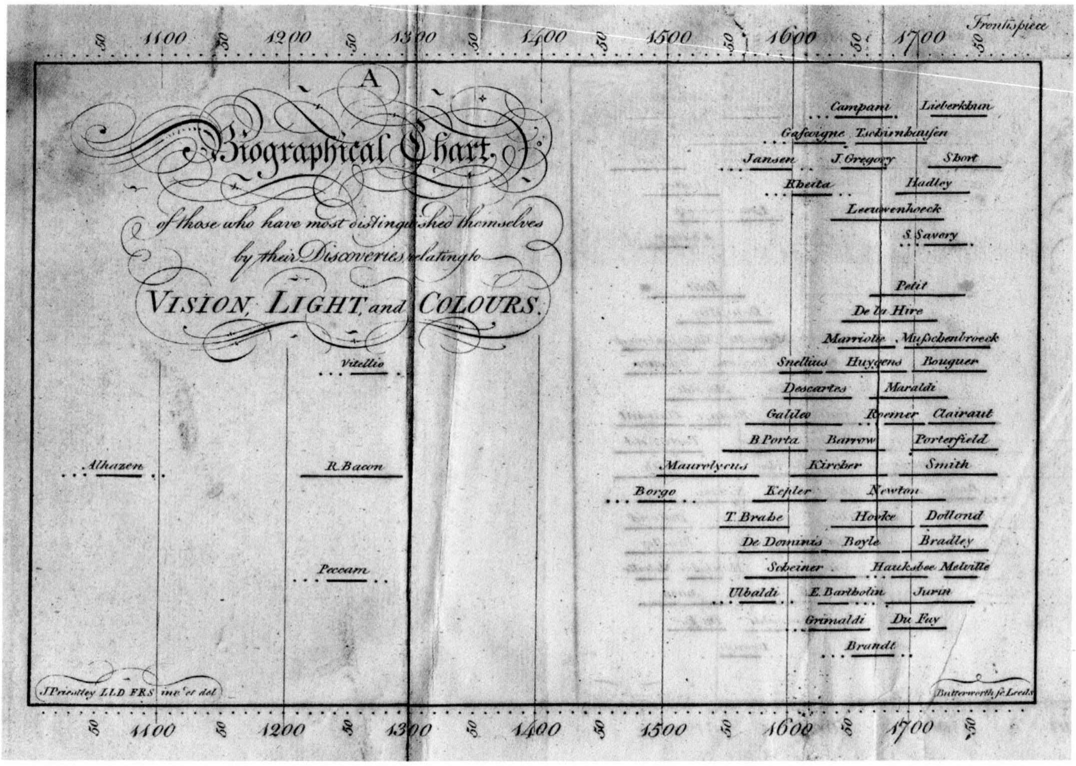

[그림8]

이 작은 차트는 조지프 프리스틀리의 1772년 작 『시각과 빛, 색상과 관련된 발견의 역사와 현재의 상황』에 실린 것으로, 자신의 1765년 작 『전기 차트』의 형식을 따른 것이다. 독자는 이 차트를 통해 각 과학자가 어느 시기에 살았는지를 한눈에 파악할 수 있으며, 서기 1000년 이래 광학 분야의 과학적 업적을 전체적으로 조망할 수 있다.

274 The Life and Opinions of

——That ſhe is not a woman of ſcience, my father would ſay—is her misfortune——but ſhe might aſk a queſtion.

My mother never did.——In ſhort, ſhe went out of the world at laſt without knowing whether it turned round or ſtood *ſtill*.—My father had officiouſly told her above a thouſand times which way it was,—but ſhe always forgot.

For theſe reaſons a diſcourſe ſeldom went on much further betwixt them, than a propoſition, —a reply, and a rejoinder; at the end of which, it generally took breath for a few minutes, (as in the affair of the breeches) and then went on again.

If he marries, 'twill be the worſe for us,— quoth my mother.

Not a cherry-ſtone, ſaid my father,—he may as well batter away his means upon that, as any thing elſe.

—To be ſure, ſaid my mother: ſo here ended the propoſition,—the reply,—and the rejoinder,—I told you of.

It will be ſome amuſement to him, too—ſaid my father.

A very great one, anſwered my mother, if he ſhould have children.

—Lord have mercy upon me, ſaid my father to himſelf—* * * * * *
* * * * * * * * *
* * * * * * * * *
* * * * * * * * *

CHAP.

TRISTRAM SHANDY, Gent. 275

CHAP. XL.

I Am now beginning to get fairly into my work; and by the help of a vegetable diet, with a few of the cold ſeeds, I make no doubt but I ſhall be able to go on with my uncle *Toby*'s ſtory, and my own, in a tolerable ſtraight line. Now,

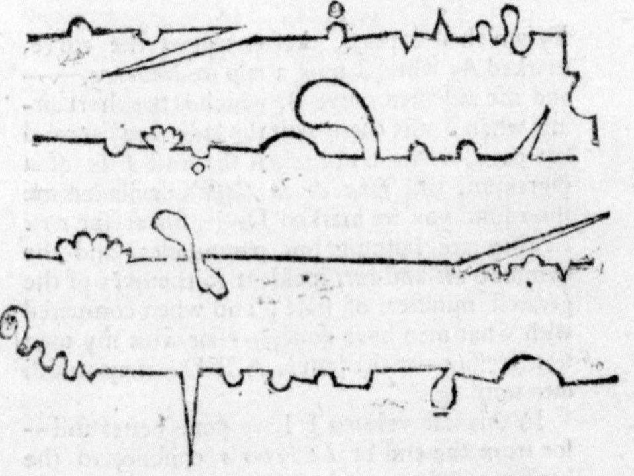

Inv. T. S. *Scul. T. S.*

Theſe were the four lines I moved in through my firſt, ſecond, third, and fourth volumes—

Vol. II. M In

[그림9]

1760년대에 로런스 스턴은 『신사 트리스트럼 샌디의 생애와 의견』이라는 유명한 9권짜리 풍자 소설을 출간했다. 조지프 프리스틀리가 위대한 역사 타임라인을 출간한 것과 같은 시기였다. 소설은 중심인물인 트리스트럼 샌디의 자서전 형식을 취하고 있지만, 트리스트럼은 이야기를 들려주며 끊임없이 샛길로만 빠져든다. 스턴 또한 프리스틀리와 마찬가지로 시간을 시각적으로 표상하는 데에 관심을 갖고 있었다. 소설에서 트리스트럼은 자신이 1권에서 4권까지 들려주었던 이야기의 서술 패턴을 표현한 일련의 도표를 제공한다.

인 『신사 트리스트럼 섄디의 생애와 의견』을 출간했다. 이 작품에는 트리스트럼의 인생 역정을 나타낸 도표들이 실려 있었다. 스턴 역시 프리스틀리와 마찬가지로 선형의 시간 표상이 복잡하고 인위적인 하나의 구조일 뿐이라는 점을 이해하고 있었다. 다만 스턴은 그것의 단점들이 장점들을 압도한다고 여긴 점에서 차이가 있었다. 스턴은 이렇게 썼다.

> 노새 몰이꾼이 노새를 몰고 가듯이, 역사 기록자가 역사를 몰고 갈 수 있을까? 일직선으로 말이다. 예를 들어, 로마에서 로레토까지 가는 길에 단 한 번도 오른쪽이나 왼쪽으로 고개를 돌리지 않을 수 있을까? 그는 대담하게도 한 시간이면 여행을 마칠 수 있으리라고 예언할지도 모른다. 하지만 양심적으로 말하자면 절대로 불가능한 일이다. 적어도 영혼을 가진 사람이라면 이런저런 파티에 참석하기 위해 50번은 직선 경로를 벗어날 것이기 때문이다. 피할 도리가 없다. 그는 자신의 눈을 홀리는 경치와 전망을 끊임없이 마주치게 될 것이다. 멈추어 서서 바라보기만 하는 것은 하늘을 나는 것보다 더 어려운 일이리라.[21]

그러나 그 모든 차이에도 불구하고 프리스틀리와 스턴의 작품은 모두 선형의 시간이라는 환상을 지탱하는 데 얼마나 대단한 기술적인 독창성과 노력이 필요한지를 시사하고 있다.

타임라인은 역사를 시각적으로 표현하는 새로운 방식을 제공했다. 그리고 역사가 발화되는 방식 또한 근본적으로 변화시켰다. 하지만 다른 종류의 시각적이고 언어적인 은유들과 표상의 메커니즘들을 완전히 사라지게 하지는 못했다. 19세기에 들어 타임라인은 많은 새로운 영역에 응용되었지만, 그와 동시에 지난 여러 세기 동안 선의 이미지와 서로 영향을 주고받으며 경쟁해온 또 다른 시간의 형상들도 부활했다. 예를 들어 구약의 「다니엘서」 2장에서 네부카드네자르*가 꿈꾸었던, 그리고 다니엘이 세계를 번갈아 지배할 네 개의 대제국을 묘사하기 위해 상세히 설명했던 우상偶像은 중세와 근대 초기 내내 세계사의 갑주로 기능할 수 있었고 실제로도 그렇게 기능했다. 그리고 18~19세기 신앙 부흥 운동의 확산과 더불어 네부카드네자르의 우상은 다시금 들불이 번지듯 빠르게 영향력을 회복했다. 하지만 과거와는 다른 점들이 있었다. 19세기의 선지자들은 타임라인을 활용해 자신들의 알레고리를 설명하고 정교화하고자 했던 것이다. 그들은 시각적인 코드 변환의 전문가가 되어, 프리스틀리와 그 모방자들의 밋밋한 선들과 계시록 전통의 생생한 이미지들 사이를 오가며 양자를 상호 번역했다.

19세기 중반의 강력한 낙관주의적 풍조는 크로노그래피의 영역에도 예외 없이 밀려왔다. 기술적인 고안들 덕분에 역사적으로 중요한 사건들을 측정하고 기록할 수 있게 되었던 것이다.**[그림10]** 19세기와 20세기에는 사진, 필름 등의 이미지 기술이 발전함에 따라 시계열적인 현상의 기록이 가능해졌다. 그리고 에티엔-쥘 마레**와 에드워드 머

* 네부카드네자르(Nebuchadnezzar, 서기전 630~서기전 562): 바빌로니아 칼데아 왕조의 왕(재위: 서기전 605~서기전 562)이다. 느부갓네살이라고도 한다.

** 에티엔-쥘 마레(Étienne-Jules Marey, 1830~1904): 프랑스의 생리학자이다. 생리현상 연구를 위한 표도법을 완성해 보급시켰으며 그 방법으로 심장의 운동과 근육의 수축에 관해 연구했다. 또 동물의 동작을 연구하기 위해 과학 사진술을 개척했다.

[그림10]

뉴욕의 미국 자연사 박물관에 소장된 자이언트 세쿼이아의 절단면을 1950년대에 촬영한 사진. 이 나무는 1891년 캘리포니아에서 쓰러졌는데, 당시의 높이는 101미터였고 하단의 둘레는 27.4미터에 달했다. 1342줄의 나이테로 미루어 6세기 중반부터 존재했던 것으로 보인다. 전시할 당시에는 나이테에 100년 간격의 표시를 하고, 갈릴레오가 사용한 굴절 망원경의 발명(1600년), 예일 대학의 설립(1700년), 나폴레옹의 집권(1800년)과 같은 중요한 역사적 사건들을 기입했다.

이브리지*가 발명한 고속 연속 촬영 장치나 앤드루 엘리컷 더글러스**가 확립한 나이테 분석법과 같은 더욱 정확한 도구와 방법 들은 매우 빠르거나 느린 속도로 일어나는 사건들을 눈으로 볼 수 있게끔 만들어주었다. 이러한 연구자들은 과거를 연구할 수 있는 새로운 가능성을 열었으며, 역사적 사건들을 진정으로 객관적인 방식으로 기록하고 표상할 수 있으리라는 믿음을 심어주었다.

그러나 타임라인의 관습이 점점 더 자연스러운 것이 되어감에 따라 새로운 문제들이 제기되기도 했다.[그림11] 몇몇 사례에서, 더 많고 더 훌륭한 자료들로 타임라인을 채우려는 이상적인 시도가 오히려 황당한 결과를 초래한 것이었다. 자크 바르뵈-뒤부르***의 1753년 작 『세계사 연표』는 길이가 16미터에 달했기 때문에 두루마리로 말아서 보관함 속에 넣어두어야 했다. 더 훗날인 1869년, 샤를 조제프 미나르****가 만든 『1812~1813년 러시아 전역 프랑스군 사상자 추이 주제 지도』라는 유명한 도표는 타임라인을 참고 자료와 재결합시키고자 시도했는데, 그 결과는 아름다웠으나 직선의 장래성을 극히 의심스럽게 만들었다.

미나르의 도표가 보여주는 시각적인 단순성은

* 에드워드 머이브리지(Eadweard Muybridge, 1830~1904): 영국의 사진가로 미국에서 활동했다. 인간과 동물, 새 등의 동작이나 운동의 연속사진을 촬영해 활동사진의 영역을 개척했다.

** 앤드루 엘리컷 더글러스(Andrew Ellicott Douglass, 1867~1962): 미국의 천문학자이다. 태양흑점주기와 나무의 나이테와의 연관관계를 발견해 연대측정에 응용할 수 있는 길을 열었다.

*** 자크 바르뵈-뒤부르(Jacques Barbeu-Dubourg, 1709~1799): 프랑스의 물리학자, 생물학자, 작가, 번역자이자 출판업자이다. 벤자민 프랭클린의 작품을 프랑스어로 번역한 것으로 잘 알려졌다.

**** 샤를 조제프 미나르(Charles Joseph Minard, 1781~1870): 프랑스의 토목기사이다. 엔지니어링과 통계 분야에서 그래픽 요소를 넣어 정보를 시각적으로 표현해 정보그래픽 분야의 선구자로 이름이 높다.

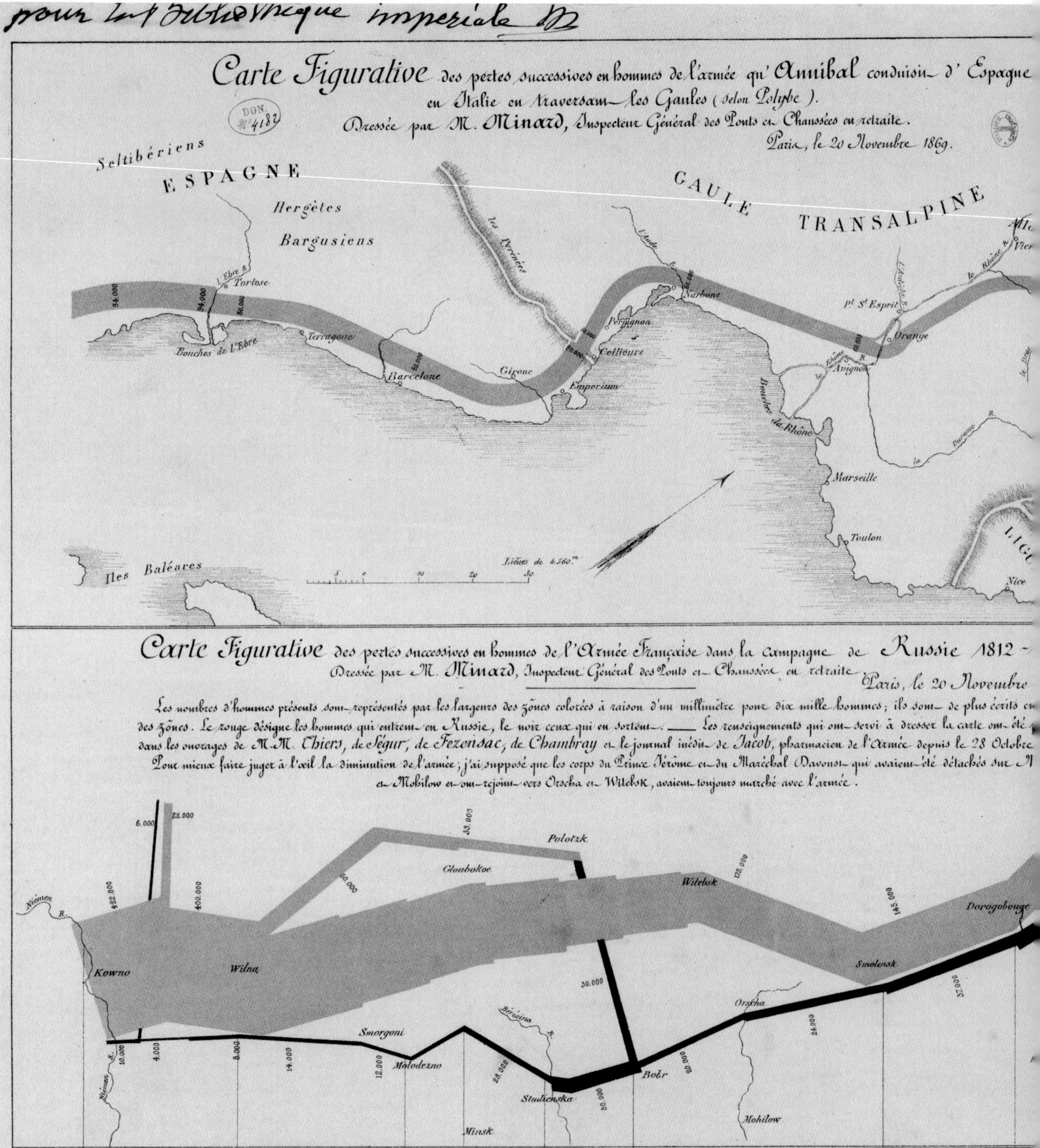
pour la Bibliothèque impériale
Carte Figurative des pertes successives en hommes de l'armée qu' Annibal conduisit d' Espagne en Italie en traversant les Gaules (selon Polybe).
Dressée par M. Minard, Inspecteur Général des Ponts et Chaussées en retraite.
Paris, le 20 Novembre 1869.
Seltibériens
ESPAGNE
Hergètes
Bargusiens
GAULE TRANSALPINE
Tortose
Bouches de l'Ebre
Terragone
Barcelone
Girone
Emporium
Perpignan
Collioure
Narbone
Pt. St Esprit
Orange
Avignon
Bouches du Rhône
Marseille
Toulon
Nice
Iles Baléares
Lieues de 4.560m.
Carte Figurative des pertes successives en hommes de l'Armée Française dans la campagne de Russie 1812–
Dressée par M. Minard, Inspecteur Général des Ponts et Chaussées en retraite.
Paris, le 20 Novembre
Les nombres d'hommes présents sont représentés par les largeurs des zones colorées à raison d'un millimètre pour dix mille hommes; ils sont de plus écrits en
des zones. Le rouge désigne les hommes qui entrent en Russie, le noir ceux qui en sortent. — Les renseignements qui ont servi à dresser la carte ont été
dans les ouvrages de M.M. Thiers, de Ségur, de Fezensac, de Chambray et le journal inédit de Jacob, pharmacien de l'Armée depuis le 28 Octobre
Pour mieux faire juger à l'oeil la diminution de l'armée, j'ai supposé que les corps du Prince Jérôme et du Maréchal Davoust qui avaient été détachés sur M
et Mobilow et ont rejoint vers Orscha et Witebsk, avaient toujours marché avec l'armée.
Niémen R.
Kowno
Wilna
Gloubokoe
Polotzk
Witebsk
Smolensk
Dorogobouge
Orscha
Smorgoni
Molodexno
Bérézina R.
Studienska
Bobr
Minsk
Mohilow
TABLEAU GRAPHIQUE de la température en degrés du thermomètre de Réaumur au dessous de zéro.
Les Cosaques passent au galop le Niémen gelé.
– 26° le 7 Xbre
– 30° le 6 Xbre
– 24° le 1er Xbre
– 20° le 28 9bre
– 11°
– 21° le 14 9bre
– 9° le 9
Autog. par Regnier, 8. Pas. Ste Marie St Gain à Paris.

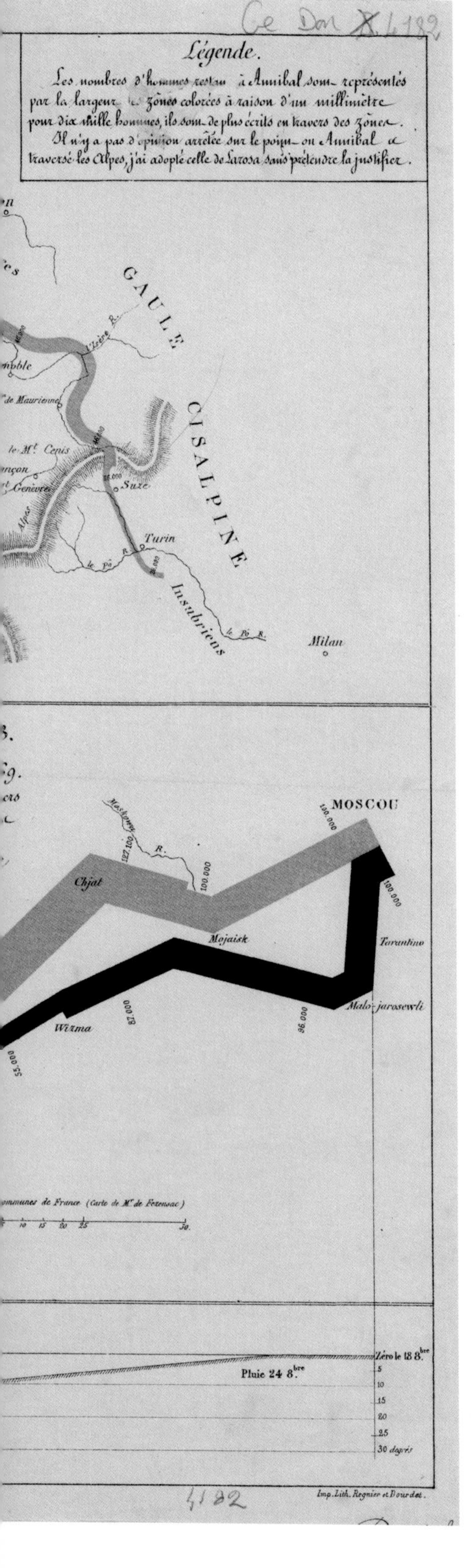

[그림11]

1860년대에 프랑스의 기술자 샤를 조제프 미나르는 새롭고 영향력 있는 여러 가지 정보그래픽 기술을 고안했다. 그의 차트 가운데 가장 유명한 것은 1869년 작 『1812~1813년 러시아 전역 프랑스군 사상자 추이 주제 지도』이다. 두 개의 도표가 함께 인쇄되었는데, 하나는 포에니전쟁 당시 한니발이 알프스를 넘는 과정에서 군대 규모의 감소 추이를 보여주고, 다른 하나는 나폴레옹의 러시아 원정 당시의 감소 추이를 보여준다. 굵은 색선의 두께는 군대의 병력 규모를 뜻한다. 두 차트 모두 1밀리미터가 1만 명을 나타낸다. 나폴레옹의 차트에는 기온도 표시되어 있다.

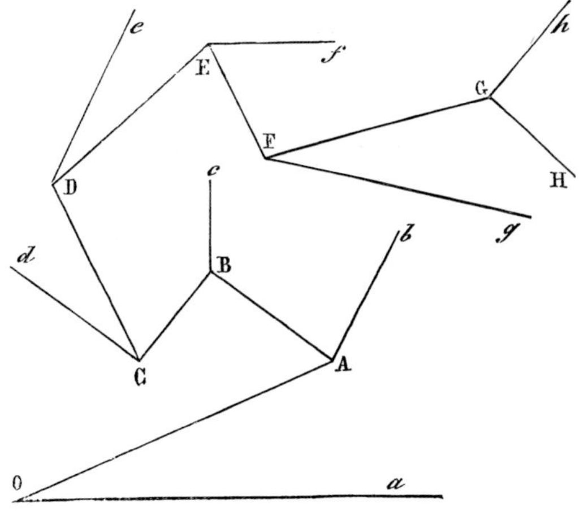

[그림12]

샤를 르누비에의 1876년 작 도표. 대문자는 실제로 일어났던 사건을 가리키고 소문자는 일어나지 않았던 사건을 가리킨다.

모범으로 삼을 만하다. 겨울의 러시아라는 공간을 가로지르는 도표의 마디에서 추위로 곱아버린 손 마디의 파토스pathos를 드러내기 때문이다. 이와 동시에, 미나르의 차트는 그 색상과 각도, 형태를 통해 역사를 사유하고 이야기하는 데에서 전도轉倒의 개념이 갖는 중요성을 강조한다. 미나르의 차트는 역사의 세부 사항을 더 많이 또는 더 잘 전하고 있어서가 아니라, 현실의 이야기가 그렇듯이 복잡하며 종종 역설적인 방식으로 읽히기 때문에 프리스틀리의 차트보다 더 정확하다고 말할 수 있는 것이다. 샤를 르누비에*의 1876년 작 『유크로니아(시간의 유토피아): 실제 그러했던 대로가 아니라 그러할 수도 있었던 대로 쓴 유럽 문명 발전의 개요』에 등장하는 나뭇가지처럼 갈라지는 시간 지도 역시 마찬가지이다. 이 시간 지도는 역사의 실제 과정과, 만약 그와 다른 역사적 선택과 행동이 있었다면 가능했을 대안적인 경로들을 동시에 보여준다.[그림12] 어떤 철학자들은 심지어 이보다 더 비판적인 견해를 보였다. 19세기 말 프랑스의 철학자 앙리 베르그송**은 타임라인이라는 은유 자체가 그럴듯한 가짜 우상이라고 비난했다.[22]

또한 심원한 시간이라는 문제에 대한 반성은 의도적으로 간격을 벌리는 형식의 시간 지도를 등장시켰다. 이를테면 철학자이자 SF 소설가인 올라프 스테이플던***은 1930년에 발표한 초역사적 우화 『최후와 최초의 인간』의 구조로서 미래 역사를 위한 수십억 년 길이의 타임라인을 활용했다.[그림13] 스테이플던은 수십억 년의 인간 역사를 상상

* 샤를 르누비에(Charles Bernard Renouvier, 1815~1903): 프랑스의 진화론 철학자이다. 칸트에게서 영향을 받았지만 칸트의 현상학을 계승하기보다는 변형한 학자이다.

** 앙리 베르그송(Henri Bergson, 1859~1941): 프랑스의 철학자이다. 진화론의 영향을 받아 생명의 창조적 진화를 주장한 '생철학'을 펼쳤다.

*** 올라프 스테이플던(William Olaf Stapledon, 1886~1950): 영국의 철학자 겸 SF 소설가이다. 영국 SF의 사상적·철학적 발전에 공헌했다. 급진적 좌익 이론가로서 활동했으며, 『최후와 최초의 인간』을 발표해 명성을 얻었다.

하는 일의 어려움을 잘 알고 있었으며, 자신의 상상은 하나의 타임라인에 투영되어야만 자연스럽게 보이리라는 사실 또한 알고 있었다. 스테이플턴은 직관적인 형식의 타임라인을 도입함으로써, 우리의 역사 서사의 규모 그 자체가 내포하고 있는 가치에 대한 독자들의 가정을 뒤흔들고자 했다. 그리고 근래 롱나우 재단Long Now Foundation과 같은 환경주의 단체들도 그와 유사한 방식을 효과적으로 활용하고 있다.[그림14] 지난 두 세기에 걸쳐 프란시스 피카비아,* 온 가와라,** J. J. 그랑빌,*** 솔 스타인버그****와 같은 시각 예술가들은 역사적 시간을 시각적으로 표상하는 방식에 대해 우리가 품고 있는 전제들을 추궁하고 조롱해왔다. 그들의 작품은 연대기적 표상의 문제에서 변화와 지속 모두를 지적한다. 에우세비우스와 프리스틀리가 창조한 형식들이 지닌 여전한 생명력, 그리고 그것들이 계속해서 드러내고 있는 개념적인 난제들을 동시에 지적하고 있는 것이다.

우리는 이 책『시간 지도의 탄생』에서 연대기적 표상의 근대적 형식들이 출현한 과정과, 그러한 형식들이 어떻게 근대적 상상력 속에 아로새겨지게 되었는지에 대해 간략하게 설명할 것이다. 이를 통해 서구적인 역사관의 실체를 일부나마 해명하고, 관념과 그것을 표상하는 양식 사이의 복잡한 관계를 명확히 보여주며, 역사적 표상의 제도법에 대한 한 권의 입문서를 제공하고자 한다.

* 프란시스 피카비아(Francis Picabia, 1879~1953): 프랑스의 화가이다. 인상주의 풍경화로 주목을 받았지만 이후에 포비즘, 큐비즘, 오르피즘의 화풍으로 변해가면서, 1910년 마르셀 뒤샹과 만난 후 '반(反)예술'의 입장을 취했다.

** 온 가와라(河原温, Kawara On, 1933~) 일본의 개념주의 예술가이다. 1965년부터 뉴욕에 살고 있으며, 의식과 시간의 본질에 관한 작품들을 내놓고 있다.

*** J. J. 그랑빌(J. J. Grandville: Jean-Ignace-Isidore Grandville, 1803~1847): 프랑스의 삽화가이자 판화가이다. 탁월한 상상력으로 20세기 초현실주의의 선구자로 지목받았다.

**** 솔 스타인버그(Saul Steinberg, 1914~1999): 루마니아 출신의 미국 만화가이자 일러스트레이터이다. 잡지 《뉴요커》와 오랜 기간 함께 작업했으며, 〈9번가에서 바라본 세상〉이라는 작품으로 널리 알려졌다.

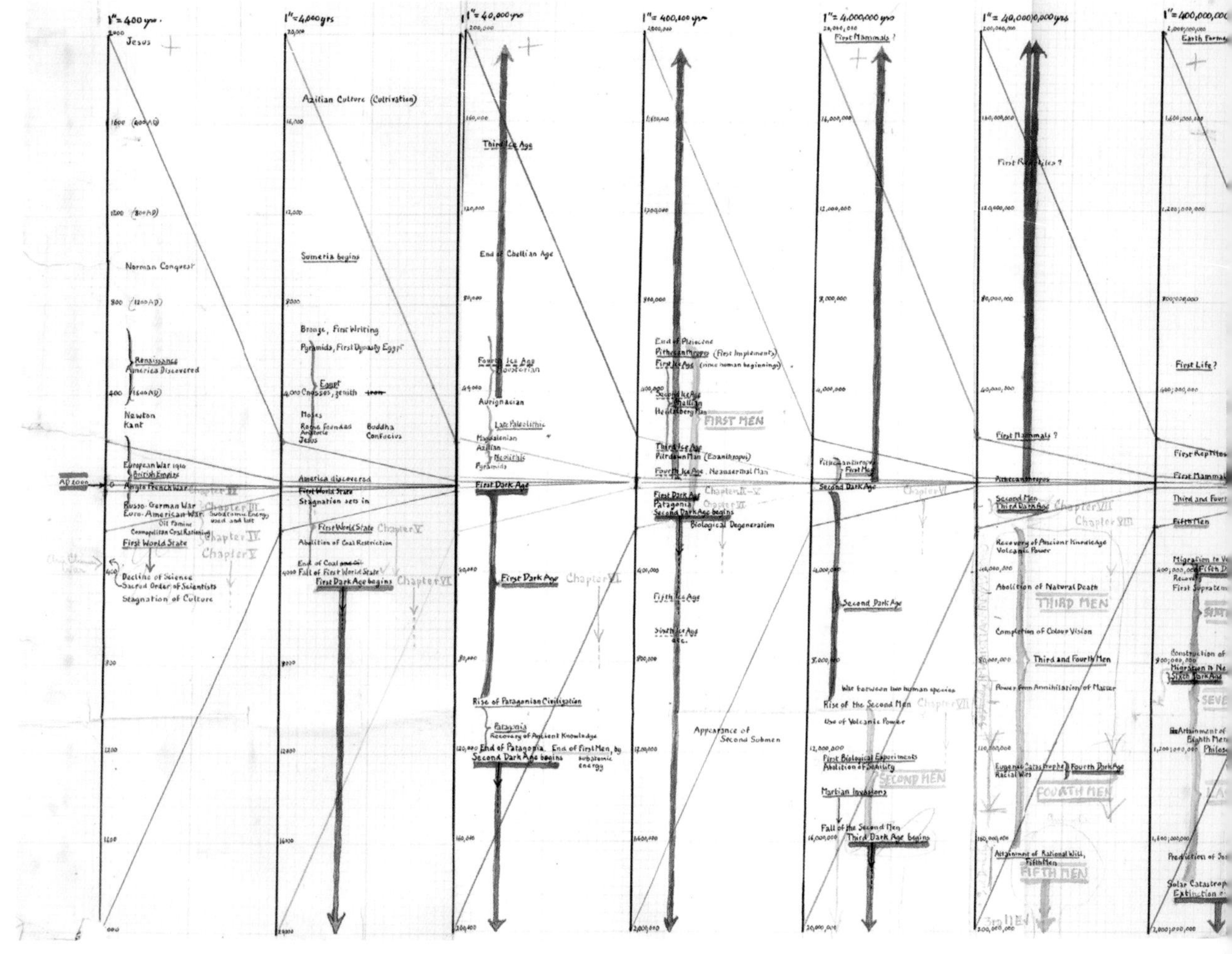

[그림13]

올라프 스테이플던의 1930년 작 SF 소설 『최후와 최초의 인간: 가깝고 먼 미래의 이야기』에 등장하는 수기 타임라인. 스테이플던의 책은 20억 년에 걸친 인류 진화의 역사와 18차례에 걸친 생물학적이고 문화적인 혁명을 다룬다. 이 작품에는 인간의 역사에서 우주의 역사에 이르기까지 다양한 비율로 그려진 타임라인들이 수록되어 있다. 스테이플던의 수기 타임라인은 모두 동일한 규칙을 따른다. 검은색의 수직선은 시간을 나타낸다. 가장 왼쪽의 선은 1인치가 400년에 해당하고, 그 다음의 선은 1인치가 4000년에 해당한다. 한 단계마다 10배씩 늘어나는 것이다. 여러 색상의 대각선은 각 타임라인의 크기를 다음의 타임라인과 비교해준다. 자주색의 수직선은 인간의 문화가 사라진 시대를 의미한다. 녹색의 수직선은 차례로 출현하는 인간의 종種들을 가리킨다. 리버풀 대학 도서관 특별 콜렉션 및 아카이브. 존 스테이플던 제공.

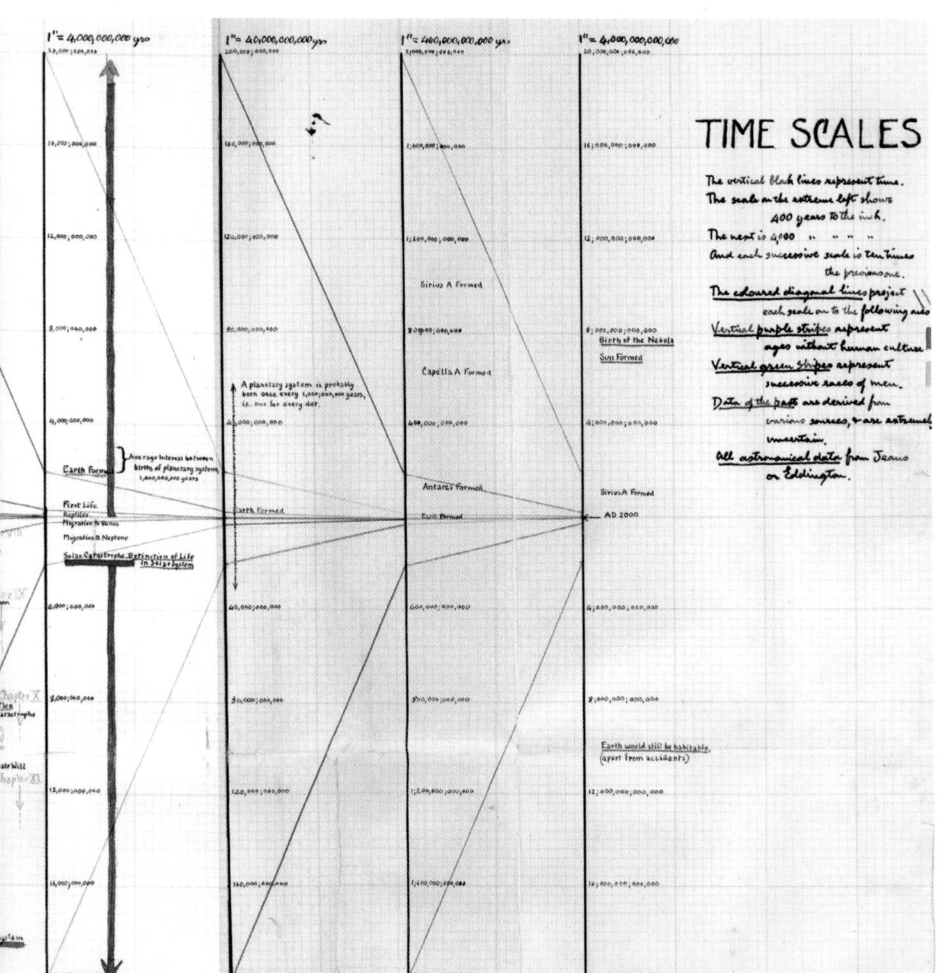

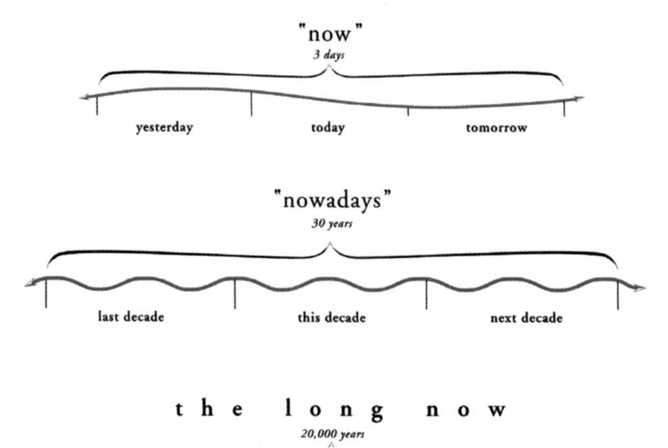

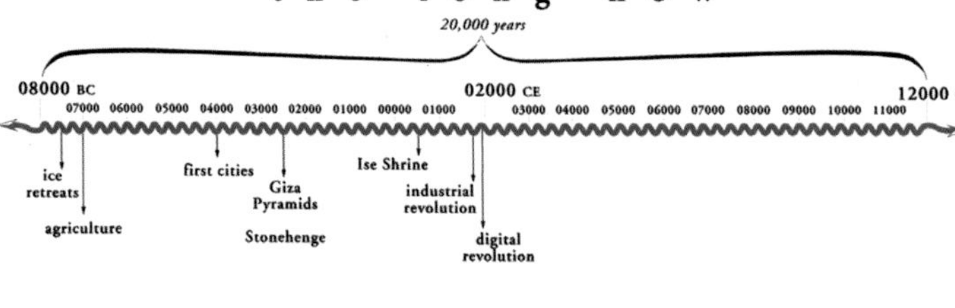

[그림14]

롱나우 재단, '긴 지금'의 개념을 보여주는 상대적인 시간 비율, 1999년.

제2장

표로 담아낸 시간

Time Tables

타임라인 이야기는 고대 세계에서 시작한다.[그림1] 고대 그리스와 로마의 학자들은 성직자와 올림픽 우승자, 행정 장관의 목록을 작성해 일부는 돌에 새기고, 일부는 책에 기록했다. 그러나 후대의 타임라인 제작자들이 모범으로 삼게 될 『연대기』를 기획하고 제작한 사람은 4세기 카이사레아 출신의 크리스트교 신학자 에우세비우스였다. 그는 크리스트교의 역사를 유대교와 크리스트교의 경전들 속에 띄엄띄엄 서술되어 있는 세계의 역사라는 흐름 속에서 설명하고자 했다. 또한 이러한 중심 서사를 그 밖의 민족들, 즉 제 나름의 기록 문화와 연표의 전통을 갖고 있으며 고대 이스라엘의 역사와 당대 교회의 역사에 빈번하게 등장하는 민족들의 역사와도 결합시키려는 생각을 품고 있었다.

에우세비우스는 그리스어로 성서를 읽었기 때문에, 3세기에 오리게네스라는 크리스트교 신학자가 편집한 6개국어 성서 번역본 『헥사플라』에 대해 잘 알고 있었으며, 이를 적절히 활용했다. 오리게네스는 6개의 세로줄 가운데 한 줄에는 히브리어 원전을, 다른 한 줄에는 그리스어 음역을, 그리고 나머지 줄들에는 4개의 그리스어 번역본을 나란히 배치함으로써, 독자들에게 자신들이 갖고 있는 그리스어 성서와 원래의 히브리어 성서가 어떻게 다른지를 보여주었다. 팔레스타인의 유대인들이 사용하는 히브리어 성서와 달리, 그리스어 성서는 알렉산드리아에 거주하며 그리스어를 쓰던 유대인들로부터 전해진 것이었기 때문이다. 매우 길고, 또 매우 유명한 이 판본은 20종의 완전한 필사본들을 조합한 것으로 여겨진다. 이와 같은 가로-세로줄의 양식은 고대인들이 사용하던 두루마리 형식에는 적합하지 않았으나 당시 크리스트교도들이 선호하던 책자의 형식과는 잘 어울렸기 때문에 매우 큰 가능성을 지니고 있었다. 에우세비우스는 오리게네스와 마찬가지로 이러한 양식을 활용해 복잡한 정보를 처리할 수 있는 간단한 방법을 고안해냈다. 에우세비우스의 『연대기』는 각각의 민족에 대응하는 19개의 평행한 세로줄을 통해 그리스와 로마를 비롯해 아시리아, 이집트, 페르시아와 같은 고대 왕국들의 흥망성쇠를 뒤쫓았다.

에우세비우스는 이 모든 민족들의 역사를 하

[그림1]

트로이의 멸망은 에우세비우스 『연대기』의 이 펼침면에서 가장 두드러진 사건이다.

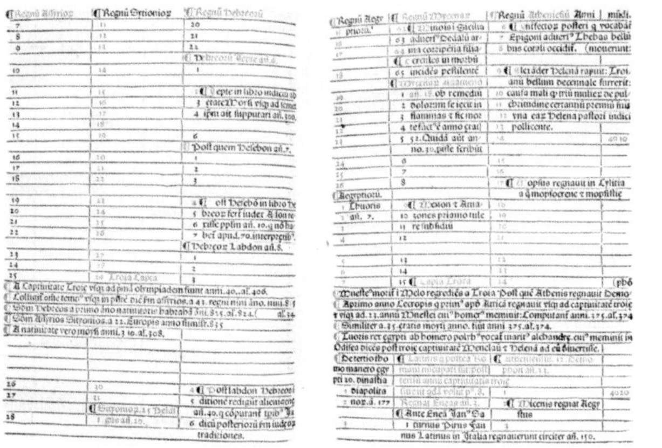

나로 통합시킴으로써, 그리스의 철학자 탈레스와 히브리의 예언자 예레미야가 거의 동시대의 인물임을 명료하게 보여줄 수 있었다.[1] 독자들은 에우세비우스의 표를 가로와 세로 방향으로 훑어보며 성서에 등장하는 어떠한 사건이 그리스나 이집트와 같은 이교도의 역사에 등장하는 어떠한 사건과 같은 시기에 일어났는지를 정확하게 알 수 있었던 것이다. 고대의 독자들은 이러한 외형적인 특징이야말로 에우세비우스의 작품이 갖는 차별성이라고 생각했다. 고대인들은 서사시부터 수학책에 이르기까지 삽화가 들어간 다양한 종류의 문헌들에 익숙해 있었기 때문이다. 로마제국의 후기였던 6세기의 학자 카시오도루스*는 『연대기』를 일컬어 "역사의 한 가지 형상"이라고 했는데, 이는 형식과 내용을, 즉 면의 배치와 거기 담을 지식을 새로운 방식으로 결합시킨 장르라는 의미였다.[2]

에우세비우스의 역사의 형상은 한 가지 중요한 교훈을 제공했다. 세계를 나누어 지배하던 다양한 왕국들은 시간이 흐름에 따라 모조리 사라져버렸다. 그리고 역사는 로마제국이 전 세계를 통합해 모든 민족에게 메시아의 말씀을 전하게 되는 하나의 거대한 이야기로 흘러갔다. 달리 말해 『연대기』는 매우 이해하기 쉬운 역사 기록일 뿐 아니라, 신의 섭리가 역사에 작동해온 과정을 보여주는 역동적인 상형문자였던 셈이다.

5세기에 히에로니무스**가 라틴어로 번역하고 개정한 이래, 고대 후기와 중세를 거치며 수많은 이들이 『연대기』를 필사하고, 이어 쓰고, 모방했다. [그림2] 필경사들은 계속해서 양식을 수정했고, 학자들은 새로운 내용을 덧붙이기를 반복하고 또 반복했다. 15세기의 피렌체 시민이자 학자였던 마테오 팔미에리***는 시민의 의무를 주제로 한 논

* 카시오도루스[Flavius Magnus Aurelius Cassiodorus, 490(?)~585(?)]: 로마의 정치가이자 역사가이다. 집정관, 친위대 장관을 지냈고 수도원을 세우고 저술에 전념해 중세 수도원의 연구생활의 기틀을 이루었다.

** 히에로니무스(Eusebius Sophronius Hieronymus, 348~420): 로마 가톨릭에서 암브로시우스, 그레고리우스, 아우구스티누스와 함께 라틴 4대 교부로 일컬어지며, 성서를 라틴어로 번역한 것으로 잘 알려져 있다.

*** 마테오 팔미에리(Matteo di Marco Palmieri, 1406~1475): 이탈리아 피렌체의 인문주의자이자 역사가이다.

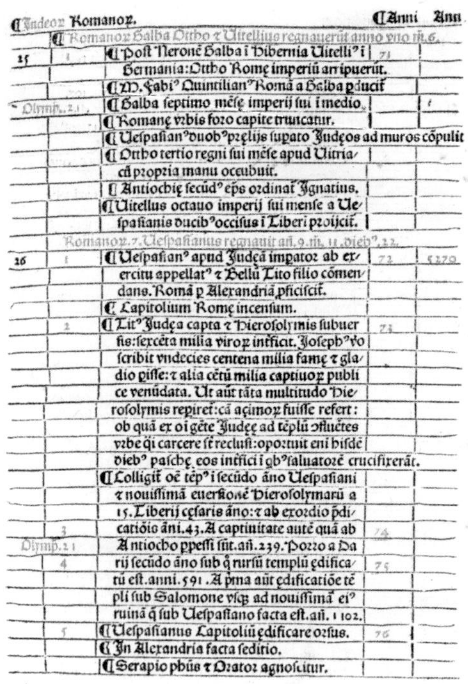
Judeor. Romanor. Anni Ann
Romanor. Galba Otho et Vitellius regnauerunt anno vno m. 6.
25 1 Post Neronē Galba i Hibernia Vitelli' i 71
Germania: Otho Rome imperiū arripuerūt.
M. Fabi' Quintilian' Romā a Galba pducit
Galba septimo mēse imperij sui i medio
Romane vrbis foro capite truncatur.
Vespasian' duob' prelijs supato Judeos ad muros cōpulit
Otho tertio regni sui mēse apud Vitria/
cū propria manu occubuit.
Antiochie secūd' eps ordinat Ignatius.
Vitellus octauo imperij sui mense a Ve/
spasianis ducib' occisus i Tiberi proijcit.
Romanor. 7. Vespasianus regnauit an. 9. m. 11. dieb' 22.
26 1 Vespasian' apud Judeā imperator ab ex/ 72 5270
ercitu appellat' et Bellū Tito filio cōmen/
dans. Romā p Alexandriā pficiscit.
Capitolium Rome incensum.
2 Tit' Judea capta et Hierosolymis subuer 73
sis: sexcēta milia viror interficit. Josepb' vo
scribit vndecies centena milia fame et gla/
dio pisse: et alia cētū milia captiuor publi
ce venūdata. Ut aūt tāta multitudo Hie/
rosolymis repiret: cā agimor fuisse refert:
ob quā ex oi gēte Judee ad teplū cōfluētes
vrbe qi carcere sē reclusit: opoztuit eni bisdē
dieb' pasche eos interfici i qb' saluatorē crucifixerāt.
Colligit oē tēp' i secūdo āno Vespasiani
et nouissimā euersionē Hierosolymarū a
15. Tiberij cesaris āno: et ab exordio pdi/
3 catiōis āni. 43. A captiuitate autē quā ab 74
Antiocho ppessi sūt. an. 239. Porro a Da
4 rij secūdo āno sub q rursū teplū edifica/ 75
tū est. anni. 591. A pma aūt edificatiōe tē
pli sub Salomone vsq ad nouissimā ei'
ruinā q sub Vespasiano facta est. an. 1102.
5 Vespasianus Capitoliū edificare orsus. 76
In Alexandria facta seditio.
Serapio pbūs et Orator agnoscitur.

[그림2]

예루살렘이 함락되고, 로마가 세계를 통일하다. 이 페이지부터 『연대기』에는 단 하나의 제국만이 등장한다.

문으로 오늘날 가장 잘 알려져 있다. 하지만 베스파시아노 다 비스티치라는 위대한 서적상이 회상했듯이, 팔미에리는 원래 『연대기』의 내용을 보충한 업적으로 명성을 얻었다. 비스티치는 이렇게 적었다. "팔미에리는 성 히에로니무스와 프로스페루스Prosperus를 계승해, 그들 이후 1000년이 넘는 시간 동안 일어난 사건들을 에우세비우스의 『연대기』에 라틴어로 덧붙였다. 팔미에리는 정체불명의 필자들이 기록한 사건들의 실제 전말을 밝히는 과정에서 크게 어려움을 겪었을 것이 틀림없다. 그와 그의 작품은 상당한 명성을 얻었다. 얼마나 많은 부수가 제작되었던지, 세계 어디에서든 그의 작품을 접할 수 있었다."[3]

15~16세기의 인쇄공들은 필사본 형태에서는 볼 수 없던 특징들을 새로이 추가했다. 밀라노의 출판업자 보니누스 몸브리티우스Boninus Mombritius는 자신이 출간한 『연대기』의 초판 서문에다 자기자랑을 한껏 늘어놓았다. 그 어떤 필경사라고 할지라도 자신의 판본처럼 순서에 맞게 표를 늘어놓고 왕들의 이름을 알맞은 자리에 배치함으로써 이와 같이 복잡하고 방대한 작품을 정밀하게 필사할 수는 없으리라는 것이었다. 1483년 베니스의 출판업자 에르하르트 라트돌트*는 통일된 형식의 쪽 번호를 삽입함으로써 인명 색인이라는 특별한 장치를

* 에르하르트 라트돌트(Erhard Ratdolt, 1442~1528): 아우스부르크 출신의 독일 출판업자이다. 1476~1486년까지 베네치아에서 활발히 활동했으며, 이후에는 아우스부르크로 옮겨 갔다. 인쇄 디자인과 기술적인 면에서 여러 가지 새로운 시도를 해 후대에 영향을 주었다.

고안할 수 있었다. 색인을 작성한 교정자는 아래와 같은 구절이 포함된 시 한 편을 지어 넣었다.

> 이 책에서 사건과 역사를 찾는 독자들이여,
> 그대들은 아무런 도움 없이 헤매지 않을 것이니,
> 우리가 색인이라는 것을 만들어두었기 때문이다.
> 그대들이 찾는 페이지는 이제 수수께끼로 남지 않을 것이니.[4]

1512년 파리의 출판업자 로베르 에스티엔*은 휘하의 교정자 가운데 한 명인 장 드 무보Jean de Mouveaux에게 훨씬 더 매력적인 새로운 판본을 제작하라는 지시를 내렸다. 무보는 라트돌트 판본의 색인을 알파벳 순서로 정렬한 뒤에, 이러한 혁신이 공헌한 바를 자찬하는 시 한 편을 덧붙였다. 다만 에스티엔은 6년 뒤에 무보의 색인을 포함한 판본을 증쇄하면서 그의 이름과 시를 삭제해버렸다. 『연대기』라는 방대한 수기 데이터베이스는 우리가 콘텐츠 제공자라고 부르는 무보와 같은 부류의 사람들의 관심을 꾸준히 끌어왔다. 이름이 거의 혹은 전혀 알려지지 않는 이러한 인물들이 『연대기』의 텍스트를 재구성하고 확장하는 데 중요한 기여를 했던 것이다.

또한 무보는 자신보다 앞서 『연대기』를 갱신한 중세의 연대기 작가와 필경사 들을 모방해, 신대륙의 발견과 같은 표제 기사가 포함된 인쇄물을 부록으로 덧붙이기도 했다.[그림3~5] 하지만 그 역시 선임자들과 마찬가지로 지난 몇 세기 동안 왕국들의 수가 급격히 늘어난 현실을 새로운 디자인에 반영하려는 노력은 전혀 기울이지 않았다. 그는 근래에 출현한 왕국과 도시 들을 위해 새로운 세로줄을 추가하는 대신에, 그러한 내용을 로마제국의 역사를 다룬 세로줄 아래 이어붙여버렸다. 무보는 학자의 죽음과 예언자의 생몰, 전쟁과 침략 등 자신이 새로이 써넣은 극적인 사건들을 강조할 수 있는 시각적인 관습을 전혀 활용하지 않았다. 그저 새로운 교황과 황제 들을 붉은색 잉크로 표시했을 뿐이었다.

새로이 고안된 장치들이 모두 의도한 대로 잘 작동하지는 않았다.[그림6~10] 시간을 종이에 그리는 일은 인쇄공들에게 꽤나 복잡하고 부담스러운 과제를 안겨주었다. 에우세비우스와 함께 일했던 필경사들에게 그러했듯이 말이다. 인쇄공들은 종종 창조적으로 대응했지만 그렇지 못할 때도 많았다. 인쇄본 형태의 『연대기』는 개선점이 많았지만, 오히려 그러한 개선점들 때문에 옛 필사본 형태보다 더 기계적으로 보이고 더 읽기 어려워진 측면도 있었다. 옛 필경사들은 왕의 목록과 사건에 대한 설명을 하나의 열린 공간에 배치했다. 반면 인쇄공들은 수평과 수직의 선을 그어 각각의 페이지를 여러 개의 작은 상자들로 분할했는데, 사건들 사이의 상호관계를 보여주기보다 정보를 잘게 쪼갬으로써 오히려 그 의미를 더 모호하게 만드는 경우가 많았다. 『연대기』는 다양한 판본으로 계속해서 출간되

* 로베르 에스티엔(Robert Estienne, 1503~1559): 16세기 파리의 출판업자이자 고전학자이다. 라틴어 성서를 번역한 최초의 프랑스어 성서를 출판했고, 성서에 절 번호를 넣은 것으로 알려졌다.

[그림3~5]

에우세비우스 『연대기』의 서로 다른 세 가지 판본이다. 두 번째 것은 1512년에 장 드 무보가 편집한 것으로, 첫 번째 것의 색인을 취사 선택해 재구성했다. 그러나 출판업자 에스티엔은 1518년의 증쇄본에 무보의 색인을 다시 실으면서도 무보가 자신의 공헌을 자랑했던 시는 삭제해버렸다.

Ioannes Multiuallis Tornacensis director huius operis et in officina recognitor: lectoribus Salutem.

Eusebio bona cura fuit describere rerum
Tempora: ne pereant cudere nostra fuit.
Sed nisi qui fidus mendas aboleret adesset:
Hic foret exigua cōmoditate labor.
Quid quoq; si desit (quo prompte singula quæras)
Index: perpaucos nonne iuuabit opus?
Cunq; prius deesset/nobis adiunctus hic index
Perfacilis: numeris cuncta notata docens.
Si iuuat hic noster labor & placet: haud aliud quid
Expetij, satis est. id fero quod volui.
Valete.

EVSEBII DE TEMPORIBVS INDEX

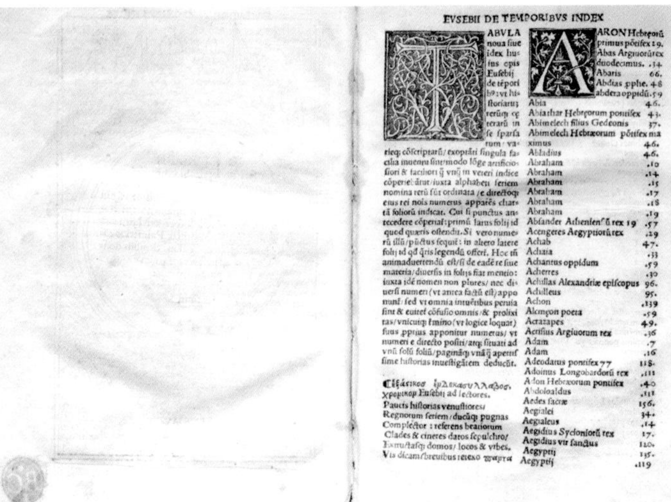

[그림6~7]

에우세비우스 『연대기』에 15세기 마테오 팔미에리가 붙인 부록의 마지막 부분과 1512년 장 드 무보가 추가한 내용의 첫 부분. 두 사람은 에우세비우스가 그러했듯이 당시의 세계를 여전히 로마제국에 의해 하나로 통합된 세계로 간주했다. 심지어 팔미에리는 중세 도시국가들로 분열된 투스카니 지역에 살았고, 무보는 프랑스라는 독립 왕국의 신민임을 자랑스럽게 여겼는데도 말이다.

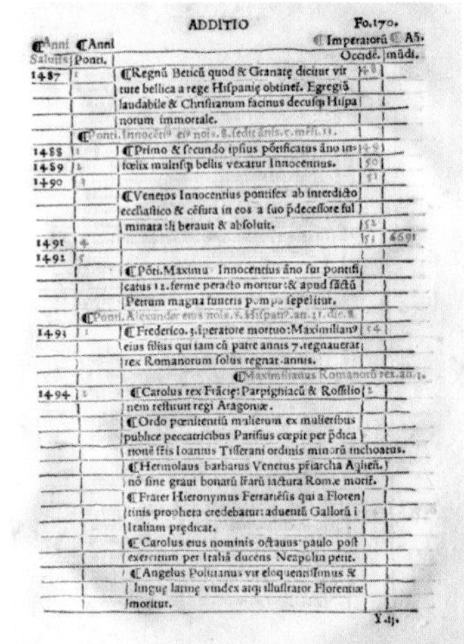

[그림8~10]

장 드 무보의 부록에는 다양한 종류의 기사가 실려 있었다. 하늘에서 십자가가 떨어져 사람들의 옷에 새겨진 사건과 유럽인이 대서양을 가로질러 "새로운 섬"에 도달한 사건, 그리고 1494년에 프랑스가 이탈리아를 침공한 일과 4년 뒤 피렌체에서 사보나롤라(Savonarola, 이탈리아 도미니코회의 수도사이자 종교개혁가)가 처형된 일 등이 함께 수록되었다.

었지만, 후대의 편집자들은 자신의 판본을 더 인상적이고 더욱 독자친화적으로 만들기 위한 노력을 거의 기울이지 않았다. 다만 더 많은 독자가 『연대기』를 접할 수 있게끔 함으로써, 독자들이 평행한 세로줄 양식에 익숙해지도록 도왔을 뿐이다.

그러나 인쇄술의 발명 이후에 제작된 연대기 가운데 몇몇은 독자에게 더욱 복잡하고 생생한 과거의 이미지를 제공했다. 카르투지오회 수도사 베르너 롤레빙크*의 1474년 작으로 베스트셀러였던 『날짜들의 다발』, 뉘른베르크의 인문주의자 하르트만 셰델**의 1493년 작으로 삽화가 잔뜩 들어간 『뉘른베르크 연대기』 같은 작품들이 이에 해당한다. 에우세비우스의 다른 독자들과 마찬가지로, 셰델과 롤레빙크 또한 "세계사는 그 시초에서부터 시각적인 기획"이었음을 잘 이해하고 있었다.[5] 이들은 역사의 진행 과정을 그림으로 표현하기 위해 옛것과 새것을 가리지 않고 매우 다양한 종류의 도식적 장치를 활용했다.

천지창조에서 현재에 이르는 50쪽 길이의 선형 차트인 『날짜들의 다발』은 독자에게 세계사의 전체상을 보여주려는 의도를 갖고 있었다. 독자들은 이처럼 이해하기 쉬운 시각적인 표상을 암기를 위한 체계로도, 종교적 명상의 기폭제로도 제각기 받아들일 수 있었다.[그림11] 롤레빙크는 성서와 고전에 등장하거나 당대를 살아가고 있는 통치자와 작가 들을 역사적 시간의 흐름 속에 배치하기 위해 '서로 연결된 원'이라는 체계를 활용했다. 이 체계는 너무나 복잡했던 탓에, 처음으로 인쇄를 맡은 사람은 고군분투했음에도 불구하고 누구도 이해하기 어려운 결과물을 만들어냈다. 그리고 이후의 인쇄공들도 자신은 그저 저자의 원본을 그대로 따랐을 뿐이라는 변명을 독자 앞에 늘어놓아야 했다. 하지만 이들의 결과물은 몹시 감동적인 것이었다. 깔끔하게 도안된 시간의 가로선은 창세기로부터 현재를 향해 돌진했다. 그리고 그 주변에서는 서로 연결된 채 가지런히 배열된 이름 거품들과 역사 문헌에서 발췌한 인용문들이 숫자로 이루어진 이 책의 뼈대에 살을 입히고 있었다.[6]

반면에 셰델은 자신의 이야기에 등장하는 수많은 배우들을 복잡하게 생긴 계보나무에 매달려 있는 열매로 그려 넣었다.[그림12~13] 또한 고대와 현재의 도시들에 대한 화려한 원근법적 묘사, 식인 풍습을 지닌 야만 종족, 인도 지방에서 예로부터 목격되었다는 개의 머리를 지닌 사람 등과 같은 멋들어진 만화풍의 이미지들도 그려 넣었다. 일종의 프톨레마이오스적인 세계지도라고 할 만한 것이었다. 셰델의 책은 명료함과 정교함에서라면 롤레빙크의 책에 미치지 못했지만, 그보다 훨씬 더 상세한 이미지와 설명을 통해 과거를 묘사했다고 할 수 있다.

* 베르너 롤레빙크(Werner Rolevinck, 1425~1502): 수도사이자 역사가로, 약 50여 편의 글을 썼다. 『날짜들의 다발(Fasciculus temporum)』은 창세부터 교황 식스투스 4세까지의 역사를 기록한 책으로, 그의 평생 동안 다양한 판본으로 판매되며 인기를 얻었다.

** 하르트만 셰델(Hartmann Schedel, 1440~1514): 독일의 물리학자, 인문주의자이자 역사가이다. 프레스 인쇄기를 이용해 연표를 제작한 최초의 인물 중 한 사람으로 알려져 있다.

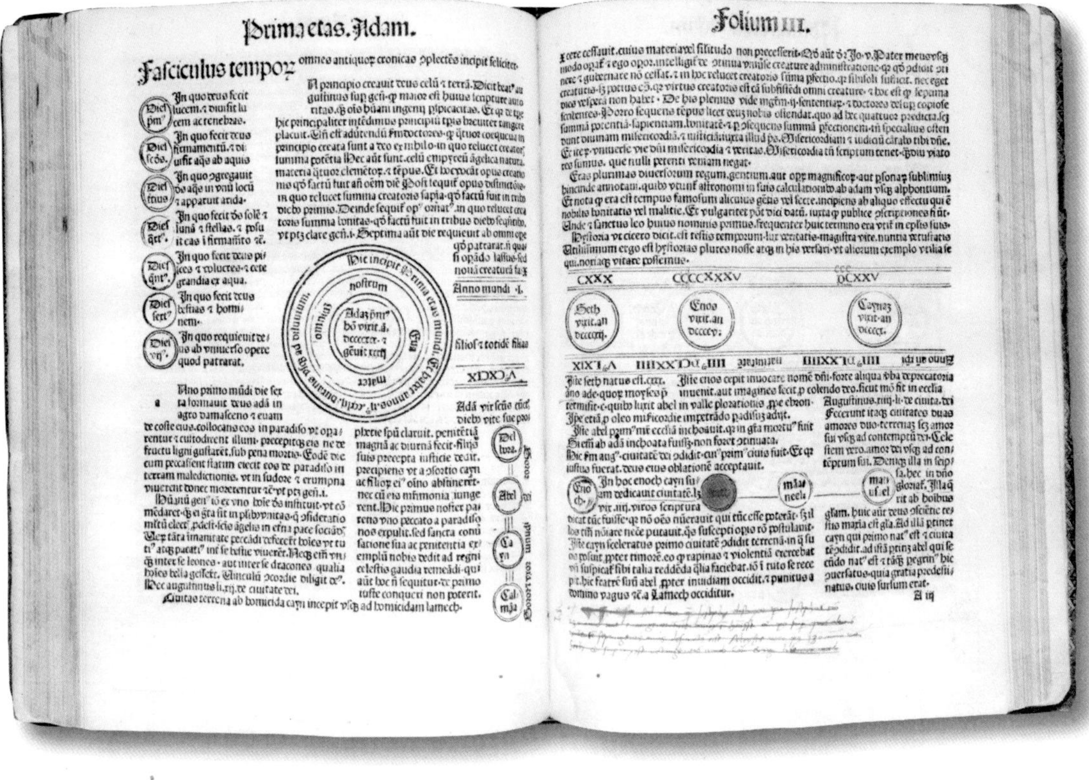

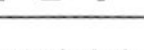

[그림11]

15세기에 베르너 롤레빙크가 제작한 『날짜들의 다발』.

[그림12~13]

하르트만 셰델은 『뉘른베르크 연대기』의 전반부에서 나무를 핵심적인 시각적 은유로 활용했다. 그는 유대 조상이나 그리스와 로마의 통치자와 같은 인물들을 나무에 그려 넣었다. [그림12]의 나무는 노아의 아들 야벳의 가계를 보여준다. 그런데 셰델은 먼 동방에 존재한다는 기이하고, 심지어는 괴기스러운 사람들에 대한 기사로 가득 찬 세계를 살고 있었다. 이러한 기사의 출처는 대개 고대 그리스의 문헌들이었다. 셰델은 그러한 기사들도 자신의 책에 싣고 싶었지만, 아담으로부터 이어져 내려오는 성서 계보나무에서는 적절한 자리를 찾지 못했다.

Secunda etas mundi Folium XVI

Secunda etas mundi Folium XII

De homib⁹ diuersaꝝ formaꝝ dicit Pli. li. vij. ca. ij. Et Aug. li. xvi. de ci. dei. ca. viij. Et Isidorus Ethi. li. xi. ca. iij. oia q̄ sequūtur in india. Cenocephali homines sunt canina capita habētes cū latratu loquūtur aucupio viuūt. vt dicit Pli. qui omnes vescuūtur pellibus animaliū.

Ciclopes in India vnū oculum hn̄t in fronte sup nasum hij solas ferarū carnes comedūt. Ideo agriofagite vocātur supra nasomonas confinesq̄ illorū homines esse: vtriusq̄ nature inter se vicibus coeūtes.

Calliphanes tradit Arestotiles adijcit dextram māmam ijs virilem leuam muliebrem esse quo hermofroditas appellāmus.

Ferunt certi ab oriētis pte intima esse homines sine naribus: facie plana eq̄li totius corpis planicie. Alios supiore labro orbas. alios sine linguis ꝛ alijs cōcreta ora esse modico foramine calamis auenaꝝ potū haurientes.

Item homines habentes labiū inferius. ita magnū vt totam faciem contegant labio dormientes.

Item alij sine linguis nutu loq̄ntes siue motu vt monachi.

Pannothi in scithia aures tam magnas hn̄t. vt contegant totum corpus.

Artabite in ethiopia pni ambulāt vt pecora. ꝛ aliqui viuūt p annos. xl. quē nullus supgreditur.

Satiri homūciones sunt aduncis naribus cornua ī frontibus hn̄t ꝛ capraꝝ pedibus similes qualē in solitudine sanctus Antonius abbas vidit.

In ethiopia occidentali sunt vnipedes vno pede latissimo tam veloces vt bestias insequantur.

In Scithia Ipopedes sunt humanā formaꝫ eq̄nos pedes habentes.

In affrica familias quasdā effascinātiū Isigonus ꝛ Memphodorus tradūt quaꝝ laudatōne intereāt pbata. arescāt arbores: emoriātur infantes. esse eiusdem generis in tribalis et illirijs adijcit Isogon⁹ q̄ visu quoq̄ effascinent iratis pcipue oculis: quod eorū malū facilius sentire puberes notabili⁹ esse q̄ pupillas binas in oculis singulis habeant.

Item hoies. v. cubitoꝝ nūq̄ infirmi vsq̄ ad morteꝫ

Hec oia scribūt Pli. Aug. Isi. Preterea legit ī gest Alexādri q̄ ī india sunt aliq̄ hoies sex man⁹ hn̄tes.

Itē hoies nudi ꝛ pilosi in flumine morātes.

Itē hoies manib⁹ ꝛ pedib⁹ sex digitos habentes.

Itē apothami ī aq̄s morantes medij hoies ꝛ medij caballi.

Item mulieres cū barbis vsq̄ ad pect⁹ ꝫ capite plano sine crinibus.

In ethiopia occidētali sūt ethiopes. iiij. oclos hn̄tes

In Eripia sunt hoies formosi ꝛ collo gruino cū rostris aialium hoimq̄ effigies mōstriferas circa extremitates gigni mīme miru. Artifici ad formanda corpora effigiesq̄ celandas mobilitate ignea.

Antipodes āt eē. i. hoies a 2ria pte terre vbi sol orit̄ q̄n occidit nob̄ aduersa pedib⁹ nr̄is calcare vestigia nulla rōe credēdū ē vt ait Aug. 16. de ci. dei. c. 9. Ingēs tn̄ ꝫ pug lr̄aꝝ ꝯtraq̄ vulgi opioēs circūfundi terre hoies vndiq̄ cōuersisq̄ īter se pedib⁹ stare et cūctissilem eē celi vtcē. Ac sili mō ex q̄cuq̄ pte mediā calcari. Cur āt n̄ decidāt: mireř ꝛ illi nos n̄ decidere: nā eīn repugnāte: ꝛ quo cadāt negāte vt possint cadere. Nā sicē ignis sedes nō ē nisi ī ignib⁹: aq̄rū nisi ī aq̄s. spūs nisi in spū. Ita terre arcentibus cūctis nisi in se locus non est.

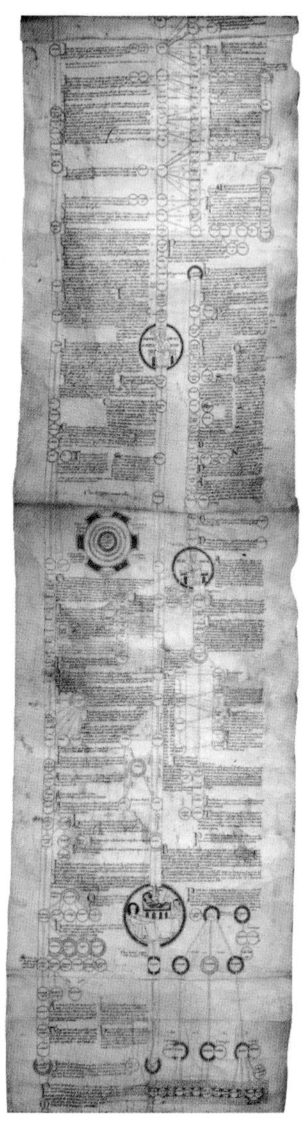

[그림14~18]

12세기 후반 푸아티에의 피에르가 화려한 두루마리 형태로 제작한 구세주의 가계도이다. 가장 꼭대기에 예수 그리스도가 그려져 있고, 가지가 일곱 개인 촛대가 그 아래를 지탱하고 있으며, 양쪽 옆으로는 설명글이 적혀 있다.

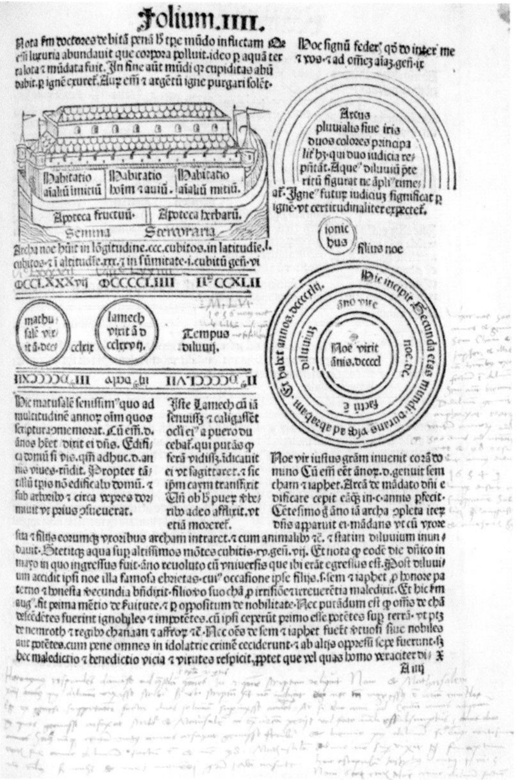

[그림19]

베르너 롤레빙크가 고안한 레이아웃의 우아함을 이 이미지에서 확인할 수 있다. 노아의 방주, 그리고 대홍수가 잦아든 뒤에 하늘에 떠오른 무지개가 그려져 있다.

롤레빙크와 셰델은 애초부터 자신들의 작품을 인쇄본으로 제작할 생각이었지만, 중세의 필사본에서도 다양한 디자인적 요소를 빌려왔다.[그림14~18] 이들보다 앞선 시대에도 많은 학자와 필경사 들이 에우세비우스의 양식에다 자신들이 고안한 새로운 방편을 덧붙여왔던 것이다. 12세기 후반, 푸아티에의 피에르Peter of Poitiers라는 파리의 교사는 학생들을 위해 구약성서의 역사를 다룬 화려한 천연색 그림책을 제작했다. 피에르는 선과 원으로 이루어진 체계를 활용해 히브리의 조상과 왕들 사이의 시간적이고 계보적인 상호관계를 뚜렷하게 드러내려 했다. 피에르의 사본들은 일반적인 책자가 아니라 멋들어진 양피지 두루마리에 쓰였다. 따라서 길이가 2.7미터가 넘는 경우도 있었고, 교실에서 펼칠 수 있는 형태로 제작되었다.[7]

롤레빙크의 『날짜들의 다발』에 수록된 노아의 방주, 바벨탑, 니네베 시의 삽화는 옛 세계사 연대기와 성서 주석의 관습을 재현한 것이었다.[그림19] 하지만 롤레빙크는 이러한 형식을 푸아티에의 피에르가 고안한 체계와 한데 결합시켰다. 수직 방향의 양식을 수평으로 90도 회전시키고, 길게 이어지는 선들을 책의 일반적인 쪽 구분에 맞도록 끊어낸 것이다. 롤레빙크는 에우세비우스의 양식을 좇아 텍스트를 여러 조각으로 잘라낸 뒤 각각 적절한 장소에 배치했고, 이 덕분에 독자들은 (혼자 읽을 때는 마치 연대기적인 진공 속을 떠다니고 있는 것처럼 느껴졌던) 성서와 역사책의 사건들이 언제 일어났는지를 정확하게 파악할 수 있었다.

중세에는 다양한 판본의 성서 계보들이 등장했다. 「이사야서」 11장 1~3절의 내용에 기초해 예수의 가계를 추적한 이른바 이새의 나무*와 같은 것이 대표적이었다.[그림20~21] 또한 귀족들도 피의 순수성과 출신을 증명하고자 자신들의 가문을 수직적인 "혈통"으로 구조화하기 시작했다. 그리고 곧 학자들은 이러한 가계도를 그려 넣은 두루마리를 제작하기 시작했다. 성서의 계보들이 그러했듯이 가문의 계보 역시 종종 나무의 구조를 취했으며, 각 세대의 구성원들은 나뭇가지에 열매처럼 매달려 있었다.[8] 하지만 이러한 나무의 구조는 시간이 지날수록 점점 더 복잡해지게 마련이었고, 심지어 엉망진창이 되어버릴 수도 있었다. "12세기를 거치며 계보들은 계속해서 확장되었다. 가지는 사방팔방으로 뻗어나갔고, 각 세대는 더 많은 내용으로 채워졌으며, 새로 태어난 자녀와 이전에는 언급되지 않았던 조상들의 이름이 더해졌다. 가계도라는 윤곽은 귀족 사회의 뼈대가 되었다. 여러 지역의 귀족들이 복잡하게 얽히고설킨 선으로 묶이며 훨씬 더 큰 규모의 가족 관계로 통합되었다."[9] 하지만 이와 같은 두루마리 계보 가운데 일부는 여전히 그 형식 특유의 명료함과 아름다움을 드러내 보이고 있다.

셰델은 이러한 나무 양식의 계보를 모방했다. 비록 책의 펼침면에 맞추기 위해 나무를 불규칙적인 조각으로 쪼개기는 했지만 말이다. 따라서 그는 단순한 타임라인이 아니라 교황과 왕의 재위 기간을 역사의 갑주로서 이용해야 했다.[그림22~29] 또한 셰델은 훨씬 오래전의 성서 주석과 연대기의 관습들을 계보의 양식과 결합시켰다. 『뉘른베르크 연대기』는 천지창조의 7일을 각각 상징하는 인상적인 7장의 삽화를 통해 세계의 창조를 묘사했다. 중세 파리의 필사본 채식사들도 「창세기」의 하루하루를 특정하기 위해 작고 우아한 이미지들을 그려 넣었지만, 셰델은 인쇄 미학에 대한 풍부한 이해를 바탕으로 이러한 이미지들을 더 단순하고, 더 크고, 더 극적인 것으로 만들어냈다.

롤레빙크와 셰델은 지난 여러 세기 동안 연표학자들을 괴롭혀온 문제에 대한 독창적인 해법을 각각 마련했다.[그림30~31] 에우세비우스는 히브리어와 그리스어로 쓰인 성서의 고대 판본들이 천지창조와 대홍수 사이의 기간을 (각각 1656년과 2256년으로) 크게 다르게 기록하고 있다는 사실을 깨닫고는, 「창세기」에서 다루는 역사의 첫 시기를 『연대기』에서 삭제해버리기로 결심했다. 하지만 롤레빙크는 13세기의 세계사 연대기들에서 더 우아한 해법을 빌려 왔다. 각 쪽의 수평 중앙 부분에 "사람들의 이름과 해당 연도가 적힌 원들을 그려 넣고, 그 위와 아래에 두 줄의 선을", 즉 이중의 축을 긋는 것이었다.[10] 그런 뒤에는 각각의 시간적

* 이새의 나무: 나무 모양으로 예수의 족보를 나타내는 일종의 도표 역할을 하는 그림이다. 「이사야서」 11장 1~3절과 「마태복음」 1장 1~16절을 근거로 중세시대에 많이 그려지고 조형되었고, 그 후 종교개혁 당시 우상숭배의 요소가 있다고 판단이 되어 상당수 불태워졌지만 아직도 몇몇 예술작품으로 존재한다.

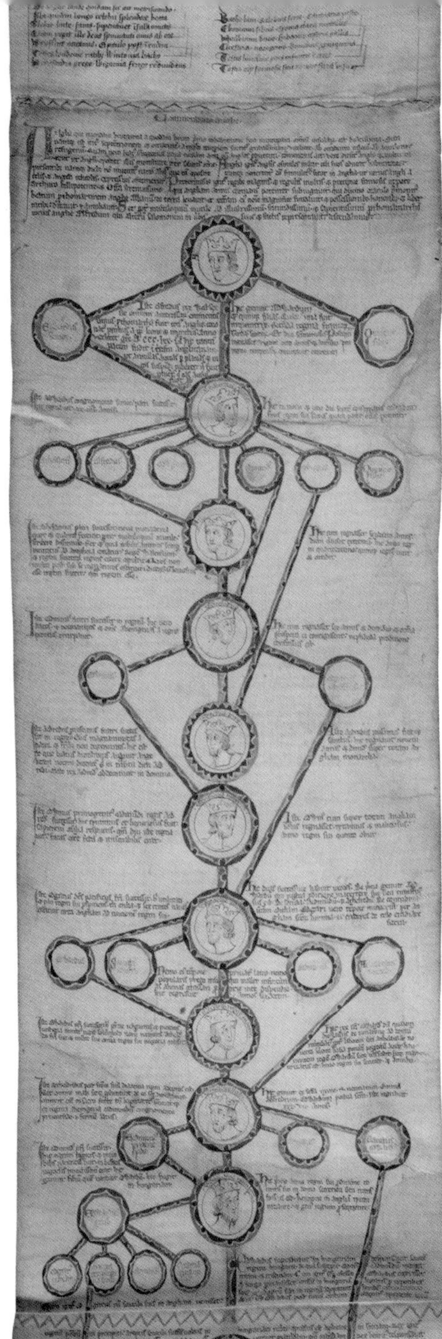

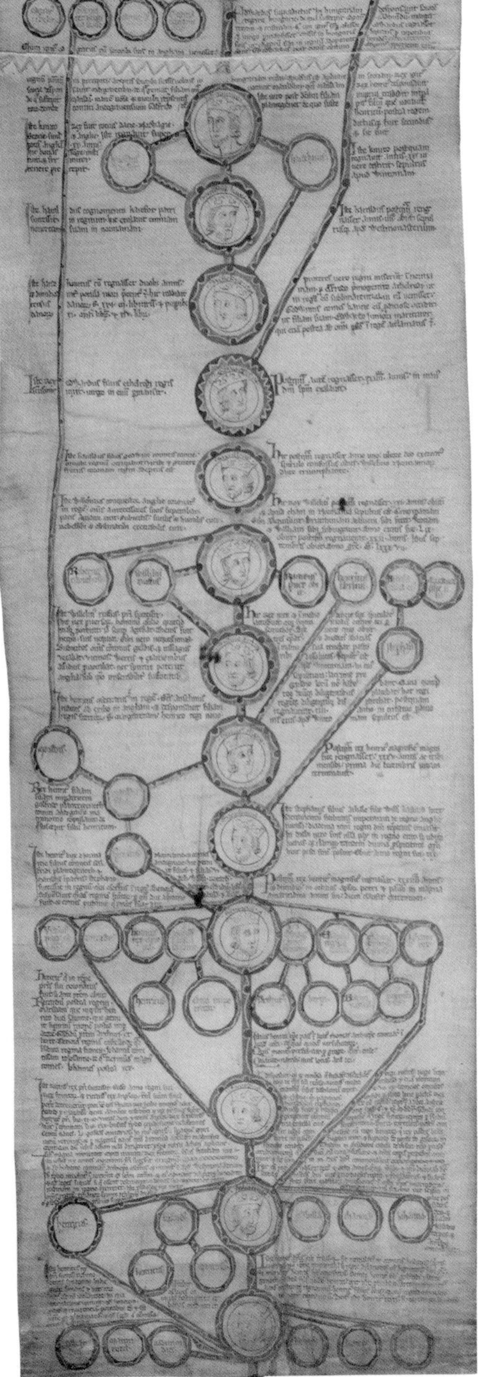

[그림20~21]

푸아티에의 피에르의 작품과는 대조적으로, 프린스턴 대학이 소장하고 있는 13세기 중반에 제작된 MS57은 전적으로 세속적인 특성을 갖고 있다. 이 작품은 알프레드 대왕(871~899)에서 헨리 3세(1216~1272)에 이르는 영국 역사를 간결하고 우아한 시각적 형식으로 표현한다. 작은 원 안에 23명의 영국 왕의 초상이 그려져 있고, 그 주위에는 일련의 설명글이 적혀 있다. 봉합선을 살펴보면 이러한 두루마리들이 두 장 이상의 (이 경우에는 세 장의) 양피지로 만들어졌음을 알 수 있다. 푸아티에의 피에르의 작품이 학교 수업의 교보재로 활용되었다면, 이 두루마리는 귀족 저택의 거대한 홀에 걸기 위해 제작되었다.

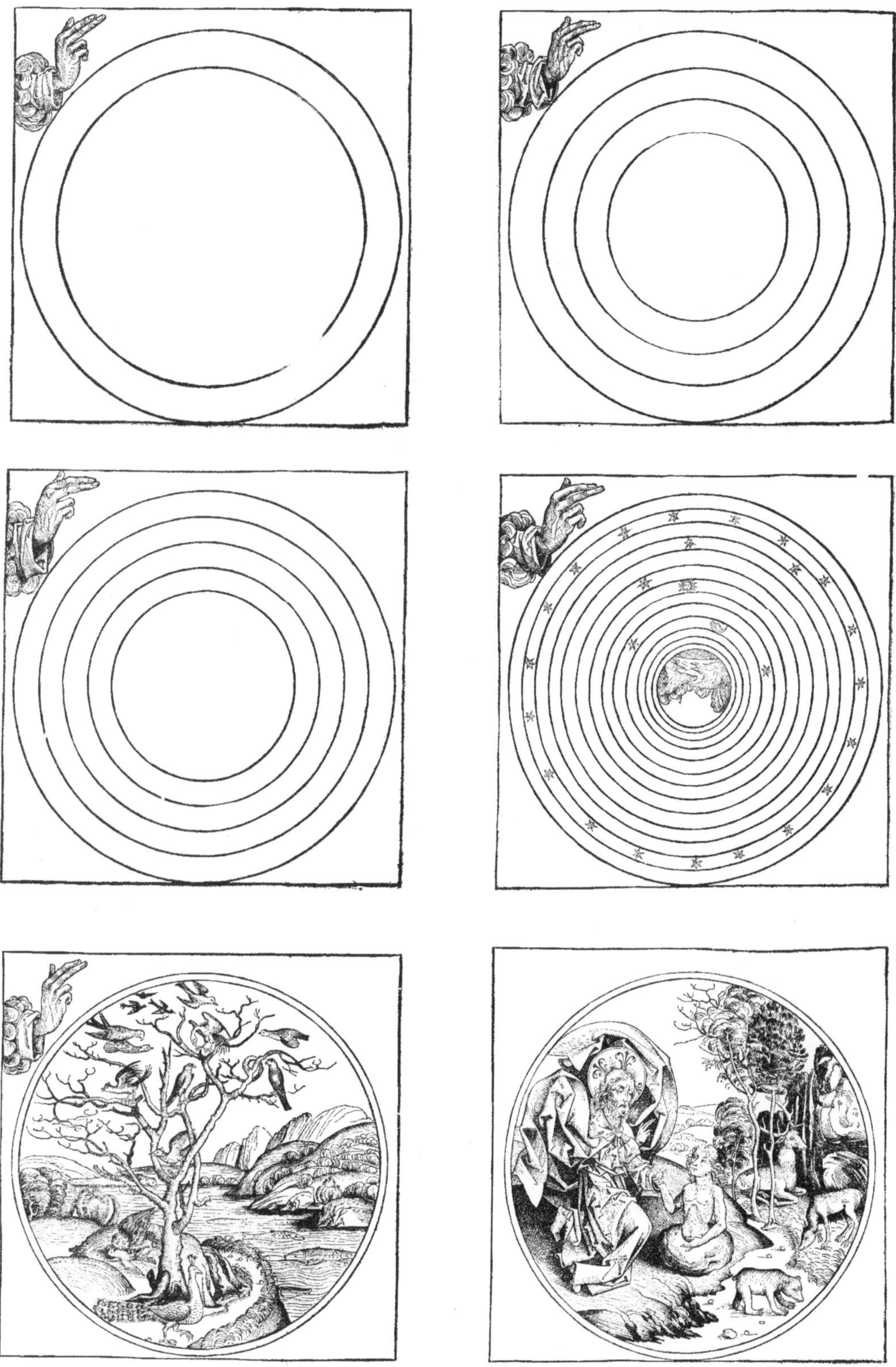

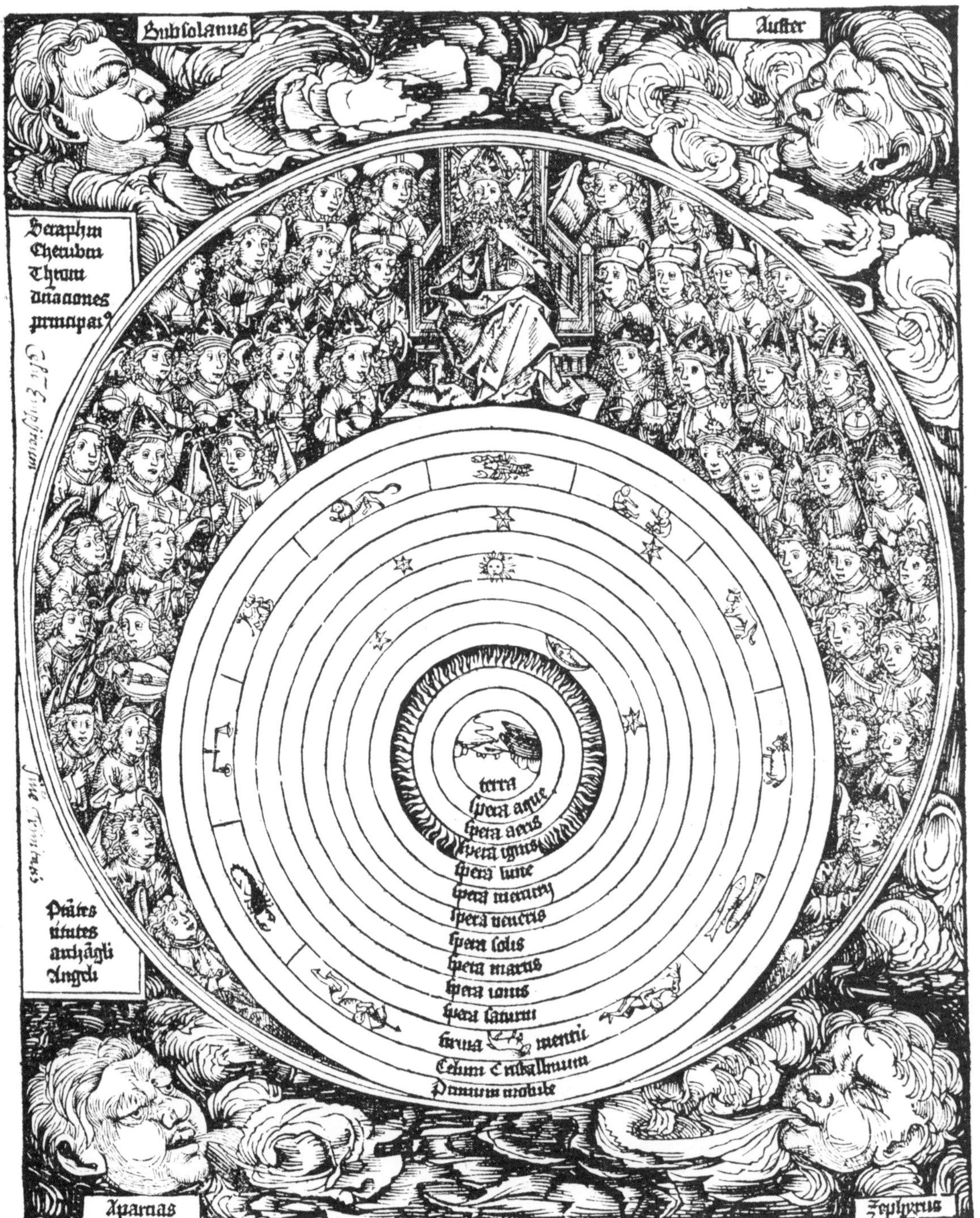

[그림22~28]

하르트만 셰델의 『뉘른베르크 연대기』에 등장하는 천지창조의 날들.

[그림29]

12세기 파리에서 제작된 성서의 「창세기」 도입부. 왼쪽 띠에 그려진 삽화는 셰델의 『뉘른베르크 연대기』보다 천지창조의 순간을 더 섬세하게 묘사하고 있지만, 극적인 효과는 더 약했다.

[그림30]

롤레빙크의 『날짜들의 다발』에서 소돔과 고모라의 멸망을 다루는 펼침면. 여기에 직접 주석을 적어 넣은 독자는 소돔과 고모라의 멸망에 대해서는 전혀 언급하지 않았고, 오직 롤레빙크의 연도 계산을 재검토하는 일에만 관심을 가졌다.

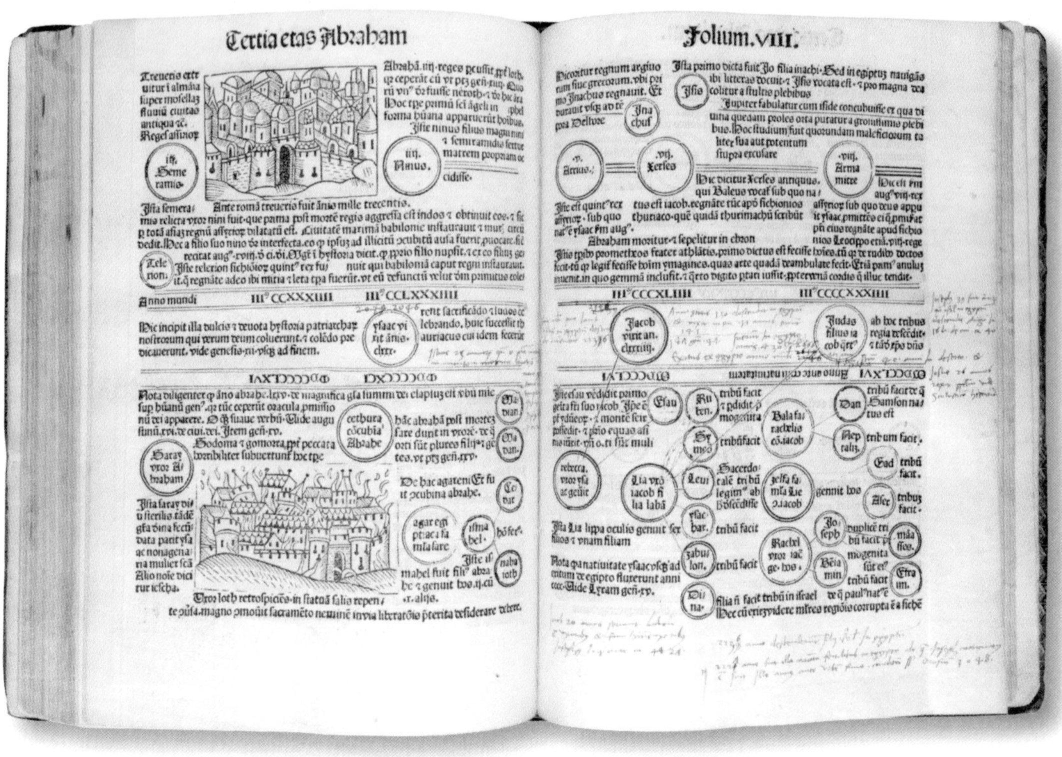

[그림31]

롤레빙크 외에도 계보 형태의 세계사 연대기를 책에 실으려고 시도한 이들이 존재했다. 1475년에 익명의 작가가 제작한 『연대기와 역사의 대요』도 사실상 동일한 목표를 갖고 있었다. 롤레빙크의 책에서는 시간이 수평 방향으로 진행했기 때문에 쪽을 넘길 때 그 흐름이 자연스럽게 연결되었다. 하지만 이 책의 작가는 시간의 흐름을 수직 방향으로 설정했고, 따라서 독자들이 앞 쪽과 뒤 쪽의 계보의 사슬을 각각 바르게 연결시킬 수 있도록 사슬마다 특정한 글자를 할당했다.

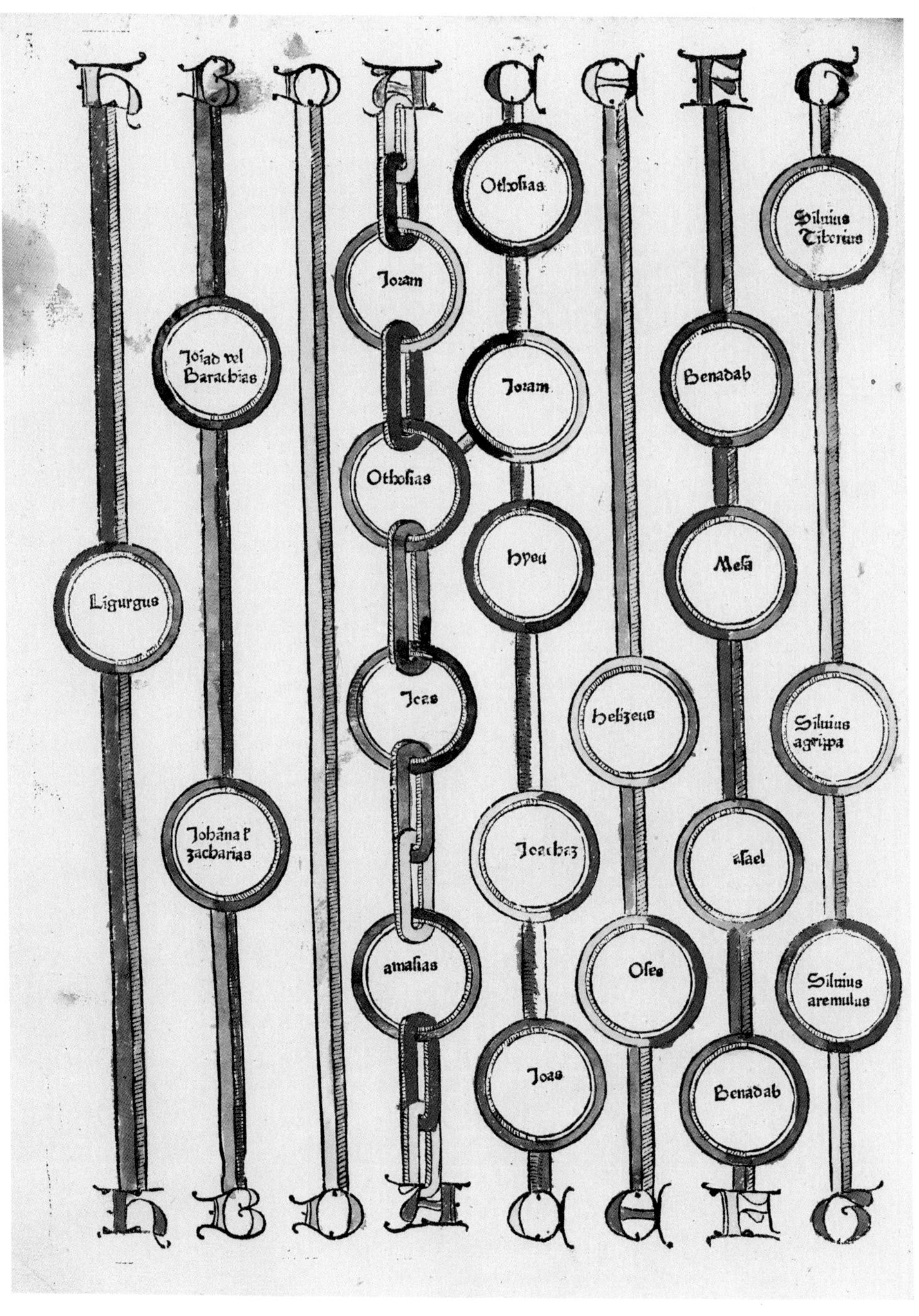

인 간격을 계산해 두 줄의 선 위에 기입했다. 위쪽 선에는 천지창조 이래의 햇수(세계의 나이를 뜻하며, 전통적으로 'AM'으로 불린다)를 기입하고, 아래쪽 선에는 예수 탄생으로부터 거꾸로 따진 햇수(근대적인 용어로 'BCE'라고 한다)를 기입했다. 롤레빙크는 비판적인 독자들이라면 후자의 새로운 연도 체계를 활용해 다양한 고대의 연표를 비교할 수 있을 것이라고 설명했다. 많은 이들이 그의 조언을 따라 이 책을 읽어가며 자기 나름의 계산 결과를 적어 넣었다. 롤레빙크는 자신의 책이 누구나 쉽게 이해할 수 있는 시각적인 명료함을 갖추고 있으며, 그로 인해 에우세비우스의 『연대기』보다 훨씬 독자친화적인 "역사의 형상"을 제공한다고 주장했다. "내가 사용한 방법은 매우 단순하며, 심지어는 담벼락에 그려 무지한 시골뜨기조차 쉽게 이해시킬 수 있을 만큼 친절한 것이다."[11]

셰델은 거대한 상업 도시이자 유럽 교통망의 최대 중심지 가운데 하나인 뉘른베르크의 시민이었기에, 자신의 독자들이 새로운 방식과 새로운 매체를 통해 역사를 경험하고 있다는 사실을 잘 알고 있었다.[그림32~35] 『뉘른베르크 연대기』는 텍스트로 가득 찬 대작이었으며, 많은 사건들에 대한 해설을 모아놓은 책이었다. 각각의 사건 해설은 짧은 분량의 텍스트와 한 장의 삽화로 이루어졌는데, 이 자그마한 삽화들은 그 형태와 내용이 당시 유통되던 인쇄물을 모방하고 있었다. (그 자신을 비롯해) 셰델의 독자들은 그러한 인쇄물을 통해 콘스탄티노플의 함락이나 혜성의 출현, 괴물의 탄생과 같은 최신 뉴스를 접했던 것이다.[12] (셰델은 『뉘른베르크 연대기』의 출간 이후에 나온 인쇄물들을 자신이 소지하고 있는 판본에 풀칠해 붙임으로써 둘 사이의 유사성을 더욱 분명히 했다.[13])

Sexta etas mundi Foliũ CCXVIJ

Cum in traiecto homines vtriusq sex⁹ super pontē coreis ac vanitatib⁹ operā darēt. Cōtigit sacerdotē cū diuinissimo sacro eucharistie ad egrotantem deferendū ptrāsire. Illi imemores diuine rei cultū vllū ac reuerentiam adhibētes. ponte fracto in aqua Mose. ad 200. homines aqs absorpti sunt atq perierunt.

Mulier qdā nobilis in ɔstanciēsi dyocesi. cum pareret insolitum partū edidit. Cum leonem visu mirabilem hac tempestate peperit.

Monstrum quoq in sueuia superiori apud oppidū eslingē vt ferūt mulier enixa ab vmbilico vsq ad summitatē duo habens pectora. ac capita seinuicē respiciētia. brachia q̄tuor seinuicē amplectentia ⁊ duo ferenda. Illico tamen post partum obijt.

Comites nobiles sueuie qndecim federe se ɔiūgentes. rudolpho imperatori molestias q̄ plurimas inferentes inter q̄s p̄cipui fuerūt comites de montfort. helffenstein ⁊ de wirtenberg ac Tockenburg. coꝝ tn̄ bonis ac possessionib⁹ vastatis. imperio subijciendos perpetuo cogit. Deinde castra p̄donum i germania in plerisq locis deuastans ab alpibus ytalie vsq ad britanniā pacē firmauit.

Continuauerant ad i d vsq tēporis veneti ⁊ genuenses bellū pridē apud ptolomaidā inchoatū. de q̄ aliq̄ repetere ad hoc tēpus cū se oportunitas loci dederit ducim⁹. ad ānū terciū sexagesimuz duodeciesq centenū. Raynerio zeno duce. veneti q̄nq ⁊ q̄nquaginta triremes ad sicilie oram miserunt. q̄ classi

[그림32~35]

셰델의 『뉘른베르크 연대기』 후반부에 등장하는 이러한 이미지들은 근대 초기에 도시들 사이에 정보를 전달하는 기능을 했던 한 쪽짜리 회보들과 정확히 같은 방식으로 최신의 사건을 묘사했다. 셰델과 그가 고용한 삽화가들은 악마와 함께 말을 타고 달리는 벌거숭이 마녀, 물에 빠져 죽어가는 불경한 사람들, 1474년 트렌토에서 일어난 크리스트교도 소년 살인 사건의 용의자 고문 장면(용의자로 몰린 유대인들은 죄를 자백할 때까지 고문을 받았다), 1476년 유명한 예언자 니클라스하우젠의 고수Drummer of Niklashausen를 따르는 무리의 모습을 그려 넣었다. 증오심과 혐오감을 부추기는 이미지를 널리 퍼트리는 현대 미디어의 끔찍한 속성을 셰델의 타임라인도 이미 공유하고 있었던 것이다.

[그림36~38]

셰델은 『뉘른베르크 연대기』가 출간된 1493년부터 시간의 종말 사이의 기간 동안 일어날 사건들을 독자가 직접 채워 넣을 수 있도록 세 쪽의 분량을 공백으로 남겨두었다. 또한 「요한계시록」에 등장하는 형상을 담은 목판화를 활용해 그 이후에 일어날 사건들을 보여주었다. 이러한 미래상이야말로 생생하고 속도감 있는 삽화들로 가득 찬 『뉘른베르크 연대기』의 후반부 가운데 가장 극적인 클라이맥스라 할 만했다.

『뉘른베르크 연대기』의 앞부분은 전통적인 세계사의 장중한 속도를 따랐다. 하지만 뒷부분에서는 말을 타고 달리는 벌거숭이 마녀, 크리스트교도 어린이를 살해하는 유대인, 「요한계시록」에서 예언한 사건 등과 같이 시선을 사로잡는 이미지들을 만화경처럼 뒤섞어 배치함으로써 세계의 종말을 향해 치닫고 있는 역사의 모습을 보여주었다. 심지어 셰델은 자신의 시대와 「요한계시록」의 시대 사이의 기간에 해당하는 몇 쪽의 분량을 공백으로 남겨두었다. 그만큼의 시간이 세계사의 얼마 되지 않는 나머지 부분이라는 사실을 의심치 않았던 것이다. 독자들은 주어진 공백을 마음대로 채울 수 있었고, 많은 이들이 실제로 채우기도 했다. 에우세비우스는 자신의 독자들에게 그 어떤 인간도 시간이 언제 시작되었으며 언제 끝날 것인지를 알 수 없으리라고 경고했다. 그러나 셰델은 시간 지도의 양쪽 끝에 명확한 경계를 세웠다.

에우세비우스는 필경사들이 『연대기』를 필사하는 데 어려움이 많으리라 예상하고, 그들이 최선을 다해주기를 바라는 마음에서 몇 가지 지시사항을 적어두었다.[그림36~38] 하지만 롤레빙크와 셰델 같은 연표학자들은 자신의 책을 복제할 사람들에게 더 많은 것을 요구했다. 롤레빙크 자신도 이를 인정한 바 있다.

> 다양한 자료들을 뒤져 아시리아와 로마의 역사 계보를 작성하는 일은 무척 힘겨운 작업이었다. 따라서 나는 이 책을 복제하려는 모든 이들에게 각각의 간격과 그에 해당하는 숫자들에 세심한 주의를 기울일 것과, 그렇게 해서 각각의 간격들이 원본보다 더 길어지거나 짧아지지 않도록 해줄 것을 요청하는 바이다. 그렇지 않으면 그들의 노고는 낭비되고 말 것이다.[14]

셰델은 훨씬 더 강력한 예방 조치까지 취했다. 그는 『뉘른베르크 연대기』의 모든 쪽에 등장하는 모든 이미지를 직접 배치했으며, 출판업자 안톤 코베르거*와 작성한 계약서에서 엄격한 협동 작업의

Septima etas műdi

조건들을 명시했다. 모든 관계자는 코베르거의 인쇄소 안에 있는, 오직 이 책의 제작만을 위해 할애된 특정한 장소에 모여서 함께 작업해야 했다.[15]

연표학자들은 학자로서의 정직함과 종교적인 역사 서술이라는 서로 경합하는 요구들 사이에서 균형을 잡아야 할 필요가 있었다. 학자로서의 정직함은 롤레빙크에게 단일하면서도 절대적으로 확실한 세계사 연표를 작성하는 일이 불가능하다는 사실을 인정할 것을 요구했다. 그러나 종교적인 역사 쓰기는 천지창조에서 현재까지 이어지는 단일한 타임라인을 제작할 것을 요구하는 듯했다. 결국 연표학자들은 통치자의 이름이나 생몰년 같은 세부적인 사실들에 대한 확고부동한 목록과 상당한 분량의 서술적 텍스트를 동시에 담아낼 수 있는 디자인을 고안해내야만 했다. 또한 연표학자들은 필경사들이 할 수 있는 수준 이상으로 정보에 대한 접근을 용이하게 만들 방법을 찾으려 했다. 그들의 발명품 중에서 색인과 같은 것은 이러한 목적에 기여했지만, 인쇄용 격자판과 같은 것들은 오히려 에우세비우스의 연표를 더 읽기 어렵게만 했을 뿐 썩 성공적이지 못했다.

가장 중요한 점은 연표학자들이 여전히 과거를 생생하게 보여주면서도, 그와 동시에 적절한 수준의 정확성을 확보하고 싶어했다는 사실이다. (쪽 번호나 색인과 같은) 기술적인 변화는 독자들이 수많은 세부 사항 속에서 필요한 내용을 쉽게 찾을 수 있도록 해주었다. 또한 작가와 예술가, 인쇄공의 공동 작업이 다른 문제들을 해결해주었다. 이를테면 셰델의 책에서 쾰른, 베네치아, 로마, 뉘른베르크의 경관은 한 페이지를 가득 채운 그림으로 새로이 그려졌고, 롤레빙크의 일부 판본에서는 크기는 더 작지만 훨씬 더 생생하게 그려졌다. 하지만 여전히 몇 가지 문제가 남아 있었다. 이를테면 그림이나 목판화를 전혀 구할 수 없는 도시를 어떻게 그릴 것인가 하는 문제가 골치를 썩였다. 롤레빙크와 셰델은 몇몇 도시의 경우에는 최신 정보를 담은 상세한 경관을 그릴 수 있었지만, 상당수의 도시에 대해서는 단순한 도상적인 이미지를 활용할 수 밖에 없었다. 게다가 롤레빙크와 셰델 모두 계보의 형식과 연표의 형식을 하나로 통합할 방법을 찾아내지 못했다. 계보의 시간이 불규칙적인 인간 세대의 연쇄로 표상되는 반면, 연표의 시간은 규칙적이고 동질적이며 숫자에 의해 표상되는 차이가 있기 때문이다. 새로운 개념과 형식에는 채워 넣어야 할 빈자리가 많이 남아 있었던 것이다.

나아가 16~17세기를 거치며 연표의 작성은 에우세비우스와 롤레빙크의 시절에 비해 훨씬 더 많은 노력이 필요한 일이 되었다. 1540년대에 이르러 유럽의 학자들은 역사학, 고문서학, 화폐학, 천문학 등의 분야에서 생산한 막대한 분량의 새로운 정보를 손쉽게 활용할 수 있게 되었다. 게다가 이러한 정보의 출처는 유럽과 크리스트교 세계에 한정되지 않았다. 16세기 후반에서 17세기 초에는 이집트와 페르시아, 아메리카, 중국과 같이 멀리 떨어진 지역의 통치자 목록까지도 입수할 수 있었다. 그런데 이러한 목록들에 등장하는 왕조 가운데 일부는 성서에서 신이 세상을 창조했다는 시기

* 안톤 코베르거[Anton Koberger, 1440(?)~1513]: 독일의 금세공인, 인쇄공이자 출판업자이다. 1470년에 출판인쇄업을 시작했고, 얼마 지나지 않아 독일에서 가장 성공한 출판업자가 되었다.

[그림39]

이 계보는 15세기 유럽에 거주하던 사람들의 공통 조상을 노아의 세 아들 가운데 하나인 야벳으로 설정하고 있다. 비테르보의 안니우스는 각각의 민족 명칭에서 이름을 따서 당대 모든 민족의 허구의 시조들을 창조해냈다. 예를 들자면, 롬바르드 혹은 롱고바르드 민족의 시조는 롱고Longo와 바르두스Bardus였다. 안니우스는 이러한 방법을 활용해 (보르지아 가문 출신의 교황 알렉산드르 6세와 에스파냐의 가톨릭교도 국왕들과 같은 자신의 후원자를 포함한) 당대의 통치자들에게 남부럽지 않은 족보를 선물했다. 이를테면 알렉산드르 6세는 이집트의 신 오시리스의 후손이 되었다.

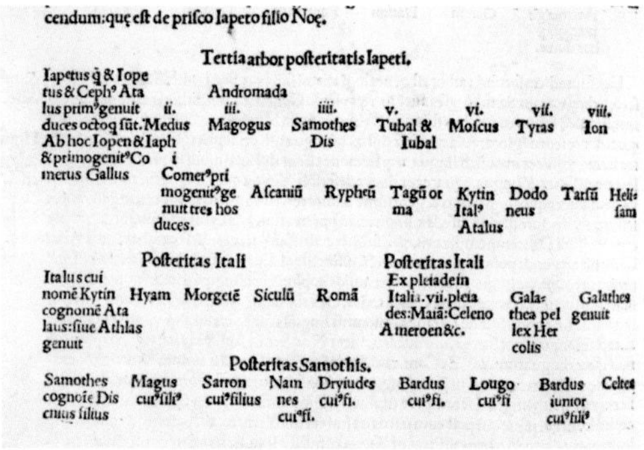

보다 더 일찍부터 존재했다. 이러한 사실은 영국의 극작가 크리스토퍼 말로,* 이탈리아의 철학자 조르다노 브루노**와 같은 이들로 하여금 성서 연표에 대한 신뢰를 완전히 저버리게 만들었고, 이들보다 더 보수적인 연표학자들의 연도 계산에도 심각한 문제를 일으켰다. 연표학자들은 「창세기」의 권위에 대한 도전에 맞설 방법을 찾느라 끊임없이 고심해야 했다.[16]

이처럼 다양한 출처의 자료를 조화시키기 위해서는 방대한 지식과 창의적인 기법이 필요했다. 이론적인 차원에서, 연표학자들은 모든 기록된 인간의 행위와 성취를 포괄할 수 있는 역사의 얼개를 만들기 위해 분투했다. 에우세비우스가 그러했듯이, 근대 초기의 연표학자들 또한 독자에게 역사의 로제타석을 제공하겠다고 호언장담했다. 그러한 도구를 찾아내기만 한다면, 다양한 출처를 지니고 상이한 언어로 기록된 이름과 날짜의 목록들을 과거에 대한 단일하고 일관된 설명으로 번역할 수 있을 것이었다. 물론 각 독자가 이러한 과업을 얼마나 절박한 것으로 여기는지는 종말론에 대해 어떠한 생각을 갖고 있느냐에 따라 매우 달랐다. (오늘날에도 마찬가지이지만) 어떤 이들은 세계의 종말이 정확히 언제 닥칠 것인지를 알고 싶은 욕망 때문에 연표를 연구했다. 하지만 어떤 이들은 예수가 부활한 뒤에 제자들을 만나서 했던 말을 잊지 않았다. "때와 시기는 아버지께서 자기의 권한에 두셨으니 너희가 알 바 아니요"(「사도행전」 1장 7절). 이러한 이들에게 시간의 종말이란 집단적인 공포와 환희의 경험이 아니라, 각자 자신의 삶 속에서 개별적으로 마주하게 될 무엇이었다.

1498년, 비테르보의 안니우스***라는 도미니코회 신학자는 24권의 고대 문헌을 한데 모아 상당한 양의 주석을 붙여서 편찬했다.[그림39] 하지만 사실 이 자는 전형적인 사기꾼이었다. 안니우스의

* 크리스토퍼 말로(Christopher Marlowe, 1564~1593): 엘리자베스 왕조 시기 영국의 대표적인 극작가이자 시인이다. 인간으로서의 규범을 벗어난 욕망에 휘말려 거의 좌절해 가는 인물을 주인공으로 삼았다. 주요 작품으로 『탬벌린 대왕』, 『파우스트 박사』 등이 있다.

** 조르다노 브루노(Giordano Bruno, 1548~1600): 이탈리아의 사상가이며 철학자이다. 도미니코 교단에 들어가 사제가 되었으나 점차 가톨릭 교리에 회의를 품고 범신론적인 철학을 펼쳤다. 이단으로 신문에 회부되어 화형당했다.

*** 비테르보의 안니우스(Annius of Viterbo, 1432~1502): 이탈리아의 도미니코회 수사, 신학자이자 역사가이다. 안니우스가 만든 계보는 의도적 왜곡 논란을 일으키면서도 오랫동안 다른 학자들에게 받아들여지다가 16세기 중엽에서야 조작으로 판명되었다.

[그림40~42]

1534년 파울루스 콘스탄티누스 프리지오는 『연대기』라는 놀라울 만큼 멋들어진 책을 출간했다. 그는 이 책에서 인간의 역사를 단일한 수평선 위에 배치함으로써 역사의 전진이라는 관념을 보여주었다. 그러나 꼭대기에 놓인 연도의 축이 상대적으로 부실했던 탓에 사건들이 실제로 일어난 시기를 확인하기가 어려웠고, 심지어는 마지막 이미지에서 보듯 예수의 십자가 수난이나 예루살렘의 함락과 같은 역사의 중요한 전환점들조차 정확한 위치를 찾기가 쉽지 않았다. 프리지오의 작품이 계속해서 출간되지 못한 것은 바로 이러한 단점 때문이었다. 그러나 형식만큼이나 내용도 문제였다. 프리지오는 비테르보의 안니우스가 날조한 문헌들에서 옛 왕조들의 목록을 인용했고, 그리하여 그의 작품은 박식한 학자들에게서 회의적인 평가를 받았다.

연표는 형식에서는 매우 독창적이었지만, (모든 항목이 위조된 것은 아니었다고 해도) 에우세비우스를 비롯한 고대의 작가들이 참고했던 이집트, 칼데아, 페르시아의 고대 역사서라고 주장한 문헌들은 대개 엉터리로 꾸며낸 것이었다. 안니우스는 이 책에 수평 방향으로 나아가는 계보 형식의 간결한 표들을 그려 넣었는데, 가히 역사와 환상을 황홀하게 뒤섞은 혼합물이라고 할 만했다. 안니우스는 이러한 표들을 이용해 자신의 후견인인 보르지아 가문 출신의 교황 알렉산드르 6세와 에스파냐의 가톨릭교도 국왕들에게 그들의 가계가 이시스*와 오시리스**까지 거슬러 오른다는 것을 보여주었다. 또한 롬바르드인, 프랑스인, 영국인의 시조가 각각 누구인지도 밝혀주었다.[17]

한 세대 뒤, 시몬 그리나에우스***라는 독일 학자는 "모든 국가의 기원과 성장과 멸망"을 올림피아드 같은 형식의 작은 '표' 하나로 묶어내는 것이 매우 어려운 작업이라는 사실을 깨달았다. 그래서 그는 성직자이자 히브리학자인 자신의 동료 파울루스 콘스탄티누스 프리지오****에게 이러한 과업을 맡아줄 것을 부탁했다.[18] [그림40~42] 프리지오는 이 제안에 흔쾌히 동의했을 뿐 아니라, 자신이 고안한 표를 별개의 책으로 출간하기까지 했다. 프리지오의 『연대기Chronicum』에서는 대홍수에서부터 현재까지의 역사가 통치자들의 계보를 보여주는 여러 평행선 위에 배치되었다. 롤레빙크와 셰델의 책에 비해 더 깔끔하고 추상적인 배치를 택한 것이었다. 프리지오는 롤레빙크나 안니우스와 마찬가지로 타임라인을 수직이 아닌 수평 방향으로 눕히고, 거기에 대홍수 이래의 통치자와 사건의 연도를 숫자로 표시했다. 프리지오는 고대와 당대의 유사성과 연관성을 보여주려 했다는 점에서는 안니우스를 모방했다고 할 수 있지만, 안니우스의 연표보다 훨씬 더 많은 양의 정보를 채워 넣는 방법을 찾

* 이시스(Isis): 이집트의 어머니신으로, 오시리스의 아내이자 여동생이다. 나일 강 북쪽 지역에서 숭배되던 토착신이었다 이집트 신화에 편입된 것으로 알려져 있다.

** 오시리스(Osiris): 이집트의 사자(死者)의 신이다. 그리스로마 신화에서 디오니서스와 밀접하게 관련되기도 한다.

*** 시몬 그리나에우스(Simon Grynaeus, 1493~1541): 종교개혁 시기 독일의 신학자이다. 개혁주의 종교가인 외콜람파디우스의 영향으로 그가 죽은 1531년부터 바젤 대학에서 신약성서를 강해하면서 바젤의 개혁을 주도했다.

**** 파울루스 콘스탄티누스 프리지오(Paulus Constantinus Phrygio, 1484~1543): 종교개혁 시기 독일의 성직자이자 인문학자이다.

142 CHRONICON

PAVLI CONSTANT. PHRYGIONIS. 143

266 CHRONICON

PAVLI CONSTANT. PHRYGIONIS. 267

아냈다. 책의 뒷부분에 신성로마제국, 역대 교황, 프랑스와 영국 왕조의 역사를 다루는 새로운 세로줄들을 각각의 성립시기에 맞추어 차례로 추가했던 것이다. 롤레빙크가 그러했듯이, 프리지오도 통치자들의 이름 사이의 간격이 너무나 들쭉날쭉하기 때문에 그 사이의 공간에 텍스트를 끼워 넣기에는 수평 방향의 양식이 더 적합하다고 판단했다. 또한 자신이 고안한 양식을 이용해 전대와 후대의 많은 연표학자들이 언급하지 않았던 매우 중요한 역사적 사실을 강조하기도 했다. 더는 로마제국이 세계를 지배하고 있지 않다는 사실 말이다. 예를 들어 프랑스는 이제 로마제국의 한 지방이 아니라 독립적인 왕국이기 때문에, 프리지오는 프랑스의 통치자들을 위한 새로운 선을 추가했다. 프리지오의 연표는 우아함, 수평적인 양식이 갖는 힘, 그리고 인습으로부터 벗어나고자 하는 의지를 보여주었다. 하지만 안타깝게도 책의 외형에서 드러나는 명료함과 합리성을 그 내용이 충분히 따라가지 못했다. 프리지오는 자신이 인용한 작가들의 이름을 밝힘으로써 독자들의 신뢰를 얻고자 했는데, 그 가운데 상당수가 안니우스가 허위로 꾸며낸 이름들이었다. 게다가 천지창조 이래의 햇수를 보여주는 축을 각 쪽의 맨 윗부분에 배치하기로 결정함으로써, 자신의 책을 그리스어로 된 성서를 읽는 사람들에게 아무런 쓸모가 없는 것으로 만들어버렸다. 롤레빙크가 이 문제의 해결 방안을 이미 제시했었는데도 말이다. 그러나 우리는 프리지오의 사례를 통해, 당시의 작가나 인쇄공들이 단일하고 인상적인 양식의 연표를 제작하기를 원하기만 한다면 독창적인 시각적 장치들을 충분히 활용할 수 있었다는 사실을 확인할 수 있다.

16세기 후반에 들어 계보의 기능이 몇 가지 추가되었다. 그중 일부는 안니우스의 계보가 수행했던 기능만큼이나 얼토당토않은 것이었다. 이를테면 명망 있는 학자들이 고대 로마와 이집트 시대까지 거슬러 올라가는 귀족들의 계보를 '학술적으로' 그럴듯하게 보이게끔 만들어 팔아서 돈을 벌기도 했다.[19] 신성로마제국에서는 제후의 자리를 계승할 남자 아이가 성인이 될 때까지 살아남지 못하는 경우가 많았다. 따라서 가계를 잇는 일은 집안의 성공일 뿐 아니라 정치적인 성공의 비결, 다시 말해 일종의 국가 기밀과 다름없는 것으로 여겨졌던 것이다.

합스부르크 왕가에서 작센의 통치자들에 이르는 모든 왕조는 자신의 혈통을 과시하고자 했고, 이에 발맞추어 인쇄공들은 전통적인 나무 이미지에서 (암기를 위해 오래도록 활용되어온) 펼친 손의 이미지에 이르기까지 다양한 시각적 장치를 활용해 독자가 이처럼 중요한 계승 목록을 쉽게 이해할 수 있게끔 도왔다.[그림43~44] 가장 두드러진 사례는 1516년경 알브레히트 뒤러*가 막시밀리안 1세를 위해 여러 장의 인쇄물을 연결해 벽의 크기로

* 알브레히트 뒤러(Albrecht Dürer, 1471~1528): 독일의 화가, 판화가이자 미술이론가이다. 신성로마제국에서 중세 말과 르네상스 전환기에 활동하면서 독일 르네상스 회화를 완성해 '독일 미술의 아버지'로 불린다.

[그림43~44]

알브레히트 뒤러가 막시밀리안 1세를 위해 제작한 종이 개선문. 막시밀리안 1세는 이처럼 생생한 인쇄물을 활용해 자기 가문의 계보 및 황제로서의 권위를 확립하고자 했다. 그러나 이러한 인쇄물들이 창조해낸 계보와 권위는 그 자신이 의도한 것보다 더 새롭고, 더 불안정한 것이었다.

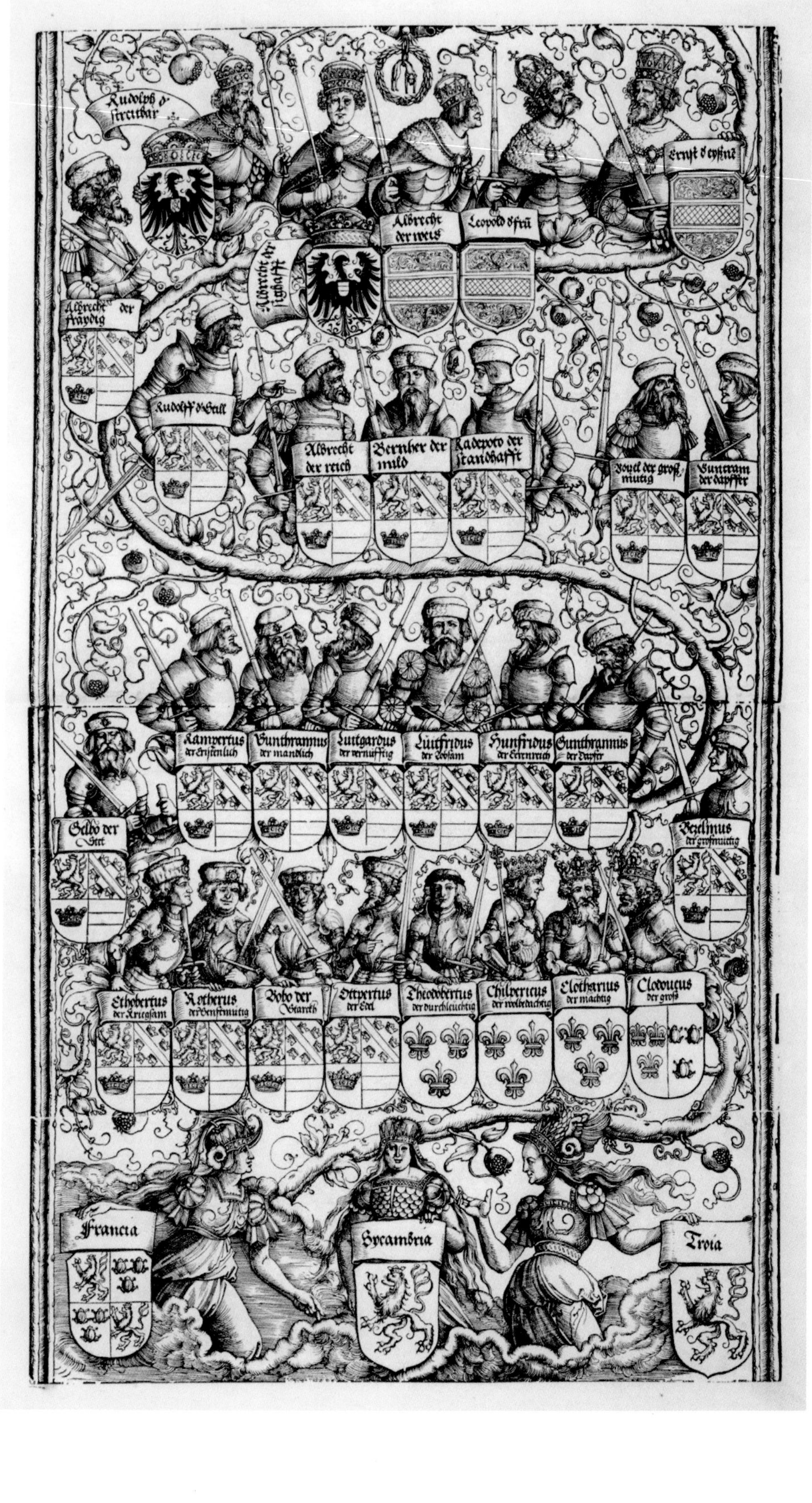
Francia
Sycambria
Troia

제작한 개선문의 이미지였다. 뒤러는 이 개선문을 실제로 건축할 의도가 전혀 없었다. 그러나 사람들은 종이에 인쇄된 그 이미지를 바라보는 것만으로도 합스부르크 왕가의 족보에 대한 스펙터클한 가상 여행을 떠날 수 있었다.

르네상스 시대의 여느 제후 가문과 마찬가지로 합스부르크 왕가는 자긍심을 갖고 자신들의 계보에 대한 연구를 장려했다. 합스부르크 왕가의 족보에서 몇몇 중요한 연결 고리가 조작되었다는 의심이 제기되어 치열한 논쟁이 벌어지자, 막시밀리안 1세의 박학다식한 궁정 대신인 콘라트 포이팅거*와 요하네스 슈타비우스**는 접근할 수 있는 모든 출처로부터 정보를 수집하고 선별하는 일에 착수했다. 그들은 무슨 수를 써서라도 합스부르크 왕가가 프랑스의 왕이나 고대 로마의 통치자들만큼 유서 깊고 독립적인 혈통으로 이어져 내려왔음을 입증해야 했다. 대신들은 열의를 갖고 이 일에 임했다. 그들은 마침내 합스부르크 왕가의 기원을 프랑크 왕국의 클로비스*** 왕까지 끌어올렸고, 클로비스가 트로이의 영웅 헥토르****의 후손이라는 사실도 밝혀냈다. 더 나아가, 계속된 연구를 통해 막시밀리안 1세의 가문이 성서에 등장하는 (노아를 비롯한) 이스라엘 민족의 조상들, 크로노스와 제우스 같은 그리스의 신들, 그리고 심지어는 이집트의 신 오시리스와도 확실한 계보적 관계를 맺고 있다는 것이 확인되었다. 오시리스에 대한 언급은 당대인들의 이집트에 대한 열광적인 관심을 반영하는 것이었다. 막시밀리안 1세는 자신의 혈통이 노아의 아들인 야벳으로부터 이어져 내려왔다는 이야기를 들었을 때, 자기 자신조차 커다란 충격을 받았다고 주장했다. 야벳은 아버지 노아의 생식기를 노출시킨 일로 유명한 성서의 인물이었다.[20] 그럼에도 그들의 기획이 딱히 유별난 것이라고 볼 수는 없었고, 그저 역사를 효과적으로 이용하고자 했던 평범한 시도일 따름이었다. 누구라도 이 개선문의 이미지를 가까이서 살펴본다면, 막시밀리안 1세가 단지 위대한 인물들 가운데 하나가 아니라 세계사의 한가운데에 우뚝 서 있는 존재라는 사실을 알게 될 것이었다.

더 전통적인 목적을 위해 계보를 이용한 작가들도 많았다.[그림45~47] 에우세비우스와 푸아티에의 피에르 이래 연표와 계보는 최소한 두 가지 기능을 갖고 있었다. 첫째는 가치 있는 정보들을 한데 모으는 것이었고, 둘째는 인상적인 도식을 통해 그러한 정보들을 서로 연결시키는 것이었다. 작센의 학자 로렌츠 파우스트Lorenz Faust는 전통적인 '이새의 나무' 양식으로 그린 작센인의 장대한 계보나무와, 독자들이 쉽게 이해할 수 있게끔 손가락의 각 마디에 이름을 적어 넣은 작센 통치자의 간략한 목록을 작성했다.

* 콘라트 포이팅거(Conrad Peutinger, 1465~1547): 독일 아우크스부르크의 행정관이자 경제학자이다. 골동품 수집가로도 유명한데, 알프스 북부에 개인 규모로는 가장 큰 도서관 중 하나를 세웠다.

** 요하네스 슈타비우스(Johannes Stabius, 1450~1522): 오스트리아의 수학자이자 지도 제작자이다. 심장 모양의 투영도를 제안했고, 이를 요하네스 베르너가 발전시켰는데, 이 투영도법이 17세기까지 세계지도로 널리 쓰였다.

*** 클로비스[Clovis, 465(?)~511]: 프랑크 왕국의 초대 국왕(재위 481~510)이다. 클로도베크로도 불린다. 프랑크족을 로마 가톨릭으로 개종함으로써 로마 교황과의 우호관계를 다져 프랑크 왕국 발전의 중요한 포석을 마련했다.

**** 헥토르(Hektor): 그리스 신화에서 트로이의 왕자로, 아킬레우스와 싸우다 죽는다. 호메로스의 『일리아스』의 중심인물이다. 용맹하고 지혜로운 장군일 뿐 아니라 친구와 가족에 대한 애정이 강한 인물로 그려진다.

Der Fürstliche

Stammbaum der hochlöblichen Hertzogen zu Sachsen/Anno 1585.

Jnn buchstab Tt fol. 300.

Erinnerung dieses Fürstlichen Stammbaums.

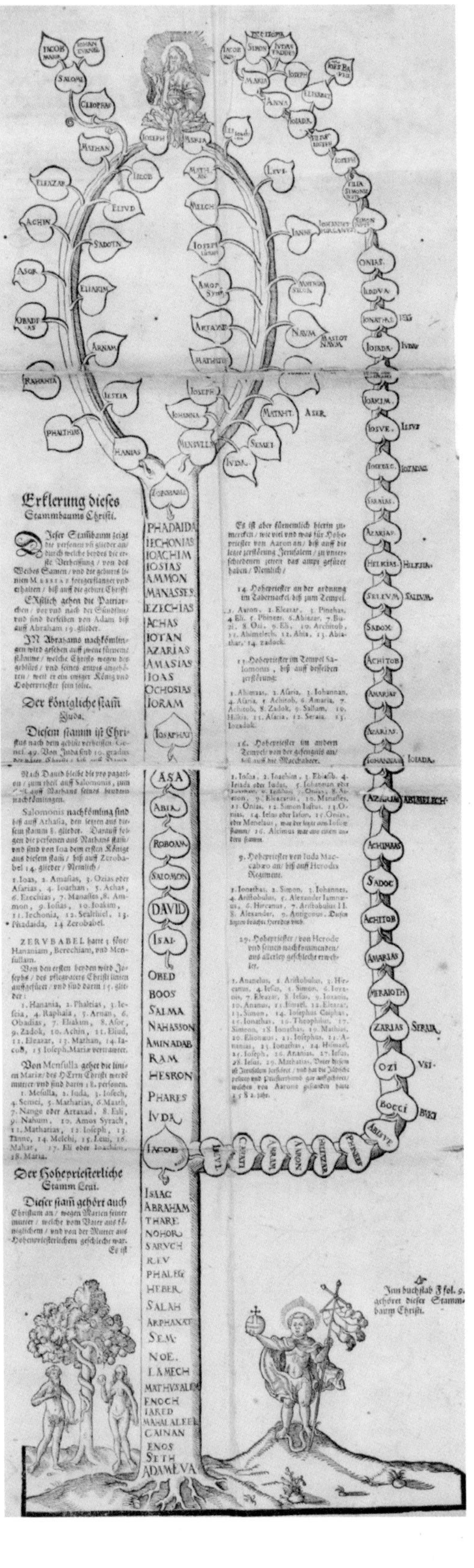

[그림45~47]

이와 같은 예수의 계보와 작센 통치자의 계보는 중세적인 계보의 관습이 인쇄의 시대에도 오래도록 지속되었음을 보여준다. 이 계보들은 모두 로렌츠 파우스트의 『다니엘의 우상 해부』에 수록된 것이다.

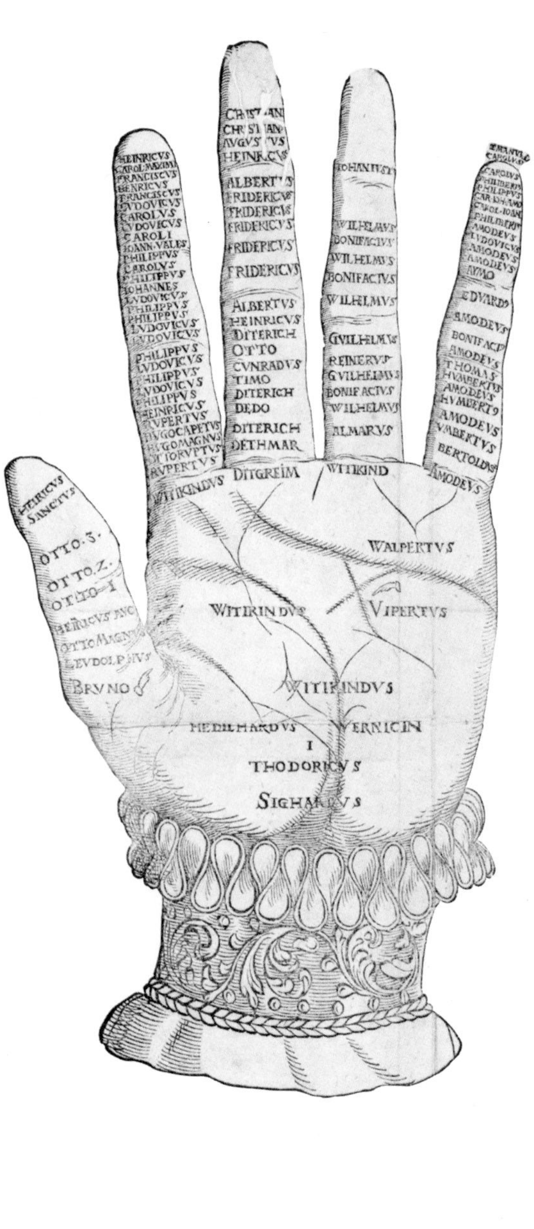

그러나 다른 한편으로 계보는 학문을 위한 꼼꼼하고 강력한 형식이 되기도 했다.[그림48~49] 헬름슈테트 대학 등에서 역사학 교수로 재직한 라이너 라이네크Reiner Reineck는 "계보는 역사의 모든 영역에 빛을 비춘다. 만약 계보가 없다면 역사는 단 하나의 열매도 맺을 수 없을 것이다"라고 주장했다. 그의 글은 다음과 같이 마무리된다. "누구나 알고 있듯이 역사는 주로 어떠한 일을 행한 개인들을 다루는데, 모든 개인은 반드시 특정한 가문의 일원이다." 라이네크는 가문도 국가와 마찬가지로 제 나름의 생애 주기를 지닌다고 생각했다. 보잘것없이 태어나서, 힘 있는 지위에 올랐다가, 결국은 쇠약해져 죽음을 맞게 된다는 것이다.[21] 라이네크의 연표에는 뼈대처럼 앙상하게 생긴 수십 개

[그림48]

1572~1574년 라이너 라이네크가 바젤에서 출간한 『순타그마』에 수록된 계보 차트. 라이네크는 계보야말로 과거를 이해할 수 있는 열쇠라고 생각했다. 방대한 분량의 『순타그마』는 세계의 역사를 길게 이어진 일련의 계보나무들로 표현했다. 아래는 마케도니아 왕국을 건설한 테메누스Temenids의 계보이다.

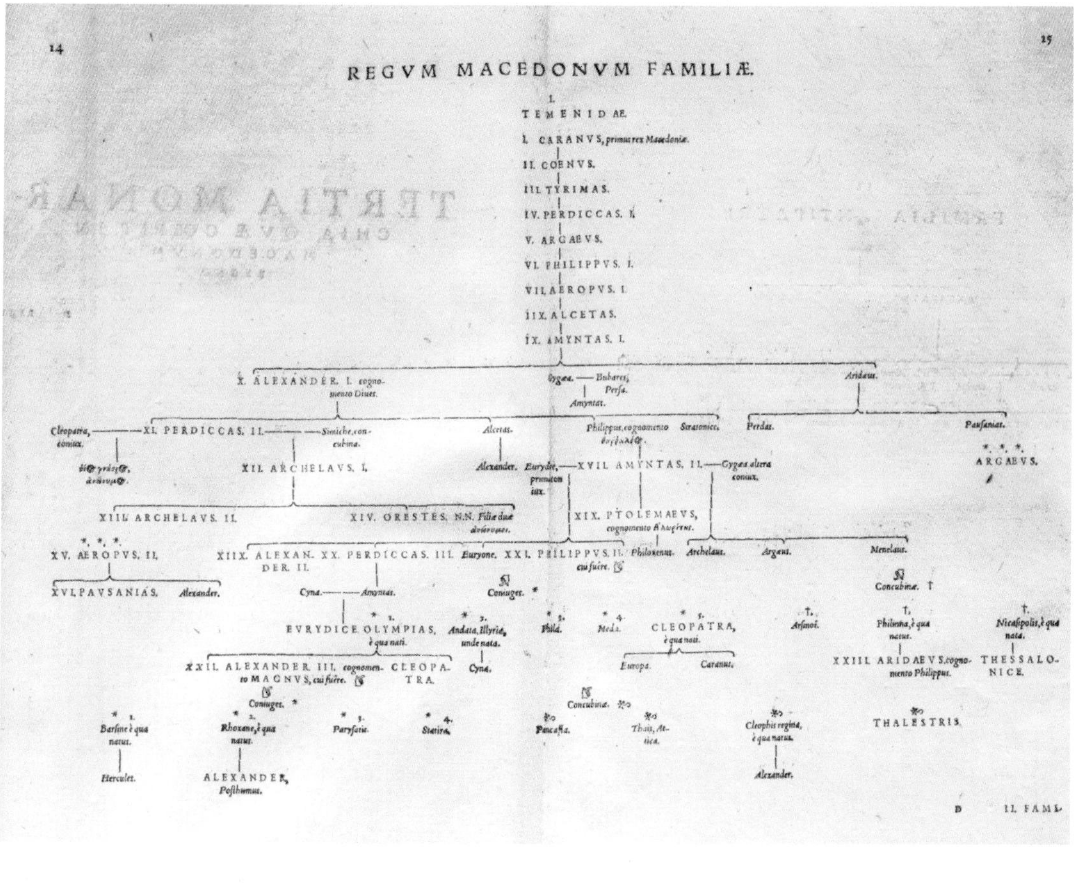

의 계보가 수록되어 있었다. 실제로 이러한 계보들이야말로 그가 그려낸 역사에서 가장 핵심적인 부분이었다. 하지만 라이네크는 세델과 같은 연표학자들이 극적이고 호소력 있는 시각적 효과를 위해 활용했던 나무 모양의 장식들을 일절 배제했다. 라이네크에게 계보는 굳이 어떠한 치장을 덧붙일 필요가 없을 만큼 그 자체만으로 충분히 중요한 것이었기 때문이다. 예나 대학의 역사학 교수 엘리아스 로스너Elias Reusner 같은 이들은 계보를 논쟁의 무기로서 활용했다. 로스너는 프랑스의 가톨릭교도 국왕인 앙리 3세와 그의 개신교도 계승자인 나바르의 앙리의 가족 관계를 하나의 나무 둥치에서 뻗어나간 두 개의 가지로 그림으로써, 그들 사이의 관계가 어떠한 공격에도 손상되지 않으리라는

[그림49]

엘리아스 로스너, 「연표 계보」, 프랑크푸르트, 1589.

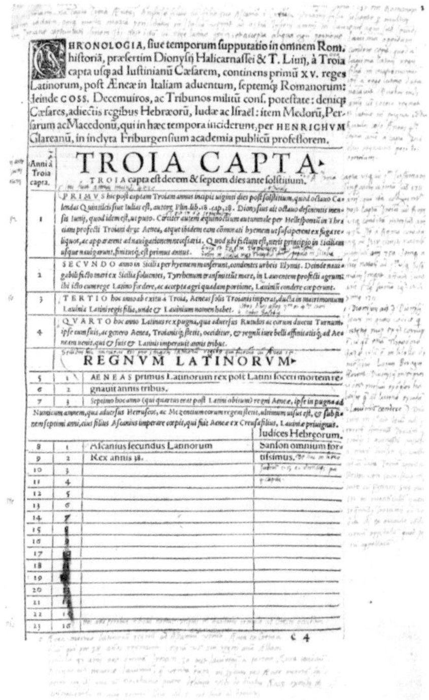

[그림50]

역사가이자 음악이론가 헨리쿠스 글라레아누스는 1540년에 리비우스 로마사의 새로운 판본을 출간했다. 그는 이 책에서 에우세비우스 양식의 통합적인 연대 체계를 매우 상세하게 활용함으로써 독자들이 헷갈리거나 당황하지 않고 사건들의 흐름을 따라갈 수 있도록 했다. 이러한 연표들은 서사시인 베르겔리우스를 비롯한 많은 작가를 위해 제작된 것이다.

점을 명확히 밝혔다. 가톨릭교도인 기즈 공이 제아무리 악랄한 공격을 가한다 해도 끄떡없으리라는 것이었다.[그림50] 스위스의 학자 헨리쿠스 글라레아누스*와 같은 이들은 비교표의 형식을 새로운 주제들에 적용했다. 글라레아누스는 각각의 문헌마다 별개의 연표를 따로 작성했다. 그 첫 번째 사례는 아우구스투스 시대에 집필되고, 페트라르카와 마키아벨리 같은 르네상스 시대의 독자들에 의해 그 진가를 인정받은 리비우스**의 로마사였다. 리비우스는 책의 서술을 연대순으로 계속 이어갔기 때문에, 독자들이 이 책의 내용을 성서를 비롯한 다른 문헌들과 비교하기가 어려웠다. 글라레아누스는 비교표를 활용해 리비우스의 로마사에 등장하는 로마의 건국이 아시리아의 왕 샬마네세르의 치세와 거의 같은 시기의 일임을 명확히 밝혔으며, 포에니 전쟁과 같은 시기에 일어난 중세의 다른 사건들이 무엇인지도 알려주었다. 글라레아누스는 여러 차례 개정판을 내어 더 많은 정보를 보충함으로써 자신의 연표를 독립적인 하나의 로마사 연표로서 판매할 수 있었다.[그림51] 한편 영국의 수학자이자 역사가 헨리 새빌Henry Savile은 에우세비우스의 양식을 활용해 이제껏 어떤 위대한 작가도 손을 댄 적 없는 중세 초기의 역사를 시간 순서에 따라 정리했다.

종교적인 목적의 연표에서는 새로운 시각적 표현 양식과 전통적인 양식의 변형이 함께 활용되었

* 헨리쿠스 글라레아누스(Heinrich Glareanus, 1488~1563): 스위스의 음악이론가, 시인이자 인문주의자이다. 특히 저서인 『12음계(Dodecachordon)』(1547)로 근대 음악이론의 기초를 닦고 후대에 많은 영향을 주었다.

** 티투스 리비우스(Titus Livius Patavinus, 서기전 59~17): 고대 로마 역사가이다. 142권짜리 『로마사』를 지었으나 현재 그중 35권만 전해지고 있다.

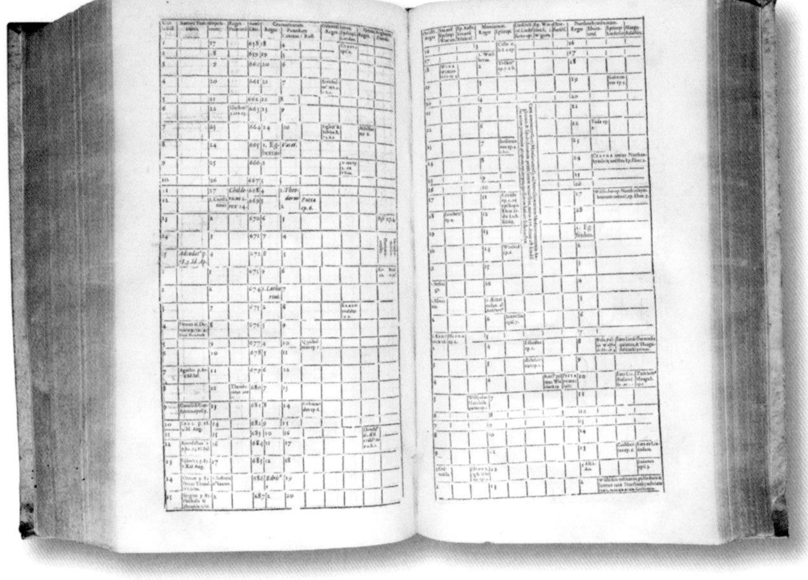

[그림51]

1601년 수학자이자 역사가인 헨리 새빌은 세계사 연표의 형식을 활용해 중세 역사가들의 저서에서 뽑아낸 중세 초기의 영국 통치자와 주교들의 이름을 나열했다.

다.**[그림52]** 파리의 성직자이자 히브리학 교수인 장 불래즈Jean Boulaese는 글라레아누스가 너무 복잡하다는 이유로 포기한 단일하면서도 종합적인 형식의 연표를 만들어내는 데 성공했다. 1570년대에 불래즈가 제작한 벽걸이 형태의 표는 파리 대학 학생들의 학업을 위한 것으로, 천지창조에서 시작된 성서의 역사를 대홍수 이후에야 비로소 시작된 이교도의 역사와 엄격하게 구분했다. 또한 불래즈는 세속의 역사를 네 시기로 나누었다. 성서의 예언자 다니엘이 오래전에 제시했던 도식, 즉 네 제국이 차례로 세계를 지배한다는 도식에 인류의 역사 전체를 끼워 맞추려 한 것이다. 불래즈는 가톨릭교도였지만 많은 수의 개신교도들도 이러한 도식에 대한 믿음을 공유했고, 자신들이 머지않아 종말을 맞을 네 번째 제국인 로마제국의 시대를 살아가고 있다고 생각했다(연표학자일 뿐 아니라 퇴마사이기도 했던 불래즈는 천년왕국의 도래를 예고하는 많은 장면을 목격하고, 이를 증거로서 제시했다).[22] 그러나 이름과 연도로 가득 찬 불래즈의 그림을 들여다보는 것만으로는 위대한 신의 섭리를 파악하기가 쉽지 않았다. 이에 개신교도들은 동일한 교훈을 전달하기 위해 훨씬 더 독창적인 시각적 형식들을 고안해냈다.

서기전 2~1세기에 작성된 많은 예언적인 문헌들과 마찬가지로, 「다니엘서」는 머지않아 이교도의 제국이 멸망하고 유대인이 해방을 맞으리라고 예언함으로써 유대인들의 마음을 달래주려는 목적을 갖고 있었다. 이 문헌은 과거와 미래의 모든 시간을 신의 뜻의 직접적인 표현으로 간주하면서 과거를 해석하고 미래를 예언했다. 바빌로니아의

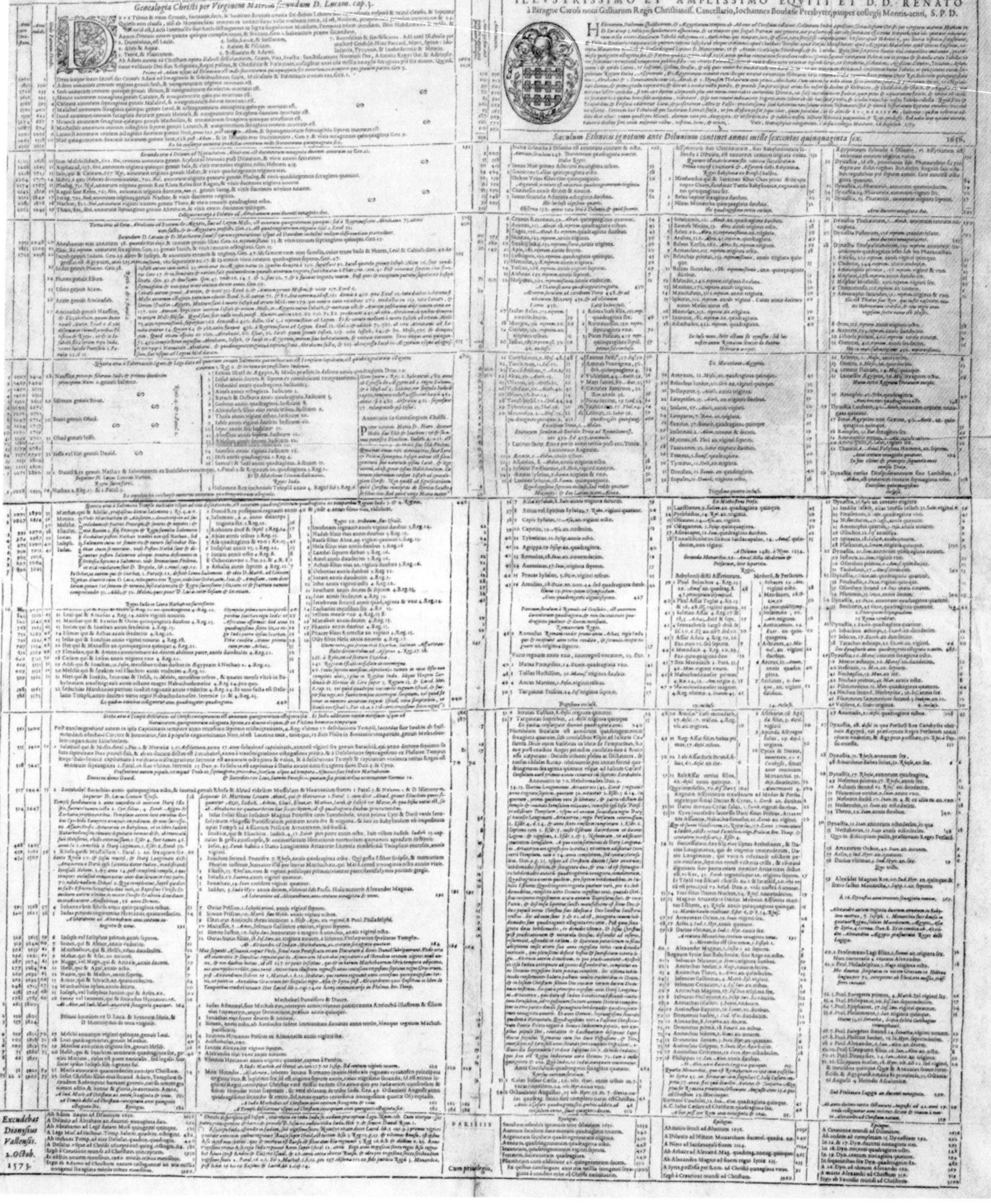

[그림52]

이 빽빽하기 그지없는 표는 장 불래즈가 파리 대학 학생들을 가르치기 위해 인쇄한 것이다. 수백 년 전 푸아티에의 피에르가 자신의 학생들을 위해 표를 그리고 색칠했던 것처럼 말이다. 16세기 후반에 들어 세계사에서 다루어야 할 인물과 사건의 수가 엄청나게 늘어났다. 이에 불래즈는 시각적인 명료함을 확보하기 위해 교회의 역사와 세속 왕국의 역사를 평행한 별개의 구역에 배치하는 방식을 택했다.

왕 네부카드네자르는 어느 날 꿈속에서 어떤 우상을 보았다. 왕의 지시를 받은 다니엘은 먼저 우상의 모습을 묘사하고 그 뒤에 그 의미를 설명했다.

> 그 우상의 머리는 순금이요, 가슴과 두 팔은 은이요, 배와 넓적다리는 놋이요, 그 종아리는 쇠요, 그 발은 얼마는 쇠요 얼마는 진흙이었나이다. …… 또 왕이 보신즉 손대지 아니한 돌이 나와서 신상의 쇠와 진흙의 발을 쳐서 부서뜨리매, 그때에 쇠와 진흙과 놋과 은과 금이 다 부서져 여름 타작마당의 겨같이 되어 바람에 불려 간 곳이 없었고, 우상을 친 돌은 태산을 이루어 온 세계에 가득하였나이다.[23]

이러한 환영은 두 개의 상호보완적인 시간 지도 또는 도식을 깔끔하게 하나로 결합시켰다. 하나는 페르시아에서 유래한 것으로, 역사를 최후의 거대한 전투로 귀결될 선과 악 사이의 오랜 투쟁으로 바라보는 세계관이었다. 다른 하나는 그리스에서 유래한 것으로, 최초의 인간들이 그 후손들보다 더 강하고 도덕적이었으며 따라서 각각의 세대와 왕국 들은 시간이 지날수록 계속해서 퇴보해왔다는 관념이었다.[24] 에우세비우스의 『연대기』는 평행한 세로줄의 형식을 통해 신이 부여한 과거의 질서를 드러냈다. 그러나 「다니엘서」는 차츰 무너져 조만간 완전한 파멸을 맞을 우상의 모습을 통해 과거와 미래를 한데 결합시켰고, 과거와 미래 모두를 인간에 대한 신의 계획 속에 포함시켰다.

에우세비우스는 연표학자들이 미래를, 특히 세계의 종말을 예언해야만 한다는 관념을 받아들이지 않았다. 하지만 시대를 불문하고 다수의 연표학자들은 에우세비우스의 생각에 동의하지 않았다. 앞서 살펴보았듯이 셰델의 『뉘른베르크 연대기』는 역사가 얼마나 더 오래 지속될 것인지를 대략적으로 계산했다. 롤레빙크도 진정으로 의미 있는 타임라인이란 교육의 수단만이 아니라 예언의 수단이 되어야 한다고 언급했다. 즉 신실한 크리스트교도들에게 이 세계의 시간이 얼마나 흘러갔고 얼마나 남았는지를 알려주는 막대 자가 되어야 한다는 것이다. "우리는 내적인 명상의 날개를 달고 날아올라 이러한 타임라인 전체를 조망함으로써, 과거와 현재만이 아니라 미래의 시간까지도 측정할 수 있다."[25]

그러나 롤레빙크와 불래즈 가운데 그 누구도 다니엘이 했던 것만큼 극적인 방식으로 시간의 도식을 그려내지는 못했다.[그림53] 1585년 로렌츠 파우스트는 『다니엘의 우상 해부』라는 책을 출간했다. 이 책에는 이름이 알려지지 않은 예술가가 제작한 커다란 목판화가 여러 겹으로 접힌 채 수록되었는데, 이 목판화에 그려진 다니엘의 우상은 작센의 왕 아우구스트 1세의 모습을 하고 있었다. 그림의 귀퉁이에는 네 마리의 짐승들이 하나씩 그려져 있었다. 「다니엘서」를 참고하자면 이 짐승들의 싸움은 네 제국 사이의 계승을 의미했다. 우상의 투구와 갑옷, 그리고 양쪽 다리에는 네 제국의 통치자들의 이름이 각각 적혀 있었다. 그림에 삽입된 설명글은 상세한 해부학의 은유를 활용해 우상의 신체 부위와 장기 들이 어떻게 특정한 역사적인 인물이나 사건에 대응할 수 있는지를 밝혀주었다.

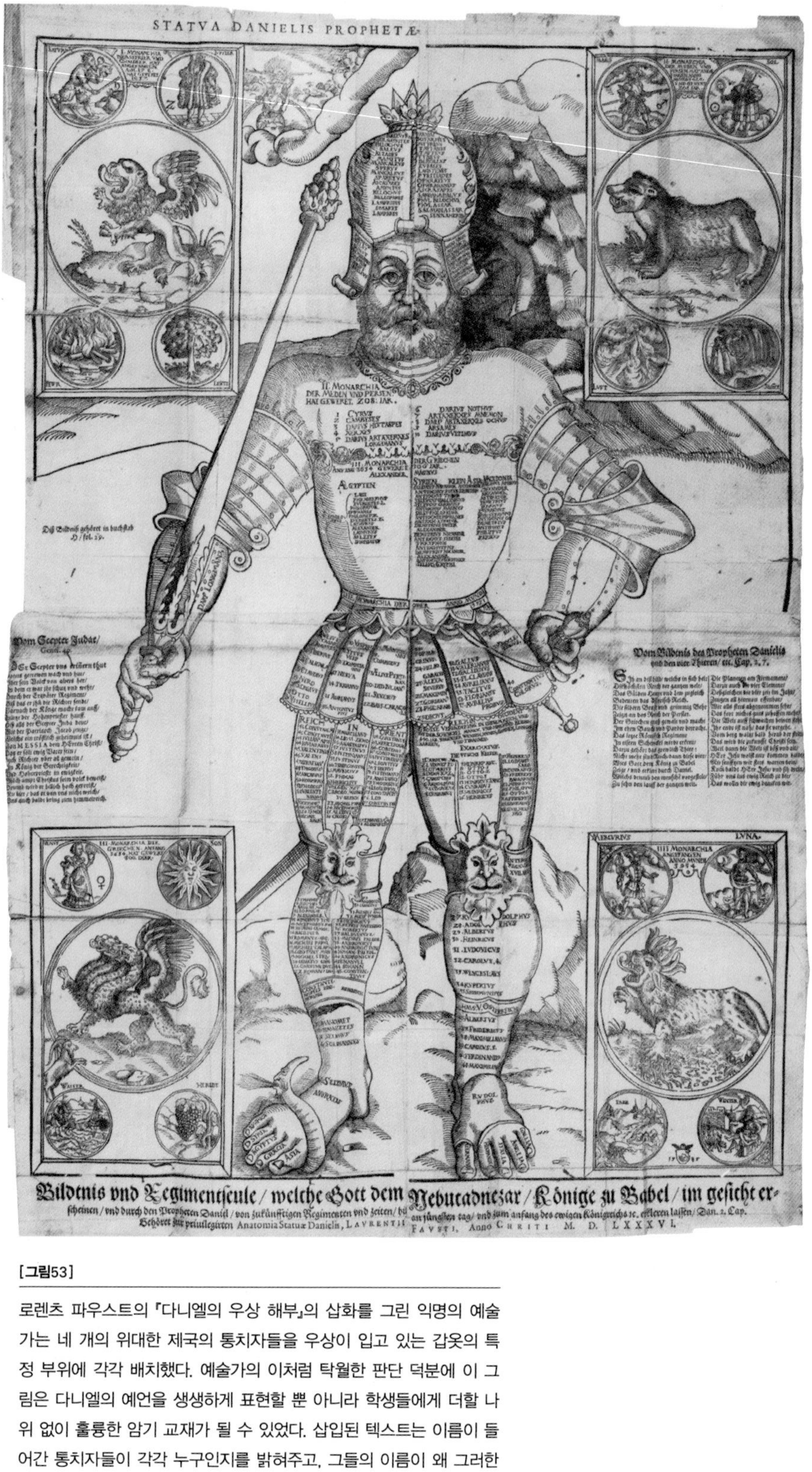
STATVA DANIELIS PROPHETÆ
Bildtnis vnd Regimentſeule / welche Gott dem Nebucadnezar / Könige zu Babel / im geſicht erſcheinen / vnd durch den Propheten Daniel / von zukünfftigen Regimenten vnd zeiten / bis an jüngſten tag / vnd zum anfang des ewigen Königreichs ꝛc. erkleren laſſen / Dan. 2. Cap.
Gehört zur priuilegirten Anatomia Statuæ Danielis, LAVRENTII FAVSTI, Anno CHRISTI M. D. LXXXVI.

[그림53]

로렌츠 파우스트의 『다니엘의 우상 해부』의 삽화를 그린 익명의 예술가는 네 개의 위대한 제국의 통치자들을 우상이 입고 있는 갑옷의 특정 부위에 각각 배치했다. 예술가의 이처럼 탁월한 판단 덕분에 이 그림은 다니엘의 예언을 생생하게 표현할 뿐 아니라 학생들에게 더할 나위 없이 훌륭한 암기 교재가 될 수 있었다. 삽입된 텍스트는 이름이 들어간 통치자들이 각각 누구인지를 밝혀주고, 그들의 이름이 왜 그러한 위치에 배치되었는지를 설명해주었다.

해부란 인간 신체를 이루는 구성 요소들을 해체하는 작업을 의미한다. 즉 해부학자나 의사가 사체를 해체해서 내부의 모든 장기와 혈관, 관절 들을 조사하는 일을 가리킨다. 해부학자와 의사는 이를 통해 질병의 정체를 더 정확히 알아낼 수 있고, 더 좋은 치료법을 찾아낼 수 있다. 이 보잘것없는 책의 제목은 다니엘의 우상 해부이다. 바빌로니아의 왕이라는 한 인간의 거대한 우상을 통해 지상에 존재했던 네 개의 제국을 보여주고 있는 것이다. 독자들은 우상의 모든 구성 요소들을 조사하고 진단함으로써 각각의 요소들이 처한 상태와 조건을 이해할 수 있고, 마침내 이해하게 된다.[26]

장기와 통치자 사이의 대응 관계는 매우 꼼꼼했다. 예를 들어 페르시아의 왕 다리우스는 폐에 할당되었는데, 그의 치세에 유대인들이 잠시나마 자유롭게 숨 쉴 수 있었기 때문이다. 시신이 하수구에 내던져졌던 엘라가발루스*는 "엉덩이에 난 구멍"과 깔끔하게 어울렸다.

파우스트는 다양한 시각적 장치를 적극적으로 활용함으로써 자신의 작품을 더욱 포괄적인 것으로 만들었다. 1566년 프랑스의 영향력 있는 세계사 이론가 장 보댕**은 「다니엘서」에 등장하는 네 개의 제국을 당대의 세계 역사 지도 위에 그려 넣는 일은 불가능하다고 주장했다. 진정한 로마제국은 이미 사라진 지 오래인 데다, 다니엘이 언급하지도 않았던 튀르크제국이 합스부르크 왕가의 신성로마제국보다 오히려 더 광대하고 강력했기 때문이다. 파우스트의 이미지는 보댕의 주장을 시각적으로 논파했다. 우상의 오른쪽 다리가 동로마제국에서부터 튀르크제국까지의 영역을 포괄하도록 만든 것이다. 여러 문화권을 아우르는 오른쪽 다리는 사악한 뱀의 형상을 한 어떤 인물을 짓밟고 있는데, 누가 보아도 그는 튀르크의 술탄을 상징했다. 오스만튀르크제국은 이처럼 비논리적이지만 강렬한 이미지를 통해 다니엘의 구도 속에 배치되었다. 로마제국보다 열등한 존재로서 말이다. 파우스트는 이 우상에 자신의 군주의 얼굴을 갖다 붙임으로써, 오직 덕망 높은 국왕만이 하느님의 나라가 지상에 임하는 때를 앞당길 수 있으리라는 것을 암시하려 했을 것이다. 달리 말하자면, 독자들이 과거를 잘 기억하고 미래를 올바르게 예견할 수 있게 하기 위해 자신이 상상할 수 있는 모든 수단을 동원했던 것이다.

다른 작가와 예술가 들도 파우스트를 따랐다. 다니엘의 우상을 그린 이미지들은 뉘른베르크의 알트도르프 아카데미에서 교재로 활용되었다. 이는 과거와 미래에 대한 강력한 인상을 제공함으로써, 젊은이들이 세계사의 세부 사항을 철저히 암기하고 인류에게 닥쳐올 짧고 극적인 미래를 정확하게 이해할 수 있도록 해주었다. 랩처레디닷컴 RaptureReady.com의 휴거 색인에 빠져 있는 현대의 독자들처럼, 근대 초기의 학생이나 왕자 들은 이러한

* 엘라가발루스[Elagabalus, 204(?)~222]: 로마제국의 23대 황제이다. 스스로 고대 로마의 태양신 중 하나인 엘리가발루스의 사제라 자처해 엘라가발루스라는 별명을 얻었다. 괴팍한 행동과 장난 등으로 문제를 일으켜 동생에게 왕위가 넘어가게 되자 동생을 없애려다 근위병에게 암살당했다.

** 장 보댕(Jean Bodin, 1530~1596): 프랑스의 법학자이자 사상가이다. 리옹의 로마법 교수였고, 프랑스 절대왕정의 이론적 기초에 결정적 기여를 한 정치학자로 칼뱅파 위그노에 속했다. 인간의 생존권과 생활체계를 신앙문제에서 분리하고, 정치에서의 덕과 신학에서의 덕을 구별, 종교로부터의 국가의 독립을 주장했다.

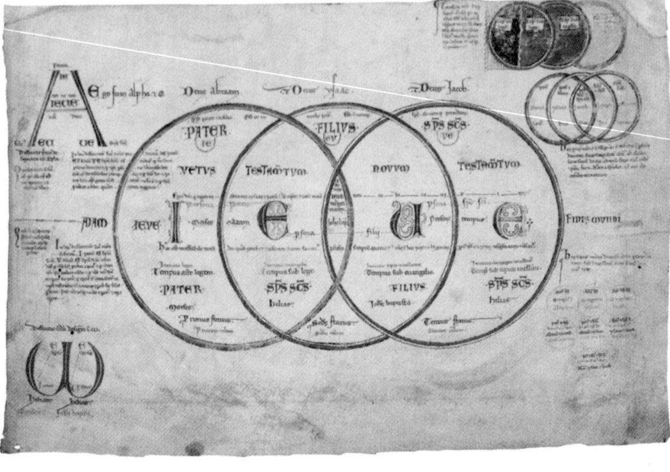

[그림54~55]

12세기 칼라브리아의 수도원장 피오레의 요아킴의 추종자들은 성서의 세계였던 과거, 크리스트교의 세계인 현재, 그리고 새롭게 변형될 미래를 단 하나의 복합적인 이미지로 엮어냈다. [그림54]의 도표는 세계사의 세 단계 또는 나이를 보여준다. 오른쪽 [그림55]의 나무줄기에 그려진 XXX 표시는 각각 30년에 해당하는 한 세대를 가리킨다.

표와 그림, 대상을 통해 과거를 이해하고 미래를 예견하는 법을 배웠다.

성서적인 문헌과 이미지 이외의 시각적 수단을 활용해 과거를 그려낸 독창적인 연표학자도 최소한 한 명은 존재했다.[그림54~55] 12세기에 칼라브리아의 수도원장을 지낸 피오레의 요아킴*은 예언적인 이미지들에 매료되었다. 그는 수數적인 대칭이 구약과 신약을 이해하는 결정적인 단서를 제공해주리라 굳게 믿었고, 예언서들과 「요한계시록」이 보여주는 공포에 사로잡혀 있었다. 따라서 그는 역사가 다음의 세 '단계'를 거쳐 나아가고 있다고 생각하게 되었다. 첫째는 성부聖父가 통치하는 구약의 단계였고, 둘째는 성자聖子가 통치하는 신약의 단계였으며, 셋째는 성령聖靈이 온전히 통치하게 될 단계였다. 그러나 우리에게 더 중요한 것은 요아킴이 만들어낸 체계의 세부 사항이나 성서로부터의 구체적인 유추 과정이 아니라, 그가 시간을 시각화하는 데 활용한 인상적인 형식들이다. 그는 서로 연결된 고리와 (한 세대에 해당하는 30년의 단위로 구획된) 거대한 나무의 이미지를 활용해, 세계사 연대기의 특징이라 할 수 있는 1년 단위의 동질적인 시간의 흐름과 계보의 특징이라 할 수 있는 불규칙적인 시간의 흐름을 결합시켰다. 또한 요아킴의 이미지들은 과거만큼이나 미래를 보여주는 데에도 힘을 쏟았기 때문에, 독자들은 13세기가 되면 프란체스코회나 도미니코회 같은 탁발수도회의 '신입자'들이 교회를 변화시키리라는 믿음을 갖게 되었다. 요아킴은 자신의 나무 이미지가 이러한 방식으로 이해되는 것을 썩 달갑게 여기지 않았다. 그러나 그의 이미지가 당대인들에게 이처럼 크게 영향을 끼쳤다는 사실은 그가 고안한 시간 지도의 형식이 급진성과 종합성을 동시에 갖추고 있었음을 보여준다.[27]

인쇄의 시대가 도래하자 (대개 성서에서 유래했으나 형식에서는 절충적인 성격을 지녔던) 이러한 이

* 피오레의 요아킴[Joachim of Fiore, 1135(?)~1202]: 이탈리아의 신비주의자이자 신학자이다. 구원의 역사 관한 그의 예언체계는 마르크스주의 이전까지 유럽에 있었던 예언체계 중 가장 영향력이 있는 체계라는 평가를 받았다.

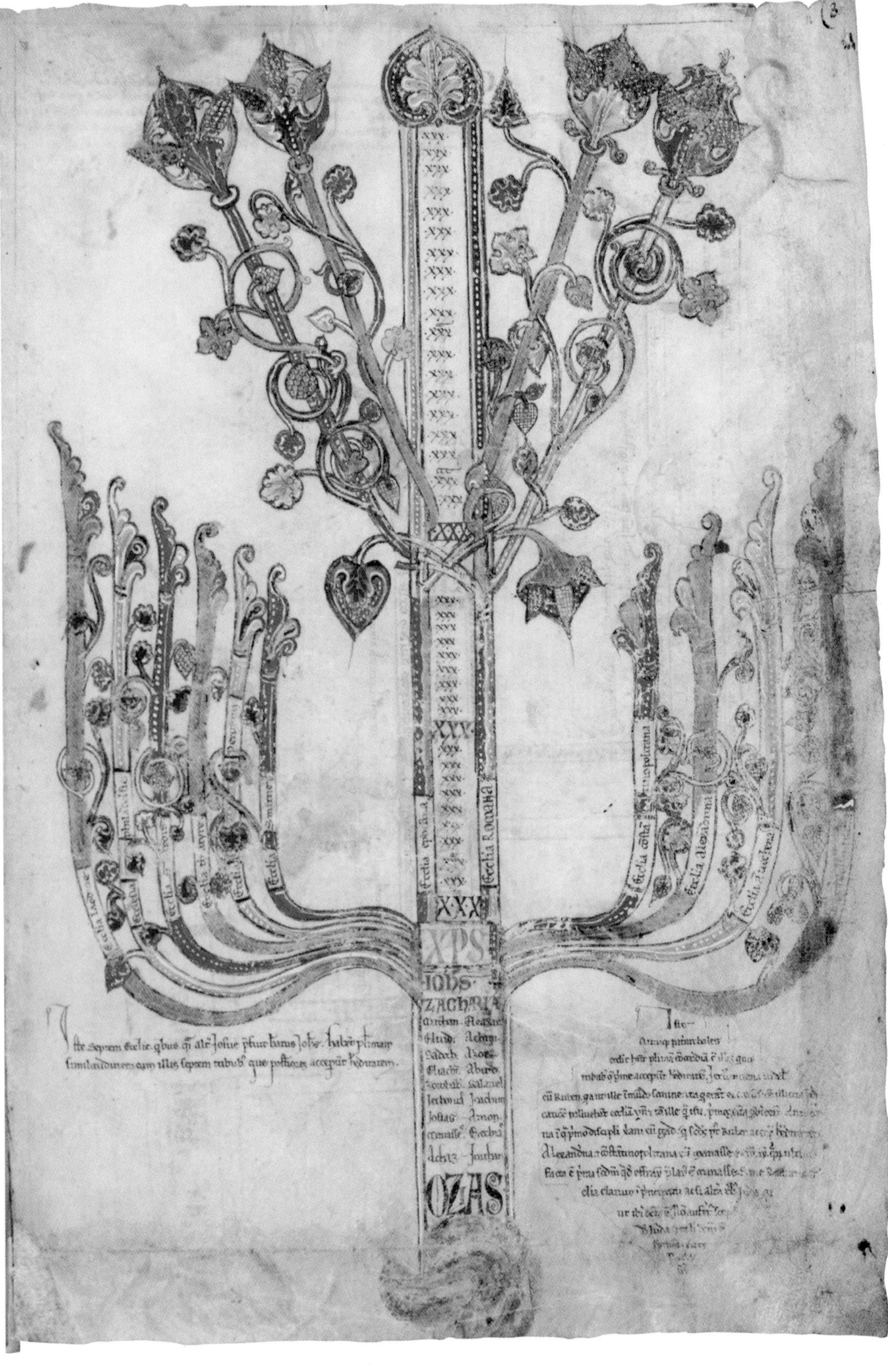

미지들의 수가 크게 늘어났다. 역사가이자 지도 제작자이며 《차이퉁겐》이라는 매체의 필자이기도 했던 미하엘 아이칭거*는 16세기에 플랑드르 지방에서 벌어진 종교 전쟁의 역사를 집필하며 둥글게 순환하는 이미지를 그려 넣었다. 그의 이미지 속에서 이 세계는 순전히 인간적이고 물질적인 원인과 결과들로만 가득 찬 하나의 극장이었고, 원을 그리며 걸어가는 배우들처럼 늘어선 인물들이 그의 이론을 실연實演했다. 번영은 과도한 탐욕을 낳고, 과도한 탐욕은 전쟁을 낳으며, 전쟁은 파멸로 귀결되고, 파멸은 사람들을 화해시키며, 화해는 다시 번영을 가져왔다.

그러나 1579년 『다섯 장의 세계사 연표』를 제작할 때에는 요아킴을 좇아 역사적인 대칭 및 그러한 대칭을 보여주는 참신하고 강렬한 이미지를 찾으려 했다.[그림56] 아이칭거는 고대와 당대의 모든 왕조를 다섯 장의 접이식 표에 쑤셔 넣음으로써, 독자들이 왕과 관리 들의 활동 연대를 쉽게 찾아내고 각각의 연대를 서로 연결시킬 수 있도록 했다.

이처럼 접었다 펼치는 형태의 차트에 수록된 자료들의 이면에는 조금 더 심오한 질서가 숨어 있었다. 아이칭거의 역사관을 이해할 수 있는 열쇠는 다름 아니라 글자를 새긴 두 개의 기둥이 그려져 있는 한 장의 이미지였다.[그림57] 이는 유대 역사가 요세푸스**가 전한바 아담의 아들인 셋Seth이 대홍수 이전의 모든 지식을 새겨 넣어 그러한 지식이 파괴되지 않고 보전되도록 했다는 두 기둥을 상징했다.[28] 기둥에 새겨진 글자는 유대 조상의 머리글자들이었다. 하지만 이 글자들을 적절히 재배열하면 아이칭거 자신의 후원자인 신성로마제국 황제 막시밀리안 2세의 이름이 되었다. 아이칭거가 보기에 이는 막시밀리안 2세가 세계의 종말이 도래하는 시기의 마지막 통치자라는 명백한 증거였다. 훗날 아이칭거 자신과 이 세계가 막시밀리안 2세의 사후에도 계속 존재하게 되자, 다음 황제인 루돌프 2세를 자신의 이야기 속에 기꺼이 끼워 넣기는 했지만 말이다.

바츨라프 부도베츠 즈 부도바***는 훨씬 더 참신하고 훨씬 더 현대적인 시각적 은유들을 활용했다.[그림58] 부도베츠는 보헤미아의 귀족이자, 신비주의 신앙의 중심지였던 루돌프 2세 치하의 프라하 시민이었다. 그는 기이하게 대칭적이기는 했지만 기본적으로 유기체적인 형태를 지닌 요아킴의 나무를 더 현대적이고 기계적인 이미지로 대체했다. 부도베츠가 1616년에 출간한 연표에는 구약과 신약의 역사를 각각 상징하는 커다란 시계 문자판이 등장했다. 구약에 해당하는 "달의 시계"는 아래쪽에 위치하며 어두운 색조를 띠었다. 인간은 예수가 지상에 오기 이전의 지식에 대해 오직 간접적으로만 접근할 수 있기 때문이었다. 반면에 "해의 시계"는 구세주가 전해준 계시들이 그러하듯 밝은 색조를 띠었다. 거의 자정에 다다라 있는 무오

* 미하엘 아이칭거(Michael Eytzinger, 1530~1598): 오스트리아의 외교관이자 역사가이다. 가계도의 원리에 관한 책을 출판해 명성을 얻었다.

** 요세푸스 플라비우스(Josephus Flavius, 37~100): 유대 역사가이다. 66년부터 73년까지 유대 민족주의자들이 로마에 대해 일으킨 반란에 가담해 갈릴리 지휘관으로 싸웠다. 반란이 실패하자 투항해 로마로 가서 유대 역사와 유대교의 우월성에 관한 책을 쓰는 일에 몰두했다.

*** 바츨라프 부도베츠 즈 부도바(Václav Budovec z Budova, 1551~1621): 체코의 정치가, 외교관이자 작가이다. 종교개혁 시대 말의 체코 종교개혁가로 체코 형제애단을 이끌었다.

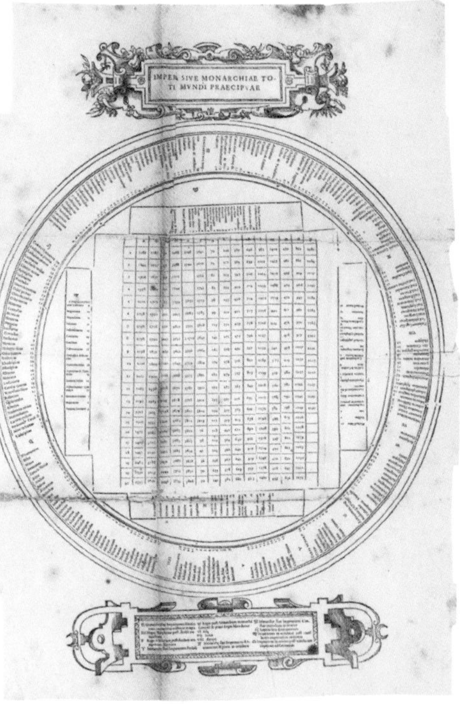

[그림56]

미하엘 아이칭거가 작성한 복잡한 참조 체계의 일부. 아이칭거는 이 체계를 통해 인류 역사에 등장하는 주요한 혈통들을 표의 형태로 압축하고, 글자와 숫자를 활용해 각각의 혈통을 식별하고 확인할 수 있도록 했다. 왼쪽은 아이칭거의 1579년 작 『다섯 장의 세계사 연표』에 수록된 다섯 장의 접이식 차트 가운데 하나이다.

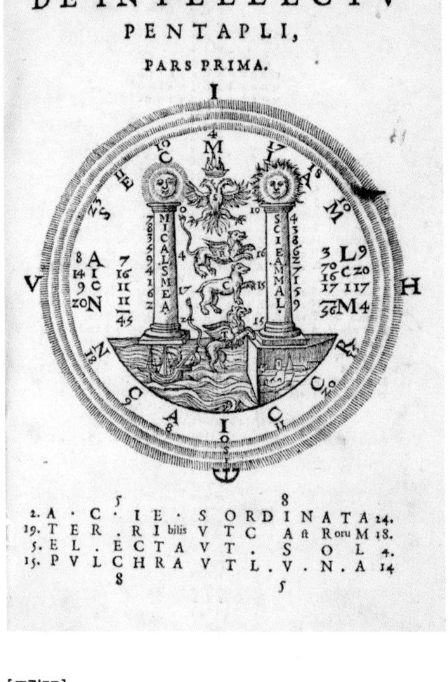

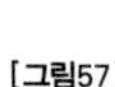

[그림57]

아담의 아들 셋은 벽돌과 바위로 기둥을 세우고, 거기에 신이 초기의 인류에게 선물한 완전한 지식을 새겨 넣었다. 아이칭거의 책에서 이 기둥들은 시간의 수수께끼를 풀어 줄 실마리를 제공한다.

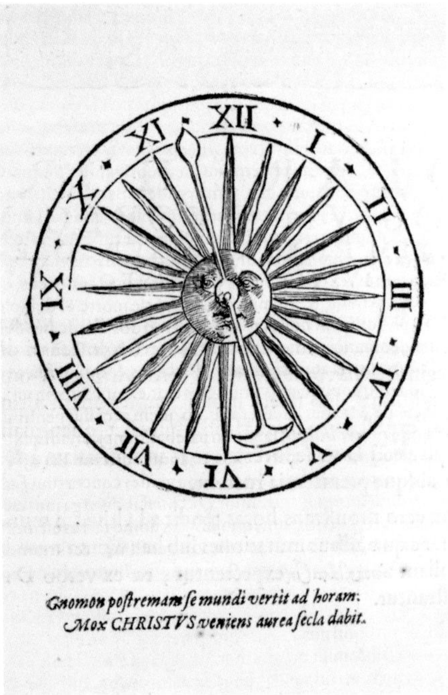

[그림58]

12세기 초반의 보헤미아 학자 바츨라프 부도베츠 즈 부도바는 역사를 시계 문자판의 형태로 표상한 최초의 인물로 여겨진다. 부도베츠의 1616년 작 『달의 시계와 해의 시계』에 등장하는 시계 문자판.

류의 바늘은 시간의 끝이 가까웠음을 생생히 보여주었다. 놀랍게도 이러한 이미지는 수백 년이 지난 뒤에 다시금 등장한다. 이와 유사한 똑딱시계 도표가 제2차 세계대전 직후의 불안한 시대에 첫 호를 발간한 《핵 과학자 회보》의 표지를 장식한 것이다. 1620년에 벌어진 백산전투*는 부도베츠의 예언이 옳았음을 입증했다. 세계 전체까지는 아닐지라도 부도베츠 자신의 세계는 이 전쟁으로 종말을 맞았기 때문이다. 그는 포로로 붙잡혀 처형되었다.

역사적 사건들의 원인을 더 심오하고 더 우주적인 질서와 연결시키고자 했던 이들이 하나같이 성서에만 의존했던 것은 아니다.[그림59] 고대 메소포타미아의 점성술사들이 애초에 맡았던 역할은 개인의 운명이 아니라 왕국의 운명을 예언하는 것이었으며, 이후 수 세기에 걸쳐 그리스와 로마, 페르시아, 무슬림의 점성술사들도 마찬가지의 역할을 맡았다. 누구라도 (최소한 학문의 세계에 속한 사람이라면 누구라도) 행성 중에서 지구에서 가장 멀리 떨어진 토성과 금성이 20년에 한 번씩 서로 만난다는 사실을 알고 있었다. 중세와 르네상스 시대의 점성가와 연표학자 들은 예수의 탄생이나 샤를마뉴의 즉위와 같은 중대한 사건들을 이러한 '대회합'과 연결시키는 표를 작성했다.[29] 헤르본의 칼뱅파 대학 교수이자 방대한 백과사전의 저자이기도 했던 요한 하인리히 알스테드**는 금성과 토성이 회합하는 1603년에서 1642년 사이에 이 세계가 극심한 혼란의 시기를 통과하게 될 것이라고 예언했다. 알스테드의 독자 중에는 잉글랜드인이 적지 않았고, 따라서 그의 예언은 1640~1650년대에 이들이 찰스 1세를 쫓아내고 청교도 국가를 세우는 데 상당한 영향을 끼쳤을 것이다. 이제 시간 차트는 사회를 변화시킬 수 있을 만큼 그 힘이 강력해진 것이었다.

1530년대 이래 천문학 분야의 도구와 기술이 연표에 활용되기 시작했고, 더불어 과거를 시각적으로 표상하는 새로운 형식들을 제공해주었다.[그림60~62] 천문학자들은 (텍스트만 붙들고 있는 역사가보다는) 자신이야말로 몇몇 주요한 역사적 사건이 일어난 연도를 더 정확히 밝힐 수 있다는 사실을 깨달았다. 1540년 학자이자 천문학자이며 인쇄공인 페트루스 아피아누스***는 『아스트로노미쿰 케사리움』이라는 책을 출간했는데, 이 책은 움직이는 종이 모형을 이용해 행성과 달과 해의 운행을 보여주고 설명하는 거대한 아날로그 계산기이기도 했다. 그는 서기전 331년의 가우가멜라전투에 앞서 월식이 있었다는 사실을 알고 있었다. 이 전투는 알렉산드로스 대왕이 페르시아의 다리우스 왕에게 결정적인 승리를 거둠으로써 지중해 세계 최강의 지배자로 우뚝 서게 된 사건이었다. 아피아누스는 유사한 다른 사례들에서도 천문학을 활용해 역사 기록에 숨어 있는 연도의 오류를 바로잡을 수 있으리라고 주장했다. 아피아누스는 단지 가우가멜라 월식을 비롯한 몇몇 식蝕들의 연도를 밝히는 데 그치지 않고, (사실 가우가멜라 월식의 연도는

* 백산전투: 30년전쟁의 초기 전쟁 중 하나이다. 빌라호바전투라고 한다. 보헤미아군이 가톨릭 연맹군에게 패했다.

** 요한 하인리히 알스테드(Johann Heinrich Alsted, 1588~1638): 독일 프로테스탄트 사상가이자 천년왕국의 관점을 가진 신학자이며, 백과사전 편집자이다.

*** 페트루스 아피아누스(Petrus Apianus, 1495~1552): 독일의 인문주의자이다. 수학과 천문학, 지도 제작 분야에서 이름을 알렸다. 독일에 지리학적 지식을 보급하는 데 크게 공헌했으며, 1524년에 간행된 그의 대표작 『코스모그라피아(Cosmographia)』에는 가장 초기의 아메리카 대륙지도가 포함되어 있다.

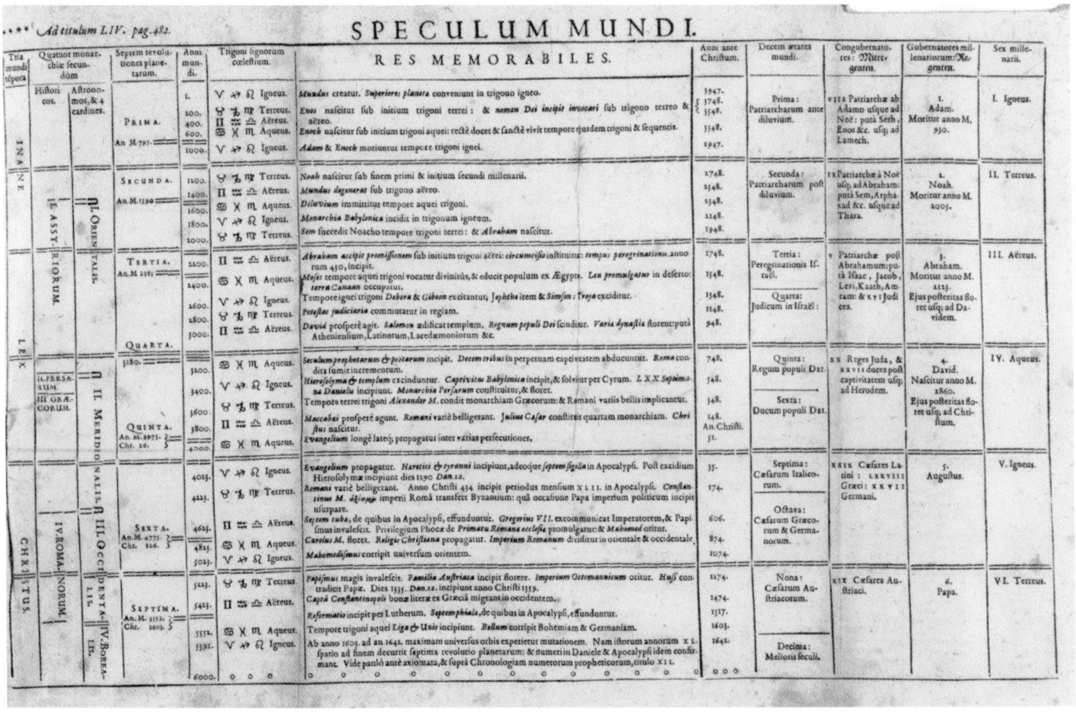

[그림59]

요한 하인리히 알스테드의 1628년 작 『연표의 보고』에 수록된 대회합의 기록들.

[그림60~62]

페트루스 아피아누스는 회전하는 종이 장치를 이용해 행성의 위치를 알아낼 수 있는 일종의 천문학 계산기를 고안했다. 그는 식이 언제 일어났는지를 계산하는 방법을 설명해주고, 도표를 활용해 식의 규모가 어느 정도였는지도 알려주었다. 아래는 알렉산드로스 대왕이 가우가멜라에서 다리우스에 승리했을 때 일어난 월식에 대한 설명이다. 다니엘 이래 많은 작가들은 대홍수 이후의 인류 역사를 아시리아, 페르시아, 그리스, 로마의 연속적인 네 제국의 역사로 서술했다. 가우가멜라전투를 거치며 두 번째 제국인 페르시아에서 세 번째 제국인 그리스로 패권이 넘어갔던 것이다. 아피아누스 이후에도 많은 학자들이 이 전투의 연도를 다시 계산하려 시도했다. 인류의 역사가 정확히 절반에 이르렀던 시기를 알고자 했기 때문이다.

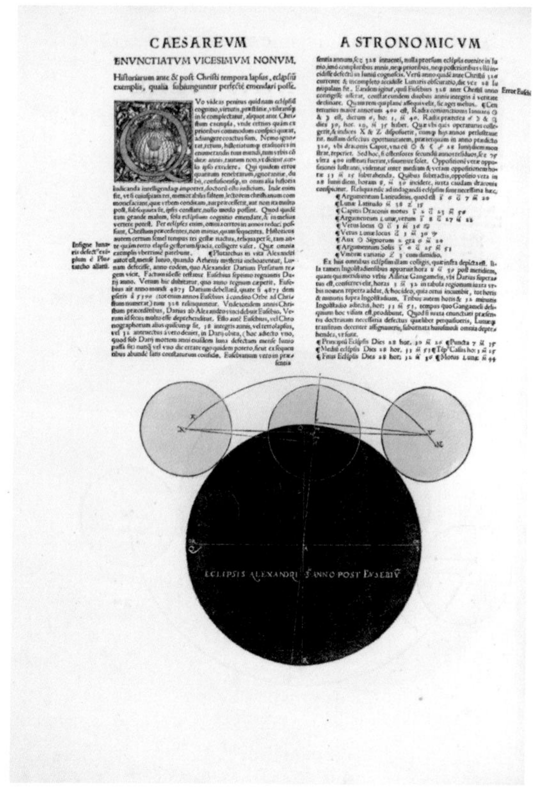

SIGNA ET GRA.
ARGUMENTI
PER ARG QVERE
SECVNDA VARIATIONIS VMBRAE MINVENDA A SEMIDIAMETRO VMBRE
CIRCVLVS EXTREMITATIS SEMIDIATRI VMBRE TERRE

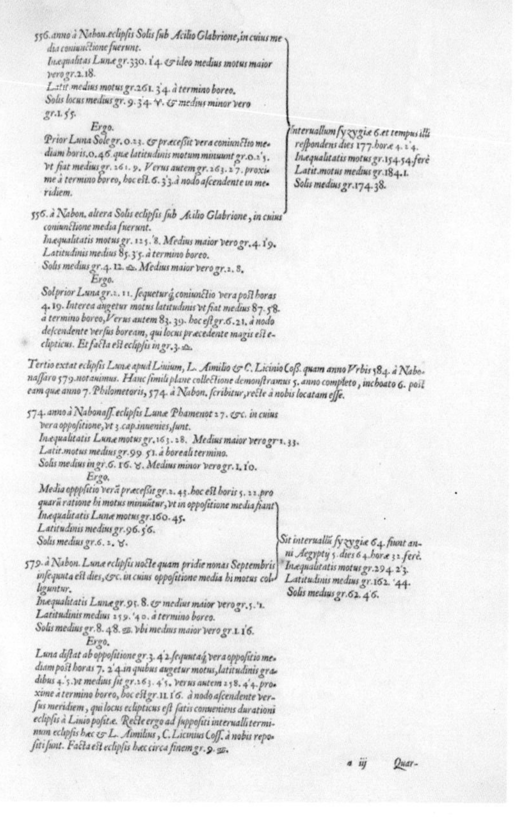

556. anno à Nabon. eclipsis Solis sub Acilio Glabrione, in cuius media coniunctione fuerunt.
Inæqualitas Lunæ gr. 330. 1'4. & ideo medius motus maior vero gr. 2. 18.
Latit. medius motus gr. 261. 3'4. à termino boreo.
Solis locus medius gr. 9. 3'4. ♈. & medius minor vero gr. 1. 55.
Ergo.
Prior Luna Sole gr. 0. 23. & præcessit vera coniunctio mediam horis. 0. 46. quæ latitudinis motum minuunt gr. 0. 2'5. vt fiat medius gr. 261. 9. Verus autem gr. 263. 2'7. proxime à termino boreo, hoc est. 6. 3'3. à nodo ascendente in meridiem.

Interuallum syzygiæ 6. et tempus illi respondens dies 177. horæ 4. 2'4.
Inæqualitatis motus gr. 154. 54. ferè
Latit. motus medius gr. 184. 1.
Solis medius gr. 174. 38.

556. à Nabon. altera Solis eclipsis sub Acilio Glabrione, in cuius coniunctione media fuerunt.
Inæqualitatis motus gr. 125. '8. Medius maior vero gr. 4. 1'9.
Latitudinis medius 85. 3'5. à termino boreo.
Solis medius gr. 4. 12. ♎. Medius maior vero gr. 2. 8.
Ergo.
Sol prior Luna gr. 2. 11. sequeturq; coniunctio vera post horas 4. 19. Interea augetur motus latitudinis vt fiat medius 87. 58. à termino boreo, Verus autem 83. 39. hoc est gr. 6. 21. à nodo descendente versus boream, qui locus præcedente magis est eclipticus. Et facta est eclipsis in gr. 3. ♎.

Tertio extat eclipsis Lunæ apud Liuium, L. Æmilio & C. Licinio Coss. quam anno Vrbis 584. à Nabonassaro 579. notauimus. Hanc simili plane collectione demonstramus 5. anno completo, inchoato 6. post eam quæ anno 7. Philometoris, 574. à Nabon. scribitur, recte à nobis locatam esse.

574. anno à Nabonass. eclipsis Lunæ Phamenot 27. &c. in cuius vera oppositione, vt 3. cap. inuenies, sunt.
Inæqualitatis Lunæ motus gr. 163. 28. Medius maior vero gr. 1. 33.
Latit. motus medius gr. 99. 51. à boreali termino.
Solis medius in gr. 6. 16. ♉. Medius minor vero gr. 1. 1'0.
Ergo.
Media oppositio verā præcessit gr. 2. 43. hoc est horis 5. 22. pro quarū ratione hi motus minuūtur, vt in oppositione media fiant
Inæqualitatis Lunæ motus gr. 160. 45.
Latitudinis medius gr. 96. 5'6.
Solis medius gr. 6. 2. ♉.

Sit interuallū syzygiæ 64. fiunt anni Ægypty 5. dies 64. horæ 32. ferè.
Inæqualitatis motus gr. 294. 2'3.
Latitudinis medius gr. 162. '44.
Solis medius gr. 62. 4'6.

579. à Nabon. Lunæ eclipsis nocte quam pridie nonas Septembris insequuta est dies, &c. in cuius oppositione media hi motus colliguntur.
Inæqualitatis Lunæ gr. 95. 8. & medius maior vero gr. 5. '1.
Latitudinis medius 259. '40. à termino boreo.
Solis medius gr. 8. 48. ♒. vbi medius maior vero gr. 1. 1'6.
Ergo.
Luna distat ab oppositione gr. 3. 4'2. sequuntaq; vera oppositio mediam post horas 7. 2'4. in quibus augetur motus, latitudinis gradibus 4. '5. vt medius sit gr. 263. 4'5. verus autem 258. 4'4. proxime à termino boreo, hoc est gr. 11. 1'6. à nodo ascendente versus meridiem, qui locus eclipticus est satis conueniens durationi eclipsis à Liuio positæ. Recte ergo ad suppositi interualli terminum eclipsis hæc & L. Æmilius, C. Licinius Coss. à nobis repositi sunt. Facta est eclipsis hæc circa finem gr. 9. ♒.

a iij Quar-

[그림63]

이 표는 시기가 알려진 식들의 목록 가운데 일부이다. 1569년 헤르하르뒤스 메르카토르는 이에 근거해 천문학에 기반을 둔 최초의 연표 가운데 하나인 『연표』를 출간한다.

몇 년의 오차가 있었다) 그러한 식들의 진행 과정을 도표의 형식으로 재연해내기까지 했다.

천문 자료를 이용할 수 있게 됨에 따라 연표학자들의 작업 방식은 혁명적인 변화를 겪었다.[그림63] 고대로부터 그리스, 칼데아, 라틴, 아랍 등의 서양 세계에서 명성을 얻은 천문학자들은 하나같이 하나의 고정된 시점을 기준으로 표를 작성하고 시간을 계산해왔다. 그 시점은 바로 바빌로니아의 왕 나보낫사르가 즉위한 서기전 747년 2월 26일이었다. 나보낫사르는 후세인들이 반드시 기억해야 할 정도로 대단한 인물은 아니었다. 그가 이처럼 중요한 역할을 맡게 된 것은 (19~20세기에 해석된 설형문자 기록에 따르면) 메소포타미아 지역에서 그 무렵 처음으로 체계적인 천문 관측이 행해진 덕분이었을 뿐이다.[그림64~66] 1537년에 조반니 마리아 톨로사니*라는 유머 감각이 뛰어난 도미니코회 수도사는 자신의 깔끔하고 이해하기 쉬운 연표에 천문학적인 증거들을 포함시켰다. (톨로사니의 유머 감각에 대해 말하자면, 그는 '똘똘이 존'이라는 뜻의 요하네스 루키두스 사모테우스Johannes Lucidus Samotheus라는 이름의 프랑스인을 사칭하면서, 자신이 비테르보의 안니우스가 갈리아인의 선조로 꾸며냈던 가상의 인물 사모데스Samothes의 후손이라고 떠들고 다녔다.)

* 조반니 마리아 톨로사니(Giovanni Maria Tolosani, 1471~1549): 도미니코회의 수도사이다. 교황 바울 3세에게 증정된 코페르니쿠스의 책을 검토한 후, 아리스토텔레스, 프톨레마이오스 그리고 성서와 모순된다는 점을 들어 코페르니쿠스를 공격했다.

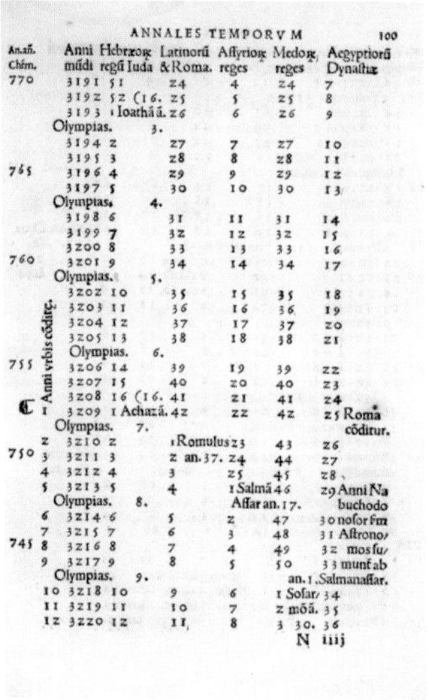

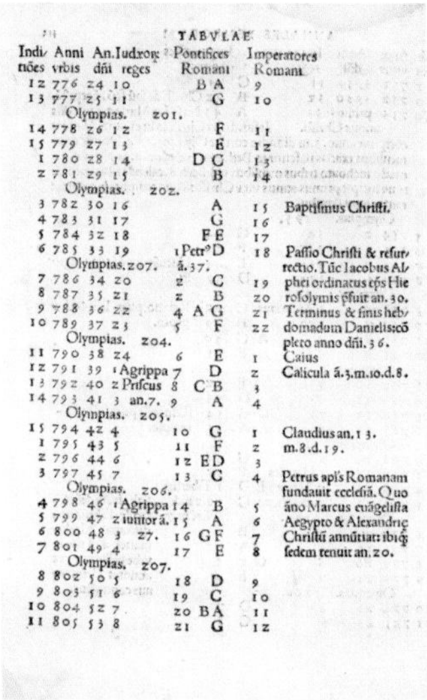

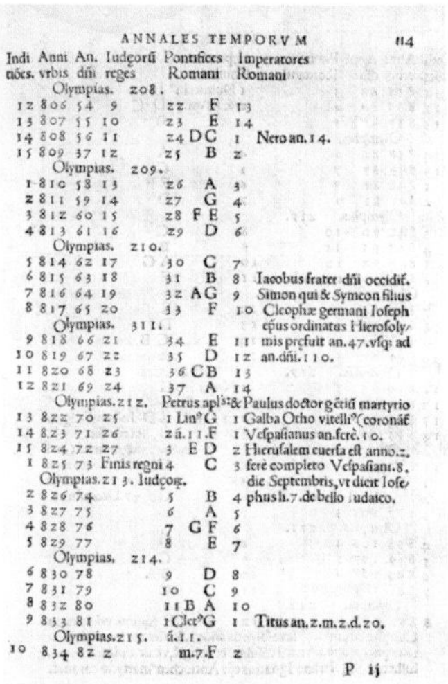

[그림64~66]

1537년 조반니 마리아 톨로사니가 작성한 이 멋들어진 연표는 많은 천문학적 정보를 담고 있었다. 그는 또한 수집한 자료를 매우 정교하게 배열함으로써, 이를테면 로마의 건국 시기를 그리스의 올림피아드 목록이나 예루살렘을 파괴한 아시리아의 왕 목록과 정확하게 비교할 수 있도록 했다. 그러나 안타깝게도 내용이 너무나 방대해서 오히려 읽는 데는 어려움이 컸다. 심지어는 유대교에서 크리스트교로의 이행이라는 중요한 사건조차 깔끔하게 인쇄된 빽빽한 세로 줄들에 가려 확인하기가 쉽지 않았다.

톨로사니는 나보낫사르가 성서에 등장하는 아시리아의 왕 샬마네세르와 동일한 인물이라고 주장했다. 그는 중세 크리스트교회의 역법 문헌에서 확보한 천문학적 정보를 통치자들의 목록 옆에 나란히 배치함으로써, 에우세비우스의 『연대기』를 멋들어지게 재가공했다.

톨로사니의 양식은 에우세비우스의 양식보다 훨씬 더 복잡했기 때문에, 예수의 십자가 수난이나 예루살렘의 함락과 같은 역사의 결정적인 전환점을 극적으로 표현하는 데서는 『연대기』보다 효과적이지 못했다. 그럼에도, 천문학과 성서를 서로 연결시킨 그의 시도는 당대의 인물들에게 상당한 영향을 끼쳤다. 천문학자와 연표학자 들은 자신들이 에우세비우스가 했던 것보다 훨씬 더 정교하게 여러 상이한 연표들을 하나로 융합시킬 수 있으리라는 것을 깨달았다. 나보낫사르의 즉위로부터 며칠 혹은 몇 시간이 경과했는지까지 밝힐 수 있게 된 것이다. 아피아누스가 천문 자료를 이용해 역사를 바로잡을 수 있다고 공언한 지 3년 뒤, 코페르니쿠스는 새로운 시대를 연 자신의 기념비적 저작 『천구의 회전에 관하여』에서 나보낫사르와 샬마네세르가 동일한 인물이라고 언급했다. 코페르니쿠스가 톨로사니의 책을 읽었는지는 확실치 않다. 톨로사니가 코페르니쿠스의 지동설을 끔찍이 싫어하며 공격했기 때문이다. 그러나 두 사람이 공유했던 하나의 명제가 연표를 새로운 기반 위로 끌어올렸

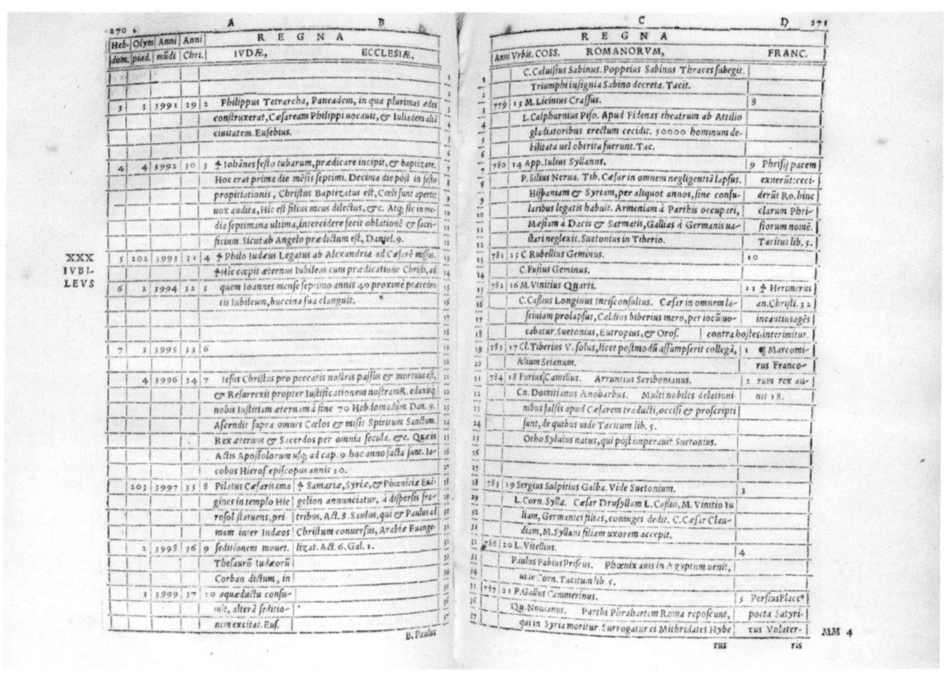

[그림67~68]

가톨릭교도인 톨로사니가 그러했듯이, 개신교도 학자 요한 풍크 또한 1545년 작 『크로놀로지아』에서 천문 자료를 활용해 성서의 역사와 고전 시대의 역사를 비교했다. 풍크의 연표는 톨로사니의 연표처럼 1년 단위의 형식을 유지했으며, 어떤 면에서는 톨로사니의 연표보다 훨씬 더 에우세비우스의 양식을 고수했다.

다는 사실만은 분명하다.

다른 연표학자들도 톨로사니가 개척한 길을 뒤따랐다.[그림67~68] 최초의 인물 가운데 한 명은 톨로사니가 가톨릭교도로서 독실했던 만큼이나 독실했던 개신교도 요한 풍크*였다. 풍크는 코페르니쿠스의 책에 서문을 쓴 안드레아스 오시안더**의 사위이기도 했다. 풍크는 톨로사니와 마찬가지로 나보낫사르의 즉위를 중심축으로 삼은 에우세비우스 양식의 비교 연표를 제작했으며, 그의 1545년 작 『크로놀로지아』 또한 많은 측면에서 전통적인 양식을 고수했다. 세계사의 초기 몇 세기는 방대한 여백으로 남아 있었고, 요하네스 트리테미우스***가 거짓으로 꾸며낸 프랑크 왕의 목록을 당당하게 수록하고 있었던 것이다.

한 세대가 더 지난 뒤 헤르하르뒤스 메르카토르가 새로운 시간 지도를 만들어냈다(메르카토르의 주된 관심사는 지도 제작법 가운데서도 가장 시각적인 영역에 놓여 있었다).[그림69~71] 메르카토르의 시간 지도는 철저히 천문학에 기반을 둔 것이었으며, 그 핵심은 서문에 수록된 시기가 알려진 식의 목록이었다. 그가 벼리어낸 타임라인은 천문학이 제공한 새롭고 정확한 연대 측정법을 실질적으로 반영함으로써, 경쟁자들보다 훨씬 더 훌륭한 시각적 독창성을 보여주었다. 메르카토르의 『연표』에 등장하는 세계사 연표들은 대부분 1년 단위의 일정한 속도로 진행했다. 하지만 자신이 판단하기에 더 자세한 정보가 필요한 지점에서는 마치 영화의 슬로 모션 장면처럼 연표의 진행 속도를 늦추었다. 성서의 대홍수 이야기라든지 시기가 알려진 식과 관련된 사건들이 그러한 경우에 해당했다. 1년 또는 2년의 기간 안에서는 시간이 한 달 단위로 진행했는데, 이는 태양이 황도 위의 열두 별자리를 통과하는 속도에 맞춘 것이었다. 더불어 메르카토르는 식을 비롯한 여러 천문 현상의 정확한 날짜와 시간을 밝힌 주석도 삽입했다. 그의 책은 역사 연표가 가질 수 있는 정확성이 얼마나 놀라운 수준에 이르렀는지에 대한 시각적인 증거라고 할 수 있었다.

10년 뒤에는 파울루스 크루시우스Paulus Crusius라는 학자이자 천문학자가 이제껏 만들어진 것 가운데 가장 정밀한 역사 연표를 작성했다. 이 연표는 주요한 역사적 사건들의 연도를 삼각형 모양으로 조합한 것으로, 두 방향으로 읽을 수 있었으며 두 개의 모서리 사이에서 월과 일의 간격을 정확히 구획할 수 있었다.[그림72] 이제야 사상 처음으로 문자 그대로의 시간 지도가 탄생한 것이었다. 크루시우스의 시간 지도는 과거라는 어둡고 광활한 공간을 가로지르는 (날짜를 특정할 수 있는) 역사적 사건들의 간선도로를 하나도 빠짐없이 정확하게 추적했다. 도식적이면서도 흠잡을 데 없이 정

* 요한 풍크(Johann Funck, 1518~1566): 독일의 루터파 신학자이다. 궁정 설교가로 일하다 음모에 휘말려 처형당했다.

** 안드레아스 오시안더(Andreas Osiander, 1498~1552): 독일의 루터파 신학자이다. 『천구의 회전에 관하여』의 서문에서 코페르니쿠스의 이론이 반드시 사실은 아니며 천체의 운동을 계산하는 데 도움이 될 단순한 수학적 수단이라고 썼다.

*** 요하네스 트리테미우스(Johannes Trithemius, 1462~1516): 독일의 성직자로, 슈폰하임과 빌츠부르크의 수도원장을 지냈다. 사전 편찬자이자 역사가이기도 하며, 점성술과 마술에 관한 저술로 후대 오컬티즘에 많은 영향을 끼쳤다.

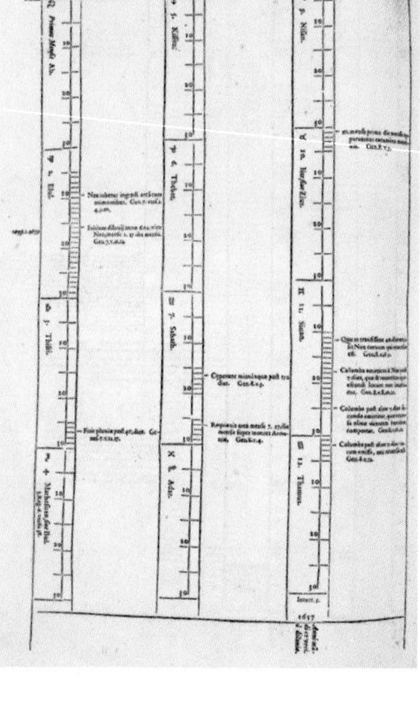

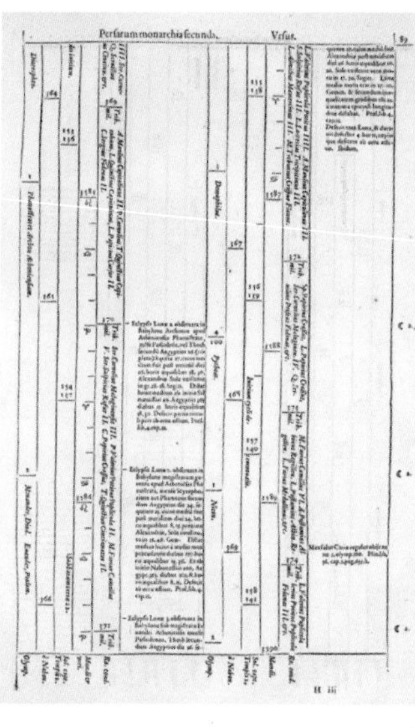

[그림69~70]

위대한 지리학자 헤르하르뒤스 메르카토르가 고안한 타임라인은 경쟁자들의 것보다 시각적인 면에서 더 독창적이었다. 물론 그 역시 다른 이들과 마찬가지로 천지창조에서 현재에 이르는 시간을 보여주었다. 그러나 메르카토르의 타임라인은 시간의 속도를 자유롭게 조정할 수 있어서, 대홍수나 주요한 전투와 같이 중요한 사건들을 다룰 때에는 더 느린 속도로 진행했다. 또한 여기에서 메르카토르는 시기가 알려진 식들을 활용해 그리스 역사 연표를 정리하고 있는데, 이처럼 충분한 정보를 가지고 있는 경우에는 사건이 일어난 시기를 황도 위의 열두 별자리, 즉 월月 단위로 표시했다. 다만 충분한 천문학적 정보를 얻을 수 없는 경우에는 연年 단위의 표준적인 시간 축을 활용했다.

[그림71]

언제나 탐구적이고 혁신적이었던 메르카토르는 플라톤의 저술에서 암시되듯 고대 이집트가 대홍수 이전부터 존재했었는지를 논하는 항목을 자신의 연대기에 특별히 삽입했다.

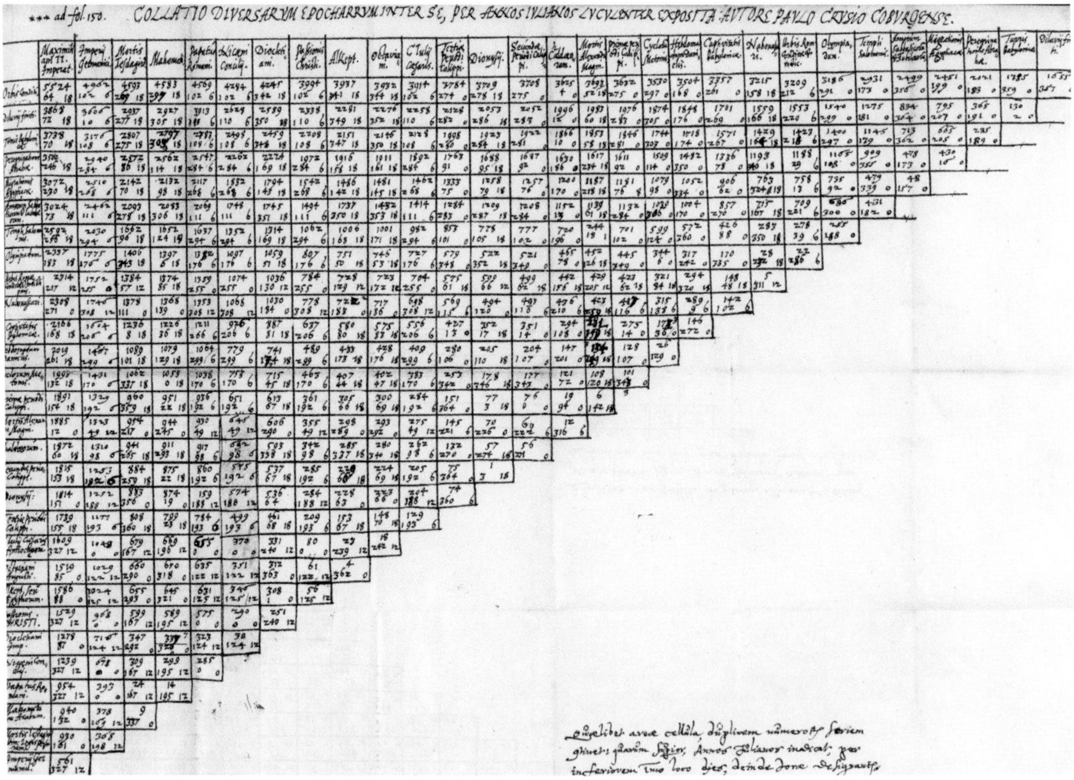

[그림72]

파울루스 크루시우스가 작성한 삼각형 모양의 연표. 이 연표는 역사를 극단적이리만치 엄밀한 시간의 간격으로 단순화시켰다.

확한 런던 지하철의 노선도처럼 역사 그 자체의 지도라고 부를 만한 것이었다. 이로써 (최소한 서기전 첫 번째 밀레니엄 이후의) 역사적 시간은 완벽하게 기록되었다. 크루시우스의 시간 지도는 너무나 투박하고 엄밀했던 탓에 독자가 많지는 않았다. 그러나 그 몇 안 되는 독자 가운데 조제프 스칼리제르*가 있었고, 스칼리제르는 크루시우스의 꼼꼼한 선행 작업에 기초해 자신의 연표를 작성했다.[그림73]

* 조제프 스칼리제르(Joseph Justus Scaliger, 1540~1609): 프랑스 태생의 네덜란드 고전학자이다. 현대 연대학의 창시자로 '율리우스일'을 제정했다. 가톨릭교회에 반항하며 신앙과 과학연구의 자유를 위해 싸웠다.

1606년에 스칼리제르가 펴낸 『연표의 보고Thesaurus temporum』라는 방대한 편람에는 고대 바빌로니아와 페르시아 왕의 목록이 실렸다. 대개의 독자들은 여기 등장하는 바빌로니아 왕의 기이한 이름이 (비록 그 발음은 기이할지라도) 안니우스가 엉터리로 지어낸 환상과는 전혀 다른 차원의 것임을 곧바로 알아챘다. 각 이름에 해당하는 연도는 메르카토르와 크루시우스를 비롯한 이전의 연표학자들이 세워놓은 연표의 구조와 정확하게 일치했다. 고급 스위스제 자물쇠와 그 열쇠가 서로 완벽히 들어맞는 것처럼 말이다. 하지만 스칼리제르의 책은 연표학자들

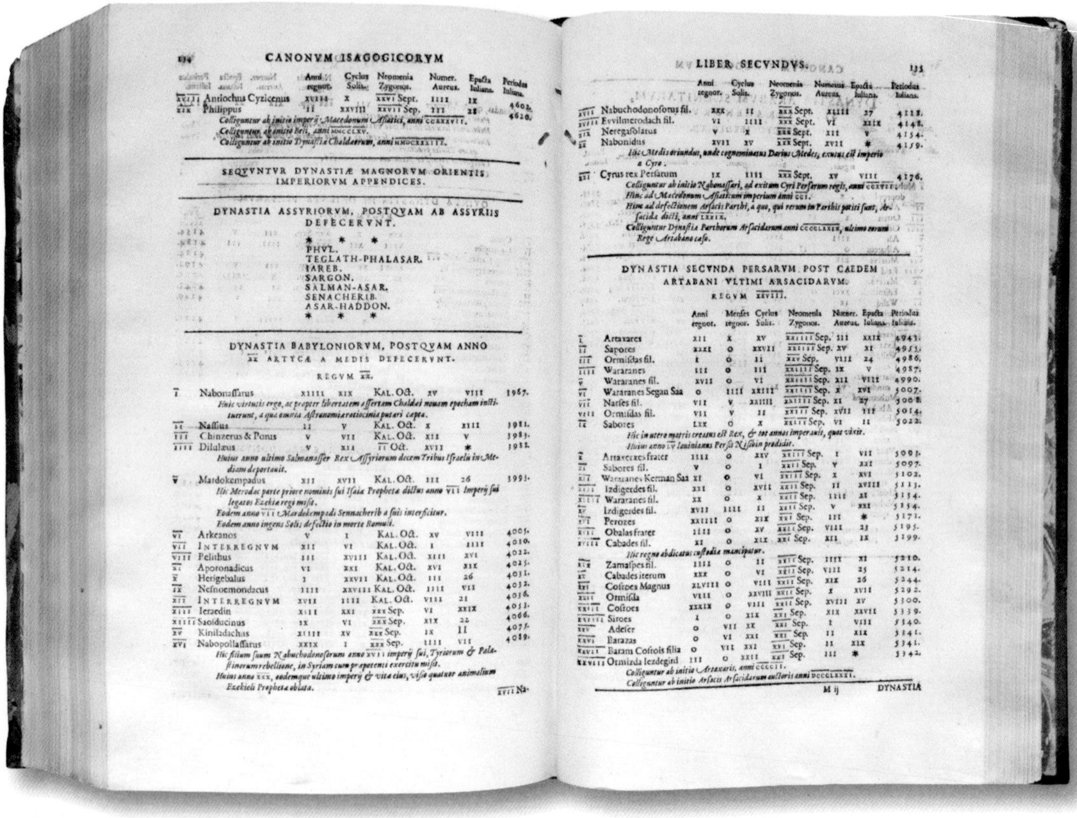

[그림73]

조제프 스칼리제르는 근대의 연표학자 가운데 처음으로 (프톨레마이오스의 저술과 함께 유통되던) 바빌로니아와 페르시아 왕의 목록이나 이집트의 사제 마네토가 작성한 이집트 왕의 목록과 같은 고대의 통치자 목록을 출간했다. 스칼리제르가 진품으로 올바르게 판정했던 이 문헌들은 오늘날의 연표에도 여전히 인용되고 있다. 심지어 스칼리제르는 이 문헌들을 발견하기 이전에도, 나보낫사르가 아시리아의 왕 샬마네세르와 동일 인물이 아니라 바빌로니아의 또 다른 통치자라는 사실을 독창적인 방식으로 밝혀낸 바 있다.

에게 더 어려운 또 한 가지 문제를 안겨주었다. 스칼리제르는 마네토Manetho라는 고대 이집트의 사제가 작성한 고대 이집트 왕의 목록을 발견해 자신의 책에 실었다. 그는 이 목록을 통해 이집트의 가장 오래된 왕조가 대홍수보다 앞설 뿐 아니라 심지어는 천지창조보다 앞서 존재했다는 결론에 이르렀고, 나아가 이 목록이 위조된 것이 아니라고도 주장했다. 곧바로 천문학자들 사이에 논쟁이 불붙었지만, 합의에 도달하지는 못했다. 제 아무리 오래된 관측 기록이라고 해도 역사의 가장 초기 국면의 일들을 밝혀줄 만큼 오래되지는 않았기 때문이다.

연표학자들은 대개 자신이 세계사를 그 기원까지 추적할 수 있으며, 심지어는 천지창조의 날짜와 시간까지도 밝힐 수 있다고 확신했다. [그림 74~75] 성공회 대주교 제임스 어셔*도 그러한 연표학자 가운데 한 명이었다. 어셔는 천지창조가 서기전 4004년 10월 23일 일요일의 전날 황혼 무렵에 이루어졌다는 유명한 주장으로 자신의 연표를 시작했다. 어셔의 주장은 수십 명에 달하는 동시대의 연표학자들, 특히 개신교도 연표학자들의 주장과 세부적인 사항을 제외하면 거의 다를 바가 없었다.[30] 하지만 적어도 두 명의 연표학자는 이러한 주장을 전적으로 지지하지 않았고, 연표의 원칙과 천문학의 정확성에 대한 의심이 퍼지기 시작했다.

예수회 소속의 천문학자로 볼로냐에서 오랫동안 교편을 잡았던 잠바티스타 리치올리**는 1651년에 『새로운 알마게스트』라는 책을 묶어냈다. 이 책은 고대와 당대의 천문학에 대한 일종의 안내서라고 할 수 있었는데, 매우 정확성이 높고 기술적인 통찰력이 뛰어나 아이작 뉴턴 경이 표준적인 참고문헌으로 삼았을 정도였다. [그림76] 그리고 리치올리는 1669년에 2절판 크기로 1000쪽이 넘는 분량의 『크로놀로지아』를 출간했다. 이 책의 표지 그림은 타임라인의 제작자들이 자신의 직업에 대해 어떠한 생각을 갖고 있었는지를 잘 보여준다. 그림의 양쪽 가장자리에는 연표와 역사를 각각 의인화한 두 명의 여신이 그려져 있다. 역사의 여신 클리오***는 한 손으로 트럼펫을, 다른 한 손으로 흐릿한 초를 든 채 단 위에 맨발로 서 있다. 왠지 풀이 죽은 듯한 표정이다. 이와 대조적으로 연표의 여신은 강력한 적수를 죽인 뒤에 당당하게 그 해골을 밟고 서 있다. 그녀의 횃불에서 뻗어나간 광선은 뒤쪽으로 아치를 그리며 장엄한 역사의 백합을 비춘다. 작고 부지런한 예수회의 벌들은 파르네세Farnese 가문의 지적인 후견 속에서 분주히 윙윙대며 날아다닌다.

연표의 여신은 윗도리가 흘러내려 가슴이 드

* 제임스 어셔(James Ussher, 1581~1656): 아일랜드 더블린 출신의 영국 성공회 대주교이다. 구약성서에 정통한 학자로 이름이 높았으며, 칼뱅주의자로서 아일랜드 교회의 독립을 위해 노력했다.

** 잠바티스타 리치올리(Giovanni Battista Riccioli, 1598~1671): 이탈리아의 천문학자이며 예수회 교단의 가톨릭 신부이다. 낙하하는 물체와 진자에 대한 실험으로 잘 알려져 있으며, 코페르니쿠스의 태양중심설은 반대한 사람이지만, 정밀한 천체 관측을 통해 『새로운 알마게스트』를 펴냈다. 알마게스트는 프톨레마이오스가 그리스 천문학을 집대성한 책의 아랍어 번역판 이름이다.

*** 클리오(Clio): 그리스 신화에서 아홉 뮤즈 중 하나로, 역사를 맡고 있는 여신이다. 양피지 두루마리, 명판, 긴 나팔을 든 모습으로 묘사된다.

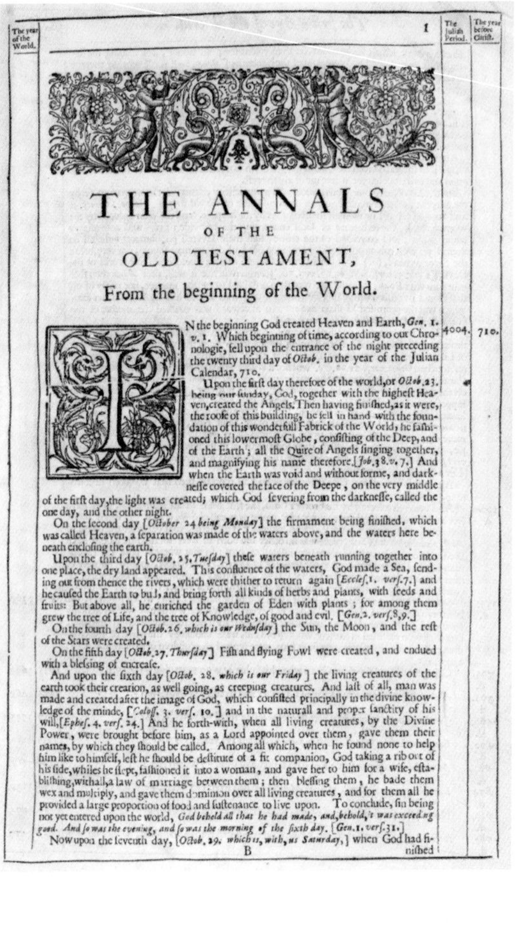

The year of the World.	1	The Julian Period.	The year before Christ.

THE ANNALS OF THE OLD TESTAMENT, From the beginning of the World.

IN the beginning God created Heaven and Earth, *Gen.* 1. *v.* 1. Which beginning of time, according to our Chronologie, fell upon the entrance of the night preceding the twenty third day of *Octob.* in the year of the Julian Calendar, 710. 4004. 710.

Upon the first day therefore of the world, or *Octob.* 23. being our sunday, God, together with the highest Heaven, created the Angels. Then having finished, as it were, the roofe of this building, he fell in hand with the foundation of this wonderfull Fabrick of the World, he fashioned this lowermost Globe, consisting of the Deep, and of the Earth; all the Quire of Angels singing together, and magnifying his name therefore. [*Job*, 38. *v.* 7.] And when the Earth was void and without forme, and darknesse covered the face of the Deepe, on the very middle of the first day, the light was created; which God severing from the darknesse, called the one day, and the other night.

On the second day [*October* 24 *being Monday*] the firmament being finished, which was called Heaven, a separation was made of the waters above, and the waters here beneath enclosing the earth.

Upon the third day [*Octob.* 25. *Tuesday*] these waters beneath running together into one place, the dry land appeared. This confluence of the waters, God made a Sea, sending out from thence the rivers, which were thither to return again [*Eccles.* 1. *vers.* 7.] and he caused the Earth to bud, and bring forth all kinds of herbs and plants, with seeds and fruits: But above all, he enriched the garden of Eden with plants; for among them grew the tree of Life, and the tree of Knowledge, of good and evil. [*Gen.* 2. *vers.* 8, 9.]

On the fourth day [*Octob.* 26, *which is our Wednsday*] the Sun, the Moon, and the rest of the Stars were created.

On the fifth day [*Octob.* 27. *Thursday*] Fish and flying Fowl were created, and endued with a blessing of encrease.

And upon the sixth day [*Octob.* 28. *which is our Friday*] the living creatures of the earth took their creation, as well going, as creeping creatures. And last of all, man was made and created after the image of God, which consisted principally in the divine knowledge of the minde, [*Coloss.* 3. *vers.* 10.] and in the naturall and proper sanctity of his will, [*Ephes.* 4. *vers.* 24.] And he forth-with, when all living creatures, by the Divine Power, were brought before him, as a Lord appointed over them, gave them their names, by which they should be called. Among all which, when he found none to help him like to himself, lest he should be destitute of a fit companion, God taking a rib out of his side, whiles he slept, fashioned it into a woman, and gave her to him for a wife, establishing, withall, a law of marriage between them; then blessing them, he bade them wex and multiply, and gave them dominion over all living creatures, and for them all he provided a large proportion of food and sustenance to live upon. To conclude, sin being not yet entered upon the world, *God beheld all that he had made, and, behold, it was exceeding good. And so was the evening, and so was the morning of the sixth day.* [*Gen.* 1. *vers.* 31.]

Now upon the seventh day, [*Octob.* 29. *which is, with, us Saturday,*] when God had finished

B

[그림74]

17세기의 박학다식한 성공회 대주교 제임스 어셔가 1650년에 출간한 『구약 연보』의 도입부. 어셔는 이 책에서 천지창조를 비롯해 성서와 고대사에 등장하는 주요한 사건들의 정확한 시기를 밝혔다. 책의 여백에는 세계의 나이, 율리우스 주기, 예수 탄생으로부터 거꾸로 따진 햇수가 각각 적혀 있었다. 하지만 이는 그저 연표의 표준으로 자리 잡고 있던 형식을 따른 것뿐이었다. 어셔의 책이 (귀가 얇은 그의 성격과 더불어) 유명해진 것은 1680년대 이후에 인쇄공들이 영어판 성서에 어셔의 타임라인을 실었기 때문이다. 연표의 전통에 대해 아는 바가 없거나, 그것을 대수롭지 않게 여기는 사람들은 어셔가 동시대인들과 거의 같은 방식으로 과거를 연구했다는 사실을 알지 못할 것이다.

MOSES,

S I S.

Year before the Common Year of CHRIST	4004
Jul. Per.	0710
Cyc. Sun	0010
Dom. Letter	B
Cyc. Moon	0007
Indiction	0005
Creation from Tifri	0001

fruit-tree yielding fruit after his
, whose seed *is* in it self, upon the
: and it was so.

[그림75]

어셔가 천지창조의 날짜를 밝힌 이후인 1701년에 런던에서 출간된 공인 성서. 여백 부분에 해당 날짜가 적혀 있다.

[그림76]

잠바티스타 리치올리의 1669년 작 『크로놀로지아』에 실린 바로크 풍의 삽화. 연표의 여신이 창백한 안색의 역사의 여신 클리오를 압도하고 있다.

러나 있다. 이는 우연의 산물도 아니고, 극도로 무미건조한 주제에 에로틱한 매력을 부여하려는 황당한 노력의 산물도 아니다. 여신의 단정치 못한 옷차림은 해와 달이(즉, 해와 달의 운행을 연구하는 학문인 천문학이) 그녀가 지닌 학문적 능력의 원천임을 알려준다. 바로크 시대의 이탈리아에서 연표가 받고 있던 존중을 보여주는 상징으로 이러한 여신의 옷차림보다 더 강력한 것을 찾기는 어려울 것이다. 리치올리의 책 그 자체의 물리적인 크기를 제외한다면 말이다. 이 책이 대형 학술 서적의 제작비를 조달하기가 극히 어려워진 시기에 인쇄되었음을 잊지 말아야 한다. 그럼에도 리치올리는 천지창조부터 현재까지의 모든 사건을 연대에 따라 한 줄로 나열할 수는 없다는 사실을 받아들여야 했다. 성서의 판본들은 서로 차이가 있었고, 천문학은 그 판본들 사이에서 판관의 노릇을 할 능력이 부족했기 때문이다. 책의 본문은 그 권두화가 호언장담했던 약속을 완전히 지키지는 못했다.

실제로 연표의 토대는 심각한 균열을 드러내기 시작하고 있었다. 1655년, 이삭 라 페레르Isaac la Peyrère라는 프랑스의 개신교도는 격식체 라틴어로 쓴 한 논문에서 「창세기」가 실제로 두 가지 이야기를 담고 있다고 주장함으로써 연표와 신학을 위기로 몰아넣었다. 하나는 인류 전체의 이야기이지만, 다른 하나는 그보다 짧은 유대인의 이야기라는 것이었다. 라 페레르는 중국인이나 이집트인과 같은 민족들이 유대인보다 훨씬 더 일찍 문명을 세웠다고 언급했다. 더 나아가 그는 대홍수가 전 세계적인 재난이 아니라 그저 지역적인 사건이었을 뿐이라고 서술했다. 라 페레르는 가택 연금에 처해졌고, 가톨릭으로 개종할 것을 강요받았다. 가톨릭과 개신교를 불문한 수십 명의 정통파 신학자들은 앞다퉈 그의 책을 논박했다.[31] 그러나 고작 2년 뒤 마르티노 마르티니Martino Martini라는 예수회 수도사는 중국의 역사가 정말로 대홍수보다 앞서 시작되었다는 소식을 유럽인들에게 가지고 왔다. 마르티니는 로마에서 아타나시우스 키르허Athanasius Kircher와 함께 공부했는데, 키르허는 칼뱅주의자인 스칼리제르를 남몰래 추종하며 이집트가 대홍수 이전부터 존재했다고 믿는 사람이었다. 마르티니는 중국으로 가서 그 왕조들의 실록을 읽으며, 중국의 역사가 너무 일찍 시작되어서 「창세기」의 연표와 들어맞지 않는다는 사실을 알게 되고도 전혀 놀라지 않았다. 그뿐 아니라 중국인은 유럽인과 달리 자신의 고대사를 확실하게 증명할 수 있는 식들의 관측 기록을 보존하고 있었다. 완전하면서도 일관성을 갖는 타임라인에 대한 확신은 점점 희미해지는 것만 같았다. 리치올리가 권두화에서 보여준 연표의 여신 및 그녀의 횃불이 지닌 힘에 대한 자부심은 무너질 위기에 처한 구조를 지탱하려는 필사적인 노력이었던 셈이다.

제3장

도식으로의 이행

Graphic Transitions

사후적으로 이야기하자면, 16세기의 연표학자들이 고안한 연표의 구조는 17세기에 이르러 산산이 와해될 운명을 피할 수 없었던 것 같다. 쉽게 말해 그토록 다양한 역사적 전통들 사이의 차이를 조정할 방법이 존재하지 않았고, 천문학자들 또한 아피아누스와 스칼리제르의 기대와 달리 논란거리가 되는 문제들에 대해 적절한 해답을 제시해주지 못했기 때문이다.[그림1] 그러나 대부분의 학자들은 여전히 낙관적인 태도를 견지한 채, 프톨레마이오스의 세계 지도나 현대의 세계 지도에 필적할 만큼 완벽하고 단일한 시간 지도를 만들어내기 위해 끊임없이 노력했다. 비록 해결책을 찾기 힘든 제 나름의 과제들과 씨름해야 했을지라도, 전반적으로 보면 그들의 기획은 상당한 에너지와 호소력을 갖고 있었고 꾸준히 혁신을 거듭했다. 연표학자들은 일찍이 16세기부터 새로운 형식의 표와 그 변형들을 실험하기 시작했다. 심지어는 연대기적 자료를 도식의 형태로 표현하려는 시도들도 있었다. 단지 정보를 나열하는 데 그치지 않고, 정보를 이해하기 쉬운 방식으로 표현하는 차트를 제작하고자 했던 것이다. 예를 들어 1596년 로렌츠 코도만Lorenz Codomann이라는 루터파 신학자는 성서에 등장하는 유대 조상들의 생애를 오늘날의 도로 지도에 실려 있는 것과 비슷한 형식의 표에 담았다. 이 표에서 유대 조상들의 이름은 쪽의 윗부분에 수평 방향으로 한 번 나열되고, 왼쪽 여백에 수직 방향으로 다시 한 번 나열된다. 독자들은 두 축을 서로 교차시킴으로써 성서에 등장하는 어떤 인물이 태어나거나 죽었을 때 또 다른 인물이 몇 살이었는지를 즉시 확인할 수 있었다. 코도만의 작품은 여전히 표의 외형을 갖고 있기는 했지만, 훨씬 더 완전한 도식 형태의 표상을 향해 나아가고 있었다. 그 어떤 단일한 형식의 표보다 더 깔끔한 유대 조상들의 연표를 만들어낸 것이었다. 코도만의 표는 기재할 정보가 있을 때에만 칸을 채워 넣었기 때문에 의도치 않게 막대그래프로서 기능하기도 했다. 즉, 칸이 채워진 세로줄의 길이가 해당 인물의 수명을 나타내었던 것이다. 또한 그의 표는 나이와 연대를 계산하는 도구였을 뿐 아니라, 역사의 지식을 모세에게까지 단절 없이 전달해준 전통을 총체적으로

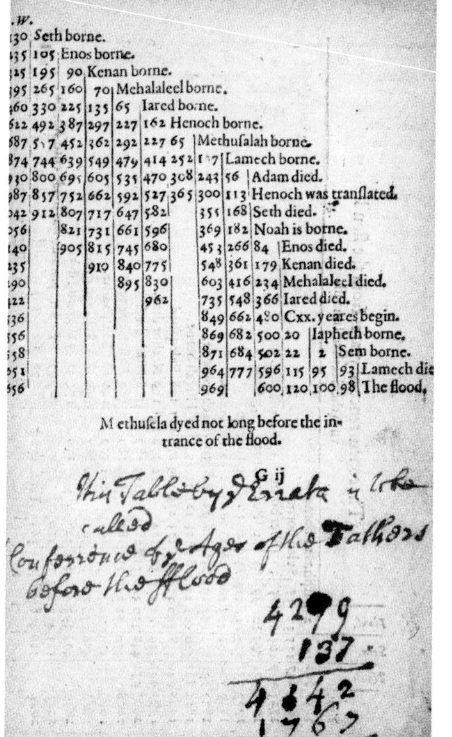
.W.
30 Seth borne.
35 105 Enos borne.
25 195 90 Kenan borne.
95 265 160 70 Mehalaleel borne.
60 330 225 135 65 Iared borne.
22 492 387 297 227 162 Henoch borne.
87 517 452 362 292 227 65 Methusalah borne.
874 744 639 549 479 414 252 187 Lamech borne.
930 800 695 605 535 470 308 243 56 Adam died.
987 857 752 662 592 527 365 300 113 Henoch was tranflated.
42 912 807 717 647 582 355 168 Seth died.
56 821 731 661 596 369 182 Noah is borne.
40 905 815 745 680 453 266 84 Enos died.
35 910 840 775 548 361 179 Kenan died.
90 895 830 603 416 234 Mehalaleel died.
22 962 735 548 366 Iared died.
36 849 662 480 Cxx. yeares begin.
56 869 682 500 20 Iapheth borne.
58 871 684 502 22 2 Sem borne.
51 964 777 596 115 95 93 Lamech die
56 969 600 120 100 98 The flood.

M ethufela dyed not long before the in-
trance of the flood.

Gij

[그림1]

로렌츠 코도만이 1569년 런던에서 출간한 『크로노그라피아: 세계의 시작에서 주님의 해인 137년에 이르는 시간의 설명서. 여섯 시기로 구분했고, 구약과 신약에 등장하는 사건들을 간략히 다루었으며, 연대 순서로 배열했음』. 이 멋들어지고 시각적으로 직관적인 차트는 성서에 등장하는 유대 조상들의 생애를 보여준다. 각각의 연대가 서로 교차하기 때문에, 독자들은 한 인물이 태어나거나 죽었을 때 다른 인물이 몇 살이었는지를 즉시 확인할 수 있다. 이러한 정보들은 「창세기」의 내용에서 유추해야 하는 것이었으며, 단일한 축을 갖는 전통적인 연표들로부터 끌어내기는 쉽지 않은 것이었다.

조망하는 기능도 갖고 있었다.

이와 유사하게 프랑스의 연표학자 요안네스 템포라리우스Joannes Temporarius도 성서로부터 세계의 역사를 도출하고자 하는 이들을 끊임없이 괴롭혀온 한 가지 문제를 해결하기 위해 일련의 도식들을 활용했다.[그림2~3] 「창세기」에 따르면 대홍수에서 살아남은 것은 오직 노아의 가족들뿐이었다. 그러나 고작 몇 세대도 지나지 않아 그들의 후손이 이 세계를 가득 채우고, 마침내는 "성읍과 탑을 건설하여 그 탑 꼭대기를 하늘에 닿게" 하는 일까지 시도하게 되었다.[1] 어떻게 이처럼 폭발적인 인구 증가가 가능했단 말인가? 전염병과 기아의 주기적인 습격에 시달리던 유럽인들은 이러한 사실을 쉽게 믿을 수 없었다. 하지만 템포라리우스는 그럴듯한 해법을 제시했다. 그의 도표에서 맨 위의 수평축은 대홍수 직후의 시기를 20년 간격으로 분할했고, 왼쪽의 수직축은 노아의 후손들을 세대별로 나열했다. 독자들은 두 개의 축을 통해, 세대를 거듭하며 인구가 증가해온 추이를 살펴볼 수 있었다. 유대인이 이집트에 머물던 시기에 그들의 수가 어떻게 그토록 빠르게 늘어날 수 있었는가와 같은 질문도 제기되었다. 템포라리우스는 인구통계학적 변화를 보여주는 또 다른 시각적 설명 방식을 통해 그러한 질문에 답했다. 그러나 그는 현대의 막대그래프와 유사한 형식을 도입하기는 했으되, 오직 개인들의 수를 헤아리는 데에만 이를 활용했다. 선형의 도식을 연대기적 정보와 함께 배치하면서도 시간 그 자체를 도식으로 표현하지는 않았

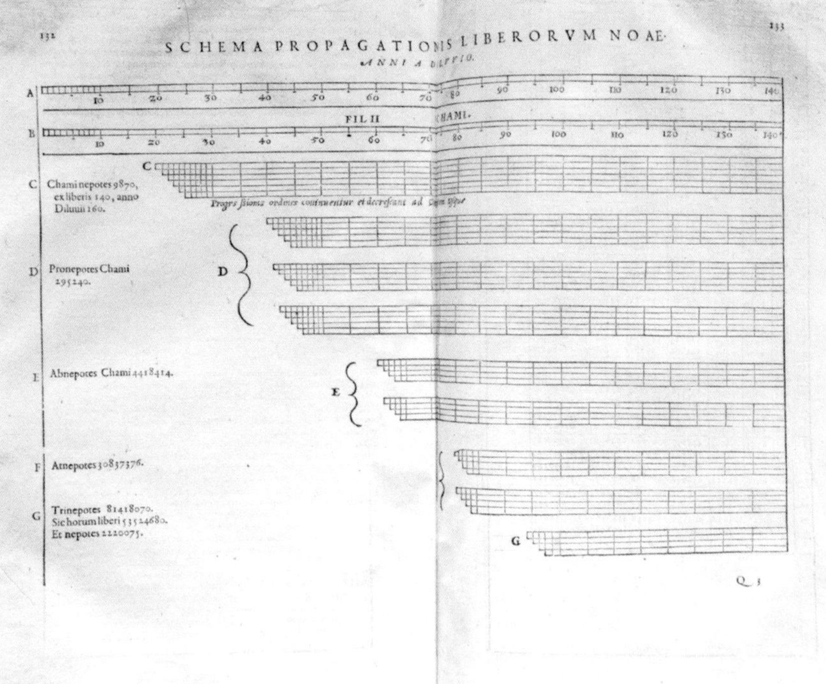

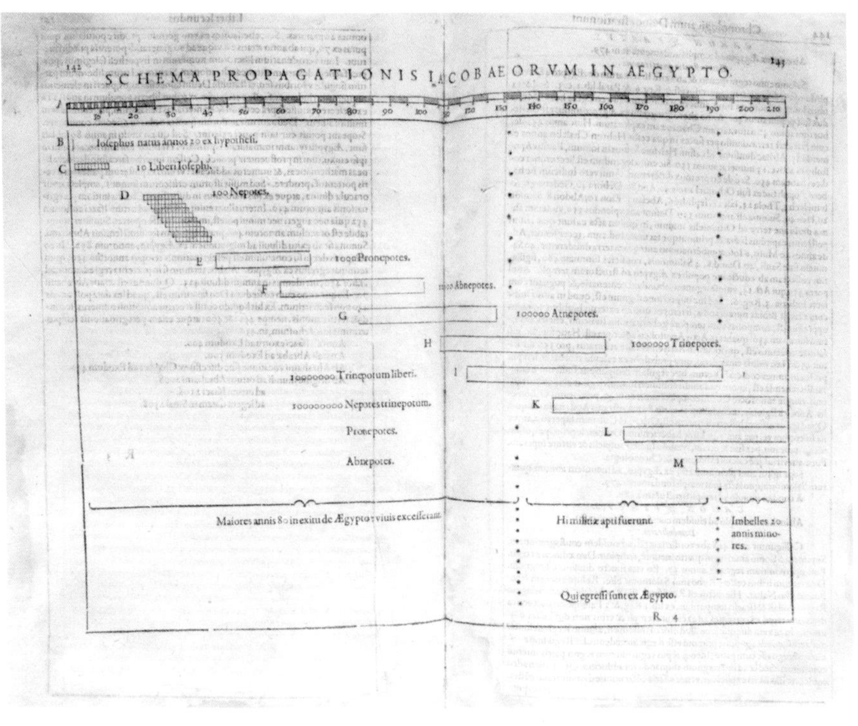

[그림2~3]

요안네스 템포라리우스라는 혁신적인 연표학자는 1596년 작 『연표의 증명』에서 고대의 인구 증가를 보여주기 위해 새로운 막대그래프 형식을 도입했다.

던 것이다. 템포라리우스는 시간을 연표의 재료로 삼는 과정에서는 매우 급진적이었다. 그는 로물루스Romulus의 로마 건국에 대한 전통적인 역사 서술과 연대 계산을 그 사건으로부터 몇 세기나 지난 뒤에 창조된 신화에 지나지 않는 것으로 치부했다. 하지만 템포라리우스는 역사적 시간에 관한 자신의 매우 혁신적인 아이디어들을 도식의 형태로 표현할 방법을 찾아내지는 못했다.[2] (에우세비우스, 코도만, 메르카토르가 했던 것처럼) 정보를 **담아내는** 표를 고안하는 단계에서 정보를 도식으로 **표현하는** 단계로 나아가기까지는 연표학자들이 예상했던 것보다 더 오랜 시간이 필요했다.

연표학자들이 여전히 많은 문제를 해결하지 못했음에도 불구하고, 독자들은 더 열성적이고 적극적인 태도로 그들의 타임라인을 읽어나갔다. 백과사전적인 완결성을 추구했으나 결코 그러한 목표에 도달하지 못한 크로노그래피의 장르가 독자와 책 사이의 강한 상호작용을 촉진했던 것이다. 책의 주인들은 인쇄된 연표 위에 더 많은 정보를 직접 채워 넣었고, 그래서 그들의 책은 반복해서 덧쓴 양피지이거나 혹은 인쇄된 부분과 필사된 부분이 뒤섞인 기이한 혼성물이 되었다. 이러한 상호작용이 가장 활발하게 일어난 영역은 다름 아닌 일상의 달력이었다. 수 세기에 걸쳐 크리스트교도 학자들은 '콤푸투스'라고 불리는 기술을 익히고 개량하는 데 심혈을 기울여왔다. 이들은 손가락을 계산기로 활용해 부활절과 같이 해마다 날짜가 바뀌는 교회의 축일이 언제인지를 계산해냈고, 심지어는 몇 년 뒤의 날짜도 알아낼 수 있었다. 그러나 콤푸투스의 정확성은 늘 논란의 대상이었다. 중세 초기에 브리튼 섬 등지의 크리스트교도들은 부활절의 날짜를 두고 치열한 논쟁을 벌이곤 했다. 태양년의 길이를 재는 기준이 실제보다 꽤 길었던 탓에 시간이 지날수록 막대한 오차가 누적되었고, 급기야 15세기에 이르면 심각한 혼란이 발생하게 되었던 것이다. 달력의 개혁에 뛰어든 이들은 크리스트교도들이 유대인의 놀림거리가 되는 상황을 가장 우려했다. 유대인들은 그들의 축일인 유월절의 날짜를 정확히 알고 있는 데 비해, 크리스트교도들은 자신들의 가장 중요한 축일을 엉터리 날짜에 기리고 있는 탓이었다.[3]

16세기에 들어 천문학자들이 역사적 시간에 대해 한층 더 정확한 접근법을 제공하고, 더불어 종교 개혁이 일어남에 따라, 달력의 형태에 상당한 변형이 가해졌다.[그림4] 중세에는 종교적인 차원에서의 1년이란 축일과 재일齋日의 익숙하고 변함없는 순환일 따름이었다. 달력은 (실존 인물이든 가상의 인물이든 간에) 성인聖人들의 생일과 순교일로 가득 채워져 있었고, 그리하여 한 해의 절반 이상의 날들이 제 나름의 신성한 의미를 지니고 있었다. 그러나 종교 개혁가들은 대개의 성인을 부정하고 관련된 모든 축일을 공격했으며, 새로운 종류의 신성성으로 한 해를 채우고 싶어했다. 개신교 진영의 도시에서는 학자와 천문학자가 종교 개혁가와 손을 잡고 구약과 신약에서 언급되는 위대한 사건들이 정확히 몇 월 며칠에 일어났는지를 확정하기 위해 최선을 다했다. 이들은 하루하루가 이전과 다른 새로운 의미의 근원을 지닌 달력을 제작했다.

1550년에는 비텐베르크의 히브리학 교수이자

VETERIS TESTAMENTI.	Romanorum	Macedonis	Ægyptiorum	Hebraeorum	NOVI TESTAMENTI.
	A	26	30	5	
Esra ad profectionem se suosq; pparat 1. Esr. 7. Noah tectum Arcæ deponit. Gene. 8.	b	27	1	1	PHARMVTI VIII. Ægyptiorum. NISAN. I. Hebrorum.
	c	28	2	2	✝ CHRISTVS prædicit discipulis passionem suam &c. Matth. 20.
	d	29	3	3	
	e	30	4	4	
	f	31	5	5	
APRILIS 4 Romanorū. XANDICVS 5. Macedonū.	g	1	6	6	
	A	2	7	7	
	b	3	8	8	
	c	4	9	9	IESVS in Bethania cum Lazaro cęnat Ioan.
AGNVS ad futurum phase eligendus erat. IOSVA Iordanē transijt. Ios: 4.	d	5	10	10	CHRISTVS Hierosolymam asina invectus
	e	6	11	11	
ESRA a fluuio Anaua mouet 1. Esr. 8.	f	7	12	12	IESVS AD Sepulturam unctus. IVDAS quærit quomodo eum traderet.
	g	8	13	13	
AGNVS comestus ad Vesperam.	A	9	14	14	DOMINVS hac nocte instituto Testamento captus est.
Prima pascha & exitus de Ægypto.	b	10	15	15	CHRISTVS PASSVS & sepultus.
SABBATVM SANCTVM.	c	11	16	16	CHRISTVS SABBATVM in sepulchro.
PHARAO submersus diluculo. Exod. 14. ✱	d	12	17	17	CHRISTVS diluculo resurrexit, uictis Satan Morte & Inferno &c.
✱ Manipulus primitiarum offerabatur, a quo ad festū Pentecostes dies numerabantur. Leui: 23.	e	13	18	18	
	f	14	19	19	
	g	15	20	20	
	A	16	21	21	
	b	17	22	22	
	c	18	23	23	
	d	19	24	24	Thomas agnoscit Christum Dominum & DEVM Ioan. 21.
	e	20	25	25	
	f	21	26	26	
	g	22	27	27	
	A	23	28	28	
	b	24	29	29	
	c	25	30	30	
	d	26	1	1	PACHONI IX. Ægyptiorum. IAIR qui & ZIV II Hebrǫorum.
	e	27	2	2	

[그림4]

크리스티안 마사에우스Christian Massaeus의 선행 작업에 기반을 둔 요한 풍크의 역사 달력은 독자에게 구약과 신약의 역사에서 일어난 중요한 사건들의 날짜를 알려주었다.

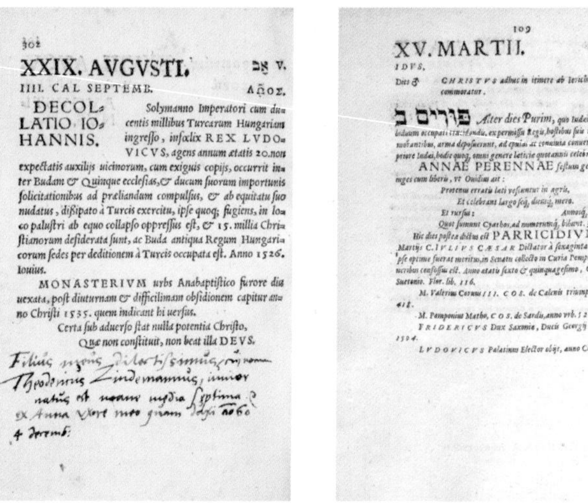
302

XXIX. AVGVSTI. אב V.

IIII. CAL SEPTEMB. Λῷος.

DECOLLATIO IOHANNIS. Solymanno Imperatori cum ducentis millibus Turcarum Hungariam ingresso, infoelix REX LVDOVICVS, agens annum ætatis 20. non expectatis auxilijs uicinorum, cum exiguis copijs, occurrit inter Budam & Quinque ecclesias, & ducum suorum importunis solicitationibus ad præliandum compulsus, & ab equitatu suo nudatus, dissipato à Turcis exercitu, ipse quoq; fugiens, in loco palustri ab equo collapso oppressus est, & 15. millia Christianorum desiderata sunt, ac Buda antiqua Regum Hungaricorum sedes per deditionem à Turcis occupata est. Anno 1526. Iouius.

MONASTERIVM urbs Anabaptistico furore diu uexata, post diuturnam & difficilimam obsidionem capitur anno Christi 1535. quem indicant hi uersus.

Certa sub aduerso stat nulla potentia Christo,
Quæ non constituit, non beat illa DEVS.

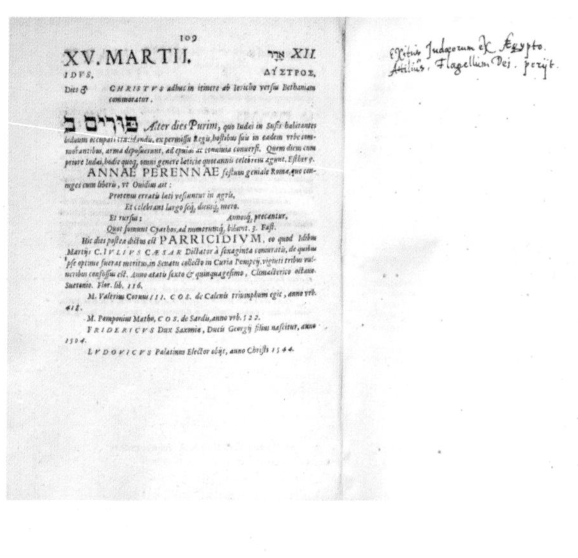
109

XV. MARTII. אדר XII.

IDVS. Δύστρος.

Dies ☿ CHRISTVS adhuc in itinere ab Iericho versus Bethaniam commoratur.

פורים ב Alter dies Purim, quo Iudæi in Susis ... ex permissu Regis, hostibus suis in eadem vrbe commorantibus, arma deposuerunt, ad epulas & conuiuia conuersi. Quem diem cum priore Iudæi, hodie quoq; omni genere letitiæ quotannis celebrem agunt. Esther 9.

ANNAE PERENNAE festum geniale Romæ, quo coniuges cum liberis, vt Ouidius ait:

Protenus erratis læti vescuntur in agris,
Et celebrant largo seq; diemq; mero.
Et rursus: Annosq; precantur,
Quot sumunt Cyathos, ad numerumq; bibunt. 3. Fast.

Hic dies postea dictus est PARRICIDIVM, eo quod Idibus Martij C. IVLIVS CÆSAR Dictator à sexaginta coniuratis, de quibus ipse optime fuerat meritus, in Senatu collecto in Curia Pompeij, viginti tribus vulneribus confossus est. Anno ætatis sexto & quinquagesimo, Climacterico octauo. Suetonio. Flor. lib. 116.

M. Valerius Coruus III. COS. de Calenis triumphum egit, anno vrb. 418.

M. Pomponius Matho, COS. de Sardis, anno vrb. 522.

FRIDERICVS Dux Saxoniæ, Ducis Georgij filius nascitur, anno 1504.

LVDOVICVS Palatinus Elector obijt, anno Christi 1544.

[그림5~6]

비텐베르크의 히브리학자 파울 에버가 작성한 『역사 달력』의 두 개의 사본이다. 양쪽 모두 에버가 직접 작성한 (천지창조에서 현재에 이르는 주요한 사건들을 날짜별로 나열한) 목록과 책의 소유자가 수기로 추가한 정보를 함께 보여준다. 왼쪽 사본의 소유자가 적어 넣은 것은 자기 아들의 생일이었다. 오른쪽 사본의 소유자는 퓨림제의 두 번째 날이자 로마의 여신 안나 페렌나Anna Perenna 축일이고 율리우스 카이사르가 살해된 날이며 작센공 프리드리히의 생일인 3월 15일에 해당하는 이 페이지에서 도저히 빈자리를 찾지 못하자, 뒤이은 빈 페이지에 모세가 유대인을 이끌고 이집트를 탈출한 사건과 훈족의 아틸라Attila가 사망한 사건을 추가로 적어 넣었다.

설교자인 파울 에버Paul Eber가 『역사 달력』이라는 달력을 출간했다.[그림5~8] 에버는 성인들의 이름을 모조리 삭제하고, 그 대신에 유대교, 이교, 크리스트교 역사의 중요한 사건들을 각각의 날짜에 써 넣었다. 달력 곳곳에 충분한 여백이 있었음에도, 달력의 소유자 가운데 일부는 추가로 종이를 끼워 훨씬 더 많은 양의 정보를 채워 넣기도 했다. 전통적인 의미에서 달력이란 현재의 1년을 차트의 형태로 나타낸 것이었지만, 이제는 과거의 시간을 그린 한 장의 지도가 된 셈이었다. 그리고 이러한 지도는 천지창조에서 세계의 종말에 이르는 시간을 하나의 선으로 연결하기보다 365일의 태양년을 둥글게 순환하는 형태를 띠었다.[4]

표준적인 에우세비우스 양식의 연표에도 다양한 종류의 수기 부속물들이 덧붙여졌다.[그림9~10] 역사가 글라레아누스는 리비우스의 연표의 오류를 바로잡기 위해 몇몇 구절에 주석을 달았다. 주석 가운데 일부는 1540년대 말 프라이부르크에서 글라레아누스를 돕던 가브리엘 훔멜베르크Gabriel Hummelberg라는 학생이 작성한 것이다. 훔멜베르크가 적어 넣은 지독하리만치 철두철미한, 그럼에도 쉽게 읽히는 이 주석들은 글라레아누스의 작업 방식을 상세하게 보여준다. 글라레아누스는 인쇄물이 출간되는 즉시 그로부터 새로운 증거를 수합해 새로운 판본을 보강하는 데 활용했던 것이다. 또한 케임브리지 대학에서 수사학과 그리스어를 가

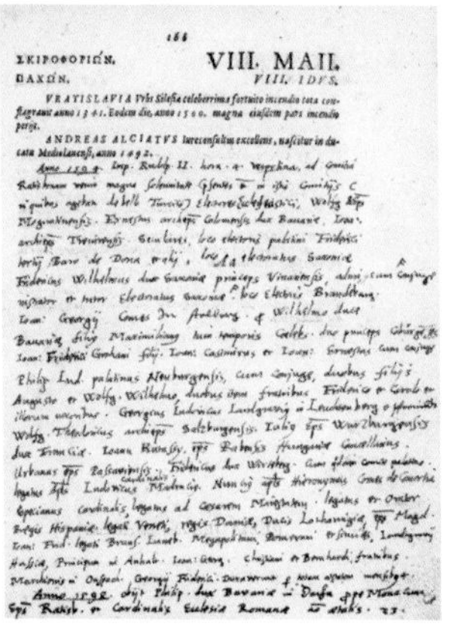

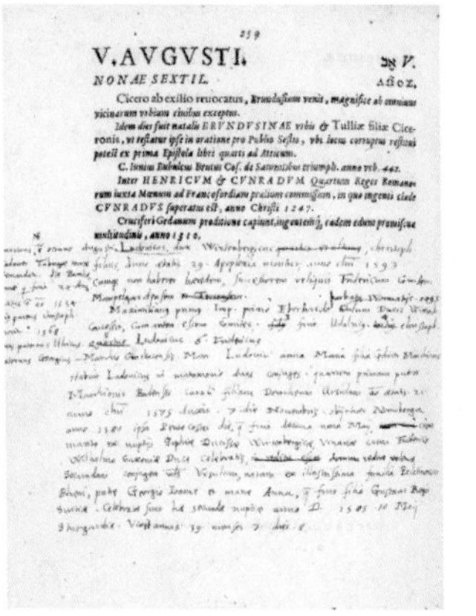

[그림7~8]

16세기 후반의 레겐스부르크 시민 파울 칠링거Paul Zillinger는 자신이 소유한 에버의 『역사 달력』 사본을 근사한 역사 학습지로 만들어버렸다. 그는 신성로마제국 황제 루돌프 2세가 레겐스부르크를 방문했을 때 등장한 거대한 행렬의 모습을 상세하게 기록했다.

[그림9]

1540년에 바젤에서 출간된 리비우스의 로마사 연표에 헨리쿠스 글라레아누스가 수기 주석을 덧붙였다.

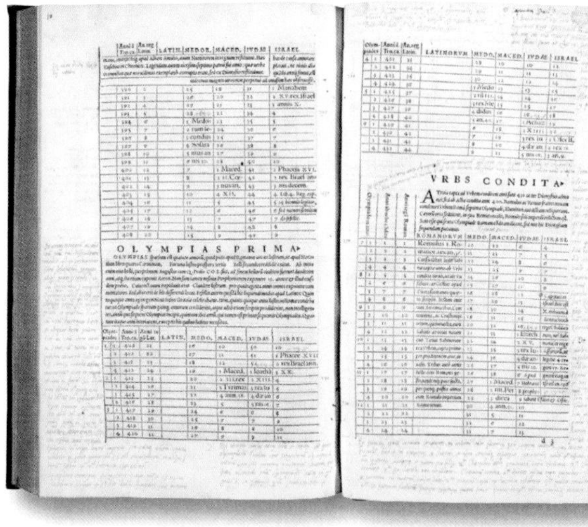

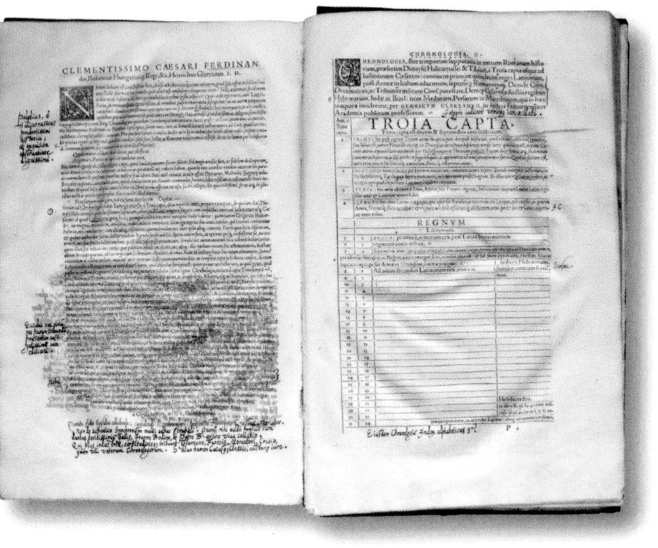

[그림10]

글라레아누스가 1555년에 바젤에서 출간한 리비우스의 로마사 연표에 1580년대에 개브리얼 하비가 수기 주석을 덧붙였다.

르치던 영국 학자 개브리얼 하비*는 자신이 갖고 있는 글라레아누스의 작품에다 프랑스의 위대한 법학자 장 보댕과 나눈 대화를 적어두었다. 대화의 내용은 보댕이 하비에게 신뢰할 수 있는 연표란 어떠한 것인지에 대해 조언한 것이었다. 르네상스 시대의 시간 지도는 지금 보아도 기이한 외형을 띠고 있었고, 기술적인 측면에서도 만만찮은 수준에 이르러 있었다. 그럼에도 당대의 최고 지식인들은 이러한 시간 지도에 대해 활발한 논의를 멈추지 않았던 것이다.

17세기에 접어들어서도 옛 시각적 관습들은 다양한 상황에서 꾸준히 활용되고 있었다. 에우세비우스 양식은 오래도록 인쇄물에 등장했기에 이미 직관적이고 보편적인 것이 되어 있었다. 여러 세대에 걸쳐 많은 이들이 자기 시대에 일어난 사건들을 덧붙여왔기 때문이었다. 고대사 문헌의 편집자들은 자신이 편집한 판본에 에우세비우스의 연표를 계속해서 수록해왔다. 에우세비우스의 연표는 때로 전혀 무관한 듯 보이는 주제의 인쇄물에도 등장하곤 했다. 일례로 1687년에 출간된 공자孔子의 영어 번역본에는 에우세비우스의 연표가 거의 수정 없이 실려 있었다.

새로운 실험은 종종 작은 규모로도 행해졌다. 프리슬란트의 연표학자 우보 엠미우스**는 『새로운 연표의 보고』라는 대작을 집필하면서 그 마지막 부분에 각기 다른 속도로 진행하는 세계사 연표들을 수록했다.[그림11] 그의 연표들은 이 점을 제외하면 다른 관습적인 연표들과 다를 바가 없었다. 그러나 독자들은 여기서 시간 전체의 길이를 매우 단순한 비율로 살펴볼 수 있었다. 그 길이는 몇 쪽에 압축되기도 하고 더 길게 펼쳐지기도 했다. 그리고 그 앞부분에는 역사적 사건들이 거의 채워지지 않고 비어 있었다. 꽤나 기이한 현대적 간결성을 보여주었던 것이다.

17세기의 가장 인기 있던 세계사 연표는 기센의 학자 크리스토프 헬비히***의 1609년 작 『역사의 극장』이었다. 헬비히는 자신의 연표가 명료하고 이해하기 쉬운 시간의 분할을 도입함으로써 천지창조에서 현재에 이르는 세계 역사의 방대한 총체를 이해할 수 있도록 해주는 "새로운 체계"라고 선언했다.[그림12~13] 헬비히는 자신의 모든 은유를 『역사의 극장』이라는 하나의 바구니에 담음으로써, 역사적 사건들을 사슬의 고리와 같이 서로 연결시킬 뿐 아니라, 복잡한 시간의 미로를 안내할 아리아드네의 실을 제공하겠다고 장담했다. 사실 그가 독자에게 보여준 것은 평행한 세로줄 형식의 에우세비우스 연표였다. 다만 헬비히의 연표는 시간의 흐름을 동일한 간격으로 분할했기 때문에 에우세비우스의 것보다 더 상세했으며, 겉모습도 차이가 있었다. 시간의 분할은 앞에서는 50년 단위

* 개브리얼 하비[Gabriel Harvey, 1545(?)~1630]: 영국의 작가이다. 고전시의 운율법을 영시에 채용하자고 주장했다.

** 우보 엠미우스(Ubbo Emmius, 1547~1625): 독일의 역사가이자 지리학자이다. 1592년부터 1616년에 걸쳐 쓴 6권짜리 『프리슬란드의 역사』가 대표작이다.

*** 크리스토프 헬비히(Christoph Helwig, 1581~1617): 독일의 연표학자이자 언어학자이다. 기센 대학에서 히브리어와 그리스어를 가르쳤다.

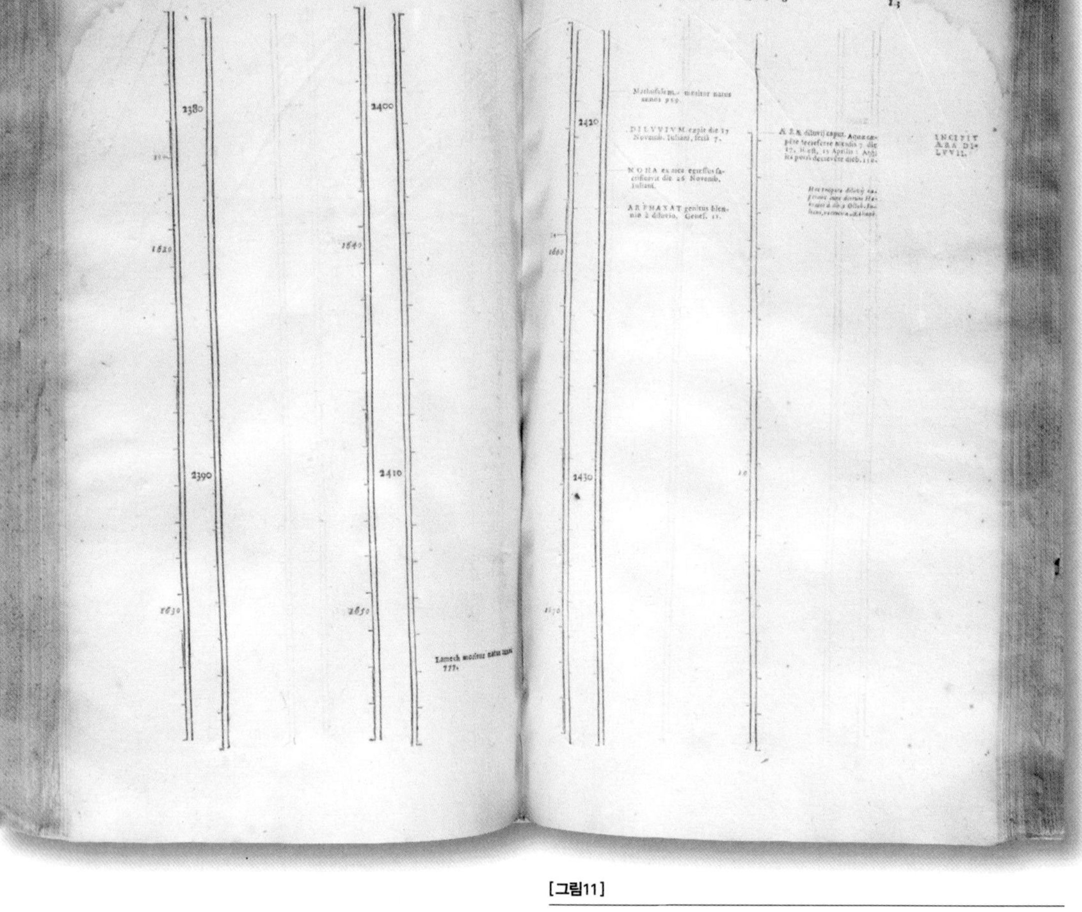

[그림11]

흐로닝언의 프리지아 대학에서 역사와 연표를 가르치던 우보 엠미우스는 타임라인을 활용해 특이한 시각적 도식을 실험했다. 그는 간격을 적절하게 설정함으로써 역사를 단 몇 페이지에 표현할 수 있으며, 수직의 타임라인이 단정할 뿐 아니라 알아보기에도 쉬울 수 있다는 사실을 보여주었다.

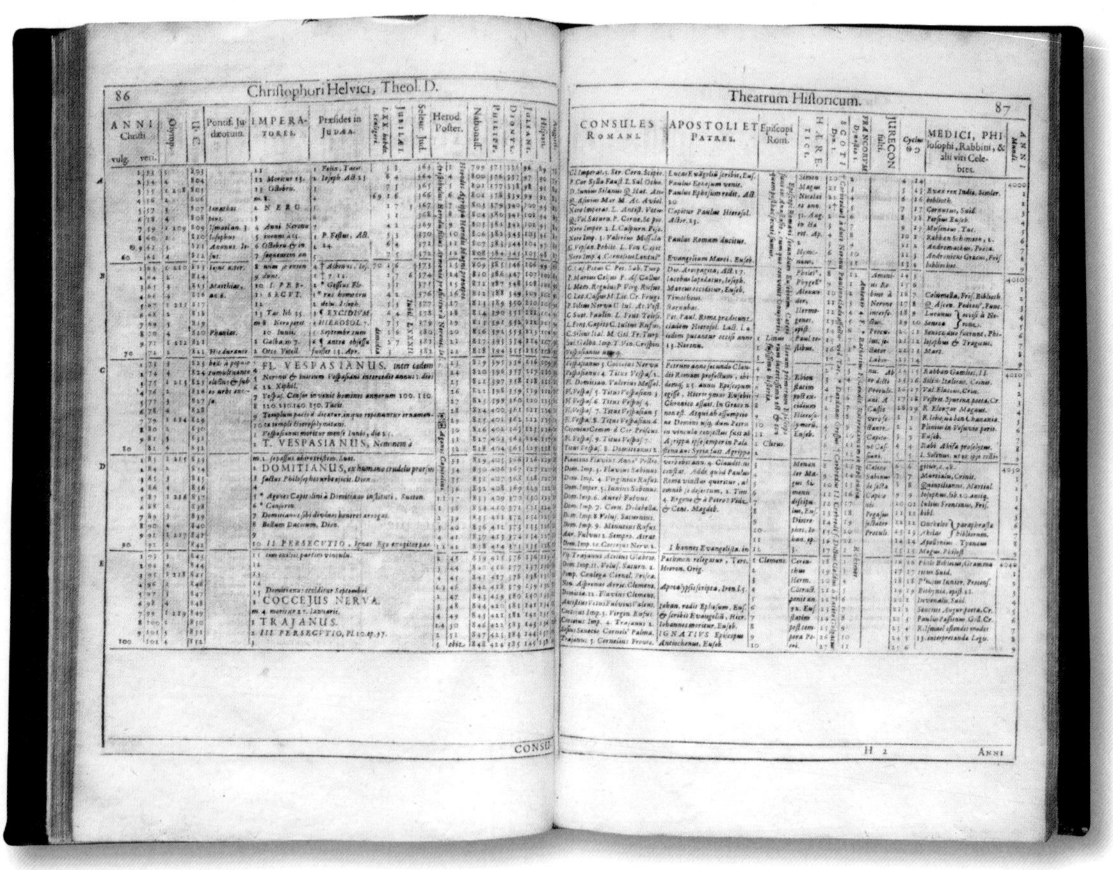

[그림12]

크리스토프 헬비히는 『역사의 극장』에서 썩 인기를 얻기 힘든 입장을 취했다. 예를 들어 그는 스칼리제르의 이집트 왕조 목록이 역사적 진실을 담고 있다고 믿었던 것이다. 하지만 독자들은 헬비히가 채택한 (실은 100년도 더 전에 에우세비우스가 처음으로 사용했던 서양 장기판 형태의) 다중 세로줄 연표 양식 때문에 그의 작품을 판을 거듭해서 구입했던 것으로 보인다. 헬비히의 책은 선대의 연표학자들이 다루지 않았던 정보로 가득 차 있었기에, 오히려 특정한 정보를 찾기는 어려운 측면이 있었다. 이를테면 랍비의 계승 목록과 같은 내용까지 담고 있었던 것이다.

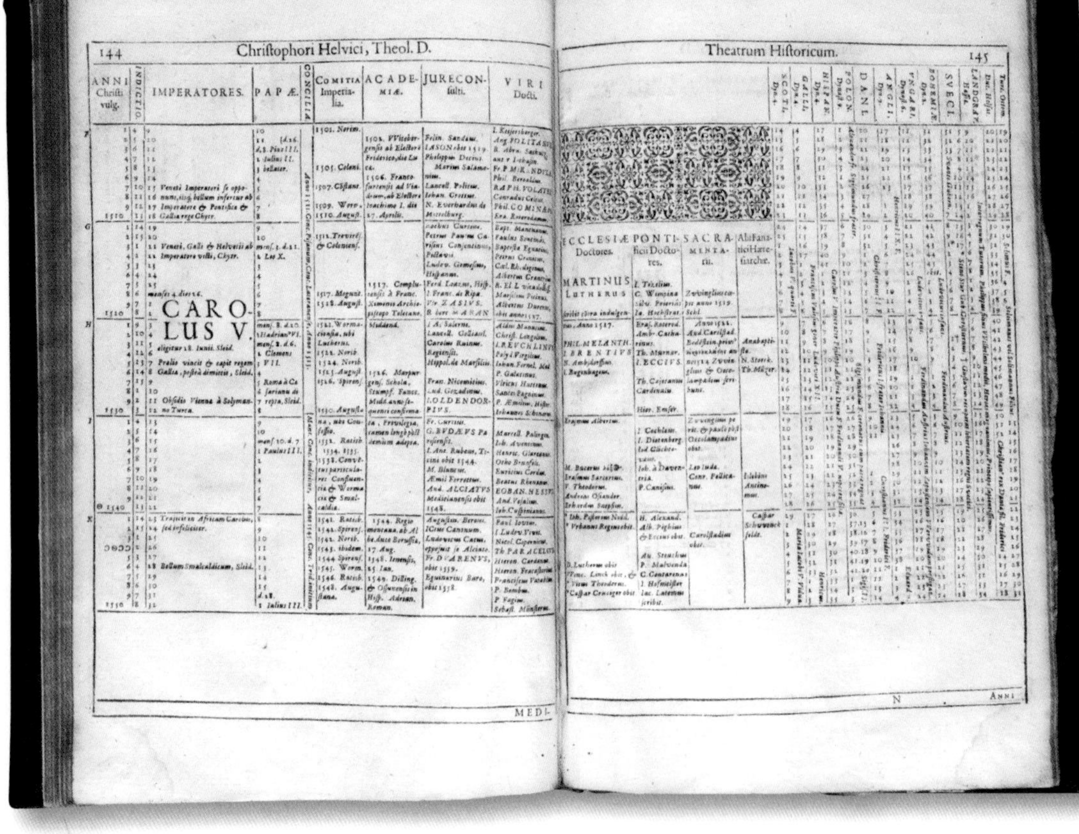

[그림13]

크리스토프 헬비히의 연표는 에우세비우스 양식을 따랐다. 하지만 그와 동시에 근래 중요한 인물과 제도들이 얼마나 많이 등장했는지를 명확히 보여주었으며, 그러한 인물과 제도들을 포함할 수 있게끔 에우세비우스 양식을 변형시켰다. 헬비히는 연표의 왼쪽 부분에 신성로마제국 황제의 목록을 배치하고, 마르틴 루터의 도전에 맞서 기존의 크리스트교 세계를 수호하려 했던 카를 5세의 이름을 큰 활자로 인쇄했다. 이를 통해 신성로마제국을 중요하게 다루면서도, 전통적인 역사 서술과는 달리 그 제국이 세계 전체를 실제로 지배하지는 않았음을 명확히 했다. 이 연표는 여러 학교와 대학에서 역사 학습에 널리 활용되었다.

로, 뒤에서는 100년 단위로 이루어졌다. 16세기부터 17세기 초에 이르는 시기의 독자들은 시간이 하나의 표**처럼 생겼다고** 생각했다. 수평축에 의해 칸이 나뉜 표와 같이 생각했다고 말하는 쪽이 더 적절할 것이다. 이러한 시간관은 역사의 장대한 기간만이 아니라 한 개인의 짧은 생애에도 그럴듯하게 들어맞았다.

그런데 같은 시기에 골동품 수집가들은 시간에 대한 더욱 역동적인 또 하나의 이미지를 만들어냈다. 17세기 덴마크의 학자이자 고고학자 올레 보름*과 같은 수집가들은 "박물관" 또는 "예술과 경이로움의 진열장"(경이의 방)이라고 불리는 공간에 뇌석雷石과 게 껍질, 악어와 불가사리, 아름다운 공예품과 조각상, (관람자에게 생명과 예술의 경계를 자문하도록 하는) 자동인형, 그리고 (자연에 대한 인간의 지배력을 확장해준) 공구와 무기 들을 체계적으로 모아두었다. 뮌헨 쿤스트캄머Kunstkammer의 설치에 참여했으며 최초로 이러한 유형의 박물관에 대한 논문을 썼던 자무엘 퀴케베르크Samuel Quiccheberg는 자신의 "극장"에는 "희귀한 새와 벌레, 물고기와 조가비 등과 같이 진정으로 놀랍고 보기 드문 동물"들을 진열하고, 그 옆에 "금속과 석고, 진흙 및 그 밖의 인공 재료로 제작한 동물 조각상"들을 나란히 배치해야 한다고 단언했다. 그렇게 하면 "예술이 그것들 모두를 살아있는 것처럼 보이게 해주리라"는 것이었다.[5] 또한 물을 긷고, 나무를 베고, 배의 노를 젓는 용도를 지닌 기계들의 소형 모형을 진열할 것도 요구했다. "기계와 구조물의 작은 견본들은 실제 크기의 것들을 올바르게 만들 수 있도록 도울 것이며, 장차 더 뛰어난 성능의 기계와 구조물을 발명할 수 있도록 도울 것"이기 때문이었다.[6] 퀴케베르크를 비롯한 경이로움의 기획자들은 자연 그 자체의 역사를 추적함으로써, 인류가 어떠한 방식으로 자연의 원래 질서를 변형하고 개선해왔는지를 보여주었다. 경이로움의 집에 가득 찬 진열품과 수북이 쌓인 조가비는 관람자들에게 독특하고 이해하기 쉬운 시간 및 변화의 지도가 되었던 것이다.

가장 초기의 연표학자들은 인류의 발명품의 연대를 밝히고 그것을 설명하는 데 많은 지면을 할애했다. 아마도 에우세비우스만이 아니라 그가 참고했던 (지금은 작품이 모두 유실된) 더 앞선 시기의 연표학자들도 그러했을 것이다. 르네상스 시대의 역사가 장 보댕이나 그리스어 학자 루이 르루아Louis Leroy와 같은 사람들도 각자의 시간 지도에서 발명과 관련된 항목들을 가장 중요하게 배치했다. 그들은 다분히 유럽중심주의적인 관점에 입각해, 화약과 나침반, 인쇄술이 모두 고대가 아니라 근대에 들어서야 발명되었다고 주장했다. 이는 고대인들이야말로 (특히 이집트인과 바빌로니아인이야

* 올레 보름(Ole Worm, 1588~1655): 덴마크의 의사이자 골동품 수집가이다. 의학 분야에서는 발생학에 큰 기여를 했다. 그의 수집품을 토대로 코펜하겐 동물학 박물관이 세워졌다.

말로) 지혜의 정점에 서 있었으며, 후대인들은 결코 그러한 수준에 이르지 못하리라는 일반적인 통념에 정면으로 배치되는 주장이었다. 르네상스 시대의 연표학자들, 그리고 그들이 제작한 연표의 독자였던 프랜시스 베이컨과 같은 근대성의 선구자들은 역사의 마지막 단계로서의 유럽의 근대가 그 나름의 정통성을 지니고 있음을 증명하고 싶어했던 것이다. 근대인들은 적어도 몇몇 측면에서 보자면 고대 그리스와 로마의 가장 뛰어난 현자들보다 더 많은 것을 알았으며, 자연이나 타인에 대해 더 강력한 지배력을 갖고 있었다.[7]

17세기 초반이 되자 몇몇 학자가 이러한 생각에 기초해 연표에 관한 전문적인 연구에 박차를 가하기 시작했다.[그림14] 이를테면 위대한 천문학자 요하네스 케플러*는 행성에 대해 쓴 것만큼이나 많은 분량의 글을 연표와 관련해 썼다. 『루돌프 표』는 그가 평생 동안 수행한 행성 운동 연구의 수량적 결과물을 요약한 책이었다. 케플러는 이 책에 자신이 고대의 달력과 날짜 체계에 관해 수행한 연구의 주요한 결과물을 나열한 연표를 함께 수록했다. 그리고 이 위대한 책의 표지를 위해 천문학의 역사적 발전 과정을 상징하는 그림을 한 장 생각해냈다.

여러 세대에 걸쳐 대부분의 학자들은 신이 아담을 비롯한 유대 조상들에게 (행성과 그 운행에 관한 것을 포함해) 세상 만물에 대한 완전한 지식을 알려주었다고 믿어왔다. 인간의 원죄와 그로 인해 일어난 대홍수가 그 일부 또는 전부를 앗아가기는 했지만, 남아 있는 문헌들을 철저히 연구함으로써 신이 전해준 완전한 지식의 일부나마 복원할 수 있으리라는 것이었다. 하지만 천문학자들은 천문학의 역사가 상대적으로 늦은 시기에 시작되었다는 사실을 잘 알고 있었다. 심지어 그 대단한 이집트인과 바빌로니아인조차 서기전 첫 번째 밀레니엄에 접어든 지 한참이 지난 뒤에야, 즉 나보낫사르가 즉위한 서기전 747년 이후에야 식과 같이 날짜를 특정할 수 있는 천문 현상들을 기록하기 시작했던 것이다. 그뿐 아니라 그리스의 가장 위대한 천문학자였던 프톨레마이오스조차 코페르니쿠스, 티코 브라헤,** 케플러와 같은 근대의 대가들에 비해 날짜의 정확성과 천체 모델의 정교함이 뒤떨어졌다.

케플러가 자신의 학문적 성취를 과시하기 위해 그린 우아한 정자亭子의 이미지는 사실상 일종의 경이의 방이라고 할 수 있었다. 모양새는 원형이었지만, 천문학의 진보 과정을 시간의 흐름이라는 직선의 형식에 따라 이야기해주었던 것이다. 정자의 뒤편에서는 바빌로니아의 천문학자 한 명이 펼친 손가락 사이로 천체를 관측하고 있다. 그는 가지를 대충 쳐낸 나무 기둥 옆에 서 있는데, 이 기둥은 건축의 발전에서 초기의 미숙한 단계를 상징

* 요하네스 케플러(Johannes Kepler, 1571~1630): 독일의 천문학자이자 점성학자, 수학자이다. 행성 운동에 관한 법칙(케플러의 법칙)을 발견하여 코페르니쿠스의 지동설을 수정, 발전시켜 과학혁명에 큰 영향을 끼쳤다.

** 티코 브라헤(Tycho Brahe, 1546~1601): 덴마크의 천문학자이다. 정치가가 되려고 법학을 공부하다가, 일식을 목격한 다음 천문학으로 관심을 돌렸다. 케플러의 스승이며, 평생 동안 맨눈으로 천문 관측을 하며 우주에 대한 정확하고 방대한 관측 자료를 남겼다.

[그림14]

요하네스 케플러가 설계한 상상의 구조물과 그 등장인물들은 지식과 시간에 관한 하나의 강력한 명제를 제시했다. 가장 초기의 천문학자로 보이는 바빌로니아인이 나무 몸통이나 다를 바 없는 기둥 옆에 서 있는데, 이는 명백히 원시적인 세계와 아직 정교함에 이르지 못한 천문학의 단계를 상징한다. 현대에 가까워질수록 천문학자들의 연구는 더 정교해지고, 그들 옆의 기둥들은 더 장식적이며 고전적인 외형을 띤다. 코페르니쿠스와 티코 브라헤는 (그리고 물론 케플러 자신도) 이러한 건축물 형태의 천문학 타임라인 속에서 가장 정점에 위치해 있다.

한다. 좌측과 우측 구석에서는 고대의 위대한 천문학자들인 히파르코스*와 프톨레마이오스가 조금 더 복잡한 작업을 하고 있다. 히파르코스는 어떤 판들을 내보이고 있고, 프톨레마이오스는 앉아서 무언가를 쓰고 있다. 이들은 매끄럽기는 하지만 별다른 장식이나 특색이 없는 기둥들 옆에 서 있거나 앉아 있다. 앞 세대 학자의 나무보다는 잘 다듬어졌지만 그렇다고 딱히 더 멋질 것도 없는 단순한 벽돌 기둥들이다. 마지막으로 정면에는 코페르니쿠스와 티코 브라헤가 우아함과 섬세함에서 둘째가라면 서러울 만한 구조물 옆에서 천문학의 신비를 논하고 있다. 도리아식과 코린트식 기둥머리를 얹은 매끄러운 돌기둥들이다.

케플러의 이미지에 등장하는 고대 건축물의 기본적인 배치는 근대인이 이룬 성취에 대한 한 가지 교훈을 암시한다. 건축물과 사람의 결합을 통해 하나의 일관된 이야기를 보여주고 있는 것이다. 그것은 인류가 어떻게 (진짜 별들을 정복하지는 못했을지라도) 별들의 운행을 지배하는 수학적 법칙을 정복하게 되었는지에 관한 이야기이다. 나아가 케플러는 문화의 발전에 관한 자신의 사유를 천문학 이외의 영역으로까지 확장했다. 그는 예술과 과학의 다양한 분야들이 종종 특정한 짧은 시기에 함께 융성했다고 설명하고, 이는 행성들의 회합의 결과가 아니라 새로운 커뮤니케이션 수단의 발전에 힘입은 창조성의 폭발의 결과였으리라고 시사했다. 그러한 커뮤니케이션 수단이란 무엇보다 인쇄술을 이르는 것이었다.[8]

17세기를 거치며 어떤 천문학자들은 자신들의 학문이 서기전 첫 번째 밀레니엄의 역사까지는 매우 정확하게 판명할 수 있지만 그 이전의 역사를 판명하는 데에는 도움이 되지 않는다는 사실을 깨달았다. 시기를 알 수 있는 식과 회합 가운데 대홍수나 바벨탑의 건설과 관련된 것은 존재하지 않았기 때문이다. 그뿐 아니라 성서 그 자체가 세계 역사에서 가장 권위 있는 출처로서의 지위를 위협받게 되었다. 연표학자들은 이집트와 중국, 그리고 신대륙의 연표들이 크리스트교 성서로부터 유추할 수 있는 천지창조와 예수 탄생 사이의 기간보다 훨씬 더 긴 기간을 다루고 있는 것에 당혹감을 느꼈으나, 이러한 해석을 반박할 수 있는 그럴 듯한 핑곗거리를 제시할 수 없었다. 실제로 중국에서 활동하는 예수회 수도사들은 교황으로부터 그리스어 성서를 활용할 수 있는 승인을 얻었다. 중국인들이 히브리어 성서의 짧은 연표보다는 그리스어 성서의 긴 연표를 더 그럴듯하고 훌륭한 것으로 여겼기 때문이다. 한편 지구의 역사에 대한 관심이 고조됨에 따라, 이제 성서의 천지창조 이야기를 더는 문자 그대로 받아들일 수 없을 만큼 지구의 나이가 많다는 사실이 받아들여지기 시작했다.

* 히파르코스(Hipparchos, 서기전 190~서기전 125): 고대 그리스의 천문학자이다. 당대 최고의 관측 천문학자로, 세차운동과 별의 운동의 불규칙성을 발견했으며 별의 위치를 측정해 성도의 작성에 공헌했다.

그러했기에 프란체스코 비안키니*라는 예수회 수도사가 연표를 새로운 토대 위에서 재구성하고자 최선을 다한 것은 당연한 일이었다. 여느 예수회 수도사와 마찬가지로 전문적인 천문학자이기도 했던 비안키니는 교회의 건물에 틈새와 눈금을 설치해 건물 그 자체를 (코페르니쿠스의 원칙을 따르는) 태양의 운행을 관측하는 거대한 기구로 만들었다.[9] 그러나 그는 천문학에 대해 더 많은 것을 알게 될수록 아피아누스와 메르카토르, 스칼리제르와 어셔 등이 희망했던 바와 같이 천문학을 활용해 역사의 초기 시대를 밝히는 연표를 작성하는 일이 불가능하다는 것을 더욱 확실하게 깨닫게 되었다. 역사의 모순과 불확실성을 소거할 수 있을 만큼 역사적 사건과 천문 관측 사이의 상관관계가 충분히 확고하지 않았기 때문이다. 결국 천문학이라는 학문은 가장 오래된 사건들의 날짜를 정확히 밝히는 데 성공할 수 없었다. 비안키니는 이렇게 말했다. "역사가의 추측은 판사의 판결문이 될 수 없다."[10] 그는 17세기 말경 다른 학문 분야로 눈을 돌렸다. 골동품 수집가가 된 것이다.

비안키니는 로마와 그 근교의 고고학 발굴 현장에 파묻혀 시간을 보내면서, 역사 및 성서의 사건들과 별다른 연결고리를 찾을 수 없는 천문 자료보다는 자신들이 그곳에서 발굴한 보잘것없는 유물들이야말로 신뢰할 만한 연표를 제작하는 최상의 토대를 제공할 수 있으리라고 확신하게 되었다.[그림15~17] 그는 이렇게 주장했다. "고대인들은 역사의 개념을 더 확실하고 탄탄한 것으로 만들기 위해, 미적인 즐거움을 주기보다는 사실을 입증하는 데 적합한 형상들을 활용하기로 마음먹었다." 그리고 그러한 형상들은 천문학이 제공할 수 없는 유형의 확고한 지식을 제공했다. 고대인이 남긴 유물은 그 자체가 고대의 산물이기에 가장 근본적인 의미에서의 일차 자료라고 할 수 있다. "오늘날의 잣대로 판단하기에, 고대인이 금속이나 돌에 새긴 의식儀式, 인물, 사건은 그것이 실제로 일어났음을 보여주는 가장 권위 있는 증거이며 예시이다."[11] 물론 고대 유물에 기초해 작성한 연표들은 전통적인 타임라인처럼 사건이 일어난 정확한 시기를 말해주지는 못할 것이다. 하지만 이러한 연표들은 전통적인 타임라인이 갖지 못한 미적인 특성과 풍부한 정보를 포함하고 있을 것이다.

비안키니는 자유분방한 상상력을 동원해 다양한 고대 유물을 이어붙여 일종의 모자이크와 같은 새로운 세계사를 창조해냈다. 고대의 서커스를 묘사한 어떤 돋을새김 조각은 비안키니의 손을 거쳐 고대인들의 천지창조에 대한 믿음을 표현한 '그림 형식 연표'로 해석되었다. 고대인들은 이 돋을새김 조각에서 자신들이 숭배하는 신을 다른 신들이 탄 이륜전차의 앞쪽에 서도록 그림으로써, 최소

* 프란체스코 비안키니(Francesco Bianchini, 1662~1729): 이탈리아의 철학자이자 과학자이다. 부활절의 정확한 날짜를 천문학적으로 계산하는 방법을 고안하려 하는 등 달력의 정확도를 개선하는 데 힘썼다.

[그림15]

프란체스코 비안키니는 자신의 『세계사』에서 절충주의적인 이미지들을 활용했다. 이러한 이미지는 역사의 초기 단계를 규명하는 사료이자, 동시에 그러한 시대에 대한 묘사이기도 했다. 이 책의 속표지에는 고대의 조각상과 부조, 그 밖의 공예품들이 등장하는데, 비안키니는 이전의 연표학자들이 선호하던 역법의 주기보다 이러한 유물들을 더 신뢰할 수 있는 사료로 여겼다. (이 이미지에서 역법의 주기는 다른 정보의 출처들 아래에 거의 파묻혀 있다.)

67

DECA PRIMA

Immagine Prima.

1 e 6 Lucerna antica appreſſo l'auttore, ed altra lucerna pubblicata da Pietro Santi Bartoli.
2 Frammento di baſſo rilievo appreſſo il Panvinio de Lud.Circ.
3 4 Medaglione appreſſo l'Angeloni in Commodo.
5 Figura di ſuperſtizione Americana appreſſo Teodoro de Bry.

CAPITOLO PRIMO.

Della Creazione del Chaos, e della ordinazione del Mondo.

I. *CHe la tradizione del Mondo da Dio creato, primieramente confuſo nel Chaos, indi ordinato nelle ſue parti, ſia ſtata comunicata anticamente ancora a' Gentili, ſi deduce dalla pompa, e da' ſacrifizj del Circo Romano.* II. *E dalle memorie più antiche de gli ſcrittori profani d'Aſia, e di Grecia.* III. *Si pruova eſſere pervenuta alla notizia de gli abitatori dell'* In-

I 2

[그림16~17]

비안키니는 다양한 부조와 도자기로부터 인물과 사물의 이미지를 한데 끌어 모았다. 그는 이러한 유물들이 (비록 연대기적인 정확성은 부족하더라도) 인류의 역사를 충실하게 기록하고 있다고 주장했다. 셰델과 롤레빙크는 타임라인의 이미지를 장식 또는 암기를 돕는 보조기구로서만 취급했지만, 비안키니는 그러한 이미지들을 결정적인 사료로 간주했다.

한 그 신이 세계를 창조했다는 사실만은 잊지 않았다는 사실을 보여주었다. 또 다른 이미지는 농업이 이집트에서 기원했음을 밝히는 실마리를 제공했다. 카두세우스를 들고 있는 헤르메스 혹은 토트의 형상은 신이 농업에 관한 기술과 재주를 인류 가운데 이집트인에게 가장 먼저 전해주었음을 알려준다.

그중 가장 전율스럽고 가장 극적으로 표현된 이미지는 인간과 동물의 입상들 및 작은 나무 상자 하나가 들어 있는 깨어진 항아리이다.[그림18] 비안키니는 이를 고대인들이 대홍수를 기리는 연례 축일에 사용한 수력 장치로 간주했다. 그리스인도 유대인과 마찬가지로 대홍수를 결코 잊지 않았던 것이다. 작은 인물상 가운데 일부는 손을 머리 위로 올리고 있었는데, 이는 대홍수로부터 탈출하려고 몸부림치는 사람을 묘사하는 것이 명백했다. 아마도 사제들은 작은 나무 상자를 항아리 속에 띄우는 의식을 거행함으로써 사람들을 크게 놀라게

[그림18]

비안키니는 (사람과 동물의 형상이 그려진 고대의 도자기와 같은) 대수롭지 않은 고고학적 발견을 가상의 웅장한 박물관으로 전환시켰다. 이 삽화에 등장하는 이미지들은 대홍수를 기리는 고대 종교 의식의 기록으로 간주되었다. 고대의 사제들은 대홍수를 기념하는 연례 의식을 치를 때마다 수력 장치를 이용해 노아의 방주를 상징하는 작은 상자를 물에 띄움으로써 평범한 사람들의 신앙심을 고취했다는 것이다.

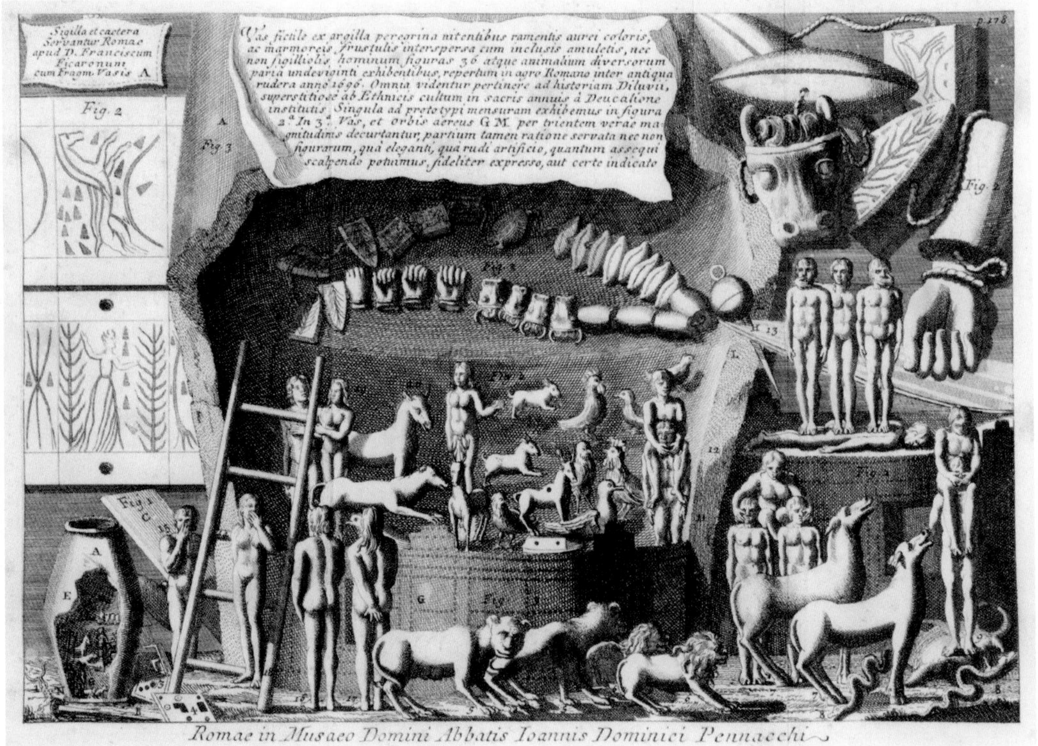

하고 경외심을 불러일으키려 했을 것이다. 경외심이야말로 인류 전체를 멸망의 위기로 몰아넣었던 사건을 기리는 날에 적합한 감정이었을 테니 말이다.[12] 경이의 방은 이미 한 세기가 넘는 기간 동안 시각적인 문화사의 형식으로 활용되어왔지만, 이제 비안키니는 연표 그 자체를 사실상의 경이의 방으로 만들어버렸다. 하늘의 별에 대한 연구가 아니라 눈앞의 대상에 대한 연구만이 시간에 대한 유의미한 설명을 제공할 수 있으리라는 것이었다. 날짜를 밝히는 과학이 아니라 문화의 발전을 규명하는 과학이 필요했던 것이다.

골동품 수집가들만이 문화사 연표를 제작했던 것은 아니다.[그림19~21] 많은 학자들은 고대와 현대의 정보를 수록한 인쇄물이 자신들의 서가와 노트, 참고문헌 목록을 압도할 기세로 쏟아져 나오자, 이에 대응하기 위해 '문학사'라는 연구의 분야를 고안했다. 다니엘 게오르크 모르호프*를 비롯한 문학사가들은 인간 행위의 모든 영역에 걸친 일차 자료와 이차 자료를 수록한다는 공식 목표를 세우고, 독서에 그다지 열의가 없는 독자들을 위한 입문서를 제작했다. 마치 최근에 피에르 바야르**가 출간한 『읽지 않은 책에 대해 말하는 법』처럼 최신의 유행에 뒤처지지 않는 비법을 가르치는 책이었다.[14] 독일의 대학 교수들은 대형 도서관의 소장 자료 목록을 소리 내어 읽고 저자와 내용에 대해 논평하는 형식의 문학사 강의를 개설하기도 했다.

17세기 중반에 이르러 문학사는 시각적인 형식을 갖추었다. 요한 하인리히 알스테드는 최초의 피라미드와 최초의 오벨리스크, 최초의 미궁과 최초의 악기 등의 연대를 밝힌 (시각적으로 특출하지는 않았지만) 매력적인 문화사 연표를 작성했다. 개신교도였다가 가톨릭으로 개종한 함부르크 출신의 학자 페터 람베크***는 비엔나로 가서 신성로마제국 황제의 수집품을 관리하는 사서가 되었고, 그 후 유럽 내의 많은 대형 도서관을 직접 돌아다니며 연구를 진행했다. 그는 도서관에 소장된 장서의 규모가 얼마나 방대한지를 실감했다. 그리고 학자들, 특히 강의실에서 학생들에게 간략하고 정확한 내용을 전달하고자 노력하는 대학 교수들이 그러한 장서를 일일이 분류하고 검토하는 일이 얼마나 어려운지를 깨달았다. 그리하여 람베크는 최초의 공식적인 문학사를 저술하는 작업에 착수했다. 형식에 관해서라면 전통주의자였던 그는 천지창조부터 현재에 이르기까지 모든 유형의 글쓰기의 발전 과정을 보여주는 정교한 연표를 만들어 자신의 책에 실었다.

훗날 볼테르나 조지프 프리스틀리와 같은 18세기의 작가들이 글과 그림을 결합한 문화사를 작성하기 시작했을 때, 그들은 비안키니나 람베크 같은 이들이 앞서 자아놓은 실들을 하나로 엮어내었다. 만약 선임자들이 자아놓은 실이 없었다면, 후대의 작가들은 결코 자신들의 역사 태피스트리

* 다니엘 게오르크 모르호프(Daniel Georg Morhof, 1639~1691): 독일의 작가이자 학자이다. 독일에서 최초로 유럽문학을 체계적으로 정리하려고 시도했다.

** 피에르 바야르(Pierre Bayard, 1954~): 프랑스 파리 제8대학 프랑스문학 교수이다. '추리비평'의 창시자로 이름을 알렸다.

*** 페터 람베크(Peter Lambeck, 1628~1680): 독일의 역사가이자 사서이다. 어릴 때부터 사서로서 크게 인정받았으며, 그가 지은 『문학통사(Prodromus Historiae literariae)』는 최초로 연대순으로 기록된 문학 통사이다.

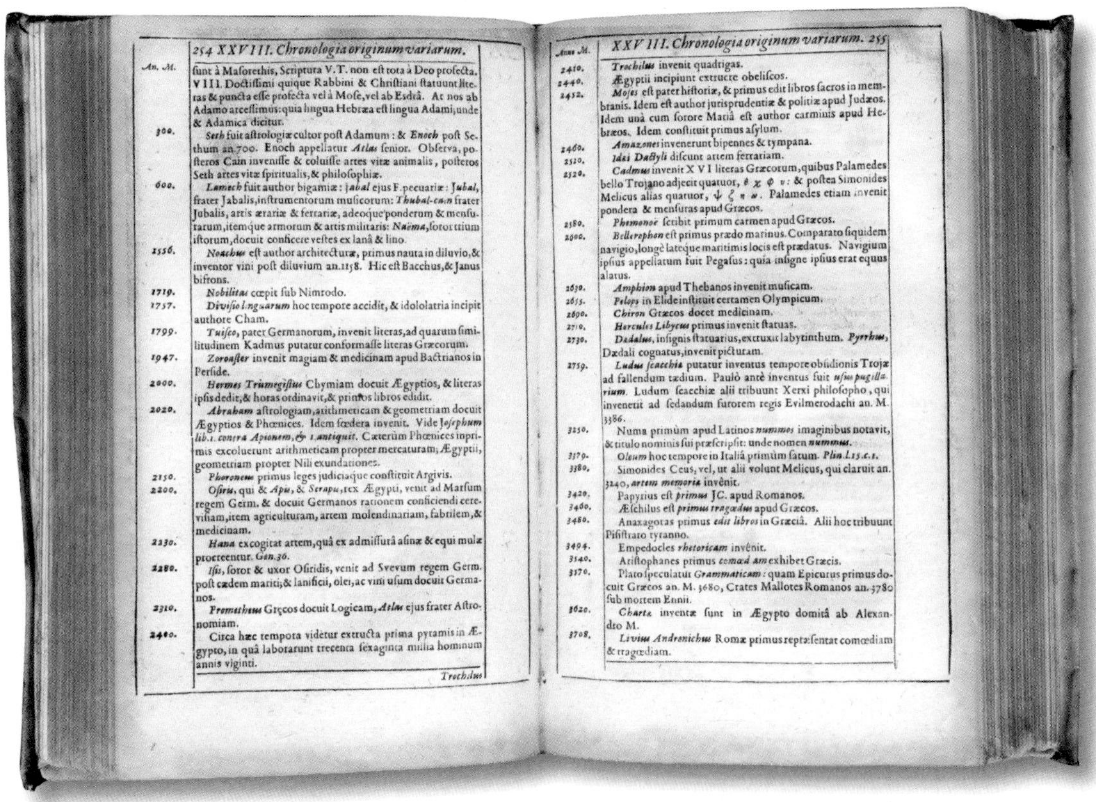
254 XXVIII. *Chronologia originum variarum.*

An. M.

ſunt à Maſorethis, Scriptura V.T. non eſt tota à Deo profecta. VIII. Doctiſſimi quique Rabbini & Chriſtiani ſtatuunt literas & puncta eſſe profecta vel à Moſe, vel ab Esdrâ. At nos ab Adamo arceſſimus: quia lingua Hebræa eſt lingua Adami; unde & Adamica dicitur.

300. *Seth* fuit aſtrologiæ cultor poſt Adamum: & *Enoch* poſt Sethum an. 700. Enoch appellatur *Atlas* ſenior. Obſerva, poſteros Cain inveniſſe & coluiſſe artes vitæ animalis, poſteros Seth artes vitæ ſpiritualis, & philoſophiæ.

600. *Lamech* fuit author bigamiæ: *Jabal* ejus F. pecuariæ: *Jubal*, frater Jabalis, inſtrumentorum muſicorum: *Thubal-cain* frater Jubalis, artis ærariæ & ferrariæ, adeoque ponderum & menſurarum, itemque armorum & artis militaris: *Naëma*, ſoror trium iſtorum, docuit conficere veſtes ex lanâ & lino.

1556. *Noachus* eſt author architecturæ, primus nauta in diluvio, & inventor vini poſt diluvium an. 1158. Hic eſt Bacchus, & Janus bifrons.

1719. *Nobilitas* cœpit ſub Nimrodo.

1757. *Diviſio linguarum* hoc tempore accidit, & idololatria incipit authore Cham.

1799. *Tuiſco*, pater Germanorum, invenit literas, ad quarum ſimilitudinem Kadmus putatur conformaſſe literas Græcorum.

1947. *Zoroaſter* invenit magiam & medicinam apud Bactrianos in Perſide.

2000. *Hermes Triſmegiſtus* Chymiam docuit Ægyptios, & literas ipſis dedit; & horas ordinavit, & primos libros edidit.

2020. *Abraham* aſtrologiam, arithmeticam & geometriam docuit Ægyptios & Phœnices. Idem fœdera invenit. Vide *Joſephum lib. 1. contra Apionem, & 1. antiquit.* Cæterùm Phœnices inprimis excoluerunt arithmeticam propter mercaturam; Ægyptii, geometriam propter Nili exundationes.

2150. *Phoroneus* primus leges judiciaque conſtituit Argivis.

2200. *Oſiris*, qui & *Apis*, & *Serapis*, rex Ægypti, venit ad Marſum regem Germ. & docuit Germanos rationem conficiendi cereviſiam, item agriculturam, artem molendinariam, fabrilem, & medicinam.

2230. *Hana* excogitat artem, quâ ex admiſſurâ aſinæ & equi mulæ procreentur. *Gen. 36.*

2280. *Iſis*, ſoror & uxor Oſiridis, venit ad Svevum regem Germ. poſt cædem mariti; & lanificii, olei, ac vini uſum docuit Germanos.

2310. *Prometheus* Græcos docuit Logicam, *Atlas* ejus frater Aſtronomiam.

2400. Circa hæc tempora videtur extructa prima pyramis in Ægypto, in quâ laborarunt trecenta ſexaginta millia hominum annis viginti.

Trochilus

XXVIII. *Chronologia originum variarum.* 255

Anno M.

2410. *Trochilus* invenit quadrigas.

2440. Ægyptii incipiunt extruere obeliſcos.

2452. *Moſes* eſt pater hiſtoriæ, & primus edit libros ſacros in membranis. Idem eſt author jurisprudentiæ & politiæ apud Judæos. Idem unà cum ſorore Mariâ eſt author carminis apud Hebræos. Idem conſtituit primus aſylum.

2460. *Amazones* invenerunt bipennes & tympana.

2510. *Idæi Dactyli* diſcunt artem ferrariam.

2520. *Cadmus* invenit XVI literas Græcorum, quibus Palamedes bello Trojano adjecit quatuor, θ χ φ υ: & poſtea Simonides Melicus alias quatuor, ψ ζ η ω. Palamedes etiam invenit pondera & menſuras apud Græcos.

2580. *Phemonoë* ſcribit primum carmen apud Græcos.

2600. *Bellerophon* eſt primus prædo marinus. Comparato ſiquidem navigio, longè lateque maritimis locis eſt prædatus. Navigium ipſius appellatum fuit Pegaſus: quia inſigne ipſius erat equus alatus.

2630. *Amphion* apud Thebanos invenit muſicam.

2655. *Pelops* in Elide inſtituit certamen Olympicum.

2690. *Chiron* Græcos docet medicinam.

2710. *Hercules Libycus* primus invenit ſtatuas.

2730. *Dædalus*, inſignis ſtatuarius, extruxit labyrinthum. *Pyrrhus*, Dædali cognatus, invenit picturam.

2759. *Ludus ſcacchiæ* putatur inventus tempore obſidionis Trojæ ad fallendum tædium. Paulò antè inventus fuit *uſus pugillarium*. Ludum ſcacchiæ alii tribuunt Xerxi philoſopho, qui invenerit ad ſedandum furorem regis Evilmerodachi an. M. 3386.

3250. Numa primùm apud Latinos *nummos* imaginibus notavit, & titulo nominis ſui præſcripſit: unde nomen *nummus*.

3379. *Oleum* hoc tempore in Italiâ primùm ſatum. *Plin. l. 15. c. 1.*

3380. Simonides Ceus, vel, ut alii volunt Melicus, qui claruit an. 3240, *artem memoriæ* invênit.

3420. Papyrius eſt *primus* JC. apud Romanos.

3460. Æſchilus eſt *primus tragœdus* apud Græcos.

3480. Anaxagoras primus *edit libros* in Græciâ. Alii hoc tribuunt Piſiſtrato tyranno.

3494. Empedocles *rhetoricam* invênit.

3540. Ariſtophanes primus *comœdiam* exhibet Græcis.

3570. Plato ſpeculatur *Grammaticam*: quam Epicurus primus docuit Græcos an. M. 3680, Crates Mallotes Romanos an. 3780 ſub mortem Ennii.

3620. *Chartæ* inventæ ſunt in Ægypto domitâ ab Alexandro M.

3708. *Livius Andronichus* Romæ primus repræſentat comœdiam & tragœdiam.

[그림19]

요한 하인리히 알스테드는 자신의 1628년 작 연표에 일종의 문화사 연표라고 할 만한 것을 수록했다. 발명가와 그들의 발명품을 다룬 긴 목록이었다. 알스테드는 시의 장르에서 역사의 시대에 이르기까지 그 모든 것들의 출현 시점을 방대하게 나열하고 각각에 설명을 붙였다. 하지만 케플러와 달리 그러한 발명품들을 특정한 시대나 사회와 결부시켜 설명하려 하지는 않았다. 알스테드의 목록은 그저 목록일 뿐이었다.

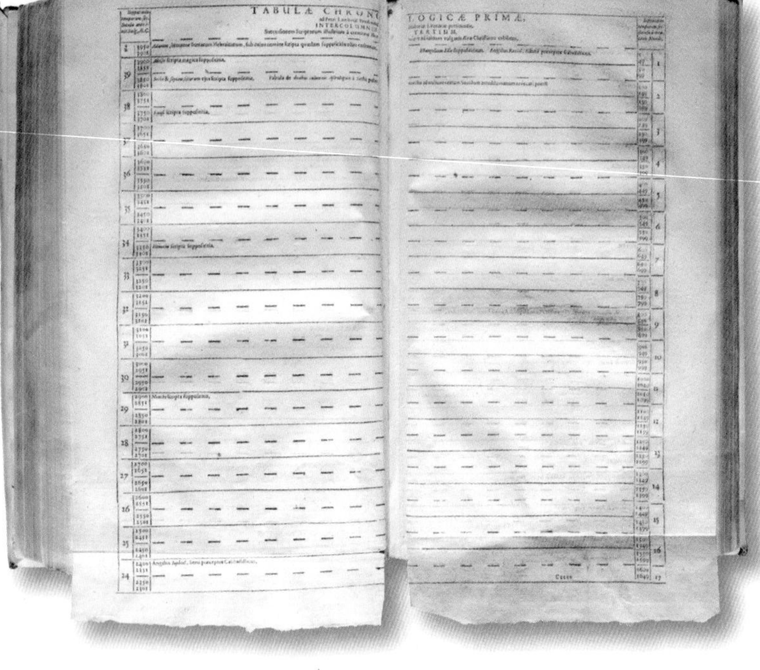

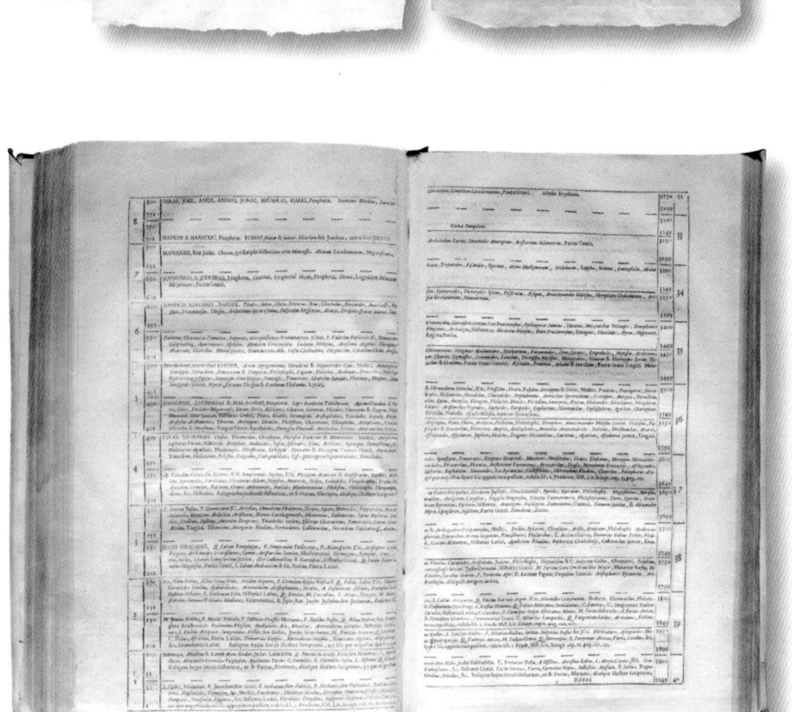

[그림20~21]

페터 람베크는 문학이라는 단일한 문화적 형식의 발전 과정을 그 출현에서부터 현재까지 추적했다. 문학사 초기의 몇 안 되는 항목들은 대개 아담을 비롯한 유대 조상의 작품을 다루었는데, 람베크는 이들 모두를 후대의 위작이라고 설명했다. 이와 대조적으로 특정한 지역과 시대에는(이를테면 로마 공화정과 제정 시대에는) 수많은 항목들이 빽빽하게 들어차 있는데, 이는 그러한 지역과 시대에 인류의 창조성이 특히 고양되었음을 보여준다.

를 짤 수 없었을 것이다. 선임자들의 기획은 심각한 문제에 직면해 있었다. 예를 들어 람베크는 에우세비우스 양식의 동질적인 세로줄 형식을 고수하면서도, 천지창조 직후의 몇 세기보다 예수 탄생 직전의 몇 세기에 더 많은 공간을 할애했다. 그러나 상대적으로 앞쪽의 시간대를 파격적으로 압축해버리기에는 그의 성격이 지나치게 보수적이었기 때문에, 그러한 시기에 해당하는 세로줄은 거의 공백으로 남겨질 수밖에 없었다. 반면에 상대적으로 뒤쪽의 시간대에는 너무나 다양한 지역의 너무나 많은 수의 저자들을 한정된 지면에 몰아넣어야 했던 탓에, 문학의 발전 과정을 명확하게 보여주고자 하는 목표는 불가능한 것이 되어버렸다. 람베크는 문화 그 자체를 도식으로 표현하는 데에서 뛰어난 역량과 선견지명을 보여주었음에도, 결국 더 이해하기 쉬운 새로운 형식을 도입하기보다 대개의 선임자와 마찬가지로 표 형식을 통해 정보를 표현할 수밖에 없었다.

17세기 후반에 접어들어 천지창조, 대홍수, 로마의 건설과 같은 사건들의 시기를 정확히 확정할 수 있는 가능성이 희박한 것으로 드러남에 따라, 일부 연표학자는 자신의 재능을 교육 분야에 온전히 쏟기로 생각을 바꾸었다. 즉, 학생들이 반드시 암기해야 하는 사건의 연대를 기억하기 쉬운 이미지와 각각 결합시키는 것이었다. 뤼네부르크의 교사 요하네스 부노Johannes Buno는 고대와 중세의 중요한 역사적 사건을 인상적인 이미지로 표현하고, 각각에 짧은 글을 덧붙이는 형식의 교과서를 만드는 일에 반세기를 바쳤다. 부노는 역사란 드넓은 대양과 같기에 조난을 피하려면 반드시 적절한 항해 장비를 갖추어야 한다고 말했다. 이상적인 경우라면 학생들은 "시간의 전체 질서를 하나의 체계로 압축해 암기할 수 있고, 각각의 시대와 시기를 구분할 수 있을 것"이며, 그렇게 해서 "중요한 사건에 관해 질문을 받으면 그 즉시 어떠한 시대와 시기에 속하는지를 답변할 수 있을 것"이었다.[15]

부노는 오로지 도식적인 도구들만을 활용했다.[그림22~24] 그는 서기전 4004년의 천지창조부터 예수의 탄생에 이르는 4차례의 밀레니엄을 위해 4장의 종합적인 그림을 제공했다. 독수리, 판자 더미, 낙타, 용의 그림이었다. 각 이미지는 해당하는 밀레니엄의 가장 중요한 특징을 함축적으로 보여주었다(이를테면 판자의 이미지는 노아의 방주를 의미했고, 낙타의 이미지는 유대인이 이집트를 탈출할 때 타고 갔던 낙타를 상징했다). 또한 부노는 그 배경에 주요한 인물들의 이미지를 생생하고 인상적으로 그려 넣었다. 각각의 인물은 그 나름의 과업을 수행하고 있었다. 예를 들어 천문학자 프톨레마이오스는 하늘을 관측했고, 셋Seth은 두 개의 기둥을 들고 있었다. 그리고 학생들의 암기를 더 쉽게 하기 위해 일종의 글자 맞추기 게임이 활용되었다. 알렉산드로스 대왕의 옆에서 서로를 잡아먹고 있는 뱀장어 두 마리의 모습은 대왕의 이름을 연상시켰다. 독일어로 '뱀장어가 서로를 잡아먹는다(Die Ahle essen 'nander)'라는 문장의 발음이 '알렉산더'와 유사했기 때문이다.[16]

부노의 교과서는 할레의 경건주의 교단 고아원에서 하이델베르크의 궁정에 이르기까지 다양한 곳에서 사용되었다. 하지만 신랄한 비판도 쏟아졌다. 위대한 철학자이자 과학자일 뿐 아니라 수준

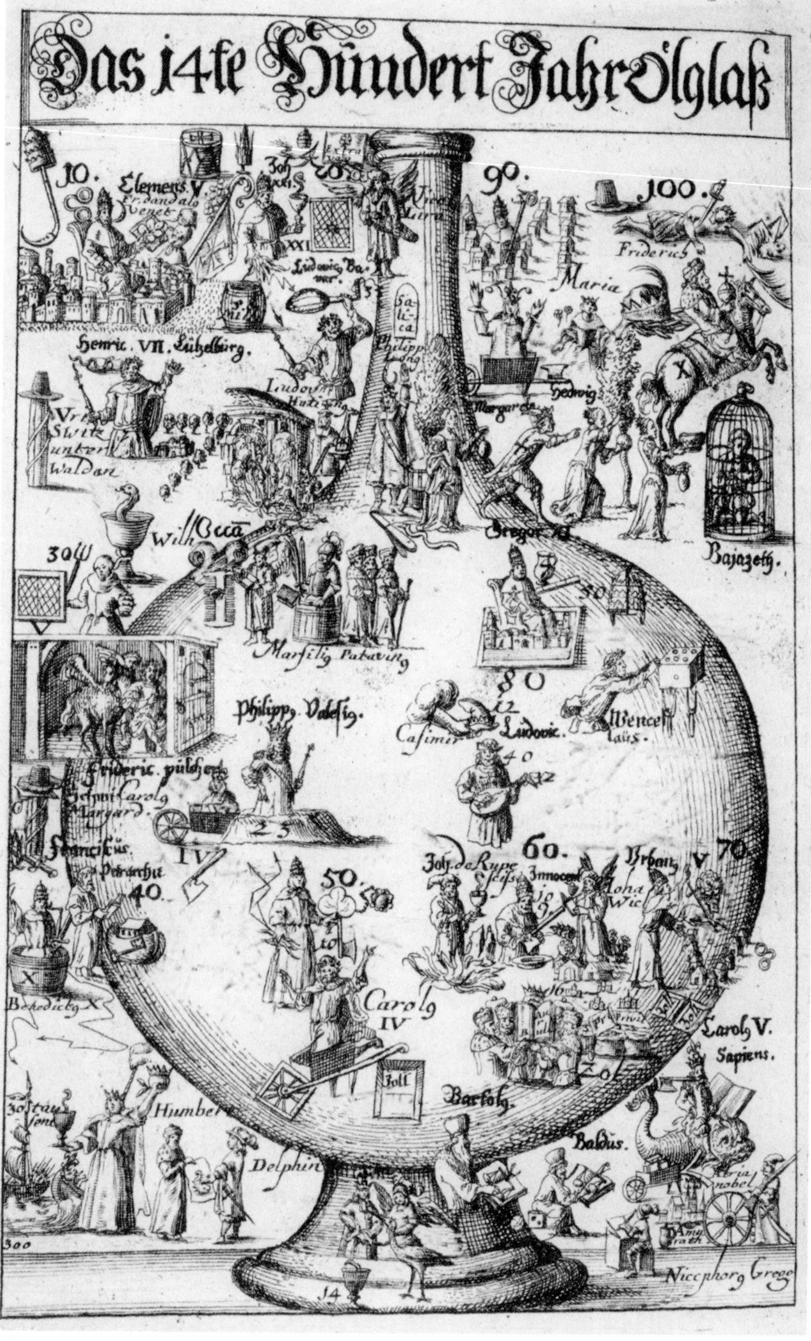

[그림22~23]

요하네스 부노는 서기西紀 이후의 열일곱 세기를 각각 곰이나 기름 항아리와 같은 하나씩의 이미지로 형상화했다. 부노는 기억에 오래 남는 형상, 호기심을 자극하는 세부 묘사, 다양한 수수께끼들을 활용해, 연표를 이름과 연도의 암기에 유용한 가상의 기억 극장으로 전환시키려 했다. 독자들은 각각의 이미지에 적힌 숫자를 확인함으로써, 등장인물의 정확한 활동 시기를 확인할 수 있다.

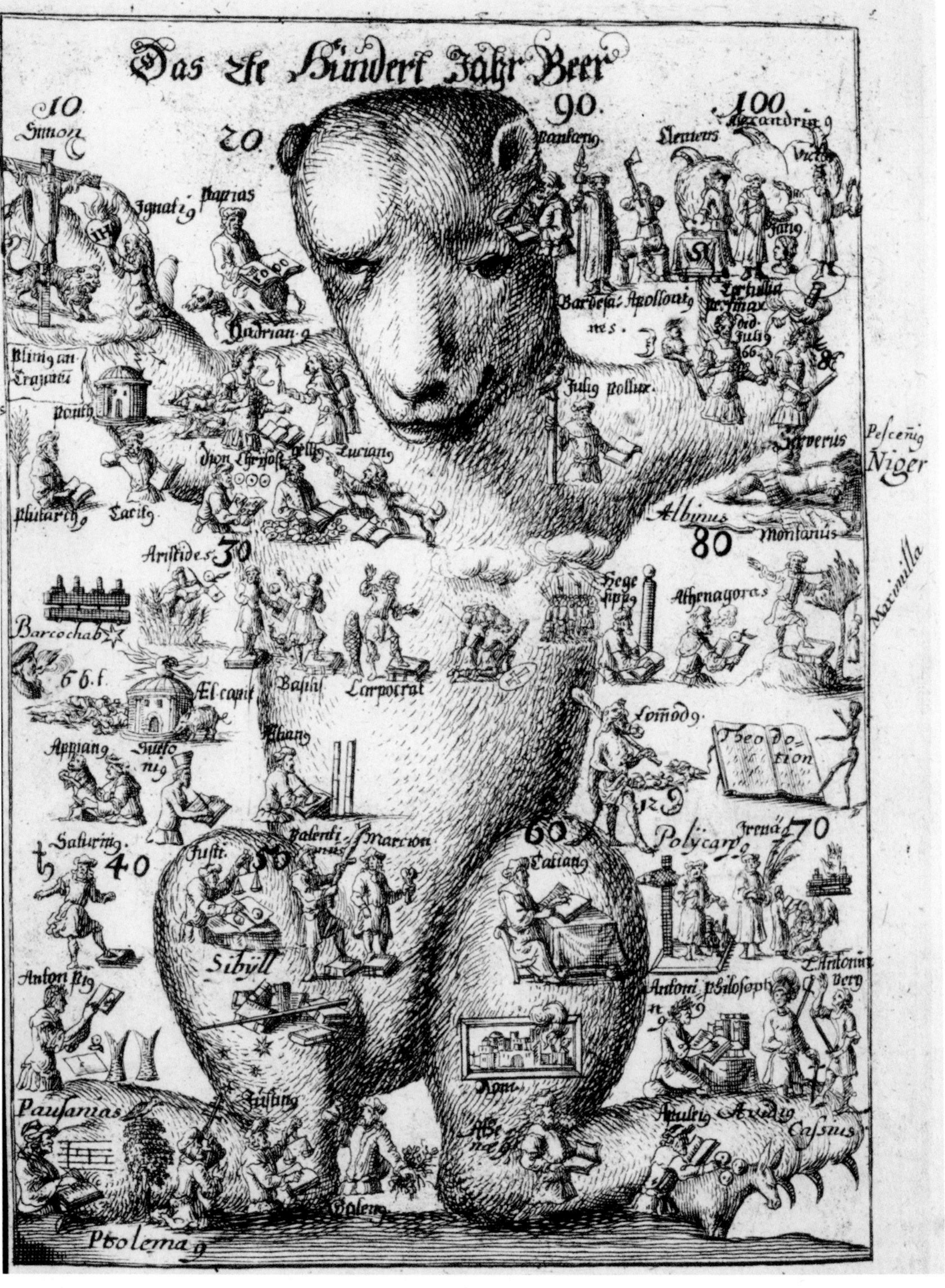
10
Simon
20
90
100
30
Aristides
Barcochab
40
Saturnig
Sibyll
Pausanias
Ptolema9
Albinus
80
Montanus
Athenagoras
Niger
Maximilla
Theo do- tion
60
70
Polycarp9
Cassius

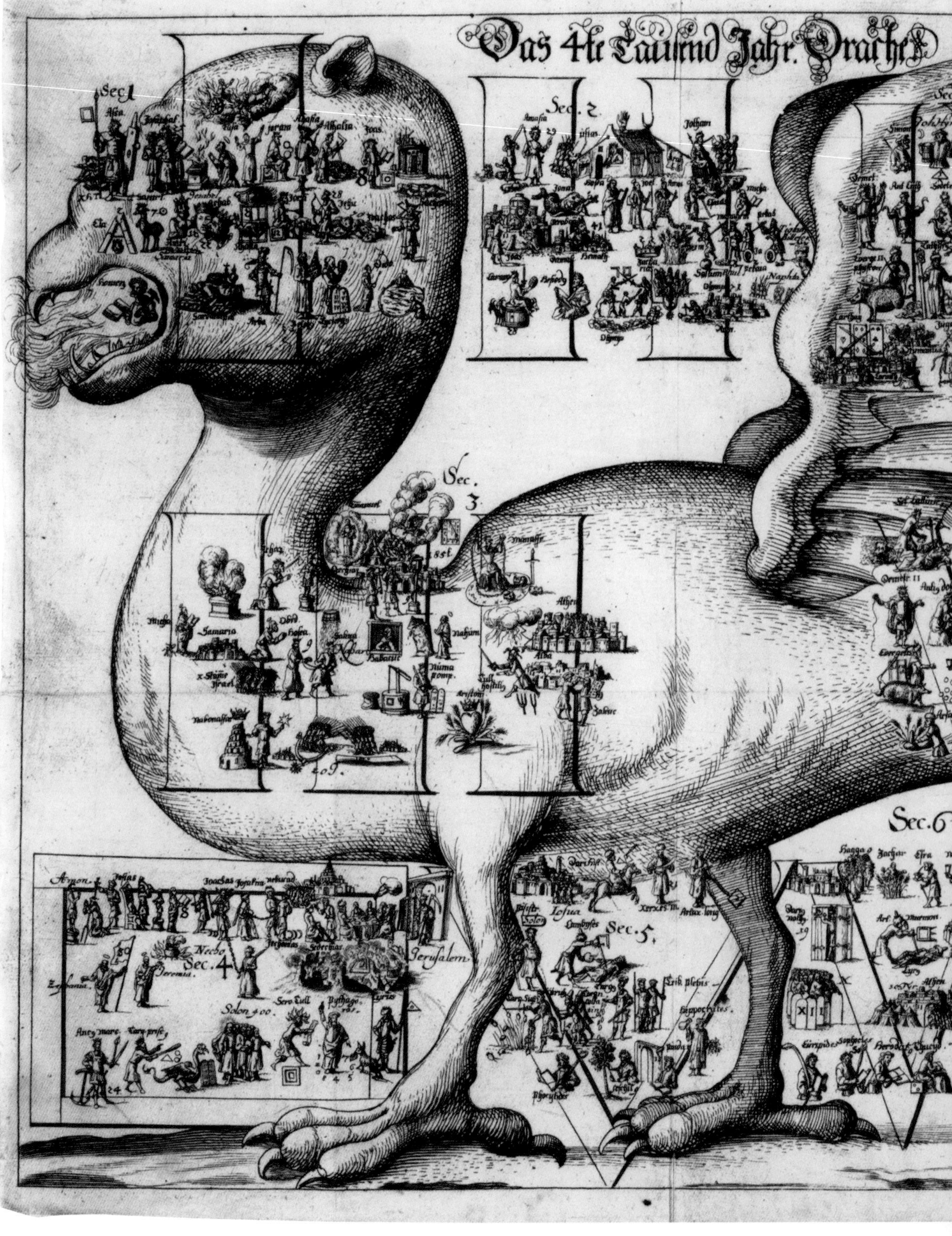
Das 4te Tausend Jahr. Drache
Sec. 1
Sec. 2
Sec. 3
Sec. 4
Sec. 5.
Sec. 6
Jerusalem.
Solon 400.

[그림24]

요하네스 부노는 1672년 작 세계사에서 예수 탄생 이전의 네 밀레니엄을 각각 하나씩의 거대한 알레고리적 이미지로 형상화했다. 왼쪽의 용은 4번째 밀레니엄에 해당한다.

높은 역사가이기도 했던 고트프리트 라이프니츠*는 부노의 방식 전체를 못마땅해 했다. 라이프니츠는 이미지와 그에 해당하는 인물이나 사건이 "적절한 경우도 있지만 일부는 완전히 제멋대로인 방식으로" 연결되어 있다고 불평했다. 그러나 라이프니츠의 심기를 더 거스른 문제는 부노의 교과서가 타임라인에 필수적인 선형의 구조에서 벗어나 있다는 사실이었다. "각각의 인물들이 연대기적 질서에 따라 배치되어 있지 않다. 한정된 공간에 쑤셔 넣으려고 뒤죽박죽으로 늘어놓았을 뿐이다. 연대기적 질서는 이러한 유형의 표현 양식이 가장 중요하게 추구해야 하는 목표이다. 사건들 사이의 관계를 드러내주기 때문이다."[17] 라이프니츠는 근래에 많은 역사적 사실이 새로이 밝혀지고 그러한 사실들을 표현하는 시각적 형식의 종류 역시 크게 늘어났지만 이러한 변화가 타임라인을 개선하기는커녕 오히려 퇴행시켰을 뿐이라고 생각했다. 이러한 견해에 공감하는 교사들은 학생들에게 부노의 교과서에 등장하는 사실들은 암기하되 부수적인 장치들에는 주의를 기울이지 말라고 당부했다.

17세기 말 나폴리의 법학자 잠바티스타 비코**와 다른 일부 역사가는 부노와 마찬가지로 기존의 선형 구조를 해체하는 작업에 이미 돌입해 있었고, 더욱 유의미한 문화의 크로노그래피를 고안해내려 분투하고 있었다. 비코는 『새로운 과학』이라는 책에 대홍수부터 제2차 포에니전투에 이르는 기간을 다룬 전통적인 에우세비우스 양식 연표를 실었다(최종적인 형식은 1744년 판본에 실렸다). 하지만 그는 "실제로 이러한 인물과 사건은 일반적으로 알려진 시기와 장소에 존재하지 않았으며, 심지어 그 가운데 일부는 아예 실존하지도 않았다"라고 고백했다.[18] 그가 보기에, 고대의 이집트인과 페르시아인은 역사의 초기 단계에 대해 아는 바가 거의 없었다. 그들의 가장 먼 조상들은 대홍수에 뒤따른 천둥과 번개에 두려워 떨던 야만인일 뿐이었다. 그들은 자신들의 초기 역사에 대한 확실한 기록을 전혀 갖고 있지 못했기 때문에, 자신들의 허영심을 충족시킬 만큼 충분히 오래된 기록을 간단히 조작해냈던 것이다. 에우세비우스에서 현재까지 이어져 내려온 전통적인 연표는 이처럼 허약한 토대 위에 놓여 있었다. 따라서 비코는 다른 이들이 작성한 연표에 대해 만족하지 못했던 것만큼이나 자신의 연표에 대해서도 부끄러워할 수밖에 없었다.

비코의 책에 권두화로 실린 바로크 양식의 복잡한 이미지가 암시하고 있는 것처럼, 비코는 과거를 올바르게 시대 구분할 수 있는 방법은 무지몽매한 이교도에 의해 전해진 연대를 바로잡으려 노력하는 것이 아니라, 오직 철학을 통해 이교도의 신화를 해석해내는 것뿐이라고 생각했다.**[그림25~26]** 제단 위에 놓인 마술지팡이는 이교도의 종교가 점술에서 비롯되었음을 암시하며, 횃불은 결혼이 최

* 고트프리트 라이프니츠(Gottfried Leibniz, 1646~1716): 독일의 철학자, 수학자, 법학자이자 역사가이다. 자연과학과 언어학 등 다양한 분야에서 활약했는데, 수학에서는 미적분법을 독자적으로 창시한 것으로 유명하다. 역학에서는 '활력' 개념을 도입했으며, 위상해석을 창시했다.

** 잠바티스타 비코(Giambattista Vico, 1668~1744): 이탈리아의 철학자이다. 데카르트에 반대해 인간의 사유가 아니라 행위에 진리의 기준을 두었다. 고대 민족의 언어·법률·신화 등에 관련된 많은 사실을 독자적인 견해에서 해석했으며, 『새로운 과학』에서는 호메로스를 전체 그리스 민족의 상징으로 해석하기도 했다.

초의 사회 제도였음을 의미하고, 쟁기는 "이교도의 선조가 역사상 최초의 장사壯士들이었음"을 보여준다.[19] 비코는 크로노그래피의 임무는 왕들의 정확한 재위 기간을 밝히는 것이 아니라 인류의 문화가 지나온 각각의 발전 단계를 구분하는 것이라고 주장했다. 그리고 이를 통해 관습적인 금언과는 정반대로, 인류가 과거에서 현재로 내려오면서 점점 더 지혜로워졌음을 증명할 수 있으리라는 것이었다. 비코의 관점에서 호메로스는 풍유가들이 생각하는 바의 뛰어난 철학적 시인이 아니라, 반半야만 상태에 머물러 있던 고대 그리스인을 독자로 삼은 태곳적의 음유시인일 따름이었다. 이제 크로노그래피학은 성서의 비밀을 푸는 열쇠로서의 애초의 기능을 잃었지만, 문화와 그것의 변화 과정을 보여주는 기록으로서의 새로운 기능을 획득했다.

[그림25~26]

고독했지만 선견지명을 갖고 있던 나폴리의 학자 잠바티스타 비코는 역사를 이른바 '새로운 과학'으로 만들고자 했다. 그는 전통적인 에우세비우스 양식을 고수하면서도, 자신의 연표가 이교도에 의해 전해진 오류들로 가득 차 있다는 사실을 인정했다. 따라서 역사가가 인류의 발전 과정을 재구성하기를 원한다면 연표가 아니라 철학적 사유에 기대야 할 것이라고 주장했다.

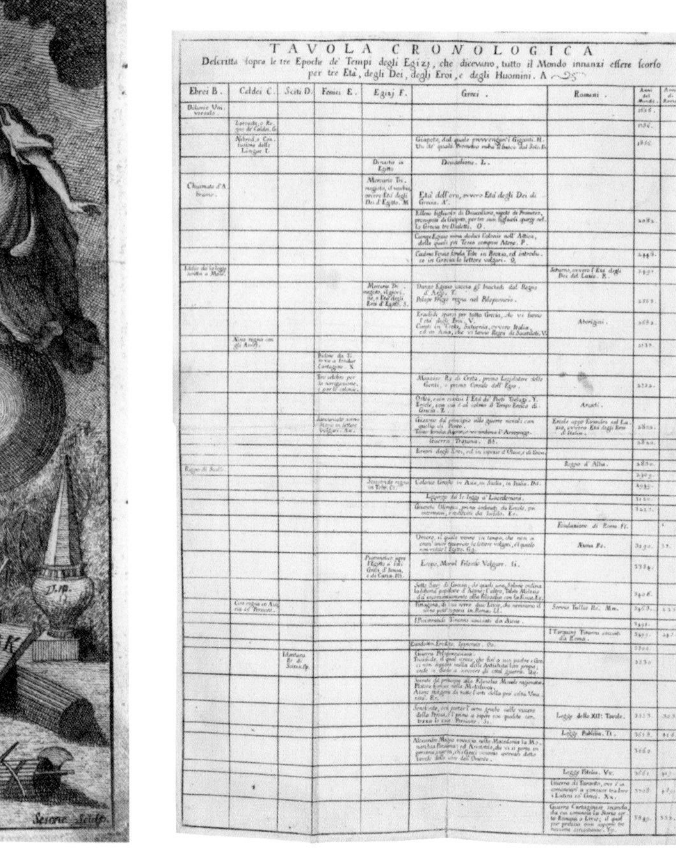

TAVOLA CRONOLOGICA

Descritta sopra le tre Epoche de' Tempi degli Egizj, che dicevano, tutto il Mondo innanzi essere scorso per tre Età, degli Dei, degli Eroi, e degli Huomini.

Ebrei B.	Caldei C.	Sciti D.	Fenici E.	Egizj F.	Greci.	Romani.	Anni del Mondo.	Anni di Roma.

제4장

새로운 역사 차트

A New Chart of History

근대 초기에 이르러 연표에 대한 학문적 연구는 상당한 발전을 이루었지만, 연표를 도식의 형태로 표현하려는 연표학자들의 야심은 여전히 실현하기 어려운 것이었다. 교과서에는 연표와 지리학이 역사의 두 눈이라는 이야기가 지겹도록 등장했다. 하지만 만약 이 이야기가 맞는다면, 근대 초기의 역사학도들은 거리 감각과 관련해 심각한 문제에 직면했을 것이 틀림없다. 15세기와 16세기 내내 지리 지도는 더욱 복잡해지고 정확해졌다. 지도 제작자들은 유서 깊지만 케케묵은 프톨레마이오스의 형식을 버리고 새로운 관습을 채택했으며, 이전까지 접할 수 없었던 방대한 양의 지리학 정보를 새로이 추가했다.

지도 제작만이 아니라 연표 연구의 분야도 이 시기에 급격한 변화를 겪었다. 근대 초기의 연표학자들은 천문학이나 화폐학과 같은 완전히 이질적인 분야로부터 새로운 기법을 도입했고, 세계 곳곳에서 수집한 새로운 정보를 자신들의 체계 속에 끊임없이 채워 넣었다. 그러나 지리학에서 일어난 시각적 혁명에 비견할 만한 변화를 연표 분야가 겪게 되는 것은 18세기에 들어선 뒤의 일이었다. 지리학과 연표의 수준 차이가 어찌나 컸던지, 1753년까지도 자크 바르뵈-뒤부르라는 프랑스의 의사이자 아마추어 연표학자가 이런 소리를 늘어놓을 지경이었다.

> 지리학은 즐거움과 충만함을 주는 학문이다. 이 학문은 우리에게 세계 전체의 이미지를 제공한다. 우리는 눈 깜짝할 사이에 세계 곳곳을 여행하고 즐거운 마음으로 돌아올 수 있다. 지도는 우리를 세계와 친숙하게 만들어준다. 전 세계의 사람들을 만날 수 있고, 그저 슬쩍 쳐다보기만 해도 두 지점 사이의 거리를 가늠할 수 있다. 컴퍼스가 있다면 정확한 거리를 잴 수도 있다. 지도의 등고선은 우리의 상상 속에 깊이 새겨져 결코 완전히 지워지지 않는다. 그러나 연표는 칭찬할 만한 구석이 없는 학문이다. 무미건조하고, 난해하며, 인생에 도움이 되지 않는다. 산더미처럼 쌓여 있는 날짜들은 혼을 빼놓고 정신을 산만하게 만들 뿐이며, 그나마 오래 기억되지도 않는다.[1]

역사적 사건의 연도를 밝히는 일에 상당한 열정을 갖고 있는 사람의 말이 이 정도였다.

심지어 인쇄기가 등장하기 이전에도 연표는 이미 엄청난 분량의 책으로 가득 찬 분야였다. 곳곳에 흩어져 있는 많은 정보들을 수집하고 조직하는 일에 사활이 걸려 있는 분야였으니 말이다. 나아가 인쇄술은 다양한 방식으로 정보를 보관하고 복제하고 보급하는 일을 용이하게 만들어주었다. 이는 무엇보다 연표가 요구하는 바에 정확히 들어맞았다. 연표를 제작하기 위해서는 정확한 복제가 필수적이고, 엄청난 양의 정보를 축적해야 하며, 크고 두꺼운 참고문헌들이 반드시 필요했기 때문이다. 15~16세기에는 새로운 연대 확인 기술 덕분에 연표 분야에 상당한 발전이 있었다. 이를테면 아피아누스는 일반적인 역사 서술을 천문 자료와 연결시킴으로써 연대기학의 튼튼한 토대를 마련하고자 했다. 그러나 이 시기의 가장 두드러진 발전은 대개 정보를 조직하는 방식의 혁신에서 비롯했다. 그리고 뒤이은 두 세기 동안 그러한 혁신은 점차 더욱 강력한 영향을 끼치게 되었다. 15~16세기의 활자 중심 연표와 달리, 17세기의 연표는 정교한 조판술에 훨씬 더 크게 의존했다. 정교한 조판술 덕분에 자료의 분량을 훨씬 더 압축할 수 있었고, 이미지와 글을 더 자연스럽게 결합시켰으며, 서체와 레이아웃, 비례는 거의 무한대의 자율성을 획득했던 것이다. 그렇게 해서 17세기 후반에 들어서면, 에우세비우스 연표를 단 하나의 차트에 압축해 담아내고자 했던 장 불래즈의 선례를 따르는 이들이 크게 늘어났다.

17세기 후반의 집약적인 연표 중 가장 영향력이 컸던 것은 1670년대에 프랑스의 장 루Jean Rou라는 개신교도 변호사가 두 권으로 나누어 출간한 『역사와 연표, 그리고 계보의 표들』이다.[2] [그림1] 이 책은 매우 널찍한 몇 쪽의 면에 막대한 분량의 연대기적 혹은 계보학적 정보를 압축해 넣은 장식적인 표들로 이루어져 있었다. 루의 차트는 큰 인기를 끌었지만, 적어도 프랑스 내에서는 곧바로 유사한 시도를 하는 이들이 나타나지 않았다. 고대사를 다룬 첫 번째 권은 큰 성공을 거두었으나, 종교개혁 등의 근대사를 다룬 두 번째 권은 논란에 휘

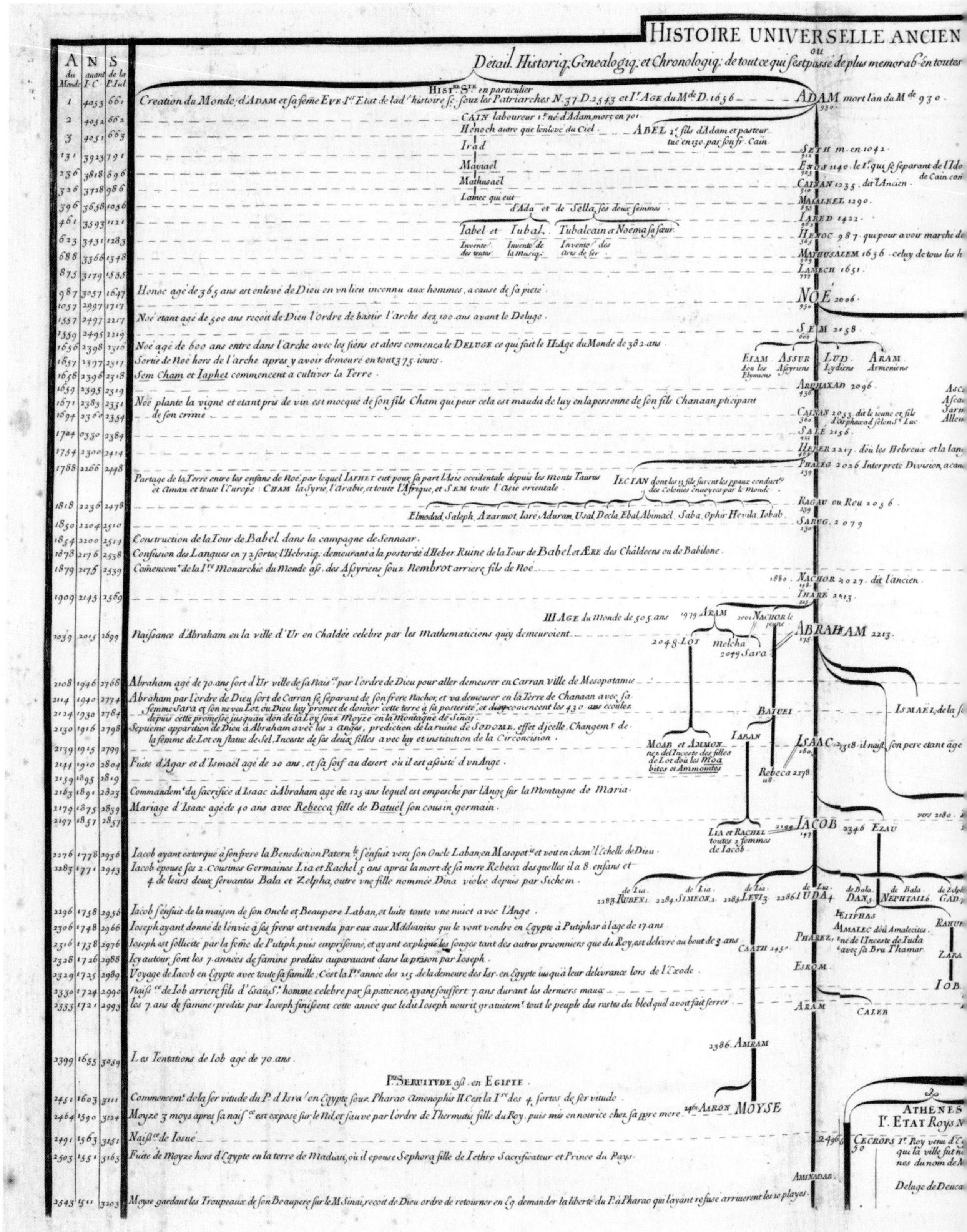

HISTOIRE UNIVERSELLE ANCIEN

ou

Détail Historiq. Genealogiq. et Chronologiq. de tout ce qui s'est passé de plus memorab. en toutes

HIST.^RE S.^TE en particulier

ANS du Monde	avant I.C.	de la P. Iul.	
1	4053	661	Creation du Monde, d'ADAM et sa feme EVE Ier Etat de lad.^e histoire s.^e souz les Patriarches N. 37 D. 2543 et I.^r AGE du M.^de D. 1656
2	4052	662	
3	4051	663	
131	3923	791	
236	3818	896	
326	3728	986	
396	3658	1056	
461	3593	1121	
623	3431	1283	
688	3366	1348	
875	3179	1535	
987	3057	1647	Henoc agé de 365 ans est enlevé de Dieu en vn lieu inconnu aux hommes, a cause de sa pieté
1057	2997	1717	
1557	2497	2217	Noé etant agé de 500 ans reçoit de Dieu l'ordre de bastir l'arche dez 100 ans avant le Deluge
1559	2495	2219	
1656	2398	2310	Noé agé de 600 ans entre dans l'arche avec les siens et alors comença le DELUGE ce qui fait le II.e Age du Monde de 382 ans
1657	2377	2311	Sortie de Noé hors de l'arche apres y avoir demeuré en tout 375 iours
1658	2396	2318	Sem Cham et Iaphet commencent a cultiver la Terre
1659	2395	2319	
1671	2383	2331	Noé plante la vigne et etant pris de vin est mocqué de son fils Cham qui pour cela est maudit de luy en la personne de son fils Chanaan pticipant de son crime
1694	2360	2354	
1724	2330	2384	
1754	2300	2414	
1788	2266	2448	Partage de la Terre entre les enfans de Noé par lequel IAPHET eut pour sa part l'Asie occidentale depuis les Monts Taurus et Aman et toute l'Europe : CHAM la Syrie, l'Arabie, et toute l'Afrique, et SEM toute l'Asie orientale
1818	2236	2478	
1850	2204	2510	
1854	2200	2514	Construction de la Tour de Babel dans la campagne de Sennaar
1878	2176	2538	Confusion des Langues en 72 sortes, l'Hebraiq. demeurant à la posterité d'Heber. Ruine de la Tour de Babel et ÆRE des Chaldeens ou de Babilone
1879	2175	2539	Comencem.t de la I.re Monarchie du Monde ass. des Assyriens souz Nembrot arriere fils de Noé
1909	2145	2569	
2039	2015	2699	Naissance d'Abraham en la ville d'Ur en Chaldée celebre par les Mathematiciens quiy demeuroient
2108	1946	2768	Abraham agé de 70 ans sort d'Ur ville de sa Nais.ce par l'ordre de Dieu pour aller demeurer en Carran ville de Mesopotamie
2114	1940	2774	Abraham par l'ordre de Dieu sort de Carran se separant de son frere Nachor, et va demeurer en la Terre de Chanaan avec sa femme Sara et son neveu Lot, ou Dieu luy promet de donner cette terre à sa posterité, et dez commencent les 430 ans écoulez
2124	1930	2784	depuis cette promesse jusqu'au don de la Loy souz Moyze en la Montagne de Sinai
2130	1916	2798	Septiéme apparition de Dieu à Abraham avec les 2 Anges, prediction de la ruine de SODOME, effet d'icelle, Changem.t de la femme de Lot en statue de Sel, Inceste de ses deux filles avec luy et institution de la Circoncision
2139	1915	2799	
2144	1910	2804	Fuite d'Agar et d'Ismaël agé de 20 ans, et sa soif au desert où il est assisté d'vn Ange
2159	1895	2819	
2163	1891	2823	Commandem.t du sacrifice d'Isaac à Abraham agé de 125 ans lequel est empesché par l'Ange sur la Montagne de Maria
2179	1875	2839	Mariage d'Isaac agé de 40 ans avec Rebecca fille de Batuël son cousin germain
2197	1857	2857	
2276	1778	2936	Iacob ayant extorqué à son frere la Benediction Patern.le s'enfuit vers son Oncle Laban en Mesopot.e et voit en chem.t l'échelle de Dieu
2283	1771	2943	Iacob epouse ses 2 Cousines Germaines Lia et Rachel 5 ans apres la mort de sa mere Rebeca desquelles il a 8 enfans et 4 de leurs deux servantes Bala et Zelpha, outre vne fille nommée Dina violée depuis par Sichem
2296	1758	2956	Iacob s'enfuit de la maison de son Oncle et Beaupere Laban, et lutte toute vne nuict avec l'Ange
2306	1748	2966	Ioseph ayant donné de l'envie à ses freres est vendu par eux aux Madianites qui le vont vendre en Egypte à Putiphar à l'age de 17 ans
2316	1738	2976	Ioseph est sollicité par la feme de Putiph. puis emprisonné, et ayant expliqué les songes tant des autres prisonniers que du Roy, est delivré au bout de 3 ans
2328	1726	2988	Icy autour sont les 7 années de famine predites auparavant dans la prison par Ioseph
2329	1725	2989	Voyage de Iacob en Egypte avec toute sa famille ; C'est la I.re année des 215 de la demeure des Isr. en Egypte iusqu'à leur delivrance lors de l'Exode
2330	1724	2990	Naiss.ce de Iob arriere fils d'Esau S.t homme celebre par sa patience, ayant souffert 7 ans durant les derniers maux
2333	1721	2993	les 7 ans de famine predits par Ioseph finissent cette année que ledit Ioseph nourit gratuitem.t tout le peuple des restes du bled quil avoit fait serrer
2399	1655	3059	Les Tentations de Iob agé de 70 ans
			I.re SERUITUDE ass. en EGIPTE
2451	1603	3111	Commencem.t de la servitude du P. d'Isra.l en Egypte souz Pharao Amenophis II. C'est la I.re des 4 sortes de servitude
2464	1590	3124	Moyze 3 moys apres sa naiss.ce est exposé sur le Nil, et sauvé par l'ordre de Thermutis fille du Roy, puis mis en nourice chez sa ppre mere
2491	1563	3151	Naiss.ce de Iosué
2503	1551	3163	Fuite de Moyze hors d'Egypte en la terre de Madian, où il epouse Sephora fille de Iethro Sacrificateur et Prince du Pays
2543	1511	3203	Moyse gardant les Troupeaux de son Beaupere sur le M. Sinai, reçoit de Dieu ordre de retourner en Eg. demander la liberté du P. à Pharao qui l'ayant refusé arriuerent les 10 playes

ADAM mort l'an du M.de 930 · 930

CAIN laboureur 1.er né d'Adam mort en 701 · Henoch autre que l'enlevé du Ciel · Irad · Maviael · Mathusael · Lamec qui eut d'Ada et de Sella ses deux femmes · Iabel et Iubal, Invente.r des tentes, Invente.r de la Musiq. · Tubalcain et Noëma sa sœur, Invente.r des Arts de fer

ABEL 2.e fils d'Adam et pasteur tué en 130 par son fr. Cain

SETH m. en 1042 · ENOS 1140 le I.r qui se separant de l'Ido[latrie] de Cain con[...] · CAINAN 1235 dit l'Ancien · MALALEEL 1290 · IARED 1422 · HENOC 987 qui pour avoir marché de[...] · MATHUSALEM 1656 celuy de tous les h[...] · LAMECH 1651

NOE 2006 · 950

SEM 2158 · 600 · ELAM dou les Elymeens · ASSUR Assyriens · LUD Lydiens · ARAM Armeniens

ARPHAXAD 2096 · CAINAN 2053 dit le ieune et fils d'Arphaxad selon S.t Luc · SALE 2156 · HEBER 2217 dou les Hebreux et la lang[ue] · PHALEG 2026 Interpreté Division, a cau[se] · RAGAU ou Reu 2056 · SARUG 2079 · 1880 NACHOR 2027 dit l'ancien · THARE 2113

IECTAN dont les 13 fils furent les ppaux conduct.rs des Colonies envoyées par le Monde · Elmodad, Saleph, Azarmot, Iaré, Aduram, Usal, Decla, Ebal, Abimaël, Saba, Ophir, Hevila, Iobab

Asc[enez] · Asca[...] · Sarn[...] · Allen[...]

III AGE du Monde de 505 ans · 1979 ARAM · 2001 NACHOR le ieune · ABRAHAM 2213 · 175 · 2048 LOT · Melcha · 2079 Sara · BATUEL · LABAN · Rebeca 2278 · MOAB et AMMON nez de l'Inceste des filles de Lot dou les Moabites et Ammonites · ISAAC 2318 il naist son pere etant age[...] · 180 · ISMAËL de la se[...]

2198 JACOB · 147 · 2346 EZAU · vers 2180 · LIA et RACHEL toutes 2 femmes de Iacob

de Lia 2288 RUBEN 1 · de Lia 2284 SIMEON 2 · de Lia 2283 LEVI 3 · de Lia 2286 IUDA 4 · de Bala DAN 5 · de Bala NEPHTALI 6 · de Zelph[a] GAD · ELIPHAS · AMALEC dou Amalecites · PHAREZ, né de l'Inceste de Iuda avec sa Bru Thamar · CAATH 245 · ESROM · ARAM · CALEB · ZARA · RAHU[EL] · IOB

2386 AMRAM · 246 AARON · MOYSE · AMINADAB

ATHENES I.r ETAT Roys N[...] · 2496 CECROPS I.r Roy venu d'E[gypte] qui la ville fut n[ommée] nes du nom de M[inerve] · 50 · Deluge de Deuca[lion]

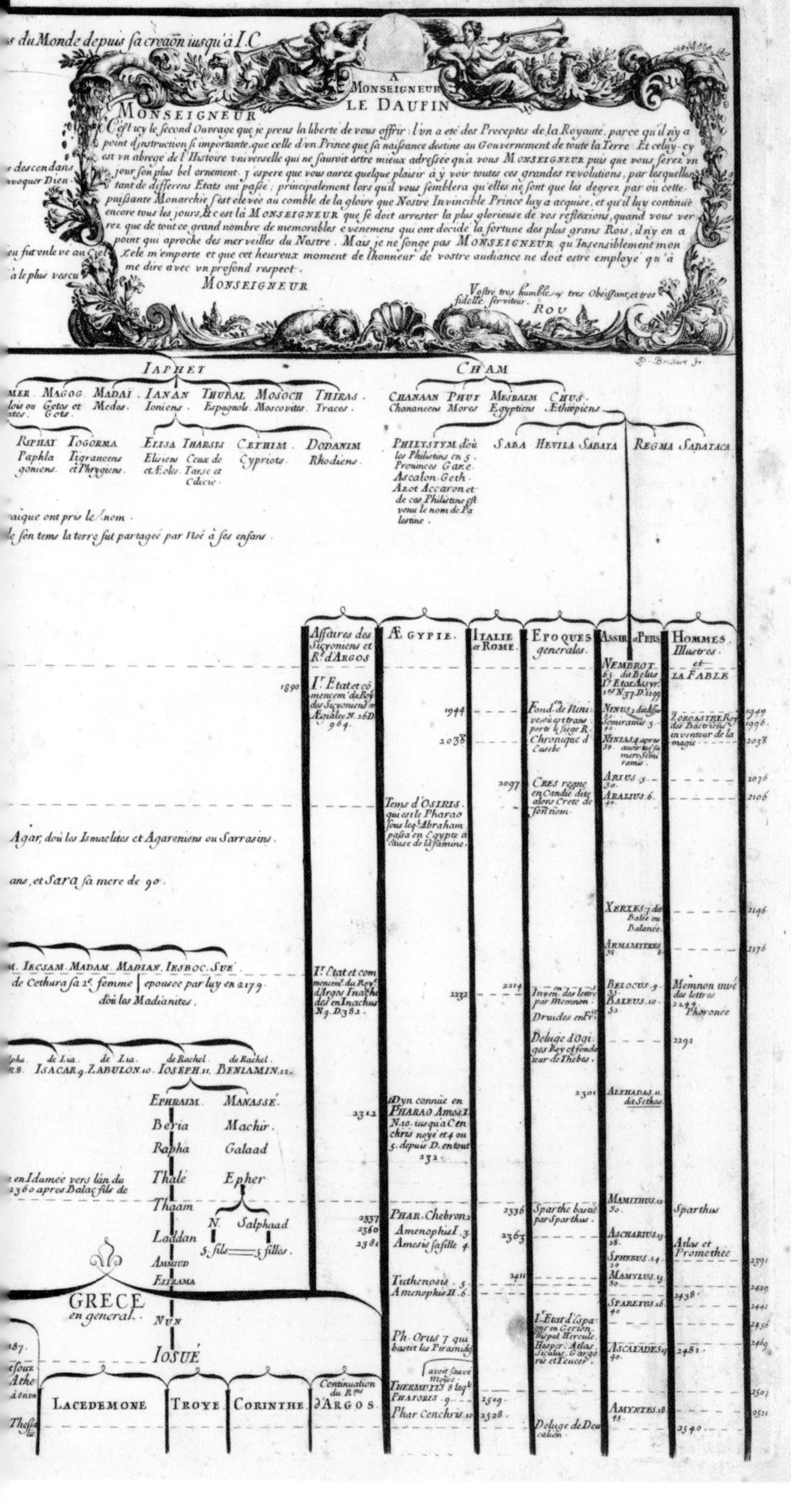

[그림1]

1672년에 장 루의 『역사와 연표, 그리고 계보의 표들』 가운데 고대사를 다룬 제1권이 파리에서 출간되자 독자들은 큰 갈채를 보냈다. 그러나 1675년에 출간된 근대사를 다룬 제2권은 개신교적인 내용을 담고 있다는 이유로 판매 금지되었다. 1682년에 철학자 피에르 벨Pierre Bayle은 이제는 루의 책을 거의 찾아볼 수 없게 되었다며 안타까워했다.

말려 금서로 지정되었고, 루는 네덜란드로 도피해야 했다.[3]

프랑스에서는 이후 20년 동안 아무도 루의 방식을 다시 시도하지 않았지만, 영국에서는 거의 곧바로 유사한 작품이 등장했다. 웨일스 국경 부근 웨스트미들랜즈의 슈루즈버리라는 지방 도시에서 비非국교파 목사이자 교사로 활동하던 프랜시스 탤런츠Francis Tallents는 『세계사 일람』이라는 책을 출간했다. 루의 양식은 탤런츠의 책을 통해 많은 이에게 알려졌다. 특히 17세기 말부터 옥스퍼드 대학이나 케임브리지 대학에서 종교적인 이유로 축출된 학생들을 위해 설립된 비국교파 계열의 학교와 협회에서 널리 활용되었다(1760년대에 크로노그래피 분야에서 혁명적인 변화를 추동했던 조지프 프리스틀리가 루의 양식을 처음 접한 곳도 바로 이러한 학교 가운데 한 곳이었다).[4]

1729년, 마침내 프랑스에서도 대수도원장 니콜라 랑글레 뒤프레누아Nicolas Lenglet du Fresnoy가 『세계사 연표』라는 제목으로 루와 유사한 양식의 연표를 출간했다.[5] 랑글레 뒤프레누아는 널리 알려진 『역사를 공부하는 방법』을 비롯해 많은 수의 교육학 논문을 저술하기도 했다. 그는 집약적인 표현 양식의 적용 범위를 확대하는 일이 매우 시급하다고 생각했다. 18세기 초에 이르러 역사 문헌의 출간이 급증한 나머지, 이미 3만 권 이상이 출간되었으리라고 추정되었기 때문이다. 랑글레 뒤프레누아는 자신의 남다른 속독력과 지구력(종종 하루에 14시간씩 책을 읽곤 했다)을 기준으로 계산했을 때, 아무리 부지런한 학생이라도 기억력과 이해력을 유지하는 선에서라면 평생 1800권 이상의 역사책을 읽을 수 없으리라는 결론에 이르렀다. 따라서 그는 지적인 노동의 수준을 보장하기 위해서는 1200권 이상의 책을 읽어서는 안 된다고 충고했다. 1200권이란 "자신이 읽은 것에 대해 잠시나마 생각할 시간"을 확보할 수 있는 최대한의 수치였다.[6] 랑글레 뒤프레누아는 18세기 연표학 분야에서 가장 위대한 선구자 가운데 한 명이었지만, 우리는 그의 책을 통해 그 분야가 이미 쇠락하기 시작했던 정황 또한 살필 수 있다. 그는 연표의 중요성을 한껏 강조하면서도, 정작 역사의 중요한 분야에서는 연표가 거의 아무런 가치를 지니지 않는다는 사실을 몹시 안타까워했다.[7]

17세기 후반을 거치며 어떤 크로노그래피는 성장하고 어떤 크로노그래피는 쇠락했다.[그림2~4] 정교한 조판술로 인해 작은 활자를 사용할 수 있게 됨에 따라, 1680년대의 프랑스 작가 기욤 마르셀Guillaume Marcel은 정치사와 교회사 분야의 연표를 주머니에 넣고 다닐 수 있는 크기로 제작해 출간했다. 곧 유럽 곳곳에서 마르셀의 방식을 모방한 연표가 등장하기 시작했다. 영국에서는 윌리엄 파슨스William Parsons라는 사업가가 처음으로 이 방식을 채택했다. 명예혁명 당시 오라녜 공의 네덜란드 원정군 장교로 복무했던 파슨스는 이제 이처럼 독창적이고 휴대가 편리한 제품들로 한몫 벌기를 꿈꾸고 있었다. 그는 많은 이들이 역사에 큰 관심을 갖고 있지만 직접 공부하기에는 어려운 점이 매우 많기 때문에, 역사책을 읽을 때 참고할 수 있는 커닝 페이퍼, 즉 작은 크기의 연표 책자를 갖고 싶어할 것이라고 결론 내렸다. 무릇 연표 서적이라 함은 무거울수록 더 좋은 것이겠지만, 평범한 독자들

[그림2~3]

니콜라 랑글레 뒤프레누아, 『세계사 연표』의 표지와 내부, 파리, 1729.

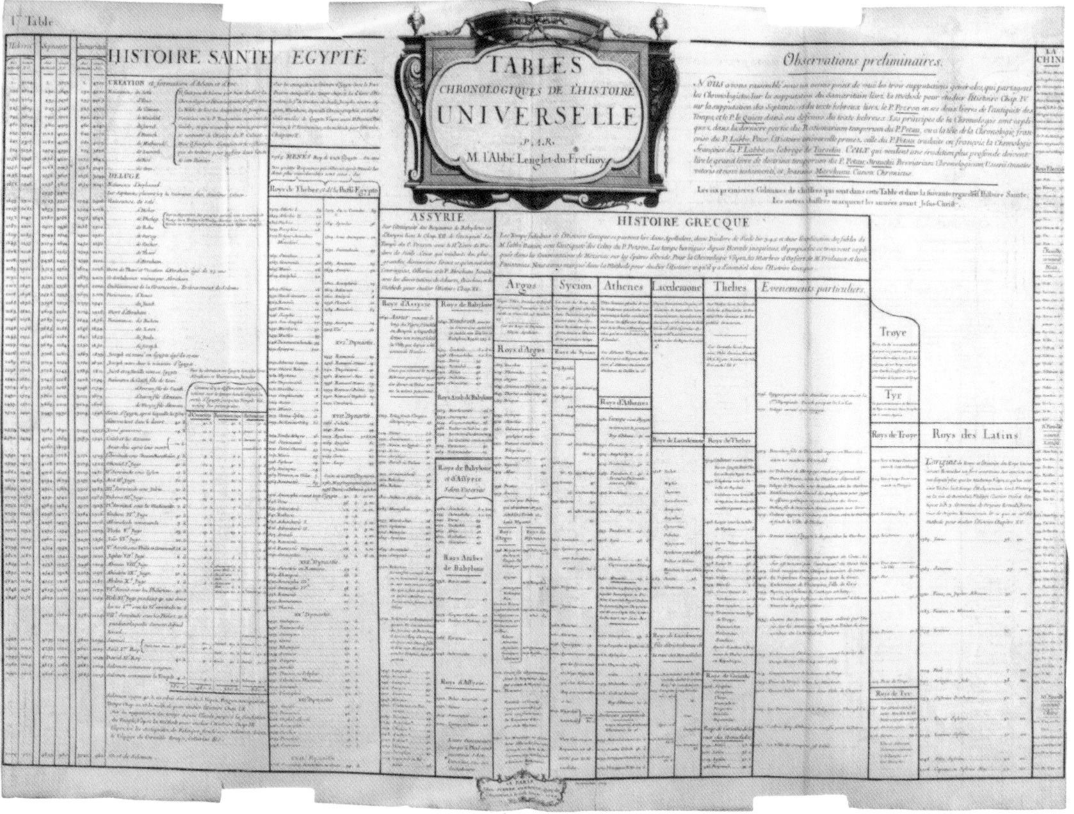

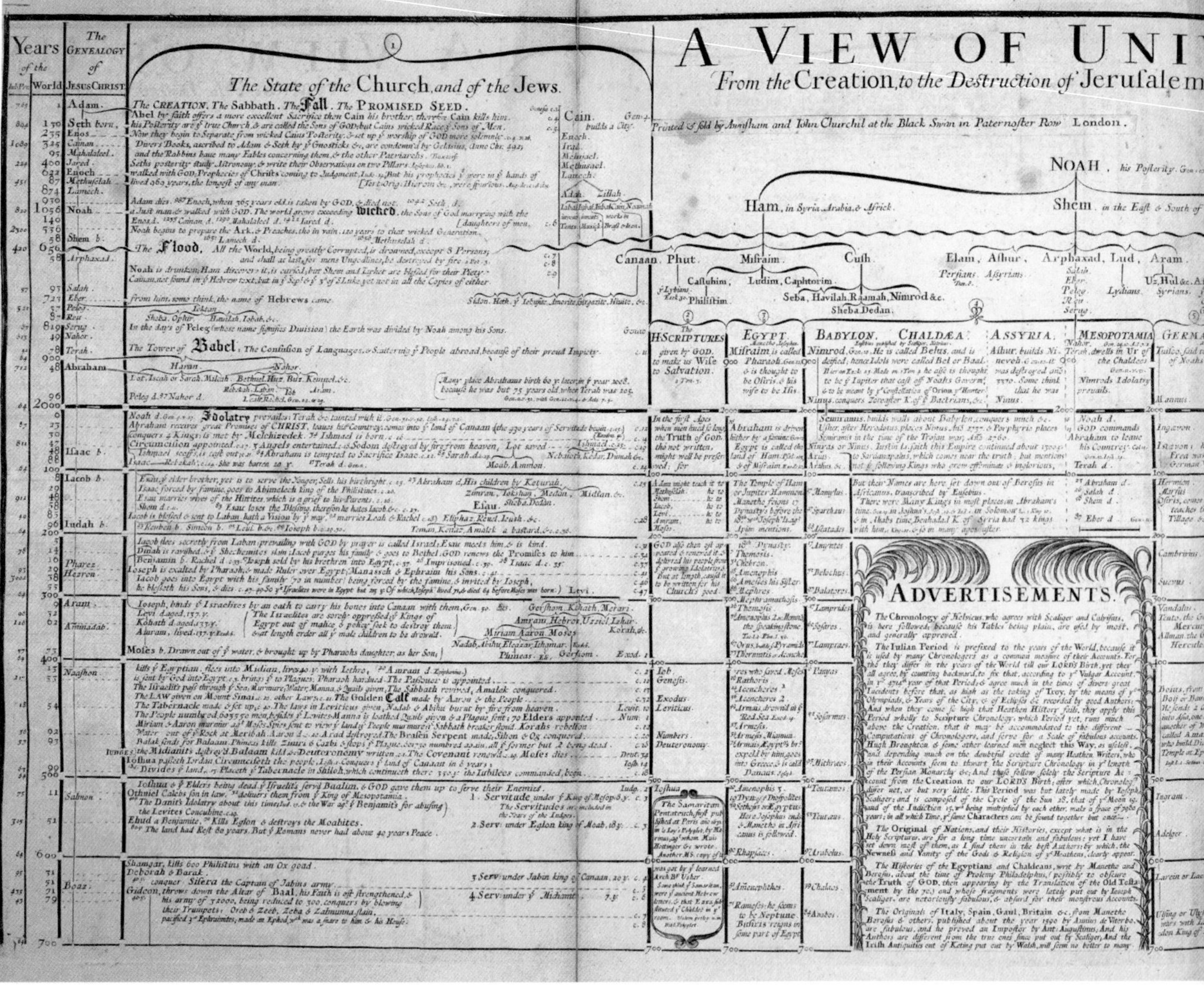
A VIEW OF UNIV
From the Creation, to the Destruction of Jerusalem
The State of the Church, and of the Jews.
ADVERTISEMENTS.

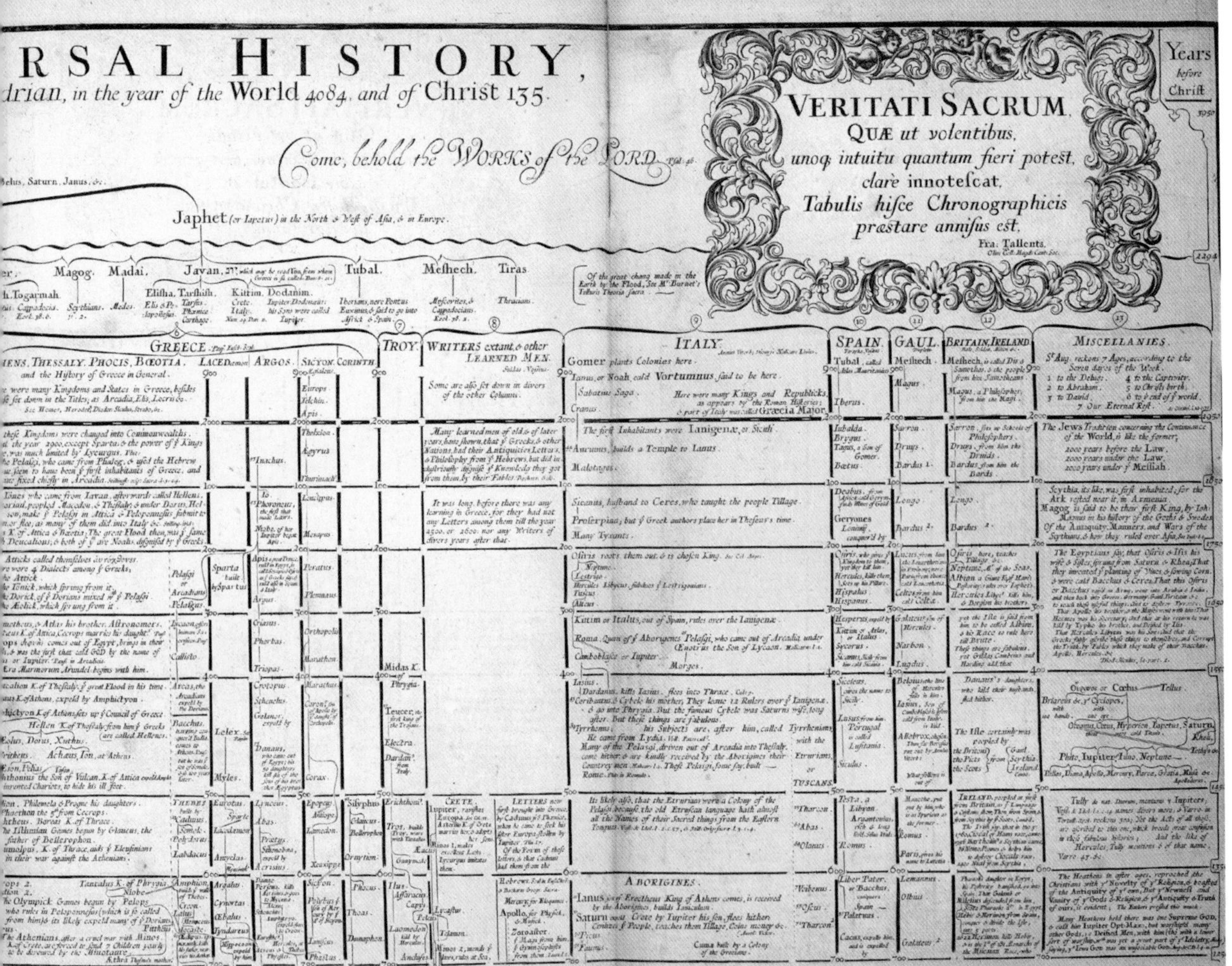

[그림4]

영국의 비국교파 목사이자 교사였던 프랜시스 탤런츠는 1685년 작 『세계사 일람』에서 장 루가 10년 전에 사용했던 것과 동일한 시각적 표현 양식을 채택했다. 탤런츠의 연표는 크기가 다소 작기는 했지만, 루의 연표와 마찬가지로 자료를 압축하는 탁월한 능력을 보여주었다. 이 연표에서는 연도가 일정한 간격으로 배치되지 않았다. 특히나 역사의 초기에는 세대의 주기나 중요한 사건의 빈도에 따라 동일한 기간에 해당하는 길이가 더 늘어나거나 축소되었다.

[그림5]

윌리엄 파슨스의 휴대용 『연표』(1707)가 요한 게오르그 하겔간스의 거대한 『역사 아틀라스』(1718) 위에 놓여 있다.

에게 그게 무슨 쓸모가 있단 말인가?

파슨스의 크로노그래피는 현대인이 책을 활용하는 방식에 정확히 부합하는 것이었다. [그림5~7] 그는 1689년의 초판을 위해 존 스터트*라는 조판가에게 43장의 도판 제작을 의뢰했다. 스터트는 마르셀 책의 복잡한 레이아웃과 상징적 도식들을 단순화하고, 크기도 훨씬 더 줄였다. 파슨스가 기대한 대로 이 새로운 양식은 상업적인 성공을 거두었고, 약 10년 동안 판을 거듭하며 4000부가 판매되었다.[8] 파슨스는 판형의 축소를 선호하기는 했지만, 초판의 판형을 줄이기 위해 여러 가지 측면에서 너무 많은 것을 희생시켰다는 사실을 잘 알고 있었다. 종이가 너무 얇아 무언가를 적기가 힘들었고, 주석을 달 만한 여백도 거의 없었다. 결국 2판부터는 더 두꺼운 고급 종이를 사용하고, 종이의 한쪽 면에만 인쇄해 뒷면에는 메모를 할 수 있도록 조치했다.

17세기 후반에 등장한 새로운 인쇄술과 조판술이 크로노그래피에 얼마나 중요한 영향을 끼쳤는지는 덴마크의 골동품 수집가 옌스 비르케뢰드Jens Bircherod의 『신성한 역사의 조명』에 수록된 차트를 통해서도 명백히 확인할 수 있다. 이러한 차트에서는 회화적이고 우화적인 요소들이 산더미 같은 자료들과 훌륭한 조화를 이루고 있었다.[9] [그림8~9] 비르케뢰드는 예수의 족보를 리본과 과일, 꽃으로 장식된 신고전주의 양식의 기념비에 새겨 넣

* 존 스터트(John Sturt, 1658~1730): 영국의 조판가이다. 『천로역정』의 일러스트를 그린 것으로 널리 알려졌다.

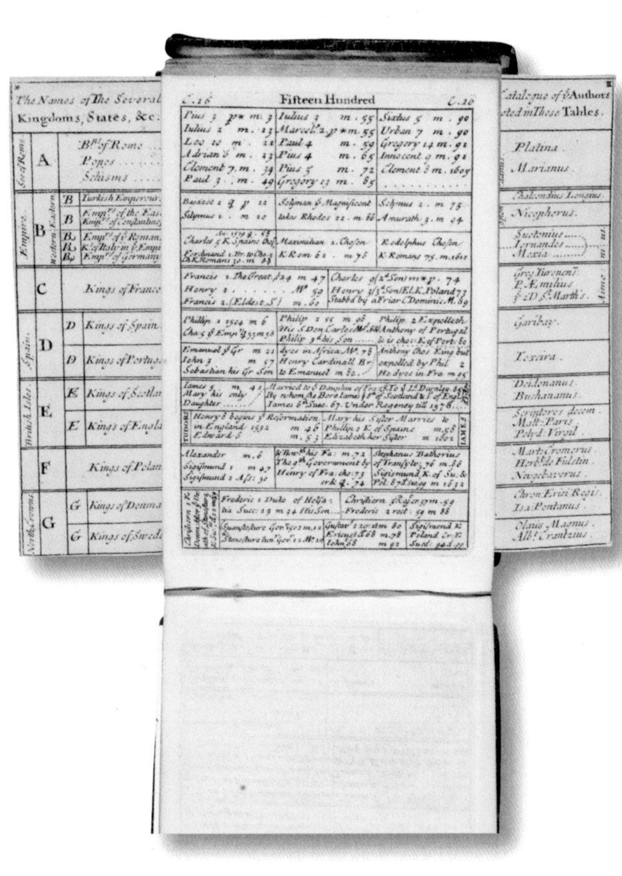

[그림6~7]

윌리엄 파슨스, 『우리 구세주의 탄생부터 1703년까지의 유럽 연표: 46장의 동판에 새기고, 주머니에 넣을 수 있는 작은 크기로 제작됨: 역사책을 읽는 데 매우 유용하며, 대화할 때에도 신속한 도움을 줌』, 런던, 1707. 파슨스의 차트책에는 접이식의 앞덮개에 약어표가 실려 있어 독자가 본문의 압축적인 표기법을 쉽게 이해할 수 있도록 했다. 이 부분에는 16세기에 해당하는 내용이 적혀 있다.

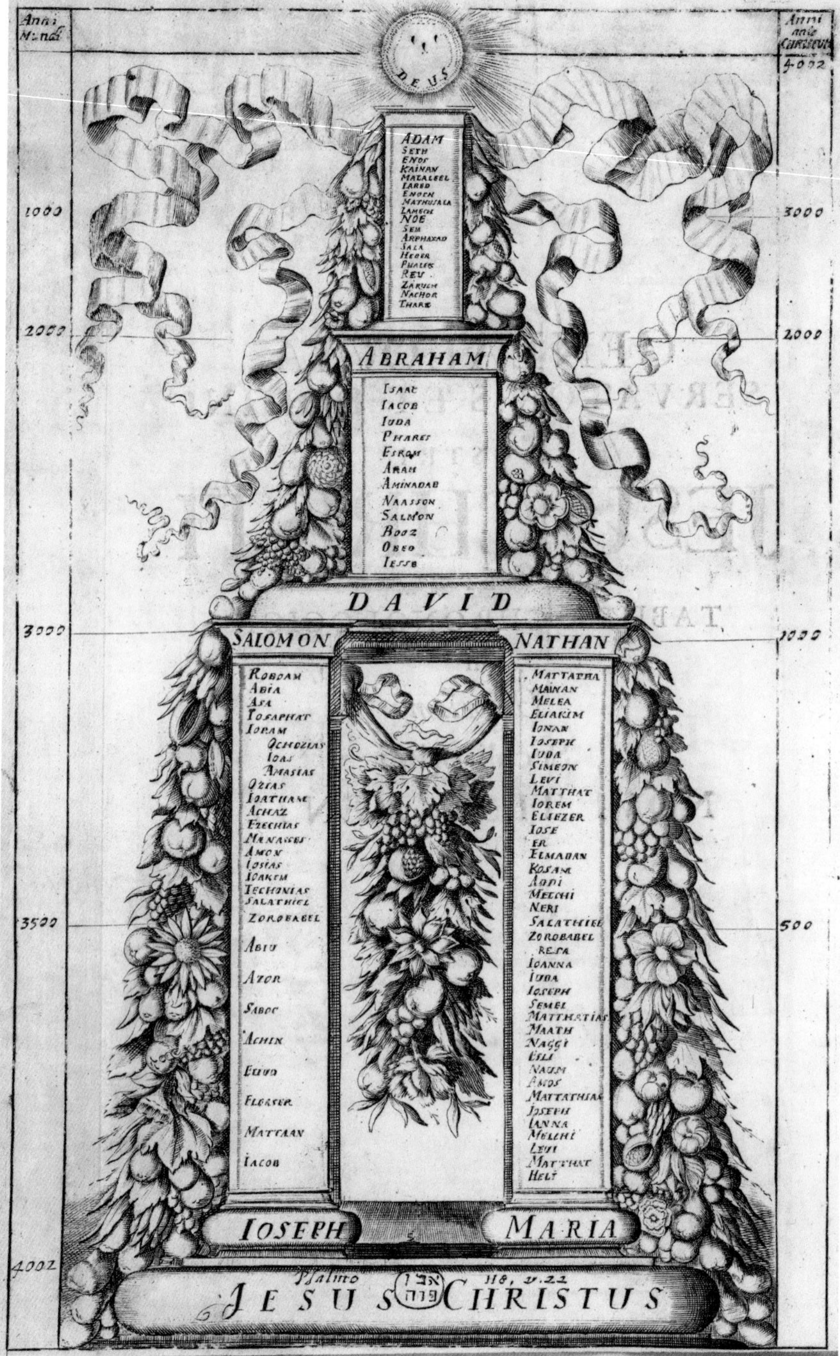

[그림8]

덴마크의 골동품 수집가 옌스 비르케뢰드의 1687년 작 『연표를 통한 구약 및 신약의 신성한 역사의 조명』의 앞부분에는 서로 다른 형식으로 그려진 연표가 몇 장 실려 있다. 비르케뢰드의 연표는 루와 탤런츠의 차트보다는 크기가 작지만, 많은 정보와 회화적이고 장식적인 요소들을 한데 담고 있는 정교한 인쇄물이다.

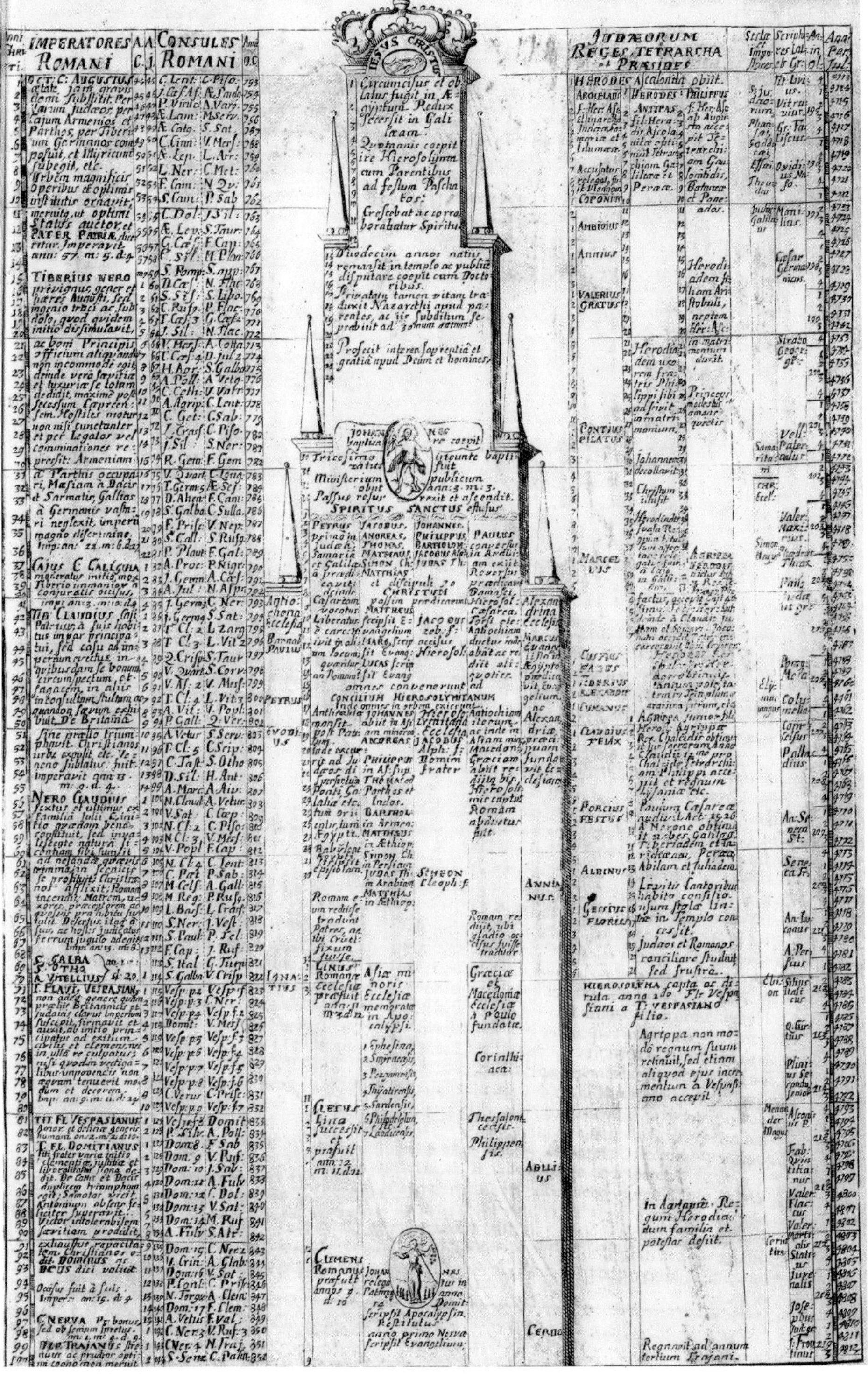

[그림9]

비르케뢰드의 로마사 연표에는 전통적인 형식의 세로줄과 거대한 건축물의 일부로 그려진 우아한 오벨리스크가 나란히 등장한다.

었고, 에우세비우스 양식 연표의 세로줄 가운데 하나를 교회 건물로 만들었으며, 연표 하나를 천지창조를 묘사한 그림들과 뒤섞기도 했다. 비르케뢰드가 작성한 연표들이 다루는 연대기적 기간은 다양했지만, 각각의 연표는 정보 디자인에 요구되는 미적이고 실용적인 조건들에 알맞도록 매우 깔끔하게 그려졌다.

크로노그래퍼들이 시각적으로 더욱 정확하고 섬세해졌음에도, 여전히 독자들은 자신의 굽은 펜촉을 그것에 들이대고 싶은 유혹에 시달렸다.[그림10] 가장 주목할 만한 사례는 왕성한 생산력을 자랑하는 독일의 조판가 크리스토프 바이겔*이 1723년경 제작한 『연표 원반』의 프린스턴 대학 소장본에서 살펴볼 수 있다. 『연표 원반』은 그 이름이 암시하듯 원의 형태를 띠고 있다. 하지만 실제로는 시기가 나열된 세로줄과 민족이 나열된 가로줄을 지닌 에우세비우스 양식의 연표이다. 세로줄은 방사형으로 뻗어 있고, 가로줄은 여러 겹의 동심원으로 되어 있다. 이러한 원형 구조는 무언가를 거기에 적어 넣고자 하는 이들에게 일종의 도전정신을 불러일으켰다. 일반적으로 고전적인 에우세비우스 양식에는 필기를 할 수 있는 여백이 있었고, 끝부분에는 종이를 끼워 넣거나 새로운 내용을 추가할 수 있는 공간도 있었다. 그러나 바이겔이 고안한 폐쇄적인 원형의 형식에는 필기할 만한 공간이 거의 존재하지 않았다. 결국 이 차트의 소유자들은 당대의 사건에 대해 무언가를 덧붙이고자 할 때 여백이라면 어느 곳이든 가리지 않고 일단 채워 넣어야만 했다. 그들의 필기 내용은 당연하게도 18세기에 할당된 얇은 쐐기 모양의 세로줄에서 시작되지만, 그림 상으로는 붙어 있으되 시간 상으로는 멀리 떨어져 있는 서기 1세기의 세로줄까지 경계를 넘어간다.

18세기의 학자와 조판가 중에는 훨씬 더 모험적인 길로 나아간 이들도 있었다.[그림11] 1718년 독일의 조판가 요한 게오르크 하겔간스Johann Georg Hagelgans는 정치와 군사적인 내용을 담은 『역사 아틀라스Atlas historicus』를 출간했다. 이 책은 상상력을 발휘해 에우세비우스 양식을 새롭게 변형시켰다. 하겔간스는 랑글레 뒤 프레누아가 그러했듯이 판형을 2절판보다 더 크게 키웠다.[10] 그리고 전통적인 가로 세로 양식의 행렬에 성서 시대부터 현재에 이르는 군인과 정치가 수천 명의 이미지를 아주 작게 그려 넣었다. 하겔간스의 연표는 놀라운 시각적인 뒤틀림으로 가득 차 있다. 연표의 격자를 이루는 선은 성서의 사건이나 역사적으로 중요한 사건을 다룬 그림들의 액자 역할을 하고 있다. 여기저기에 배치된 트롱프뢰유** 형식의 창은 차트의 이면에 숨어 있는 극적인 장면들을 구체적으로 묘사한다. 작품의 규모는 거대했지만, 하겔간스는 최대한의 시각적 효율성을 추구했다. 『역사 아틀라스』에는 왕의 죽음이나 즉위와 같은 구체적인 사건들을 지시하는 80개의 상징 목록이 수록되어 있으며, 그 덕분에 에우세비우스 양식의 행렬을 고수하

* 크리스토프 바이겔(Christoph Weigel the Elder, 1654~1725): 독일의 조판가, 미술품 거래상이자 출판업자이다.

** 트롱프뢰유(trompe l'œil): '눈속임, 착각을 일으킴'이란 뜻으로, 실물로 착각할 정도로 사실적으로 묘사한 '속임수 그림'이라 할 수 있다.

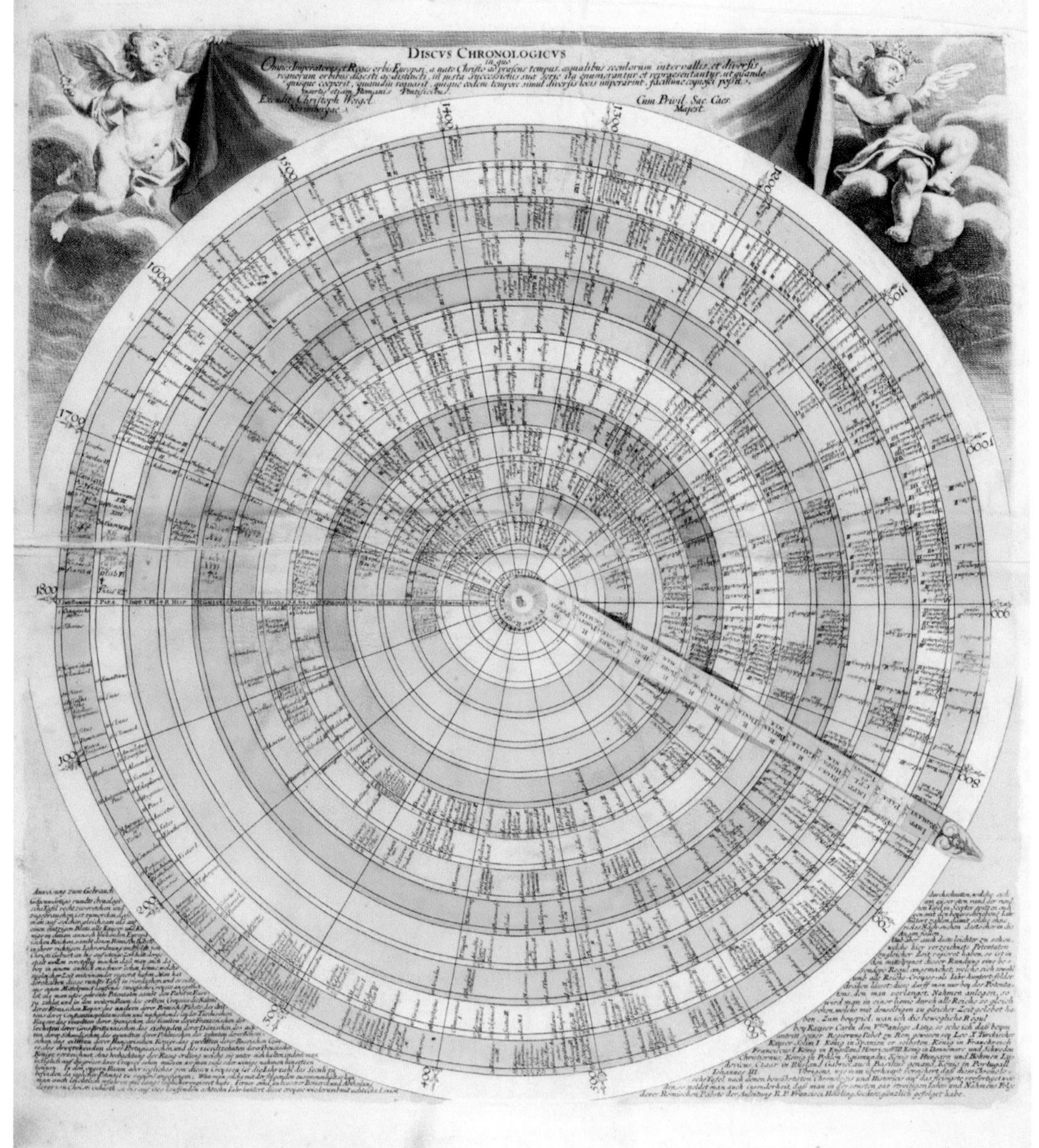

[그림10]

독일의 조판가 크리스토프 바이겔이 1720년대 초반에 출간한 『연표 원반』의 제목은 그 형태와 딱 들어맞는다. 일종의 볼벨volvelle, 즉 회전하는 팔을 지닌 종이 재질의 차트이기 때문이다. 정보를 조직하는 기본적인 방식은 에우세비우스를 따르고 있다. 하지만 원형의 형태이며, 동심원 모양의 가로줄들은 각각의 왕국을 표상하고, 쐐기 모양의 방사형 세로줄들은 각각의 세기를 표상한다. 왕국의 이름은 회전하는 팔에 인쇄되어 있다. 위는 프린스턴 대학이 소장하고 있는 사본이다. 어떤 독자가 이 사본의 18세기에 해당하는 세로줄의 여백에다 당대에 일어난 사건들을 직접 적어 넣었는데, 어느 순간 바로 붙어 있는 1세기의 공간에까지 넘어가버렸다.

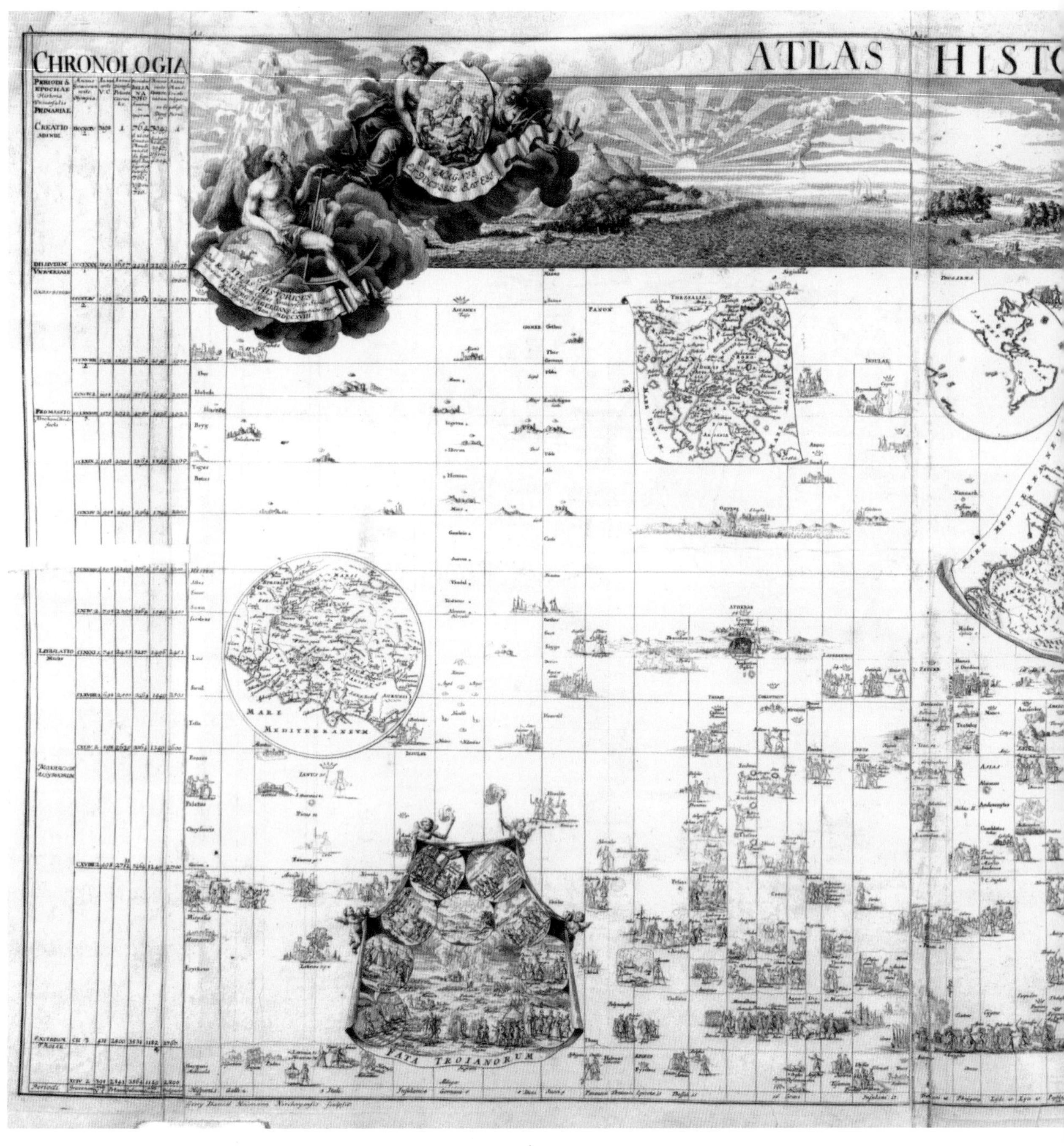
CHRONOLOGIA
ATLAS
HISTO
THESSALIA
MARE MEDITERRANEUM
FATA TROIANORUM

[그림11]

프랑크푸르트의 조판가 요한 게오르크 하겔간스의 1718년 작 『역사 아틀라스』에 수록된 천지창조 및 세계사의 첫 번째 시기에 해당하는 연표 차트이다. 이 차트는 고전적인 에우세비우스 양식이 지닌 표현의 한계를 넘어섰다. 친숙한 행렬 형식을 배경으로 삼고는 있지만, 곳곳에서 수많은 이미지와 지도, 자료가 불쑥불쑥 튀어나온다.

고 적극적으로 활용하면서도 텍스트를 거의 사용하지 않을 수 있었다.

한편 이탈리아의 시인이자 학자인 지롤라모 안드레아 마르티뇨니Girolamo Andrea Martignoni의 '역사 지도'와 같은 작품들에는 에우세비우스 양식이 전혀 활용되지 않았다.[11] [그림12~14] 마르티뇨니는 1721년에 제작한 몇 개의 정교한 차트 속에서 지리적 공간과 역사적 시간 사이의 놀랄 만한 시각적 유비를 제공했다. 비록 마르티뇨니가 이러한 차트들을 '지도'라고 부르기는 했으나 전통적인 관점의 역사 지도라고 볼 수는 없었다. 전통적으로 역사 지도란 다양한 역사적 사건의 지리적 배경을 스냅 사진과 같이 보여주는 것이었기 때문이다. 그의 차트는 지도 제작법의 형식으로 그린 연표였다. 언뜻 보면 원형의 땅덩어리 가운데 자리 잡은 커다란 호수를 향해 여러 강줄기가 사방팔방에서 흘러드는 그림처럼 보이지만, 자세히 들여다보면 이 땅덩어리와 강줄기는 자연의 지형이 아니라 시간의 은유라는 사실을 알 수 있다. 역사의 영토와 시간의 강인 것이다. 위쪽의 강줄기들은 로마제국에 정복당한 민족들을 표상하고, 아래쪽의 강줄기들은 로마제국으로부터 분리되어 나온 민족들을 표상한다. 중앙의 커다란 호수는 로마제국 그 자체이다.

하겔간스와 마찬가지로 마르티뇨니도 텍스트를 최대한 사용하지 않으려 했다. 그의 목표는 독자들이 정보를 시각적인 방식으로 체험하게끔 만드는 것이었기 때문이다. 그러나 하겔간스가 그러했듯이 마르티뇨니가 만들어낸 결과물 역시 잡다하고 뒤죽박죽이었다. 마르티뇨니의 상징은 종종 복잡하기 그지없었으며, 특히 기호화된 아이콘을 사용할 때는 더욱 그러했다. 재위에 있던 왕의 죽음은 작은 해골로 표시했고, 혼인을 통한 두 왕국의 합병은 반지로 표시했으며, 왕이 죽은 뒤 그 왕비가 왕위를 계승할 경우 반지 옆에 해골을 그려 넣어 다소 불길한 일임을 암시했다. 그러나 그의 차트가 직면한 진정한 난관은 규칙의 상이함이었다. 알다시피, 지리적 공간과 역사적 시간은 인접성과 연속성의 측면에서 상이한 규칙을 따른다. 멀리 떨어진 영토의 정복, 왕조들의 복잡한 동맹 관계, 결혼 및 재혼의 관계 등등은 지리적 은유를 활용하는 데에서 까다로운 문제를 부과했다. 마르티뇨니의 지도에서는 종종 한 강이 다른 강을 뛰어넘고, 어떤 강들은 역방향으로 흘러가며, 동일한 지형이 반복적으로 등장하고, 중력의 법칙과 유체 역학이

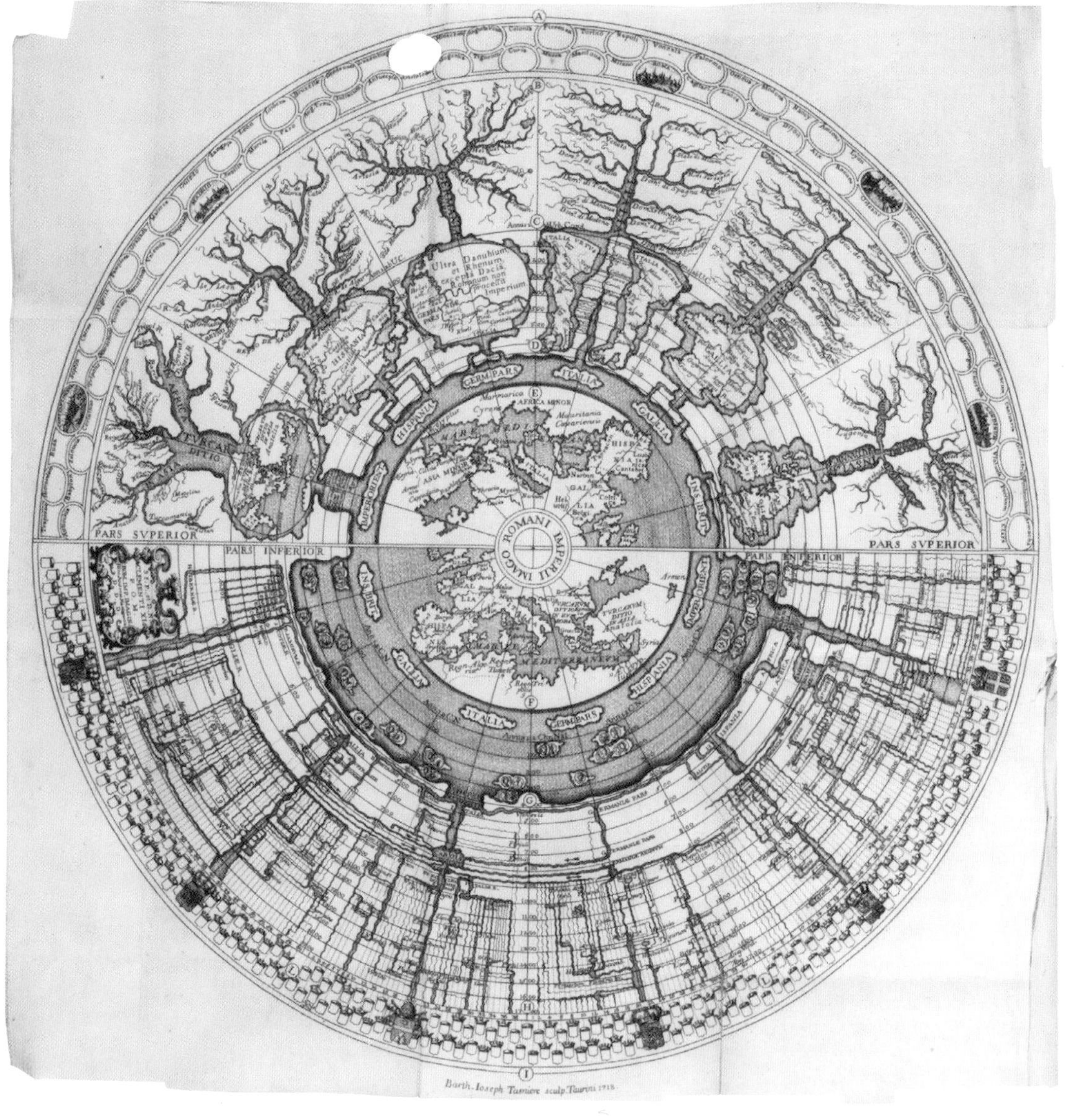

[그림12]

지롤라모 안드레아 마르티뇨니, 『이탈리아 역사 지도』, 로마, 1721.

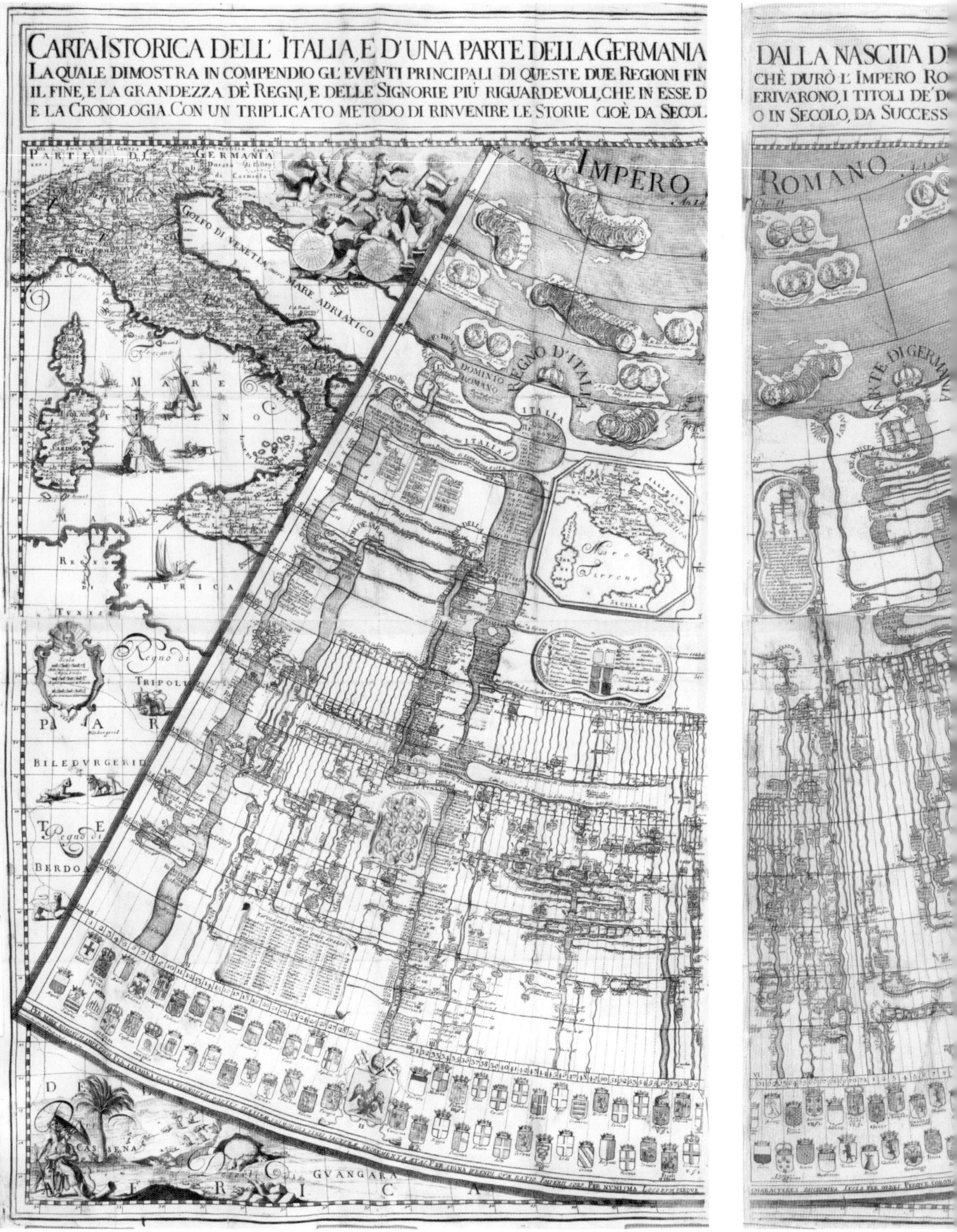

CARTA ISTORICA DELL' ITALIA, E D'UNA PARTE DELLA GERMANIA
LA QUALE DIMOSTRA IN COMPENDIO GL' EVENTI PRINCIPALI DI QUESTE DUE REGIONI FIN
IL FINE, E LA GRANDEZZA DE' REGNI, E DELLE SIGNORIE PIÙ RIGUARDEVOLI, CHE IN ESSE D
E LA CRONOLOGIA CON UN TRIPLICATO METODO DI RINVENIRE LE STORIE CIOÈ DA SECOL

PARTE DI GERMANIA
GOLFO DI VENETIA
MARE ADRIATICO
MARE TIRRENO
REGNO D'AFRICA
Regno di TRIPOLI
BILEDURGERID
Regno di
BERDOA
IMPERO
REGNO D'ITALIA
DOMINIO ROMANO
ITALIA
Mare Tirreno
SICILIA
GUANGARA
CASSENA

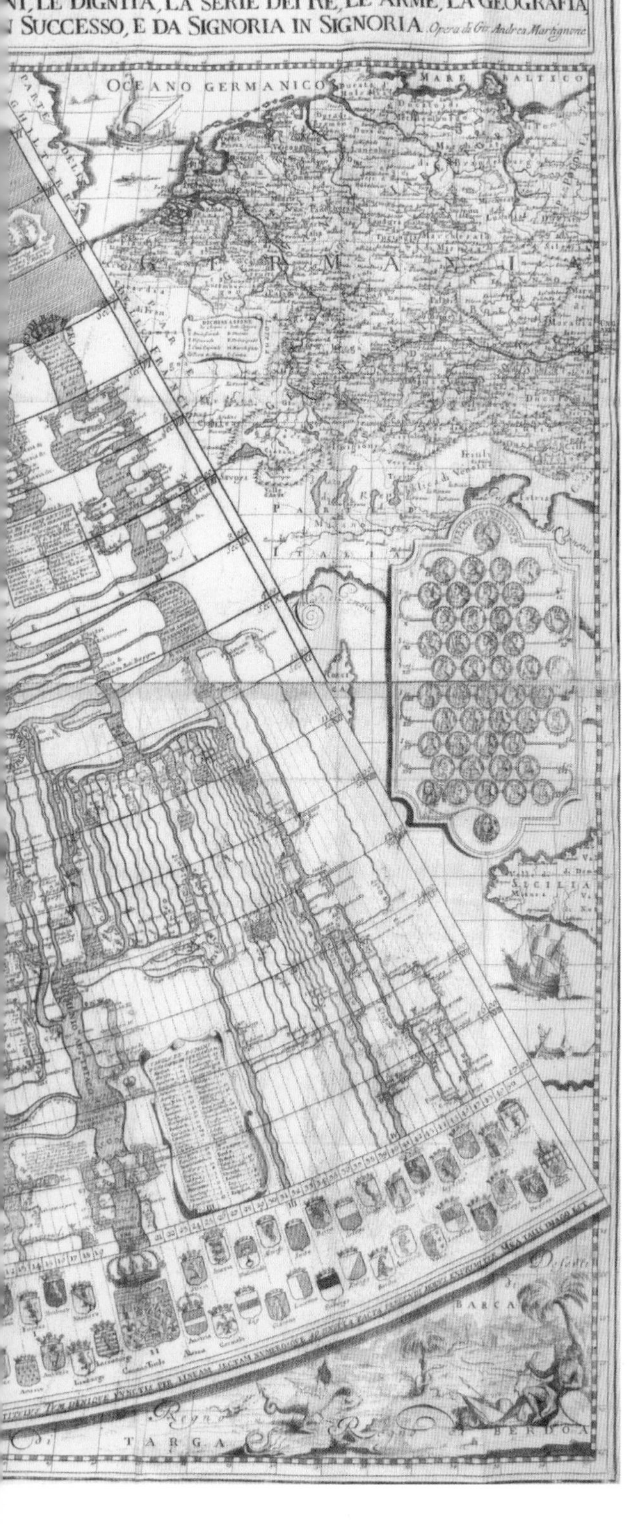

[그림13~14]

이탈리아의 학자이자 시인인 지롤라모 안드레아 마르티뇨니가 1721년에 출간한 이 역사 차트는 지도 제작법의 표현 형식을 모방했다. 언뜻 보면 세계 지도인 것 같지만 실제로는 지리적인 정보와 크로노그래피적인 정보가 결합된 혼성의 차트이다. 여기서 큰 강들은 시간의 강들인 것이다. 마르티뇨니의 형식은 많은 추종자를 거느리지는 못했지만, 시간 지도의 새로운 시각적 표현 양식을 마련하고자 했던 18세기의 노력을 생생하게 보여준다.

완전히 무시된다.

마르티뇨니의 지도는 시간의 흐름이라는 은유를 체계적으로 시각화해낸 최초의 작품이었지만, 훗날에 등장하는 시간의 흐름의 은유와는 커다란 차이가 있었다. 더 단순한 접근법을 택한 훗날의 크로노그래프 제작자들은 강의 이미지를 역사의 거대한 흐름을 묘사하는 데에만 활용했을 뿐이다. 마르티뇨니처럼 정확한 세부 사항들을 묘사하기 위해 그토록 많은 소용돌이와 역류를 그려 넣을 필요가 없었던 것이다. 그러나 마르티뇨니의 시도는 이러한 단점들만으로 평가 절하될 수 없다. 마르티뇨니는 하겔간스가 그러했듯이 한 장의 그림에 담을 수 있는 최대한의 내용을 담아내었다. 아직까지 시각적 표현 방식의 모순이라는 문제를 해결하지는 못했을지라도, 장차 우리가 시간 지도의 모순을 해결해낸다면 어떠한 일을 할 수 있을지를 보여주었던 것이다.

18세기의 남은 기간 동안 크로노그래피의 새로운 표현 양식을 고안하려는 이들은 규격화와 측정의 문제와 씨름해야 했다.[그림15~17] 하지만 모든 노력이 성공으로 귀결되지는 않았다. 가장 야심적인 작품 가운데 하나는 자크 바르뵈-뒤부르가 1753년에 출간한 『세계의 크로노그래피』라는 선형 연표였다. 바르뵈-뒤부르는 벤저민 프랭클린의 친구이자 백과전서파*의 일원이었다. 바르뵈-뒤부르는 에우세비우스 양식의 표를 18세기 조판가들이 만들어낸 도식과 결합시켰고,[12] 지도 제작법의 규칙에 따라 눈금자 모양의 선을 활용함으로써 완벽하게 일정한 비율을 적용했다. 물론 시각적인 규

* 백과전서파: 『백과전서』(1751~1781 간행)를 지은 18세기 프랑스의 일련의 계몽사상가 집단을 말한다. 『백과전서』는 볼테르, 루소, 몽테스키외 등이 참여해 과학, 기술, 학술 등 당시의 학문과 기술을 집대성한 대규모 출판사업이다.

[그림15~16]

프린스턴 대학이 소장한 자크 바르뵈-뒤부르의 16미터짜리 『세계의 크로노그래피』는 여전히 잘 작동한다. 이 차트는 크랭크가 달려 있으며 상자에 담겨 있는데, 크랭크를 왼쪽에서 오른쪽으로 돌리면 천지창조부터 현재까지의 역사를 다룬 연속적이며 정확하게 구획된 타임라인이 나타난다.

[그림17]

자크 바르뵈-뒤부르의 『세계의 크로노그래피』 1838년 판과 함께 판매된 연대 측정용 막대 자.

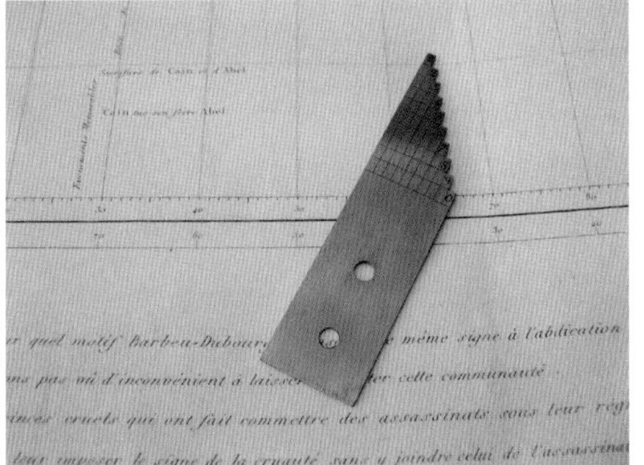

격화가 본질적으로 새로운 시도는 아니었다. 일찍이 헤르하르뒤스 메르카토르나 우보 엠미우스 같은 16~17세기의 연표학자들도 정확한 길이의 선을 도입하려 시도한 바 있었다. 메르카토르와 엠미우스의 연표는 활판 인쇄 기술 측면에서 볼 때 아름다우면서도 단순했으며, 비율에 대한 정보를 거의 또는 전혀 포함하지 않고 눈금선만 표시된 채 몇 쪽이고 계속되었다. 그러나 이들의 작품과 바르뵈-뒤부르의 작품 사이에는 중대한 차이가 있다. 앞 시대의 작품들도 선형의 도식을 특징으로 삼고 있기는 했지만, 조야한 활판 인쇄술의 한계를 벗어나지 못했다. 반면 바르뵈-뒤부르의 장식적인 차트는 독자들이 시간을 매우 정확히 측정할 수 있도록 해주었다. 1838년에 출간된 제2판에는 정확한 측정을 하는 데 쓰이는 작은 황동 도구가 포함되어 있었다.[13]

바르뵈-뒤부르의 차트는 규격화와 백과사전주의를 그 논리적 원칙으로 따랐다. 따라서 그의 차트는 거대한 크기를 자랑했다. 길이가 16미터나 되는 탓에 한 번에 펼쳐 보기가 매우 어려웠다. 하지만 바르뵈-뒤부르는 이러한 상황을 해결하기 위한 조치를 취했다. 『세계의 크로노그래피』는 아코디언처럼 접었다 펼칠 수 있는 책자 형태로 특별히 제작되기도 했지만, 일반적으로는 두루마리 형태로 돌돌 말린 채 한 번에 한 부분만 볼 수 있는 형태로 제작되었다. 후자의 경우에는 금속 재질의 축과 크랭크를 갖춘 맞춤형 상자에 장착되었다. 바르뵈-뒤부르는 이 기구를 "크로노그래피 장치"라고 이름 붙였다. 바르뵈-뒤부르의 타임머신은 경첩 형태로 제작되어 어느 시대의 사건이든 간단히 살펴볼 수 있었고, 다른 시대로도 자유롭게 이동할 수 있었다. 이러한 기능 덕분에 독자들은 세계사의 방대한 영역을 손쉽게 앞뒤로 오갈 수 있었다. 비록 상업적으로 결코 성공하지는 못했을지라도, 바르뵈-뒤부르의 차트는 그 시대 최고의 명예를 얻었던 것으로 보인다. 디드로와 달랑베르의 『백과전서』에 단독 항목으로 수록되었으니 말이다.

1750년대에는 중요한 크로노그래피가 하나 더 등장했다.**[그림18]** 바르뵈-뒤부르가 크로노그래피 장치를 고안한 것과 비슷한 시기에 영국의 지도 제작자 토머스 제프리스*는 『세계사 차트』를 출간했다. 이 책은 지도 제작법의 접근법이 처한 난관을 또 다른 방식으로 해결하고자 했다.[14] 제프리스의 『세계사 차트』는 바르뵈-뒤부르의 『세계의 크로노그래피』와 동일한 인습적인 전제에서 출발했다. 제프리스의 차트는 에우세비우스의 연표처럼 가장 위쪽의 가로줄에 민족의 이름을 나열하고 세로줄에는 연도를 써 넣었다. 그리고 옛 연표들이 그러했듯이 장소와 연도가 교차하는 지점에 사건을 적어 넣었다. 하지만 비슷한 점은 여기까지였다.

무엇보다 제프리스의 차트는 집약적이었다. 담고 있는 정보 전체를 단일하고 연속적인 평면 위에 펼쳐 놓아 한눈에 볼 수 있게 했다. 물론 표준적인 에우세비우스 연표를 하나의 페이지에 싣는 것은 충분히 가능한 일이었고, 일찍이 장 불래즈가 에우세비우스 양식을 압축하고 변형해 커다란 종이 한 장에 실은 바 있었다. 그러나 대개 이러한 시도는 분량을 줄일 수 있다는 사실을 제외하면 책자 형식에 비해 실질적인 기능상의 이점이 없었다. 제프리스는 불래즈처럼 (그리고 책자 형식의 연표를 동질적인 페이지들 위에 펼쳐 놓았던 헬비히처럼) 자료를 분리되고 색인화된 칸들에 나누어 배치하지 않고, 하나의 연속적인 면 위에 한데 늘어놓았다. 제프리스의 차트는 그 내용은 전통적인 연표와 크게 다를 바 없었지만, 강조의 방향은 완전히 전도되었다. 옛 형식들은 우리의 관심을 특정한 시/공간의 역사적 내용에 집중시켰지만, 제프리스의 새로운 접근법은 오히려 역사적 실체와 사건이 어떠한 시간대에 위치해 있는지에 집중하도록 만들었던 것이다.

제프리스의 접근법은 에우세비우스 양식의 몇몇 이점을 명백히 희생시켰다. 그의 차트는 칸으로 나뉘어 있지 않고 연속적이었기 때문에, (차트로서의 기능은 훌륭히 수행했을지언정) 페이지로 구획할 수 없어 일반적인 책의 장정으로 제작하기가 쉽지 않았다. 지리 지도를 보듯 훑어보도록 만들어졌기에 행과 열로 짜이지 않았던 것이다. 하지만 제프리스의 접근법이 지닌 이점 또한 명백했다. 에우세비우스 양식의 연표가 사건의 연대를 숫자로 **알려**주었다면, 제프리스의 연표는 훨씬 더 직관적인 양식을 통해 그 연대를 직접 **보여**주었다. 알렉산드로스 대왕이 건설한 제국처럼 지리적으로는 광대했으나 짧은 시기 동안 존재했던 제국들은 팬케이크처럼 위아래로 짧고 폭이 넓게 나타났고, 비잔티

* 토머스 제프리스(Thomas Jefferys; 1719~1771): 영국의 지도 제작자이자 저명한 출판업자이다. 지도 제작의 선구자로 일컬어지며, 정부와 관청 등에서 쓰이는 다양한 지도를 제작했다.

움제국처럼 지리적으로는 좁은 영역을 차지했지만 오래 유지된 제국들은 갈대처럼 위아래로 길고 폭이 좁게 나타났다. 로마와 오스만튀르크제국처럼 광대하면서도 오래 유지된 제국들은 거대하게 쌓아올린 채색 벽돌처럼 보였다. 여기저기 흩어진 같은 색상의 채색 벽돌들은 동일한 제국에 속해 있는 지역들을 나타냈다.

그러나 제프리스의 차트는 당연하게도 지리지도가 아니었기 때문에 독자가 상대적인 위치를 혼동할 여지가 있었다. 이 차트에서 프랑스와 독일은 이탈리아를 사이에 두고 서로 떨어져 있었고, 이집트는 중국과 남아메리카 사이에 끼어 있었다. 많은 경우 크기도 오해의 소지가 있었다. 여기서 이탈리아는 인도와 거의 같은 면적을 차지했고, 에스파냐는 남북 아메리카를 합친 것보다 더 넓게 그려졌다. 또한 차트는 당당히 로마중심주의를 표방했다. 로마제국을 전 세계 역사와 지리의 한가운데에 배치한 것이다. 하지만 그렇다손 치더라도, 모든 제국의 영광이 덧없음을 강력히 웅변하는 측면 또한 지니고 있었다. 이 차트에서 지역에 기반을 둔 민족들은 역사를 관통하며 살아남았지만, 제국들은 (로마처럼 웅장한 제국이라 해도) 그저 시간의 흐름 위에 떠 있는 하나의 섬 또는 군도群島에 지나지 않았다.

『세계사 차트』는 그 비범함 때문이었는지 생명력이 썩 길지는 못했다. 오늘날에는 영국 도서관British Library에 단 한 부가 남아 있을 뿐이다. 하지만 이 차트는 과학자이자 신학자이며 당대 최고의 유명 작가 가운데 한 명이었던 조지프 프리스틀리에게 영향을 끼침으로써, 간접적인 방식으로나마 타의 추종을 불허하는 거대한 충격을 가져왔다. 제프리스가 『세계사 차트』를 출간했을 때 프리스틀리는 이제 갓 이력을 쌓기 시작한 스무 살의 청년이었다. 프리스틀리는 장차 1774년에 '플로지스톤*이 없는 기체'를 발견하는 성과를 거둘 것이었고, 그 뒤에는 같은 기체에 대해 상이한 해석을 제시하고 '산소'라는 대안적인 명칭을 붙일 프랑스의 과학자 앙투안 라부아지에**와 논쟁을 벌이게 될 것이었다.

당시 프리스틀리는 지방의 비국교파 학교에서 역사를 비롯한 여러 과목을 가르치고 있었다. 그는 직업상의 필요를 위해 수많은 역사책을 읽었고, 입수할 수 있는 참고문헌 가운데 양질의 것이라면 무엇이든 섭렵했다. 그 가운데에는 토머스 제프리스, 니콜라 랑글레 뒤 프레누아, 프랜시스 탤런츠의 책들도 포함되어 있었다. 프리스틀리는 교사 시절에 역사학, 정치학, 교육학 분야의 중요 저서들을 집필했는데, 이 중에는 1788년에 출간한 『역사와 일반 정치 강론』과 같이 매우 널리 읽힌 책들도 있었다. 그중에서도 가장 생명력이 길었던 책은 1765년에 출간된 『전기 차트』와 1769년에 출간된 『새로운 역사 차트』의 두 권으로, 모두 전지全紙 크

* 플로지스톤(phlogiston): 그리스어로 '불꽃'이라는 뜻을 가진 물질로, 모든 가연성 물질에 이 성분이 포함되어 있어서 이 입자가 분해되면서 열과 불길을 내며 이것이 모두 소모되면 연소과정이 끝난다고 17세기 말~18세기 초에 주장되었다.

** 앙투안 라부아지에(Antoine Lavoisier, 1743~1794) 프랑스의 화학자이다. 연소의 개념, 산소의 발견, 질량보존의 법칙, 호흡, 원소의 개념 확립, 화합물의 명명법 등을 통해 근대 화학을 이끌었다.

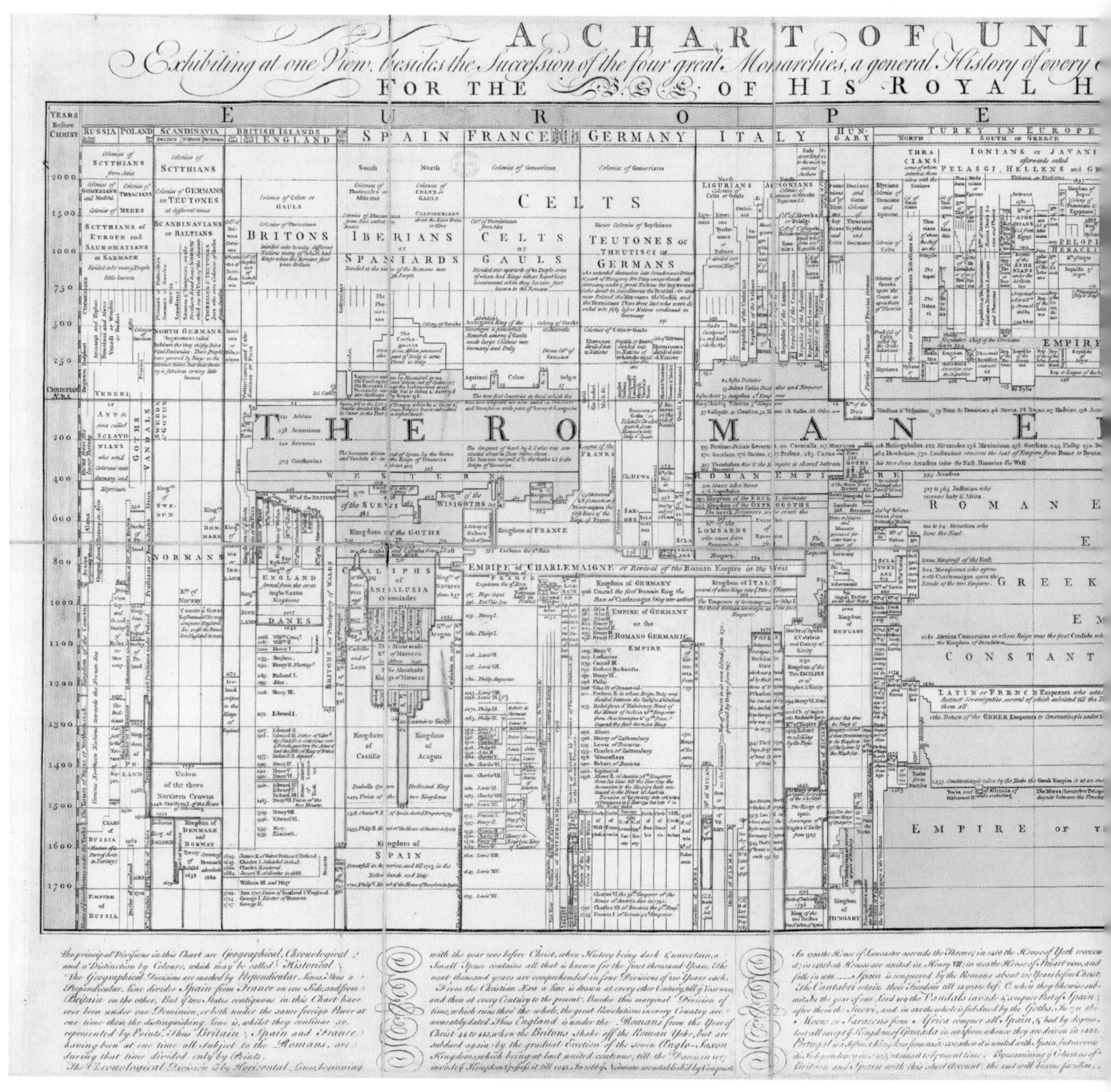

[그림18]

왕성한 생산력을 자랑하던 지도 제작자이자 조판가 토머스 제프리스의 1753년 작『세계사 차트』는 명백히 특정한 프랑스 양식에 기대고 있었다. 이 차트는 조지프 프리스틀리에게 직접적인 영향을 끼쳤다. 프리스틀리는 동일한 비율을 적용하지 않은 것을 비롯한 몇몇 요소에 불만을 품기는 했지만 말이다. 1760년에 제프리스는 조지 3세의 지리학자로 임명되었으며, 1771년에 사망할 때까지 그 직위를 유지했다. 가장 위대한 업적으로는『북아메리카 전역 지형도』(1768)를 들 수 있다.

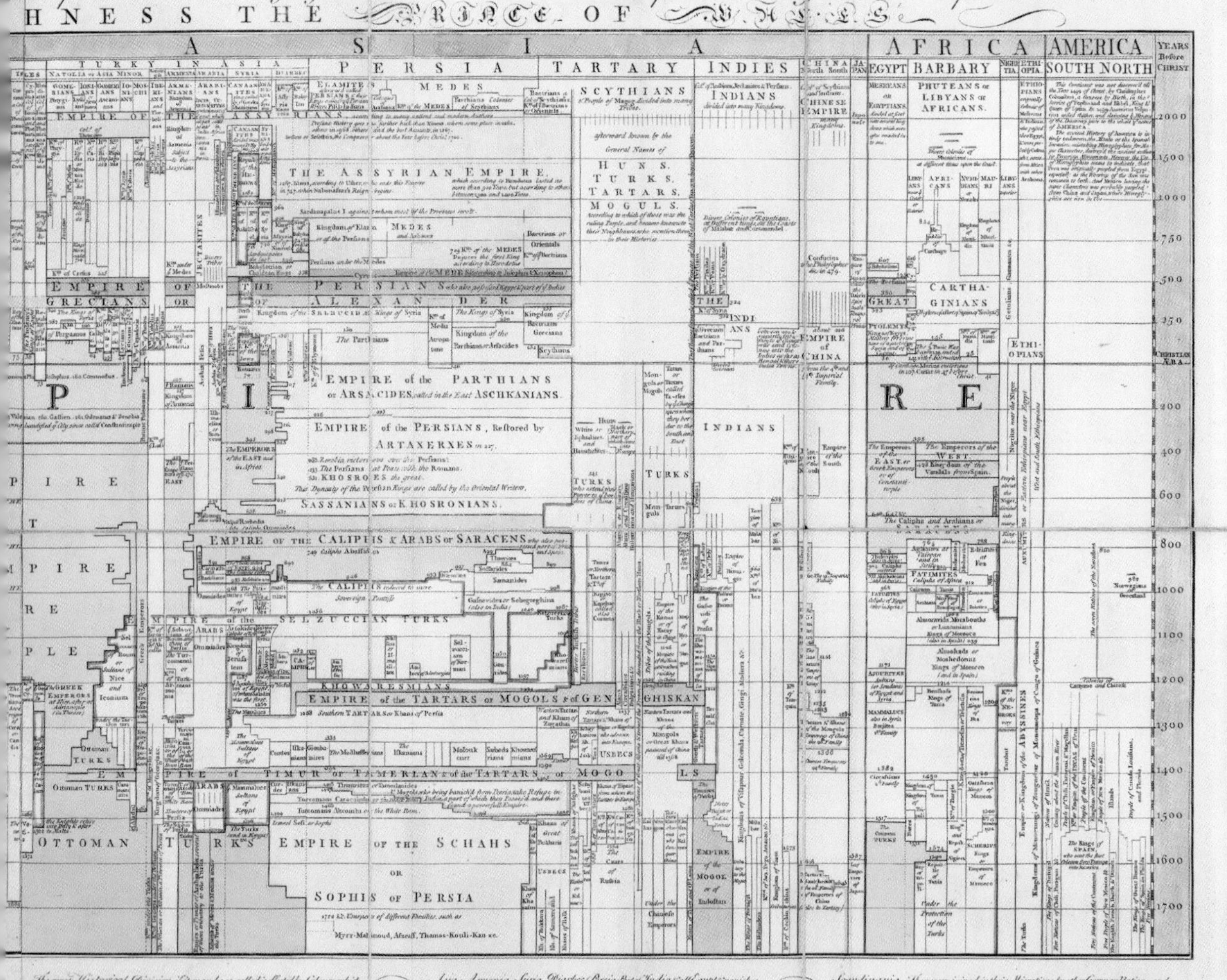
ERSAL HISTORY,
Republic, and Sovereignty that has ever been Considerable, from the Deluge, down to the present Time.
HNESS THE PRINCE OF WALES
ASIA
AFRICA
AMERICA
YEARS Before CHRIST
PERSIA
TARTARY
INDIES
EGYPT
BARBARY
SOUTH NORTH
THE ASSYRIAN EMPIRE.
EMPIRE of the PARTHIANS or ARSACIDES, called in the East ASCHKANIANS.
EMPIRE of the PERSIANS, Restored by ARTAXERXES
SASSANIANS or KHOSRONIANS.
EMPIRE OF THE CALIPHS & ARABS or SARACENS
EMPIRE of the TARTARS or MOGOLS of GENGHISKAN
EMPIRE OF THE SCHAHS OR SOPHIS OF PERSIA
OTTOMAN
CARTHAGINIANS
INDIANS
TURKS
SCYTHIANS
HUNS. TURKS. TARTARS. MOGULS.

기로 인쇄된 대형 연표 차트들이었다.

제프리스의 차트를 한 번이라도 본 적이 있는 사람이라면 프리스틀리가 지닌 자부심이 전혀 놀랍지 않았을 것이다.[그림19~20] 프리스틀리는 제프리스의 기본적인 차트 구성과 시각적인 발상 가운데 일부를 가져다 썼지만, 여기서 그치지 않고 그것들을 결정적인 방식으로 개량했다. 제프리스는 조판가의 관점에서 크로노그래피를 제작했다. 따라서 그의 차트는 그저 한 페이지 안에 얼마나 많은 양의 정보를 담을 수 있는지를 보여주었을 뿐이다. 반면에 프리스틀리는 과학자의 관점으로 이 문제를 대했다. 과학의 도해와 유사한 표현 방식으로 차트를 개념화한 최초의 크로노그래프 제작자였던 것이다. 또한 그는 역사의 자료를 시각적인 매개로 변환시키는 체계적인 원칙도 최초로 수립했다.

프리스틀리의 차트는 우아하고 거대했다. 폭은 90센티미터가 넘고, 길이는 60센티미터가 넘었다. 『전기 차트』는 "세계의 시간" 가운데 3000년의 기간에 걸쳐 2000명의 유명한 역사 인물(거의가 남자였다)들이 태어나고 죽은 시기를 정확히 기입할 수 있을 만큼이나 컸다. 또한 『새로운 역사 차트』는 같은 기간에 존재했던 78개의 주요 왕국과 제국의 운명을 보여주었다.[15] 두 연표는 포스터 형태나 롤러에 감긴 두루마리 형태로 구입할 수 있었으며, 프리스틀리와 거래하는 런던의 출판업자에 의해 공격적으로 판촉되었다.

프리스틀리는 일반 독자의 호기심과 기호를 충족시킬 수 있는 디자인을 채택했지만, 자신의 차트가 학자들에게도 도움을 줄 수 있기를 바랐다. 동일한 접근법으로 두 가지 목적을 훌륭히 달성할 수 있으리라 믿었던 것이다. 그는 심지어는 어린 아이라고 해도 엉터리 계산법에 의해 연인 사이인 디도와 에네아스*의 생존 연대를 300년 이상 떨어뜨려놓은 "몰지각한 연표학자"들의 실수를 알아차릴 수 있으리라고 말했다.[16] 그리고 단순한 시각적인 설명 하나만으로도 최소한 페트라르카 이래의 베르겔리우스 주석가들을 괴롭혀온 논쟁을 충분히 종식시킬 수 있을 것이라고 했다.

프리스틀리의 차트는 시각적인 측면에서 최고의 효율성을 보여주는 걸작이다. 『전기 차트』와 『새로운 역사 차트』는 모두 엄격한 도식의 규칙을 따르고 있다. 맨 위와 맨 아래에는 100년 단위의 시간 간격이 표시되어 있고, 그 사이에는 다시 10년 단위로 작은 점들이 찍혀 있다. 맨 위와 맨 아래에 적힌 연대는 격자 형태의 수직선으로 서로 이어져 있어서 차트를 읽기 쉽도록 만들어준다. 그뿐 아니라 『전기 차트』는 인생의 성취를 보여주는 여섯 개의 가로단으로 나뉘어 있다. 가장 위쪽 단은 역사가와 골동품 수집가, 법률가에 해당하고, 다음 단부터는 차례로 연설가와 평론가, 예술가와 시인, 수학자와 의사, 성직자와 형이상학자에 해당하며, 마지막 여섯째 단은 정치가와 전사戰士에 해

* 디도와 에네아스: 그리스 로마 신화의 비극적 연인이다. 트로이 유민을 이끌고 떠돌던 영웅 에네아스가 카르타고에서 여왕 디도를 만난다. 에네아스에게 사랑을 느낀 디도는 에네아스가 끝내 새로운 정착지를 찾아 떠나자 불 속으로 뛰어들어 자살하고 만다.

당한다.

『전기 차트』는 유명한 인물들의 생애를 보여주는 약 2000개의 짧은 검정색 수평선으로 가득 채워져 있다. 프리스틀리는 각 인물의 생몰 연대를 확실히 알고 있을 경우에는 선을 해당 시점에서 깔끔하게 시작하거나 끝냈다. 그러나 확실히 알지 못할 경우에는 말줄임표로 시작하거나 끝냈다. 프리스틀리는 이러한 말줄임표조차 매우 신중하게 사용했다. "어떤 작가가 특정한 시점 혹은 **그 즈음**의 시기에 **왕성히** 활동했다면, 짧은 직선을 그 시점의 앞쪽이 3분의 2가 되고 그 시점의 뒤쪽이 3분의 1이 되도록 긋는다. 그리고 그 선분 앞에 세 점을 찍고, 뒤에 두 점을 찍는다. 일반적으로 남자들은 출생보다는 사망에 가까운 시기에 더 왕성히 활동한다고 알려져 있기 때문이다."[17]

전기 차트는 인상적인 형식적 단순성을 보여준다. 프리스틀리는 이 차트를 아이작 뉴턴이 (사후 출간된) 그 자신의 연표를 집필하는 데 적용했던 수학적 원칙들의 "시각적인 논증"으로 만들고 싶어했다.[18] 뉴턴은 수학적 평균을 활용해 각 세대의 간격을 측정할 수 있다면 연표와 관련된 많은 논쟁을 해결할 수 있으리라고 역설했다. 심지어 뉴턴의 추종자였던 존 크레이그John Craig는 사료들이 시간이 흐름에 따라 어느 정도의 속도로 증거 능력을 상실하는지를 밝힐 공식을 수립하고자 시도하기도 했다. 프리스틀리의 차트에서도 이러한 평균 개념은 "자연 과정의 동일성이 그러하듯이" 모든 곳에서 모습을 드러냈다.[19]

『새로운 역사 차트』는 『전기 차트』와 크기와 비율이 같았다. 처음과 끝의 연대가 같았으며, 아래쪽에는 히브리의 통치자들로 시작해 근대 영국의 왕들로 마무리되는 동일한 군주 목록이 기재되어 있었다.[20] 프리스틀리는 동일한 비율을 적용함으로써 두 차트를 함께 활용하기 쉽도록 만들고 싶어했다. 물론 두 차트가 말 그대로 겹쳐질 수는 없었겠지만, 독자들이 둘을 나란히 두고 서로 비교할 수는 있었을 것이다. 프리스틀리가 썼듯이, 한 차트에서 얻은 정보를 다른 차트에 옮겨 적기도 매우 쉬웠을 것이다.[21]

프리스틀리는 『전기 차트』와 마찬가지로 『새로운 역사 차트』를 감각을 통해 직접적으로 마음에 호소하는 도구로 만들고자 했다. 상당한 강도의 정신노동을 요구하는 연표 책자들과 달리, 『새로운 역사 차트』는 학생들에게 자신이 실제로 역사를 보고 있다는 느낌을 주고 싶어했다. 프리스틀리는 이렇게 썼다.

> 만약 독자가 눈을 수직 방향으로 움직인다면, 그는 특정한 시기에 이 세계에 존재했던 모든 제국의 동시적 상태를 살펴볼 수 있을 것이다. 어떤 제국이 부상하고, 번성하고, 쇠락하고 있는지를 살필 수 있으리라. 그리고 눈을 수직선에서 좌우로

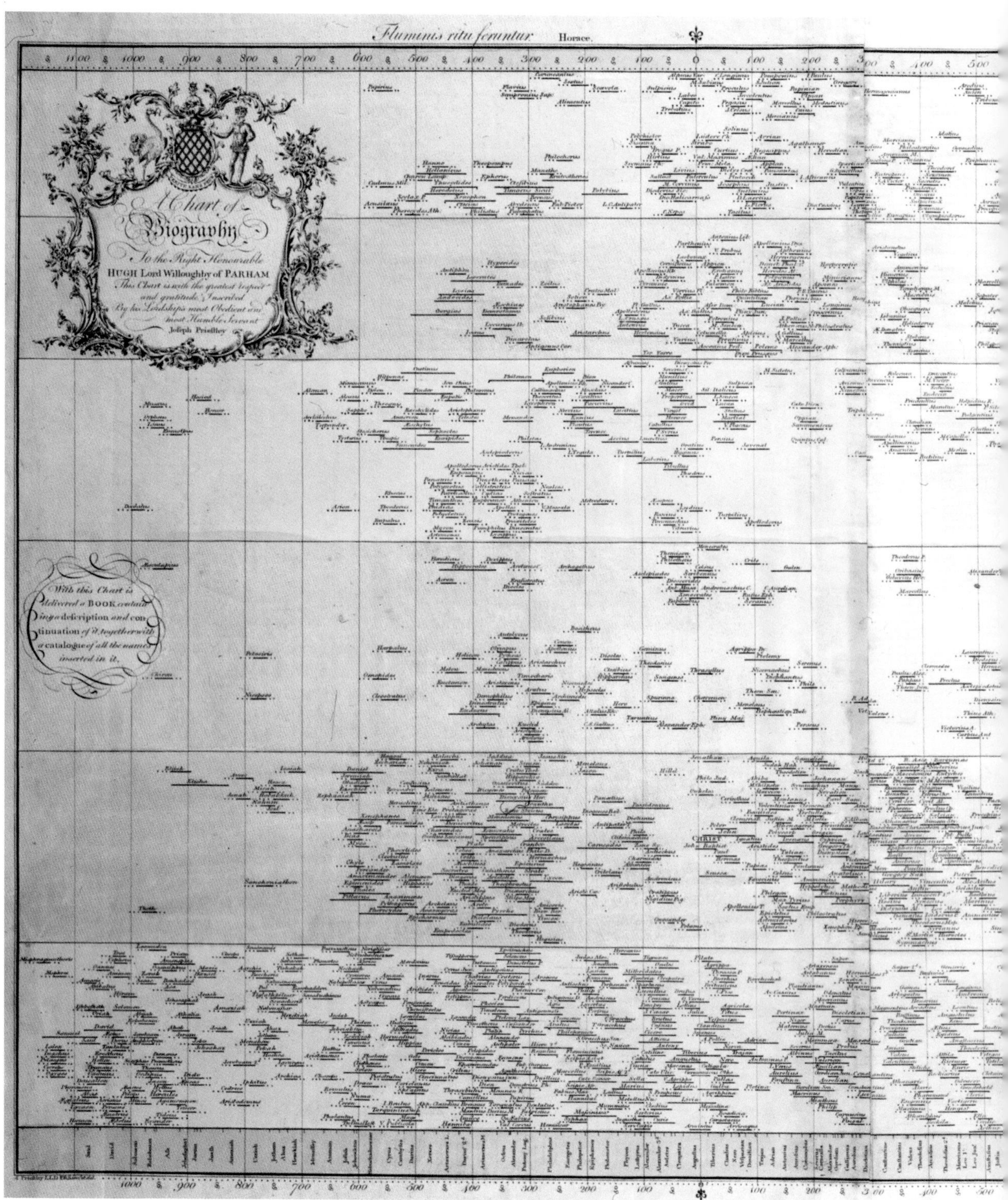
Fluminis ritu feruntur
Horace.
A Chart of Biography
To the Right Honourable
HUGH Lord Willoughby of PARHAM
This Chart is with the greatest respect and gratitude, Inscribed
By his Lordships most Obedient and most Humble Servant
Joseph Priestley
With this Chart is delivered a BOOK containing a description and continuation of it, together with a catalogue of all the names inserted in it.

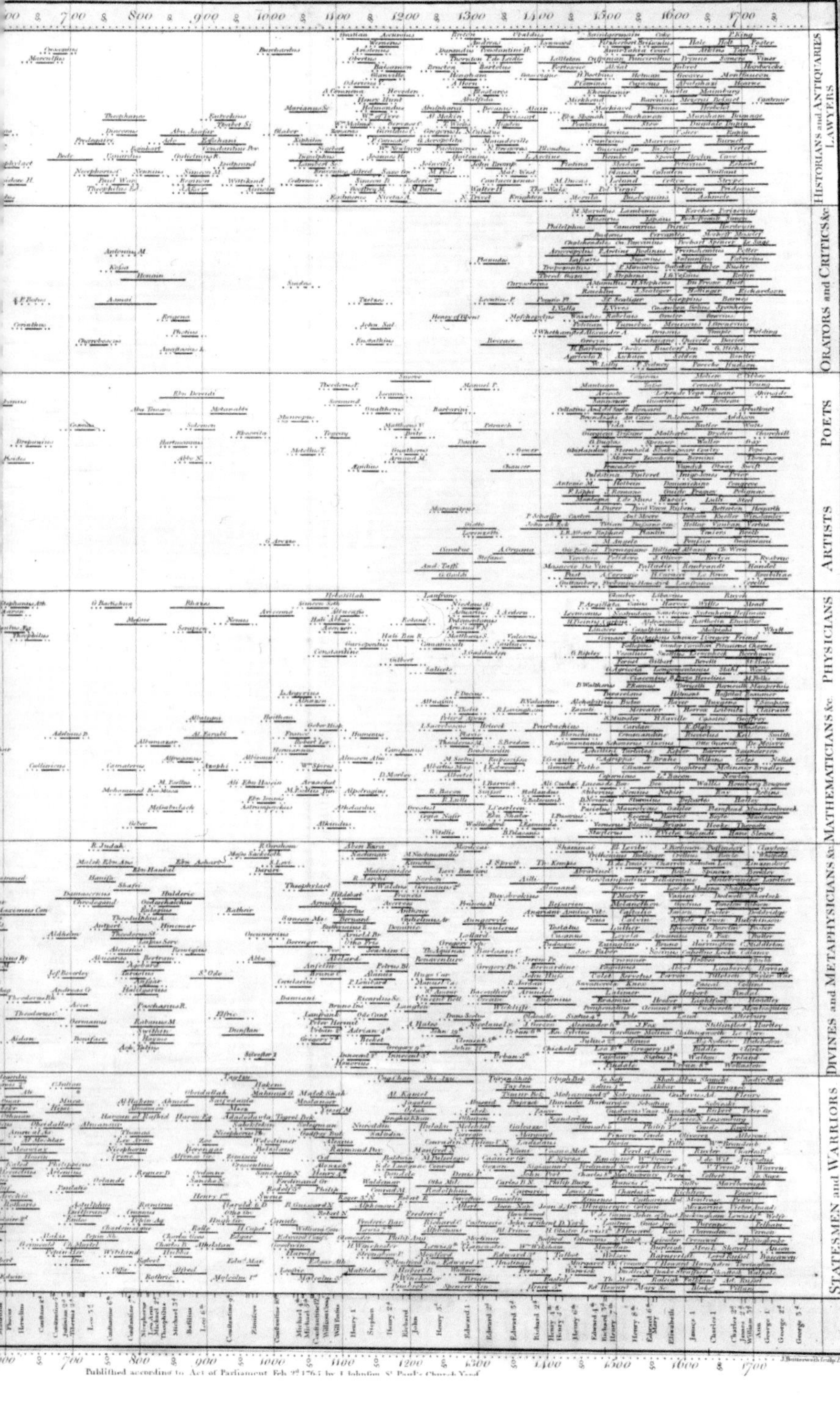

[그림19]

조지프 프리스틀리의 1765년 작 『전기 차트』는 18세기의 가장 영향력 있는 타임라인이었다. 연도는 맨 위와 맨 아래의 여백에 규칙적인 간격으로 적혀 있다. 2000개가 넘는 짧은 선분은 유명한 인물들의 생애를 보여준다. 생애 선분들은 6개 범주로 분류되어 각각의 가로단에 배치된다. 역사가와 골동품 수집가와 법률가, 연설가와 평론가, 예술가와 시인, 수학자와 의사, 성직자와 형이상학자, 정치가와 전사의 범주들이다. 차트의 아래쪽 여백에는 사울에서 조지 3세에 이르기까지 중요한 왕들의 목록이 실려 있다.

필라델피아 조합 도서관 제공.

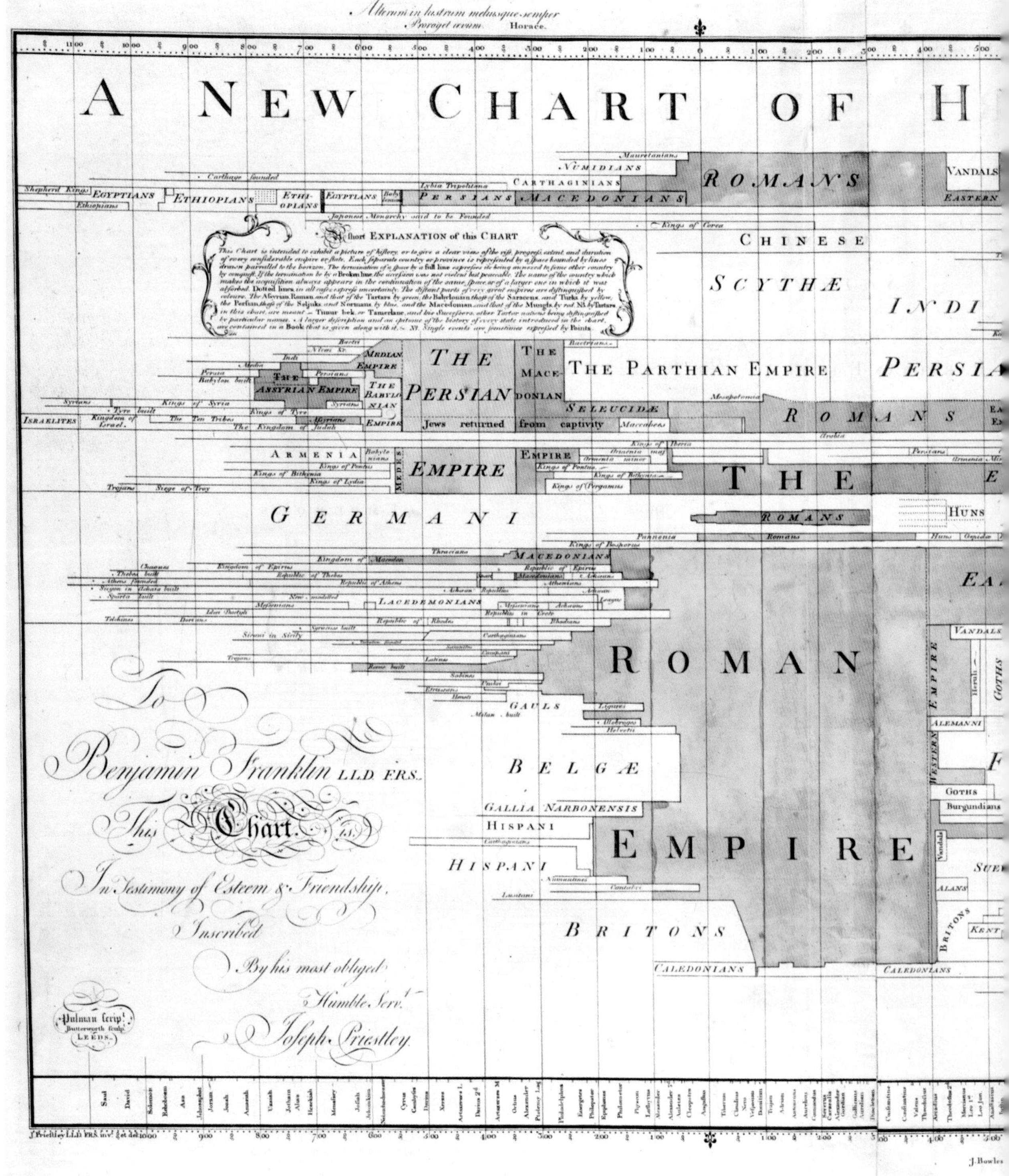
Alterum in lustrum meliusque semper
Proroget aevum. Horace.
A NEW CHART OF H
ROMANS
CARTHAGINIANS
NUMIDIANS
EGYPTIANS
ETHIOPIANS
PERSIANS
MACEDONIANS
A short EXPLANATION of this CHART
CHINESE
SCYTHÆ
INDI
THE PERSIAN
THE MACEDONIAN
THE PARTHIAN EMPIRE
PERSIA
SELEUCIDÆ
Jews returned from captivity
ISRAELITES
ARMENIA
EMPIRE
THE
GERMANI
MACEDONIANS
LACEDEMONIANS
ROMAN
GAULS
BELGÆ
GALLIA NARBONENSIS
HISPANI
EMPIRE
BRITONS
CALEDONIANS
HUNS
VANDALS
GOTHS
Burgundians
To
Benjamin Franklin LLD. FRS.
This Chart is
In Testimony of Esteem & Friendship,
Inscribed
By his most obliged
Humble Serv.t
Joseph Priestley
Pulman scrip.
Butterworth sculp.
LEEDS.
J. Priestley LLD. FRS. inv.t & et del.
J. Bowles

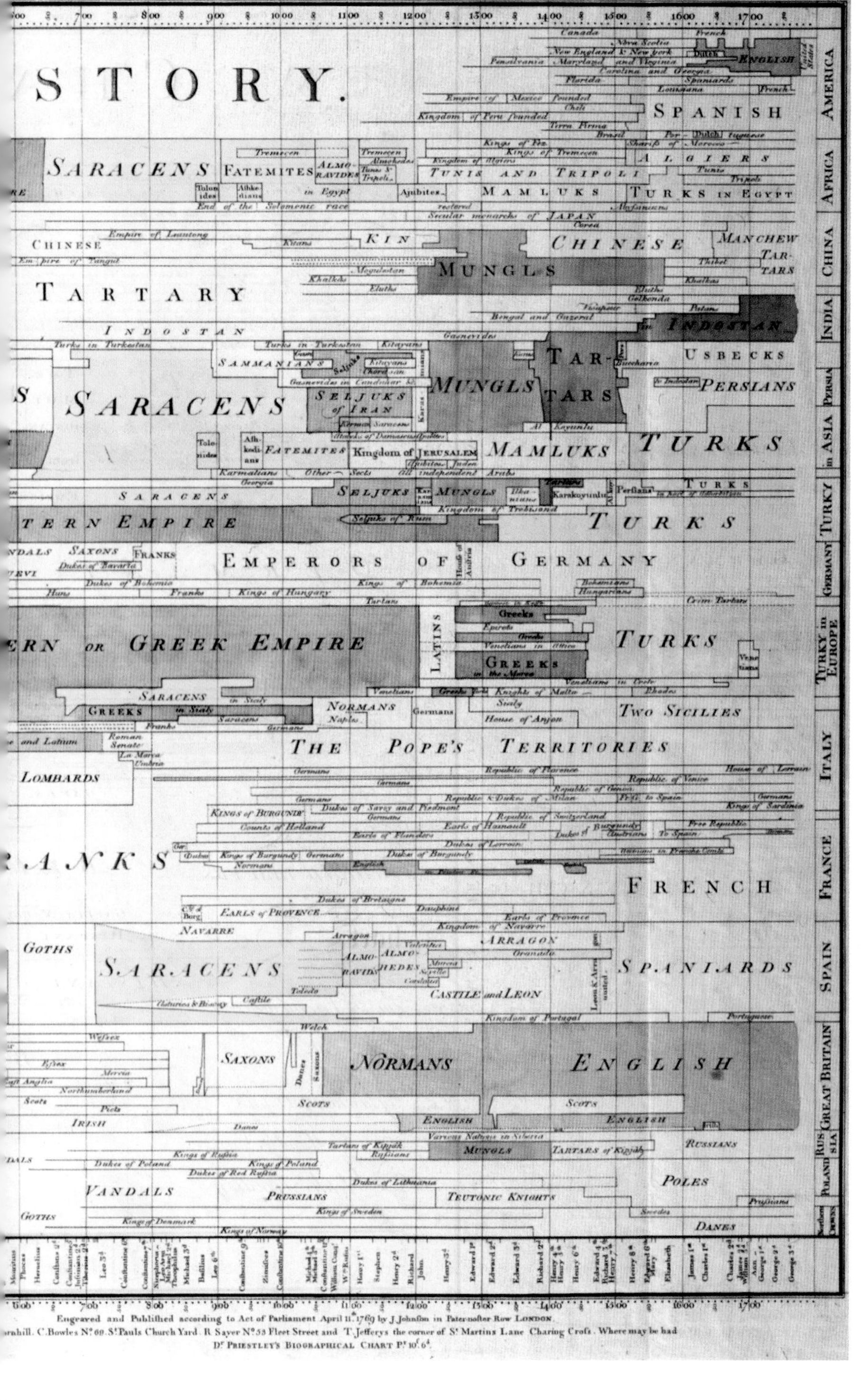

[그림20]

조지프 프리스틀리의 1769년 작 「새로운 역사 차트」는 토머스 제프리스의 역사 차트 양식을 더욱 엄격하게 고수했다. 다만 프리스틀리는 연대를 동일한 간격으로 배치했으며, 역사적 시간의 연속적인 흐름을 강조하기 위해 차트를 수평 방향으로 눕혀두었다. 프리스틀리가 제작한 두 개의 차트는 동일한 비율을 따랐기 때문에, 한 차트의 자료를 다른 차트로 끌어올 수 있었다.
필라델피아 조합 도서관 제공.

조금만 움직여본다면, 최근 어떤 제국이 무대에서 내려갔으며 장차 어떤 제국이 무대에 오를 예정인지도 알 수 있을 것이다.[22]

프리스틀리는 이러한 경험에는 **읽기의 과정이 필요하지 않다**고 강조한다. 그는 단순한 선형 도식이 지닌 한계들 가운데 오직 하나만을 중요한 것으로 인정했다. 그리하여 프리스틀리는 제프리스의 선례를 따라 『새로운 역사 차트』에 색을 입혔다. 이는 제국의 단일성을 "연속적인 공간으로 표현할 수 없는" 상황을 타개할 수 있도록 한 혁신이었다.[23]

프리스틀리의 차트들은 놀랄 만큼 강력한 압축성을 보여준다. 실제로 두 개의 차트는 너무 빽빽해서 제대로 복제하기가 어려울 지경이다. 그래서 한 부분만 따로 보여줄 경우에는(즉 전자 제품을 이용해 사진을 찍거나 출력을 하는 경우에는) 집합적인 전체로서 갖는 효과를 쉽게 상실할 수 있다. 프리스틀리는 자신의 차트들이 연대기적 관계를 "한눈에" 전달하는 특별한 능력을 갖고 있다고 말했다.[24] 그의 차트들은 이처럼 도식이 지닌 잠재력을 보여주었고, 역사 학습 자체의 가치를 증대시켰다. 프리스틀리는 이렇게 썼다. 실제 역사가 그렇듯이 자신의 차트에서도 "전체가 우리 앞에 놓여 있다. 우리는 사람과 사물을 최대한 상세하게 살펴볼 수 있다. 실제의 경험보다 불완전하지 않은 매개를 통해 살펴볼 수 있는 것이다."[25]

프리스틀리의 두 차트는 이후 수십 년 동안 널리 활용되었고, 18세기 후반과 19세기 초반에 걸쳐 다수의 교육학 서적에 언급되었다.**[그림21]** 《케임브리지 매거진》에 따르면, 신사라면 마땅히 프리스틀리의 차트들을 서재에 비치해두어야만 했다. 소설가 마리아 에지워스Maria Edgeworth와 (찰스 다윈의 할아버지인) 의사 에라스무스 다윈Erasmus Darwin은 여성 교육을 위한 보조 교재로 추천하기도 했다.[26] 19세기 초반에 이르러 프리스틀리의 차트는 인쇄 문화에서 빼놓을 수 없는 한 부분이 되었다. 1818년에 출간된 『해리의 휴일』은 집중력 부족의 위험성을 주제로 한 아동서로, 프리스틀리의 차트 가운데 하나를 필사하려다 실패한 어린 소년의 이야기를 다루고 있다. 소년은 이처럼 엉뚱한 노력 덕분에 아버지한테서 기계식 복사의 장점에 대한 설교를 들어야 했다.[27]

그러나 소설의 주인공인 해리가 아주 예외적인 인물은 아니었다. 지금까지도 18세기에 제작된 역사 차트의 필사본들을 도서관이나 아카이브에서 발견할 수 있기 때문이다. 일부는 학생들이 과제로 제출한 단순한 복제품이지만, 해리의 작품처럼 자발적인 의지에 따라 제작한 것들도 존재한다. 예컨대 델라웨어 주 초대 주지사인 존 디킨슨*의 서류더미 속에서 프리스틀리의 『새로운 역사 차트』의 형식을 따른 1800년경의 수기 차트를 발견할 수 있는 것이다. 그리고 필라델피아 조합 도서관Library Company of Philadelphia이 소장한 프리스틀리 책의 틈새에서 그의 차트의 히브리 민족 연표 부분을 옮긴 필사본을 발견할 수도 있다. 이 도서관은 1731년에 벤저민 프랭클린이 설립한 초기의 순

* 존 디킨슨(John Dickinson, 1732~1808): 미국의 정치가이다. 식민지의회 의원으로서 설탕조례, 인지조례, 타운센드 제법에 반대했고 대륙회의 대표가 되었다. 독립이 결정되자 새 헌법의 제정과 비준에 힘썼다.

[그림21]

해리가 만화경 장수에게 정신이 팔려 있다. 제프리스 테일러Jefferys Taylor, 『해리의 휴일, 혹은 마땅히 할 일이 없는 사람이 하는 일』, 런던, 1818.

회도서관 가운데 하나이다.[그림22~23]

프리스틀리는 연표 차트의 본질적인 기능이 폭넓은 시야를 제공하는 것이라고 믿었다. 그 자신은 이렇게 비유했다. 『전기 차트』의 선들을 멀리서 바라보면 "드넓은 강물 위를 떠내려가는 수많은 지푸라기들"처럼 보일 것이다. 이 지푸라기들은 역사의 물줄기가 흘러가는 속도에 따라 때로는 한데 뭉쳤다가 때로는 따로 흩어진다.[28] 차트의 오른쪽 끝부분이, 즉 최근의 역사에 해당하는 부분이 가장 빽빽하다. 디자인상의 실수는 결코 아니다. 프리스틀리는 이렇게 썼다.

> 가장 가슴 벅찬 장면은 …… 최근의 두 세기 동안 예술과 과학에 해당하는 구역이 수많은 이름들로 북적이고 있는 것이다. 그 구역들은 적정 인원의 100배나 되는 고명하고 재능 있는 인물들로 가득 차 있다. 그들은 하나같이 앞 세대에 필적하는 지식을 성취한 사람들이다. 우리는 이러한 장면을 통해 인류의 지식이 꾸준히 확대되고 확장되어왔다는 사실을 깨닫고 일종의 안도감을 느낀다. 그리고 미래에도, 뛰어난 지적 능력의 소유자들이 오래도록 출현하지 않아 그들의 생애를 기록할 구역이 텅 비는 일은 결코 일어나지 않을 것이다. 물론 미래의 차트는 내가 그릴 수도 없고, 그려진 것을 본 적도 없지만 말이다.[29]

달리 말해, 프리스틀리가 보기에는 차트의 오른쪽 부분에 지푸라기더미가 쌓이는 것이야말로

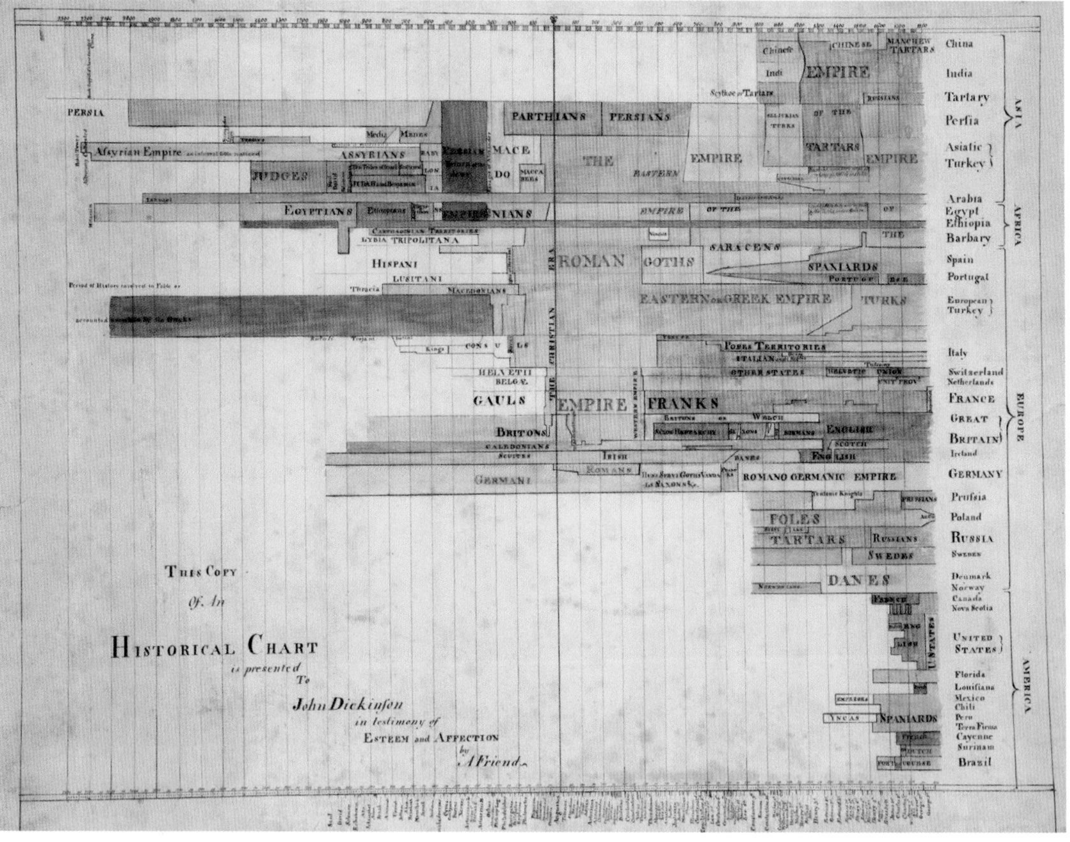

[그림22]

1800년경 익명의 작가가 제작해 존 디킨슨에게 전달한 『역사 차트』.
필라델피아 조합 도서관 제공.

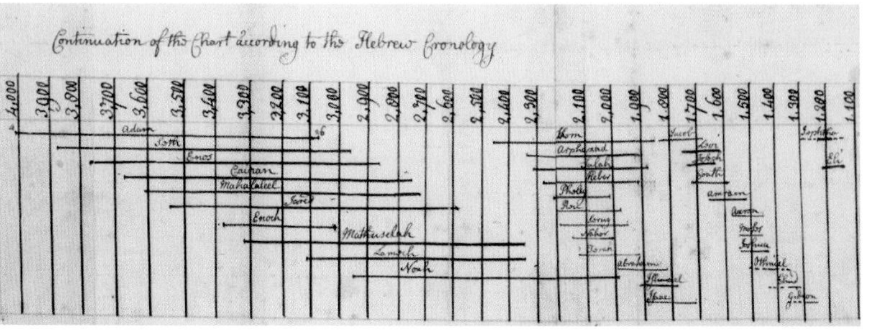

[그림23]

조지프 프리스틀리의 『전기 차트 해설』(1767)에 수록된 히브리사 연표 타임라인에 대한 W. H. 바커W. H. Barker의 필사본.
필라델피아 조합 도서관 제공.

실제의 역사적 현상을 반영하는 것이었다. 당시 예술과 과학이 한껏 '가속 페달'을 밟고 있던 현상 말이다.[30] 프리스틀리는 『전기 차트』에 이렇게 썼다. "과학은 어떠한 형상을 띠어야 하는가."[31] 그리고 실제로 프리스틀리의 차트를 통해, 아마도 역사상 처음으로 과학이라고 불릴 만한 무언가가 말 그대로 하나의 형상을 띠게 되었다.

프리스틀리의 연표에서 역사의 중대한 단계들은 양量적인 용어에 의해 틀이 짜였다. 즉, 르네상스 시대에는 중세보다 위대한 과학자들의 수가 더 많았고, 계몽주의 시대에는 르네상스 시대보다 훨씬 더 많았다. 하지만 프리스틀리가 적었듯이, 이러한 변화가 모든 범주에서 선명하게 드러나는 것은 아니다. 차트는 과학과 예술의 시대가 존재했다는 사실을 명백하게 보여주지만, 전사의 시대를 특정해주지는 않는다. 모든 시대가 그들의 시대였기 때문이다. 다만 프리스틀리는 모든 범주에 적용되는 공통된 하나의 교훈이 있다고 생각했다. 그는 이렇게 적었다.

> 우리는 위대한 인물들의 무리 사이사이에 …… 텅 빈 공간이 존재한다는 사실을 살펴봄으로써, 모든 종류의 과학이 그 기원에서부터 여러 차례의 거대한 혁명을 겪어왔음을 분명하게 이해할 수 있다. 따라서 차트 곳곳의 좁은 여백들은 가장 빽빽하게 채워진 부분들만큼이나 교훈적이다. 과학이 겪어온 거대한 단절들과 그 사이에 존재했던 번영의 시기에 대해 알려주기 때문이다. …… 정치가나 영웅의 구역에서는 이러한 여백을 발견할 수 없다. 세계는 제국과 권력에 맞설 경쟁자들의 출현을 결코 바라지 않았던 것이다. 특히 과학과 예술이 최고로 등한시되던 시기에는 더욱 그러했다.[32]

물론 프리스틀리는 개인의 전기에도 흥미를 갖고 있었다. 그러나 『전기 차트』는 가장 넓은 의미의 역사를 그려내려는 기획이었으며, (제 아무리 비범한 인물이라 하더라도) 사람의 생애란 무엇보다 시간과의 관계 속에서 가장 잘 이해될 수 있다는 사실을 보여주려는 목적을 갖고 있었다.[33] (20쪽을 보라.)

> 우리는 이 차트에서 아이작 뉴턴 경과 같은 위대한 인물이 친구들 또는 동시대의 저명인사들과 더불어 앉아 있는 것을 보고 색다른 즐거움을 느낀다. 그가 생전에 누구와 이야기를 나눌 수 있었는지를 한눈에 살펴볼 수 있으며, (인물들의 나이를 확인함으로써) 나아가 그들이 서로 어떤 상하 관계를 맺고 있었는지까지 어느 정도 짐작할 수 있다.[34]

프리스틀리는 뉴턴에게 한없는 존경심을 품고 있었으며, 다른 저서에서 "진정한 철학의 위대한 아버지"가 이룬 성취에 대해 매우 상세히 설명하기도 했다.[35] 하지만 『전기 차트』에서는 뉴턴조차도 다른 동시대인들에 비해 특별한 대접을 받지 못했다. 뉴턴의 생애를 나타내는 선은 다른 이들의 선과 마찬가지로 별다른 특색 없이 시작되고 끝난다.

『전기 차트』는 각 인물의 생애에 대한 정확한 정보를 제공했다. 그러나 프리스틀리가 가장 주목한 것은 개별적인 정보들이라기보다 차트 전체가 보여주는 집합적인 효과, 즉 언어를 전혀 사용하지 않고 순수한 도식의 형태만으로 생각을 전달하는 능력이었다.

> 만약 한 장의 종이를 동일한 면적으로 분할해 각각 하나의 세기 또는 일정한 기간에 할당한다면, 그 종이는 세계의 시간 가운데 특정한 기간을 나타내는 차트가 될 것이다. 그리고 만약 특정한 인물의 출생과 사망 연도를 알고 있다면, 그에 상응하는 두 점을 찾아 연결함으로써 그 인물의 생애를 정확히 나타내는 선을 그릴 수 있을 것이다. 그렇게 해서 해당 인물의 생애가 세계의 시간 속에서 어느 지점에 위치하며, 차트가 다루는 전체 기간 가운데 어느 정도의 비율을 차지하는지를 정확하게 보여줄 수 있을 것이다. …… 이러한 선들은 …… 생각을 전달한다. 언어의 개입 없이도 스스로 그러한 일을 해내는 것이다. 언어도 생각을 전달할 수는 있지만 매우 불완전한 방식일 뿐이다. 특히나 긴 기간을 다룰 때에는, 선을 활용하는 쪽이 생각을 전달하는 가장 완벽한 방식일 수 있다. 심지어는 그저 한 번 쓱 훑어보는 것만으로도 충분하다.[36]

프리스틀리는 차트에 인물들의 이름을 반드시 기입해야 한다고 말했지만, 다른 한편으로 그러한 이름들은 단지 색인으로서의 기능을 맡을 뿐이라고 명시했다. 그의 차트는 단 하나의 이름 없이도 역사의 도식적 표상이라는 기능을 훌륭히 수행하고 있다는 것이다. 프리스틀리는 이렇게 말했다. "각각의 이름 아래 그어진 **검은색 선**이야말로 주의를 기울여야 할 대상이다. 이름은 각각의 선이 누구의 생애를 의미하는지를 표시할 방법이 달리 마땅치 않았기 때문에 추가되었을 따름이다."[37]

프리스틀리의 차트는 크로노그래피적 표상의 역사에서 중대한 전환점이었다. 프리스틀리 이후 대부분의 독자는 역사적 시간과 도식화된 공간 사이의 유비를 당연한 것으로 받아들이게 되었다. 그렇게 해서 크로노그래피적 표상을 둘러싼 논쟁의 성격이 극적으로 변화했다. 이제 문제는 어떤 방법으로 그러한 유비를 정당화할 수 있는가가 아니라, 어떤 방법으로 그러한 유비를 가장 잘 실행할 수 있는가로 바뀌었다. 프리스틀리는 마르티뇨니와 같은 이들이 만들고자 했던 모호한 시간 지도는 전통적인 의미의 지도로 보기 어렵다는 사실을 입증했다. 근대의 연표학자들은 프리스틀리의 선례를 따라 (그럴듯한 표현으로서가 아니라, 말 그대로의) 지도 제작법을 위한 시각적 언어를 개발하려고 노력해왔다.

근대 초기의 지도 제작자들은 지리만이 아니라 역사에도 상당히 관심을 갖고 있었고, 지도를 이용해 역사를 표상하는 다양한 방법을 실험했다.[38] 아브라함 오르텔리우스*라는 지도 제작자는 1570년에 『세계의 무대』를 출간하고, 이 작품을 통해 '연표와 지리학이 역사의 두 눈'이라는 오래된 수사를 지도 제작자들이 선호하는 방식으로 수정했다. 오르텔리우스에게 지리학은 역사의 두 눈 가운데 하나가 아니라 애초부터 단 하나의 눈이었다. "[역사를 사랑하는] 사람이라면 누구나 여러 지역과 바다에 관한 지식, 산과 계곡과 도시의 위치, 강의 경로 등과 같은 정보들이 역사를 [완전하게] 이해하는 데 필수적이라는 우리의 주장에 흔쾌히 지지를 보낼 것이다. 이것이야말로 오래전 그리스인들이 **지리학**이라고 이름 붙였던 학문이며, 어떤 학자들이 **역사의 눈**이라고 (적절하게) 호명했던 학문이다."[39] 오르텔리우스의 『세계의 무대』는 역사 문헌에 등장하는 지역의 지도를 제공함으로써 역사 학습에 도움을 주려는 목적을 지니고 있었다.

17세기 내내 지도 제작자들은 오르텔리우스와 같은 목적의 지도를 다양하게 만들어냈다. 지도 제작자들은 자신의 지도를 지리학의 형식을 따르거나, 특정한 주제를 다루거나, 그리고 매우 드물지만 (필리프 드라르Philippe de la Ruë의 1651년 작 『성스러운 땅』에서처럼) 연표의 형식으로 제작했다.[40] 어떤 지도들은 역사 서술, 연대 목록, 계보나무를 포함하기도 했다. 1705년에서 1720년 사이에 자하리아스 하털라인Zacharias Châtelain이 암스테르담에서 출간한 『역사 아틀라스Atlas historique』라는 유명한 작품이 대표적인 사례이다.[41] 한참 뒤인 1801년에 라스 카즈 백작,** 곧 에마뉘엘-오귀스탱-디에돈-조제프Emmanuel-Augustin-Dieudonné-Joseph는 자신의 필명을 제목으로 붙인 『르사주의 아틀라스』를 출간해 엄청난 성공을 거두었는데, 이 책에서는 동일한 논리가 한층 더 강화되었다. 다채로운 경력을 지닌 이 프랑스 귀족은 훗날 나폴레옹이 세인트헬레나섬에 유배될 때 그의 비서로서 회고록의 집필을 맡게 된다. [그림24~25] 『르사주의 아틀라스』는 연표의 형식이 아니라 지리학의 형식에 따라 구성되었다. 하지만 각 쪽에는 역사적인 정보, 계보나무, 활자화된 역사 도식도 함께 실려 있었다.[42]

18세기 후반, 특히 요한 마티아스 하제***가 『역사 아틀라스Atlas historicus』를 출간한 1750년 이후에는 역사 지도를 연표 형식으로 배열하는 것이 더욱 일반화되었다. 하지만 크리스티안 크루제Christian Kruse와 같은 역사 지도 제작자들이 일정한 역사적 간격에 따라 시간을 그려내기 시작한 것은 19세기에 접어든 이후의 일이었다. 하제의 지도책은 대규모 전투나 정복 같은 중요한 역사적 사건들을 다루었기 때문에 지도들 사이의 시간 간격이 일정하지 않고 들쭉날쭉했다. 반면에 1802~1810년에 출간된 크루제의 『유럽 모든 나라의 개괄적인 역사 아틀라스』는 특정한 세기에 제아무리 사건이 넘쳐나더라도 무조건 한 세기에 한 장씩 지도를 할당했다.[43]

* 아브라함 오르텔리우스(Abraham Ortelius, 1527~1598): 벨기에의 제도가이자 지리학자이다. 메르카토르의 새로운 지도 제작술과 도법을 받아들이고 여러 지도를 수집해 정보를 정리하고 통일해 『세계의 무대』를 출간해 16세기 말 유럽 세계 지도 제작술을 대표하는 인물이 되었다.

** 라스 카즈 백작(comte de Las Cases, 1766~1842): 프랑스의 지도 제작자이자 작가이다. 『르사주의 아틀라스』는 1850년대까지 다양한 판본과 해석본, 해적판이 나올 만큼 인기를 끌었다.

*** 요한 마티아스 하제(Johann Matthias Hase, 1684~1742): 독일의 수학자, 천문학자이자 지도 제작자이다.

CHRONOLOGICAL MAP OF UNIVERSAL HISTORY,

Exhibiting at one View the REVOLUTIONS of the EMPIRES, from the BEGINNING of the WORLD to the PRESENT TIME.

No. 1.

ANCIENT HISTORY, from the Dispersion of NOAH's CHILDREN to JESUS CHRIST.

MODERN HISTORY, from JESUS CHRIST to the PRESENT TIME.

[그림24~25]

많은 출판업자들이 라스 카즈가 고안한 체계를 따른 지도책을 출간했다. 그 가운데 C. V. 라부엔C. V. Lavoisne의 1807년 작 『새로운 계보, 역사, 연표 아틀라스』에서는 독특한 조판 형태를 볼 수 있다.

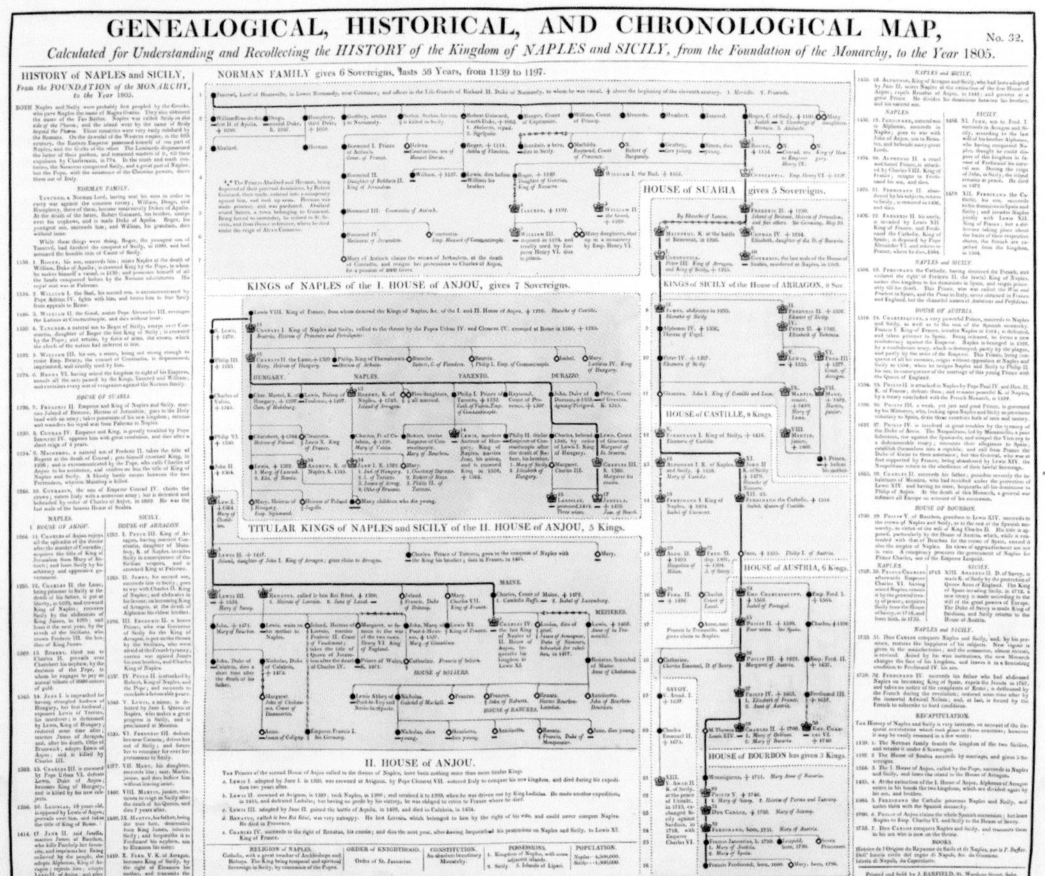
GENEALOGICAL, HISTORICAL, AND CHRONOLOGICAL MAP,
No. 32.
Calculated for Understanding and Recollecting the HISTORY of the Kingdom of NAPLES and SICILY, from the Foundation of the Monarchy, to the Year 1805.
HISTORY of NAPLES and SICILY, From the FOUNDATION of the MONARCHY, to the Year 1805.
NORMAN FAMILY gives 6 Sovereigns, lasts 58 Years, from 1139 to 1197.
HOUSE of SUABIA gives 5 Sovereigns.
KINGS of NAPLES of the I. HOUSE of ANJOU, gives 7 Sovereigns.
KINGS of SICILY of the House of ARRAGON
HUNGARY.
NAPLES.
TARENTO.
DURAZZO.
HOUSE of CASTILLE, 8 Kings.
TITULAR KINGS of NAPLES and SICILY of the II. HOUSE of ANJOU, 5 Kings.
HOUSE of AUSTRIA, 6 Kings.
MAINE.
MEZIERES.
HOUSE of SOLIERS.
HOUSE of BARCERA.
SAVOY.
HOUSE of BOURBON has given 3 Kings.
II. HOUSE of ANJOU.
RELIGION of NAPLES.
ORDER of KNIGHTHOOD.
CONSTITUTION.
POSSESSIONS.
POPULATION.
RECAPITULATION.
Printed and Sold by J. BARFIELD, 91, Wardour Street, Soho.

하제와 크루제의 지도책은 이후에 출간된 대부분의 역사 지도책과 마찬가지로 역사를 불연속적인 순간들의 연쇄로서 표상했다. 비록 에드워드 퀸Edward Quin과 같은 일부 지도 제작자는 시간이 흐르고 있다는 느낌을 주려고 무진장 애를 썼지만 말이다.[그림26~28] 퀸의 1830년 작 『역사 아틀라스Historical Atlas』는 하제의 선례를 따르기는 했지만, 그림을 한 장씩 넘길 때마다 점차 흩어져가는 구름의 이미지를 활용해 역사적 지식이 증대되어가는 과정을 독창적으로 표현했다. 퀸의 『역사 아틀라스』에서 세계는 처음에 암흑으로 뒤덮여 있다. 에덴동산 외부의 모든 것은 구름에 가려 있는 것이다. 그러나 역사가 세계의 나머지 부분들을 밝혀감에 따라 구름은 점차 뒤로 밀려난다. 이 지도책의 책장을 넘기는 것은 플립 북flip book을 차르륵 넘기는 것과 조금 비슷하다. 책장을 넘길수록 암흑의 영역은 점차 줄어들고 유럽인에게 알려진 세계의 범위는 점차 넓어진다.

이처럼 대상을 점진적으로 드러내는 방식은 긴 기간을 다루는 크로노그래피 차트에 많이 활용되며, 종종 놀라운 결과를 보여준다. 18세기의 (또한 19세기의) 연표 차트들은 고대의 이집트, 페르시아, 인도, 중국에 관해 상당한 분량의 정보를 다루고 있다. 반면 유럽, 아프리카, 아메리카에 관한 정보는 거의 다루고 있지 않다. 이러한 상황은 이야기 형식의 역사 기록에서라면 그다지 문제될 것이 없다. 역사가들은 이야기할 만한 것이 있을 때 해당 주제를 다루면 그만이기 때문이다. 그러나 유사지리학적 양식의 역사 차트에서는 주제에 따른 역사 지식의 차이가 유난히 눈에 띈다. 일례로 프리스틀리의 『새로운 역사 차트』는 채워 넣을 내용이 있든 없든 간에 서기전 1200년부터 서기

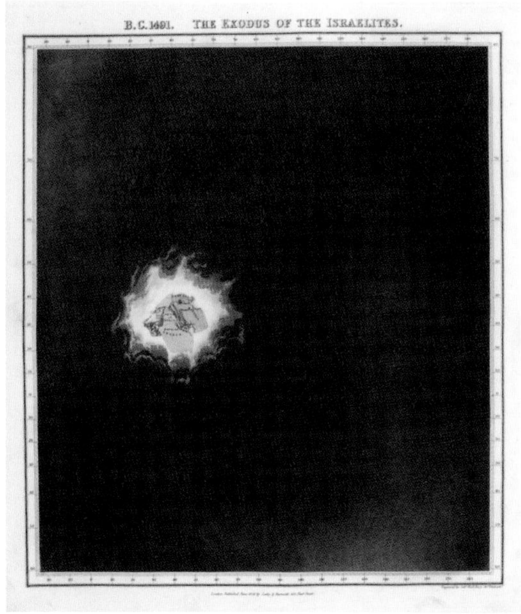

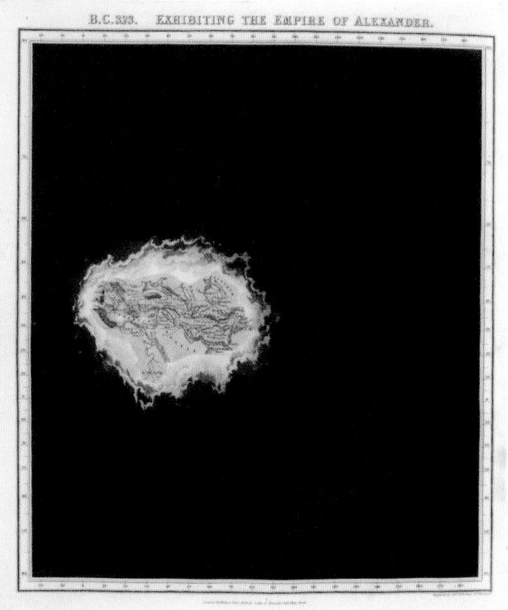

[그림26~28]

에드워드 퀸의 1828년 작 『역사 아틀라스』는 다양한 역사적 시점마다의 세계의 모습을 그린 지리 지도들을 모은 것으로서의 역사 지도책의 개념을 잘 보여준다. 퀸의 지도들은 여러 역사적 시점의 정치적 분할 상태를 보여주며, 점차 걷혀가는 구름의 형식을 활용해 각각의 역사적 국면마다 서구인들이 알고 있던 세계의 범위를 나타내고 있다.

1800년에 이르는 각 민족의 연표를 모두 갖추고 있다. 프리스틀리는 빈 공간의 문제를 해결하기 위해 제목이나 헌사 등을 채워 넣는 묘안을 찾아냈다. 이를테면 (만약 영국에 고대사라고 할 만한 것이 존재한다면) 영국의 역사가 들어가야 할 자리에 벤저민 프랭클린에게 바치는 화려하게 장식된 헌사를 배치한 것이다. 당연히도 프리스틀리는 영국사의 내용 가운데 무언가를 가리려 한 것이 아니다. 텍스트 부분에서도 영국의 초기 역사에 대한 언급은 거의 찾아볼 수 없기 때문이다. 프리스틀리는 시각적인 구성 요소들 사이의 균형을 유지함으로써 차트의 외형을 일관되고 규칙적으로 유지하고자 했을 뿐이다.

프리스틀리의 양식을 따른 다른 연표들에서도 유사한 시도를 찾아볼 수 있다. 대표적인 사례는 스코틀랜드의 철학자 애덤 퍼거슨*이 『브리태니커 백과사전』 제3판을 위해 제작한 대형 접이식 차트이다.[그림29] 퍼거슨은 심지어 프리스틀리보다 훨씬 더 과감한 도식에 도전했다. 프리스틀리의 차트는 고전고대에서 시작하지만, 퍼거슨의 차트는 천지창조에서 시작한다. 결과적으로 퍼거슨의 차트는 더 논쟁적인 연표의 영역으로 발을 내디디며, 6000년 가까이나 더 긴 시간의 영역을 포괄한다. 퍼거슨은 규칙성의 느낌을 주기 위해 차트의 비율을 교묘하게 조작했다. 세계 역사의 가장 앞선 시기를 차트 맨 위의 좁은 공간에 압축해 넣어버린 것이다. 이러한 시도는 '모든 것을 포괄하는' 백과사전의 맥락에서는 실용적일 수 있으나 구상적인 측면에서는 다소 어색하게 여겨진다. 퍼거슨의 차트는 이 부분을 제외한 모든 곳에서는 규칙적인 타임라인의 관습을 따르고 있기 때문이다.

고작 몇 년도 지나지 않아 프리스틀리 차트의 다양한 변종이 사방팔방에서 등장하기 시작했다.[그림30~33] 그의 차트는 전체가 복제되지 않을 때에는 필요에 따라 수정되거나 변형되었다. 그리고 19세기를 거치면서 역사를 타임라인의 형태로 상상하는 것이 매우 자연스러운 일이 되었다. 윌리엄 플레이페어**의 1786년 작 『상업 및 정치 아틀라스』는 통계 그래픽 분야의 기초를 마련한 책으로 널리 인정받았다. 플레이페어는 이 책에서 프리스틀리의 역사 차트야말로 자신의 선형 그래프와 막대형 차트의 직접적인 조상에 해당한다고 언급했다.[44] 플레이페어는 1801년에 출간한 『상업 및 정치 아틀라스』 제3판에서 자신만의 독창성을 추구하는 방향으로 과감하게 나아갔지만, 자신의 체계를 발전시키는 데 크로노그래피로부터 받은 영향에 대해서는 분명하게 인정했다.

> 내가 재정財政이라는 주제를 다루기 위해 선을 활용하기로 마음먹은 지 이제 16년이 되었다. …… 처음 이러한 생각을 실행에 옮겼을 때 많은 영국인들이 지지를 보냈다. …… 솔직히 말하자면 나

* 애덤 퍼거슨(Adam Ferguson, 1723~1816): 스코틀랜드 출신의 영국 철학자, 사회학자이자 역사가이다.

** 윌리엄 플레이페어(William Playfair, 1759~1823): 스코틀랜드의 정치경제학자이다. 경제에 관한 수치 자료를 막대형 차트와 그래프로 시각화한 최초의 인물로 평가받는다.

[그림29]

『브리태니커 백과사전』 제2판에는 애덤 퍼거슨이 국가와 교회의 역사에 대해 쓴 글이 첨부된, 손으로 채색한 접이식 역사 차트가 수록되어 있었다. 『브리태니커 백과사전』에 수록된 최초의 타임라인이었다. 퍼거슨의 차트는 많은 점에서 조지프 프리스틀리의 「새로운 역사 차트」와 닮아 있었지만, 프리스틀리의 차트와 달리 최대한 많은 내용을 담기 위해 동일한 시간 비율이라는 특징을 희생시켜야 했다. 퍼거슨은 성서에 등장하는 '계시의 역사' 시대 가운데 상당 부분을 차트 꼭대기의 여백에 압축해 넣었다. 퍼거슨은 크로노그래피의 양식을 활용하기는 했으나, 역사에서는 연대를 정확히 밝히는 것보다 시대를 구분하는 것이 여러 가지 이유에서 더 중요하다고 생각했다. 그는 표준적인 참고문헌의 연대를 거의 그대로 가져다 썼고, 차트의 공간을 최대한 비워둠으로써 독자들이 원하는 대로 채워 넣을 수 있도록 했다. 오른쪽은 1797년에 에든버러에서 출간된 제3판에 수록된 것이다.

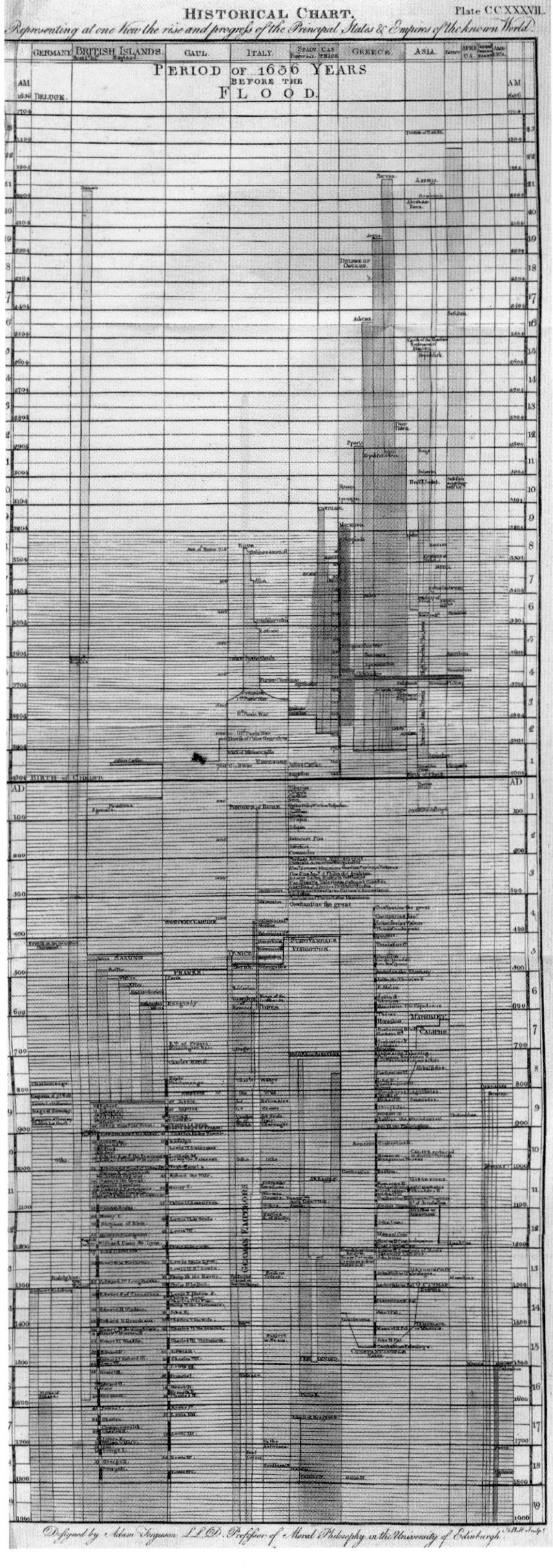

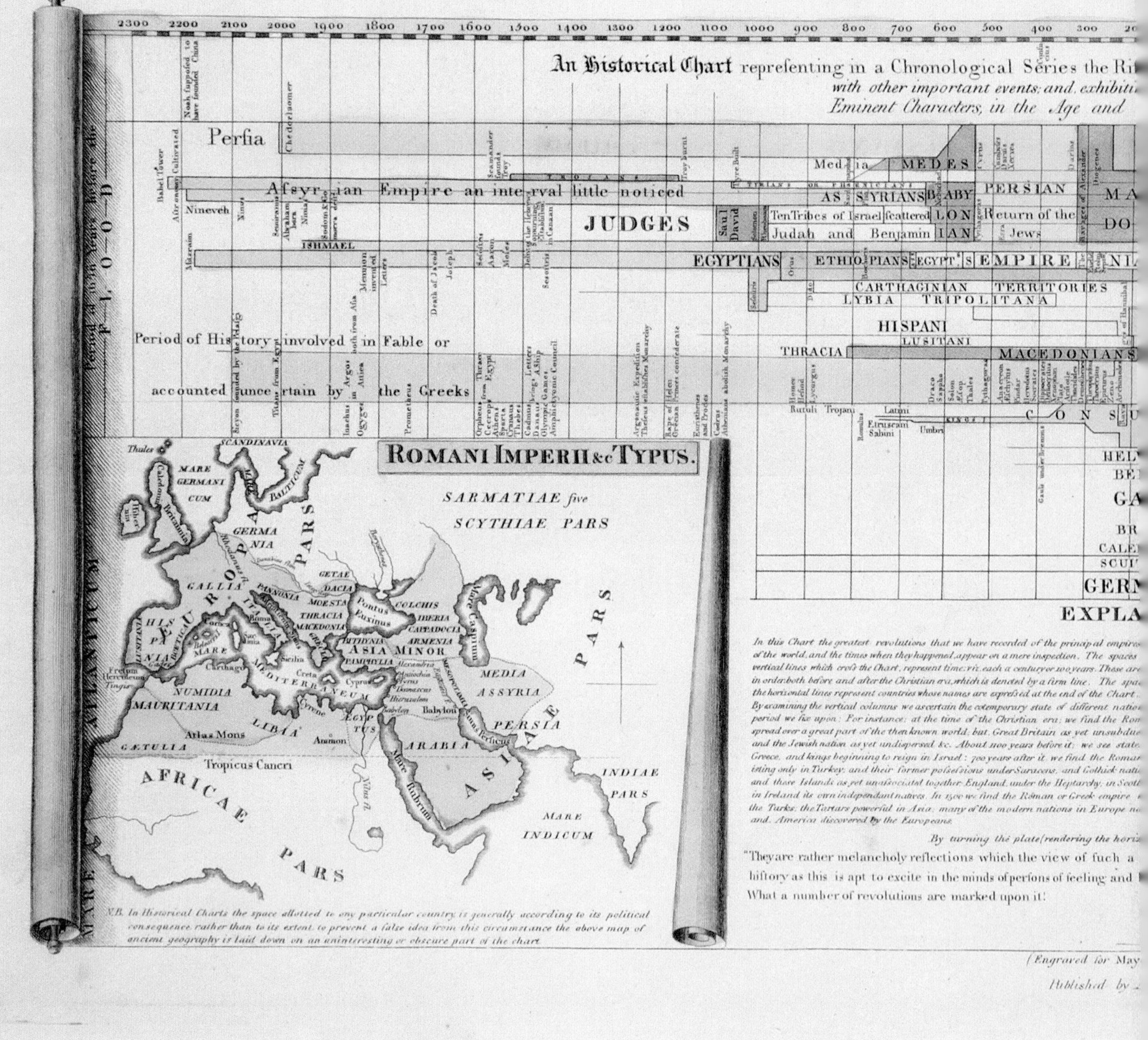

[그림30]

18세기 후반과 19세기 초반에는 조지프 프리스틀리의 차트의 많은 사본이 제작되었고, 다양한 해석도 이루어졌다. 이 차트는 앤서니 핀리 Anthony Finley의 1818년 작 『클래식 아틀라스』에 수록된 것으로, 프리스틀리가 제작한 차트 두 개를 하나로 결합시킨 것이다. 설명 부분에서 프리스틀리의 공헌을 밝히고 있다.

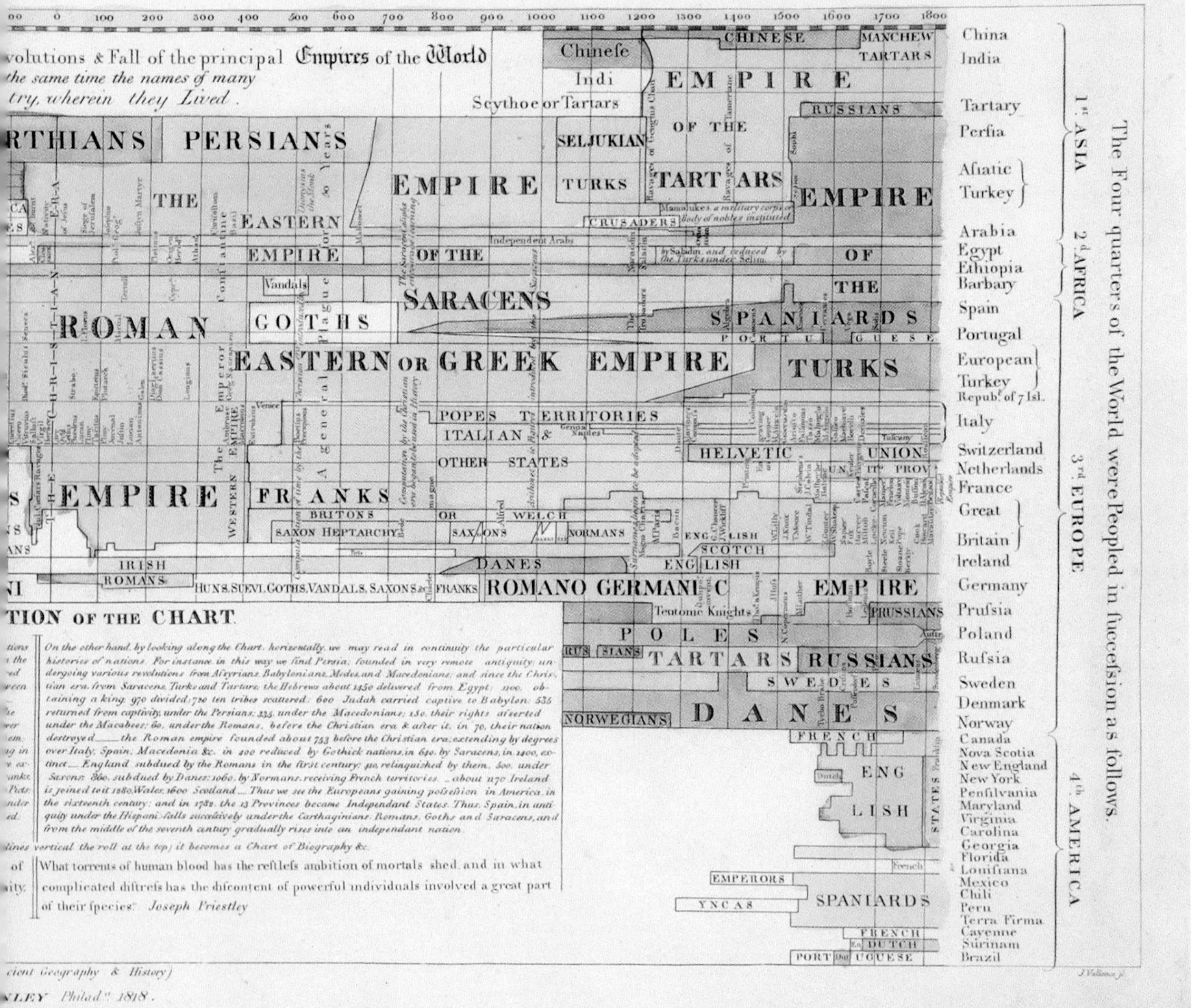

volutions & Fall of the principal Empires of the World
the same time the names of many
try, wherein they Lived.

00 0 100 200 300 400 500 600 700 800 900 1000 1100 1200 1300 1400 1500 1600 1700 1800

Chinese — CHINESE — MANCHEW TARTARS — China
Indi — EMPIRE — India
Scythoe or Tartars — OF THE — RUSSIANS — Tartary
RTHIANS PERSIANS — SELJUKIAN — TARTARS — Persia
THE EASTERN EMPIRE — EMPIRE — TURKS — EMPIRE — Asiatic Turkey
CRUSADERS — Mamalukes a military corps or body of nobles instituted
Independent Arabs — Arabia
EMPIRE OF THE — by Saladin and reduced by the Turks under Selim — OF — Egypt, Ethiopia
Vandals — SARACENS — THE — Barbary
ROMAN — GOTHS — SPANIARDS — Spain
PORTUGUESE — Portugal
EASTERN OR GREEK EMPIRE — TURKS — European Turkey, Repub. of 7 Isl.
POPES TERRITORIES — ITALIAN & — Genoa, Naples — Tuscany — Italy
OTHER STATES — HELVETIC UNION — Switzerland
UNITED PROV — Netherlands
EMPIRE — FRANKS — France
BRITONS — OR — WELCH
SAXON HEPTARCHY — SAXONS — NORMANS — ENGLISH — Great Britain
SCOTCH
IRISH — DANES — ENGLISH — Ireland
ROMANS — HUNS, SUEVI, GOTHS, VANDALS, SAXONS & FRANKS — ROMANO GERMANIC EMPIRE — Germany
Teutonic Knights — PRUSSIANS — Prussia
POLES — Poland
RUSSIANS — TARTARS — RUSSIANS — Russia
SWEDES — Sweden
NORWEGIANS — DANES — Denmark, Norway
FRENCH — Canada, Nova Scotia
Dutch — ENGLISH — STATES — New England, New York, Pensilvania, Maryland, Virginia, Carolina, Georgia
French — Florida, Louisiana
EMPERORS — SPANIARDS — Mexico
YNCAS — Chili, Peru, Terra Firma
FRENCH — Cayenne
DUTCH — Surinam
PORTUGUESE — Brazil

The Four quarters of the World were Peopled in succession as follows.
1st. ASIA — 2d. AFRICA — 3rd. EUROPE — 4th. AMERICA

TION OF THE CHART.

On the other hand, by looking along the Chart, horizontally, we may read in continuity the particular histories of nations. For instance, in this way we find Persia, founded in very remote antiquity, undergoing various revolutions from Assyrians, Babylonians, Medes, and Macedonians; and since the Christian era, from Saracens, Turks and Tartars; the Hebrews about 1450 delivered from Egypt; 1100, obtaining a king; 970 divided; 720 ten tribes scattered; 600 Judah carried captive to Babylon; 536 returned from captivity, under the Persians; 335, under the Macedonians; 150, their rights asserted under the Macabees; 60, under the Romans, before the Christian era & after it, in 70, their nation destroyed.—the Roman empire founded about 753 before the Christian era, extending by degrees over Italy, Spain, Macedonia &c. in 400 reduced by Gothick nations, in 640, by Saracens, in 1400, extinct.—England subdued by the Romans in the first century; 410, relinquished by them, 500, under Saxons; 860, subdued by Danes; 1060, by Normans, receiving French territories. —about 1170 Ireland is joined to it; 1280, Wales; 1600 Scotland.—Thus we see the Europeans gaining possession in America, in the sixteenth century; and in 1782, the 13 Provinces became Independant States. Thus, Spain, in antiquity under the Hispani, falls successively under the Carthaginians, Romans, Goths and Saracens, and from the middle of the seventh century gradually rises into an independant nation.

lines vertical the roll at the top) it becomes a Chart of Biography &c.

What torrents of human blood has the restless ambition of mortals shed, and in what complicated distress has the discontent of powerful individuals involved a great part of their species. Joseph Priestley

cient Geography & History)

LEY Philad.a 1818.

J. Vallance sc.

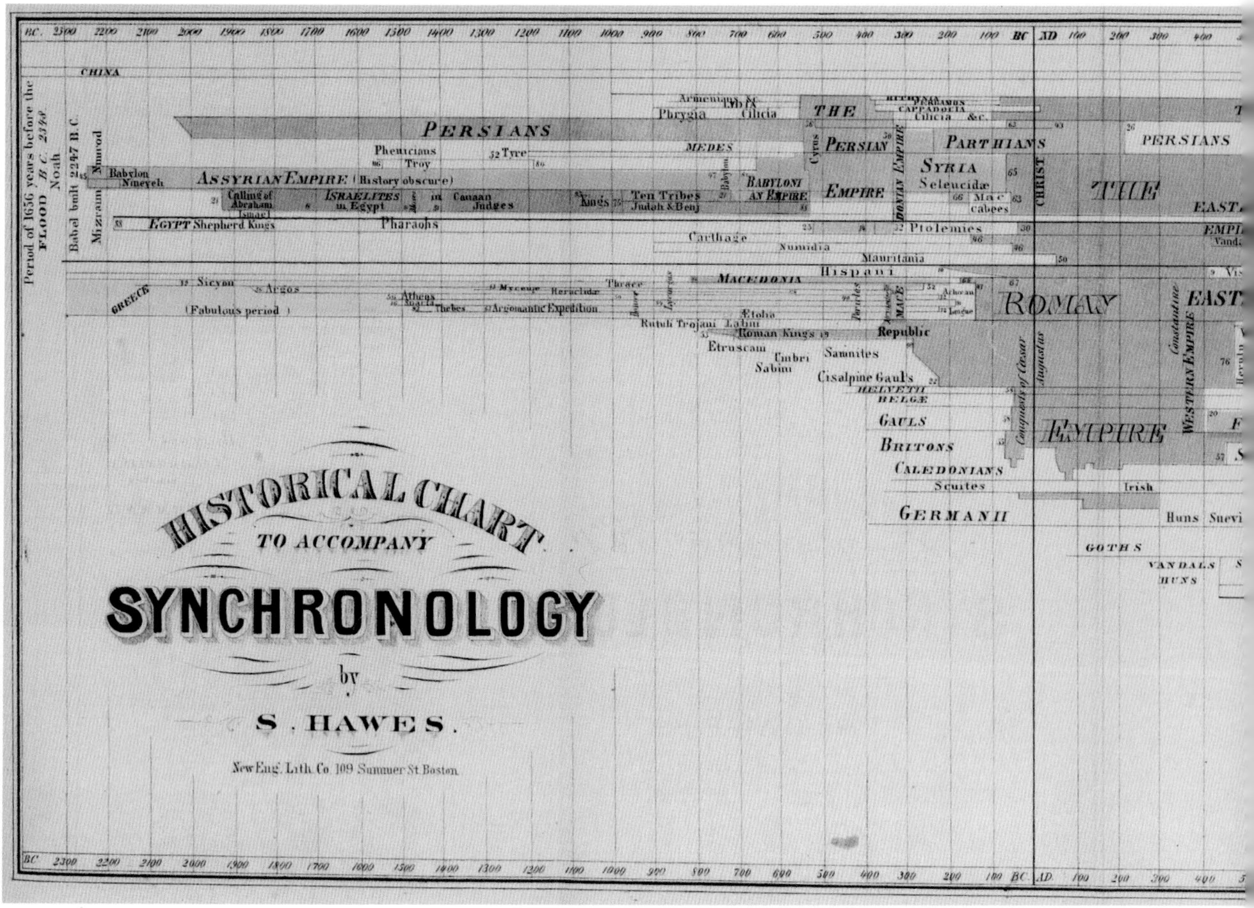

HISTORICAL CHART
TO ACCOMPANY
SYNCHRONOLOGY
by
S. HAWES.
New Eng. Lith. Co. 109 Summer St. Boston.

Period of 1656 years before the FLOOD B.C. 2348 Noah
Babel built 2247 B.C.
Mizraim Nimrod
CHINA
PERSIANS
Phenicians
Tyre
Troy
MEDES
Babylon Nineveh
ASSYRIAN EMPIRE (History obscure)
Calling of Abraham Ismael
ISRAELITES in Egypt
in Canaan Judges
Kings
Ten Tribes Judah & Benj
BABYLONIAN EMPIRE
Cyrus
PERSIAN EMPIRE
PARTHIANS
SYRIA Seleucidæ
Mac cabees
EGYPT Shepherd Kings
Pharaohs
Ptolemies
CHRIST
Carthage
Numidia
Mauritania
Hispani
GREECE
Sicyon
Argos
(Fabulous period)
Athens
Sparta
Thebes
Mycenæ
Heraclidæ
Argonautic Expedition
Thrace
MACEDONIA
Ætolia
Rutuli Trojani Latini
Roman Kings
Republic
Etruscam
Umbri
Sabini
Samnites
Cisalpine Gauls
HELVETII
BELGÆ
GAULS
BRITONS
CALEDONIANS
Scuites
GERMANII
Irish
Huns Suevi
GOTHS
VANDALS
HUNS
Conquests of Cæsar
Augustus
ROMAN EMPIRE
Constantine
WESTERN EMPIRE
EAST
PERSIANS

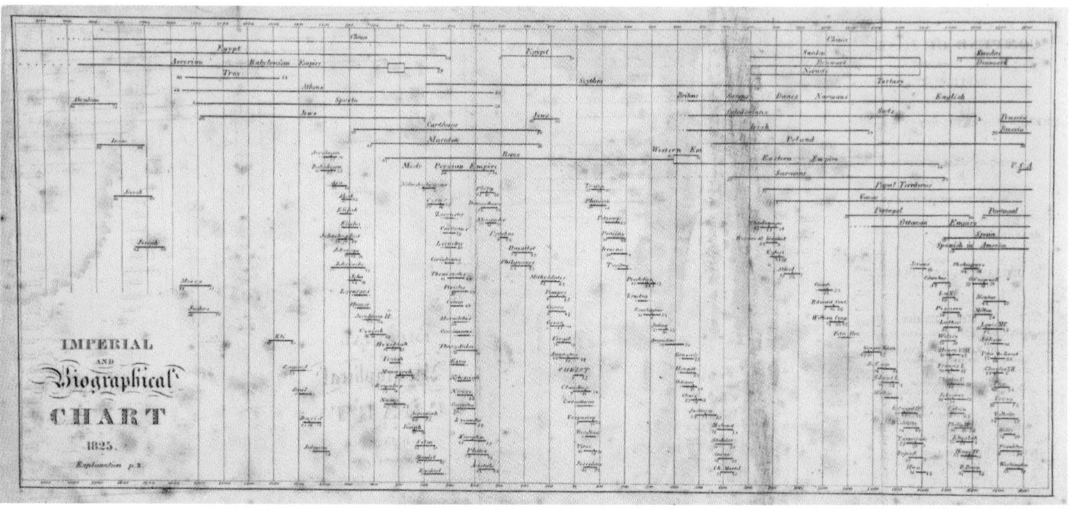

[그림31]

스티븐 호스Stephen Hawes는 1869년에 『성스러운 역사와 이교 역사의 주요 사건을 다룬 합동 연표: 인류의 탄생부터 현재까지』를 출간했다. 이 무렵에는 조지프 프리스틀리의 도식화 관습이 이미 일반적인 것이 되어버려서, 차트에 프리스틀리에 대한 언급이 따로 등장하지 않는다.

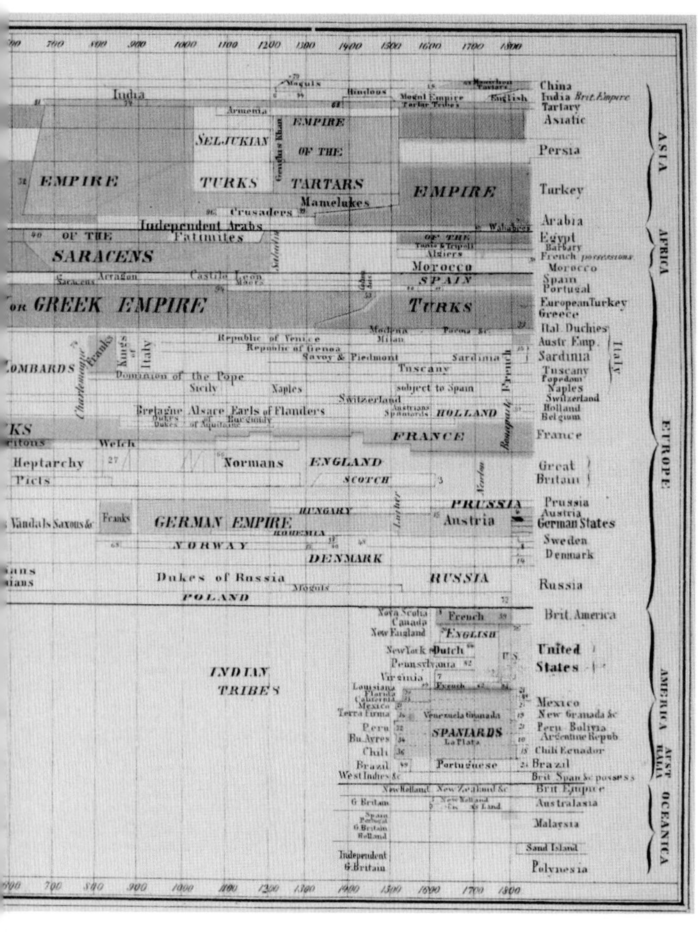

[그림32]

제임스 플레이페어, 『연표의 체계』, 에든버러, 1784. 스코틀랜드 출신의 비범한 인물인 플레이페어는 에우세비우스와 프리스틀리의 연표 양식을 하나로 결합시킴으로써, 프리스틀리의 직선이 다양한 연대 표시 체계를 지닌 연표에 활용될 수 있음을 보여주었다.
필라델피아 조합 도서관 제공.

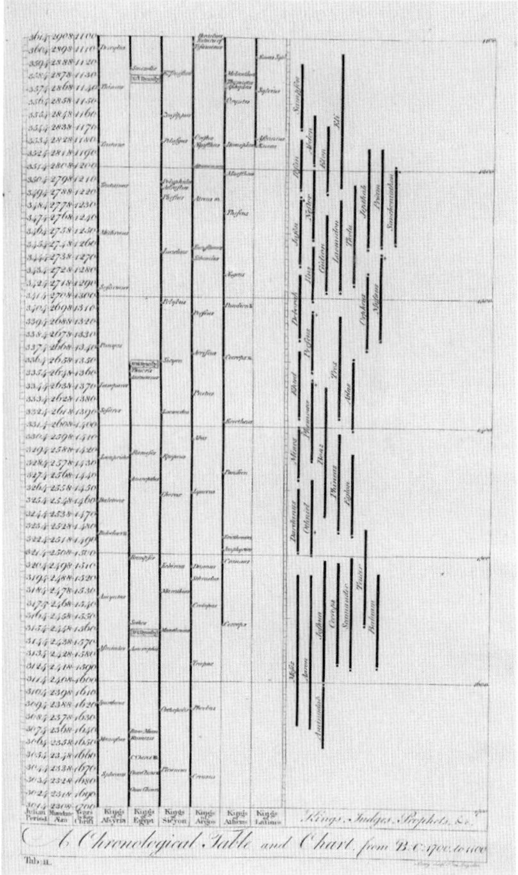

[그림33]

장로교 목사인 새뮤얼 웰플리Samuel Whelpley는 뉴저지 주 모리스타운에서 학교를 운영하던 1808년에 『가장 이른 시기로부터의 역사 대요』라는 제목의 역사 교과서를 출간했다. 이 교과서의 마지막 부분에는 프리스틀리의 양식을 따른 전기 차트가 수록되어 있었다. 웰플리의 책은 큰 인기를 끌어 1853년까지 판을 거듭하며 출간되었다. 왼쪽의 1825년 판본은 웰플리가 작성한 '제국 및 전기의 차트'를 싣고 있다.

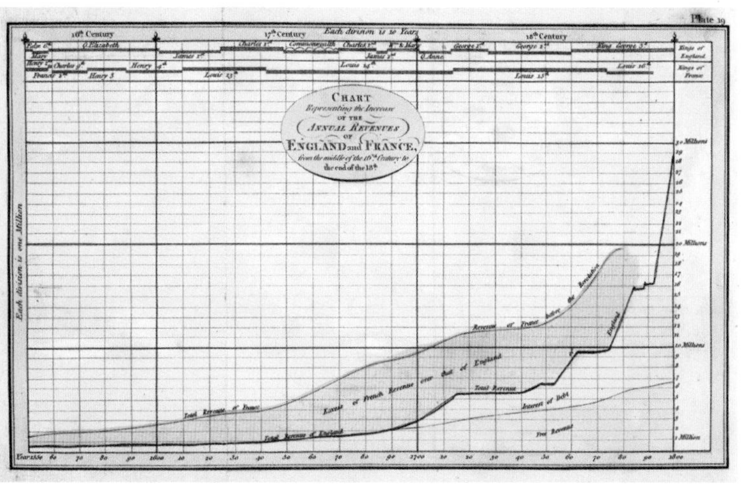

[그림34]

윌리엄 플레이페어의 선형 그래프는 크로노그래피 차트의 논리를 새로운 방향으로 발전시켰다. 왼쪽은 『상업 및 정치 아틀라스』 제3판에 실려 있는 프랑스와 영국의 연간 세입 차트이다. 이처럼 플레이페어의 통계 그래프는 종종 정치사의 타임라인을 포함하고 있었다.

는 내가 기하학의 원리를 재정 문제에 도입한 최초의 사람인지 아닌지를 오랫동안 궁금해했다. 연표의 영역에서는 이미 예전부터 기하학의 원리를 매우 폭넓게 활용해왔기 때문이다. 나는 적절한 조사를 통해 내가 최초의 인물이었다는 사실을 확인한 것에 만족하고 있다. 나는 다른 누군가가 나보다 먼저 이와 유사한 시도를 했다는 이야기를 지난 15년 동안 들어본 적이 없다.[45]

연표는 연대의 과학이기에 언제나 계량적인 특성을 지니고 있었다. 하지만 공간 비율의 동일성이 크로노그래피의 일반적인 특징으로 자리 잡은 것은 18세기 중반 이후의 일이었다. 공간 비율의 동일성만 확보할 수 있다면 그 밖의 계량적 자료들을 크로노그래피 안에 배치하는 것은 그다지 어려운 일이 아니었다. 플레이페어는 1801년 작 『통계학의 성무일도서』에서 18세기의 크로노그래프 제작자들이 통계학적 그래프의 탄생을 준비해온 과정을 꼼꼼하게 설명했다.

연표 연구는 시간을 공간으로 표상하는 방식에 의해 매우 큰 도움을 받아왔다. 적절한 위치에, 알맞은 길이로, 한 인물의 생애를 지시하는 하나의 선을 긋는다면, 과거의 위대한 인물들이 본래의 시간과 장소에 있는 것처럼 우리 앞에 나타날 것이다.[46]

이후 반세기를 거치며 플레이페어의 선형 그래프는 가장 이해하기 쉬운 크로노그래피 형식 가운데 하나가 되었다. 그의 그래프는 두 개의 계량적인 축이 직교하는 형태를 띠었는데, 한 축은 시간을 나타내고 다른 한 축은 수출, 수입, 부채 등의 경제 지표를 나타냈다.[그림34] 그러나 후대의 통계학자들은 2차원의 그래프에 만족하지 못했던 것 같다. 1870년대에 이르러 이탈리아의 인구통계학자 루이지 페로초Luigi Perozzo와 같은 이들은 3차원 투영법을 실험하고 있었다.[47] [그림35]

플레이페어 이후, 역사적 현상을 통계적으로 표상하는 사례가 급증했다. 이러한 추세는 경제학

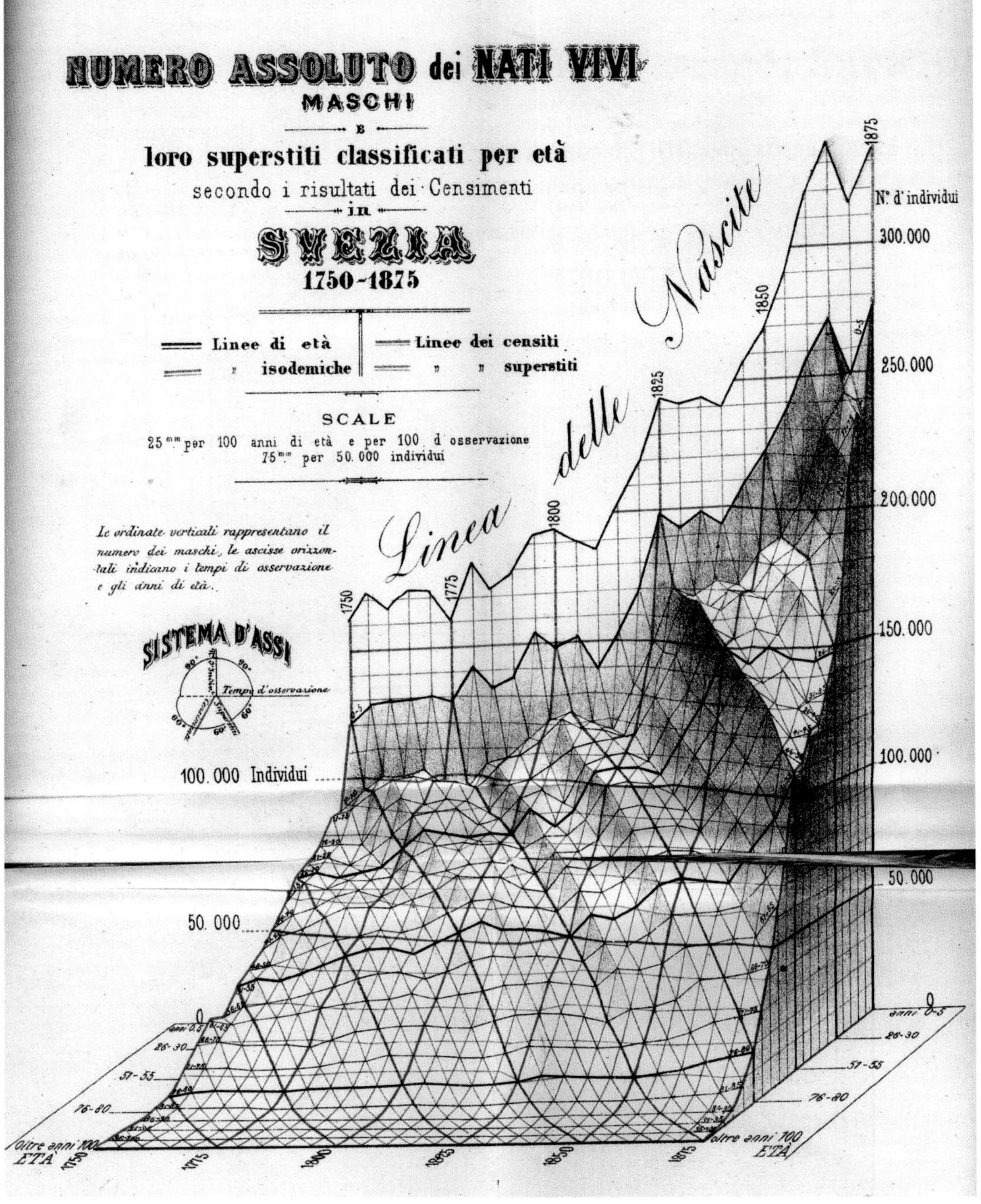

[그림35]

1879년에 루이지 페로초는 1750년부터 1875년까지의 스웨덴 인구 통계를 나타내는 입체 그래프를 작성했다. 이 그래프는 연도별로 한 해에 출생한 남성 가운데 시간이 흐름에 따라 어느 정도의 수가 생존했는지를 보여준다.

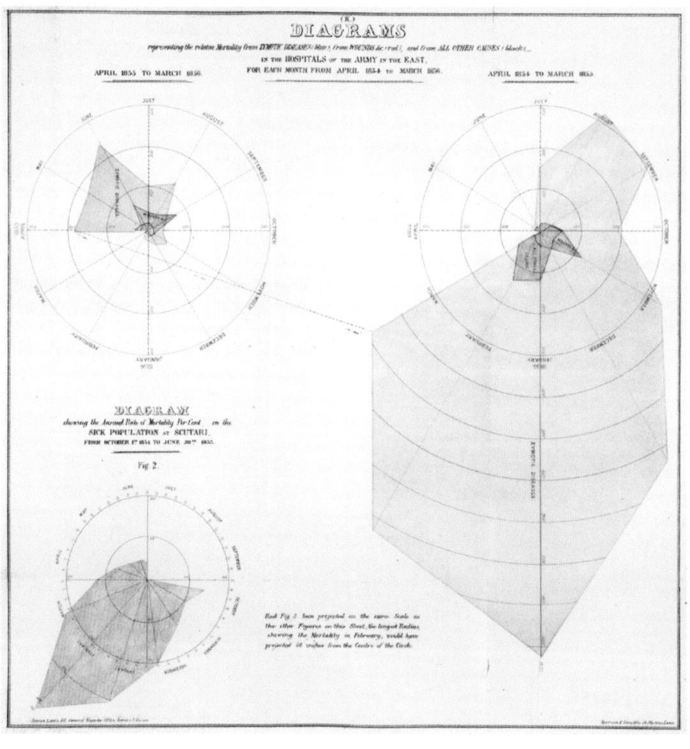

[그림36]

플로런스 나이팅게일이 1858년에 런던에서 출간한 『영국군 사망자 수: 잉글랜드 일반인 사망자 수와 비교한 크림전쟁 기간의 국내 및 국외 사망자 수』에 실린 도표들이다. 나이팅게일의 도표에서는 연대기적 시간이 하나의 원으로 표현된다. 이 도표는 크림전쟁 기간 동안 적군의 총탄이나 총검보다 감염과 질병에 의한 사망자가 많았음을 보여준다.

처럼 계량적인 자료가 넘쳐나는 학문 분야에서 먼저 시작해, 사회통계학의 출현과 더불어 거의 모든 학문 분야로 퍼져나갔다.**[그림36~37]** 19세기 중반에는 꽤나 기술적인 성격의 것들을 포함해 광범위한 분야의 독창적인 차트들이 일반 출판물에도 등장하게 된다. 1850년대에 플로런스 나이팅게일*이 제작한 '장미' 및 '박쥐 날개' 모양의 차트는 크림전쟁 기간의 사망 원인 변화상을 보여준다. 1860년대에 프랑스의 기술자 샤를 조제프 미나르가 제작한 주제 지도는 나폴레옹의 러시아 침공 당시 병력 규모의 감소를 보여주는 유명한 도표를 포함하고 있다(24쪽을 보라). 그리고 1870년에는 그해의 조사 책임자인 프랜시스 A. 워커**가 전미 인구 조사의 결과물을 장대한 크기의 그래프로 제작했다. 워커는 훗날 미국통계학회와 미국경제학회의 대표를 지내고, 매사추세츠 공과대학의 학장을 역임한다.[48] 그러나 이 모든 차트에서 (직진하든, 휘어지든, 구불구불하든, 여럿으로 갈라지든 간에) 선 그 자체는 역사 연표의 가장 주요한 시각적 은유로서 남아 있었다.

얄궂게도 근대적인 타임라인이 등장한 바로 그 시기에 학술적인 성격의 연표는 쇠락하기 시작

* 플로런스 나이팅게일(Florence Nightingale, 1820~1910): 영국의 사회개혁가이자 통계학자이며 간호사이다. 근대 간호법을 창시했다.

** 프랜시스 A. 워커(Francis Amasa Walker, 1840~1897): 미국의 경제학자, 통계학자, 저널리스트이자 교육가이다.

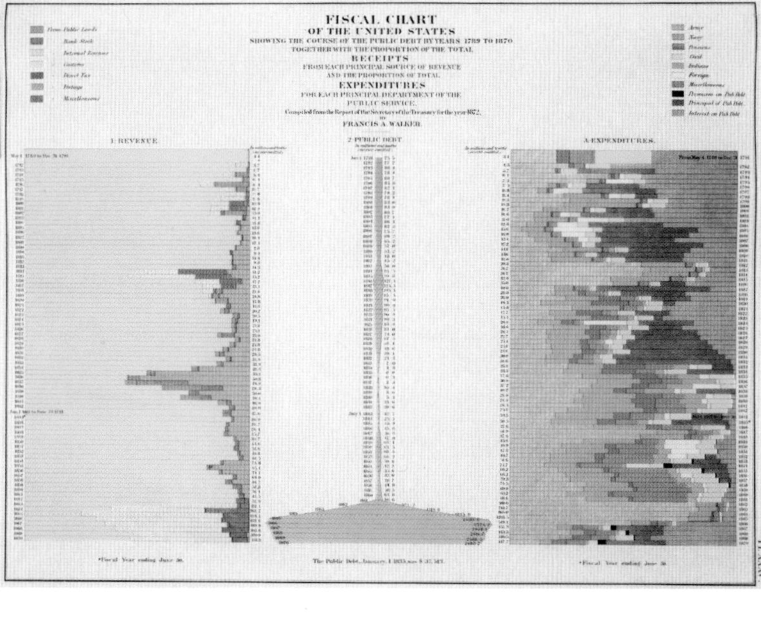

[그림37]

프랜시스 A. 워커, 『1789~1870년의 연방 재정 차트: 국가 부채, 주요 세입원들로부터의 개별적인 수입, 주요 부처들의 개별적인 지출』(『1870년 제9차 인구 조사 결과를 토대로 제작된 연방 통계 아틀라스』에서), 뉴욕, 1874.
필라델피아 조합 도서관 제공.

했다. 18세기를 거치며 연표에 대한 탐구는 보편적인 현상으로 자리 잡았지만, 사건의 연대를 전문적으로 연구하는 연표학자의 역할은 역사가에 비해 상대적으로 축소되었다. 그 과정에서 연표학자의 전통적인 영역은 여럿으로 쪼개졌다. 천문학은 점성술과 분리되었고, 문헌학은 성서 주석학에서 독립했으며, 경험과학은 계시과학에서 떨어져 나왔다. 한때 '역사 지식의 정수'로 추앙받던 연표라는 학문 분야가 거의 뼈대만 남게 된 것이다.[49]

그러나 이러한 상황 변화가 곧 연표라는 **실체**의 중요성이 줄어들었음을 뜻하지는 않았다. 사람들이 세계사를 본질적인 원인, 관계, 결과에 관한 연구로 이해하게 되었고, 중요한 시대 구분 또한 역사적 과정의 외부적인 것이라기보다 내재적인 것으로 이해하게 되었기 때문에, 연표는 과거와는 다른 유형의 중요성을 지니게 되었다. 그리고 같은 이유에서, 18~19세기에 등장한 새로운 연표들은 새로운 원칙을 따랐다. 이제는 천지창조 이래의 세계의 나이를 정확히 계산하는 일이 예전처럼 중요하지 않게 된 것이었다. 프리스틀리의 관점은 이러한 측면에서 전형적이라 할 만했다. 그가 생각하기에는, 세속적인 역사를 표상하는 데서는 어떠한 연대 결정법이든 보편적인 동의를 얻어 엄격하게만 적용한다면 세계의 나이를 정확히 계산해낼 수 있었다. 이러한 태도가 본질적으로 새로운 것은 아니었지만, 이 시기에 들어서면 더는 심각한 방법론적 논쟁의 대상은 아니게 되었다. 프리스틀리가 천지 창조의 문제를 다루지 않는 세계사 차트를 내놓았을 때 이에 대한 불평은 거의 제기되지 않았다. 오히려 독자들이 가장 의아하게 여긴 것은 그의 방식이 이토록 이해하기 쉬운데도 오랜 시간 동안 일반적으로 활용되지 않았다는 사실이었다.

대부분의 독자는 프리스틀리의 발명이 유용성과 직관성을 함께 갖추었다고 생각했다. 게다가 그의 발명은 계몽주의 시대의 철학자들이 그려낸 선형의 역사관과 매우 강하게 공명했다. 20세기의 철학자이자 평론가인 발터 베냐민의 표현을 빌리자면, "균질적이며 텅 비어 있는 시간"을 이처럼 도식적으로 표현해낸 작업이 갖는 의의는 아무리 강조해도 지나치지 않다.[50] 이와 동시에, 우리는 프리스틀리의 작업을 맥락 속에서 이해할 필요가 있다. 그에게 텅 비어 있는 타임라인이란 독자 스스로 답을 찾기를 요구하는 형식이었을 따름이다. 역사로부터 신을 배제하려는 의도가 아니었던 것이다. 오히려 프리스틀리는 자신의 타임라인이야말로 신의 섭리에 부합하는 사회적 현상들을 집합적으로 드러냄으로써 신이 계획한 바를 아름답게 비추어주리라고 생각했다.

19세기 들어 프리스틀리의 양식은 큰 인기를 얻었다. 그의 철학적 경험주의는 썩 그렇지 못했지만 말이다. 많은 독자들은 프리스틀리의 차트가 시간 그 자체의 그림을 보여준다고 생각했다. 이는 뉴턴 혁명이라는 당시의 시대적 상황과 완벽하게 들어맞았다. 뉴턴이 만든 역사 연표는 전적으로 17세기 천년왕국 신봉자들의 체계에 기반을 두고 있었고, 어떠한 도식의 요소도 활용하지 않았다. 하지만 뉴턴의 물리학이 상세히 밝힌 시간 이론은 프리스틀리의 차트가 보여준 시간의 동질성과 강하게 공명하는 것이었다. 프리스틀리의 차트는 자연과학적인 것은 아니었지만 계량적이고 통계적인 과학으로서의 성격을 갖고 있었다. 그리고 윌리엄 플레이페어가 충분히 증명했듯이, 다른 분야에서도 훌륭히 활용할 수 있는 분석 틀을 마련했다.

프리스틀리의 구조는 영국과 다른 유럽 나라에서 빠르게 퍼져나갔지만, 유독 프랑스에서만은 그 전파 속도가 느렸다. 프랑스에서는 1790년대에 이르러서야 사회통계학의 창시자 가운데 한 명인 콩도르세*가 새로운 시각적 체계를 만들어내고자 시도했다. 콩도르세 역시 프리스틀리와 마찬가지로 사회 현상에 대한 총체적인 이해가 가능하리라고 믿었다. 그리고 역사의 인과관계는 외부의 개입에 따른 것이라기보다 역사 자체에 내재된 것이라고 생각했다. 또한 사후인 1793년에 출간된 『인간 정신의 진보를 보여주는 역사화를 위한 소묘』에서 언급했듯이, 그는 세계의 역사가 기본적으로 선형의 경로를 따른다고 믿고 있었다. 콩도르세에 대해서라면 역사 발전 10단계 설을 주창했다는 것 외에는 아는 바가 전혀 없는 사람이라고 할지라도, 그가 프리스틀리의 선형 차트를 강력히 지지했으리라는 사실을 쉽게 짐작할 수 있을 것이다.

* 콩도르세(Marquis de Marie Jean Antoine Nicolas de Caritat Condorcet, 1743~1794): 프랑스의 계몽사상가이자 수학자이다. 프랑스혁명을 맞아 지롱드 당원으로 활약했으며 1793년의 헌법 초안을 기초했다.

그러나 콩도르세의 세계사는 서술적이라기보다 구조적이었다. 그의 주된 관심은 사실에 관한 기록을 제공하는 것이 아니라 역사의 일반적인 패턴을 밝히는 데에 있었기 때문이다. 예단하기를 좋아하던 계몽주의 시대의 역사가들이 대개 그러했듯이, 콩도르세 역시 이 세계의 모든 사회가 (완전히 똑같지는 않더라도) 상당히 유사한 단계들을 거쳐 발전한다고 믿었다. 그리고 그의 체계는 바로 이러한 전제에 입각해 설계되었다. 에우세비우스와 프리스틀리의 도식은 연대기적 동시대성을 신속하게 확인하는 기능을 갖고 있었지만, 콩도르세의 체계는 그와는 다른 목적을 갖고 있었다. 같은 시간대에 다른 장소에서 벌어진 사건들을 함께 보여주는 것이 아니라, 상이한 민족과 문화들이 동일한 사회적 발전 단계들을 거치며 진보해온 과정을 보여주려 했던 것이다.[51]

콩도르세는 역사 표기법을 위한 새로운 체계를 구상하면서, 연표를 세 가지 차원으로 이루어진 분류법 가운데 하나로 삼았다. 다른 두 가지 차원은 다소 잡다한 주제로 이루어진 범주들이었다. [그림38] 이 체계에서 모든 기입 항목들은 세 가지 차원에 각각 할당되었다. 첫 번째 차원은 (수렵채집인에서 근대인에 이르는) 역사의 10단계였고, 두 번째 차원은 (사회적 진보와 같은) 일반적인 주제의 영역이었으며, 세 번째 차원은 (입법이나 행정과 같은) 특수한 주제의 영역이었다. 이렇게 만들어진 표기법은 꽤나 복잡했는데, 무엇보다 분류법의 세 번째 범주가 부분적으로 두 번째 범주에 의존하고 있기 때문이었다(예를 들자면, 행정이라는 특수한 주제 범주는 예술과 과학이라는 일반적인 주제 범주의

[그림38]

콩도르세 후작, 장-앙투안-니콜라 드 카리타의 문서들 속에서 발견한 메모. 콩도르세는 자신이 구상했던 인류 사회와 문화의 발전 과정을 추적하는 연대기적 분류법 체계를 끝내 완성하지 못했다. 좌측 상단에는 『인간 정신의 진보를 보여주는 역사화를 위한 소묘』(이 책 또한 1794년 사망할 때까지 완결하지 못했다)에서 논한 세계사의 10가지 '주요 단계'가 나열되어 있다. 우측 상단에는 문화, 사회, 지성, 과학 등의 주요한 주제 범주들이 적혀 있고, 그 아래에는 하나 또는 그 이상의 주요 범주들에 속하는 하위 범주들이 적혀 있다.

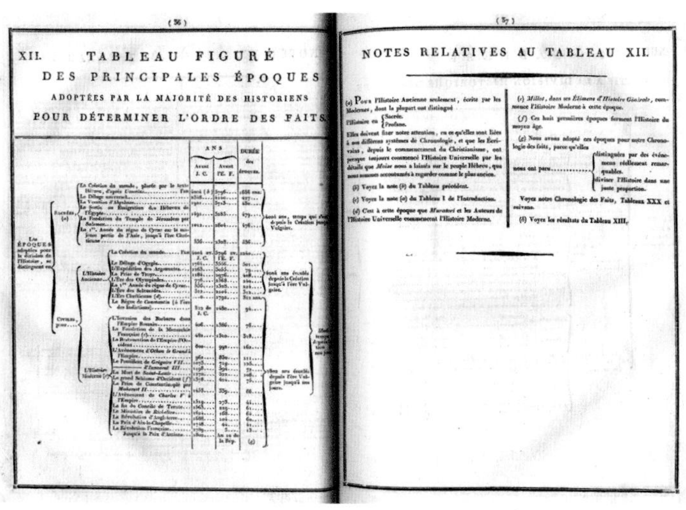
(56)

XII. TABLEAU FIGURÉ DES PRINCIPALES ÉPOQUES ADOPTÉES PAR LA MAJORITÉ DES HISTORIENS POUR DÉTERMINER L'ORDRE DES FAITS.

(57)

NOTES RELATIVES AU TABLEAU XII.

(a) Pour l'Histoire Ancienne seulement, écrite par les Modernes, dont la plupart ont distingué l'Histoire en {Sacrée. Profane.

Elles doivent fixer notre attention, en ce qu'elles sont liées à nos différens systèmes de Chronologie, et que les Écrivains, depuis le commencement du Christianisme, ont presque toujours commencé l'Histoire Universelle par les détails que *Moïse* nous a laissés sur le peuple Hébreu, que nous sommes accoutumés à regarder comme le plus ancien.

(b) Voyez la note (b) du Tableau précédent.

(c) Voyez la note (a) du Tableau I de l'Introduction.

(d) C'est à cette époque que *Muratori* et les Auteurs de l'Histoire Universelle commencent l'Histoire Moderne.

(e) *Millot*, dans ses *Élémens d'Histoire Générale*, commence l'Histoire Moderne à cette époque.

(f) Ces huit premières époques forment l'Histoire du moyen âge.

(g) Nous avons adopté ces époques pour notre Chronologie des faits, parce qu'elles nous ont paru............ {distinguées par des événemens réellement remarquables. diviser l'Histoire dans une juste proportion.

Voyez notre Chronologie des Faits, Tableaux XXX et suivans.

(h) Voyez les résultats du Tableau XIII.

[그림39]

피에르-니콜라 샹트로의 1803년 작 『역사의 과학』에 수록된 이 표는 인류 역사의 주요한 시대들을 다루고 있다. 샹트로의 표는 많은 역사가들이 사건들 사이의 선후 관계를 결정하는 데 도움을 주었다. 샹트로는 드니 디드로와 장 르롱 달랑베르가 『백과전서』에서 활용한 계층적인 구성 체계를 도입했다.

하위에 있는 것이 아니라, 정치라는 일반적인 주제 범주의 하위에 위치한다). 하지만 콩도르세는 역사적 사건들을 이렇게 여러 개의 차원으로 분류하는 방식이 상당한 장점을 지닌다고 생각했다. 역사적 정보를 쉽게 상호 참조할 수 있는 데이터베이스를 구축할 수 있고, 다양한 역사적 사례들 사이의 인과 관계를 일관성 있게 분석할 수 있었기 때문이다.

콩도르세의 체계는 에우세비우스 형식의 연표와 유사한 형태로 표현될 수 있었고, 콩도르세 자신도 그러한 가능성을 심사숙고했던 것으로 보인다.[52] 그러나 그의 3차원적 체계는 프리스틀리나 에우세비우스의 2차원적 체계에 비해 도식의 형태로 표현하기가 썩 용이하지 않았다. 만약 콩도르세가 19세기에 고안될 3차원 투영법이나 (자료의 정렬과 재정렬이 가능하고, 복합적인 자료를 투영할 수 있는) 오늘날의 컴퓨터 기술을 활용할 수 있었다면, 아마도 도식의 형태를 훨씬 더 적극적으로 시도해보았을 것이다. 그러나 당시에 활용할 수 있는 도구들로는 그의 체계에 알맞은 도식의 형태를 고안하는 일이 결코 불가능했다. 결국 그가 후대에 남겨줄 수 있었던 유산은 3차원적 좌표를 갖는 역사적 사건들의 목록뿐이었다.

프리스틀리의 접근법이 프랑스나 그 밖의 지역에서 추종자를 전혀 얻지 못했다고 할 수는 없다.[그림39] 예를 들어 19세기 초에 피에르-니콜라 샹트로Pierre-Nicolas Chantreau는 역사 연구에 관한 자신의 이론서에서 프리스틀리의 전기 선분 형식을 더욱 발전시켰다. 그러나 프랑스의 다른 작가들과 마찬가지로, 샹트로는 나무 형태의 도식이 갖는 가능성에도 그에 못지않은 관심을 갖고 있었다.

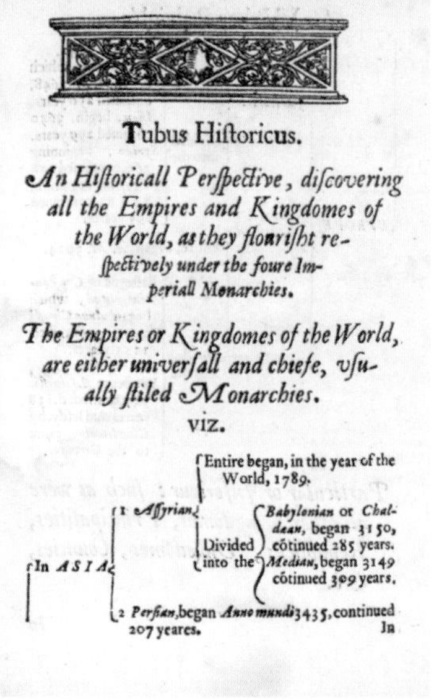

Tubus Historicus.

An Historicall Perspective, discovering all the Empires and Kingdomes of the World, as they flourisht respectively under the foure Imperiall Monarchies.

The Empires or Kingdomes of the World, are either universall and chiefe, usually stiled Monarchies.

viz.

In ASIA,
1 Assyrian, Entire began, in the year of the World, 1789.
Divided into the Babylonian or Chaldean, began 3150, cōtinued 285 years.
Median, began 3149 cōtinued 309 years.
2 Persian, began Anno mundi 3435, continued 207 yeares.

In

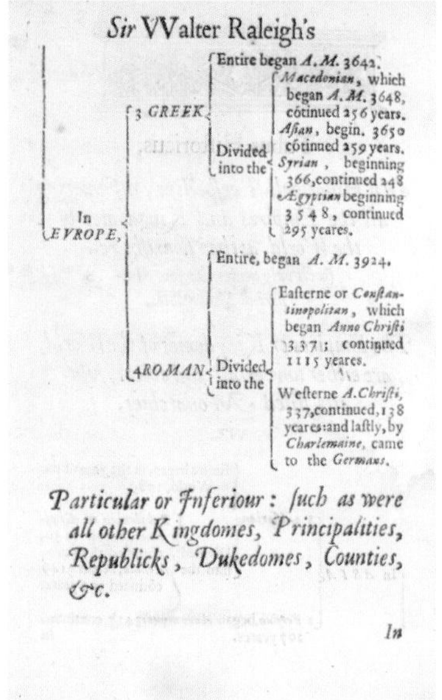

Sir VValter Raleigh's

In EVROPE,
3 GREEK, Entire began A. M. 3642.
Divided into the Macedonian, which began A. M. 3648, cōtinued 256 years.
Asian, begin. 3650 cōtinued 259 years.
Syrian, beginning 366, continued 248
Egyptian beginning 3548, continued 295 yeares.
4 ROMAN, Entire, began A. M. 3924.
Divided into the Easterne or Constantinopolitan, which began Anno Christi 337; continued 1115 yeares.
Westerne A. Christi, 337, continued, 138 yeares and lastly, by Charlemaine, came to the Germans.

Particular or Inferiour: such as were all other Kingdomes, Principalities, Republicks, Dukedomes, Counties, &c.

In

[그림40~41]

작자 미상, 『역사의 조망: 네 제국의 통치 아래 번영한 세계의 모든 제국과 왕국』, 런던, 1636년.

16세기에 프랑스의 인문학자 페트뤼 라무스*가 발전시킨 나무의 도식은 18세기에 디드로와 달랑베르가 『백과전서』에 활용한 덕분에 큰 인기를 끌고 있었다. 샹트로는 1803년에 출간한 『역사의 과학』에서 역사 연구의 여러 분야를 설명하기 위해 나무의 도식을 광범위하게 활용했다. 또한 자신의 연표에 등장하는 인물들을 특정한 범주로 묶거나 분류하는 데에 이용하기도 했다.[53]

샹트로가 택한 도식화의 전략은 여러 선례가 있었다. 라무스의 후계자들은 『역사의 조망: 네 제국의 통치 아래 번영한 세계의 모든 제국과 왕국』이라는 책에서 과거의 다양한 왕국을 분류한 바 있었다(이 책은 월터 롤리가 1636에 출간한 작품으로 잘못 알려졌다). [그림40~41] 그러나 이처럼 일정한 종말론적 구조를 조망하는 목적을 지닌 책이 활용한 도식은 상이한 방식으로 기능했다. 여기서는 개별 사건들의 정확한 연대를 밝히는 일이 아니라, 역사적 시간을 일정한 수의 연대기적 시기로 분류해 배열하는 일이 더 중요했던 것이다. 그러한 백과사전적인 나무의 형식은 종말론에 알맞을지 몰라도, 사건들이 일어난 연대를 밝히고자 하는 일반적이고 세속적인 목적에는 썩 어울리지 않았다. 그럼에도 어찌됐든 프랑스에서는 나무 양식의 추종자들이 끊이지 않고 등장했다. 나무 양식을 크로노그래피에 활용했던 중요한 사례 가운데 가장 후대의 것은 프랑스의 공상적 사회주의자 샤를 푸리에**의

* 페트뤼 라무스(Petrus Ramus, 1515~1572): 프랑스의 인문학자이자 논리학자이다. 키케로의 수사학을 받아들인 논쟁술로서의 변증법적 논리학을 만들어냈다.

** 샤를 푸리에(Charles Fourier, 1772~1837): 프랑스의 공상적 사회주의자이다. 근대문명 전체를 비판하며 '조화'라는 유토피아 사회를 구상했다.

1808년 작 『네 가지 운동에 대한 이론』이었을 것이다. 푸리에는 이 책에서 또 다른 4단계 역사 도식을 제시했다. 그는 자신의 크로노그래피 차트에 나무 양식을 도입함으로써, 백과사전적인 형식이 지닌 권위에 호소하려 했던 것이 틀림없다. 푸리에는 이상적인 사회 체제를 설계할 때 그러했던 것처럼 이러한 작업을 수행하는 데에도 최선을 다했다.

푸리에는 인간의 역사가 (멀고 먼 과거의 선사시대로부터 최후의 종말에 이르기까지) 대략 8만 년가량 지속되리라고 주장했다.[그림42] 그 전체 기간은 4개의 주요한 단계 혹은 "운동"을 거칠 것인데, 그중 첫 번째와 네 번째 운동은 각각 5000년씩 지속되고, 두 번째와 세 번째 운동은 각각 3만 5000년씩 지속되리라고 했다. 첫 번째와 마지막 단계는 고통의 시기일 것이고, 두 번째와 세 번째 단계는 기쁨의 시기일 것이었다. 푸리에의 관점에 비추어 보면 1808년의 세계는 많은 문제들을 겪고 있기는 했지만 그 장기적인 전망은 밝았다. 그의 도식에 따르면 인류가 역사의 첫 번째 운동을 막 끝마친 뒤였기 때문이다. 5000년에 걸친 전 인류적 고통의 시기를 지나 비로소 사회적 행복을 누릴 첫 시기에 접어든 것이었다. 푸리에는 이러한 도식을 통해 우리가 현생에서 겪게 될 난관을 긴 안목에서 평가할 수 있으리라고 기대했다. "우리가 겪고 있는 고통의 양을 측정하기 위해서는 반드시 우리를 위해 준비되어 있는 행복의 양이 얼마나 되는지부터 파악해야 한다. 우리는 그러한 행복의 단계를 향해 매우 빠른 속도로 나아가고 있다."[54] 푸리에는 이러한 행복의 단계가 사회적인 화합과 성적인 화합을 가져다줄 것이며, 인간의 산업 또한 너무 발전하는 나머지 남극과 북극의 얼음을 녹일 지경에 이를 것이라고 말했다. 오래지 않아 상트페테르부르크와 시칠리아의 기후가 서로 비슷해지리라는 것이었다. 슬픈 일이지만, (레모네이드 바다, 얼룩말 택시를 비롯한) 푸리에의 모든 예언들 가운데 이것 하나만은 오늘날 거의 실현된 것 같다.

1849년에 실증주의 철학자 오귀스트 콩트*는 더욱 과감한 또 하나의 역사 도식을 선보였다. 13개월로 이루어진 콩트의 『실증주의 달력』은 애초에 도식 형태로 기획된 것이 아니었다.[그림43~44] 그 이름에서 알 수 있듯이 과거에 대한 반성 및 역사적 기억을 체계적으로 정리하고, 현존하는 종교적 달력들을 대체하기 위해 고안된 것이었다. 콩트에게는 실증주의 역시 하나의 종교였으니까 말이다. 콩트의 달력은 그것이 대체하고자 했던 가톨릭과 개신교의 달력들처럼 일련의 연례 종교행사들을 순환했지만, 그와 동시에 역사가 보여주는 선형의 질서 또한 따르고 있었다. 이 실증주의 달력의 13개 달 가운데 모세의 이름을 딴 첫 번째 달은 리쿠르고스**와 조로아스터, 공자와 같은 고대 실증주의의 영웅들을 기렸다. 그리고 프랑스의 해부학자 마리 프랑수아 자비에 비샤***의 이름을 딴

* 오귀스트 콩트(Auguste Comte, 1798~1857): 프랑스의 철학자이다. '사회학'이라는 용어를 만들었으며, 실증주의 철학이라는 과학적 접근법을 제시했다. 그러나 만년에는 사회의 조직적 통일을 위해 감정의 역할을 강조하는 '인류교'를 창시해 자신이 대주교가 된다.

** 리쿠르고스(Likurgus): 고대 그리스 스파르타의 왕이자 입법 개혁가이다. 정확한 생몰연도가 알려져 있지 않다.

*** 마리 프랑수아 자비에 비샤(Marie François Xavier Bichat, 1771~1802): 프랑스의 해부학자이자 생리학자이다. 『일반해부학』으로 근대 조직학의 기초를 마련했다.

TABLEAU

DU COURS DU MOUVEMENT SOCIAL.

SUCCESSION et RELATIONS de ses 4 PHASES et 32 PÉRIODES.

Page 56.

Ordre des Créations futures.

(On ne pourra bien acquérir l'intelligence de ce Tableau que par l'étude des Chapitres suivans qui en donnent l'explication.)

PREMIÈRE PHASE. ENFANCE ou *INCOHÉRENCE ASCENDANTE.* — ANNÉES.

Sept périodes. *Création subversive antérieure,* *déjà faite.* — environ

Reculement.
1.re *SECTES CONFUSES.* Ombre du bonheur.
2.e *Sauvagerie.*
3.e *Patriarchat.*
4.e *Barbarie.*

Elan . . . .
5.e *Civilisation.*
6.e *Garantisme.*
7.e *SECTES ÉBAUCHÉES.* Aube du bonheur.

Cinq périodes malheureuses organisées en ménages incohérens.

Ages de perfidie, injustice, contrainte, indigence, révolutions, et faiblesse corporelle. — $\frac{1}{16}$ 5000

Saut du Chaos en Harmonie.

DEUXIÈME PHASE. ACCROISSEMENT ou *COMBINAISON ASCENDANTE.*

Neuf périodes. 8.e SECTES COMBINÉES SIMPLES. Aurore du bonheur. — C'est l'ordre social auquel le globe va passer par la fondation d'un canton de sectes progressives.

Naissance de la Couronne boréale.

9.e 10.e 11.e 12.e 13.e 14.e 15.e 16.e . . . . . .

SECTES COMPOSÉES ASCENDANTES.

Ces sept périodes sont distinguées par *SEPT CRÉATIONS HARMONIQUES,* séparées par des intervalles d'environ 4000 ans. — $\frac{7}{16}$ 35000

1.re Création septigénérique et Plénitude ascendante.

APOGÉE DU BONHEUR. *Intermède ou Quiétude d'environ 8000 ans.*

TROISIÈME PHASE. DÉCLIN ou *COMBINAISON DESCENDANTE.*

Neuf périodes.
17.e . . . . . .

2.e Création septigénérique et Plénitude descendante.

18.e 19.e 20.e 21.e 22.e 23.e 24.e

SECTES COMPOSÉES DESCENDANTES.

Ces sept périodes sont distinguées par *SEPT CRÉATIONS HARMONIQUES* séparées par des intervalles d'environ 4000 ans. — $\frac{7}{16}$ 35000

Extinction de la Couronne boréale.

25.e SECTES COMBINÉES SIMPLES. Terme du bonheur. — Cette 25.e société est comme la 8.e un ordre mixte entre l'harmonie et le cahos social.

Saut d'Harmonie en Chaos.

QUATRIÈME PHASE. CADUCITE ou *INCOHÉRENCE DESCENDANTE.*

Sept périodes. *Création subversive postérieure.*

Retraite . .
26.e *SECTES ÉBAUCHÉES.* Vestiges du bonheur.
27.e *Garantisme.*
28.e *Civilisation.*
29.e *Barbarie.*

Agonie. . .
30.e *Patriarchat.*
31.e *Sauvagerie.*
32.e *SECTES CONFUSES.* Ombre du bonheur.

Cinq périodes malheureuses organisées en ménages incohérens.

Ages de perfidie, injustice, contrainte, indigence, révolutions, et faiblesse corporelle. — $\frac{1}{16}$ 5000

Fin du Monde animal et végétal, après une durée approximative de . . 80000 ans.

VIBRATION ASCENDANTE. — VIBRATION DESCENDANTE.

CHAOS ASCENDANT. — HARMONIE ASCENDANTE. — HARMONIE DESCENDANTE. — CHAOS DESCENDANT.

Les 16 sociétés N.º 9 à 24, seront engendrées par autant de créations, dont chacune donnera de nouveaux produits dans les 3 règnes, et modifiera d'autant les rapports sociaux, sans rien changer au mécanisme des sectes progressives.

[그림42]

샤를 푸리에가 작성한 4개의 역사적 "운동" 혹은 단계를 보여주는 차트이다. 『네 가지 운동과 일반적 운명에 대한 이론: 발견에 대한 설명 및 발표』, 리옹, 1808.

CALENDRIER POSITIVISTE,
POUR UNE ANNÉE QUELCONQUE;
ou
TABLEAU CONCRET DE LA PRÉPARATION HUMAINE.

MOÏSE.	HOMÈRE.	ARISTOTE.	ARCHIMÈDE.	CÉSAR.	SAINT-PAUL.	CHARLEMAGNE.

CALENDRIER POSITIVISTE,
POUR UNE ANNÉE QUELCONQUE;
ou
TABLEAU CONCRET DE LA PRÉPARATION HUMAINE.

DANTE.	GUTEMBERG.	SHAKESPEARE.	DESCARTES.	FRÉDÉRIC.	BICHAT.

[그림43~44]

오귀스트 콩트의 『실증주의 교리문답』에 수록된 『실증주의 달력』, 파리, 1852.

13번째 달은 코페르니쿠스와 뉴턴, 프리스틀리와 같은 근대의 영웅들을 기렸다. 푸리에의 체계와 마찬가지로 콩트의 체계 또한 근대의 크로노그래피가 얼마나 혼성적인 성격을 지니고 있었는지를 보여주며, 진보의 시대에도 전통적인 시간 구조가 여전히 생명력을 유지하고 있었음을 알려준다.

독일과 오스트리아에서도 규칙적이고 정연한 연표에 대한 프리스틀리의 엄격한 강조는 일정한 저항에 부딪혔다.**[그림45]** 예를 들어, 1804년에 오스트리아의 연표학자 프리드리히 슈트라스Friedrich Strass는 『시간의 흐름』이라는 차트를 출간했다. 이 차트는 영어와 러시아어를 비롯한 여러 언어로 번역되고 수많은 역사 문헌에 인용될 만큼 당대에 커다란 영향을 끼쳤다. 슈트라스도 프리스틀리가 그러했듯이 역사를 도식 형태로 표상하는 것이 글자 형태로 기술하는 것보다 여러 측면에서 이점이 있다고 믿었다. 순서와 비율, 동시성을 간단하게 드러낼 수 있으면서도, 암기하거나 계산하는 데 어려움이 없으리라는 것이었다. 그러나 슈트라스의 차트를 영어로 번역한 윌리엄 벨William Bell의 말에 따르면, 프리스틀리 차트가 보여주는 "동일한 시간", 곧 기하학적 규칙성을 갖는 구조는 역사적 과정의 동질성을 암시하는 것으로 오해받기 쉬웠다.[55] 그리하여 슈트라스는 낭만주의적 역사 서술의 수사법과 일맥상통하는 맥락에서, 위상과 크기를 동일시하는 데에 반발했다. 윌리엄 벨은 이렇게 썼다.

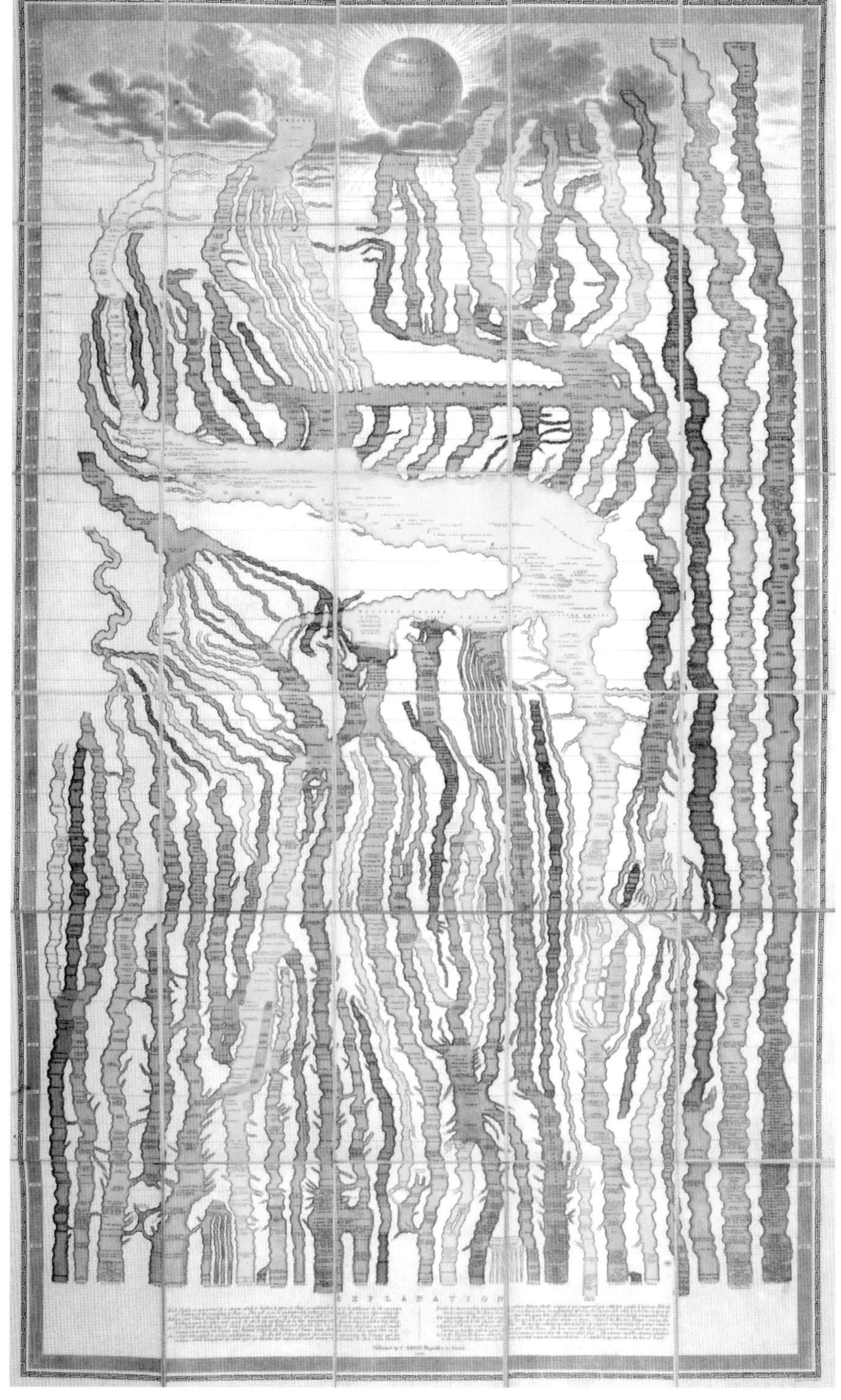

[그림45]

프리드리히 슈트라스의 1804년 작 『시간의 흐름』을 윌리엄 벨이 1849년에 영어로 번역한 판본.

프리스틀리의 차트는 추상적인 시간을 하나의 직선이라는 개념을 통해 표현함으로써 시간을 더 잘 인식할 수 있도록 해주었다. …… 하지만 아무리 그러하더라도, 물의 흐름이라는 이미지를 활용할 생각을 그 누구도 하지 못했다는 것은 …… 참으로 놀라운 일이다. …… 우리는 물이 미끄러지고, 굽이치고, 혹은 가파르게 흘러가는 형상으로 시간을 표현하는 데에 이미 익숙해져 있다. 긴 시간이든 짧은 시간이든 문제가 되지 않는다. 제국의 발흥을 강의 발원지에 비유하거나, 제국의 멸망을 강이 광활한 바다를 향해 흘러가며 점차 유속을 더해가는 모습에 비유한 것을 이해하는 데에는 …… 그리 대단한 통찰력이 필요하지 않다. 아니, 이러한 은유는 뻣뻣하고 단조로운 직선에 비해 …… 더욱 강렬한 생동감을 시간의 개념에 부여하며, 개별 사건들을 우리 마음속에 더욱 강하게 각인시킨다. 이러한 은유를 활용하면 다양한 물줄기를 다시 더 작은 물줄기로 갈라지게 할 수도 있고, 광활한 바다에서 하나로 모이게 할 수도 있다. …… 그 풍부한 표현력은 아름답기 때문에 더욱 매력적이고, 단순하기 때문에 더욱 명료하며, 은유의 대상과 닮았기 때문에 더욱 견고하다.[56]

슈트라스와 벨에게 역사란 그저 기록된 사실들의 나열이 아니라 과거에 대한 앎의 한 형태라고 할 수 있었다. 따라서 슈트라스의 차트는 제프리스나 프리스틀리의 차트와 구성 체계는 다소 유사하게 보일지라도, 실제로 역사를 표상하는 형태는 완전히 다르다. 슈트라스의 『시간의 흐름』은 그 거대한 판면의 가장 꼭대기에 일고 있는 폭풍에서 발원한다. 그 속에서 사건들은 썰물로 밀려났다가 밀물로 들이치고, 갈라졌다가 뒤엉키고, 잔잔히 흐르다가 우레와 같은 소리를 내며 콸콸 쏟아져 내려간다. 오래전 메르카토르 역시 조심스럽게나마 시간이 흐르는 속도에 변화를 주려 시도한 바 있었다. 만약 메르카토르가 자신의 시도가 이처럼 웅장하고 유연한 시각적 은유로 변형된 것을 보았다면 아마도 크게 매혹되었을 것이다.

슈트라스만이 이러한 방향을 택한 유일한 차트 제작자는 아니었다. (일반적으로 아래로 내려가는) 물의 흐름 형식이든 (일반적으로 위로 올라가는) 나무의 형식이든 간에, 19세기에는 이와 유사한 시각적 도식들을 어디서든 찾아볼 수 있었다.**[그림46~47]** 『시간의 흐름』의 초판이 출간되고 채 몇 년도 되지 않아 대니얼 도드*와 스티븐 도드Stephen Dod라는 뉴저지 주의 유명한 발명가 형제가 (나무의 형식에 기반을 두기는 했지만) 슈트라스와 유사한 차트를 제작했다. 도드 형제의 것과 같은 미국의 차트들은 대개 유럽의 차트들에 비해 단명했으며, 종종 끄트머리 부분이 거칠게 마감되었다. 도드 형제의 차트는 그 자체로도 경이로운 것이었지

* 대니얼 도드(Daniel Dod, 1788~1823): 미국의 수학자이자 기계 공학자이다. 증기선의 발달에 크게 기여했다. 1823년에 증기선의 보일러 엔진이 폭발하는 사고로 사망했다.

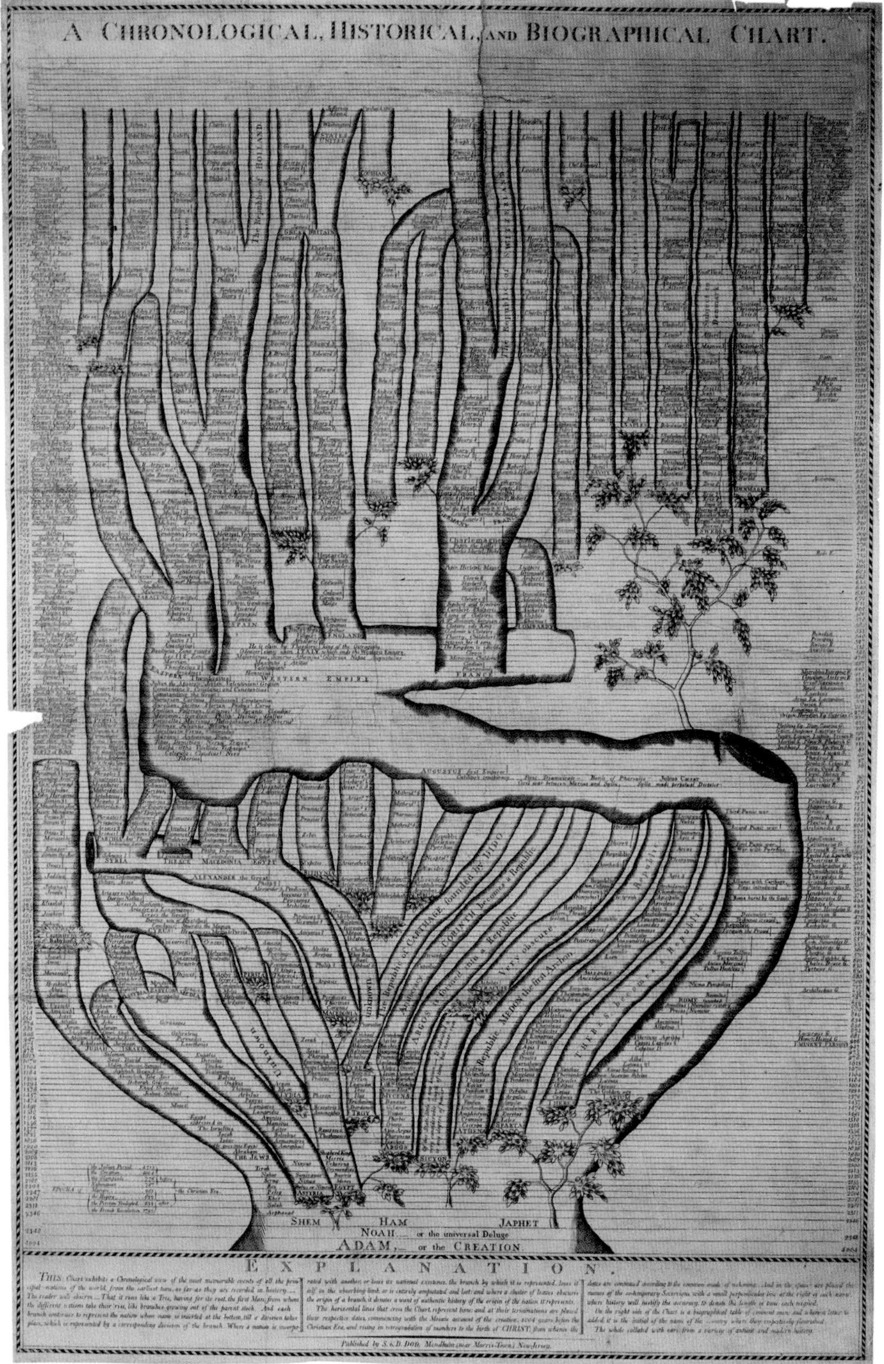

[그림46]

스티븐 도드와 대니얼 도드의 1807년 작 『연표, 역사, 전기의 차트』는 프리드리히 슈트라스의 『시간의 흐름』과 형태가 비슷했지만, 아래로 흘러내려가는 물줄기가 아니라 위로 자라나는 나무의 형식을 취했다는 차이점이 있었다. 차트 우측 상단에 위치한 나뭇가지에서는 프리스틀리의 이름도 찾아볼 수 있다.

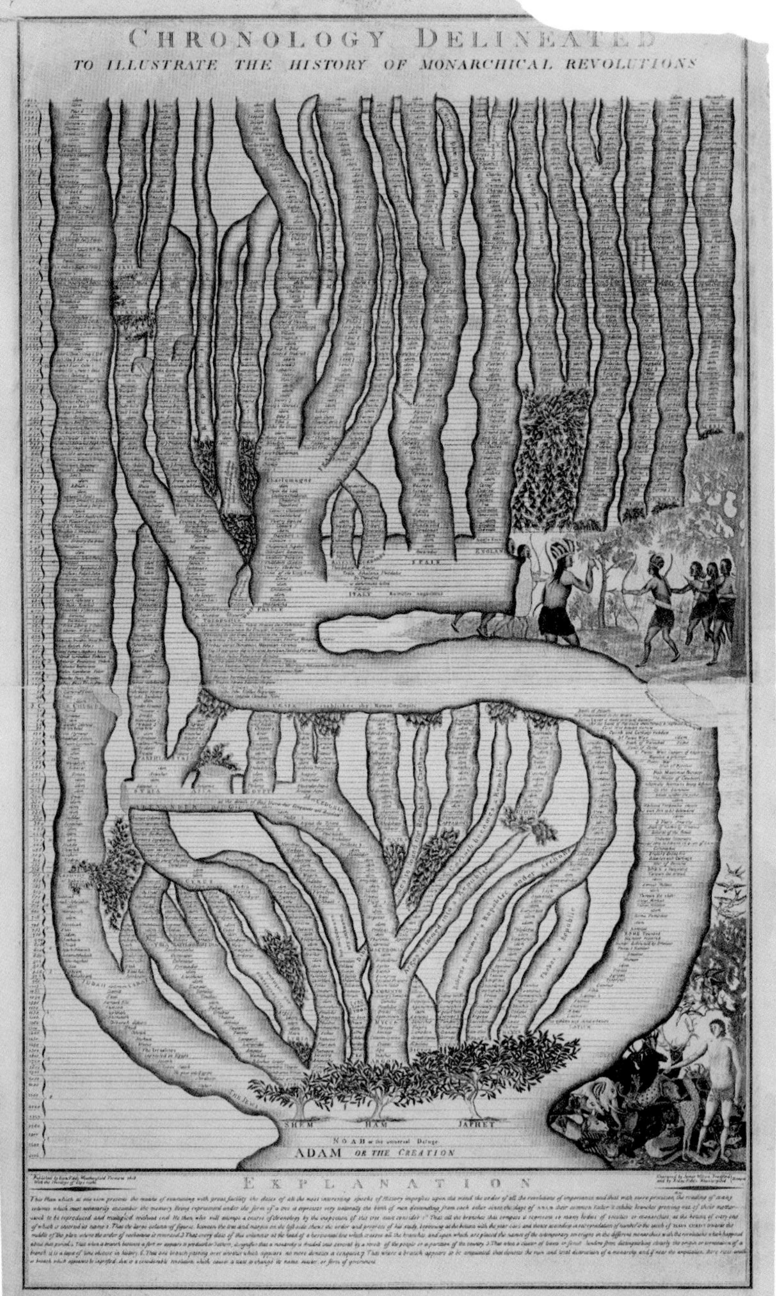

[그림47]

연표 차트의 제작자가 누구인지를 정확히 밝히는 것은 대개 쉽지 않은 일이다. 일반적으로 이러한 작품들은 작가, 조판가, 출판업자의 협동 작업의 산물이었고, 새로 작품을 제작할 때는 흔히 기성의 작품을 상당 부분 참조했기 때문이다. 아이작 에디라는 선구적인 인쇄공은 1812년에 최초의 버몬트 성서Vermont Bible를 제작했다. 그리고 이듬해에는 지구본 제작자 제임스 윌슨과 협력해 『왕조 교체의 역사를 조명하는 그림 연표』라는 제목의 차트를 출간했다. 버몬트 차트의 형식은 도드 형제의 차트와 매우 닮아 있었다. 비록 내용과 구조, 삽화는 달랐지만 말이다.

만, 완성도보다는 제작자들의 명성 덕분에 오래도록 기억되었다. 이들 형제는 미국의 시계 제조공이자 독립전쟁 당시 병기 제작으로 공을 세운 레비우스 도드Lebbeus Dod의 아들이었다. 스티븐은 유명한 측량 기사였으며, 뉴어크 시의 시장을 지냈다. 그리고 대니얼은 미국 최초로 대서양 횡단에 성공한 증기선인 서배너 호의 증기 엔진을 설계하고 제작했다. 물론 도드 형제의 차트 자체도 이후 미국 내에서 다소나마 영향을 끼쳤다. 1813년에 버몬트의 저명한 인쇄공이자 조판가인 아이작 에디Isaac Eddy와 지구본 제작자인 제임스 윌슨James Wilson이 이 차트의 새로운 판본을 제작했던 것이다.

물의 흐름 형식의 차트는 19세기 내내 꾸준히 인기를 끌었다.[그림48~50] 코네티컷 주의 회중교회 목사인 데이비드 롤런드David Rowland는 1806년 작 『교회사 대요』에서 표준적인 에우세비우스 양식이 아니라 물의 흐름의 은유를 활용했다. 토머스 클락슨*의 1808년 작 『영국 의회의 아프리카 노예무역 폐지 결정의 기원, 과정, 성과의 역사』, 그리고 (요안네스 템포라리우스와 더불어 역사상 가장 유명한 연표학자로 꼽히는) 제임스 조지 로시 포롱**이 1883년에 출간한 세계 종교 민족지民族誌인 『생명의 강, 혹은 전 세계 종교의 발원과 흐름: 가장 원시적인 상징체계로부터 최근의 영적인 발달에 이르는 신앙의 진화 과정』도 물의 흐름 은유를 활용했다.

그럼에도 물의 흐름 형식의 차트와 선형의 연표는 시간이 지날수록 점점 서로 수렴하는 경향이 있었다. 윌리엄 벨이 저항을 하기는 했지만, 19세기에 물의 흐름 형식의 차트들은 일반적으로 프리스틀리가 보급한 "동일한 시간"의 양식을 변형해 활용했다. 내적인 관습은 서로 차이가 있었지만, 그 구성 체계는 타임라인의 규칙적이고 정연한 양식을 더욱 더 닮아갔다. 타임라인의 양식은 처음 등장한 지 고작 몇십 년 만에 이미 모든 영역에 편재하고 있었던 것이다.

* 토머스 클락슨(Thomas Clarkson, 1760~1846): 영국의 노예폐지론자이다. 영국의 노예 매매를 중단시키는 데 기여했으며, 이후에는 전 세계의 노예 매매를 없애기 위해 노력했다.

** 제임스 조지 로시 포롱(James George Roche Forlong, 1824~1904): 스코틀랜드와 영국에서 엔지니어 교육을 받았으며, 인도에서 오랫동안 군에 복무했다. 선교 활동 중에 인도 종교를 접한 후 크리스트교를 버렸으며, 종교에 관해 여러 글들을 남겼다.

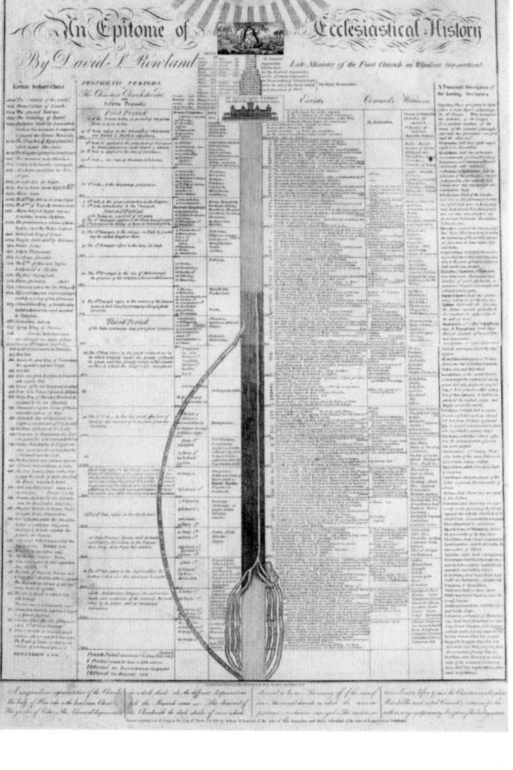

[그림48]

물의 흐름이라는 시각적 은유는 종종 더 거대한 표의 구조의 일부가 되기도 했다. 코네티컷 주에 위치한 윈저제일교회의 회중교회파 목사 데이비드 롤런드가 1806년에 출간한 『교회사 대요』가 그 대표적인 사례였다. 롤런드의 도표 중앙부를 관통하는 크리스트교의 물줄기는 중세를 거치며 '오류의 짙은 그늘' 속에서 점차 어두워진다. 오직 단 하나의 가늘고 맑은 저항의 수로가 이어지고 있을 뿐이다. 이 저항의 수로는 종교개혁의 시기에 몇 줄기로 갈라졌다가 곧 다시 합쳐져 크리스트교의 본류를 이룬다.

[그림49]

영국의 노예제 폐지론자 토머스 클락슨은 1808년에 출간한 『영국 의회의 아프리카 노예 무역 폐지 결정의 기원, 과정, 성과의 역사』에 물의 흐름 형식의 차트 하나를 수록했다. 이 차트에서 초기의 노예제 폐지 지지자들은 장차 두 줄기의 드넓은 정치적 강물로 흐르게 될 '수원水原과 개울'을 표상하며, 이 강물들은 각각 영국과 미국의 노예제 폐지 운동을 표상한다. 이 차트는 1836년에 뉴욕에서 출간된 판본에 실렸다.

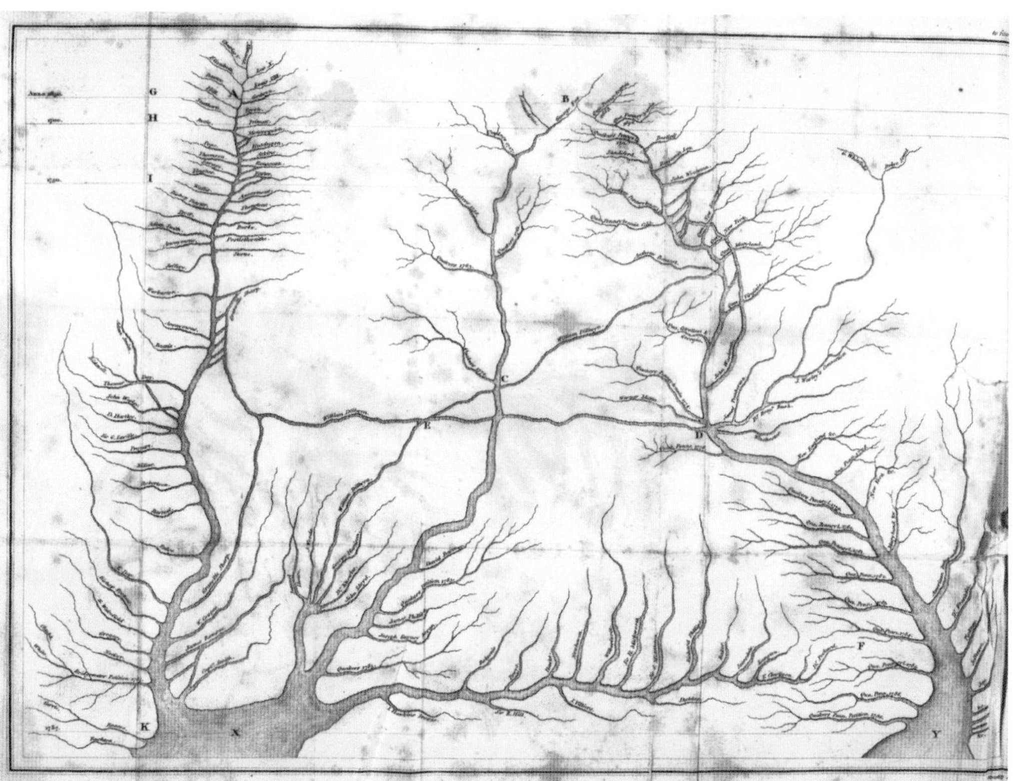

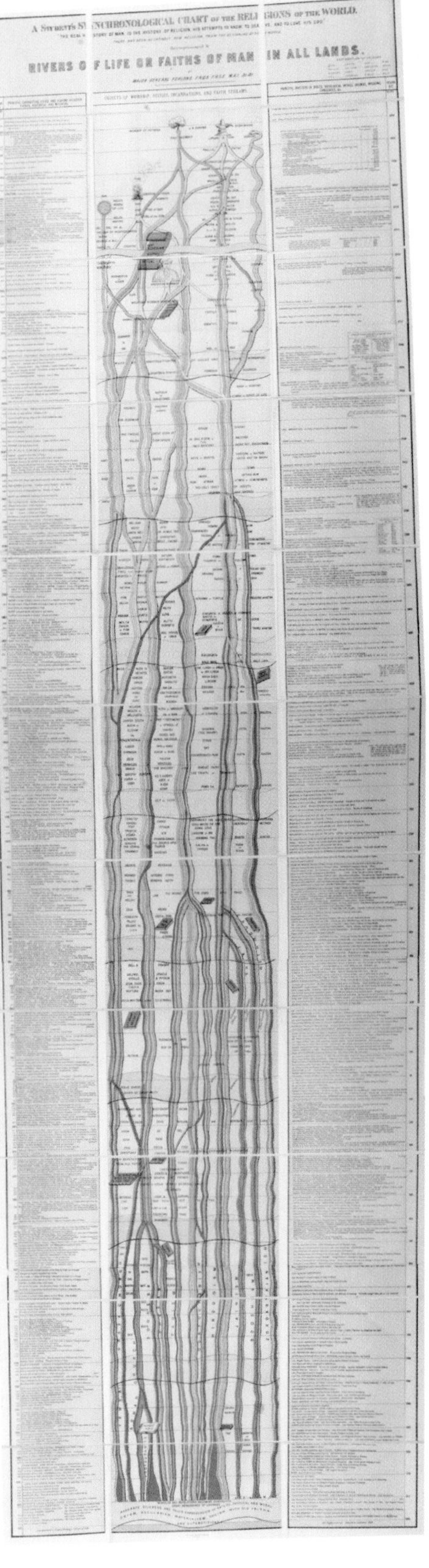

[그림50]

1883년, 영국군 퇴역 소장 제임스 조지 로시 포롱은 40년간의 인도 복무를 마친 뒤 세계 종교의 발전 과정을 다룬 두툼한 세 권짜리 저서를 출간했다. 『생명의 강, 혹은 전 세계 종교의 발원과 흐름: 가장 원시적인 상징체계로부터 최근의 영적인 발달에 이르는 신앙의 진화 과정』이라는 제목의 책이었다. 이 책에는 세계 종교의 상호 관련성에 대한 포롱의 견해를 보여주는 2.3미터 길이의 천연색 차트, 즉 "신앙의 흐름" 차트가 수록되어 있었다.

제5장

변경의 선들

Frontier Lines

미국이라는 나라는 시간 차트가 발전하기에 비옥한 토양을 갖추고 있었다. 18~19세기에 미국의 크로노그래프 제작자들은 방대하고 다양한 종류의 도표를 출간했다. 그 가운데 일부는 유럽의 차트를 모방한 것이었지만, 대개는 미국의 실정을 담고 있는 토착적인 도표들이거나 미국의 역사가 유럽의 역사와 대등하다고 내심으로 또는 노골적으로 주장하는 도표들이었다. 또한 과학적 혁신, 새로움, 진보와 같은 주제나, 대규모 신앙 부흥 운동의 종말론적인 시각적 표현 양식을 담고 있는 도표들도 등장했다.

프리스틀리의 시간 차트는 유럽에서 그랬듯이 미국에서도 역사 도식 분야를 빠르게 재편시켰다.[그림1] 그렇기에 프리스틀리가 미국에서도 금세 큰 명성을 얻고, 그의 작품들이 상당한 영향을 끼쳤다는 사실은 전혀 놀랄 일이 아니었다. 프리스틀리는 1794년에 종교적·정치적 박해를 피해 영국에서 펜실베이니아 주로 건너갔다. 그러나 그는 일찍이 1760년대부터 벤저민 프랭클린을 비롯한 미국 지식인들과 긴밀히 교류하고 있었으며, 프랭클린은 『전기 차트』를 제작한 공을 들어 1766년에 프리스틀리를 런던왕립학회 회원으로 추천한 바 있었다. 토머스 제퍼슨 역시 프리스틀리의 추종자 중 한 명이었고, 그가 고안한 차트 형식에도 흥미를 갖고 있었다. 제퍼슨의 문서들 속에서 발견된 워싱턴 DC의 계절상품 차트는 『전기 차트』의 형식을 따르고 있다. 물론 이 차트에서 시간의 강물 위에 떠 있는 지푸라기들은 뉴턴, 하위헌스,* 갈릴레오 같은 인물의 생애의 길이가 아니라, 파슬리, 꽃상추, 수박과 같은 농작물의 수확 시기를 일러주었다.

자신들의 이름을 역사에 새기고 싶어 안달하던 혁명 세대들은 프리스틀리의 차트에서 거의 마력에 가까운 매혹을 느꼈다.[그림2] 1811년에 의사이자 대륙회의의 일원인 데이비드 램지**는 『미국 역사 전기 차트』라는 멋들어진 작품을 출간했다. 이 차트는 『미국인의 세계사』라는 책의 부록으로,

* 크리스티안 하위헌스(Christiaan Huygens, 1629~1695): 네덜란드의 수학자, 물리학자이자 천문학자이다. 토성의 고리를 발견하고, 빛의 파동설을 수립했다.

** 데이비드 램지(David Ramsay, 1749~1815): 미국의 의사, 정치가이자 역사가이다. 미국 독립전쟁에 참여한 경험을 바탕으로 여러 권의 역사서를 남겼다.

[그림1]

작자 미상, 『1801~1808년 워싱턴DC 청과물 시장의 계절상품 차트』, 토머스 제퍼슨의 문서들 속에서 발견됨.

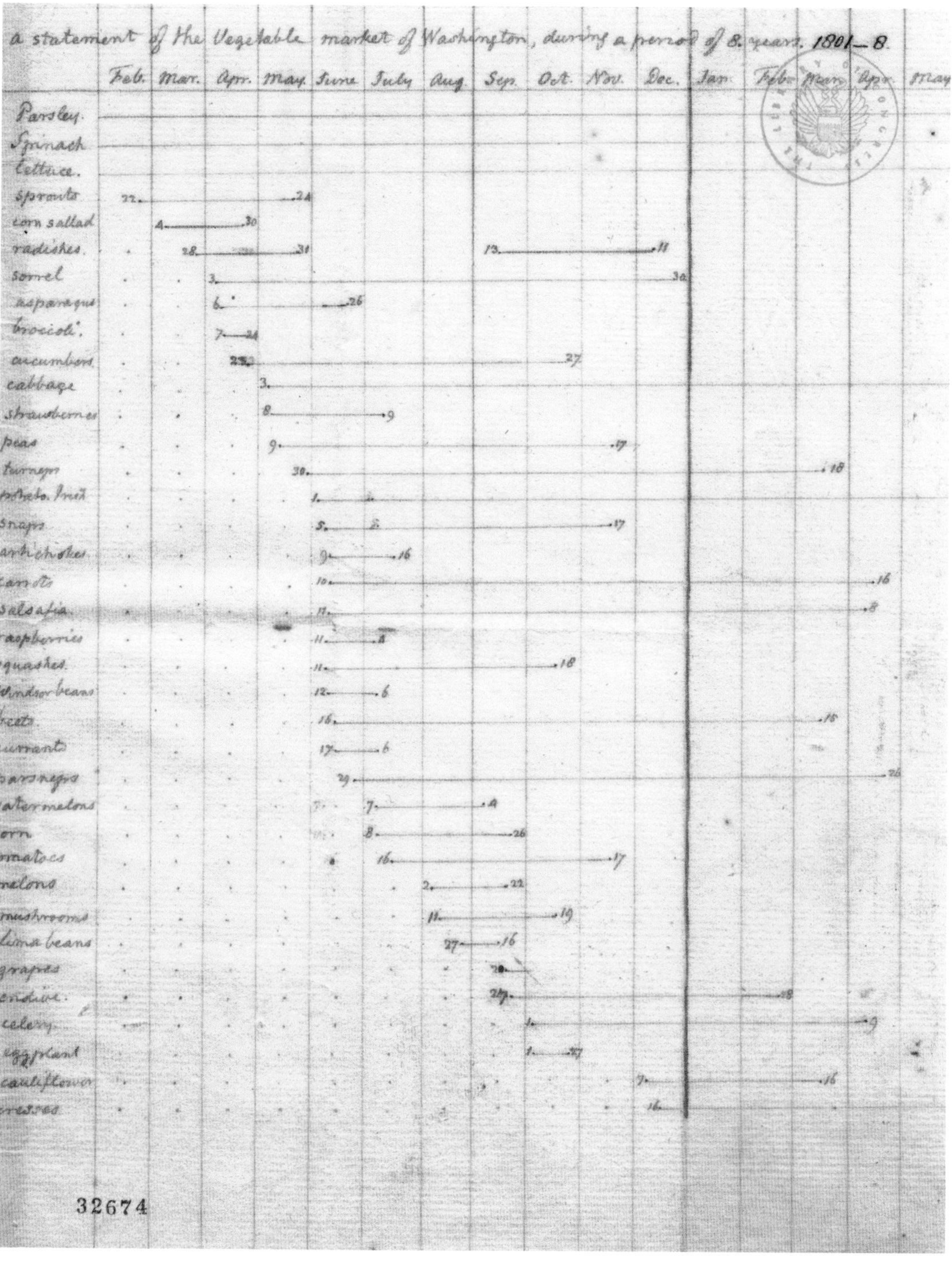

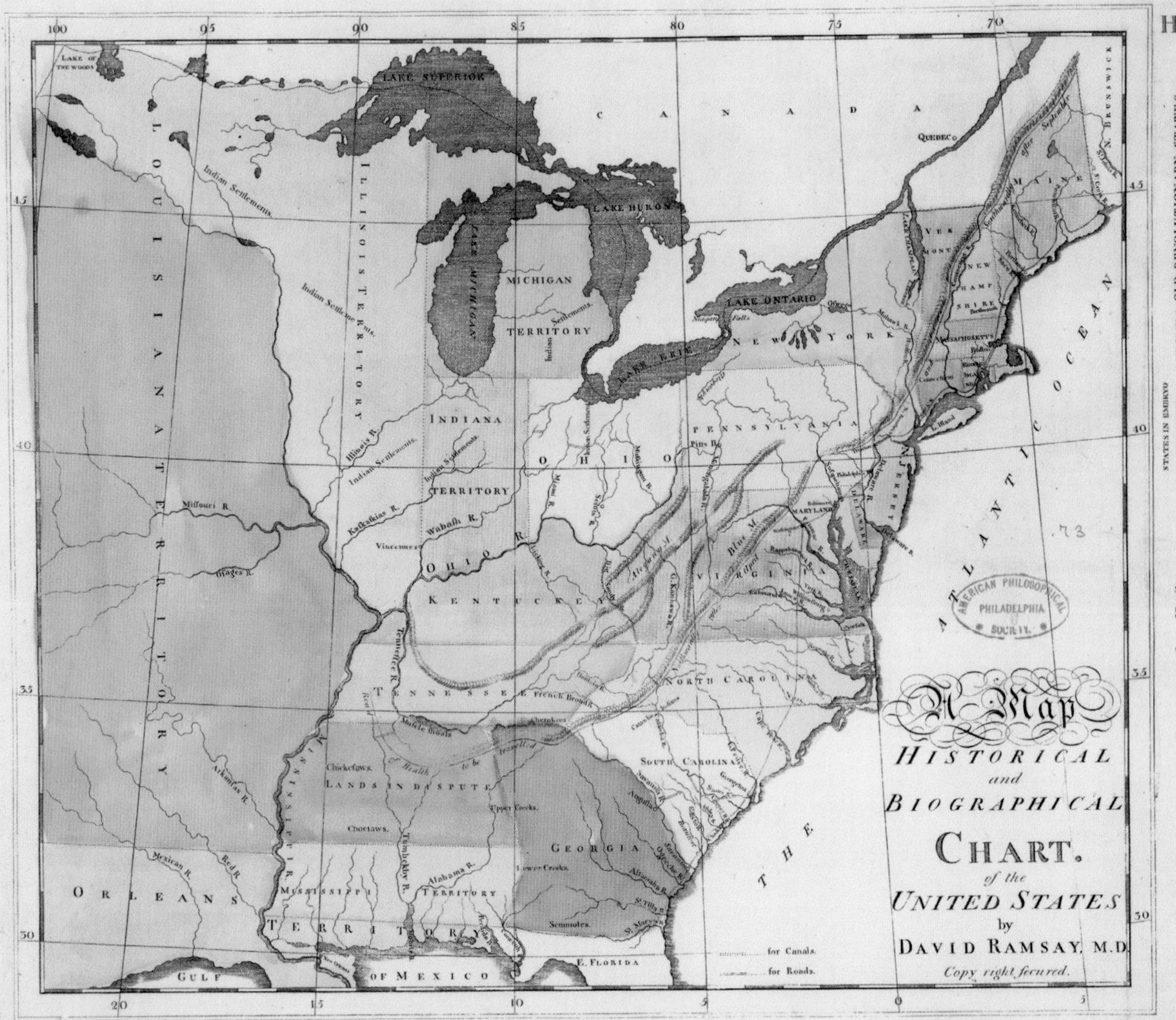

[그림2]

사우스캐롤라이나 주의 의사이자 역사가, 정치가인 데이비드 램지는 1811년에 『미국인의 세계사』라는 책과 더불어 『미국 역사 전기 차트』를 출간했다. 램지는 이 인상적인 작품에서 옛 영국 식민지들의 지도와 조지프 프리스틀리 및 윌리엄 플레이페어의 형식을 따른 도표를 한데 결합시켰다.

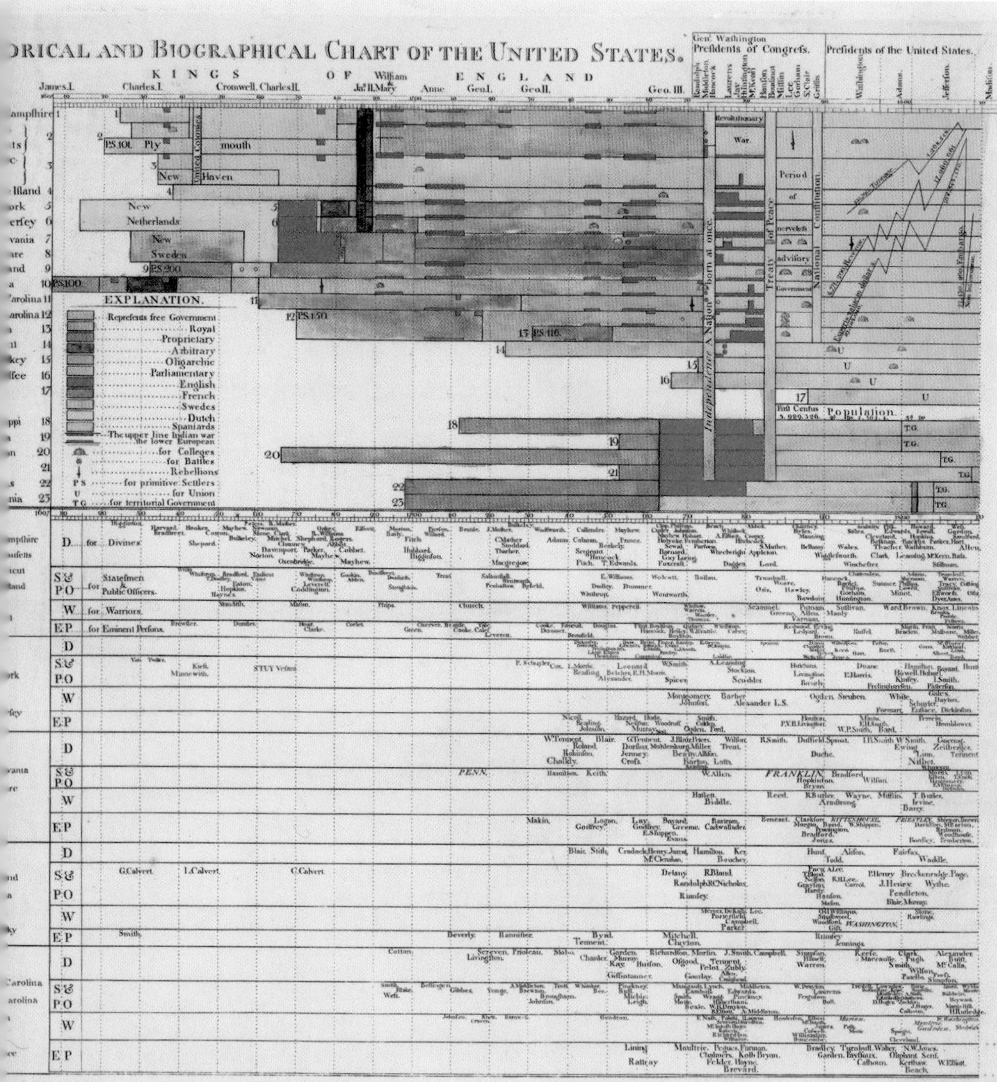

…RICAL AND BIOGRAPHICAL CHART OF THE UNITED STATES.
KINGS OF ENGLAND
James I. Charles I. Cromwell. Charles II. William & Mary Anne Geo. I. Geo. II. Geo. III.
Genl. Washington
Prefidents of Congrefs.
Prefidents of the United States.
Washington Adams Jefferson Madison
Revolutionary War.
Period of nerveless advisory Government
Treaty of Peace
National Constitution
Independence A Nation born at once.
EXPLANATION.
Reprefents free Government
Royal
Proprietary
Arbitrary
Oligarchic
Parliamentary
English
French
Swedes
Dutch
Spaniards
The upper line Indian war the lower European
for Colleges
for Battles
Rebellions
PS for primitive Settlers
U for Union
TG for territorial Government
New Netherlands
New Sweden
First Census 3,929,326. Population.
D for Divines
S&PO for Statefmen & Public Officers.
W for Warriors.
EP for Eminent Perfons.
PENN.
FRANKLIN.
WASHINGTON.
…ependent States. But liberty without an efficient government did not se… happiness. To ensure this important object the States severally establish… …ive governments, by which every right and every benefit attainable by man …erfect state, was as far as possible ensured and improved.——A system of …ablished in this western continent among a new but enlightened people, more …nd religious liberty and consequently to mental improvement, than the world … A union of all the States by an efficient national compact was still wanting. …ce of six years had proved that the confederation hastily adopted amidst the …ncompetent to the public exigencies, the people in conventions, magnanim…g some of their personal rights and a portion of their State sovereignty, or… …onstitution with adequate powers for advancing all the legitimate objects of a …n. The interests, rights, and liberties of each separate State, were thus se…om, and guarantied by the strength of the whole. This system was put … Washington, first in peace as well as first in war. A surprising change for
the better was the immediate consequence. The United States rapidly emerged from the depth of depression, and rose to a high pitch of national happiness. After this had been enjoyed for some years Europe again began to be convulsed with wars. The humble request of the Americans "to be let alone," virtually addressed both to England and France, was granted by neither. They would not permit the United States to be neutral; but in violation of the laws of nations, and the principles of eternal justice, attacked their legal neutral commerce in a succession of decrees and orders, each more injurious than what had preceded, and all without provocation on the part of the United States. The violence of the nations at war was so hostile to a commercial intercourse with Europe as to force the United States to pursue their own interest by the institution of domestic manufactories. These in a few years have advanced so rapidly, that the citizens are at present in a fair way of supplying all their wants from domestic resources—of acquiring complete independence—and of gaining an exemption from all participation in the troubles, follies, and wars of Europe.

램지는 이를 "지식을 전달하는 간략한 상징적 양식"이라고 불렀다.[1] 램지는 차트의 형식을 고안한 프리스틀리에게 직접 감사를 표했고, 미국적 상황에 맞추기 위해 변형한 부분을 설명했으며, 자신의 양식이 널리 활용되기를 바라는 마음을 밝혔다. 또한 램지의 차트는 프리스틀리가 고안한 역사 차트와 전기 차트 각각의 논리를 단 하나의 작품으로 구현해낸 최초의 사례 가운데 하나였다.

북아메리카에서 크로노그래피의 형식은 유럽인의 서진과 더불어 서쪽 방향으로 나아갔다. 유럽인이 자신의 정치적이고 종교적인 역사관을 원주민에게 전파하는 데 이를 활용했기 때문이다. 최초의 사례는 오리건 주의 초대 가톨릭 대주교 프랑수아 노르베르 블랑셰*의 도식이라 할 수 있다. 블랑셰는 1819년에 캐나다 퀘벡에서 서품을 받은 뒤에 노바스코샤 주의 가스페 반도로 파견되었다. 그는 이곳에서 아카디아의 정착민과 믹맥인들, 그리고 가톨릭교회가 지난 두 세기 동안 선교 활동을 펼쳐온 동東알곤킨족의 사제로서 활동했다. 1838년에 교회 당국은 블랑셰에게 새로운 임무를 부여했다. 허드슨 만 회사의 보호 아래 있던 오리건 준주準州에 가서 보야저voyageurs들의 성직자로 일하라는 것이었다. 보야저란 북서부 지역 모피 교역의 중추 역할을 맡고 있던 프랑스령 캐나다의 변경 주민을 가리키는 말이었다. 또한 블랑셰는 북서부 원주민의 언어와 문화에 대해 아는 바가 전혀 없었음에도 그들을 개종하는 작업에 착수해야 했다. 그는 원주민들에게 크리스트교를 설명하기 위해 통역자의 도움을 받거나, 연극과 같은 방식을 활용하거나, 사헤일 막대Sahale Stick라는 기이한 형태의 연표를 직접 고안했다.

사헤일 막대는 치누크족의 말로 '영혼의 막대'라는 뜻이다. 블랑셰는 이 나무 막대에 연대를 나타내는 사선과 크리스트교 역사의 주요 사건들을 표시한 홈을 띄엄띄엄 새겨 넣어 교리문답과 역사 교육에 활용했다. [그림3~4] 블랑셰의 보고서에 따르면 이 막대는 꽤나 쓸모가 있었던 듯하다. 그가 윌래메트 계곡에서 사헤일 막대를 들고 설교한 첫 몇 달 동안 북서부 전역에서 사람들이 이 막대의 복제품을 얻으려 찾아왔다고 한다. 그리고 2년이 채 안 되어 블랑셰는 단순한 사헤일 막대 대신에 『가톨릭의 사다리』라는 더욱 정교한 두루마리 형태의 필사본을 제작해 활용하기 시작했다. 이 필사본의 수요가 매우 컸기 때문에, 그는 필경사 역할을 맡을 수녀들을 오리건으로 파견해달라고 요청해야 했다. 『가톨릭의 사다리』는 이후 반세기에 걸쳐 꾸준히 인기를 끌었으며, 많은 모방품들이 출현했다. 그리고 처음 제작된 지 20년도 지나기 전에 오리건을 비롯해 퀘벡, 파리, 브뤼셀, 뉴욕, 칠레의 발파라이소에서 인쇄본으로도 출간되었다.[2]

* 프랑수아 노르베르 블랑셰(François Norbert Blanchet, 1795~1883): 캐나다 출신의 프랑스계 성직자이다. 태평양 북서부 지역에 가톨릭교회를 세우는 데 공헌했다.

[그림3]

예수회 선교사 니콜라스 포인트Nicolas Point, 『앰브로즈가 가톨릭의 사다리를 가지고 블랙푸트족 추장에게 가르치다』, 세인트루이스, 1841~1847년경.

[그림4]

오른쪽은 프랑스계 캐나다인 가톨릭 사제 프랑수아 노르베르 블랑셰가 1839년에 작성한 『가톨릭의 사다리』의 현존하는 가장 오래된 복원 판본(1840년 판본)이다. 블랑셰는 이를 "시각화한 교리문답"이라고 설명했다. 크로노그래피적인 요소와 상징적인 요소를 한데 결합시켜 크리스크교의 기본 개념들을 가르치는 데 사용하는 시각적인 도구라는 뜻이었다. 가장 아래쪽에는 천지창조 및 (해와 별, 대지를 포함한) 우주를 그림으로 나타낸 상징들이 배치되어 있다. 그리고 위쪽으로 올라가며 차례로 바벨탑과 노아의 방주, 신약과 구약 성서, 가톨릭교회, 그리고 그 밖의 주요한 크리스트교 참고문헌들이 등장한다. 단순한 형태의 세로 막대는 (세례 요한과 같은) 중요한 인물들과 (7성사와 같은) 개념들을 가리킨다. 중심부에 층층이 쌓인 가로 막대들은 각각 한 세기의 기간을 나타낸다. 그리고 세로로 나열된 점들은 각각 1년의 기간을 나타낸다. 아래쪽의 점들은 예수의 생애 기간에 해당하고, 위쪽의 점들은 1800년 이래의 기간에 해당한다. 차트 윗부분의 왼쪽에 그려진 두 개의 세로 막대는 오리건에 파견된 최초의 가톨릭 선교사들인 블랑셰와 그의 동료 모데스트 드메Modeste Demers를 의미한다. 중앙부에서 오른쪽으로 뻗어 나온 나뭇가지는 종교개혁을 가리키며, 그 아래의 세로 막대들은 루터, 칼뱅, 헨리 8세를 의미한다. 이 나뭇가지는 1840년대 이후에 오리건에서 벌어진 격렬한 논쟁의 대상이었다. 헨리 하먼 스폴딩과 같은 개신교 선교사들은 이 나뭇가지를 개신교에 대한 모욕으로 받아들였고, 가톨릭 사제들이 이를 원주민들에게 개신교 선교사에 대한 의심과 반감을 불러일으키는 데 사용한다고 믿었다.

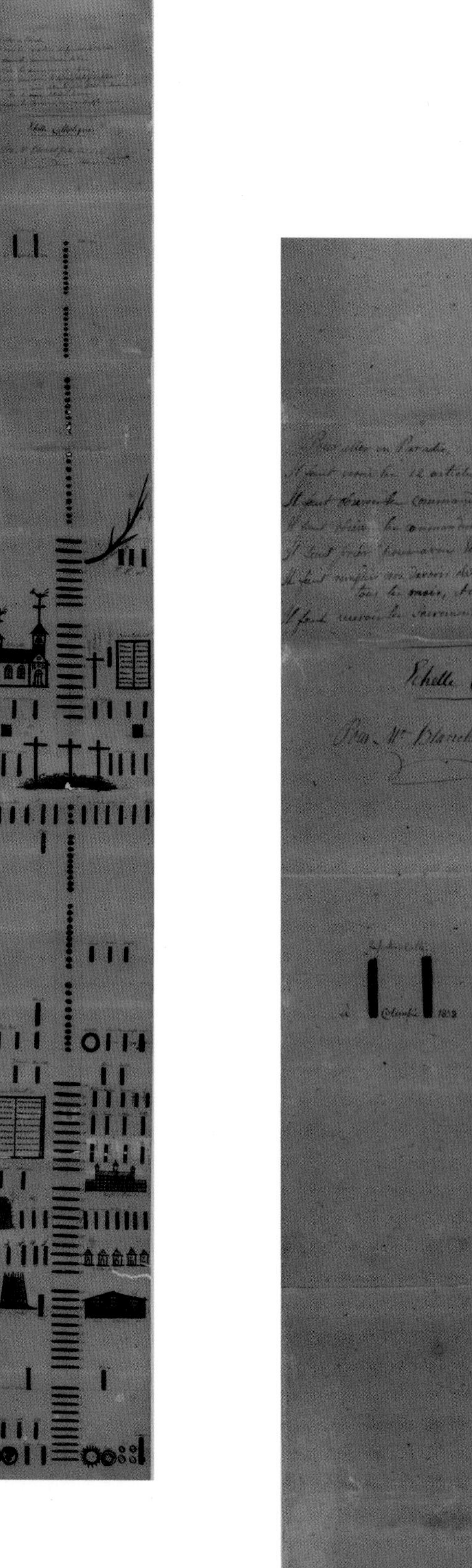

1840년대에 오리건 준주에서는 개신교도와 가톨릭교도 사이의 긴장이 격화되었다. 그리고 양측은 원주민들의 영혼을 두고도 치열한 경쟁을 벌였다. 블랑셰에게도 적수가 없지 않았다. [그림5~7] 그의 경쟁자 가운데 가장 영향력이 큰 인물은 미국해외선교위원회 소속의 장로교 선교사 헨리 하먼 스폴딩Henry Harmon Spalding이었다. 그는 1836년에 아내인 엘리자 하트 스폴딩Eliza Hart Spalding과 함께 뉴욕 주 북부에서 오리건으로 파견되었다. 마커스 휘트먼Marcus Whitman과 나르시사 휘트먼Narcissa Whitman 부부도 함께 파견되었으나, 이 불운한 부부는 '휘트먼 학살'*로 알려진 끔찍한 죽음을 맞음으로써 미국 개척 신화에서 오래도록 중요한 위치를 차지하게 된다. 스폴딩은 블랑셰가 개신교 선교사들에 대한 원주민의 반감을 교활하게 부추기고 있다며, 거의 30년 동안이나 지칠 줄 모르고 신문 지면에 험담을 늘어놓았다. 하지만 먼저 칼을 빼든 것은 엘리자 스폴딩이었다. 그녀는 헨리가 이러한 장광설을 늘어놓기 오래 전부터 자기 나름의 블랑셰 반대 운동에 돌입한 터였다.[3] 헨리가 예배를 주관하거나 선교회의 농장과 신문에 한창 신경 쓰고 있을 때, 엘리자는 (지금의 아이다호 주 루이스턴 부근에 위치한) 라프와이의 선교회에서 원주민들을 가르치며 다양한 시각적인 보조 교재를 손수 고안해냈다. 이 가운데 가장 유명한 것은 『개신교의 사다리』라는 제목의 선동적인 두루마리였다. 당연하게도 블랑셰의 『가톨릭의 사다리』에 정면으로 대응하기 위한 것이었다.[4]

스폴딩 부부가 보기에 『가톨릭의 사다리』는 개신교에 대한 노골적인 공격이나 다름없었다. 종교개혁의 역사를 크리스트교라는 나무의 몸통에서 갈라져 나간 하나의 가지로 묘사했기 때문이다. 부부는 오리건의 가톨릭 사제들이 『가톨릭의 사다리』를 활용해 자신들을 악마로 몰고 있으며, 개신교 선교사들이 원주민을 몰살시키려고 일부러 병을 옮겼다는 헛소문을 퍼뜨리고 있다고 고발했다. 헨리 스폴딩은 『오리건의 미국인』에서 이렇게 썼다. "[원주민들의] 모든 야영지에서 비명과 통곡 소리가 터져 나왔다. 어떤 자들이 찾아와 『가톨릭의 사다리』에 대한 한 가지 해석을 덧붙였기 때문이다. 그들의 설명에는 이런 이야기가 포함되어 있었다. '미국인들이 우리를 죽음으로 몰아가고 있다!'"[5] 이에 더해 엘리자 스폴딩이 『개신교의 사다리』를 펴냄으로써 이 싸움판에 걸린 판돈은 더욱 커졌다. 『개신교의 사다리』에서 개신교도의 순교는 조잡하지만 생생한 그림으로 추앙된 반면, 가톨릭 교황은 지옥의 불길 속에 떨어지는 적그리스도로 묘사되었던 것이다. 그런데 역설적이게도, 오래전에 가톨릭에서 사용하던 시각적 장치들 가운데 많은 수가 이러한 개신교의 크로노그래피를 통해 새로운 생명력을 얻을 수 있었다.

『가톨릭의 사다리』와 『개신교의 사다리』 중 어느 쪽도 학술적인 목적으로 만들어지지는 않았다. 이 연표들은 종교적인 교보재였으며, 블랑셰가

* 휘트먼 학살: 1847년 카이유스족 원주민 사이에 홍역이 유행했을 때, 백인들이 병을 퍼뜨린다고 의심한 원주민들에게 그곳에서 의사이자 선교사로 활동하던 휘트먼 부부와 12명의 정착민이 살해당한 사건이다.

[그림5]

왼쪽은 1845년경 장로교 선교사 엘리자 하트 스폴딩이 (지금의 아이다호 주 루이스턴 부근에 위치한) 오리건 준주의 라프와이 선교회에서 그린 『개신교의 사다리』이다. 가톨릭의 역사만을 강조하는 『가톨릭의 사다리』와 달리, 『개신교의 사다리』는 개신교와 가톨릭의 차이점을 강조하려는 목적으로 제작되었다. 그러나 중앙부의 연표를 중심으로 구성된 점은 『가톨릭의 사다리』와 동일했다. 아래쪽에 그려진 세로줄들은 아담으로부터 예수에 이르는 성서의 주요 인물들의 생애를 프리스틀리의 양식으로 나타내고 있다.

[그림6]

생애 선분. 엘리자 하트 스폴딩, 『개신교의 사다리』, 오리건 준주, 1845년경.

[그림7]

추락하는 교황의 모습. 엘리자 하트 스폴딩, 『개신교의 사다리』, 오리건 준주, 1845년경.

"시각화한 교리문답"이라고 명명한 기능 가운데 많은 것을 지니고 있었다. 따라서 거기에 내포된 연표학자들의 도식화의 관습을 이해하는 일이 훨씬 더 중요해졌다. 심지어 엘리자 스폴딩은 『개신교의 사다리』에서 성서에 등장하는 인물들이 살았던 시기를 보여주기 위해 고전적인 프리스틀리 양식의 전기 선분을 활용하기도 했다. 훗날 블랑셰와 스폴딩 가운데 누가 최초로 사다리의 아이디어를 내놓았는지를 두고 논쟁이 벌어지기도 했다. 하지만 누가 최초였든 그 결과는 다르지 않았다. 미국 팽창주의의 최첨단에, 즉 많은 이가 역사 그 자체의 최첨단이라고 믿고 있던 바로 그 현장에, 타임라인이 이미 제 자리를 차지하고 있었던 것이다.

19세기에는 유럽인이 발을 디디는 곳이라면 그 어디에서든 연표를 발견할 수 있었다. 연표는 때로 제국의 권력의 표상이었고, 때로 종말론적인 전망이었으며, 때로 민족지학적 호기심의 표현이었다. 그러나 19세기 미국에서 등장한 유명한 크로노그래피들이 하나같이 유럽인의 손에서 만들어진 것은 아니었다. 이를테면 오대호 연안이나 다코타 지역에서는 원주민과 유럽인이 서로의 시각 언어와 개념 언어를 놀라운 방식으로 전유했다. '겨

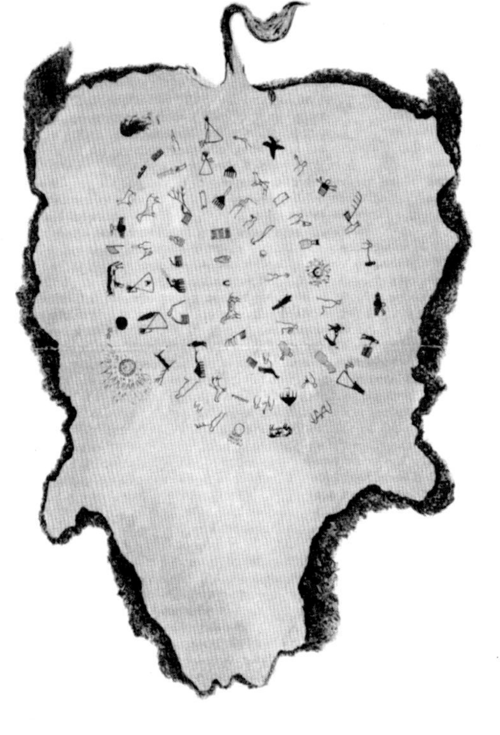

[그림8]

라코타족이 1801~1872년에 활용했던 '겨울셈'. 개릭 맬러리, 『아메리카 인디언의 그림 문자』, 워싱턴DC, 1893. 이 석판화는 1876년에 '외톨이 개'라는 이름의 양크톤족이 소유한 물소 가죽 덮개에서 베낀 것이다. 일련의 상징들이 중심에서 바깥을 향해 나선형으로 이어져 있다. 각각의 상징은 특정한 해에 일어난 특정한 사건을 각각 표상한다. 맬러리는 겨울셈의 시대구분이 서구인들의 세기 단위를 반영하고 있다고 추측했다. 가장 이른 시기의 상형문자는 많은 라코타족이 적에게 살해된 사건을 보여준다. 그 이후의 상징들은 천연두의 유행이나 야생마의 포획과 같은 중요한 사건들을 가리킨다.

울셈winter counts'으로 알려진 라코타족의 상형문자 연표가 그 대표적인 사례였다.[그림8] 겨울셈은 그것의 아름다움과 담겨진 역사적인 내용 때문에 수집가들에게 큰 인기를 끌었다. 또한 개릭 맬러리Garrick Mallery가 1870~1880년대에 걸쳐 출간한 인디언의 '그림 문자'에 대한 광범위한 민족지학적 보고서를 뒷받침할 결정적인 증거이기도 했다.[7] 맬러리는 1870년대에 다코타 지역에서 육군 장성으로 복무했으며, 이후 워싱턴의 민족지학국Bureau of Ethnology에서 근무하며 아메리카 원주민의 시간 표기 체계가 오랜 역사를 지니고 있다는 물증을 제시했다. 그들의 시간 표기 체계 가운데 일부는 겨울셈과 같은 상형문자의 형태였으나, 또 다른 일부는 새김눈과 선을 활용했다.[그림9] 특히 후자는 제임스 오토 루이스James Otto Lewis라는 미국 초상화가에 의해 세상에 알려졌다. 루이스는 블랑셰가 사헤일 막대를 처음 선보인 때보다 10년이나 앞서서 그것과 거의 똑같이 생긴 달력 막대를 손에 쥐고 있는 위네바고족 추장 치준호코Tshi-zun-hau-kau의 초상화를 그렸던 것이다.[8]

19세기 미국의 가장 독창적인 크로노그래프 제작자 가운데 일부는 천년왕국설의 신봉자들이

[그림9]

태음주기가 표시된 달력 막대를 들고 있는 위네바고족 추장 치준호코의 초상화. 제임스 오토 루이스의 1827년 작이다. 토머스 로레인 맥케니Thomas Loraine McKenney, 『북아메리카 인디언 부족사』, 필라델피아, 1836~1838년.

었다. 이들이 제작한 차트와 도표는 엘리자 스폴딩의 『개신교의 사다리』와 마찬가지로 중세 또는 근대 초기의 차트와 도표를 연상시켰다. 이를테면 12세기의 이탈리아 신비주의자 피오레의 요아킴이나 17세기의 영국 학자 조지프 메드Joseph Mede의 작품들과 닮아 있었던 것이다. 천년왕국설 신봉자들도 그 선배들이 그러했듯이 비유적인 요소와 기술적인 요소를 기발한 방식으로 한데 묶어냈다. 하지만 선배들을 따라잡으려면 상당한 노력이 필요했다. 피오레의 요아킴의 추종자들은 이미 13세기에 수십 개의 종말론적 연표를 매우 독특한 방식으로 시각화해낸 바 있었다. 그들은 나무 또는 서로 연결된 고리처럼 강렬한 인상을 주는 이미지들을 활용했다. 이러한 표상들의 이면에 놓인 도상학적 논리는 꽤나 복잡한 것이었다.[9] 예를 들어 요아킴의 나무는 단지 역사의 도해만이 아니라 계산을 위한 도구이기도 했다. 나무의 줄기에는 천지창조에서 종말까지의 시간을 한 세대, 즉 약 30년의 시간으로 구획하는 XXX 표시가 새겨져 있었다.

중세 후기부터 근대 초기까지는 천년왕국에 대한 열망의 세기에 따라 종말론 도표의 제작 또한 부침을 겪었다. 요아킴의 양식은 종종 반복적으로 등장했으며, 다니엘의 우상처럼 인기 있는 형상들은 새로운 형식을 통해 주기적으로 부활했다. 비록 약속된 최후의 날은 하염없이 유예되었지만 말이다. 그러한 과정이 거듭될 때마다 벌어진 종교적인 논쟁은 도식화 방식의 혁신을 추동했다. 다양한 종교적 스펙트럼에 걸친 학자와 논객 들이 복잡한 개념을 표현하는 데 더욱 적합한 수단을 찾고자 노력했기 때문이다.**[그림10]** 케임브리지 대학의 저명한 히브리학자이자 존 밀턴John Milton과 헨리 무어Henry Moore의 가정교사였던 조지프 메드는 1627년에 『묵시록의 열쇠』라는 책을 펴냈다. 메드의 책에는 묵시록의 일곱 봉인이 열리는 과정이 도

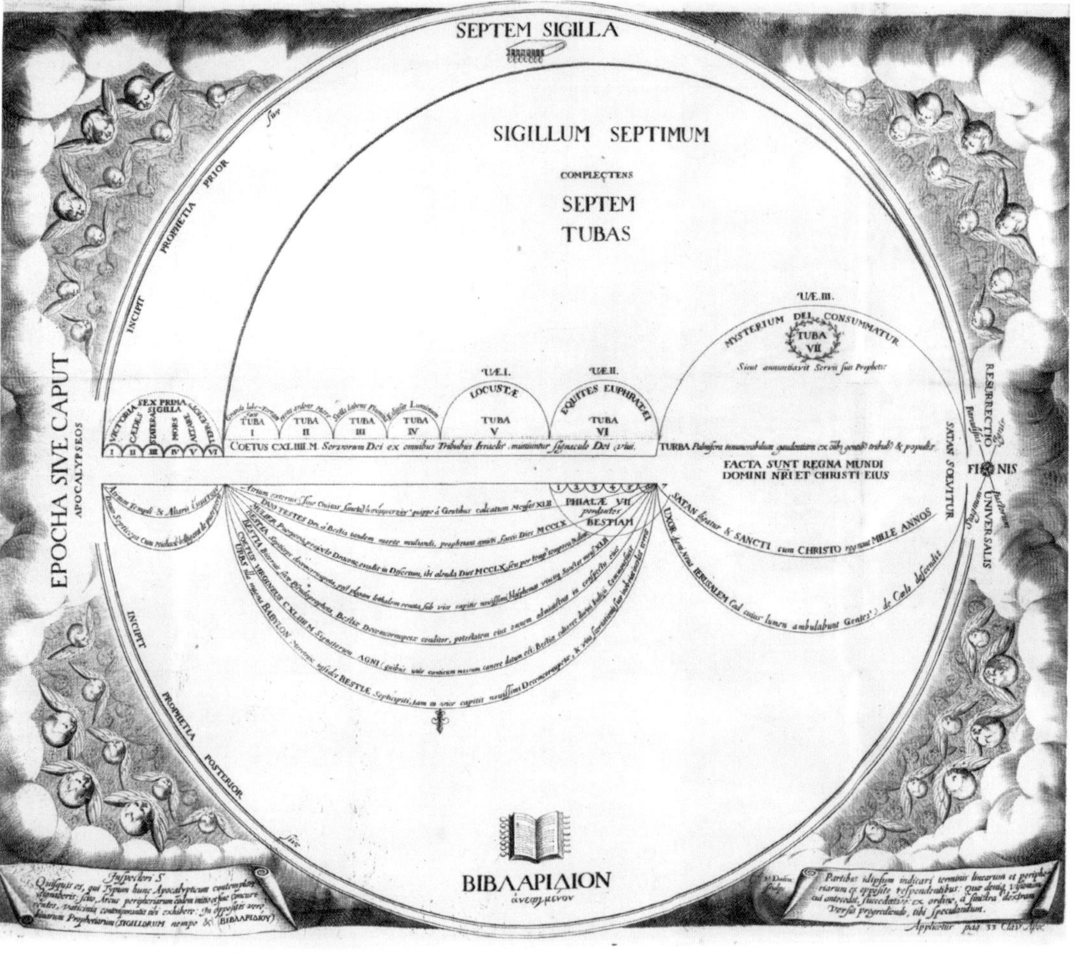

[그림10]

조지프 메드의 『묵시록의 열쇠』 1632년 라틴어 제2판에 수록된 차트. 이 차트는 성서에 기록된 종말의 과정을 도표로 나타냈다. 메드는 묵시록의 엄밀한 연표로서의 특성보다는 영적인 특성을 더 강조했지만, 그의 작품은 다양한 연표적인 해석들을 고취시켰다. 메드의 작품이 영국 혁명에 끼친 영향을 보여주는 대표적인 사례는 『묵시록의 열쇠』가 1641년에 영국 의회의 지시에 따라 영어로 번역된 것이다.

표 형식으로 그려져 있었고, 이 도표는 당대에 상당한 영향을 끼쳤다. 16~17세기의 종교적 열정이 새로운 도식화의 실험에 박차를 가한 대표적인 사례라고 할 수 있다. 메드는 다음 밀레니엄에 일어날 사건들의 연대를 전혀 명시하지 않았지만, 그의 묵시록적 예언은 영국 혁명의 정치적이고 사회적인 전망에 상당한 영향을 끼쳤으며 그의 책은 1641년에 영국 의회의 지시에 의해 영어로 번역되었다. 1720년대에 이르면 아이작 뉴턴 경과 같은 인물조차 메드의 책을 주요한 참고문헌으로 인용할 정도였다. 요아킴의 많은 도표에서 그러했듯이, 메드의 도표에서도 원과 선은 매우 의외의 방식으로 서로 결합되었다. 메드는 이를 통해 역사의 과정에서 되풀이되는 신의 기적과 (메드가 '끝FINIS'이라는 굵은 서체로 강조했던) 냉혹하게 닥쳐올 최후의 심판을 동시에 강조할 수 있었다.

아메리카의 신생 공화국에서는 소책자 제작자들과 정치가들이 세계 역사의 새로운 시대를 열어가고 있다고 자부했다. 심지어 이 나라의 화폐에는 베르길리우스의 네 번째 『전원시』에 등장하는 "세계의 새로운 질서novus ordo seclorum"라는 묵시록적 문구가 인용되었다. 많은 이들이 새로운 미국의 시대를 인류 역사의 최종 막으로 여겼으며, 이에 맞추어 묵시록의 원래 레퍼토리를 새로이 수정했다.[10] 나아가 천년왕국에 관한 논쟁들이 천년왕국적인 도식들을 출현시켰고, 곧이어 그러한 도식들은 저렴한 인쇄비용에 힘입어 폭발적으로 확산되었다.

당시 미국에서 일어난 종교적 부흥운동 가운데 일부는 도식의 영역에서 특별히 혁신적이었다.[그림11~13] 예를 들어 뉴잉글랜드 지역의 성직자였던 윌리엄 밀러*의 추종자들은 1830년대부터 선동적인 성격의 서적과 인쇄물, 소책자, 신문 등을 제작해 밀러가 예언한 대로 1843년에 세계의 종말이 닥쳐오리라는 믿음을 퍼뜨렸다. 또한 대중을 상대로 한 전도 집회를 개최해 이러한 도식들을 전시하고 배포했다. 그러한 활동의 핵심에는 언제나 크로노그래피 차트가 있었다. 밀러파가 제작한 차트는 다양한 형태를 취했다. 어떤 차트들은 타임라인의 일반적인 표현 양식을 활용했는데, 그것들은 밀러가 그 자신의 연표학적이고 문헌학적인 방법론에서 사용했던 소박한 어휘들을 그대로 베낀 것이나 다름없었다.[11] 그리고 어떤 차트들에서는 연대 계산을 위한 가로단이 논거로서의 기능과 화려한 장식으로서의 기능을 동시에 했다. 또 다른 차트들에서는 생생한 상징적인 이미지들이 수의 연산 과정과 한데 결합되기도 했다. 밀러파의 차트 가운데 가장 장관이었던 것은 밀러가 설교를 행하던 천막에 내걸린 거대한 현수막에 인쇄된 것이었다.[12]

이러한 전도 집회의 영향력은 매우 컸다. 존 그린리프 휘티어**가 자신의 수필에서 적었듯이, "세계의 끝"은 곧 그 차트의 "끝"이었다. 휘티어는 이렇게 썼다.

* 윌리엄 밀러(William Miller, 1782~1849): 미국의 개신교 종교가이다. 1843년에 세계의 종말이 온다고 주장했으나 맞지 않자 다시 1844년 10월 22일을 예언했지만 역시 맞지 않았다. 예언 실패로 사회적 지탄을 받고 교파도 분열됐지만, 자신은 죽을 때까지 재림을 믿었다.

** 존 그린리프 휘티어(John Greenleaf Whittier, 1807~1892): 미국의 시인이다. 남북전쟁 전부터 활발히 노예제도 폐지론을 펼쳤다. 「슬프도다(Ichabod)」 등 노예제도 반대 시로 존경받았고, 단순한 구조와 민요풍의 형식 등 지역색을 잘 살린 그의 시는 초기 지역적 리얼리즘의 예로 간주되기도 한다.

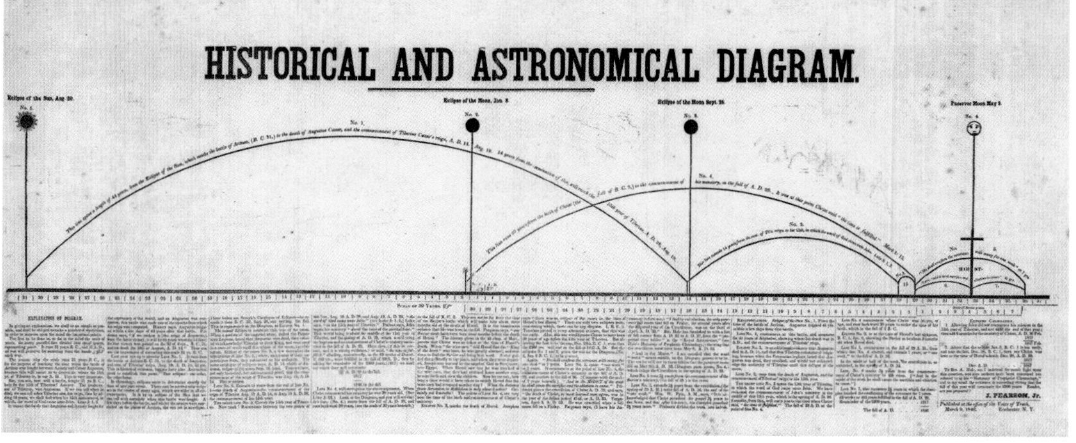

[그림11]

J. 피어슨J. Pearson의 1846년 작 『역사 및 천문 도표』는 서기전 31년부터 서기 37년까지의 시기를 1년 단위로 규칙적으로 표시했다. 피어슨은 일식에 대한 역사 기록을 활용해 예수 생애의 정확한 연대를 따져봄으로써 윌리엄 밀러가 행했던 종말의 시기에 관한 계산을 바로잡으려 노력했다. 피어슨에 따르면, 1846년 가을에 예수가 재림하리라는 것은 "말할 나위 없이 명백했다." "독자여, **당신은 준비되었는가?**"

3~4년 전, 나는 동부로 가던 도중에 이스트킹스턴에 있는 예수재림 야영지에서 한두 시간 동안 머물렀다. 그곳은 전도 집회를 열기에 딱 좋은 장소였다. 키가 큰 소나무와 헴록나무가 군중의 머리 위로 애수 어린 그림자를 드리웠고, 사람들은 판자나 통나무로 만든 조잡한 좌석에 질서 있게 앉아 있었다. …… 투박한 모양의 연단 앞에는 범포가 두 장 걸려 있었는데, 그중 한 장에는 어떤 남자의 형상이 그려져 있었다. 그의 머리는 순금이고, 가슴과 두 팔은 은이고, 배는 놋이고, 두 다리는 쇠이고, 두 발은 진흙으로 되어 있었다. 네부카드네자르의 꿈을 그린 것이었다. 다른 한 장에는 묵시록에 등장할 법한 기이한 사물들이 묘사되어 있었다. 여러 짐승과 용, 밧모 섬의 선지자(사도 요한)가 매춘부를 바라보는 모습, 동양적인 표상과 인물들, 신비주의적 상징들이 요란한 양키식 형상으로 변형된 채 마치 유랑 서커스단의 짐승들처럼 그려져 있었다. 섬뜩하게 생긴 여러 개의 머리와 끝 부분이 비늘로 덮인 꼬리를 지닌 끔찍한 이미지 하나는 밀턴의 무시무시한 시구를 떠올리게 했다. 밀턴은 그 사악한 용을 "말려 있는 꼬리의 끔찍한 비늘로 채찍질하는swindging[원문에 따름] 존재"로 묘사했다."[13]

밀러파의 차트는 매우 다양한 상징적인 형상들을 포함하고 있었으며, 그중 상당수는 수 세기에 걸친 전통적 양식에 직접적으로 기대고 있었다. 중세나 근대 초기의 차트들처럼 본질적으로 연표

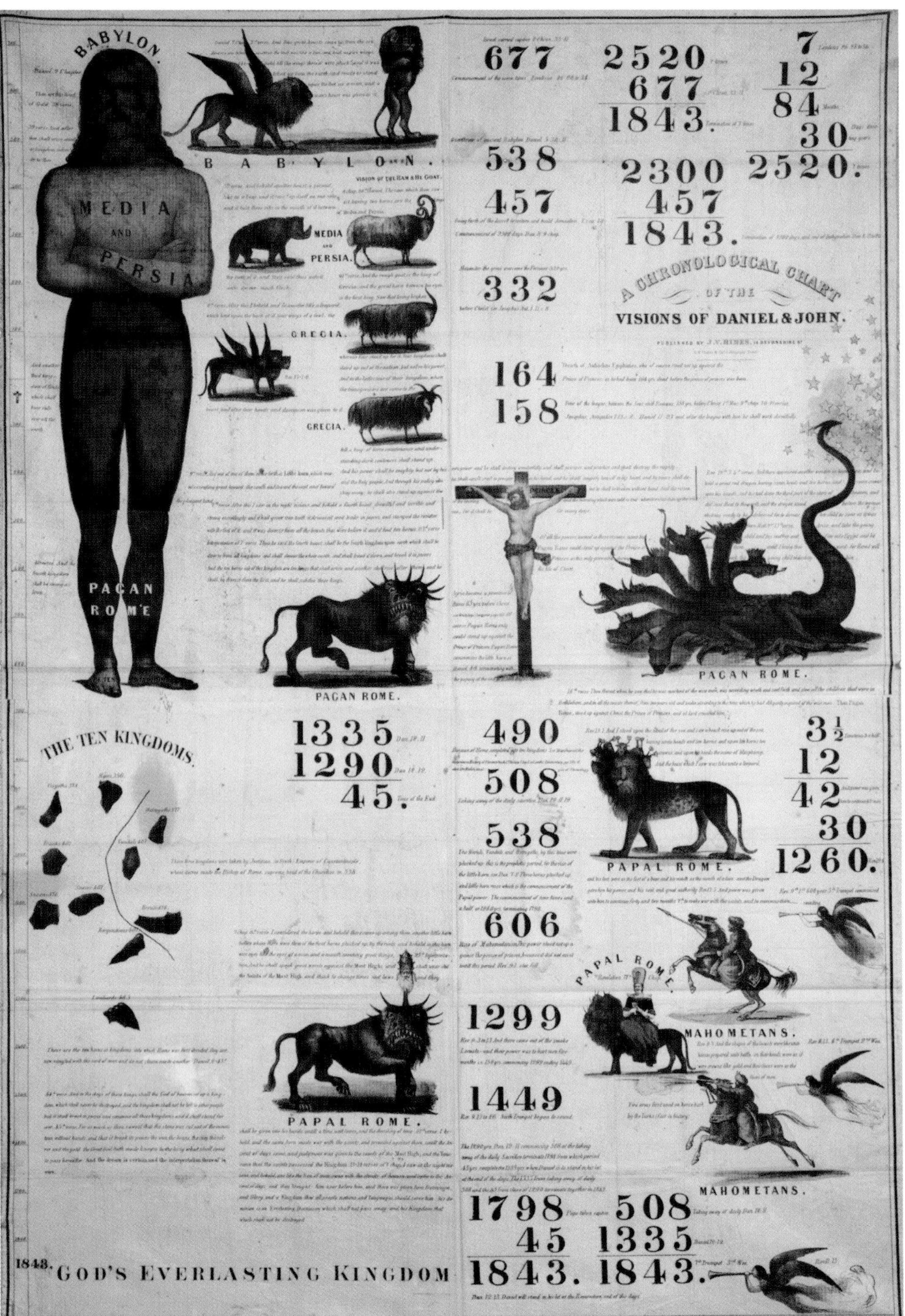

[그림12]

조슈아 하임Joshua Hime이 1842년에 출간한 『다니엘과 요한의 예언에 관한 연표 차트』와 같은 밀러파의 차트들은 타임라인의 시각적 논리와 연표의 계산법, 그리고 묵시록적 상징들을 하나의 체계로 통합했다. 왼쪽 세로단의 마지막 연도인 1843년은 다가올 세계의 종말을 가리킨다.

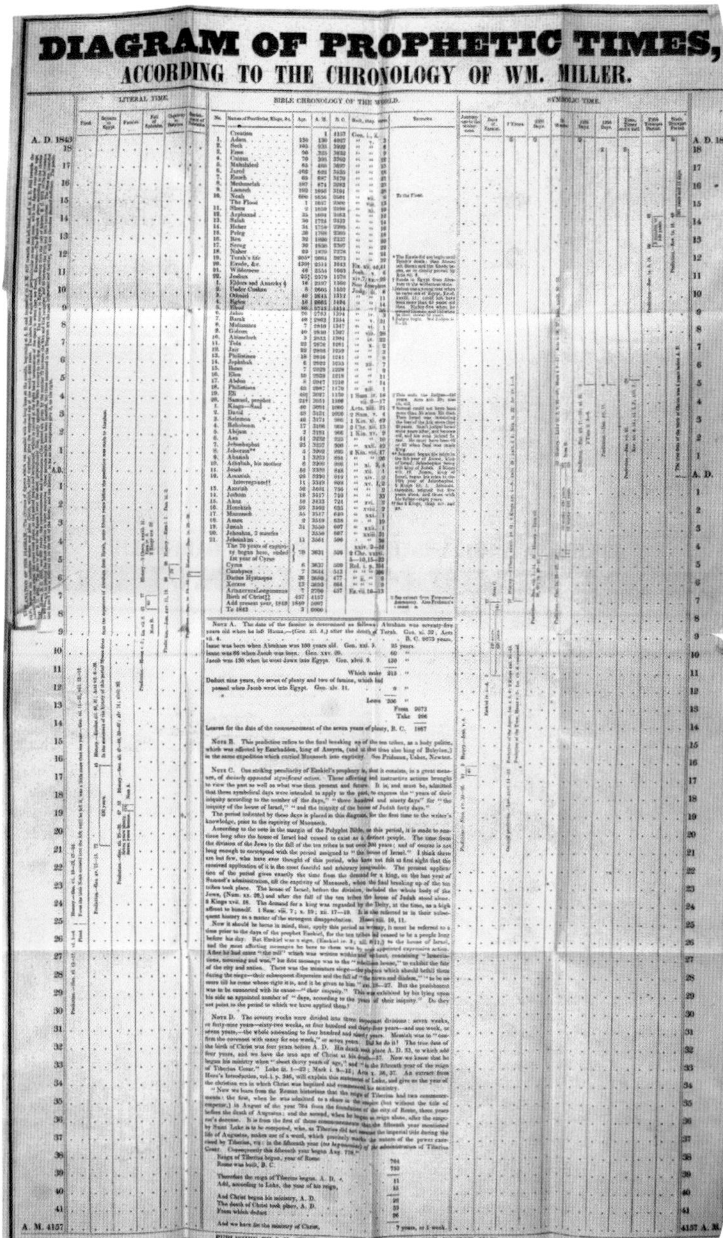
DIAGRAM OF PROPHETIC TIMES,
ACCORDING TO THE CHRONOLOGY OF WM. MILLER.
LITERAL TIME.
BIBLE CHRONOLOGY OF THE WORLD.
SYMBOLIC TIME.
PUBLISHED BY J. V. HIMES, 14 & 16 DEVONSHIRE STREET, BOSTON, MASS.

[그림13]

애폴로스 헤일Apollos Hale의 1843년 작 『재림의 안내서』 속에 접혀 수록된 밀러파 차트 『윌리엄 밀러의 연표에 따른 예언의 시대 도표』이다. 이 차트는 천지창조가 일어난 것으로 추정되는 서기전 4157년 이래의 각 세기들을 나열한 세로 항목들로 이루어져 있다. 중앙의 세로줄에는 성서에 등장하는 중요한 사건들과 그 시점이 열거되어 있다. 각각의 시점들은 (1~6000년의) 세계의 연대, (서기전 4157년~서기 1843년의) 예수의 탄생을 기준으로 한 연대, 그리고 유대 조상들의 나이를 기준으로 한 연대로 각각 기입되어 있다. 양쪽의 두 세로줄 가운데 하나에는 (대홍수와 같이) 성서에 실제로 기록된 사건들이 적혀 있고, 다른 하나에는 (다니엘의 2300일 예언과 같이) 상징적인 표현으로 기록된 사건들이 적혀 있다. 성서에 예언된 사건들은 역사적인 사건들과 구분되어 있다.

의 구조를 갖고 있었던 것이다. 그러나 이러한 차트들은 생생한 묵시록적 이미지를 정확하게 구획된 역사적 시간의 구조 속에 새겨 넣음으로써, 크로노그래피적인 요소를 전면에 내세우고 있었다.

물론 밀러파의 차트에서는 구조 또한 상징적인 의미를 지녔다. 프리스틀리의 차트에서는 서기전 1200년과 서기 1800년의 양쪽 끝선이 본질적인 의미를 지니고 있지 않았다. 서기 1800년은 가까운 미래의 어림잡은 시점에 지나지 않았으며, 서기전 1200년은 그로부터 3000년 전의 연대일 뿐이었다. 그러나 밀러파의 1842년 작 『다니엘과 요한의 예언에 관한 연표 차트』에서 진한 색의 가장자리 부분은 더 중요한 의미를 담고 있었다. 역사 자체의 시작과 끝을 표시한 것이었기 때문이다. 이러한 차트들에서 시간의 흐름은 도식의 측면에서든 개념적인 측면에서든 직진하는 것으로 그려졌다. 시간의 끝은 정해져 있고, 알려져 있고, 우리의 코앞에 다가와 있었던 것이다. 그러나 정작 1843년이 되었는데도 별다른 일은 벌어지지 않았고, 이는 이듬해인 1844년에도 마찬가지였다. 당시의 사태는 훗날 "대실망"이라는 이름으로 기억된다. 결국 밀러의 예언과 그의 연표 차트는 근본적으로 수정되어야 했다. 이후 10년에 걸쳐 1843년의 사태로 말미암은 신학적이고 도식적인 차원의 곤경을 해소하려는 다양한 시도가 이어졌다.[그림14] 그러나 새로 제작된 차트들이 맞이한 운명도 이전의 것들과 다르지 않았다. 새로운 예언들 역시 하나같이 들어맞지 않았기 때문이다. 이를테면 조너선 커밍스Jonathan Cummings라는 재림교회의 목사는 아름답고 기이한 형태의 『예언자의 차트』에서 예수의 재림 시기를 1854년으로 설정했다.

이후 수십 년에 걸쳐 밀러주의의 잔해 속에서 출현한 많은 새로운 분파들은 종말의 정확한 시기를 더는 명시하지 않았다.[그림15~17] 그러나 이러한 분파들 역시 연표와 연표 차트에 대해서만은 꾸준히 관심을 갖고 있었다. 예를 들어 뉴욕 장로교회의 설교자인 리처드 커닝햄 샤이멀Richard Cunningham Shimeall의 1866년 작 『예언서의 정치경제학』에는 프리스틀리의 차트와 거의 똑같은 형태의 역사 차트가 수록되어 있었다.[14] 모든 도식 분야에 정통했던 샤이멀은 몇십 년 전인 1830년대에 이미 성서 인물의 방대한 계보를 출간하고, 18세기의 조판가 크리스토프 바이겔의 『연표 원반』을 떠올리게 하는 원형 역사 차트를 제작한 바 있었다. 이 원형 차트에서는 '천지창조'와 '최후의 거대한 전투'를 의미하는 두 방사선이 서로 맞붙어 있었는데, 그곳이 바로 역사가 시간의 끝에서 완전한 원을 이루는 지점이었다.

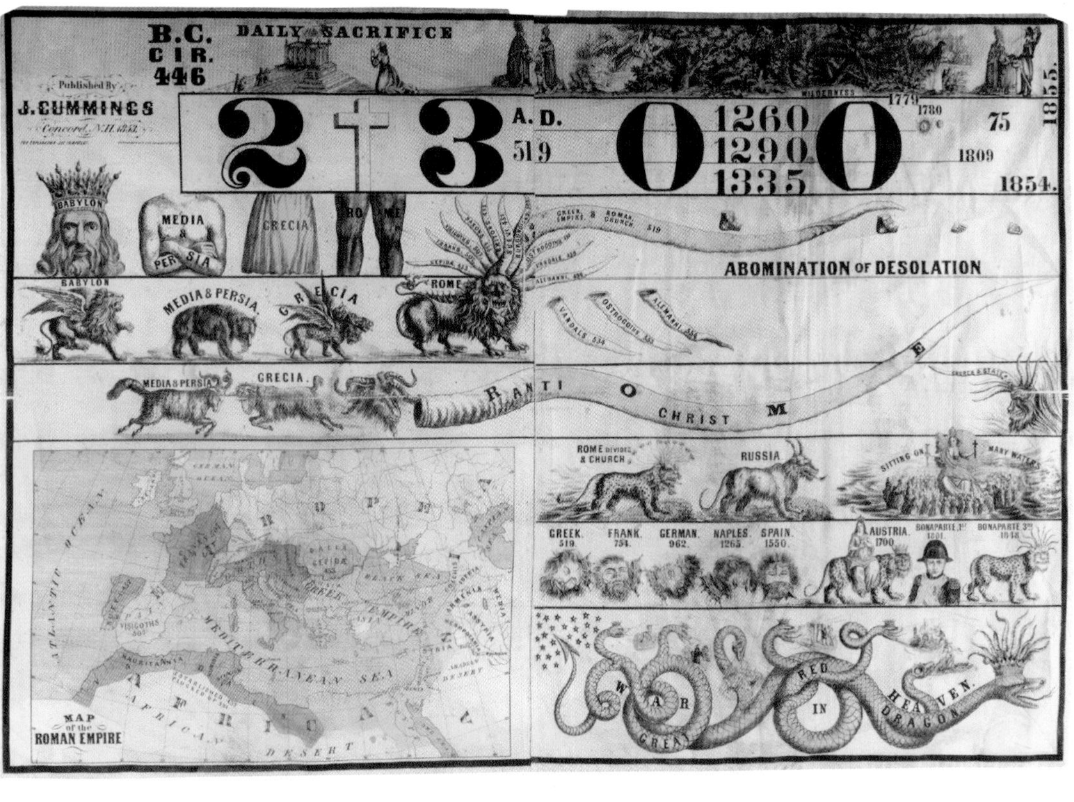

[그림14]

그리스도재림협회의 창립자 가운데 한 명인 조너선 커밍스는 1853년에 『예언자의 차트』라는 깜짝 놀랄 만한 작품을 출간했다. 커밍스는 여기서 세계의 종말이 1854년에 도래할 것이라는 새로운 계산 결과를 공표했다. 그의 차트에는 이전의 밀러파 차트들과 마찬가지로 단어와 숫자, 상징적인 이미지가 혼재되어 있었지만, 연표의 규칙적인 비율은 유지하지 않았다.

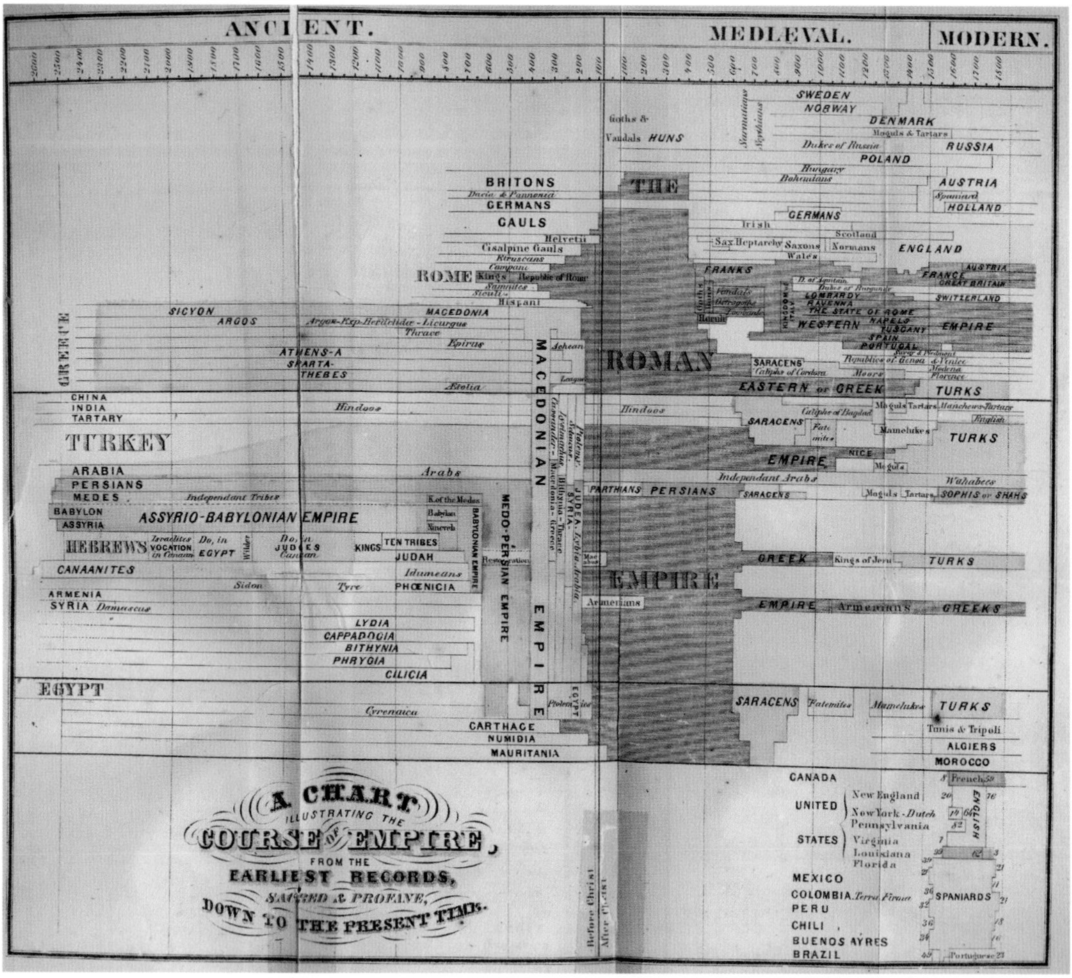

[그림15]

장로교회 목사인 리처드 커닝햄 샤이멀은 1866년에 『예언서의 정치경제학』이라는 도발적인 제목의 책을 출간했다. 그리고 여기에는 『고대로부터 오늘날까지의 종교 문헌 및 세속 문헌에 따른 제국의 발전 과정 그림 차트』가 실려 있었다. 이 차트는 세속적인 시각적 표현 양식을 활용해 예언서에 등장하는 왕국들과 역사 기록에 등장하는 왕국들 사이의 관계를 설명했다.

[그림16]

리처드 커닝햄 샤이멀의 1833년 작 『고대로부터 오늘날까지의 종교 문헌 및 세속 문헌에 따른 완전한 교회사 차트』이다. 특이하게 생긴 이 원형 차트의 방사형 세로줄들은 천지창조에서 세계의 종말까지 각각의 세기들을 나타낸다.

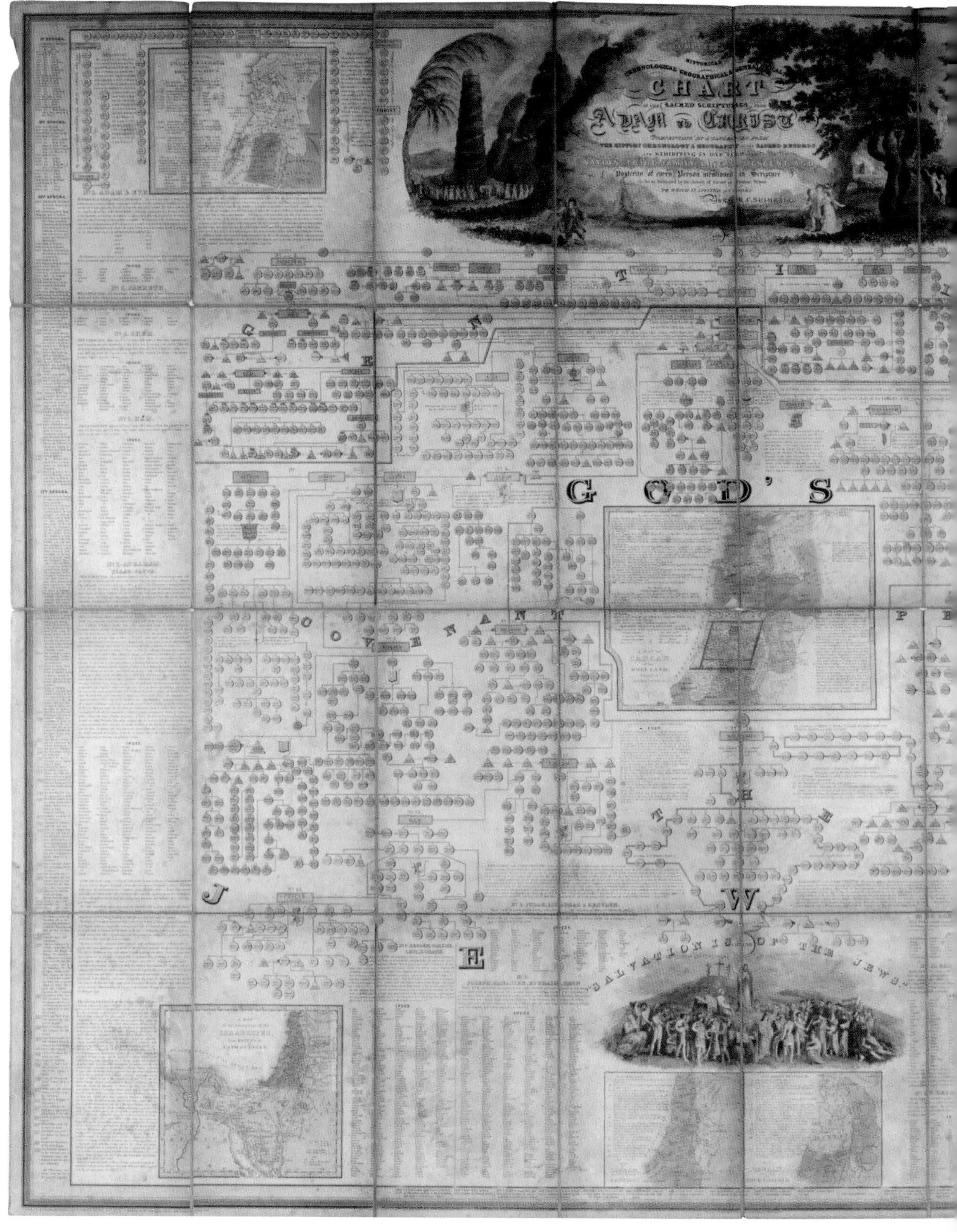
CHART
SACRED SCRIPTURES
ADAM to CHRIST
GOD'S COVENANT
THE JEWS
SALVATION IS OF THE JEWS
CHRIST

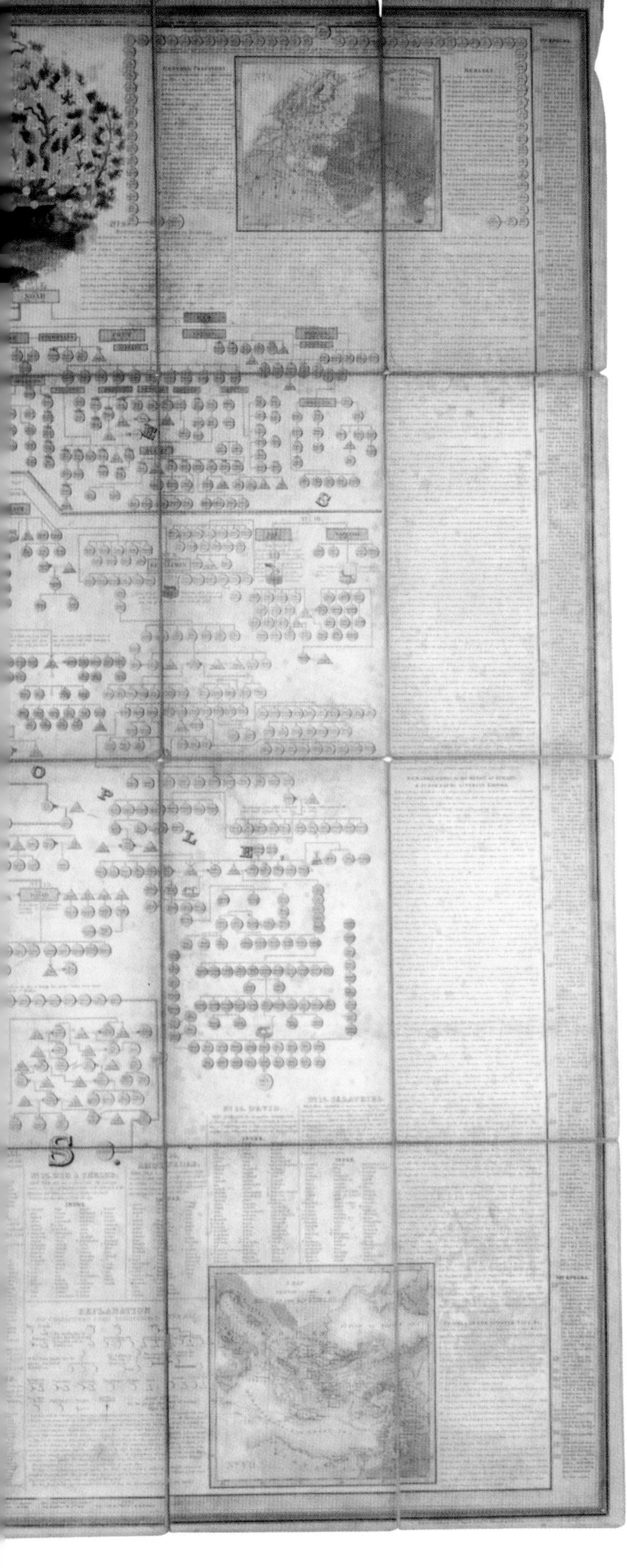

[그림17]

리처드 커닝햄 샤이멀은 1832년에 세계사 최초의 시기를 보여주기 위해 계보와 지도, 삽화, 연표를 한데 결합시킨 차트를 출간했다. 그는 이 빽빽하고 다채로운 차트에 『아담에서 예수까지의 역사, 연표, 지리, 계보를 담은 완벽한 성서 차트』라는 제목을 붙였다.

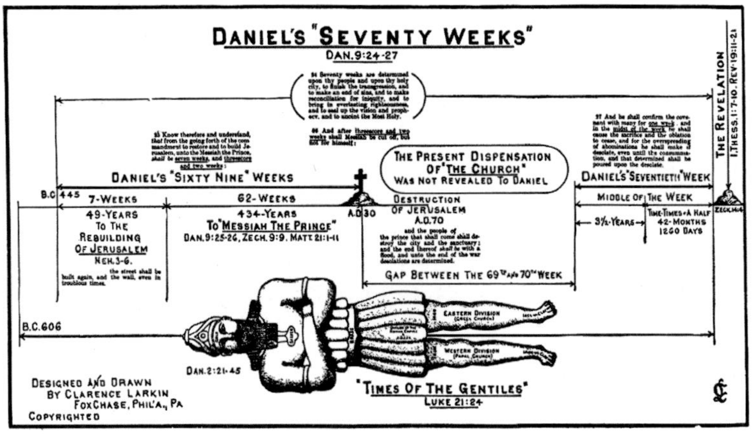

[그림18]

묵시록적 도식의 전통은 다양한 교파의 성서 해석자들에 의해 20세기 내내 확고히 유지되었다. 펜실베이니아 주에서 제도공으로 일하다 침례교 목사가 된 클래런스 라킨의 1918년 작 『세대적 진리』에 실린 차트들은 그중 가장 많이 재판된 것들에 속한다.

그 다음 세기에도 수십 명에 달하는 공상가들이 유사한 기획에 몰두했다.[그림18~19] 이러한 전통에 속한 작품들은 다양한 부류의 비주류 예술가들의 재능에 빚지고 있었다. 이들 중에는 제도공과 기계공으로 일하다 목회자의 길을 걸은 펜실베이니아 주의 세대주의자* 클래런스 라킨Clarence Larkin, 불가리아계 미국인 재림교도로 다윗파Davidian group의 창시자인 빅터 호테프Victor Houteff와 같이 왕성한 생산력을 자랑하는 도표 제작자들이 포함되어 있었다. 특히 호테프가 제작한 생생한 그림 연표에는 다양한 상징적 항목들과 지도, 타임라인이 한데 어우러져 있었다.

19세기에는 미국에서든 유럽에서든 교육적인 목적의 타임라인이 대거 등장했다. 이러한 타임라인들은 지도책이나 교과서에 삽입되기도 하고 독립적인 보조 교재로 활용되기도 했다.[그림20~21] 미국의 19세기 중반 역사 커리큘럼에 대한 연구 가운데 하나는 당시에 매우 다양한 종류의 크로노그래피가 역사 교육에 활용되고 있었음을 알려준다. 여기에는 (프리스틀리의 『전기 차트』를 모방한 「제국의 전기 차트」가 수록된) 새뮤얼 웰플리Samuel Whelpley의 1806년 작 『일반 역사 대요』, 새뮤얼 굿리치Samuel Goodrich의 1825년 작 『연표 요강』, 그리고 (프리스틀리의 『새로운 역사 차트』와 유사한 도표가 등장하는) 조지프 에머슨 워세스터Joseph Emerson Worcester의 1833년 작 『고대사와 근대사의 요소들』 등이 포함되어 있었다.[15] 도서 카탈로그를 비롯

* 세대주의: 1830년경 영국과 아일랜드에서 시작된 전천년주의자들의 운동이다. 성서를 문자적으로 해석했으며, 인간의 역사를 일곱 세대로 구분하고 이 세대 사이에 아무 연관이 없다고 주장했다.

[그림19]

빅터 호테프의 1933년 작 『스가랴서 6장 1~8절: 황무지를 오가는 교회: 명명백백한 상징으로 그린 예언의 역사』에는 「스가랴서」에 등장하는 네 대의 사륜마차가 등장한다. 호테프는 각각의 마차들을 크리스트교 역사의 주요 단계들과 연결시켰으며, 그 역사는 윌리엄 밀러의 1798년 예언 및 제칠일안식일예수재림파의 형성으로 마무리된다. 호테프의 삽화는 연표적인 구조 곳곳에 상징적인 표상들을 배치했다.

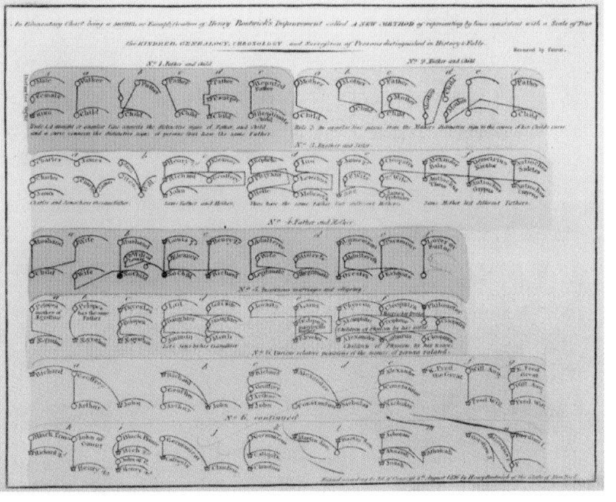

[그림20]

『족보, 계보, 연표, 역사 및 전설의 주요 인물들의 계승 관계를 시간의 순서에 따라 선으로 보여주는 헨리 보스트윅의 새로운 방법에 대한 하나의 모범이자 사례로서의 기본 차트』. 헨리 보스트윅, 『역사 및 고전 아틀라스』, 뉴욕, 1826년.

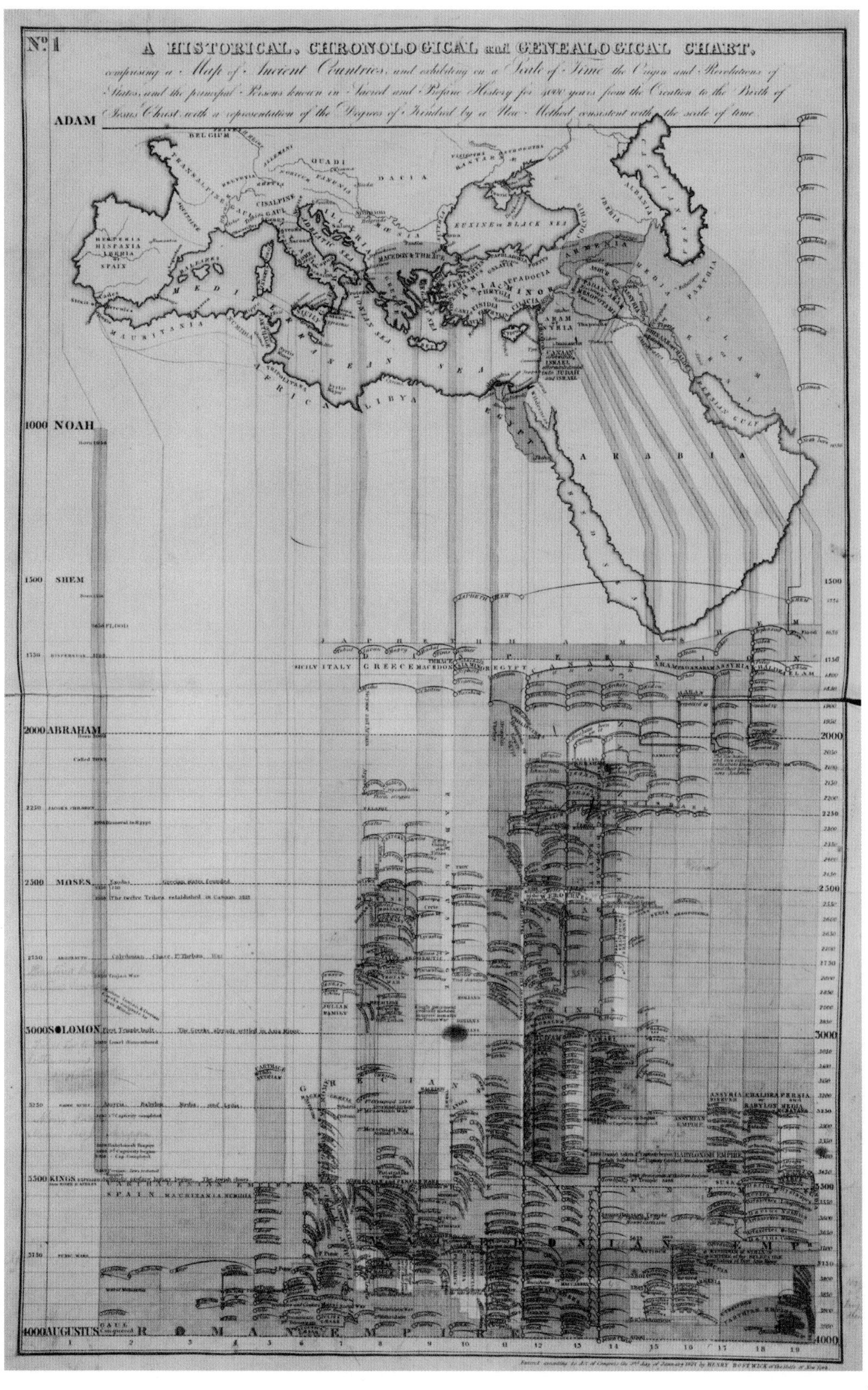
N°1
A HISTORICAL, CHRONOLOGICAL and GENEALOGICAL CHART,
comprising a Map of Ancient Countries, and exhibiting on a Scale of Time the Origin and Revolutions of States, and the principal Persons known in Sacred and Profane History for 4000 years from the Creation to the Birth of Jesus Christ with a representation of the Degrees of Kindred by a New Method consistent with the scale of time.
ADAM
1000 NOAH
1500 SHEM
2000 ABRAHAM
2500 MOSES
3000 SOLOMON
3500 KINGS
4000 AUGUSTUS
ARABIA
R O M A N E M P I R E

[그림21]

헨리 보스트윅은 타임라인, 계보, 역사 지도라는 상이한 형식들을 하나의 차트에서 결합시키고자 했다. 그 차트의 제목은 『고대 국가의 지도를 포함하고, 국가의 기원과 교체, 그리고 천지창조에서 예수 탄생까지의 4000년 동안 종교사 및 세속 역사에 등장했던 주요 인물들을 시간 순서로 보여주며, 시간의 순서에 따르는 새로운 방법을 활용해 혈연관계를 표상한 역사, 연표, 계보 차트』였다. 보스트윅은 자신이 고안한 새로운 계보 표기법의 체계를 역사 차트에 도입하고, 다양한 색상의 선을 이용해 그 차트를 위쪽의 지리 지도와 연결시켰다. 보스트윅의 계보 표기법은 독자가 이해하기에 썩 쉽지는 않았지만, 부부 관계와 부자 관계를 명확히 구별하며, 복잡한 선으로 이루어진 계보의 특성을 잘 드러내주는 장점이 있었다.

해 교육학, 신학, 역사학 분야의 평론지들은 새로이 출간된 연표 차트를 정기적으로 판촉했으며, 일반 신문에도 연표 차트에 대한 비평이 게재되었다. 《뉴욕옵서버앤드크로니클》의 1842년 7월 16일 자에는 사람들에게 잊힌 지 오래인 『역사의 해설자, 또는 연표 및 역사 차트』라는 작품을 극찬하는 기사가 실려 있었다. "우리 도시의 신학교와 관계를 맺고 있는 존경 받는 젊은 신사께서" 제작했으나, "거의 팔리지 않은" 책이라는 설명이 곁들어져 있었다. 기사는 이렇게 적고 있다. "이 차트는 세계사의 개요를 독창적이고 명료하게 표현하고 있으며, …… 연구실이든 어디든 걸어둘 만한 가치가 충분하다. 다른 곳에서라면 한 시간을 뒤져도 찾기 힘든 사실들을 손쉽게 참조할 수 있기 때문이다." 이 시기의 차트들은 새로운 시각적 경험에 대한 동시대인의 선호를 보여주는 증거이기도 했다. 예를 들어 헨리 보스트윅Henry Bostwick의 1828년 작 『역사 및 고전 아틀라스』는 그 나름의 양식화된 계보 표기법을 갖고 있었다. 하지만 거의 모든 인쇄업자가 자신이 출간한 차트의 혁신적인 측면을 떠벌였음에도, 대개는 그저 프리스틀리 차트의 단순한 변형일 뿐이었다. 로버트 메이오Robert Mayo의 1813년 작 『고대의 지리와 역사 개괄』, 존 러프먼John Luffman의 1814년 작 『세계사의 요소들』, 윌리엄 헨리 아일랜드William Henry Ireland의 1826년 작 『세계의 연표학자』, 조지 파머 퍼트넘George Palmer Putnam의 1833년 작으로 엄청난 인기를 끌었던 『연표』는 멋진 작품들이었으나, 하나같이 프리스틀리의 방식을 철저히 따르고 있었다.

19세기 중반부터는 새로운 크로노그래피 양식들이 앞다퉈 등장하기 시작했다.[그림22~23] 이 시기에 미국에서 제작된 차트로 가장 유명한 것 가운데 하나는 에이즐 S. 라이먼Azel S. Lyman이라는 왕성한 생산력을 지닌 발명가가 1844년에 신시내티에서 출간한 작품이었다. 라이먼은 냉장고의 구조 및 펌프와 동력 장치, 만년필 촉, 우유 농축기, 고기 절단기 등에 관한 특허를 갖고 있었으며, 1880년대에는 미국 육군이 사용할 목적으로 라이

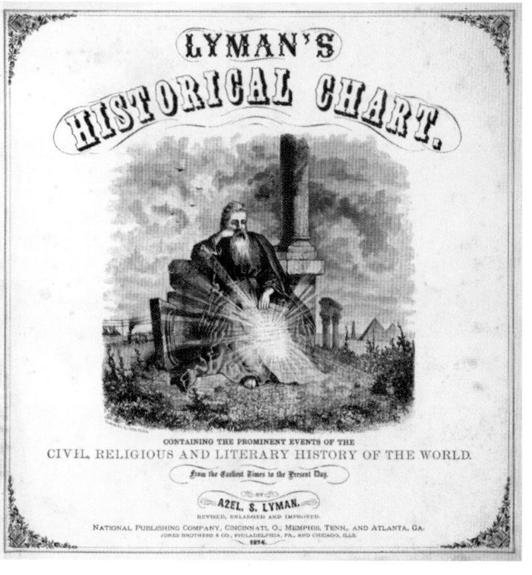

[그림22~23]

에이즐 S. 라이먼은 1844년 신시내티에서 자신의 역사 차트를 처음으로 출간했다. 이 차트는 1875년까지 다양한 판본으로 제작되었다. 왼쪽에서 오른쪽으로 진행하는 단순한 양식을 지녔고, 손으로 색칠한 가로단은 각각 상이한 민족에 해당했으며, 다양한 서체로 중요한 항목과 관련된 항목을 구분했다. 라이먼의 차트는 종종 교과서에 수록되었다. 또한 각각의 판본이 출간될 때 질문과 해답이 담긴 학습 안내서도 함께 출간되었기 때문에, 라이먼의 차트는 그 자체만으로 일종의 교과서로서 활용될 수 있었다. 라이먼 차트의 타임라인은 서기 476년의 로마제국 멸망 이후에 다양한 색상으로 이루어진 구역으로 진입한다.

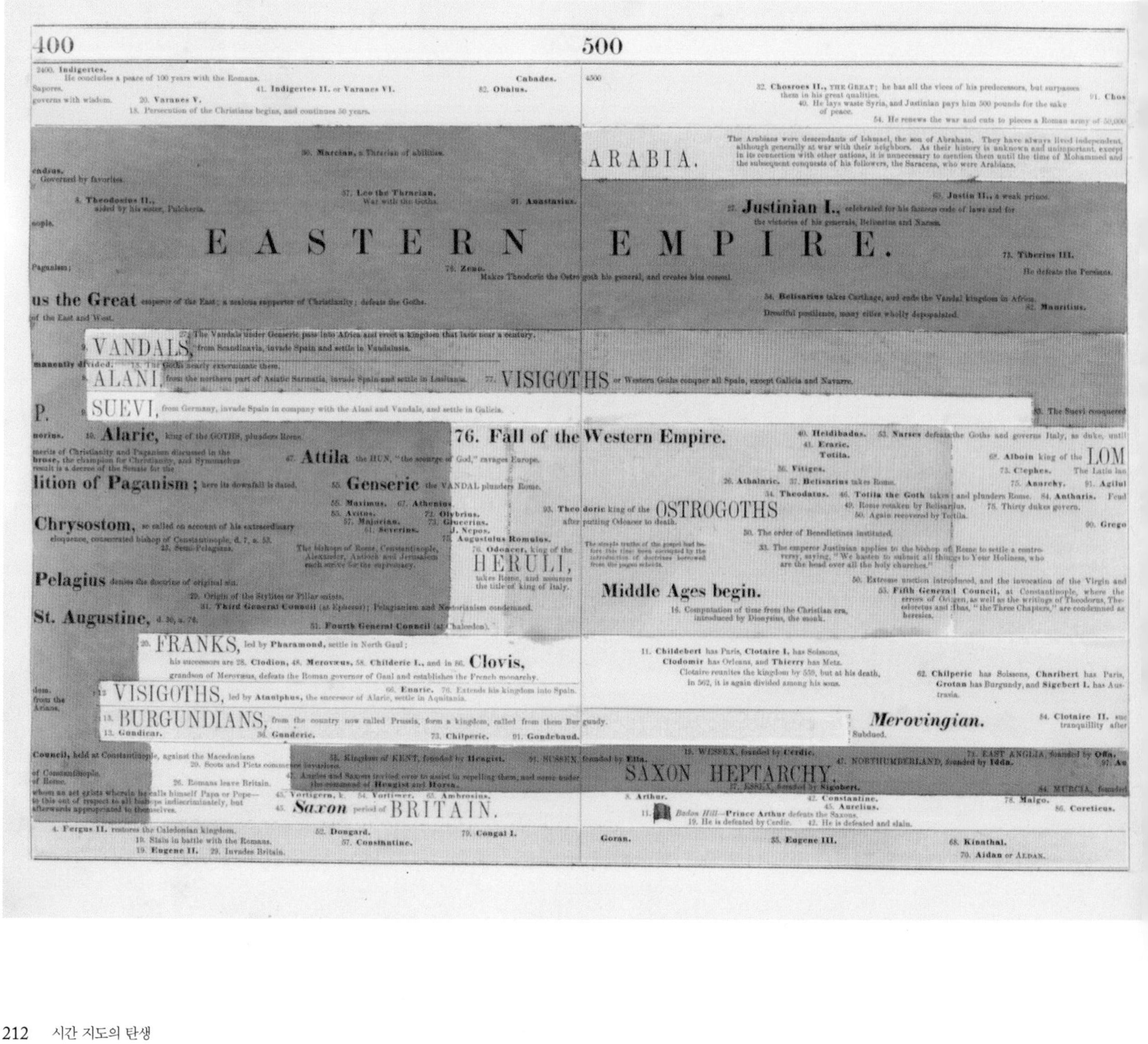

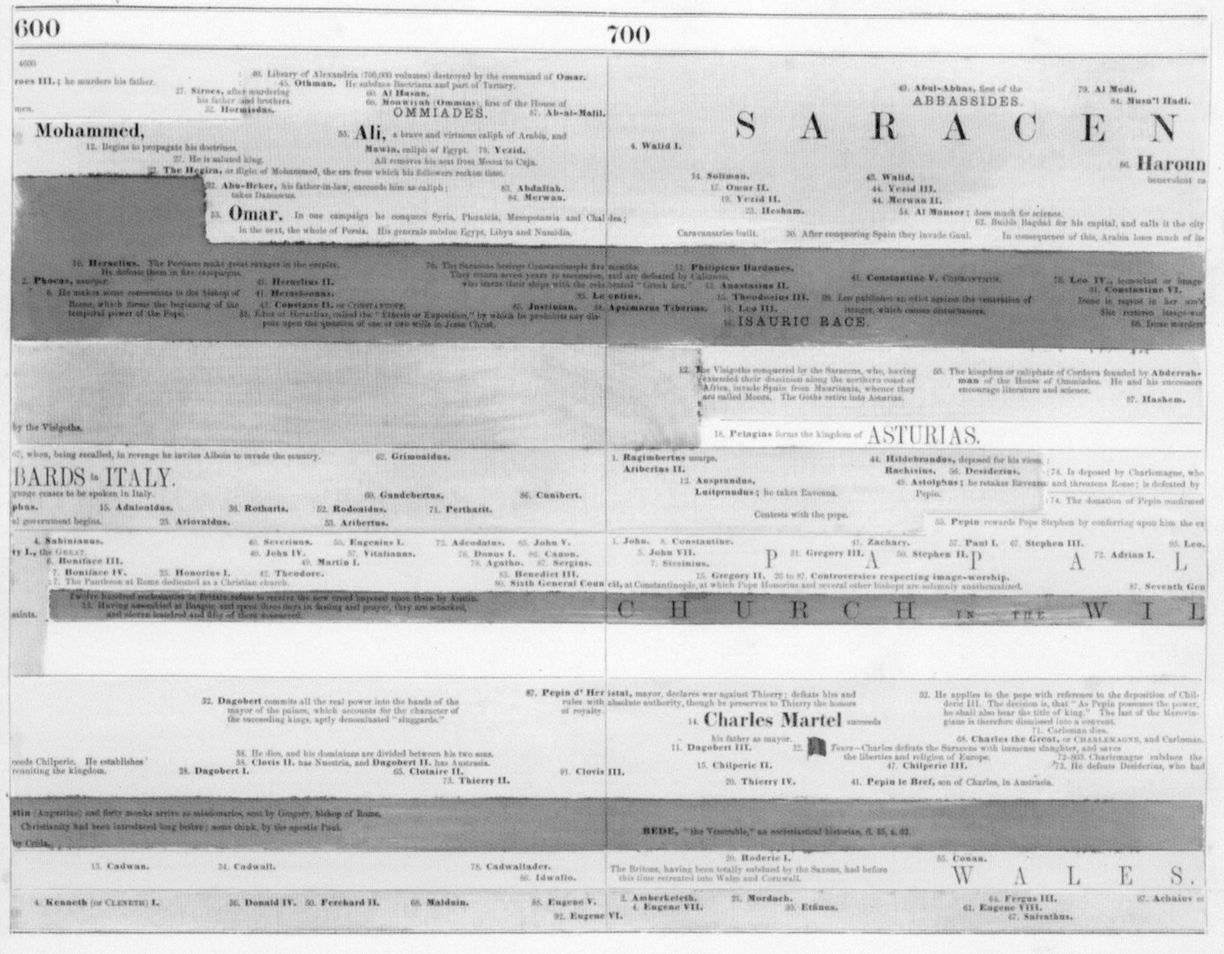
600
700
Mohammed,
Ali,
Omar.
OMMIADES.
ABBASSIDES.
SARACEN
Haroun
ISAURIC RACE.
ASTURIAS.
BARDS in ITALY.
PAPAL
CHURCH IN THE WIL
Charles Martel
WALES.

먼-해스컬 다중장전포라는 거대한 대포도 제작했다. 이 대포는 비록 실전에서는 실패작이었지만, 매우 긴 포신 속에서 여러 차례 2차 폭발을 일으켜 포탄을 지속적으로 가속시키는 원리를 성공적으로 입증했다.

11미터나 되는 라이먼의 차트도 그가 만든 대포처럼 덩치가 너무 커서 활용하기가 만만치 않았다. 전체적으로는 바르뵈-뒤부르의 옛 표현 양식들을 차용했으나, 보기 쉽도록 더 크게 그려졌다. 그래서 어떤 독자는 자신이 거대한 연표 속에 들어가 있는 것을 상상하며 즐거워했다. "학생들은 10~15피트(3~4.5미터) 떨어진 곳에서야 〔라이먼의 차트에 적힌 이름과 연대를〕 읽을 수 있을 것이다. 어떤 것은 실제로 30피트(약 9미터)는 떨어진 곳에서 보아야 한다. 전 세계 역사가 그 첫째 날부터 오늘에 이르기까지 기록된 차트로 둘러싸인 방 한가운데에 혼자 앉아 있다고 생각해보라. 진정 이보다 더 즐거운 일을 상상할 수 있겠는가? 전 세계 민족들의 흥망성쇠와 모든 중요한 사건들이 정확한 순서로 나열되어 있으며, 그 전체를 한눈에 살펴볼 수 있다. 이러한 경험은 지울 수 없는 감동을 선사할 것이다."[16] 크기만을 기준으로 평가한다면 라이먼의 차트는 분명히 성공적이었다. 그러나 다른 측면에서는 동시대의 다른 많은 차트들보다 썩 성공적이지 못했다. 그럼에도 라이먼은 미래를 예견하려고 노력했으며, 그러한 열망은 알레고리적인 이 작품의 권두화에 훌륭히 표현되어 있다. 권두화에 등장하는 시간의 할아버지는 두루마리 하나를 손에 들고 앉아 있다. 그의 뒤에는 피라미드와 고대 그리스의 유적이 보인다. 멀리 보이는 기관차는 앞을 향해 돌진하고 있지만 아직 목적지에 도달하지는 못한 상황이다.

미국의 크로노그래피 가운데 또 다른 인상적인 사례는 라이먼의 차트와 거의 동시에 출간된 『미국사 종합 차트』였다. 교사이자 다양한 중등학교 교과서의 저자인 마키어스 윌슨*이 제작한 이 차트는 이데올로기적인 성격을 가장 노골적으로 드러낸 작품으로 손꼽힌다. 윌슨은 자신이 "한 개인의 천재성과 진취성이 낳은 역사상 가장 중요한 사건"으로 명명한 크리스토퍼 콜럼버스의 아메리카 대륙 발견의 의미를 그림으로 표현하는 데 전념했다.[17] 윌슨은 자신이 집필한 미국사 교과서에 이 차트의 축소판을 수록하기는 했지만, 원래 크기의 판본은 교실 벽에 걸기에도 너무 컸다.[그림24] 라이먼의 차트에 비해 길이는 짧았지만 폭이 훨씬 넓었기 때문에 다루기가 어려웠고 두루마리 형태로 만들 수도 없었다. 그뿐 아니라 활자 또한 매우 세밀했다. 윌슨은 차트의 넓은 면적을 활용해 한창 성장하고 있는 미국이라는 나라의 광대함을 보여줄 수 있었다. 램지의 차트가 혁명기의 미국에 과거의 정치 지도자들과 구별되는 역사의 위엄을 선물했다면, 윌슨의 차트는 19세기 미국의 팽창주의적 야심을 드러내 보이고 있었다. 윌슨의 차트에서 미국의 개별 주를 각각 표상하는 세로줄들은 식민지 이전 시대의 암흑에서 벗어나 근대의 밝은 빛 속으로 돌진하고 있다.

버나드 칼리지의 역사학 교수이자 그리스 고대사 전공자인 로버트 헨로펜 래버튼Robert Henlopen

* 마키어스 윌슨(Marcius Willson, 1813~1905): 미국의 교사이다. 수학과 고전을 가르쳤고, 건강 문제로 교직에서 물러선 후 교재 집필에 집중했다.

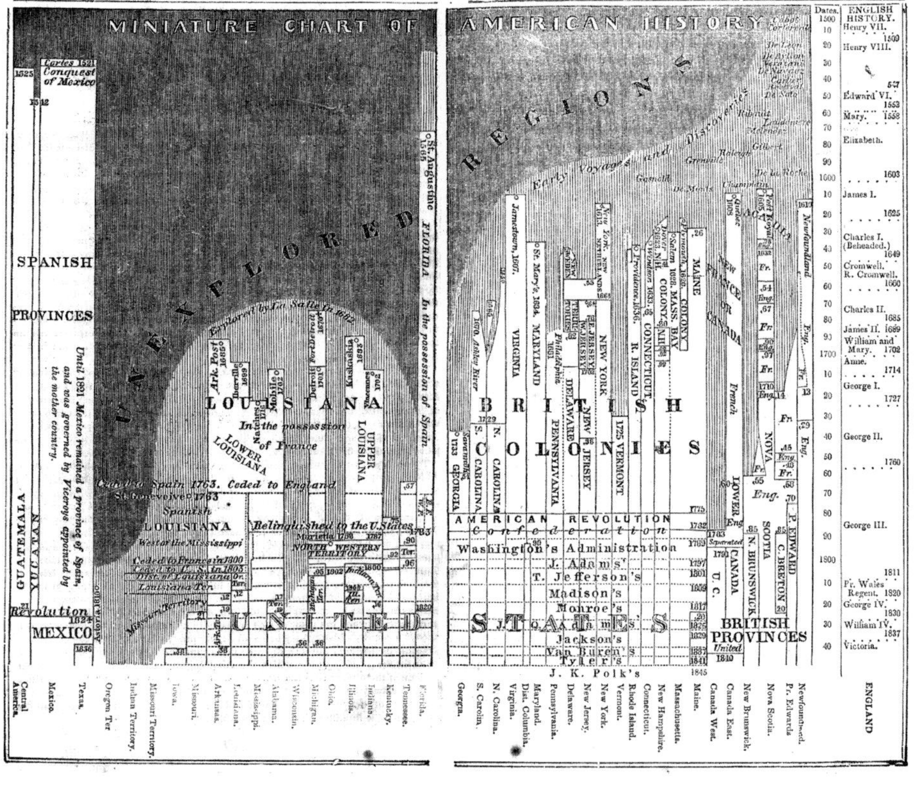

[그림24]

마키어스 윌슨의 1845년 작 『미국사』에 수록된 『미국사 종합 차트』의 축소판은 당대의 역사가들이 애매한 전사前史로만 취급하던 미국의 형성 과정을 보여주었다.

Labberton은 1874년에 유명한 역사 지도책 한 권을 펴내면서 『눈으로 배우는 역사』라는 거대하고 시각적으로 선명한 차트 하나를 함께 출간했다.[그림25] 래버튼의 차트는 2.7미터의 길이에 43세기의 시간을 담고 있었다.[18] 래버튼은 19세기 차트 제작자들 대부분과 마찬가지로 자신의 차트가 중립적이며 "과학적"인 특성을 지니고 있다고 강조했다.[19] 전통적인 역사책과는 달리 "강렬한 인상을 주는 통일성을 유지하고 있으며, 수 세기에 걸친 영고성쇠를 **방대하고, 연속적이고, 조화로운 하나의 총체**로서 보여준다"는 것이었다. 그렇기에 래버튼은 이 차트가 "영악한 잡지 편집자들, '탁월한' 강연자들, 간교한 정치인들"의 견강부회에 맞설 유용한 방편이 될 수 있으리라고 덧붙였다.[20]

이러한 차트들은 모두 다양한 방식으로 강한 인상을 남겼다. 그러나 오리건 주의 개척 목사 시배스천 C. 애덤스Sebastian C. Adams가 1871년에 출간한 『동시대 연표 차트』는 복잡성과 종합성에서 19세기 미국에서 가장 탁월한 성취라고 할 만했다.[그림26~27] 이 책은 훗날 다양한 제목을 단 많

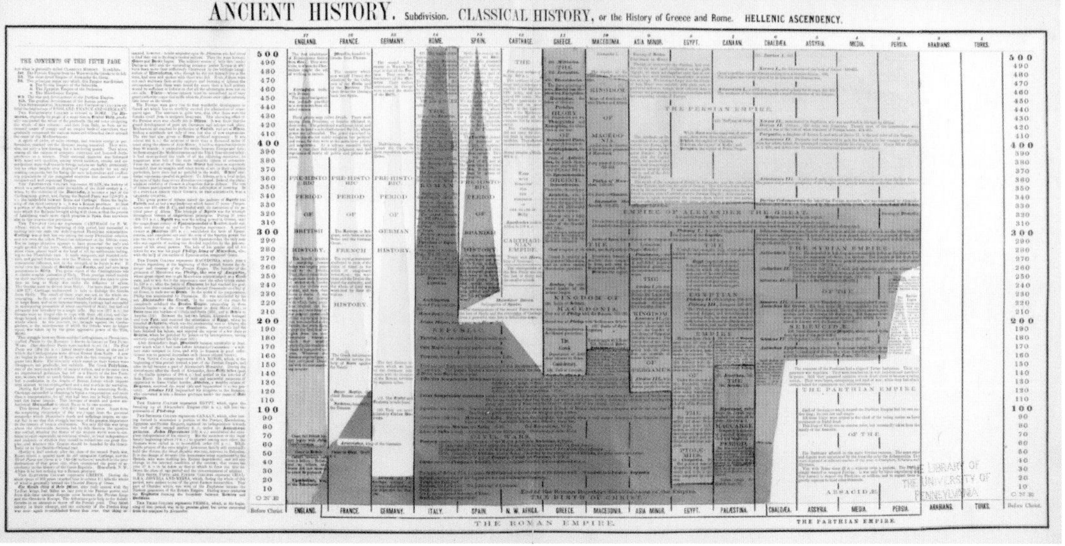

[그림25]

로버트 헨로펜 래버튼은 몇 종의 역사 개설서를 출간했다. 그의 1874년 작 『역사 차트, 혹은 눈으로 배우는 역사』에서는 여러 민족들이 각각 다른 각도로 역사의 무대에 등장하거나 퇴장한다.

은 판본으로 출간되었다. 애덤스는 미국 영토의 가장 변경에서 어린 시절을 보낸 뒤 오리건으로 와서 학교 교사로 일하다 오리건 주 최초의 성서 학교를 공동으로 설립했다. 1825년에 오하이오에서 태어났고, 1840년대 초반에는 미국 노예제 폐지 운동의 심장부인 일리노이 주 게일즈버그에 위치한 신생 대학 녹스 칼리지에서 수학했다. 그는 게걸스러운 독자였고, 자유로운 사고의 소유자였으며, 골수 개혁론자였다. 『동시대 연표 차트』는 비주류적 사고가 낳은 위대한 걸작이자 독학자의 연구에서 하나의 본보기이다. 이 차트는 단순히 역사를 개괄하는 기능에 만족하지 않고, 그 자체만으로도 충분히 교과서로 활용할 수 있을 만큼 풍부한 역사의 그림을 그리고자 한다.

애덤스가 비록 말년에 들어 체계적인 종교와 거리를 두려 하기는 했지만, 젊은 시절에 연표에 관심을 갖게 되었던 이유는 학술적이면서 동시에 신학적인 것이었다. 사도교회Disciples of Christ의 설립자이자 젊은 애덤스에게 영적인 감화를 주었던 인물인 알렉산더 캠벨Alexander Campbell은 "시간의 기호는 그것이 예언의 실현 과정을 보여주는 차트 속에서 어떠한 위치에 있는지"를 이해할 때에만 비로소 해석될 수 있으리라고 적었다.[21] 애덤스의 『동시대 연표 차트』는 그러한 이해를 도우려는 목적을 갖고 있었다.

애덤스의 『동시대 연표 차트』는 라이먼이나 윌슨의 차트가 그러했듯이 그 크기가 거대했다. 길이는 5.2미터였고, 높이는 60센티미터가 넘었다. 그

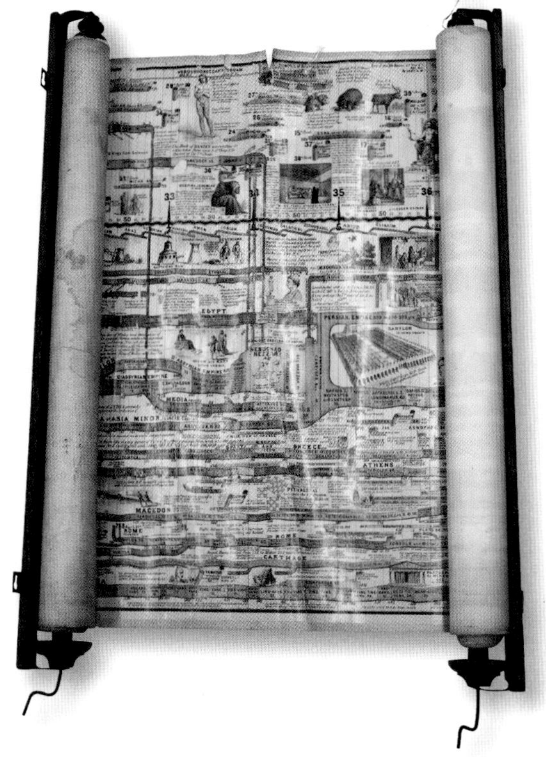

[그림26]

오리건 주 살렘의 목사 시배스천 C. 애덤스가 작성한 이 차트는 다채로운 색상과 세부 항목을 자랑했으며, 정연한 수평의 타임라인 곳곳에 글과 삽화, 지도가 배치되어 있었다. 애덤스의 차트는 평론가들의 호평과 대중의 인기를 얻었다. 주름 형식으로 접힌 책자 형태로도 흔히 판매되었지만, 두루마리 형태로도 구입할 수 있었다. 오른쪽은 벽에 걸 수 있게 제작된 1878년의 제3판이다.

러나 애덤스의 차트는 동시대의 다른 차트들보다 시각적인 풍성함을 자랑했다. 애덤스는 이 차트를 오리건 주 변방에 위치한 살렘에서 처음 구상했지만, 뛰어난 석판 인쇄술로 이름 높은 스트로브리지 사Strobridge&Co.에 제작을 의뢰하려고 동쪽의 신시내티로 갔다. 스트로브리지 사는 정밀한 지도, 상세한 남북전쟁 판화, 여행기, 기업 고객을 위한 천연색 광고물 등을 제작하는 회사였다. 애덤스의 차트는 그 최종 결과물에서 이 모든 특성을 구현했다. 거대하고, 상세하며, 정보로 가득 차 있고, 다채로운 색상으로 이루어졌던 것이다.

『동시대 연표 차트』의 전체적인 개념은 '시간의 흐름'의 전통에 크게 빚지고 있다. 그러나 이 차트가 세상에 등장했을 때 그러한 전통은 여러 가지 측면에서 이미 시대착오적인 것이었다. 대주교 어셔가 주장한 서기전 4004년의 천지창조라는 규범의 활용 — 즉, 신성한 역사로부터 세속의 역사로의 자연스러운 이행과 「요한계시록」에 등장하는 적그리스도의 이미지와 같은 다양한 천년왕국적인 도안 — 은 누가 보기에도 미래지향적이기보다는 퇴영적인 것으로 여겨졌다. 그럼에도 애덤스의 차트는 규칙적이고, 정연하며, 단일한 축을 지닌 타임라인의 힘과 교육에서 시각적인 도구가 갖는 중요성에 대한 강력한 증거를 제공했다.

애덤스는 처음에는 예약 판매 방식을 이용하거나 자신이 직접 돈을 투자해서 독립적으로 차트를 제작했다. 그러나 1871년 판본 이후에는 미국 여러 도시의 인쇄업자가 애덤스의 차트에 손을 뻗

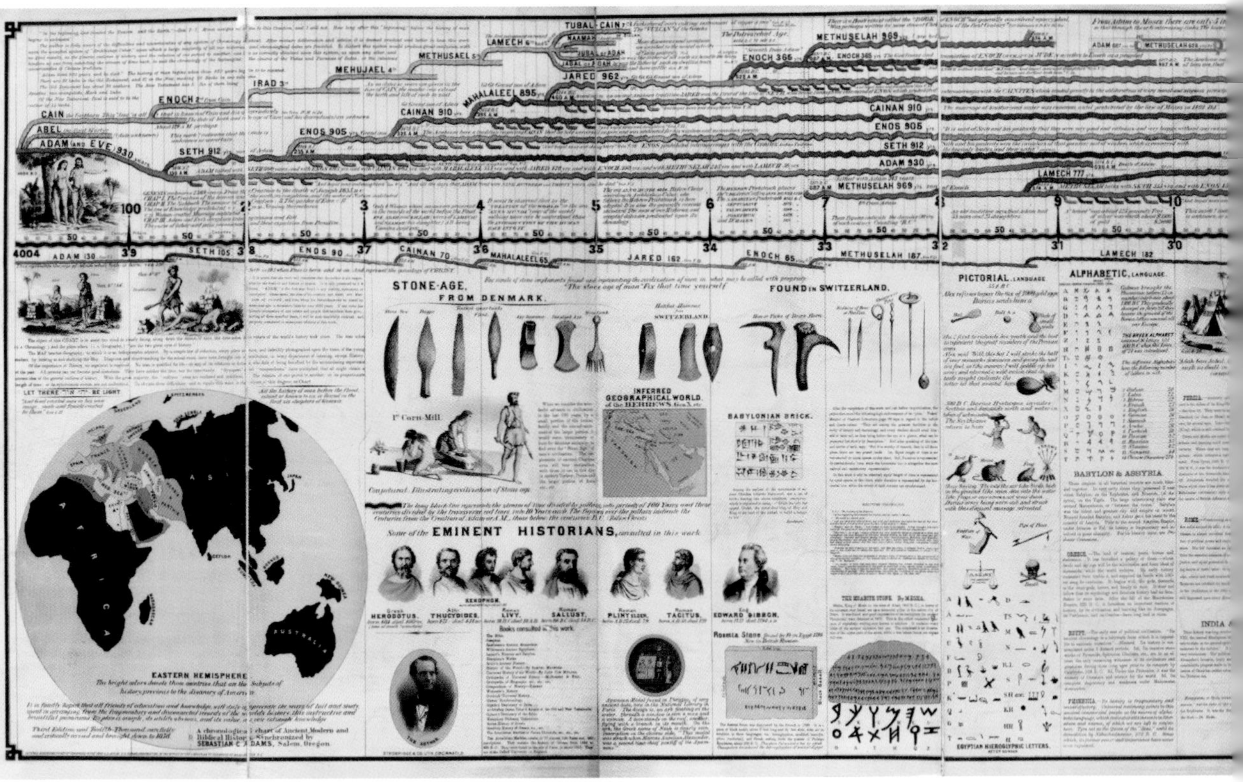

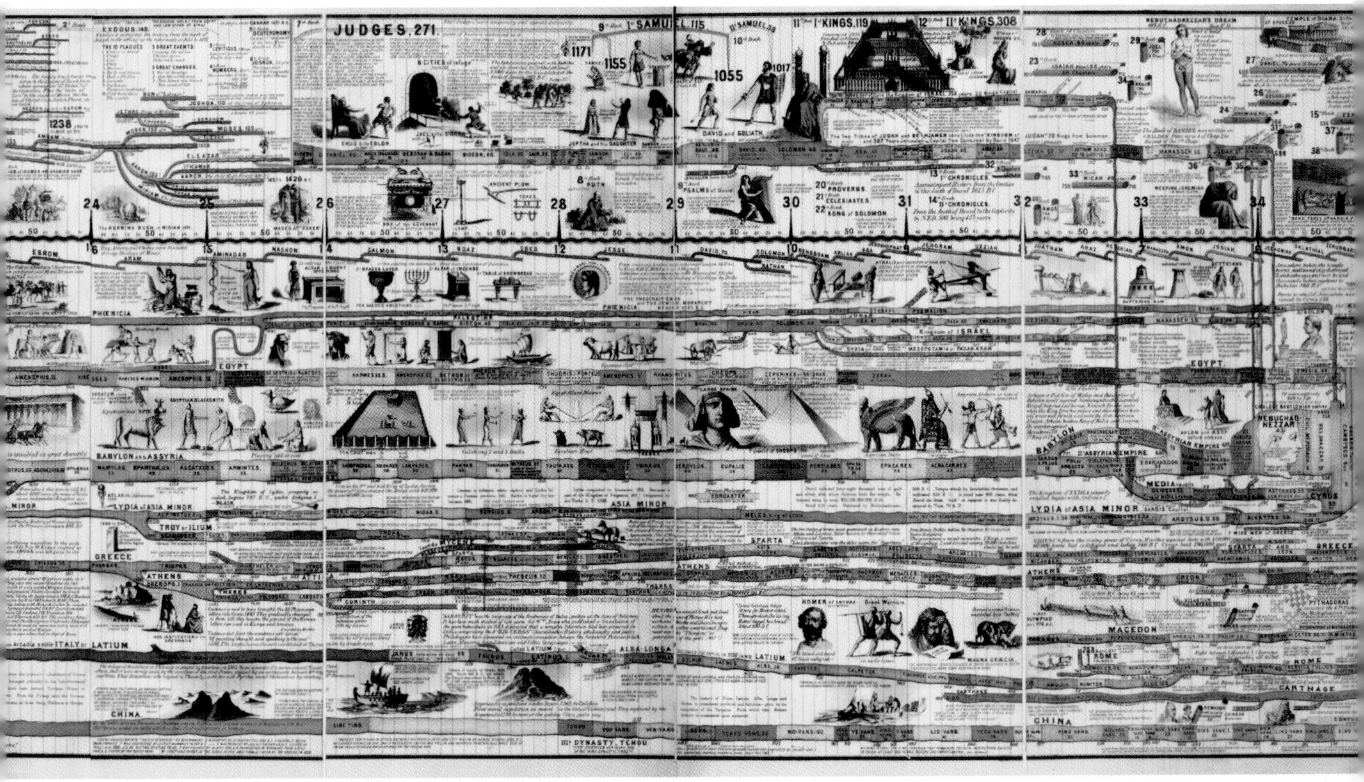

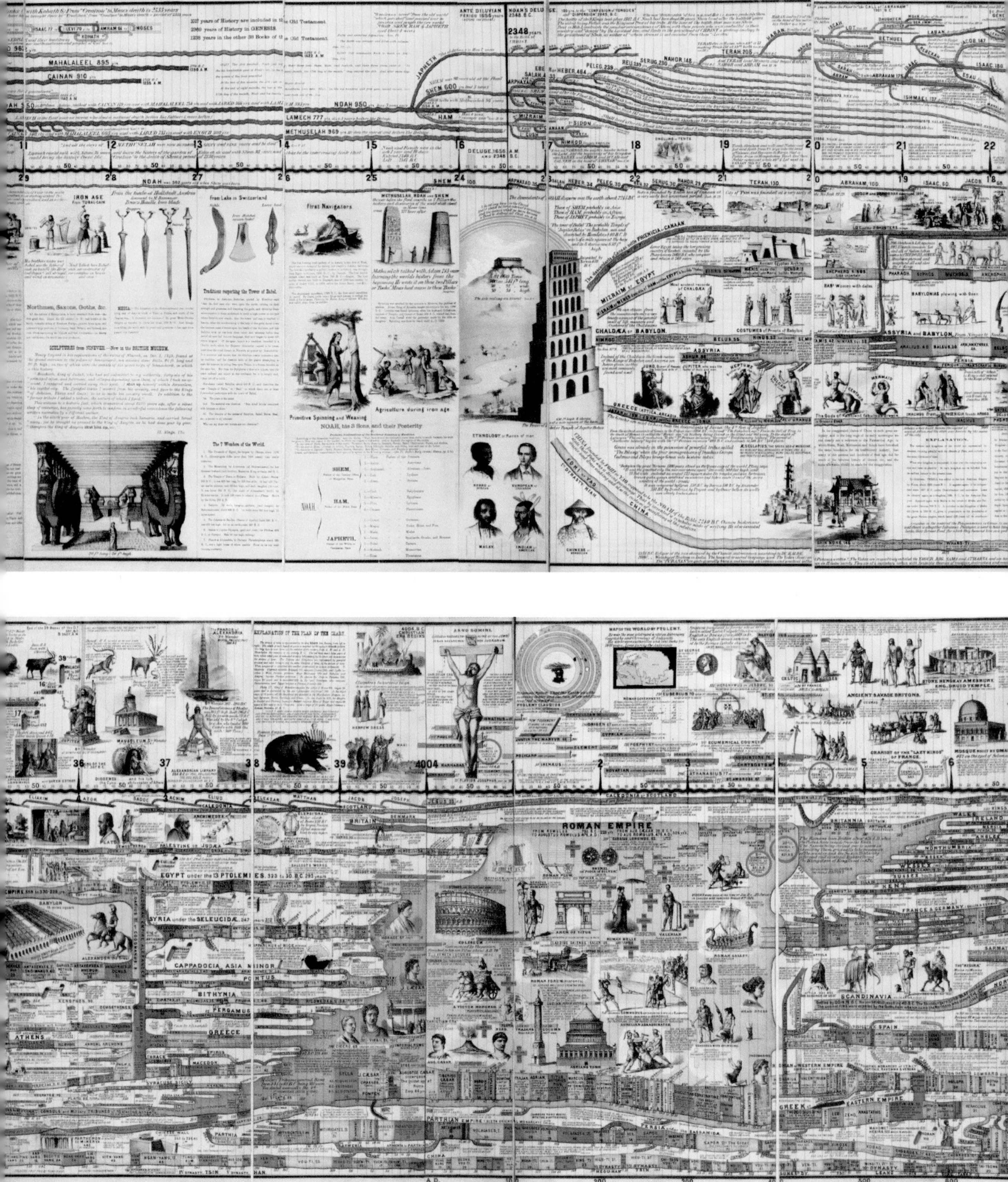

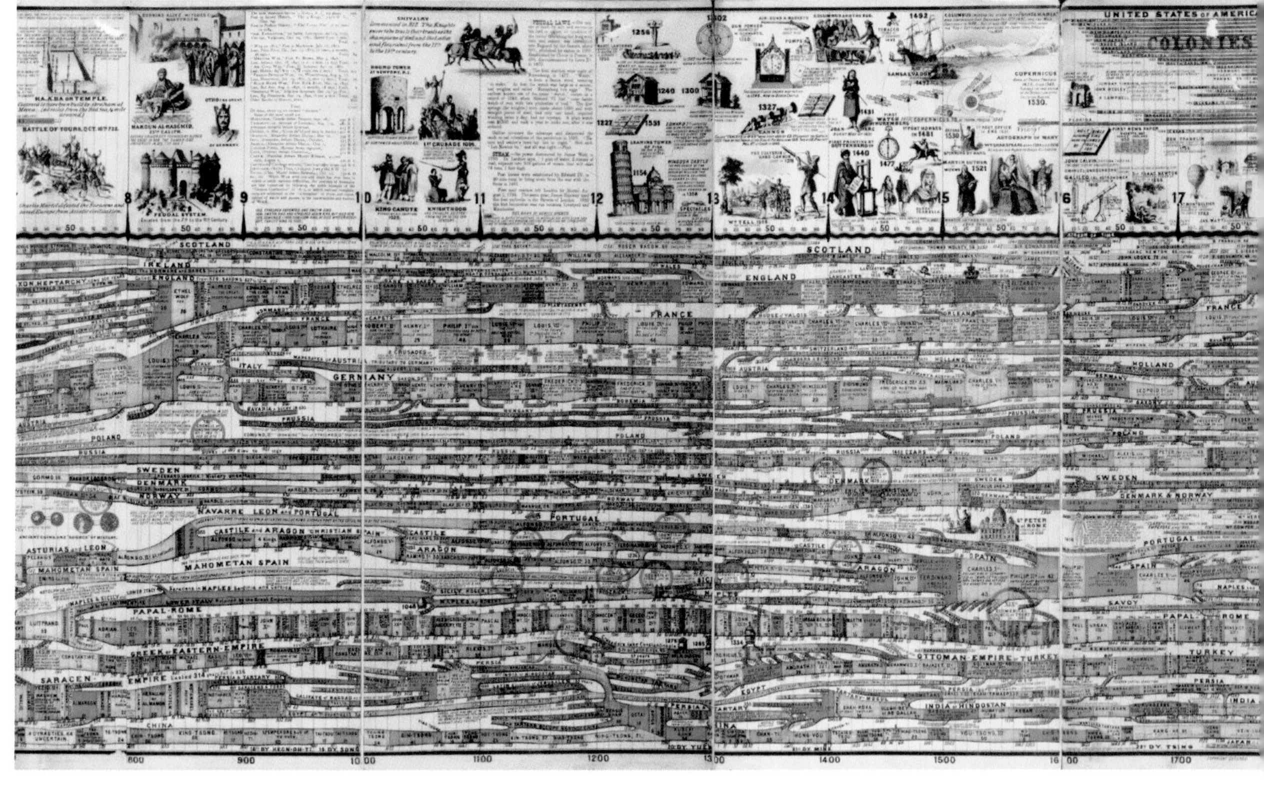

쳤고, 얼마 뒤에는 영국의 인쇄업자들까지 이에 가담했다. 심지어는 오늘날에도 애덤스 차트의 천연색 모사본을 구할 수 있을 만큼 많은 판본이 제작되었다. 그 가운데 가장 큰 인기를 끌며 오래 판매된 판본은 20세기 초의 세기 전환기에 런던의 찰스윌리엄디컨 사Charles William Deacon and Company에서 출간한 것이었다. 이 판본은 200주년 기념 초상화를 생략하고, 일부 세부사항을 교체하는 등 원본이 갖고 있던 미국적인 특성을 축소시켰다. 또한 디컨 사는 애덤스의 차트가 학술적인 연표의 전통 속에 있음을 보여주는 참고문헌 목록을 대부분 삭제하고 심지어는 애덤스의 이름까지 지워버렸다. 그리고 마지막으로, 에드워드 헐Edward Hull이라는 아일랜드 과학자의 지층 차트를 추가한 뒤에 당당히 새로운 제목을 붙여 세상에 내놓았다. 『그림과 해설로 보는 디컨 동시대 세계사 연표 차트: 에드워드 헐 교수가 그린 전 세계 위대한 제국의 지도 및 완벽한 지구 도해를 포함한』이라는 제목이었다. 이로 인해 독자와 카탈로그 제작자 들은 오래도록 애덤스의 차트를 헐의 작품으로 오해하게 되었다.

19세기 후반이 되자 미국과 유럽에서는 라이먼과 애덤스 양식의 차트들이 정규 역사교육의 일부로 완전히 통합되었다. 이러한 발전의 과정은 도식의 분야만이 아니라 사람들이 역사를 논하는 일반적인 어휘들에도 명백한 영향을 끼쳤다. 일찍이 1825년에 코네티컷 주 뉴헤이븐에서 발간된 《처

[그림27]

시배스천 C. 애덤스, 『고대와 근대, 그리고 성서적 인 역사의 연표 차트』, 제3판, 신시내티, 1878년.

치맨스 매거진》은 성직자들에게 "인간 사회의 현 단계"를 이해하려면 "역사 차트로 눈을 돌려야 한다"라고 조언한 바 있었다.[22] 또한 뉴욕에서 발간된 《워킹맨스 애드버킷》은 1844년의 한 기사에서 아일랜드 태생의 차티스트 운동가이자 신문 편집자인 토머스 에인지 드바이어Thomas Ainge Devyr의 선동 연설을 상세히 옮겨 실었다. 드바이어는 청중에게 "뱃사람이 해도를 살피듯이 역사를 살펴볼 것"을 요구했다고 한다. 그는 이렇게 주장했다. "만일 우리가 역사를 살펴본다면, 모든 이들이 토지에 대한 권리를 갖고 있었고 킨키나투스*와 같은 인물도 고작 7에이커의 땅에 만족했던 그리스와 로마의 공화국 시절에는, 그 모든 이들이 부유하고 고귀하고 행복하고 지혜로웠음을 알 수 있을 것이다. 그러나 극소수가 모든 토지를 소유하고 다수를 배제시켰을 때는 악덕과 사치가 판을 쳤다는 사실도 알 수 있을 것이다."[23] 드바이어는 뉴욕의 금융가들을 로마의 귀족에 장황하게 비유하면서, 로마가 윤리적 타락과 근로 인민에 대한 폭압의 시기를 거쳤던 것처럼 현대 미국도 그와 똑같은 시기를 거치고 있다고 지적했다. "만약 콜럼버스에게 해도가 있었다면 신세계를 향한 그의 여정은 훨씬 수월했을 것이다. 우리는 콜럼버스보다 사정이 낫다. 우

* 킨키나투스(Cincinnatus, 서기전 519~서기전 430): 고대 로마의 정치가이다. 집정관으로 일하다 로마가 위기에서 벗어나자 권력욕을 버리고 농부로 돌아가 청빈하게 살았다.

리에게는 역사 차트가 있기 때문이다. 역사 차트는 우리가 피해야 하는 암초와 여울, 모래톱의 위치를 알려줄 것이다."[24]

《뉴잉글랜더》라는 잡지는 1863년에 「설교자를 위한 역사 활용법」이라는 제목의 기사를 실었다. "인도의 지도가 〔침례교 선교사 윌리엄〕 케리 William Carey의 성스러운 본성에 호소했듯이, 역사 차트는 (실제의 차트이든, 은유적인 의미로든 간에) 크리스트교인의 성스러운 본성에 호소력을 지닐 것이다. 역사 차트는 암흑 속에서 태어나, 어스름 속에서 살다가, 어둠 속으로 사라질 운명의 인간들에게 온전한 영생불사의 대륙을 보여줄 것이다. 그럼으로써 신을 알지 못하고 내세에 대한 믿음을 갖지 못한 인간이란 얼마나 무력하기 그지없는 존재인지를 몸서리치게 깨닫게 해줄 것이다."[25] [그림28]

세속적인 역사 문헌에서도 이와 유사한 태도를 어디서든 발견할 수 있었다. 그러나 여기에서는 신의 섭리가 아니라 진보가 절실한 당면 과제였다. 제임스 숄더 James Schoulder라는 역사가는 1892년에 미국역사학회에 제출한 보고서에서, 근대사의 거대 서사를 "세계의 진보를 보여주는 하나의 차트"로 구성했다. 그는 이렇게 썼다.

> 우리의 역사 차트는 한 권의 지도책과 같이 펼쳐진다. 매 쪽은 모두 같은 크기이지만, 비율을 키울수록 다루는 범위는 좁아진다. 어떤 쪽은 지구의 반구半球를, 어떤 쪽은 하나의 대륙을, 어떤 쪽은 하나의 민족을 보여준다. 그리고 어떤 쪽들은 주와 군과 시를 차례로 보여준다. 그렇게 해서 우리는 세계 전체로부터 점점 초점을 좁혀가다가 마침내는 하나의 마을이나 도시, 심지어는 한 채의 집 안에 위치하게 되는 것이다.[26]

18세기에 자크 바르뵈-뒤부르는 연표 차트가 지도와 같은 복잡성과 직관성을 가질 수 없다는 사실을 안타까워한 바 있었다. 게오르그 하겔간스 또한 역사 교과서를 참조하지 않고서는 자신의 시간 차트를 효과적으로 활용할 수 없으리라고 독자에게 경고했다. 그러나 19세기의 크로노그래프 제작자들은 그러한 변명을 할 필요가 없었다. 이제는 차트가 역사적 지식 그 자체를 상징하게 되었기 때문이다.

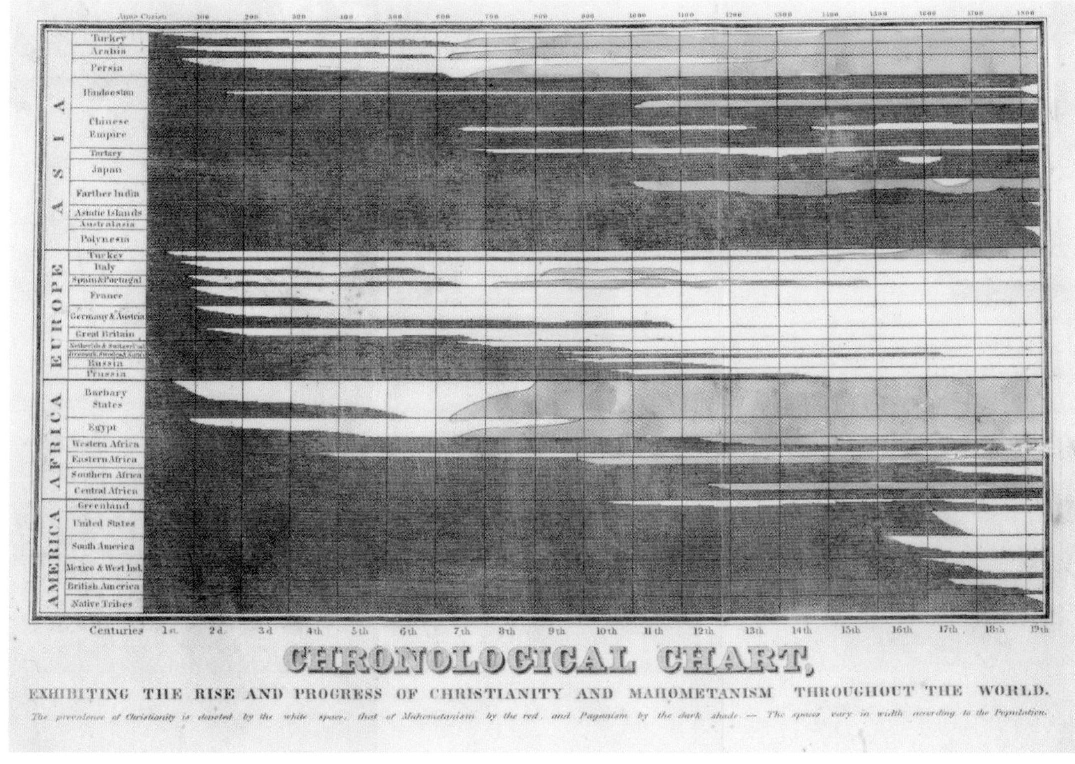

[그림28]

코네티컷 주의 조판가 존 워너 바버John Warner Barber는 역사 삽화와 지리 삽화의 제작자로 알려진 인물이었다. 바버의 1832년 작 『서력기원으로부터 현재까지 일어났던 가장 중요하고 흥미로운 종교적 사건들의 기술』에 수록된 이 연표 차트는 전 세계 크리스트교와 이슬람교, '이교'의 분포를 양적인 측면에서 비교했다. 바버는 인구통계학적인 관점을 유지하면서, 일반적으로 인정되는 역사적 중요성이 아니라 대강의 인구 비율에 따라 각 민족에게 일정한 공간을 할당했다.

제6장

땜장이의 기술

A Tinkerer's Art

19세기 후반을 거치며 서구인들의 시간 개념과 그들이 시간을 경험하는 방식은 빠르게 변화했다. 산업화와 도시화가 진행되고 철도와 전신 등 새로운 교통 통신 기술이 확산됨에 따라 순식간에 일어난 사회적인 변화는 새로운 시간 표시 방식을 피할 수 없는 것으로 만들었다. 일상생활이 점점 더 강하게 시계의 속박 아래 놓이게 된 것이다. 정확한 시각은 이제 더는 지역적인 관습에 의해 결정되지 않았다. 표준시는 아주 멀리 떨어진 장소들을 하나로 연결시켰고, 전 지구적인 차원에서 상호 연결된 단일한 시간 체계를 탄생시켰다.

물론 이러한 변화가 전적으로 갑작스러운 현상은 아니었다. 르네상스 시대 이후 유럽인의 문화적 상상력 속에서 시계는 점점 더 중요한 기능을 수행해왔다. 새뮤얼 피프스*라는 영국인이 회중시계가 없는 삶을 도저히 상상할 수 없다고 일기장에 기록한 것이 이미 17세기 중반의 일이었으니 말이다.[1] 1597년 영국에서 출간된 한 신학 논문의 저자는 연표 연구를 거대한 역사의 모래시계 속에서 흘러내리는 모래를 지켜보는 일에 비유했다. 하지만 80년 뒤에 출간된 다른 논문의 저자는 연표 연구를 "오랜 세월 동안 망치와 줄의 기술을 가함으로써 정확하고 신뢰할 수 있게 작동하도록 만들어진" 하나의 시계로 묘사했다.[2] 그러나 이때까지만 해도 시계가 정확한 시각을 알려주지는 못했기 때문에, 대개의 사람들은 더 회의적인 태도를 보였다. 근대 초기의 유명한 금언 중 하나는 "연표학자와 시계는 결코 의견의 일치를 보지 못한다"라는 것이었다.[3]

그러나 마침내 시계 장치는 인상적인 수준의 정확성을 확보하게 되었다. 18세기를 거치며 시간 측정 기술은 상당한 진보를 이루었다. 가장 대표적인 사례는 1761년에 존 해리슨John Harrison이라는 사람이 영국 정부가 주관한 경도 경연대회Longitude Prize에 출품한 항해용 크로노미터**였다. 해리슨의 H_4 크로노미터는 전 지구적인 동시성을 이론적으

* 새뮤얼 피프스(Samuel Pepys, 1633~1703): 영국의 행정가, 해군장관이자 일기 작가이다. 그가 쓴 『일기』는 당시의 풍속을 연구하는 데 좋은 자료가 되고 있다.

** 크로노미터(chronometer): 항해하는 배가 배의 위치를 계산할 때 사용하는 정밀한 시계이다. 머린 크로노미터 또는 경선의(經線儀)라고도 한다.

로만이 아니라 실질적으로도 가능하도록 만들었다. 더불어 부르주아 소비자들이 괘종시계와 회중시계를 구매할 여력을 갖게 되면서 시계는 일상생활의 일부로 통합되었다. 물론 이러한 변화에 저항하는 이들도 적지만은 않았다. 공장에서는 시계가 반항적인 노동자들에게 새로운 규율을 부여하는 수단으로 활용되었다.[4] 마침내 19세기가 도래하자 유럽과 미국에서는 공장 시간표와 철도 시간, 전신을 활용한 장거리 통신의 영향으로, 단일하고 동질적인 시간의 개념이 매우 자연스러운 것으로 받아들여지게 되었다. 20세기로 넘어가는 무렵에는 '시계를 소유'하는 것이 이제 더는 과시의 표현일 수 없게 되었으며, 점점 더 많은 이들이 시계와 더불어 살아가는 것을 불가피한 일로 여기게 되었다.

정확한 시간과 더불어 크로노그래피의 도식적인 구조 또한 훨씬 더 많은 문화적 영역 속으로 침투해 들어갔다.[그림1~2] (항해용 크로노미터와 같은 신기술과 세계 표준시와 같은 국제 협정을 통해) 시간의 체계가 통합됨에 따라, 크로노그래피도 많은 새로운 분야에서 활용되기 시작한 것이다. 1960년대에 촬영된 최초의 지구 사진들, 그리고 그러한 사진들이 보여준 연속적이고 상호 연결된 하나의 세계라는 관념에 비견할 만한 문화적인 충격이 가해졌다. 그러나 이미 19세기에 등장했던 '동시성의 지도'가 이와 개념적으로 유사한 무언가를 앞서 제공한 바 있었다. 그러한 지도들은 다양한 지리적 장소에서 동일한 시점에 발생한 사건들에 대한 자료를 하나의 지도로서 보여주었다. 예를 들어 도식 분야의 위대한 혁신자이자 우생학과 정신 측정법, 과학적 수사법, 기상학의 창시자였던 빅토리아 시대의 박식가 프랜시스 골턴*은 서로 멀리 떨어진 지역들의 시계열적인 기상 자료를 한 장의 지도에 담았다. 골턴은 이를 통해 날씨가 전 지구적인 상호 의존성을 지니며, 풍향의 패턴이 규칙성을 띤다는 사실을 알려주는 가상의 세계를 그려낼 수 있었다.[5] 골턴의 차트를 프리스틀리의 차트와 같은 맥락에서 연표라고 부르기에는 어려움이 있었지

* 프랜시스 골턴(Francis Galton, 1822~1911): 영국의 유전학자이다. 기상학, 지리학 등을 연구하다 사촌인 다윈의 영향을 받아 유전학을 연구했다. 유전학에 수학적 연구법을 도입해 처음으로 우생학을 제창했다.

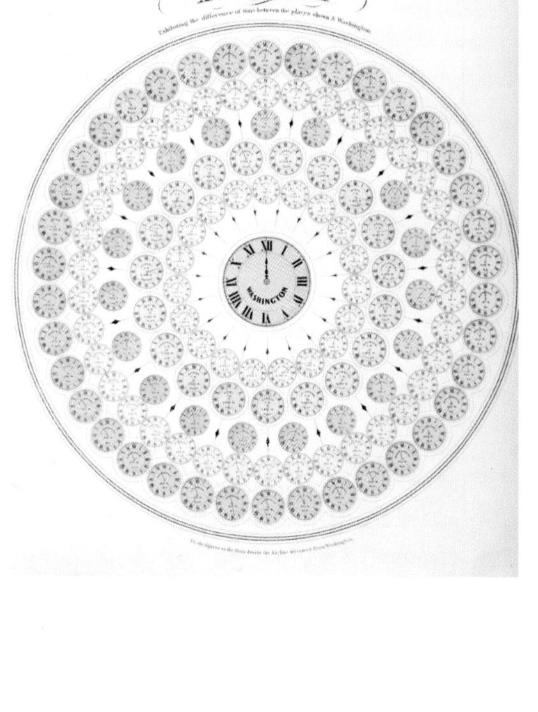

[그림1]

21세기의 독자들은 타임라인이 큰 비율에서 작은 비율로, 즉 100년에서부터 10년, 1년, 1개월, 1일, 1분, 1초의 단위로 손쉽게 확대할 수 있는 것이라고 너무도 당연하게 생각하고 있을 것이다. 그러나 이전 시대의 독자들에게는 이러한 비율의 확대가 썩 수월한 일이 아니었다. 1890년대에 이르러 국가적 혹은 국제적인 표준 시간이 확립되기 이전까지는 왼쪽과 같은 복잡한 통신 차트가 상이한 지역들 사이의 동시성을 확립하는 데 필수적이었다. 왼쪽은 앨빈 주잇 존슨Alvin Jewett Johnson의 1873년 작 『존슨의 새로운 가족용 세계 그림 아틀라스』에 수록된 『워싱턴과 각 지역의 시간 차이 도표』이다.

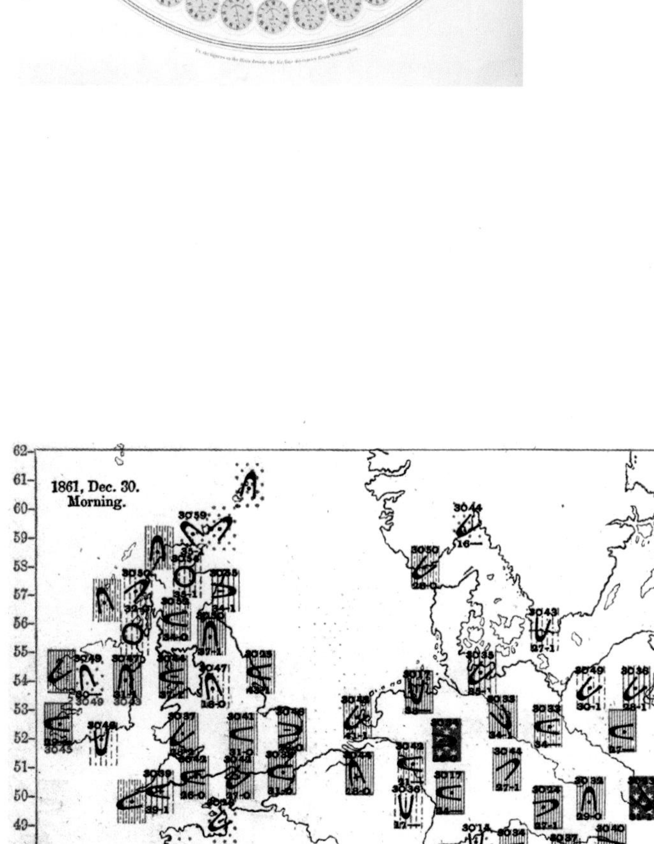

[그림2]

프랜시스 골턴은 기상에 대한 연구와 기상을 지도로 제작하는 방식에서 선구적인 업적을 남겼다. 골턴은 1863년 작 『메테오로그라피카, 혹은 기상을 지도로 표현하는 방법』에서 여기 등장하는 '동시성의 차트'를 비롯한 다양한 기상학 도표들을 보여주었다. 이 차트는 단일한 역사적 시점에서 유럽의 여러 지리적 공간의 날씨, 기압, 풍향을 나타내고 있다.

만, 이 둘은 상당히 유사한 원칙들을 공유하고 있었다. 골턴의 차트 역시 동시성의 차트였기에, 프리스틀리의 차트가 그러했듯이 얇게 분할된 세로 칸들을 활용해 다양한 장소에서 동일한 시점에 일어난 사건들에 관한 자료를 한데 보여줄 수 있었다. 양자 모두 일정한 경향성과 동시성을 표현하는 기능을 했던 것이다.

결과적으로 시간 체계의 통합은 전신이나 전화와 같은 장거리 통신 기술의 발전에 힘입어 단지 과학적인 표시법의 문제가 아니라 실질적인 경험의 문제가 되었다.[그림3] 그리고 이러한 경험들은 당시 한창 발전 중이던 도식의 형식에 담겼다. 타이타닉 호가 처음이자 마지막 항해에 나선 1912년 4월 10일, 두 곳의 회사가 타이타닉 호의 항로를 차트로 기록했다. 선주 회사인 화이트스타라인White Star Line과 전신 기사를 파견한 마르코니전신회사Marconi Telescope Company였다. 선주 회사는 타이타닉 호의 항로를 전통적인 해도海圖 위에 기입했다. 그러나 마르코니전신회사는 일찍이 1840년대에 프랑스의 철도를 위해 고안된 더 최신의 표기법을 활용했다.[6] 마르코니 사의 '북대서양 통신 차트'는 타이타닉 호의 지리적 위치를 기록한 것이 아니라, 그 배가 마르코니 사의 전신 기사를 태우고 있던 다른 배들과 비교해 각 시점에 어떠한 지점에 위치했는지를 보여주는 것이었다. 전신 기사들은 이 도표를 활용해 선박들 간의 전신 중계 계획을 세움으로써 아주 먼 바다에서도 장거리 전보를 보낼 수 있었다.

타이타닉 호의 침몰은 전 세계가 거의 실시간으로 경험한 최초의 대규모 미디어 이벤트 가운데 하나였다. 침몰 이후 출간된 마르코니 사의 1912년 4월분 차트는 이 사건의 상징이나 다름없는 것이 되었다. 이 차트에 따르면, 타이타닉 호가 빙산과 충돌한 1912년 4월 14일 오후 11시 40분에 마르코니 사의 전신 기사가 탑승한 선박 중에서 올라브 호, 나이아가라 호, 마운트템플 호, 카르파시아 호, 캘리포니언 호를 비롯해 10척의 배가 무선이 닿는 범위 안에 있었다. 특히 캘리포니언 호는 고작 19마일 떨어진 곳에 있었다. 그러나 이 배는 오후 11시 30분에 무선망을 차단한 상태였다. 카르파시아 호는 오전 12시 15분에 날아든 첫 번째 전보를 통해 타이타닉 호의 소식을 접했지만 58마일이나 떨어져 있었기에 2시간이 지난 뒤에야 사고 현장에 도착할 수 있었다. 이미 사고 소식이 뉴욕에까지 전해져 거리를 떠들썩하게 만들고 있던 시점이었다.

이후 이 차트를 통해 정확히 몇 척의 배가 조난 신호를 들을 수 있었음에도 실제로 구조에 나서지 못했는지가 알려지면서 비애감이 한층 커졌다.[7] [그림4] 이러한 비애감은 2년이 지난 뒤 『미국 과학 참고문헌』이 마르코니 사의 북대서양 통신 차트 두 개를 한 펼침면에 나란히 실을 때까지도 여전히 강하게 유지되었다. 수록된 차트 가운데 하나는 1904년 12월의 것이었고, 다른 하나는 타이타닉 호의 침몰 사고보다 겨우 4개월이 앞선 1911년 12월의 것이었다. 이 차트들은 적어도 이론적으로는 북대서양이 통신망으로 연결됨에 따라 이전에 비해 얼마나 안전해졌는지를 보여주고 있었다. 두 차트 아래의 설명글은 1912년 4월 14일의 사건에 대한 언급을 의도적으로 생략했다. "7년 뒤의 복

[그림3]

마르코니전신회사는 전신 기사들이 탑승한 배들 사이의 통신 연결 상태를 차트로 나타내기 위해 수십 년 전 프랑스의 철도망을 위해 개발된 체계를 활용했다. 마르코니 사의 통신 차트에서 각각의 선은 특정한 배의 항로를 나타낸다. 맨 위와 아래에 적힌 숫자는 출발과 도착 날짜를 뜻한다. 선들의 교차점은 각각의 배들이 평균 속도로 항해할 경우에 동일한 경도에 도달할 수 있는 가장 이른 시점을 알려준다. 더불어 이 선들은 북대서양을 연결하고 있는 무선 이동 통신망을 보여주고 있다. 타이타닉 호의 선은 11일 목요일THU에 해당하는 세로줄에서 찾을 수 있다.

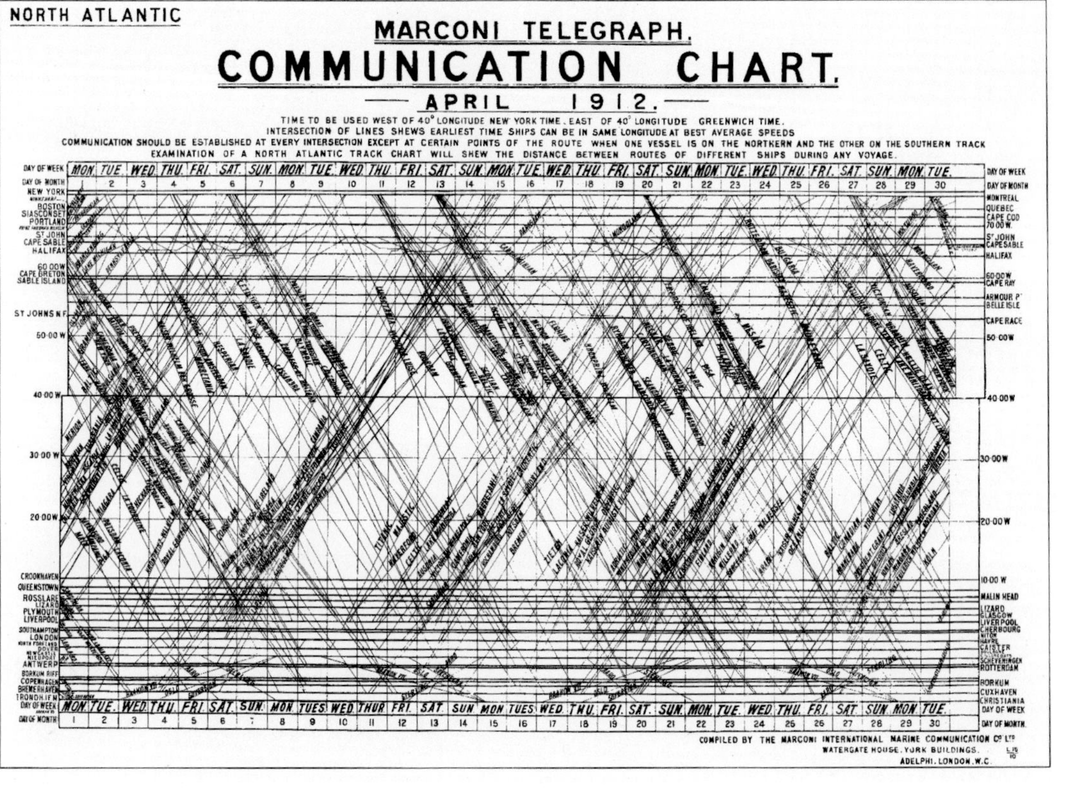

310 SCIENTIFIC AMERICAN REFERENCE BOOK.

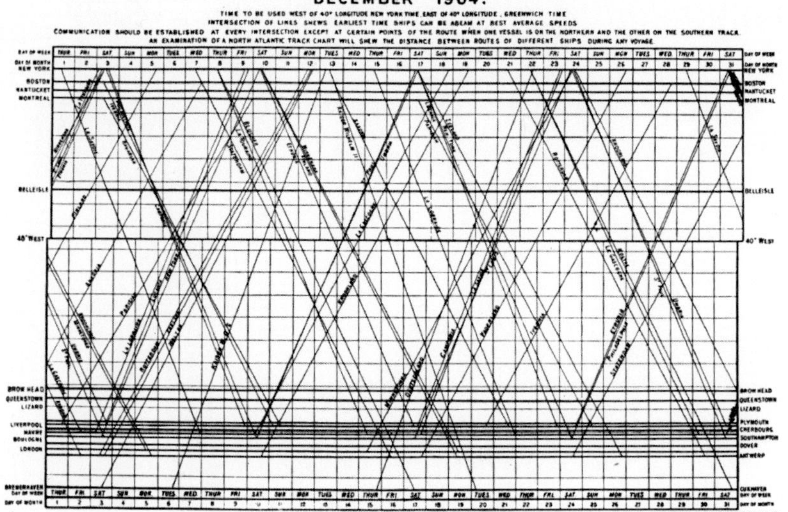

AN EARLY WIRELESS CHART

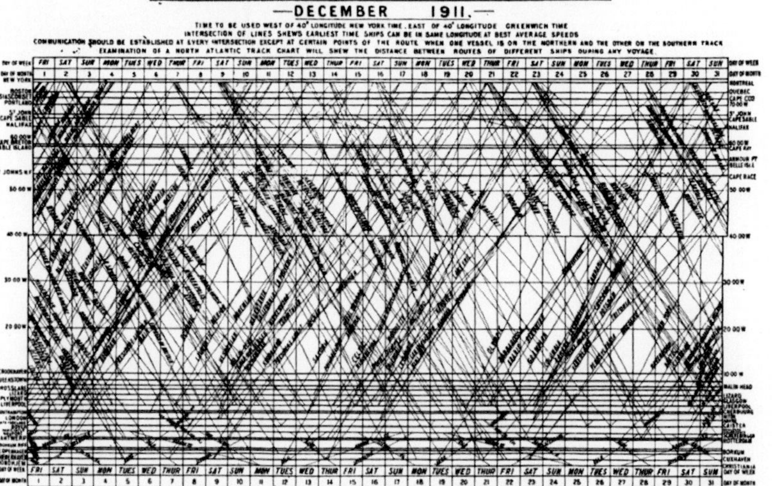

SEVEN YEARS LATER THE INTERLACING LINES SHOW POSSIBLE INTERCOMMUNICATIONS WHICH HAVE ROBBED THE SEA OF MANY OF ITS TERRORS.

PHENOMENAL INCREASE IN WIRELESS ACTIVITY.

[그림4]

1914년 판 『미국 과학 참고문헌』은 1904년과 1911년의 마르코니 사 차트를 실으면서도 타이타닉 호의 비극에 대해 전혀 언급하지 않았다. 차트의 설명글이 보여주는 아이러니는 의도했던 바는 아닌 것 같다.

[그림5~10]

에티엔-쥘 마레는 1894년에 프랑스어로 쓰인 『운동』이라는 책을 출간했다. 이 책에는 1/12초의 간격으로 사진을 촬영할 수 있는 '동체사진총'과 전속력으로 달리는 말의 발굽질을 기록할 수 있는 '호도그래프'를 비롯해 운동을 시각적으로 기록하는 다양한 기계 장치가 등장한다. 마레는 18세기의 크로노그래프 제작자들이 고안한 도식에 직접적으로 의존했지만, 선배들이 손으로 수행해야 했던 일련의 과정을 기계화하려는 의지를 갖고 있었다. 이미 18세기에 마레는 프리스틀리와 플레이페어의 시각적 형식이 실험과학의 형식과 상당한 유사성이 있음을 지적하고 있다.

잡하게 얽힌 선들은 이제 내부 통신망을 통해 바다의 공포를 상당 부분 없앨 수 있게 되었음을 보여준다. 무선 통신이 경이적으로 증가한 것이다."[8] 물론 이러한 차트들은 타이타닉 호를 구조하는 데 아무런 도움을 주지 못했다. 그러나 전신 네트워크가 낳은 상호 연결된 시간의 구조를 인상적으로 보여주기는 했다.

19세기 후반에는 실시간 기록 기술 또한 매우 빠른 속도로 발전했다. 가장 중요한 기술 가운데 일부는 프랑스의 의사이자 동체사진법動體寫眞法 분야에 혁신적인 기여를 한 에티엔-쥘 마레의 업적이었다.[그림5~10] 마레는 실험가이면서 동시에 이론가였고, 크로노그래피적인 표상의 전통에도 꽤 조예가 깊었다. 같은 시기에 미국에서 유명세를 떨친 에드워드 머이브리지와는 달리, 마레의 관심 분야는 사진보다 훨씬 넓은 분야로 넓어졌다. 그는 사진이란 이미 매우 다양하며, 계속해서 그 종류가 늘고 있는 크로노그래피 장치들 중 하나일 뿐이라고 생각했다. 마레는 자신이 특별히 잘 알고 있던 생리학 분야의 최신 크로노그래피 발명품 가운데 몇 가지를 사례로 들었다. 맥박 기록기, 혈류 속도 기록기, 심박동 기록기, 근운동 기록기처럼 복잡한 이름을 지닌 장치들이었다. 앞의 셋은 심장의 활동을 시간의 흐름에 따라 그래프로 기록하는 장치였고, 네 번째 것은 신경생리계의 활동을 역시 시간의 흐름에 따라 그래프로 기록하는 장치였다.[9]

112 MOVEMENT

The gelatine plates, sensitized with bromide of silver,

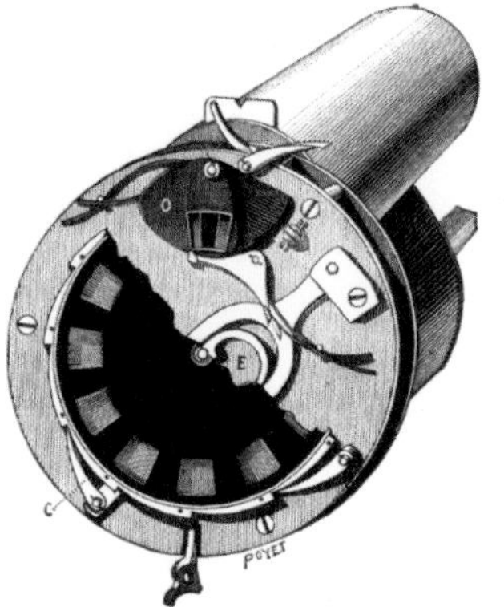

Fig. 76.—Details of the interior of the photographic gun.

on which the photographs were taken, were cut with a diamond to a circular or octagonal shape, as is shown

at the butt end, is a large cylindrical breech which contains the clock-work mechanism. The axis of the breech is seen projecting at B. When the trigger is pulled the wheels begin to rotate and transmit the necessary movement to the different parts of the instrument. A central axis, which revolves 12 times in a second, controls the movement of all the individual parts of the apparatus. In the first place (Fig. 76), there is an opaque metal disc provided with one small opening. This disc constitutes the shutter, and only allows the light, which passes through the objective, to gain an entrance 12 times in a second, and then only for a period of $\frac{1}{720}$ part of a second. Behind the first disc there is another provided with 12 openings which rotates freely on the same axis as the first, and behind these, again, there is room for the sensitized plate, which may be circular or octagonal in shape. This fenestrated disc should rotate intermittently so as to come to rest 12 times in the second just opposite the beam of light which penetrates the instrument.

CHRONOPHOTOGRAPHY ON MOVING PLATES 113

in Fig. 78. In this photograph the successive positions of a flying gull are shown at intervals of $\frac{1}{12}$

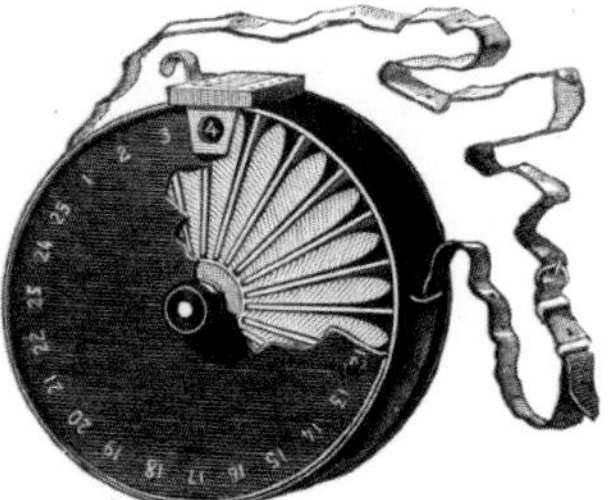

Fig. 77.—Special box for holding the photographic plates.

of a second. These little images, when enlarged by projection, furnish curious details with respect to the position of the wings, and the torsion of the remiges

An eccentric, E, placed on the central axis, produces this intermittent rotation, by transmitting a regular to-and-fro movement to a rod which is furnished with a catch, C. At each oscillation this catch is held by one of the teeth which form a sort of circlet round the fenestrated disc.

A special shutter, O, effectually prevents the light from penetrating into the instrument as soon as all twelve photographs have been taken. There are other arrangements for preventing the sensitized plate from passing, by reason of its acquired velocity, the position assigned to it by the catch, and where it should remain perfectly still during the period of illumination.

A pressure button, b, Fig. 75, is brought into close contact with the plate, as soon as the latter is introduced into the gun. Under the influence of this pressure the sensitized plate sticks firmly to the posterior surface of the fenestrated disc, which is covered with india-rubber to prevent it slipping.

The object is brought into focus by elongating or shortening the barrel, and thus removing or approximating the lens, and finally the process is corrected by looking with a microscope through an opening, O, made in the breech of the gun, and observing the definition on the ground glass.

I

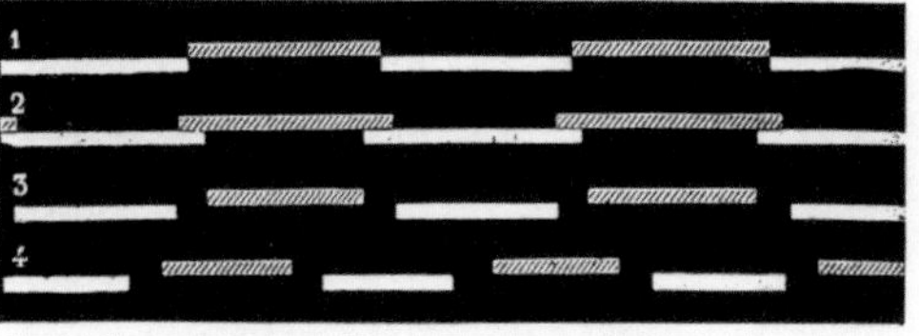

Fig. 5.—Chronographic record of the periods of contact of the feet of a man executing various paces.

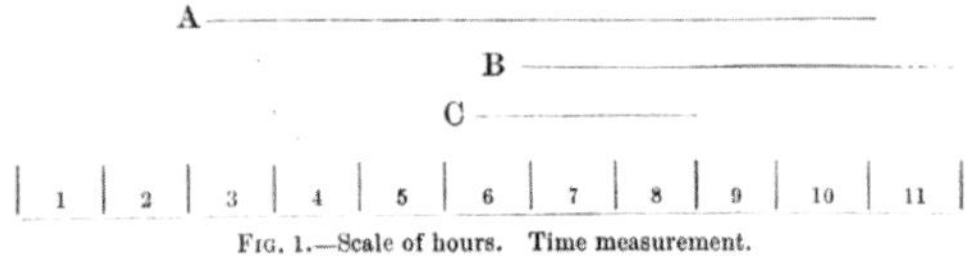

Fig. 1.—Scale of hours. Time measurement.

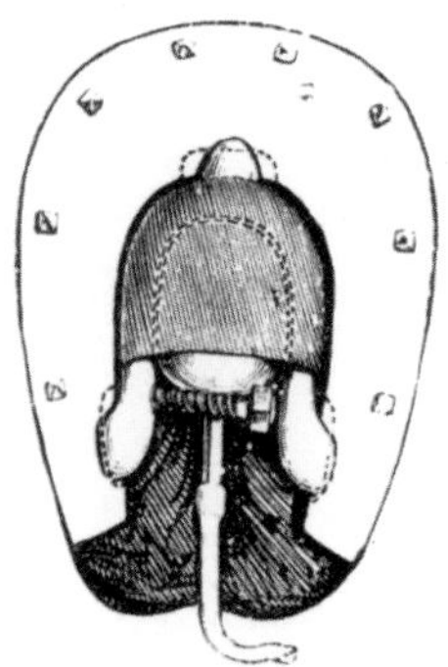

Fig. 6.—Special apparatus for recording the contacts of a horse's feet with the ground; a transmitting tube effects a communication between the air chamber and the chronographic tambour.

Fig. 7.—Horse at a *full trot*. The point indicated on the chart corresponds to the position of the horse represented in the figure.

마레에게 이 새로운 장치들은 모두 프리스틀리와 플레이페어 이래 크로노그래피 전통의 발전상을 보여주는 것이었으며, 그 자신도 그러한 관계에 대해 솔직한 태도를 취했다. 그러나 프리스틀리와 플레이페어가 시간 현상을 **보여주는** 체계를 고안했다면, 마레는 시간 현상을 도식의 형태로 **기록하는** 데에 관심을 갖고 있었다. 마레는 표상의 과정에서 인간적이거나 언어적인 매개를 제거하는 것이야말로 크로노그래피가 과학기술로 다시 태어나기 위한 최종적인 단계라고 생각했다. 이는 프리스틀리, 플레이페어를 비롯해 여전히 자료를 옮겨 적는 방식을 따르고 있던 앙투안-프랑수아 빈센트Antoine-François Vincent, 조르주 클로드 구아폰* 등의 18세기 과학자들보다 한 걸음 더 진보한 것이면서, 동시에 그들의 방식에 대한 지지와 옹호이기도 했다.[10] 마레는 이렇게 썼다.

> 예를 들어, 시간 측정을 다루는 실험에서는 그래프 기록이 자동으로 행해져야 하며, 실제로 그 현상의 지속 기간 및 발생 시점이 저절로 종이에 기입되어야 한다. 이러한 특성은 막대한 중요성을 가진다. 적절하게만 이루어진다면 거의 완벽한 방법이라고 할 수 있는 것이다. 또 다른 예를 들자면, 사진은 구원이나 다름없다. 맨눈으로는 볼 수 없을 만큼 짧은 시간에 일어나는 사건을 한 치의 오차 없이 측정할 수 있도록 해주기 때문이다. 사건의 지속 기간과 순서를 기록하는 이러한 과정은 '크로노그래피'라고 불리는 하나의 방법을 이루게 된다.[11]

마레는 실시간 자료 기록이라는 개념이 19세기 말보다 이미 오래전에 널리 알려져 있었음을 보여준다. 그러나 그는 많은 이들이 자료를 기록하는 기술에 대해 관심을 갖게 된 것은 훨씬 더 근래의 일이라고 주장한다. 근대 학자들의 작품 또한 이러한 주장을 뒷받침했다. 17세기 중반에 크리스토퍼 렌**이라는 영국의 박식가는 '날씨 시계'의 디자인을 스케치한 바 있었다. 움직이는 차트 위에 풍향과 강우량, 기온을 자동으로 기록하는 도구였다. 하지만 렌은 그저 가공되지 않은 원 자료를 기록하는 장치를 상상했을 따름이다. 기록된 기상학적 자료를 외부에 드러내 보여주는 장치를 만들 생각은 전혀 없었던 것이다.[12] 18세기를 거치며 렌의 장치와 원리가 유사한 다양한 기록 장치들이 개발되었다. 제임스 와트James Watt의 압력 지시계도 렌의 날씨 시계와 마찬가지로 정보를 보여주는 것이 아니라 단지 기록하기 위한 장치일 뿐이었다. 그러나 와트의 작업장에서 일하던 젊은 시절의 윌리엄 플레이페어는 이 장치가 그려내는 유용한 패턴들과 그 작동 원리에서 명백한 영향을 받았다.[13]

19세기에 이르면 다양한 과학 기술 분야의 표에 항상 그래프가 함께 등장하게 되었다. 프리스

* 조르주 클로드 구아폰(Georges-Claude de Goiffon, 1712~1776): 프랑스의 건축가, 예술가이자 과학자이다. 앙투안-프랑수아 빈센트와 함께 말의 비율을 해부학적으로 측정하고 그리는 법에 관한 책을 썼다.

** 크리스토퍼 렌(Christopher Wren, 1632~1723): 영국의 과학자이자 건축가이다. 자연과학 분야에 재능을 인정받고 옥스퍼드 대학의 천문학 교수가 되기도 했지만 1663년 이후 건축가로 활발히 활동했다.

틀리와 플레이페어, 그리고 통계 도식 분야에 종사하는 그들의 후계자들이 이러한 과정에 상당한 기여를 했지만, 렌과 와트의 전통을 계승한 기록 장치의 발명가들도 기여한 바가 적지는 않았다. 19세기의 발명가들은 많은 영역에서 새로운 크로노그래피 장치를 개발하려고 애썼다. 최초의 축음기로 알려진 '포노토그래프phonautograph'는 1857년 프랑스의 식자공 레옹 스코트*가 특허 등록을 했지만, 램프 그을음을 묻힌 종이 위에 들쭉날쭉한 긁힘 자국을 남기는 것 이상의 기능은 없었다.[14] 1870년대에 에밀 베를리너**와 토머스 에디슨이 각각 그와 유사한 발상을 음향 재생의 메커니즘과 결합시키자, 스코트는 이들이 자신의 아이디어를 도둑질했을 뿐 아니라 그 본질을 손상시켰다며 항의했다. 스코트는 포노토그래프가 측정과 분석을 위해 음향을 도식 형태로 기록하는 장치일 뿐이지, 오락을 목적으로 재생이나 하는 장치가 아니라고 주장했다.[15]

초기의 모든 축음기는 그 용도와는 무관하게 본질적으로 크로노그래피의 특성을 갖고 있었다. 시간의 흐름에 따른 음향의 변화를 기록하는 장치들이었기 때문이다.[그림11] 대조적으로 사진은 순간을 포착하기 위한 장치였다. 그러나 그 본질을 따져보면 사진 또한 일종의 타임머신으로 활용할 수 있었다. 학자와 사업가 들은 사진이 지니고 있는 가치를 재빨리 간파했다. 시배스천 애덤스가 『고대와 근대, 그리고 성서적인 역사의 연표 차트』의 제2판을 출간한 1876년에, 찰스 D. 모셔Charles D. Mosher라는 사진가는 시카고의 유명 인사들과 (돈을 지불한) 썩 유명하지 않은 사람들의 사진을 담은 '천장 기념비'를 시카고 시청에 설치하는 작업을 마무리했다.[16] 모셔가 제작한 천장은 사상 최초의 타임캡슐 가운데 하나였다. 모셔의 계획은 시카고의 미국 독립 100주년 기념 박람회가 종료되면 이 천장을 봉인하고 1976년에 열릴 200주년 기념식에서 다시 전시하도록 하는 것이었다. 결과적으로 그의 계획은 부분적인 성공을 거두었다. 시카고의 옛 시청사는 1908년에 무너지고 천장 기념비도 파괴되었다. 그러나 모셔의 사진들은 보전되어 1976년에 전시될 수 있었다. 만약 운이 좋다면 2076년에도, 그리고 그 100년 뒤에도 전시될 수 있을 것이다.

19세기 말에 사진술은 급속히 발전했다.[그림12] 초기의 사진은 (미래파 안톤 브라갈리아***와 같은 예술가들이 훗날 활용하는) 번짐이나 소실과 같은 시간이 주는 흥미로운 효과를 제공했지만, 아직 시간을 측정하는 데에는 적합하지 않았다.[17] 그러나 이후 고속 촬영 기법이 발전함에 따라 카메라를 크로노그래피적인 용도로 활용할 수 있게 되었다. 프랑스의 천문학자 피에르 장센****이 1873년에 제작한 리볼버 사진기revolver photographique와 같은 장치들은 놀라운 이미지들을 포착해냈다.

* 레옹 스코트(Édouard-Léon Scott de Martinville, 1817~1879): 프랑스의 식자공, 발명가이자 서적상이다. 인쇄업을 하며 최신 과학 발명에 관한 글을 읽게 되어 발명가가 되었다.

** 에밀 베를리너(Emile Berliner, 1851~1929): 독일 출신의 미국 발명가이다. 최초로 원반형 레코드를 발명해 그라모폰(gramophone)이라고 이름지었다.

*** 안톤 브라갈리아(Anton Giulio Bragaglia, 1890~1960): 이탈리아의 예술가이다. 기계문명이 가져온 도시의 운동과 속도감을 표현하려 한 미래파 사진과 영화의 선구자로 일컬어진다.

**** 피에르 장센(Pierre Jules César Janssen, 1824~1907): 프랑스의 천문학자이다. 1868년에 일식을 관측하다 헬륨을 발견했다.

MOSHER'S

1976

MEMORIES OF THE PAST

MEMORIAL HOME 1951 1926 1901

CLOSING CEREMONIES

MOSHERS MEMORIAL OFFERING TO CHICAGO

MEMOIRS PORTRAITS 1876 OF PROMINENT MEN

Memorial Offering

·TO CHICAGO·

BY special request, this Photograph was taken by Mr. Mosher for his historical collection of Memorial Portraits of prominent men and women, for the Second Centennial, 1976. When the collection is complete they are to be classified and deeded, with memoirs and valuable statistics, to Chicago, and preserved with the city archives in a memorial safe in the great vaults of the Court House, where suitable space has been provided by the Council, and approved by Mayor Harrison January 21st, 1880; and there will be a request in the deed to have the Mayor of Chicago, in 1976, confer with the Centennial Commission to provide a place for these portraits and statistics in Memorial Hall, at the Second Centennial Anniversary of American Independence. 'Tis then these portraits and histories will become a priceless treasure, and of great value to our descendants and to historians, that we can not now afford to neglect the opportunity of giving

"When other men our lands will till—
When other men our streets will fill,
And other birds will sing as gay—
As bright the sunshine as to-day,
A hundred years from now."

The Ceremonies.

The Sir Knights and all good and accepted Masons will be invited to conduct the services, with the highest honors and sacred rites of their Order, as their Brothers at Chicago in 1976 will be requested in the deed to unlock the safe, and take charge of the sacred trust with appropriate ceremonies "In Memoriam" of the honored dead.

Special Price List for Memorial Cabinet Portraits.

Copies may be had at duplicate prices. Cabinet size, $5.00 per dozen; two dozen for $9.00; fifty for $15.00; one hundred for $25.00, if the order is given at one time. If ordered soon, the extremely low price will be adhered to.

N. B. The above is heartily endorsed by Senator Cullom, Ex-Mayor Heath, Hon. David Davis, Gen. Sheridan, and forty other prominent men of the State.

C. D. Mosher.

CRAYON AND PASTEL PORTRAITS
Can be made from this Memorial Photograph as good as taken from life.

National Historical Photographer to Posterity,
125 State Street, Chicago, Ill.

First Premium was awarded C. D. MOSHER, for Artistic Excellence in Art Photography, at the Centennial, 1876.

(COPYRIGHT)

[그림11]

1870년대에 '후대를 위한 국가 역사 사진가'를 자처하던 시카고의 사진가 찰스 D. 모셔는 미래에 대한 기대를 돈을 받고 판매했다. 촬영 비용을 지불한 사람들은 자신의 사진을 천장 기념비에 끼워 넣을 수 있었다. 이 기념비는 1876년 미국 독립 100주년 기념식에서 봉인된 뒤에 1976년 200주년 기념식에서 다시 공개될 예정이었다. 모셔의 천장 기념비는 개봉 시기를 명시한 최초의 타임캡슐이라 할 수 있었다. 그러나 한 세기라는 시간을 버텨내지 못하고 시카고의 새 시청사가 건설될 때 파괴되었다. 다만 사진들은 따로 보전되었다.
ICHI-52049. 시카고역사협회가 소장한 찰스 D. 모셔의 문서들 속에서 발견됨.

[그림12]

피에르 쥘 세자르 장센이 금성의 태양면 통과를 촬영하기 위해 사용한 원형 사진 건판의 삽화. 에티엔-쥘 마레의 1894년 작 『운동』에서.

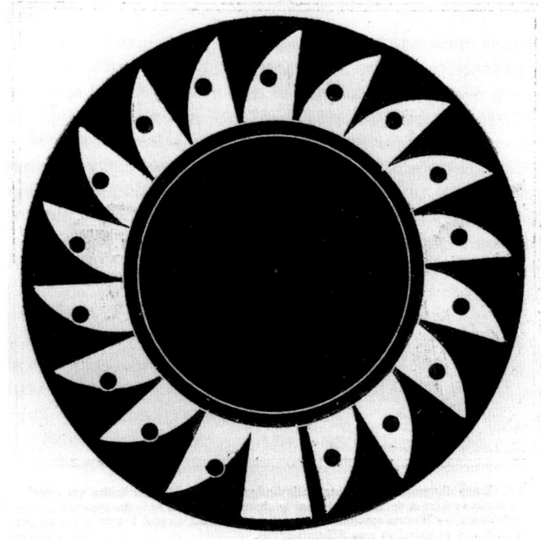

장센의 사진기는 1초가 조금 넘는 간격으로 48장의 연속 이미지를 촬영할 수 있었다. 장센은 70초에 한 장씩 사진을 촬영하는 '천문학 리볼버'라는 유사한 장치를 제작해 1874년 12월 8일에 일어난 금성의 태양면 통과를 기록하기도 했다. 장센은 사진 건판이 과학자들을 위한 새로운 "망막"이라고 주장했다.[18] 그리고 당연하게도 크로노그래프 제작자들에게도 마찬가지라는 말을 덧붙였다.

마레와 장센의 작품을 비롯한 19세기 말의 작품들에서 더 명확하게 드러나기는 했지만, 크로노그래피란 애초에 그 기원에서부터 땜장이의 기술이었다. 에우세비우스는 얼리어답터로서 자신의 『연대기』를 책자라는 새로운 형식으로 제작했으며, 15세기의 롤레빙크는 『날짜들의 다발』을 제작하는 데 이동식 인쇄기를 활용했다. 18세기에 바르뵈-뒤부르가 고안한 크로노그래피 장치의 개념은 디드로의 『백과전서』에 찬사가 실릴 정도로 선진적이었다. 그리고 애덤스의 『고대와 근대, 그리고 성서적인 역사의 연표 차트』는 19세기 다색 석판술chromolithography의 기념비적인 사례로 평가받고 있다. 시간 차트는 각각의 시대에 활용 가능했던 시각 매체의 경계를 확장시키며 발전해온 것이다.

18~19세기의 크로노그래프 제작자들이 혁신에 소홀했던 것은 아니지만, 그들은 과거의 방식에도 눈을 돌렸다.[그림13] 결국 「요한계시록」을 읽은 독자라면 누구든 두루마리가 우주적인 것(심지어는 세계 그 자체)을 표상하기에 얼마나 효율적인지를 깨닫게 되었다. "하늘은 두루마리가 말리는 것같이" 떠나갔던 것이다.[19] 그리고 크로노그래피가 책이나 인쇄물의 형태로 제작된 지 300년이 지난 뒤에, 두루마리는 타임라인의 기계적인 보조 장치이자 연표적 시간의 상징으로서 재등장하기 시작했다. 바르뵈-뒤부르의 『세계사 연표』와 윌리엄 다턴William Darton의 1815년 작 『휴대용 연표첩』은 모두 두루마리 형태의 장치를 활용했다. 블랑셰의 1839년 작 『가톨릭의 사다리』와 애덤스의 1871년

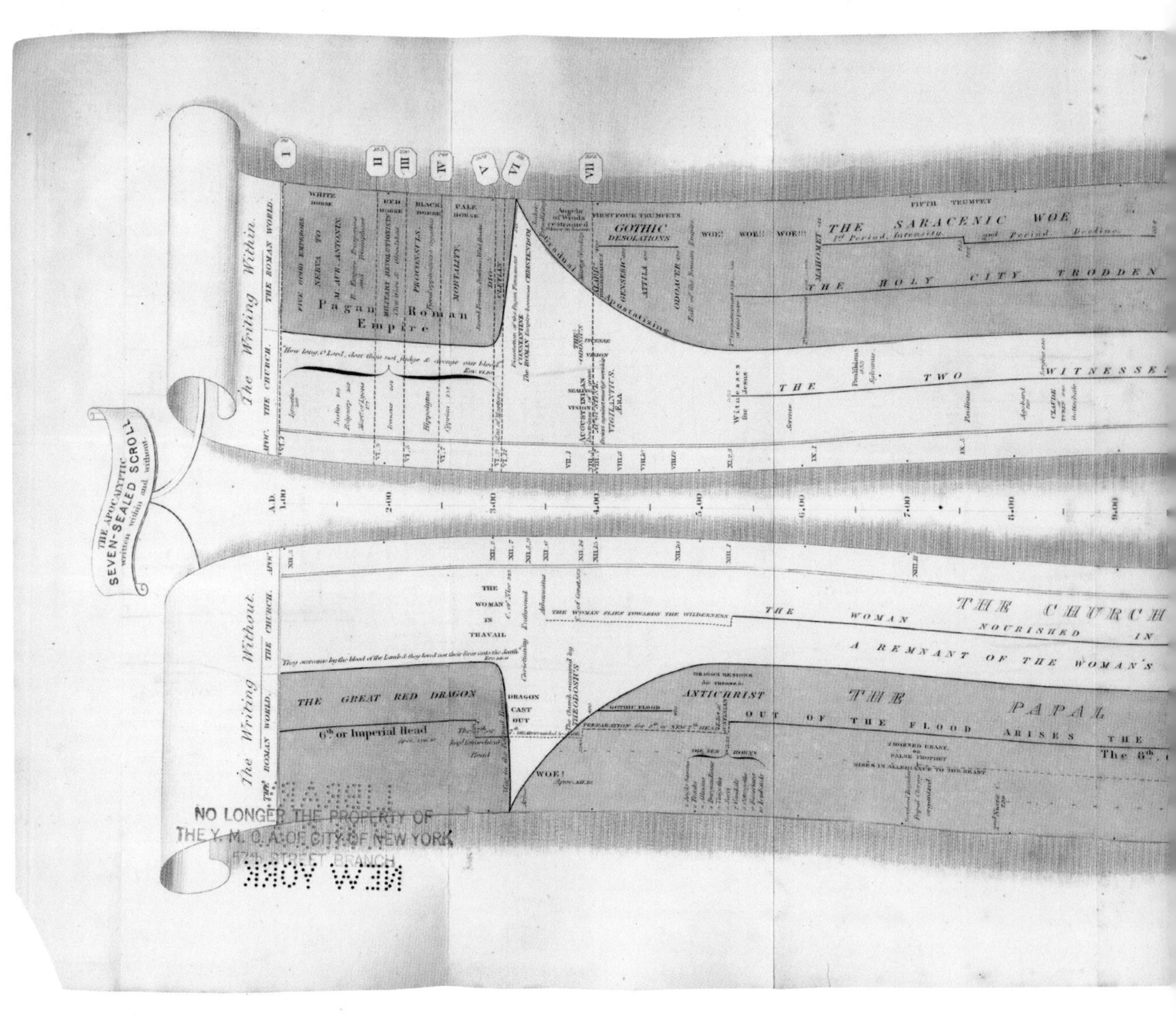
THE APOCALYPTIC SEVEN-SEALED SCROLL written within and without.
The Writing Within.
The Writing Without.
THE ROMAN WORLD.
THE CHURCH.
Pagan Roman Empire
THE GREAT RED DRAGON
GOTHIC DESOLATIONS
THE SARACENIC WOE
THE HOLY CITY TRODDEN
THE TWO WITNESSES
THE CHURCH
A REMNANT OF THE WOMAN'S
THE PAPAL
OUT OF THE FLOOD ARISES THE
ANTICHRIST
DRAGON CAST OUT
WOE!
NO LONGER THE PROPERTY OF
THE Y. M. C. A. OF CITY OF NEW YORK

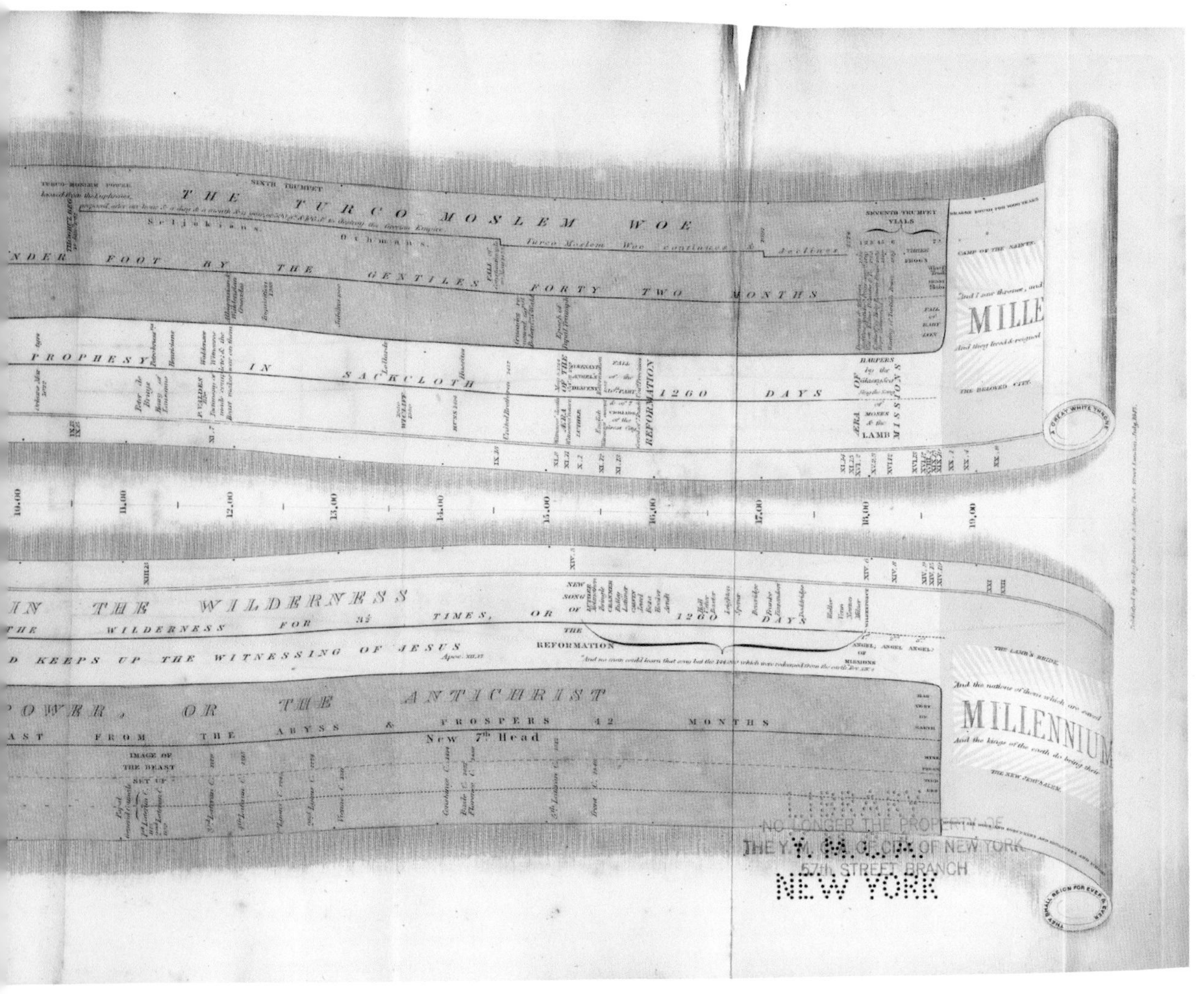

[그림13]

에드워드 비숍 엘리엇이 집필한 여러 권짜리 연구서인 『묵시록의 때, 혹은 요한계시록에 대한 비평적이고 역사적인 주해』에 등장하는 두루마리 차트이다. 1844년에 런던에서 초판이 출간되었다.

[그림14~15]

윌리엄 다턴의 『휴대용 연표첩: 천지창조로부터 1815년까지』는 높이가 5센티미터에 불과해, 역사상 가장 작은 크기의 두루마리 연표 차트 가운데 하나라 할 수 있다.

작 『고대와 근대, 그리고 성서적인 역사의 연표 차트』도 두루마리 형태를 취했다. 천년왕국설의 신봉자인 영국 학자 에드워드 비숍 엘리엇Edward Bishop Elliott의 1846년 작 『묵시록의 때, 혹은 요한계시록에 대한 비평적이고 역사적인 주해』의 권두화는 그저 두루마리를 묘사한 그림일 뿐이었지만, '시간의 두루마리'가 그 얼마나 강렬한 은유로서 활용되었는지를 시사해준다.

물론 근대의 두루마리는 양피지에 그려진 중세의 계보와 상당히 차이가 있었다.[그림14~17] 근대의 두루마리는 대량으로 제작되고, 상대적으로 저렴하며, 18세기에 적잖은 성취를 거둔 정연한 타임라인의 관습을 준수했다. 이러한 근대의 두루마리는 (책자 형태나 중세의 두루마리 형태보다 앞서 존재했던) 고대의 두루마리와 달리 인쇄 서적의 제약 조건들을 극복하려는 목적을 지니고 있었다. 물론 두루마리 역시 그 나름의 제약 조건을 갖고 있었다. 시각적인 연속성을 제공함으로써 연표적인 선후 관계를 도식적으로 표상할 수 있었지만, 이용의 편의성을 희생시킴으로써 참고문헌으로 활용하는 데 어려움이 있었던 것이다.

19세기의 크로노그래프 제작자들은 가능한 모든 양식을 닥치는 대로 실험했다.[그림18~19] 이들은 참고문헌으로 이용하기 위한 것들만이 아니라, 다양한 종류의 게임과 장난감, 기계 장치까지도 만들어냈다. 연표 형식의 오락거리들, 이를테면

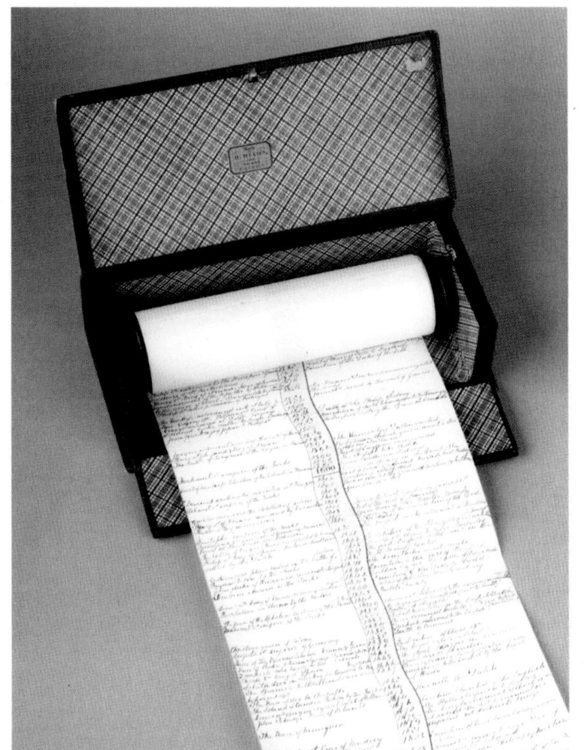

[그림16~17]

『시간의 흐름: 청년들이 역사책을 읽으며 채워 넣어야 할』, 런던, 1844년. 거의 9미터에 이르는 이 두루마리 차트는 장식 상자 안에 고정된 롤러에 감겨 있다. 두루마리 가장 위쪽의 파랗게 칠해진 꽤 넓은 부분은 모든 사물의 근원인 서기전 4004년의 천지창조를 의미한다. 차트의 왼쪽은 "고대부터 현대까지의 세계 역사"에 할애되어 있고, 오른쪽은 "성서의 역사"에 할애되어 있다. 오른쪽 부분은 얼마 뒤 "영국사"로 대체된다. 프린스턴 대학에 소장된 이 판본의 첫 번째 항목은 "셋의 출생"이고, 마지막 항목은 "1831년 런던 대박람회"이다.

참가자들이 주사위를 굴려 역사의 경로를 따라 경주하는 단순한 형태의 보드게임 같은 것들은 이미 18세기 말부터 인기를 끌었다. 그리고 더욱 저렴해진 인쇄 방식, 성장하는 소비 시장, 시각적 교육의 유용성에 대한 인식의 증대에 힘입어, 그러한 오락거리의 종류는 19세기에도 계속해서 크게 늘어났다.[20]

일반적으로, 초기의 연표 게임들은 상당히 간단했다. 대개 나선형으로 이어진 형태였으며, 참가자들은 주사위나 그와 비슷한 도구를 굴려서 나온 숫자에 따라 바깥쪽 끝에서 중심 방향으로, 또는 그 역방향으로 진행했다. 각각의 칸에는 즉위식, 전투, 조약과 같은 유명한 사건과 그 연대가 적혀 있었다. 기본적인 목표는 게임판의 끝 부분에 가장 먼저 도달하는 것이었다. 물론 이러한 경주 게임들이 딱히 주제를 가리지는 않았지만, 연표의 구조야말로 그에 특히나 잘 들어맞았다. 연표라는 주제는 게임의 선형 구조에 적절한 근거를 부여하고, 심리적인 긴장감을 제공했다. 참가자들은 서로 엎치락뒤치락 앞지르면서, 마치 루이 세바스티앵 메르시에*의 『서기 2440년: 모든 꿈 중의 꿈』에 등장하는 시간 여행자들처럼 위험하고 신나는 사건들을 뛰어넘었다.[21]

* 루이 세바스티앵 메르시에(Louis-Sébastien Mercier, 1740~1814): 프랑스의 극작가, 저널리스트이자 소설가이다. 1771년에 출간한 『서기 2440년』이 큰 인기를 얻었다.

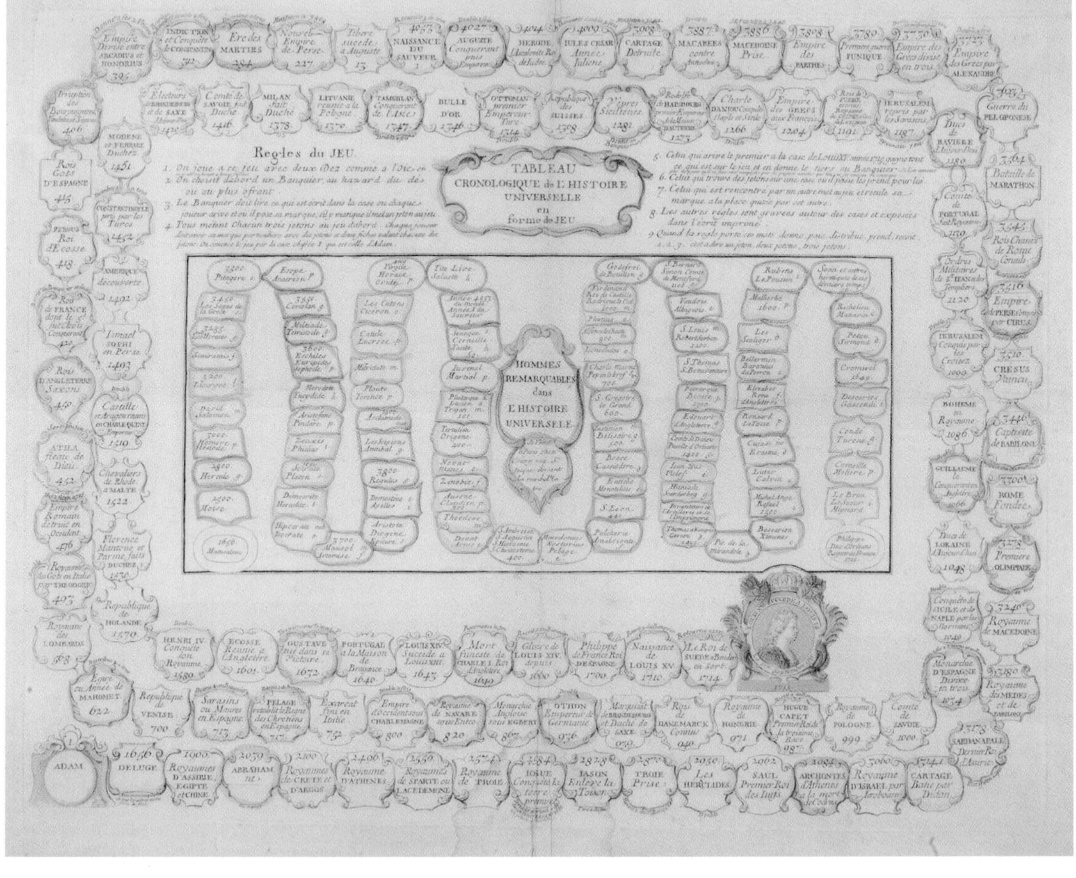

[그림18]

1715년 이후에 파리에서 출시된 『세계사 연표 게임』라는 제목의 보드게임이다. 이 보드게임은 세계사의 1년에 해당하는 아담에서 출발해 1715년 9월 1일의 루이 15세의 즉위식으로 끝난다. 19세기 유럽과 영국에서는 이러한 유형의 보드게임이 큰 인기를 끌었다. 일반적인 게임 규칙은 게임판에 인쇄되어 있고, 각각의 칸에는 특별한 지시사항이 적혀 있다. 예를 들어, 끝에서 두 번째 칸인 1714년에 말을 놓게 되는 불운한 참가자는 1191년으로 되돌아가라는 지시를 따라야 한다.

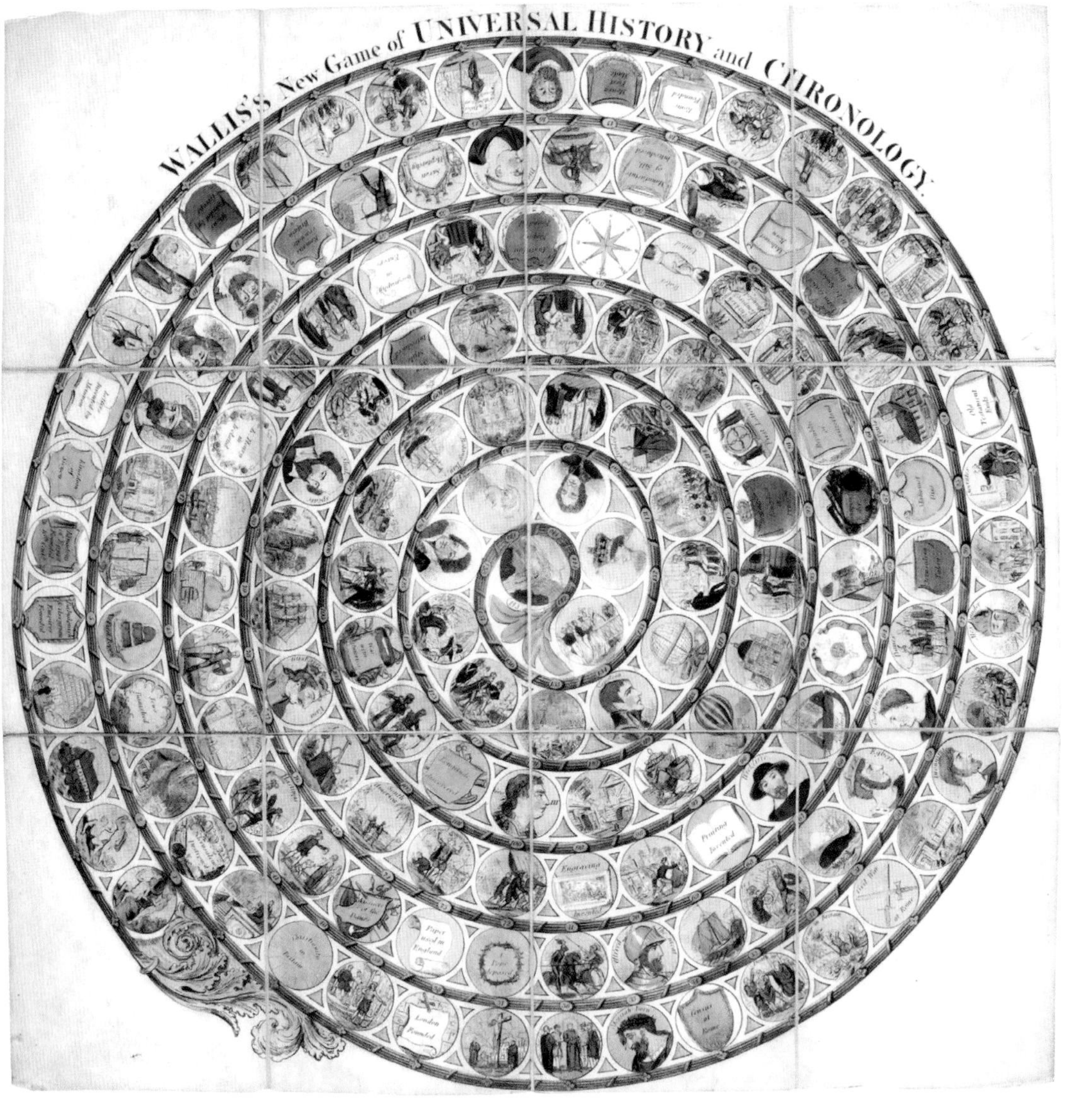

[그림19]

1840년에 출시된 『월리스의 새로운 세계사 연표 게임』은 손으로 직접 채색한 12장의 종이를 아마포 위에 이어 붙인 형태를 띠고 있다. 각각의 칸에는 영국 최초의 종이 사용, 조판술의 발명, 경도의 발견과 같은 사건들이 나열되어 있다.

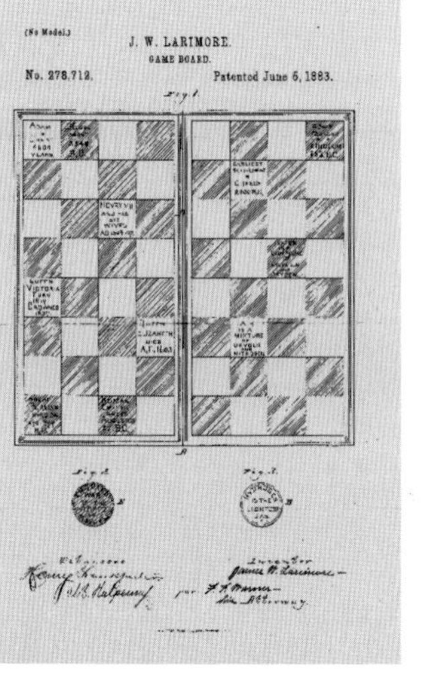

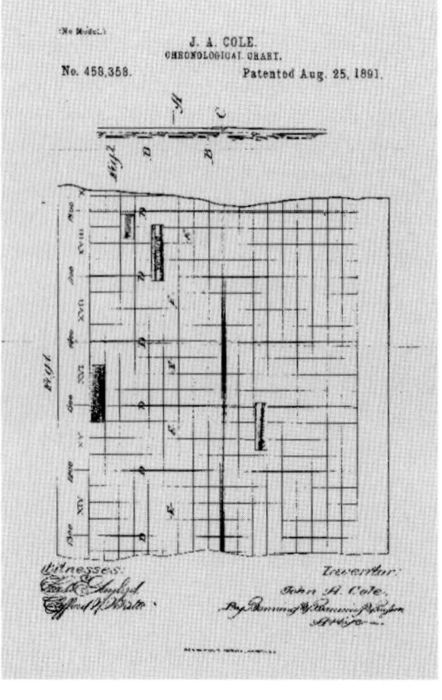

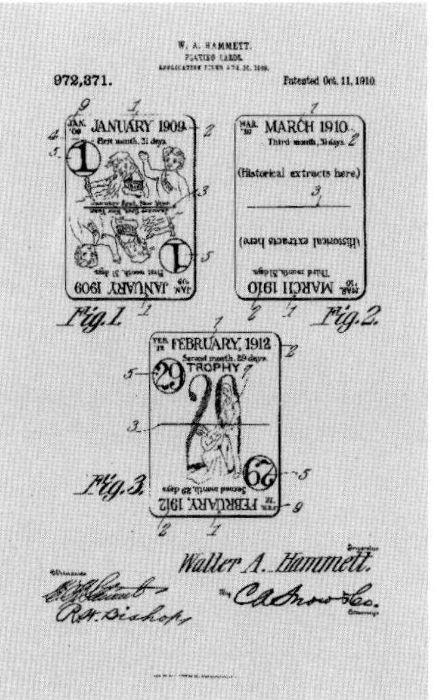

[그림20~22]

19세기 후반과 20세기 초반의 미국 발명가들은 연표를 주제로 삼은 매우 다양한 종류의 게임과 기계 장치를 특허 출원했다. 그 가운데는 제임스 W. 래리모어가 1883년에 제작한 서양장기판, 존 A. 콜John A. Cole이 1891년에 고안한 차트 체계, 월터 A. 해미트Walter A. Hammett가 1910년에 출원한 게임 카드 등이 포함되어 있었다. 콜의 차트 체계는 18세기에 조지프 프리스틀리가 창안한 개념에 기반을 두었지만, 디자인은 차이가 있었다. 계통과 사건들을 표현하기 위해 다양한 길이로 잘라낸 이동식 카드들과 그것들을 보관할 주석 케이스가 필요했기 때문이다. 해미트의 게임 카드는 한 벌이 48장으로 이루어져 있었다. 카드 한 장이 각각 1개월에 해당했기에 총 4년의 기간을 포괄할 수 있었다.

18세기에 인기를 끈 또 다른 오락거리는 연표 퍼즐이었다. 이것이 재미를 주는 원리는 조금 색달랐다. 대개의 퍼즐은 쪼개져 있는 이미지를 다시 원래대로 맞추는 것을 목표로 삼았지만, 연표 퍼즐은 흩어져 있는 역사의 조각들을 순서에 맞게 배열하는 데에서 성취감을 얻었기 때문이다.

다른 형식의 연표 게임들도 존재했다. 급류 사다리 게임, 카드 게임, 서양장기, 집중력 게임을 비롯해, 은행 업무나 결투 도전과 같은 더 복잡한 규칙을 가진 다양한 게임들이 제작되었다. 그중 다수는 연표 이외의 주제를 취할 수도 있었다.[그림20~25] 장로교 목사이자 고등학교 교사인 제임스 W. 래리모어James W. Larimore가 1883년에 시카고에서 특허 등록한 변형 서양장기판이 그 대표적인 사례였다. 래리모어의 게임은 암기력이 요구되는 어느 분야에서든 학습 도구로 활용될 수 있었다. 그러나 래리모어와 그 동시대인들에게는 연표야말로 가장 전형적인 암기 분야였다. 래리모어의 게임은 단순했고, 사실상 발명품으로 보기는 어려웠다. 게임은 서양장기의 일반적인 규칙을 따랐는데, 다만 단조로운 행렬 속에 정보를 적어 넣을 수 있어 참가자들은 암기해야 하는 내용을 지속적으로 바라볼 수 있었다. 래리모어는 사람들이 특별한 노력을 기울이지 않고도 필요한 사실들을 재미있게 기

[그림23]

『최초의 왕 파라몽으로부터 루이 16세의 시대까지 연대기적으로 배열된 프랑스사』는 1792년에 영국에서 출시된 직소 퍼즐로, 총 76개의 조각으로 이루어져 있다. 이 퍼즐은 쿠퍼 목사Reverend Mr. Cooper가 1786년에 출간한 『프랑스사』와 짝을 이룰 의도로 제작되었음이 명백하다. 정교하게 만들어진 나무 퍼즐 조각에는 왕이나 여왕의 초상화가 그려져 있고, 그 재위 기간 중에 일어난 중요한 사건들에 대한 설명이 함께 적혀 있다.

[그림24~25]

19세기 중후반에는 수십 종의 역사 카드 게임이 제작되었다. 이러한 카드 게임 중 일부는 보드게임의 경우와 마찬가지로 그저 역사를 주제로만 삼고 있을 뿐이었다. 하지만 1851년에 출시된 『엉클 샘의 미국사 게임』과 1853년에 뉴욕 주 올버니에서 출시된 『역사의 즐거움: 새롭고 재미있는 영국사 게임』과 같은 게임들은 진정한 연대기적 지식을 필요로 했다. 이러한 게임의 참가자들은 상대방의 카드에 등장하는 사건의 이름을 맞추어야 했다.

억할 수 있으리라고 주장했다. 래리모어는 (범주에 대한 무관심이 다소 거슬리는) 삽화를 그리면서 이 장기판에 적어 넣을 수 있는 역사적 사실의 사례로서 다음의 두 구절을 제시했다. "아담에서 그리스도까지, 4004년", "공기는 산소와 질소의 혼합물이다."

마크 트웨인이라는 필명으로 더 잘 알려진 19세기 미국의 작가 새뮤얼 L. 클레먼스*는 새로운 기술들에 푹 빠져 있었다. 그는 페이지 식자기Paige Compositor라는 다른 사람의 자동 식자기 제작 계획에 투자했다가 알거지 신세가 된 일로도 유명하다. 하지만 그 자신도 3건의 특허를 보유하고 있었는데, 이 특허들 가운데 어떤 것도 페이지 식자기만큼의 재정적인 고통을 안겨주지는 않았다. 풀이 발라져 있는 스크랩북, 길이를 조절할 수 있는 혁대, 그리고 1885년에 획득한 연표 게임의 특허였다.

트웨인이 고안한 게임의 개념은 간단했다. 참가자들은 중요한 역사적 사건의 연대를 말함으로써, 숫자가 적힌 칸들 중 한 곳에 핀을 꽂을 수 있었다.[그림26~28] 트웨인은 미국 특허청의 질의에 대한 답변서에서 앞서 특허를 취득한 다른 연표 게임들과의 차이점을 상세히 설명했다. 특허 조사관은 트웨인의 게임이 특히 빅터 클로바사Victor Klobassa의 『100년 게임』과 디자인이 매우 흡사하다는 점을 수상히 여겼다. 트웨인은 두 게임이 연표를 주제로 삼았다는 것 외에는 어떠한 공통점도 없다는 사실을 훌륭히 증명했다. 클로바사의 게임도 원형 판을 이용하기는 했지만, 연대가 적혀 있다는 점 말고는 연표와 별다른 관련이 없는 도박 게임에 지나지 않았다. 트웨인은 이 게임을 '도박 도구'라고 불렀다.[22]

대조적으로, 트웨인의 게임은 "역사에 대한 완벽한 지식"을 전제로 삼았다.[23] 그의 게임판에는 어떠한 역사 정보도 적혀 있지 않았다. 그저 모든 연대가 다른 연대와 동등한 위상을 갖는 단순한 연표판일 뿐이었다. 이러한 점에서 트웨인의 게임은 진정으로 현대적인 연표 게임이라 할 수 있다. 트웨인은 프리스틀리가 그러했듯이 동시성에 매료되어 있었다. 트웨인은 이렇게 썼다. "한 사람은 종종 많은 뜻밖의 것들을 알고 있다. 넓게 흩어진 지역에서 특정한 시기에 동시에 일어난 사건들의 귀결을 알고 있는 것이다. 물론 그러한 사건들은 서로 아무런 관련이 없기 때문에, 그것들이 동시대에 **속한다는** 사실을 알아채기는 쉽지 않다. 그러나 이 게임을 통해 그러한 사건들을 하나로 묶어낸다면 상황은 달라질 것이다. 예를 들어, 그 사람은 셰익스피어가 살던 시기에 자신이 아는 역사 인물 중 얼마나 많은 수가 이 지구 위의 다양한 장소를 걷고 있었는지 알고는 깜짝 놀라게 될 것이다."[24] 트웨인은 많은 연대를 암기하는 일이 상당한 가치를 지닌다고 믿었다. 그러나 그가 가장 중요하게 여긴 것은 단지 더 많은 사실을 아는 것이 아니라 진정한 지식을 채워 넣을 뼈대를 세우는 것이었다. 트웨인은 역사야

* 새뮤얼 L. 클레먼스(Samuel Langhorne Clemens, 1835~1910): 미국의 소설가이다. 『톰소여의 모험』과 같은 소설로 유명하지만, 발명에도 많은 시간과 돈을 들였다.

MARK TWAIN'S MEMORY-BUILDER.

A GAME FOR ACQUIRING AND RETAINING ALL SORTS OF FACTS AND DATES.

ACCESSIONS.—First Row of Holes in each Compartment, - - - 10
BATTLES.—Second Row of Holes in each Compartment, - - - 5
MINOR EVENTS.—Third Row of Holes in each Compartment, - - - 1

1	26	51	76
2	27	52	77
3	28	53	78
4	29	54	79
5	30	55	80
6	31	56	81
7	32	57	82
8	33	58	83
9	34	59	84
10	35	60	85
11	36	61	86
12	37	62	87
13	38	63	88
14	39	64	89
15	40	65	90
16	41	66	91
17	42	67	92
18	43	68	93
19	44	69	94
20	45	70	95
21	46	71	96
22	47	72	97
23	48	73	98
24	49	74	99
25	50	75	100

EACH PIN COUNTS 10. MISCELLANEOUS. EACH PIN COUNTS 10.

EACH PIN COUNTS 1.

PATENTED AUGUST 19, 1885. COPYRIGHT BY S. L. CLEMENS, 1891.

THE GAME.

1. The board represents *any* century.
2. Also, it represents *all* centuries.

You may choose a particular century and confine your game to one nation's history for that period;

Or you may include the *contemporaneous* history of all nations.

If you choose, you can throw your game open to all history and all centuries.

When you pin your fact in its year-column, *name the century.*

EXAMPLE.

You stick a pin in 64 (in the *third* row of holes in that compartment—"Minor Event"), and say "Shakespeare born, 1564." Or pin 76 (*third* row in that compartment—"Minor Event"), and say "Declaration of Independence, 1776."

You stick a pin in 15 (*second* row of holes in that compartment—"Battle"), and say "Waterloo, 1815."

You stick a pin in 3 (*first* row of holes in that compartment—"Accessions"), and say "James I. ascended the English throne, 1603."

This is a game of *suggestion.* Whenever either player pins a fact, it will be pretty sure to suggest one to the adversary. The accidental mention of Waterloo will turn loose an inundation of French history. The mention of any very conspicuous event in the history of any nation will bring before the vision of the adversaries the minor features of the historical landscape that stretches away from it.

DETAILS.

Play turn about. Play by the clock. Make the game a half-hour long; or an hour; or longer, according to mutual understanding.

YEAR COLUMNS.

The upper row of holes in the enclosure of each year in the year columns is for ACCESSIONS (to thrones, presidencies, etc.). Each pin there counts 10.

The second row is for BATTLES. Each pin there counts 5.

The third row is for MINOR EVENTS. Each pin in it counts 1.

Minor Events are births, deaths, dates of inventions, and *any other facts,* great or small, that are datable and worth remembering.

MISCELLANEOUS FACTS.

These are recorded at the bottom of the board—the left side for the player using the black pins, the right side for white.

When a player has recorded *ten* of them, he must relieve the board by taking them all out and preserving the record of that ten by sticking *one* pin in the group of holes at his side of the board.

Miscellaneous Facts are facts which do not depend upon dates for their value. If you know how many bones there are in the human foot (whereas most of us don't), you can state the number and score one point. Populations, boundaries of countries, length of rivers, specific gravity of various metals, astronomical facts—*anything that is worth remembering,* is admissible, and you can score for it. If you explain what England understands by it when a member of Parliament "applies for the Chiltern Hundreds," do it and score a point. Waste no opportunity to tell all you know.

AUGMENTATION.

At the close of the game the player who has recorded the *greatest number of Minor Events* (third row of holes in the year compartments) is entitled to *add 100 points to his score* for it.

COUNTING GAME—EXAMPLE.

BLACK, we will suppose, has scored 10 Accessions (100); 30 Battles (150); 200 Minor Events (200); and 60 Miscellaneous Facts. Totals, 100, 150, 200, 60. Grand total, 510.

White, we will suppose, has scored 6 Accessions (60); 20 Battles (100); 201 Minor Events (201); and 51 Miscellaneous Facts (51). Totals, 60, 100, 201, 51. Grand total, 412. He adds 100 for that extra Minor Event, and wins by 2 points.

MORAL.—The minor events of history are valuable, although not always showy and picturesque.

REMARKS.

In the ordinary ways, dates are troublesome things to retain. By this game they are easy to acquire (from your adversary), and they stick fast in your head if you take the trouble to use them a few times in playing the game.

Play all the dates you are sure of, and take sharp note of those which the adversary plays—for use next time.

In your daily reading seize valuable dates for use in the game at night.

Many public-school children seem to know only two dates—1492 and 4th of July; and as a rule they don't know what happened on either occasion. It is because they have not had a chance to play this game.

The most conspicuous landmarks in history are the accessions of kings; therefore these events are given the first place in the game and allowed to count the most. Battles come next.

When a particular century is chosen for the game, one should not confine it to one country, but throw it open to all countries. If one sticks to that century long enough he will acquire a valuable idea of what was going on in each of its decades throughout the civilized world. The most careless reader of history can name the masters of England who lived and died during Louis XIV.'s long reign, and can list the conspicuously important events that had place in England and France during that period; but to them historic night reigns in the rest of the European world—or nearly that, anyway.

Often one knows a lot of odds and ends of facts belonging in a certain period but happening in widely separated regions; and as they have no connection with each other, he is apt to fail to notice that they *are* contemporaneous; but he will notice it when he comes to group them on this game-board. For instance, it will surprise him to notice how many of his historical acquaintances were walking about the earth, widely scattered, while Shakspeare lived. Grouping them will give them a new interest for him.

The greatest histories are the reverse of lavish with dates; and so one is sure to get the order and sequence of things confused unless he first goes to a skeletonized school-history and loads up with the indispensable dates beforehand. This will keep him straight in his course and always in sight of familiar headlands and light-houses, and he will make his voyage through the great history with pleasure and profit. Very well, if he will gather his dates and play them on the game-board a while, he may then attack any history with confidence.

SOLITAIRE.

There are only two or three good two-handed home-games—and not a single good solitaire game that I am aware of; for cards soon lose their interest when there is nobody but yourself to beat with them. But I find these Dates a very good solitaire game indeed. You can add nothing new to your card game, but you can freshen up the date-fight with new dates every day.

TWO OR MORE.

Two may play; three may play; or four may play partners. Long pins and short pins, black pins and brass ones make a sufficient distinction between the players.

SPECIALTIES.

One may play the Authors, Artists, Inventors, Scientists, Philosophers, Generals, etc., of all times—each vocation in its turn—naming dates of birth and death, and principal deeds or works.

PENALTIES.

Penalties should be agreed upon for the punishment of errors, and for repetitions of facts through carelessness.

FACT-SOURCES TO DRAW FROM.

Cyclopedias, the Almanacs issued annually by the great newspapers, J. S. Oglesby's "Cyclopedia of Curious Facts," etc. There are plenty of convenient sources.

MARK TWAIN.

HARTFORD, February, 1891.

[그림26~27]

마크 트웨인, 『마크 트웨인의 기억 증진 장치: 모든 종류의 사건과 연대를 익히고 암기하는 게임』, 코네티컷 주 하트퍼드, 1885년.

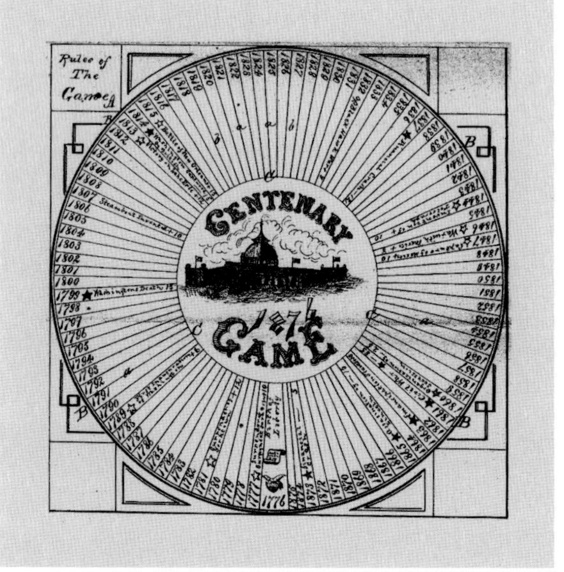

[그림28]

마크 트웨인이 자신의 『기억 증진 장치』의 특허를 출원하자, 미국 특허청은 트웨인에게 그의 게임과 기존의 다른 연표 게임들이 어떠한 차이가 있는지를 설명하라고 요구했다. 특허청이 언급한 기존의 게임에는 빅터 클로바사가 1875년에 특허를 인정받은 『100년 게임』이 포함되어 있었다. 트웨인은 자신의 게임과 클로바사의 게임은 조금도 닮은 점이 없다고 답변했다. 그의 게임은 지식을 겨루는 것인 데 반해, 클로바사의 게임은 운수를 겨루는 것이라는 대답이었다.

말로 기억해야 할 이야기로 가득 찬 보물창고라고 생각했고, 자신의 게임이 제공하는 연상의 과정을 통해 그러한 이야기들을 끌어낼 수 있으리라 여겼다. 한 게임 참가자가 "워털루라는 단어를 우연히 입에 올리면" 다른 참가자의 입에서는 "프랑스 역사의 수많은 사건들이 홍수처럼 터져 나올 것이다. 한 참가자가 어떤 민족의 역사에서 널리 알려진 사건 하나를 입에 담기만 해도, 상대방의 눈앞에는 그 사건과 관련된 역사적 풍경의 세부적인 지형들이 펼쳐질 것이다."[25]

트웨인의 게임 방식은 단순하면서도 변형이 용이했다. 기본적인 방식은 두 명의 참가자가 머리를 맞대고 사건의 이름이나 연대를 말함으로써 게임판의 구멍을 더 많이 채우는 경쟁이었다. 게임은 게임판이 완전히 채워지거나, 참가자들의 역사 지식이 바닥나거나, 제한 시간이 되거나, 정해진 목표 점수에 도달하면 끝이 났다. 군주의 즉위 연도를 대면 10점을 얻었고, 전투는 5점, 그 밖의 역사적 사건은 1점을 얻었다. 연표와 무관하더라도 흥미롭거나 알아둘 만한 가치가 있는 잡다한 사실을 언급하면 점수를 얻을 수 있었다. 트웨인은 사건의 종류에 따라 각각 다른 가치를 부여했지만, 그렇다고 해서 어떤 사건이 다른 사건보다 더 근본적으로 중요하다고 말하려 했던 것은 아니다. 군주의 즉위나 전투와 같은 사건들은 그저 연표적인 풍경 속에 세워져 있는 표지로서의 기능을 할 뿐이었다. 실제로 그의 게임에서는 주요한 사건들만이 아니라 소소한 사건들에 대한 지식을 기반으로 해서도 승리를 거둘 수 있었다. 게임의 규칙을 설명하기 위해 제공한 가상의 시나리오에서는 소소한 사건들을 더 많이 알고 있는 참가자가 고전 끝에 승리를 거머쥔다. "역사의 소소한 사건들은 비록 화려하거나 아름답지 않을지라도 그 나름의 가치를 지니고 있다"라는 교훈이다.[26] 트웨인이 보기에, 가장 거대한 사건이든 가장 미미한 사건이든 모두 역사의 극적인 계기가 될 가능성을 지니고 있었던 것이다. 아이러니컬한 재전개와 병렬 전개를 빈번하게 활용했던 그 자신의 『아서 왕 궁전의 코네티컷 양키』에서 그러했듯이 말이다.

19세기 후반에는 크로노그래피를 혁신하려는 움직임이 사방에서 나타났다.[그림29] 어떤 이들은 『연표 원반』을 고안한 크리스토프 바이겔과 그보다 앞선 시기의 조판가들이 걸음을 멈추었던 지점으로 되돌아갔다. 이를테면 1885년에 브루클린의 목사 제임스 M. 러들로James M. Ludlow는 『동심원 역사 차트』의 특허를 취득한 뒤 펑크앤드와그널스Funk and Wagnalls라는 신생 출판사를 통해 출간했다. 러들로의 차트도 바이겔의 차트가 그러했듯 단순한 에우세비우스 양식을 따랐다. 그러나 러들로의 차트는 직사각형의 장정을 택하거나 커다란 원형 종이에 인쇄하는 대신에, 쐐기 모양의 파이 조각을 연상시키는 여러 부챗살을 지닌 부채의 형태로 제작되었다. 부챗살들은 겹겹이 쌓여 한 점에 고정되어 있었기 때문에, 낱장만 따로 보거나 둥글게 펼쳐서 여러 장을 동시에 살펴볼 수도 있었다. 그 발상은 볼벨(회전하는 바늘이 있는 원형 차트)과 비슷했지만, 여기서는 차트의 각 부분이 직접 움직인다는 차이가 있었다. 러들로는 이러한 방식을 통해 (담을 수 있는 정보의 양이 많고, 아무 곳이나 임의로 펼칠 수 있는) 책의 장점과 (집약적인 표현이 가능하

[그림29]

제임스 M. 러들로의 1885년 작 『동심원 역사 차트』는 일종의 "방사형으로 접히는 동시성 차트"라고 할 수 있었다. 이 차트를 활용하는 이들은 손쉽게 세계 여러 지역에서 일어난 역사적 사건들을 나란히 살펴볼 수 있었다. 이 차트의 출판업자인 아이작 펑크Isaac Funk와 애덤 와그널스Adam Wagnalls는 사용자들이 직접 새로운 내용을 채워 넣을 수 있도록 여백으로만 이루어진 『동심원 역사 차트』의 판본도 출시했다.

며, 공간을 시각적으로 활용할 수 있는) 차트의 장점을 한데 결합하고자 했던 것이다.

1897년에 제이컵 블로흐Jacob Bloch라는 오리건 주의 랍비는 『연표 뼈대 차트』의 특허를 취득했다. 이 차트는 역사의 발전 속도가 점점 더 빨라지고 있다는 19세기 후반의 시대적 정서를 탁월하게 포착하고 있었다.[그림30~32] 블로흐의 차트는 바이겔과 러들로의 차트와 달리 여러 개의 동심원이 아니라 하나의 나선 형식을 취했다. 블로흐는 역사학 수업에서 쓰이는 연표 차트에 비어 있는 부분이 많다는 사실을 깨달았다. 일반적으로 근대사 쪽은 정보가 빽빽하게 들어차 있는 반면, 먼 과거의 시기는 정보가 별로 없거나 완전히 빈 칸으로 남아 있었던 것이다. 블로흐는 공간 활용의 한계가 뚜렷한 직선 양식의 대안으로서 원뿔 나선 형태의 차트를 제시했다. 그는 나선의 중심부에 연표의 시작 연대를 배치함으로써, 프리스틀리가 문장紋章이나 헌사, 설명 등을 채워 넣음으로써 가려야 했던 빈 공간의 문제를 깔끔히 해결했다. 이와 동시에, 역사적 기억에 대한 자신의 견해를 드러내는 기하학적 유비를 보여주었다. 블로흐는 역사적 기억이란 근래의 사건에 대해서는 강력하지만 오래된 사건에 대해서는 취약하다고 생각했다. 즉, 먼 과거의 사건에 대한 역사적 기억은 그의 도표에서처럼 급격하게 줄어드는 것이다. 특정한 사례에 적용한다면 이러한 견해는 명백히 옳을 수 있다. 하지만 일반적인 이론으로 기능하기에는 상당한 문제가 있다. 먼 과거의 사건임에도 여전히 커다란 문화적 중요성을 지니고 있는 사례가 적지 않기 때문이다. 옛 이야기를 다루는 것을 업으로 삼는 랍비가 이러한 점을 간과했다는 것은 꽤나 이상하게 여겨진다. 그러나 블로흐가 19세기 미국 변경의 랍비였다는 사실을 감안한다면, 그가 역사적 기억을 원뿔로 표상했다는 사실이 썩 이해하기 어려운 일만은 아니다.

그러나 19세기 후반의 크로노그래피 관련 특

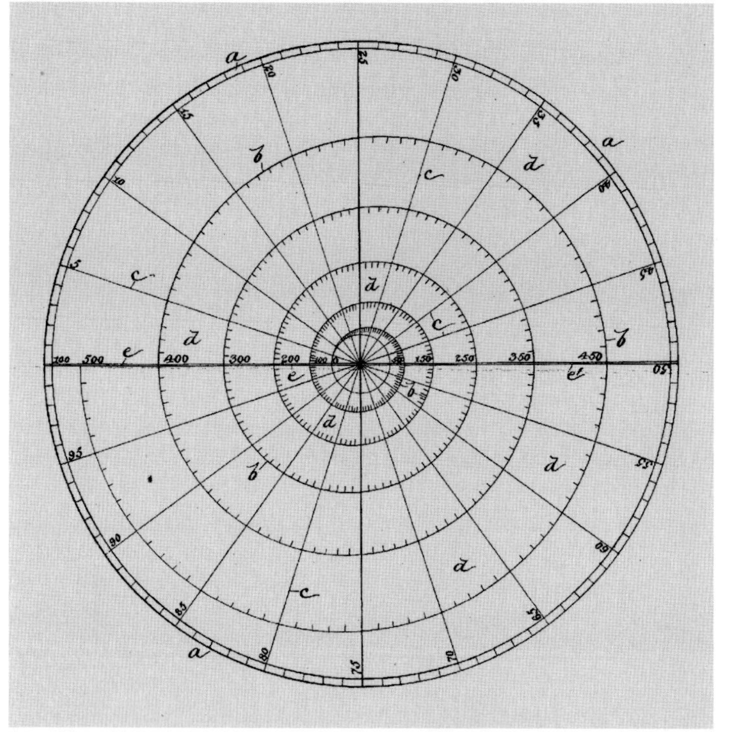

[그림30]

제이컵 블로흐는 1897년에 『연표 뼈대 차트』의 특허를 출원하며 이렇게 적었다. "더 오래전에 기록된 사건일수록 더 작은 부분만이 드러나고, 더 최근에 일어난 사건일수록 더 선명하게 나타날 것이다. 이러한 방식으로 현재는 우리 앞에 뚜렷하게 존재하며, 지나간 시간은 점점 시야에서 멀어지다 마침내는 이 타임라인 속의 작은 점 하나로 수렴한다."

허들이 자랑하는 그 모든 혁신에도 불구하고, 결국에는 누군가 그러한 혁신들을 활용해야만 한다는 사실에는 조금도 변함이 없었다. 백과사전적인 시간 차트들은 참조와 시각화를 위한 도구였기에, 대개의 차트 제작자들은 역사를 공부하는 학생들이 차트에 실린 모든 자료를 암기하려 애쓰리라고 기대하지는 않았다. 프리스틀리 또한 그러한 방식의 접근법이 오히려 타임라인의 근본적인 목적을 손상시킬 것이라고 일관되게 주장한 바 있었다. 프리스틀리는 타임라인의 가치란 학생들을 불필요한 암기의 부담으로부터 **구원하는** 기능에 있다고 역설했다. 그러나 좋든 싫든 간에, 역사를 공부하면서 암기의 노력을 완전히 피하는 것은 불가능한 일이었다. 18세기 이후 많은 이들이 기계적인 암기에 쏟아야 하는 따분한 노력에 대해 수없이 떠들어댔지만, 그럼에도 정보를 암기하는 것은 초·중등 역사 교육의 기본적인 목표 가운데 하나로 여전히 남아 있었다. 게다가 트웨인의 게임에서 살펴볼 수 있듯이, 모든 이들이 암기를 나쁜 것으로 바라보았던 것은 아니다.

이와는 대조적으로, 19세기의 교육가들은 참조만이 아니라 암기법으로서의 기능에 대해서도 큰 매력을 느꼈다.[그림33] 미국의 선구적인 교육가 엠마 윌러드*와 같은 이들은 옛 암기법을 부활시켰다. 윌러드는 몇 곳의 여학교를 설립하고, 역사와 지리, 생물학 분야의 교육서를 출간한 인물이었다.

* 엠마 윌러드(Emma Hart Willard, 1787~1870): 미국의 여권주의자이자 교육자이다. 1821년에 최초의 여성 고등교육 학교인 트로이여자신학교를 설립했다.

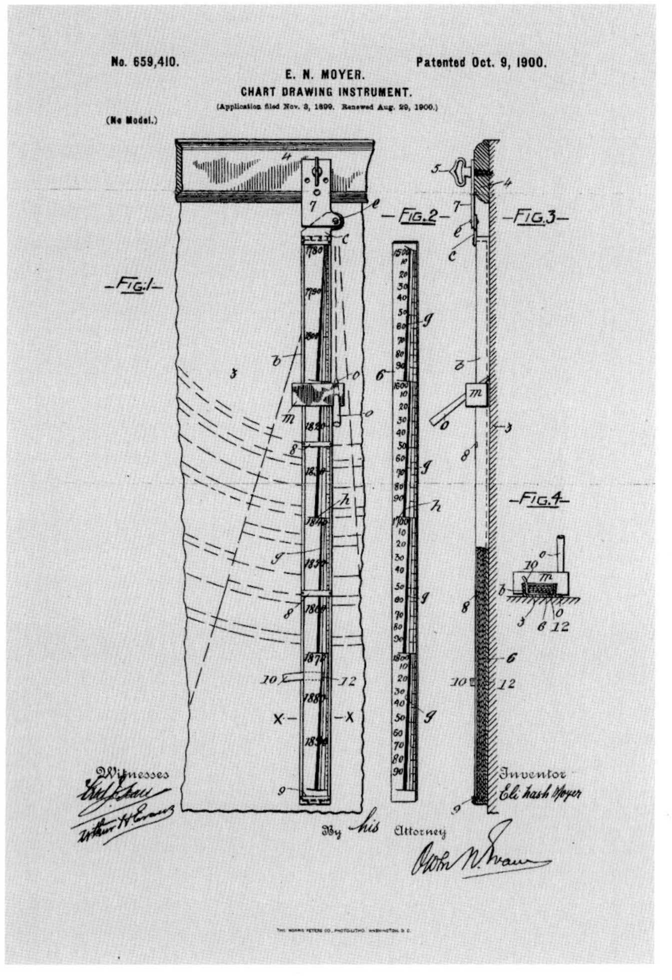

[그림31]

일라이 내시 모이어Eli Nash Moyer, 『차트 제도기』, 1900년. 모이어는 토론토에서 학용품을 제조해 판매하는 사업가였다. 그가 제작한 연표 차트 제도기는 기하학 컴퍼스와 매우 흡사한 방식으로 작동했으며, 다양한 용도에 활용할 수 있었다. 하지만 모이어는 이 제도기를 연표 차트 제작을 위한 제품으로 광고했다.

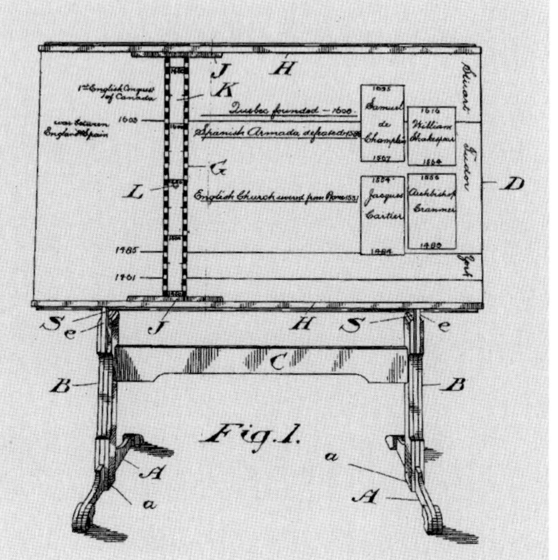

[그림32]

월터 라이언 신턴Walter Lyon Sinton이 1897년에 특허를 취득한 휴대용 칠판. 신턴은 몬트리올의 의사 넬슨 러버린의 동료였다. 러버린은 1876년에 열린 필라델피아 국제 박람회에서 자신이 고안한 차트 체계를 선보여 인기를 끌었으며, 캐나다비교종합차트회사의 회장을 지낸 인물이었다. 신턴은 스카이프Scaife가 고안한 종합 체계와 더불어 활용할 수 있는 휴대용 칠판을 설계했다.

THE
TEMPLE OF TIME
THEOLOGIANS &c
PHILOSOPHERS DISCOVERERS &c
STATESMEN.
THE CREATION 4004
EMMA WILLARD.
Events in Willard's Universal History.

[그림33]

월러드의 1846년 작 『시간의 신전』. 이 작품은 선구적인 여성 교육가이자 트로이여자신학교의 설립자인 엠마 월러드가 제작한 3차원 역사 크로노그래피이다. 신전의 기둥들은 각각 하나의 세기를 표상한다. 우측과 좌측의 기둥들은 각각 구세계와 신세계의 중요한 역사 인물들의 이름으로 장식되어 있다. 신전의 바닥에는 역사의 흐름을 나타낸 차트가 그려져 있다. 천장은 일종의 전기 차트로서 기능한다. 월러드는 1850년에 출간한 『원근의 세계사』라는 교과서에도 이 천연색 차트의 축소판을 수록했다.

그녀는 그러한 책 중 한 권에서, 역사의 흐름을 르네상스 시대에 사용되던 기억 극장이라는 공간 속에 다시금 집어넣었다. 윌러드의 1846년 작 『시간의 신전』은 칠흑 같은 배경 위에 선명한 색상으로 아름답게 인쇄되었다. 그 구조만 보자면, 요한 프리드리히 슈트라스가 제창한 19세기적인 시간의 흐름 양식에 명백히 포함되는 작품이었다. 그러나 윌러드는 실용적이고 상징적인 이유에서, 고전고대로부터 르네상스 시대까지 전해져 내려왔던 훨씬 더 오래된 전통으로 되돌아가는 것 또한 꽤 유용하리라고 생각했다. 그러한 전통에서는 암기가 그 자체만으로 가치 있는 지적인 활동이었다. 르네상스 시대의 기억 극장들이 그러했듯이, 윌러드의 『시간의 신전』을 공부하는 학생들은 우선 복잡한 건물의 정면 전체 또는 그중 일부를 머릿속에 담은 뒤에, 정면 및 각각의 벽감과 기둥에 적힌 연대와 사실, 단어를 암기해야 했다.[27]

어떤 종류의 암기법들은 과거의 흔적을 최대한 지우려 했다. 19세기에 등장한 초기의 현대적 암기법들 가운데 가장 눈에 띄는 것은 매우 추상적인 형태의 폴란드식 암기법이었다. 이 암기법은 단순한 색상과 선으로 채워진 10×10 격자 모양의 암기 차트를 활용했는데, 1820년대에 안토니 야즈빈스키Antoni Jażwiński가 개발하고 1830~1840년대에 폴란드의 민족 영웅인 유제프 벰 장군*이 대중화시켰다.

폴란드식 암기법은 연대도 글자도 이미지도 없는 연표 판을 활용했기에, 문외한에게는 몹시 당혹스럽게 여겨질 수 있었다.[그림34] 하지만 한 번만 배워도 어렵지 않게 사용할 수 있었다. 첫 번째 단계는 연대가 적히지 않은 10×10 격자에 익숙해지는 것이다. 처음 접하는 학생들은 특정한 사건이 일어난 시기를 헤아리기 위해 칸의 수를 일일이 세어야 할 것이다(한 칸은 비율에 따라 각각 1년, 10년, 100년이 될 수 있다). 그러나 숙련된 학생들은 해당하는 칸의 위치를 쓱 훑어보는 것만으로도 손쉽게 연대를 계산할 수 있다. 두 번째 단계는 각각의 칸 속에 들어 있는 작은 3×3 격자의 의미를 이해하는 것이다. 작은 격자 속에서의 위치는 (전투, 조약, 혼인과 같은) 사건의 유형을 정의한다. 세 번째 단계는 네모, 세모, X의 세 가지 간단한 상징들에 익숙해지는 것이다. 이것들은 사건의 유형을 수정하는 기능을 한다. 그리고 마지막으로, 어떠한 색상이 어떠한 나라에 해당하는지를 알아야 한다. 색상과 위치가 갖는 의미는 암기법의 판본에 따라 차이가 있다. 그러나 기본적인 원리는 언제나 동일하다. 큰 격자 속에서의 위치는 연대를 알려주고, 작은 격자 속에서의 위치는 사건의 유형을 알려주며, 색상은 사건에 관련된 민족들을 알려준다.

만약 어떤 학생이 이 암기법의 넬슨 러버린Nelson Loverin 판본을 활용해 1776년에 미국에서 일어난 혁명을 표시하려 한다고 가정해보자. 이 학생은 18세기의 10×10 격자 판을 골라낸 뒤에, 76년을 의미하는 7행 6열의 칸을 찾을 것이다. 그리고

* 유제프 벰(Józef Bem, 1794~1850): 폴란드의 장군이다. 트란실바니아와 바나트 지방에서 무공을 세워 헝가리혁명(1848~1849)의 영웅이 되었다.

[그림34]

한 세기를 나타내는 빈 격자판. 엘리자베스 파머 피보디, 『폴란드-미국식 연표 암기법, 벰 장군의 프랑스-폴란드 암기법에서 일부 수정 후 게재』, 보스턴과 뉴욕, 1850년.

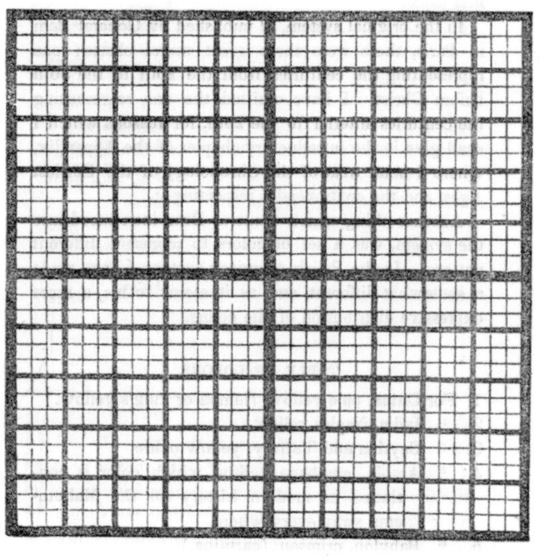

영국의 북아메리카 식민지에 해당하는 색상을 이용해, 해당 칸의 3×3 격자 가운데 하단 중앙의 작은 칸을 네모로 완전히 칠해야 한다.[그림35~37] 하단 중앙의 작은 칸은 사건의 유형 중에서 저항에 해당한다. 1776년에 일어난 사건이 혁명이 아니라 단순한 반란이었다면 세모로 칠해야 할 것이고, 음모 단계에 그쳤다면 X 표시를 해야 할 것이다.

비록 오늘날에는 거의 완전히 잊혔지만, 당시에 이 암기법의 인기는 유럽과 북아메리카 전역을 휩쓸었다. 1830년대에는 프랑스의 전체 교육과정에서 활용할 수 있는 승인을 얻었고, 1840년대에는 다수의 공식적인 개정 판본이 등장했다. 1850년대에는 미국에서 엘리자베스 파머 피보디* 라는 믿을 수 없을 만큼 막강한 지지자를 얻었다. 피보디는 교육 개혁가이자 유치원 운동의 선구자였으며, 호러스 맨**과 너대니얼 호손***의 처제이기도 했다. 그리고 1870년대에는 캐나다와 미국에서 새로운 판본들이 시판되었다.[28]

폴란드식 암기법을 고안한 사람들은 과거의 크로노그래프 제작자들이 지리 지도와 시간 지도를 적절하게 연결시켰다고 평가했다. 연표도 지리가 그렇듯이 도식의 형태로 표현될 수 있으며, 이를 통해 더 쉽게 공부하고 암기할 수 있기 때문이었다. 하지만 야즈빈스키와 벰은 지리 지도와 시간 지도 사이의 유사성이 오히려 학생들의 주의를 산만하게 만든다고 생각했다. 암기력 자체를 계발하기보다는 암기해야 할 사실들을 강조하는 데 그친다는 것이었다. 따라서 이들은 역사의 시각화라는 개념을 거부했으며, 시각적이기는 하되 단조로운 형식의 암기법을 지지했다. 물론 추상으로의 전

* 엘리자베스 파머 피보디(Elizabeth Palmer Peabody, 1804~1894): 미국의 교육가이다. 미국에서 처음으로 영어를 사용하는 유치원을 열었다.

** 호러스 맨(Horace Mann, 1796~1859): 미국의 교육행정가이다. 미국의 공교육 제도와 공교육 행정조직을 확립했다.

*** 너대니얼 호손(Nathaniel Hawthorne, 1804~1864): 미국의 소설가이다. 1850년 대표작인 『주홍글씨』를 발표했다.

[그림35~37]

넬슨 러버린의 차트 장치. 넬슨 러버린, 『러버린의 역사 센토그래프와 석판』, 몬트리올, 1876년.

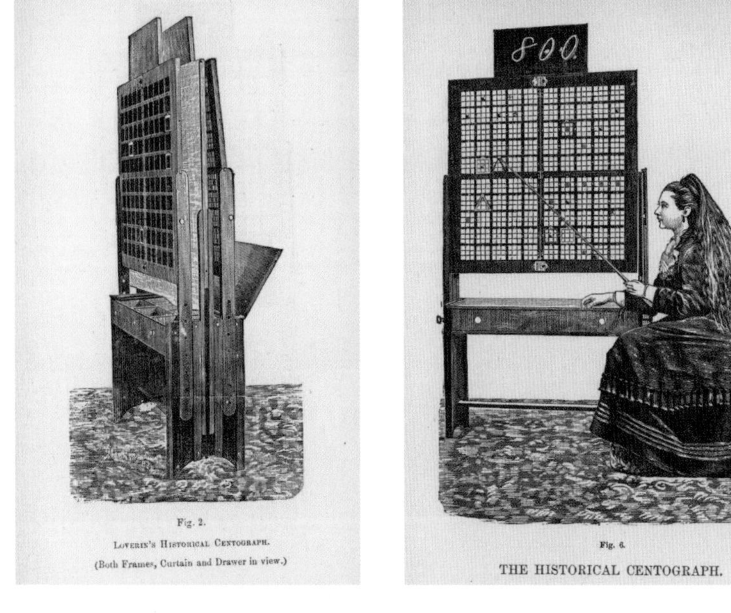

Fig. 2.

LOVERIN'S HISTORICAL CENTOGRAPH.

(Both Frames, Curtain and Drawer in view.)

Fig. 6.

THE HISTORICAL CENTOGRAPH.

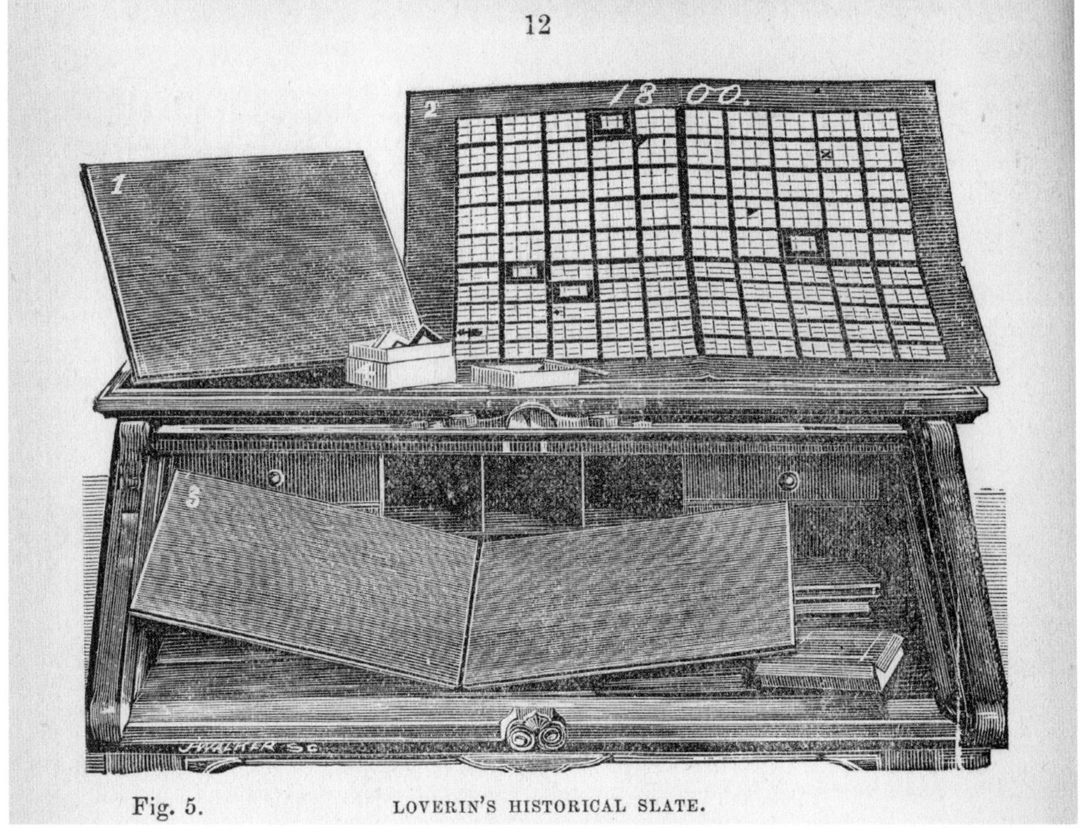

Fig. 5. LOVERIN'S HISTORICAL SLATE.

환이 전적으로 새로운 현상은 아니었다. 이미 프리스틀리가 행동에 옮겼던 일이기 때문이다. 하지만 프리스틀리의 차트는 지도와 더 많이 닮아 있었다. 시간의 연속성이 공간의 연속성을 통해 표상되었던 것이다. 그러나 야즈빈스키의 암기법에서 연도는 그저 행렬의 좌표로 표상되었을 따름이다.

프랑스에서 폴란드식 암기법은 학생들에게 많은 양의 정보를 효율적으로 암기할 수 있도록 해준다는 이유로 호평을 받았다. 그러나 미국에서는 다른 이유가 더 중요했다.[그림38~39] 미국에서 폴란드식 암기법의 가장 중요한 지지자는 엘리자베스 피보디였다. 피보디는 선험론자 집단의 일원이었으며, 아동의 발달 과정에서 놀이가 갖는 중요성을 제기한 인물로서 여전히 널리 기억되고 있는 교육 이론가이다. 그녀는 투박하게 보이는 폴란드식 암기법에서 기묘한 매력을 느꼈다. 하지만 어찌됐든 매력은 매력이었다. 피보디는 1850년에 『폴란드-미국식 암기법』의 첫 번째 판본을 출간했고, 이후 몇십 년 동안 계속해서 다양한 판본을 내놓으며 정력적으로 홍보에 나섰다. 심지어는 이 암기법 차트를 위한 전용 물감 세트를 주문 제작한 뒤에, 자신이 방문하는 어느 곳에서든 광고하고 판매했다.

[그림38~39]

미국의 선험론자 엘리자베스 파머 피보디는 1850년대에 『폴란드-미국식 연표 암기법, 벰 장군의 프랑스-폴란드 암기법에서 일부 수정 후 게재』를 출간했다. 피보디는 미국 전역을 여행하며 자신의 책과 여백 상태의 차트, 그리고 전용 물감 세트를 판촉했다. 그녀는 만일 학교가 물감 세트를 "무슨 수를 써서도" 구할 수 없다면 색상 대신 숫자 체계를 사용할 수도 있지만, 그러할 경우에는 "방대한 장점을 포기해야 할 것"이라고 지적했다. 피보디 책자의 많은 현존 사본들은 그 소유자들이 지닌 독창성과 응용력을 우리에게 보여준다.

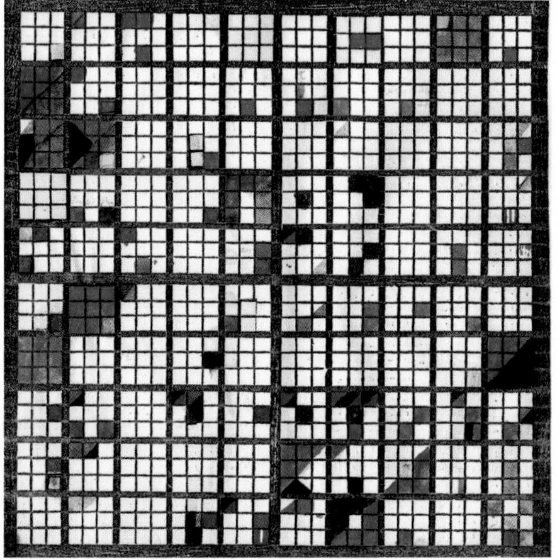

폴란드식 암기법에 대한 피보디의 설명은 세심하고 구체적이었으며, 참고문헌이냐 암기 수단이냐의 문제를 넘어 시간 차트에 대한 새로운 관점을 보여주었다. 피보디는 연표 차트가 창조적인 사유를 조직하는 체계로서 기능한다고 생각했다. 피보디는 기계적인 교수법에 대해 강력하게 반대했다. 천재의 저작이 아니라면 그 어떤 책도 어린이에게 억지로 읽혀서는 안 된다는 것이었다. 그녀는 특히 역사 교육에 축약본이나 요약본을 활용하는 것에 반대했는데, 그러한 방식이 학생들에게서 열정과 흥미를 앗아가 역사 공부를 그저 무성의한 암기 숙제로 전락시킨다고 생각했기 때문이다. 이와 동시에 그녀는 헤로도토스, 리비우스, 뮐러,* 니부어**와 같은 천재들의 저작을 통해 직접 역사를 공부하는 것도 쉽지 않다는 사실을 깨달았다. 폴란드식 차트는 커닝 페이퍼가 아니라 사고를 심화시키고 생각을 체계화시켜주는 연습 문제지로서 그러한 저작들을 읽는 데 도움을 줄 수 있었다. 피보디는 이렇게 썼다. "모름지기 진정한 역사 교육이란 과거에 일어났던 사건들과 교감하는 것이다. 내가 벰의 발명품을 특히 높이 평가하는 이유가 바로 이 때문이다. 벰의 발명품은 개요라는 형식이 절대로 할 수 없는 일을 할 수 있다고 거짓말하지 않는다. 다시 말해, 역사의 완벽한 얼개를 가장하지 않는 것이다."[29] 폴란드식 암기법을 전유한 피보디의 결과물은 멋지고 놀라웠다. 오늘날 도서관에 남아 있는 그 사본들은 서로 똑같은 것이 하나도 없다. 하나하나마다 개별 학생들의 상상력이 아로새겨져 있는 것이다.

야즈빈스키와 벰의 형식을 따른 차트들은 학생들을 시간의 지도 제작자로 만들려는 의도를 갖고 있었다. 다만 루이스 캐럴***의 『스나크 사냥』에 등장하는 바다 차트가 그렇듯이, 학생들이 지도로 그려야 하는 지형은 추상적인 데다 어떠한 표지도 없었다. [그림40] 미시간 주의 교육감인 존 밀턴 그레고리John Milton Gregory의 1866년 작 『시간의 지도』는 그러한 유비를 더 명확히 드러냈다. 비록 그레고리의 '지도'는 야즈빈스키의 판본을 단순화한 5×5 격자에 지나지 않았지만, 그는 자신의 판본이 직관성이라는 면에서 지리 지도에 비해 부족하지 않은 시각적 연상의 지형을 제공한다고 믿었다. "한 세기는 하나의 주州와 같이 광활한 공간으로 우리 눈앞에 다가온다. 그리고 각각의 10년과 1년은 지리 지도에 그려진 수많은 군郡과 군구郡區처럼 명확하게 표시되고 쉽게 구분된다. 그러므로 이것이 시간의 지도라는 사실은 결코 좁은 의미에서 하는 말이 아니다. 적절하게 활용되기만 하면, 대륙의 지도가 지리학을 공부하는 학생에게 도움을 주는 것과 마찬가지로 역사를 공부하는 학생이나 역사책을 읽는 독자에게 도움을 줄 수 있을 것이다."[30]

* 요하네스 폰 뮐러(Johannes von Muller, 1752~1809): 스위스의 역사가이다. 나폴레옹에게 임명받아 베스트팔렌 왕국 교육장관을 지냈다. 5권 분량의 저서인 『스위스 연방사』가 스위스 역사의 고전으로 꼽힌다.

** 바르톨트 니부어(Barthold Georg Niebuhr, 1776~1831): 독일의 역사가이다. 근대 역사학의 비판적 방법론을 확립했으며, 『로마사』를 지었다. 랑케, 몸젠 등에게 영향을 끼쳤다.

*** 루이스 캐럴(Lewis Carroll, 1832~1898): 영국의 동화작가이자 수학자이다. 본명은 찰스 럿위지 도지슨(Charles Lutwidge Dodgson)이다.

[그림40]

모두가 종지기 그 사람을 높이 찬양했다네
어찌나 단정하고, 어찌나 여유롭고, 어찌나 고상하던지!
또한 어찌나 위엄 있던지! 얼굴만 한번 슬쩍 보아도
그의 지혜로움을 알 수 있다네!

종지기는 커다란 해도 한 장을 가져왔다네
육지라고는 흔적조차 찾아볼 수 없었지
누구라도 완벽하게 이해할 수 있는 것이었기에
선원들은 무척이나 기뻐했다네

"메르카토르 식 지도에 나오는 북극과 적도, 북회귀선과 남회귀선,
한대와 열대, 자오선 같은 것들이 다 무슨 소용이람?"
종지기가 외치면, 선원들은 이렇게 화답할 거야
"그런 건 그저 구닥다리 기호들일 뿐이지!"

"다른 해도들은 그러한 섬과 곶 들이 그려져 있지!
하지만 감사하게도 우리의 용감한 선장은"
(선원들은 이렇게 단언할 거야) "우리에게 최고의 해도를 가져다주었어!
그 해도는 완벽하고 순수하게 텅 비어 있다네!"

루이스 캐럴, 『스나크 사냥』, 런던, 1876년에서 발췌(위), 그리고 「바다 차트」(오른쪽).

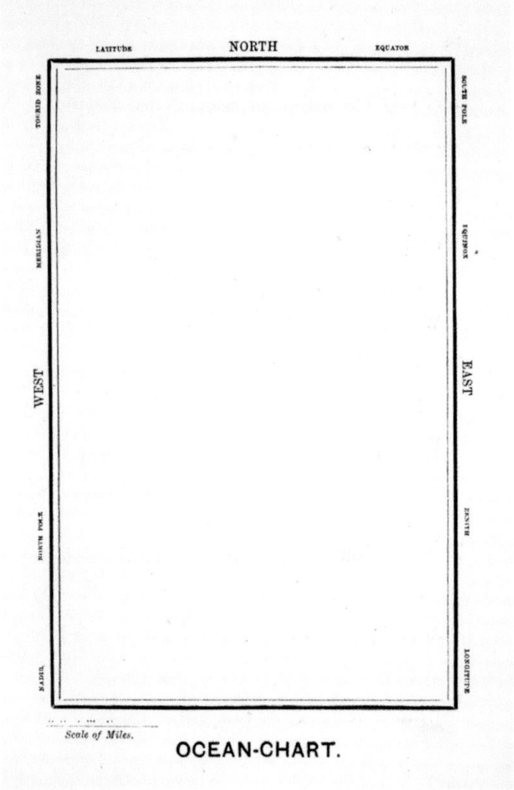

19세기 후반의 또 다른 교육가인 아이다 P. 위트컴Ida P. Whitcom도 비슷한 주장을 내놓았다. 연표 차트를 활용하는 교수법은 역사적인 이미지를 활용하는 것을 비롯한 다른 어느 시각적인 교수법에 못지않게 중요하다는 것이었다. "〔토머스 배빙턴〕 매콜리Thomas Babington Macaulay가 언급한 역사와 역사 소설의 차이는 체계적인 학습과 체계적이지 않은 학습의 차이와도 정확히 일치한다. 매콜리는 이렇게 말한다. '역사는 두 가지 성질을 갖고 있다. 그 중 하나는 지도에 비유할 수 있고, 다른 하나는 풍경화에 비유할 수 있다. 풍경화는 우리에게 한 지역 전체를 보여주지만, 면적과 거리, 방위를 정확하게 확인해주지는 않는다. 반면에 지도는 다양한 장소에 관한 정확한 정보를 제공하기 때문에, 여행자나 일반인들에게 풍경화보다 더 유용한 동반자이다.'" 위트컴은 1878년 작 『학생용 주제 역사 차트』에서 역사적 사실을 학생들의 머릿속에 단지 "그려 넣는" 것이 아니라 "각인시켜야"만 한다고 주장했다.[31]

마크 트웨인은 일찍이 자신의 보드게임을 통해 크로노그래피의 문제에 대한 새로운 견해를 밝힌 바 있었지만, 1880~1890년대에도 계속해서 이 문제를 두고 머리를 싸매며 발명에 힘썼다. 『마크 트웨인의 기억 증진 장치』의 초판이 출간된 지 14년이 지난 1899년에, 트웨인은 기억이라는 주제를 집중적으로 다루는 잡지 기사 한 편을 집필했

[그림41~42]

마크 트웨인은 1899년에 집필한 「역사의 연도를 잊지 않는 방법」이라는 제목의 기사에서 영국 군주 연표의 암기를 위한 일련의 그림 문자를 제시했다. 대개의 그림 문자는 언어적인 연상에 기반을 두었다. 헨리는 암탉, 윌리엄은 고래, 스티븐은 수송아지로 연결되는 방식이었다. 이러한 그림 문자는 왕권이 교체될 때마다 방향이 꺾이는 암기용 타임라인에도 활용될 수 있었다. 트웨인은 어떤 군주의 치세에 속하는 햇수에 따라 해당하는 만화적인 이미지를 반복해서 그릴 것을 제안했다. 그렇게 함으로써 그 이미지를 머릿속에 각인시킬 수 있으리라는 것이었다.

다. 「역사의 연도를 잊지 않는 방법」이라는 제목의 이 기사는 트웨인 특유의 유머로 가득 차 있었다.[32] 그는 자신이 무엇보다 사물과 연도를 잘 기억하지 못하는 것을 한탄했다. 그는 여러 해에 걸쳐 수많은 암기법과 보조 기구를 시도해보았다고 했다. 그러던 어느 날, 연설문을 외우는 데 어려움을 겪던 중에 기발한 착상 하나를 떠올렸다. 손가락 끝부분에 메모를 적어두면 말하는 도중에 쉽게 참조할 수 있으리라는 것이었다. 하지만 결과는 기대와 달랐다. 연설문의 내용을 잊는 일은 없었지만 청중의 심기를 불편하게 만들었던 것이다. 청중은 존경하는 연설가가 자신의 손톱만 멍하니 쳐다보고 있는 이유를 도무지 이해할 수 없었다.

트웨인은 해결책을 발견했다(재발견한 것이라고도 할 수 있다. 고전적인 암기법들이 내놓은 보편적인 해결책이었기 때문이다). 강력한 시각적 연상 체계를 확립한 뒤에, **그것을** 암기하는 것이었다.[그림41~42] 트웨인은 연설문을 외우는 데 이러한 해결책을 활용하기 시작했다. 그는 특정한 주제를 환기시키기 위해 작은 그림들을 그렸는데, 이는 종종 뒤틀리거나 익살스러운 방식으로 행해졌다. 이를테면 샌프란시스코에 대해 언급해야 한다는 것을 기억하기 위해 번개 그림을 이용했는데, 자신이 알기로 샌프란시스코에는 번개가 치지 않기 때문이었다. 그는 곧이어 이러한 연상 체계를 연표라는 더 까다로운 주제에도 적용했다. 트웨인은 자신만의 연상 체계를 손수 만드는 것이야말로 가장 중요한 비결이라고 주장했다. 다른 사람의 체계를 활용하는 것만으로는 충분치 않았다. 물론 다른 사람의 체계라고 해서 도움이 되지 않는 것은 아니지만, 실질적인 효과를 보려면 반드시 자신의 것으로 만들어야 했다. 트웨인은 이렇게 썼다.

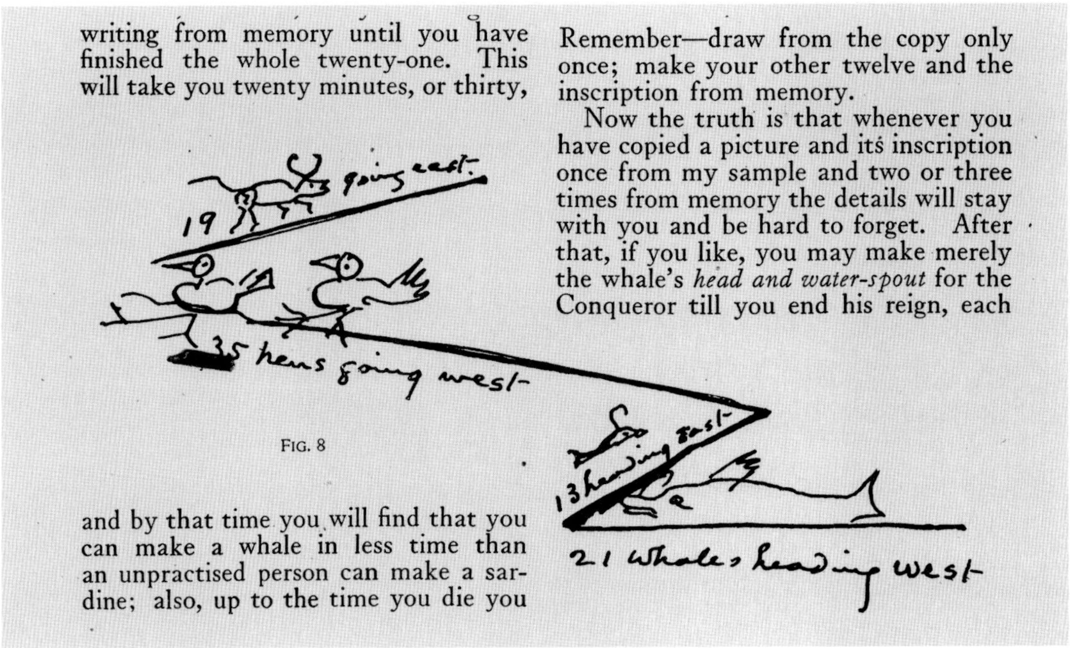

writing from memory until you have finished the whole twenty-one. This will take you twenty minutes, or thirty,

FIG. 8

and by that time you will find that you can make a whale in less time than an unpractised person can make a sardine; also, up to the time you die you

Remember—draw from the copy only once; make your other twelve and the inscription from memory.

Now the truth is that whenever you have copied a picture and its inscription once from my sample and two or three times from memory the details will stay with you and be hard to forget. After that, if you like, you may make merely the whale's *head and water-spout* for the Conqueror till you end his reign, each

연도는 처음에 외우기도 어렵고, 한 번 외운 뒤에 머릿속에 계속 담아두기도 어렵다. 하지만 연도는 매우 쓸모가 많다. 대목장의 가축우리와 같아서, 여러 종류의 역사적 가축들을 각각의 울타리 안에 가둠으로써 서로 뒤섞이지 않도록 해주는 것이다. 연도를 외우기가 어려운 이유는 그것이 숫자들로 이루어져 있기 때문이다. 숫자는 그 모양이 단조로워서 시선을 끌지 못하고, 그림 형태도 아니다. 그래서 암만 눈으로 보고 있어봐야 암기에 도움이 되지 않는다. 그림이 곧 사물이기 때문이다.[33]

트웨인은 이 기사에서 자신이 마련한 수많은 암기법의 사례를 들었다. 그것들은 말과 이미지의 익살스러운 조합이었다. 그는 영국 왕의 연표를 위해 두운법에 기초한 그림 문자를 만들어냈다. 헨리Henry라는 이름의 왕들은 암탉hens이고, 스티븐Stephen들은 수송아지steer이며, 윌리엄William들은 고래whale이다. 에드워드Edward들은 의자에 발을 걸치고, 손에는 펜을 들고, 눈에는 독기를 품은 편집자editor들이다.

트웨인의 그림들은 조잡했지만, 이것은 그에게 전혀 중요한 문제가 아니었다.[그림43~45] 그가 말하기를, 그림의 목적은 오로지 암기를 돕는 것이었다. 그래서 트웨인은 다소 엉망으로 그려진 에드워드 3세의 이미지를 우리 앞에 내놓는다. 에드워드 3세는 "식탁용 나이프와 손도끼를 치켜들고 아침 식사로 먹을 책을 쫓아가고 있는" 문학평론가의 모습을 하고 있다.[34]

이러한 장식들을 보고서 트웨인이 타임라인의 개념을 내던져버렸다고 여겨서는 곤란하다.[그림46] 실상은 오히려 정반대이다. 트웨인의 암기법을 따른다면, 당신은 먼저 그림들을 그린 뒤에, 그

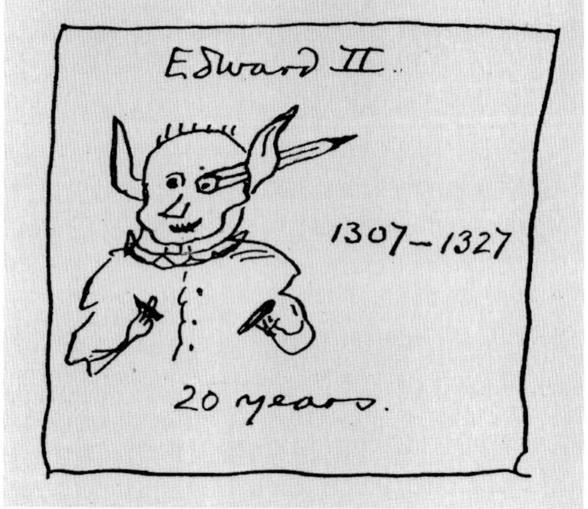

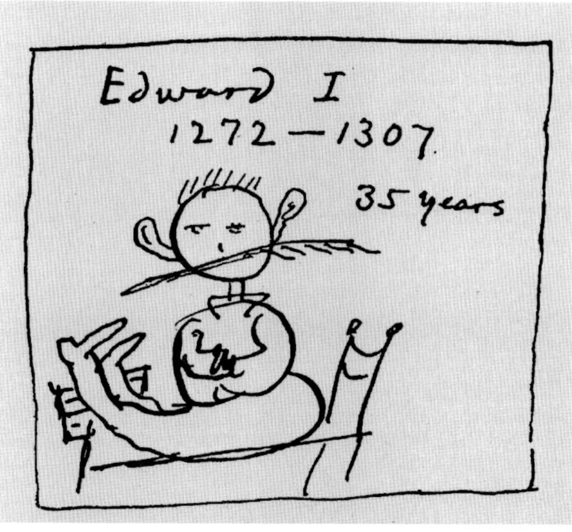

[그림43~45]

마크 트웨인의 「역사의 연도를 잊지 않는 방법」에 등장하는 에드워드 1세, 에드워드 2세, 에드워드 3세의 암기용 만화 이미지. 트웨인은 이렇게 썼다. "에드워드 1세는 편집자다. 그는 한 단어를 생각해내려 애쓰고 있다. 편집자 특유의 자세로 의자에 다리를 걸치고 있다. 그러한 자세일 때 머리 회전이 더 잘 되기 때문이다. 나는 이것 이상으로 잘 그릴 수가 없다. 그의 양쪽 귀는 서로 다르게 그려졌다. 그럼에도 여전히 편집자는 에드워드의 발음을 연상시키며, 앞으로도 계속 연상시킬 것이다. 모델이 있었다면 더 잘 그릴 수 있었겠지만, 나는 기억에만 의존해 이 이미지를 그렸다. 그러나 특별히 문제가 될 것은 없다. 편집자들이란 모두 똑같이 생겼기 때문이다. 그들은 자존심이 세고, 까탈스러우며, 인세를 충분히 지급하지 않는다. 에드워드는 최초로 진정한 왕좌를 차지한 영국의 왕이었다. 그림 속의 편집자는 에드워드가 무언가를 확신할 때의 모습과 꼭 닮았으리라. 그가 취한 자세는 망연함과 놀라움, 만족감과 자부심을 동시에 드러내고 있다."

[그림46]

마크 트웨인의 「역사의 연도를 잊지 않는 방법」에 등장하는 진입로의 이미지이다. 트웨인은 도로나 오솔길에 일정한 간격으로 표시를 하고, 그 간격을 일정한 기간으로 간주한 뒤에, 중요한 시점마다 말뚝을 박을 것을 제안했다. 그는 자신의 딸들과 직접 이 작업을 수행했다. 이를 통해 딸들이 연표에 대해 갖고 있던 지루함을 없앨 수 있었으며, 트웨인 자신도 해당 연도들을 완전히 암기할 수 있었다. 트웨인은 이렇게 썼다. "나는 잉글랜드 공화국을 떠올릴 때, 우리가 오크 응접실이라고 부르던 키 작은 묘목의 숲을 바라본다. 조지 3세를 떠올리면, 그는 언덕 위쪽으로 뻗어 나가고 있다. 돌계단이 그의 일부를 차지하고 있다. …… 빅토리아 여왕의 치세는 언덕의 첫 번째 정상 부분에 위치한 내 서재의 문 앞에 거의 이르러 있다. 이제는 거기서 16피트가 더 늘어나야 하기에, 커다란 소나무에까지 다다를 것이 틀림없다. 그 소나무는 어느 여름날 나를 칠 뻔했던 번개에 맞아 산산조각이 났다."

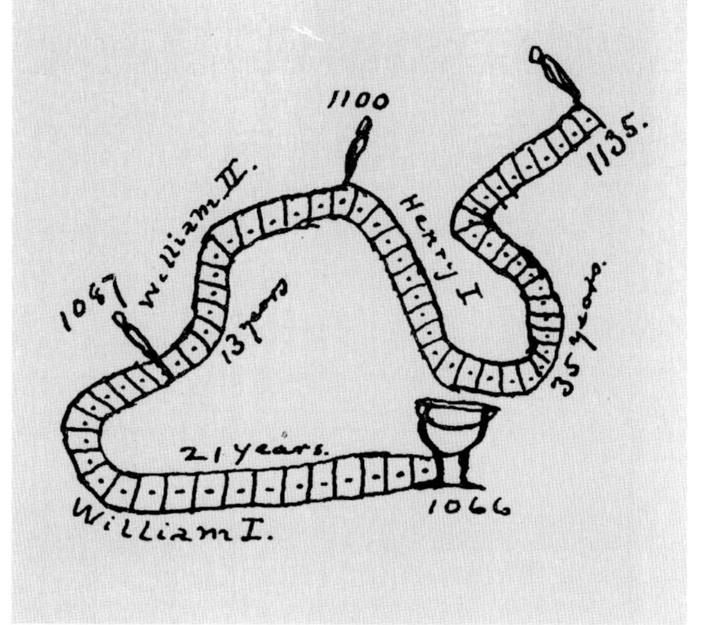

것들을 연대순으로 벽에다 핀으로 고정시켜야 한다. 마치 왕들이 줄을 지어 행진하는 것처럼 말이다.[35] 트웨인은 날씨만 좋다면 야외에서도 비슷한 배치를 시도해볼 수 있으리라고 제안했다. 그는 자신의 딸들에게 오솔길이나 도로 위에 일정한 간격으로 표시를 하고, 그 간격을 일정한 기간으로 간주한 뒤에, 중요한 시점마다 말뚝을 박으라고 가르쳤다. 이처럼 자녀들에게 연표의 놀이터에 나가서 놀 것을 권했던 이가 트웨인 한 사람만은 아니었다. 야즈빈스키는 자신의 연표 암기법을 홍보하던 초기에, 이 다채로운 색상의 행렬을 정원에 펼쳐놓는 것도 멋진 계획이 되리라고 제안한 바 있었다. 만약 시간이 충분치 않아서 원예학적인 접근법을 취할 수 없다면, 리본으로 간단하게 구획을 지을 수도 있었다. 각각의 리본은 정복이나 즉위와 같은 중요한 사건들을 나타냈다.

트웨인의 발명품 가운데 어떤 것도 예술 작품을 의도하지는 않았다. 그는 자신의 보잘것없는 그림 실력에 대해 넉살 좋게 농담을 던졌다.**[그림47]** 자신이 할 수 있는 일이라면 누구든 할 수 있으리라는 것이었다. 그는 역사를 볼 수 있고, 만질 수 있고, 심지어는 그 위를 걸을 수 있는 것으로 만들고자 했다. 또한 자신의 자녀들을 위해, 오직 **읽을** 수 있는 것이었던 역사를 **볼** 수 있는 것으로 만들고자 했다. 그러나 야즈빈스키와 벰, 피보디와 마찬가지로, 트웨인은 예술적 실천에 대한 의외의 충동을 독자에게 불어넣고 있다. 순수예술이라 할 만한 것은 아니고, 미학으로 간주할 만한 것도 아니지만, 땜장이의 기술이라 부를 만한 것이기는 하다. 역사의 여백에 그려진 낙서와 같다고나 할까.

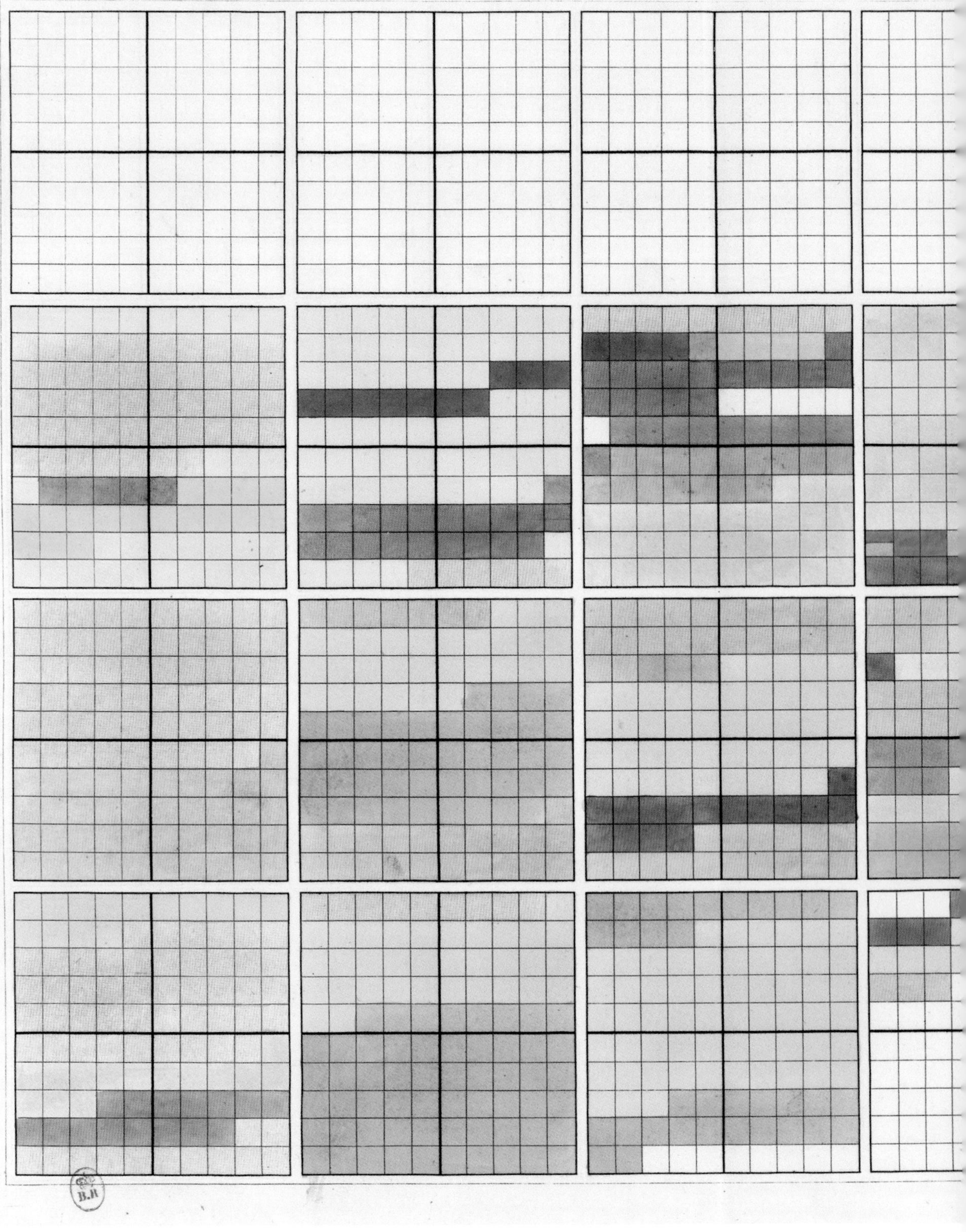

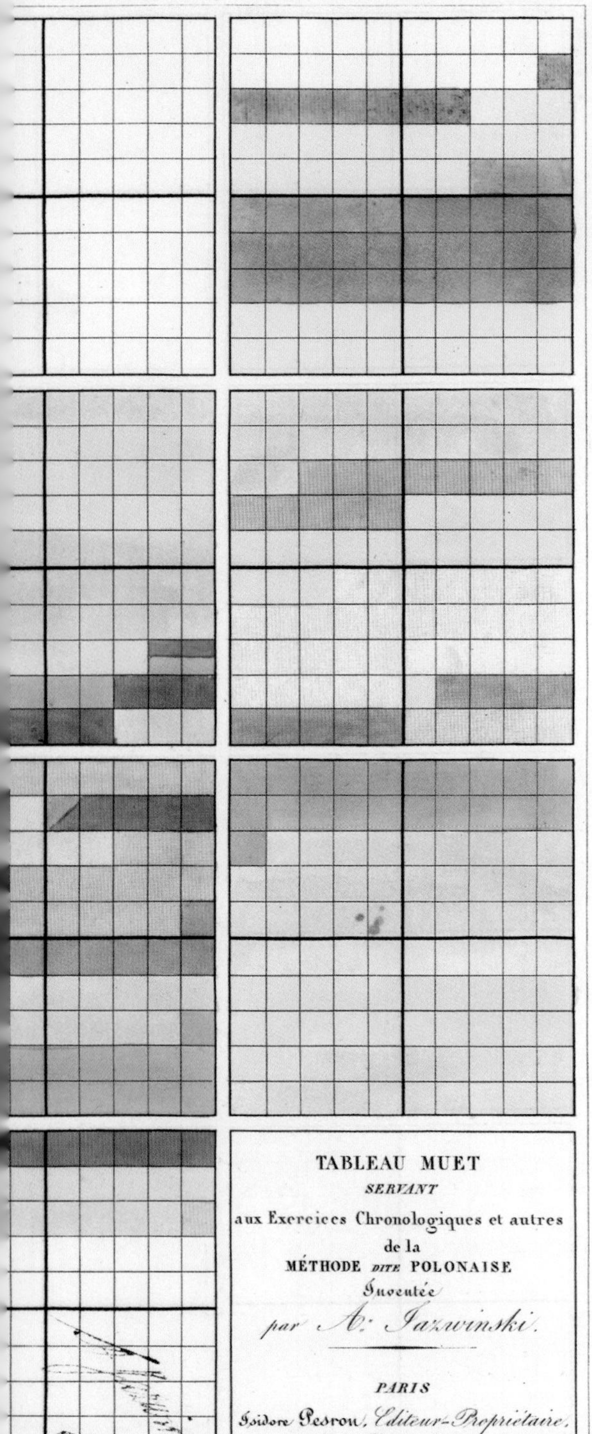

TABLEAU MUET
SERVANT
aux Exercices Chronologiques et autres
de la
MÉTHODE *DITE* POLONAISE
Inventée
par A. Jazwinski.

PARIS
Isidore Pesron, Éditeur-Propriétaire,
13, Rue Pavée St. André.
1834.

Chaque Tableau porte la Griffe de l'Inventeur.

[그림47]

안토니 야즈빈스키, 『이른바 폴란드식 암기법의 연표를 연습하기 위한 글자 없는 표』, 파리, 1834년.

제7장

바깥에서 그리고 안에서

Outside and Inside

대부분의 이미지는 예술적이지 않다. …… 만약 세상의 모든 이미지 가운데 무작위로 하나를 뽑는다면 그것은 드가나 렘브란트의 그림일 가능성보다는 손으로 쓴 표의문자이거나 선사시대의 암면 조각, 혹은 주식 시장의 차트일 가능성이 더 크다. 세상의 모든 동물 가운데 하나를 무작위로 뽑을 때 그것이 사자나 인간일 가능성보다 박테리아나 딱정벌레일 가능성이 더 큰 것과 마찬가지이다. …… 우리는 정보 이미지가 보여주는 다양성, 그리고 예술의 제한적인 범위와는 대조적인 그 편재성 앞에서 당황하게 된다. 이는 적어도 시각적 표현력과 호소력, 복잡성과 같은 특징들이 예술의 전유물만이 아니라는 사실을 알려준다.

— 제임스 엘킨스James Elkins

크로노그래피는 현대의 모든 예술 작품에 어디든 빠짐없이 존재하는 것처럼 보인다. 연대기적 시간의 형상은 공적인 목적의 역사 기록이 등장하는 기념비나 기념물에서 특히 흔하게 발견된다. 실라 르브랑 드브레트빌Sheila Levrant de Bretteville이라는 미국의 예술가가 로스앤젤리스 리틀도쿄의 보도에 설치한 도시 역사 팔림프세스트, 마야 린Maya Lin이 제작한 베트남전 참전 용사 기념비와 민권 운동 기념비 등의 연대기적 기념물, 그리고 폭탄 테러로 붕괴한 오클라호마 시의 머레이 연방 건물 자리에 세워진 '시간의 문'과 같은 디자인 회사의 작품들을 두루 살펴보면, 우리는 우리 자신의 집단적 기억 속에서 연대가 중심적인 기능을 하고 있음을 확인하게 된다.

연대기적인 주제와 구조는 이보다 덜 인습적인 맥락 속에서도 출현한다. 이는 일본의 예술가 온 가와라의 장엄한 〈날짜 그림〉, 벨기에의 예술가 크리스토프 핑크Christoph Fink가 펜과 종이로 작성한 여행 스케줄, 샌프란시스코에서 활동하는 케이티 루이스Katie Lewis의 추상적인 신체 일기, 네덜란드의 개념미술가 마르욜레인 데이크만Marjolijn Dijkman이 그린 아이러니컬한 타임라인, 중국의 예술가 후앙 용 핑Huang Yong Ping의 묵시록적인 지도 그리기를 통해 살펴볼 수 있다.[그림1~10] 이 밖에도 많은 현대 예술 작품이 우리가 시간을 도식화하기

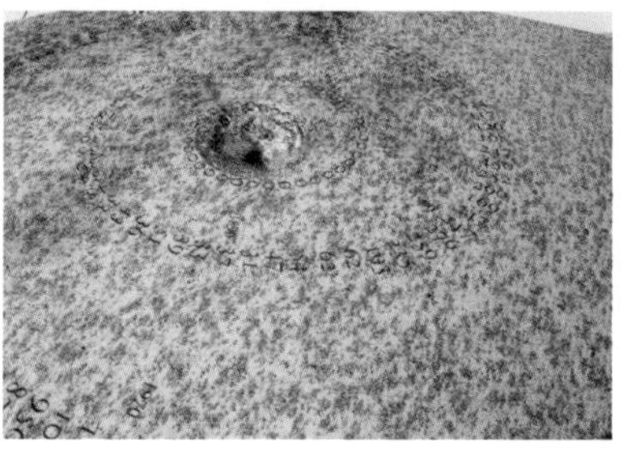

[그림1~2]

1993년에 마야 린이 코네티컷 주 뉴헤이븐에 설치한 〈여성의 테이블〉이다. 이 작품에서는 일련의 숫자들이 커다란 석판의 중심에서부터 바깥쪽 방향으로 나선을 그리며 이어진다. 숫자들은 예일 대학이 설립된 이래 매해 입학한 여성의 수를 나타낸다. 시작 부분에서는 0만 계속해서 나열되다가 1870년대가 되어서야 다른 숫자가 처음으로 등장한다. 나선은 시간이 흐름에 따라 여성의 기회가 꾸준히 증가해왔음을 보여주는 형식으로 활용되고 있다.

[그림3]

근래에는 예술적인 기념비에 등장하는 연표들의 정확성이 점차 높아지는 추세이다. 부처디자인파트너십Butzer Design Partnership이 설계한 오클라호마 국립 기념지 박물관은 1995년 알프레드 P. 머레이 연방 건물 폭파 사건 때 희생된 168명을 기리는 시설이다. 이곳에 세워진 두 개의 시간의 문은 기억의 공간을 틀 짓고 있다. 박물관의 설명에 따르면, "사건 발생 시각인 4월 19일 오전 9시 1분을 보여주는 동쪽의 문은 테러 공격을 당하기 이전의 이 도시의 순결함을 표상한다. 그리고 모두가 다시는 그 이전으로 돌아갈 수 없게 되어버린 9시 3분을 보여주는 서쪽의 문은 폭발 사건이 일어난 뒤에 우리가 하루하루의 순간순간마다 겪고 있는 공포로부터 언젠가는 벗어날 수 있으리라는 희망을 표상한다."

[그림4~5]

실라 르브랑 드브레트빌이라는 예술가는 로스앤젤리스 리틀도쿄의 보도 곳곳에 연표를 설치했다. 그녀의 1996년 작 〈옛 리틀도쿄를 추억하며〉는 옛 일본인 구역의 중심도로에 위치한 여러 상점과 주택의 입구에 적어 넣은 연도 목록이다. 과거에 일어났던 사건들과 옛 주민들의 이름을 보여주는 일종의 팔림프세스트라고 할 수 있다.

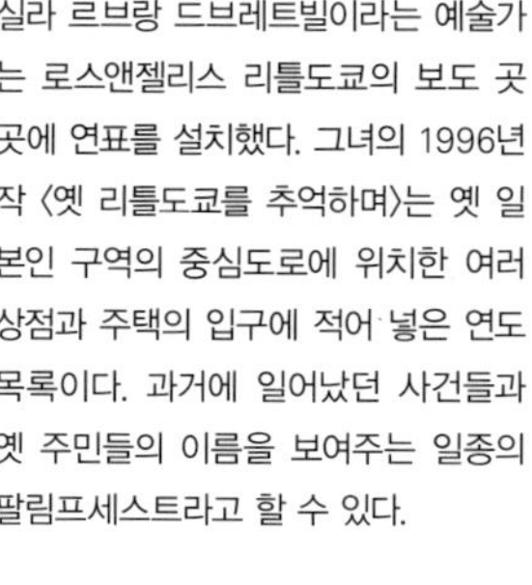

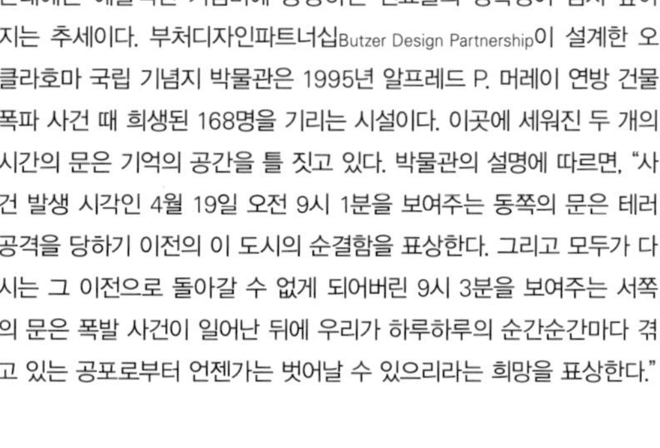

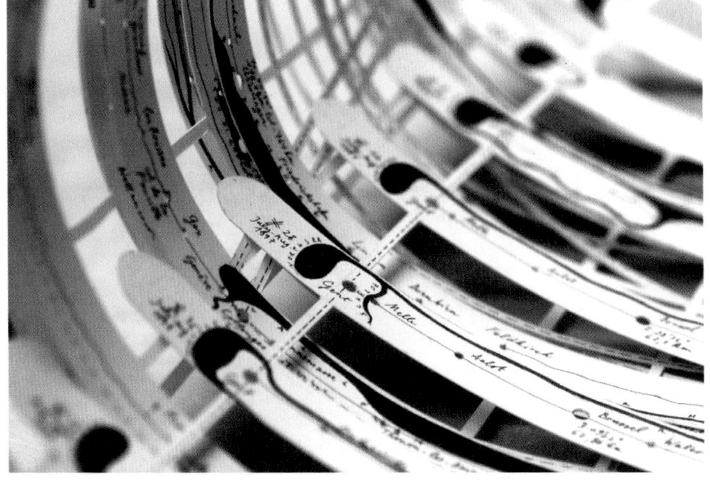

[그림6]

2001년에 벨기에의 예술가 크리스토프 핑크는 일종의 물의 흐름 형식 차트인 〈이동의 아틀라스〉를 제작했다. 이 차트는 종이와 연필, 가위로 만들어낸 새로운 방식의 풍경화였다. 핑크는 종이 차트 외에도 도자기 조각이나 철사 구조물 등 다양한 도식 작품을 즉흥적으로 제작해왔다. 이 작품들은 그가 세계 곳곳을 돌아다니며 상세하게 기록한 여행기를 시각적으로 표현한 것이었다. 그가 그린 지형도는 너무 정확한 나머지 군데군데를 비워두고 있다. 그의 세계에는 시간의 외부에 어떠한 공간도 존재하지 않는다.

[그림7~8]

미국의 예술가 케이티 루이스의 2007년 작 〈201일〉은 일종의 감각의 지형도이다. 이 작품의 시각적 공간은 인간 신체의 추상적인 지도이다. 날짜가 적힌 핀 구멍은 감각적 사건들을 의미하며, 붉은색 실은 그것들 사이의 동시성을 나타낸다. [그림7]에서 보듯 그 결과물은 공간적 조밀도에 대한 기록이며, 오른쪽의 [그림8]에서 보듯 순간들의 층위학이기도 하다.

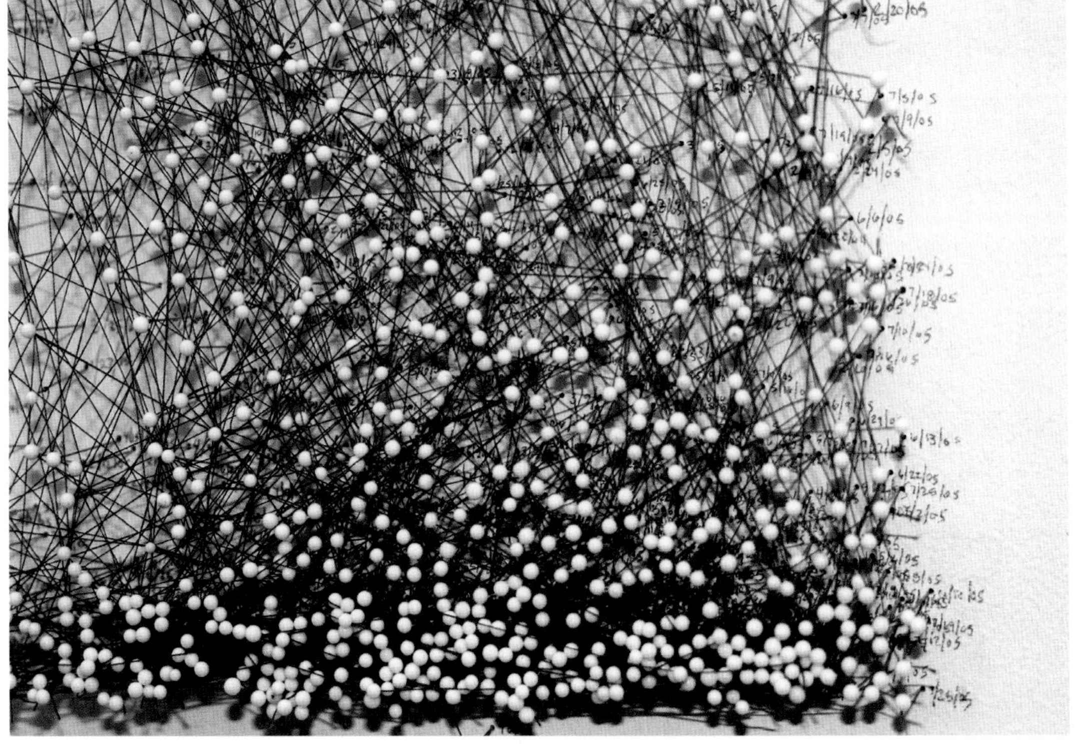

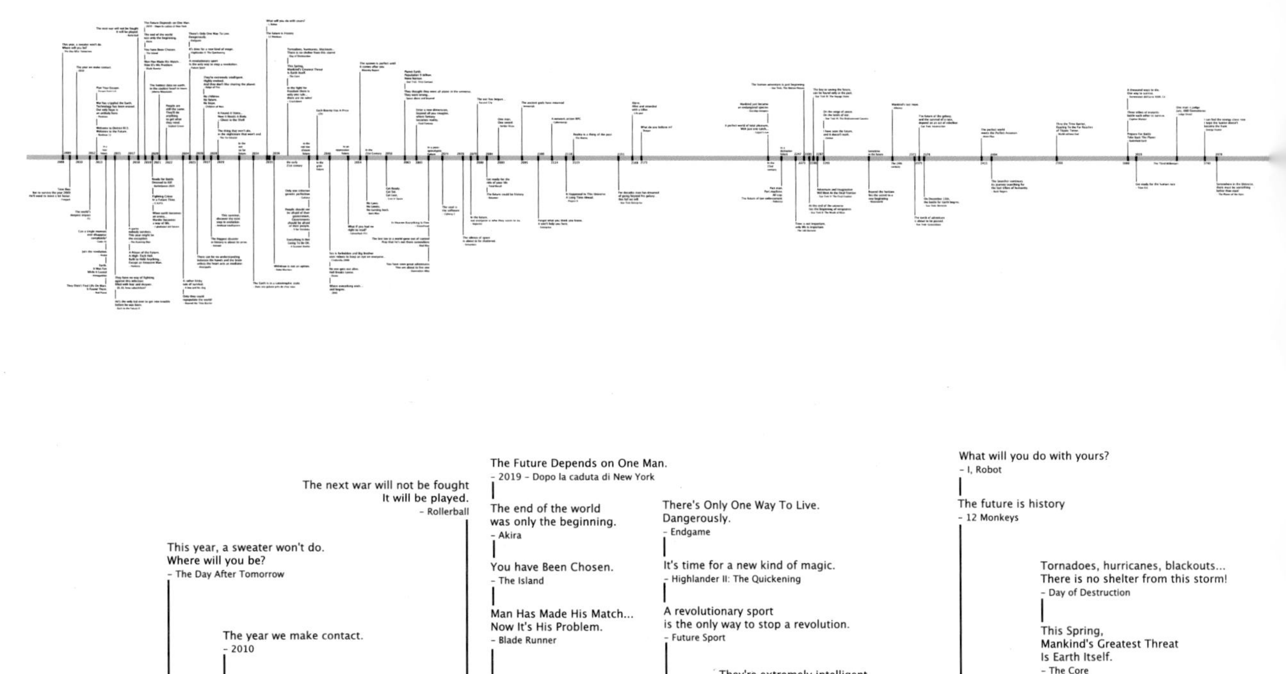

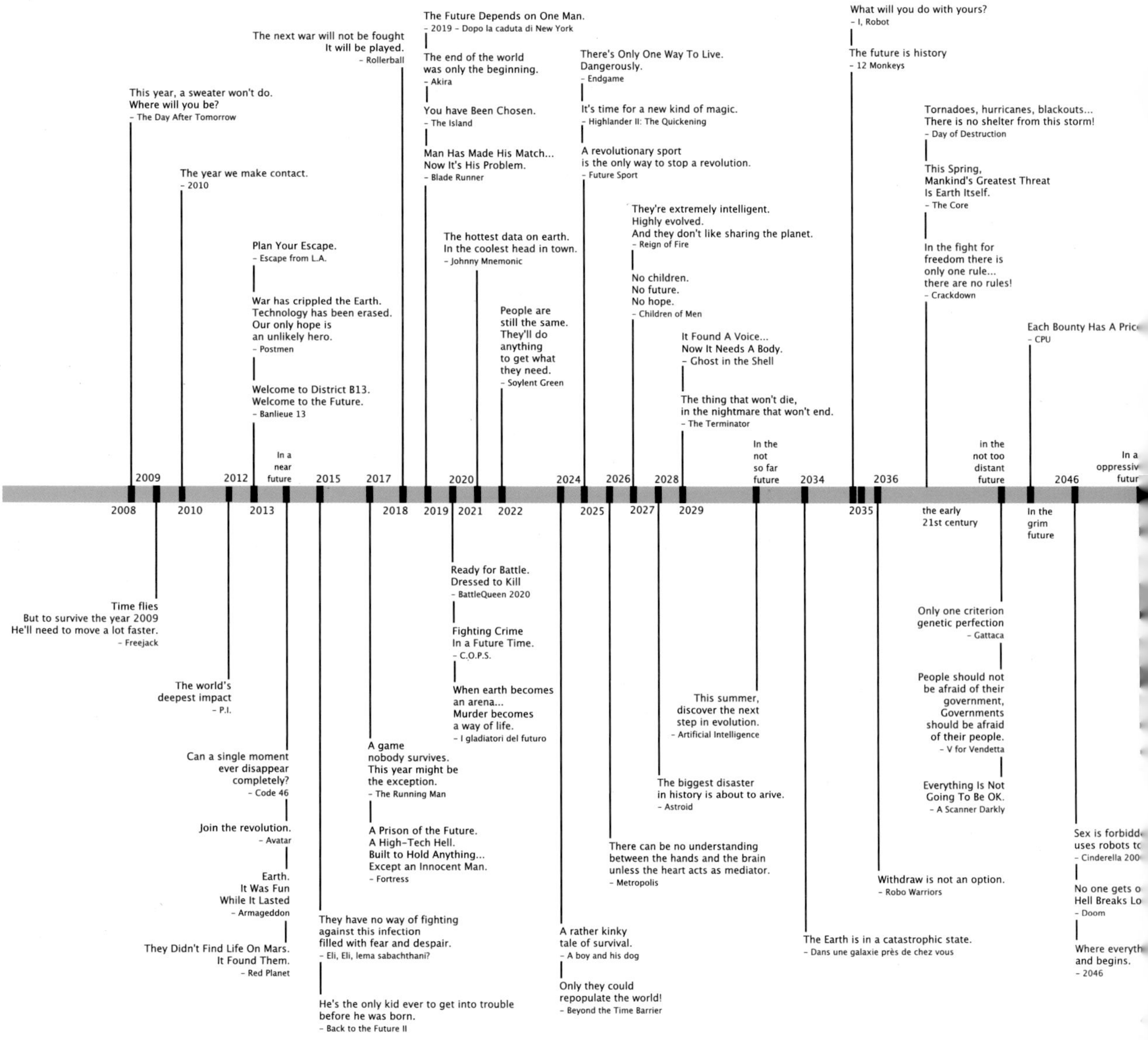

2008
This year, a sweater won't do.
Where will you be?
– The Day After Tomorrow

2009
Time flies
But to survive the year 2009
He'll need to move a lot faster.
– Freejack

2010
The year we make contact.
– 2010

2012
The world's
deepest impact
– P.I.

2012
Plan Your Escape.
– Escape from L.A.

War has crippled the Earth.
Technology has been erased.
Our only hope is
an unlikely hero.
– Postmen

Welcome to District B13.
Welcome to the Future.
– Banlieue 13

2013
In a near future

Can a single moment
ever disappear
completely?
– Code 46

Join the revolution.
– Avatar

Earth.
It Was Fun
While It Lasted
– Armageddon

They Didn't Find Life On Mars.
It Found Them.
– Red Planet

2015
They have no way of fighting
against this infection
filled with fear and despair.
– Eli, Eli, lema sabachthani?

He's the only kid ever to get into trouble
before he was born.
– Back to the Future II

2017
A game
nobody survives.
This year might be
the exception.
– The Running Man

A Prison of the Future.
A High-Tech Hell.
Built to Hold Anything...
Except an Innocent Man.
– Fortress

2018
The next war will not be fought
It will be played.
– Rollerball

2019
The Future Depends on One Man.
– 2019 – Dopo la caduta di New York

The end of the world
was only the beginning.
– Akira

You have Been Chosen.
– The Island

Man Has Made His Match...
Now It's His Problem.
– Blade Runner

2020
Ready for Battle.
Dressed to Kill
– BattleQueen 2020

Fighting Crime
In a Future Time.
– C.O.P.S.

When earth becomes
an arena...
Murder becomes
a way of life.
– I gladiatori del futuro

2021
The hottest data on earth.
In the coolest head in town.
– Johnny Mnemonic

2022
People are
still the same.
They'll do
anything
to get what
they need.
– Soylent Green

2024
A rather kinky
tale of survival.
– A boy and his dog

Only they could
repopulate the world!
– Beyond the Time Barrier

2025
There's Only One Way To Live.
Dangerously.
– Endgame

It's time for a new kind of magic.
– Highlander II: The Quickening

A revolutionary sport
is the only way to stop a revolution.
– Future Sport

2026
There can be no understanding
between the hands and the brain
unless the heart acts as mediator.
– Metropolis

2027
They're extremely intelligent.
Highly evolved.
And they don't like sharing the planet.
– Reign of Fire

No children.
No future.
No hope.
– Children of Men

2028
The biggest disaster
in history is about to arive.
– Astroid

2029
It Found A Voice...
Now It Needs A Body.
– Ghost in the Shell

The thing that won't die,
in the nightmare that won't end.
– The Terminator

In the not so far future

This summer,
discover the next
step in evolution.
– Artificial Intelligence

2034
The Earth is in a catastrophic state.
– Dans une galaxie près de chez vous

2035
What will you do with yours?
– I, Robot

The future is history
– 12 Monkeys

2036
Withdraw is not an option.
– Robo Warriors

the early 21st century
Tornadoes, hurricanes, blackouts...
There is no shelter from this storm!
– Day of Destruction

This Spring,
Mankind's Greatest Threat
Is Earth Itself.
– The Core

In the fight for
freedom there is
only one rule...
there are no rules!
– Crackdown

in the not too distant future
Only one criterion
genetic perfection
– Gattaca

People should not
be afraid of their
government,
Governments
should be afraid
of their people.
– V for Vendetta

Everything Is Not
Going To Be OK.
– A Scanner Darkly

In the grim future
Each Bounty Has A Pric
– CPU

2046
Sex is forbidd
uses robots to
– Cinderella 200

No one gets o
Hell Breaks Lo
– Doom

Where everyth
and begins.
– 2046

In a oppressiv futur

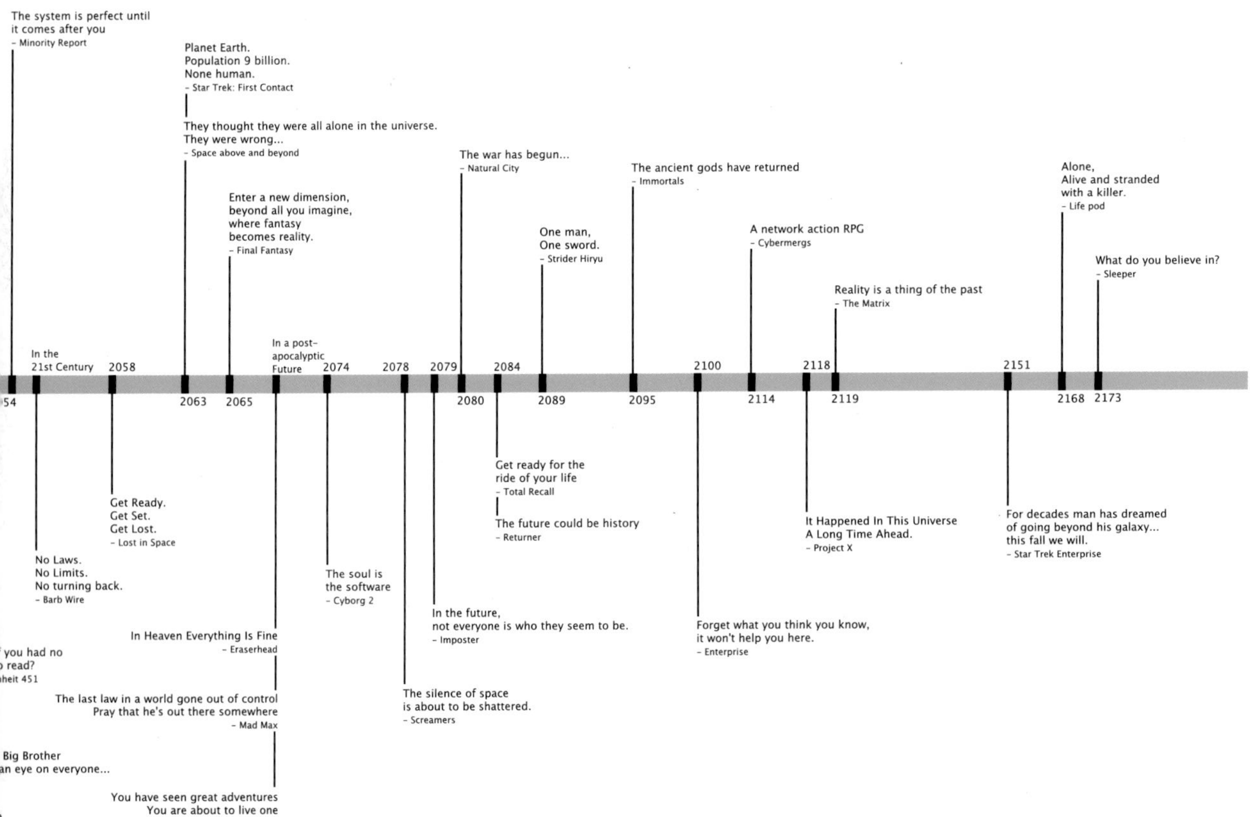

[그림9]

마르욜레인 데이크만의 2007년 작 〈미래 산책〉은 SF 영화를 주제로 한 타임라인으로, 비디오와 인쇄물로 각각 제작되었다. 이 타임라인은 영화 작품들을 제작 연도가 아니라 각각의 시대 배경이 되는 미래의 시간대에 따라 배열하고 있다.

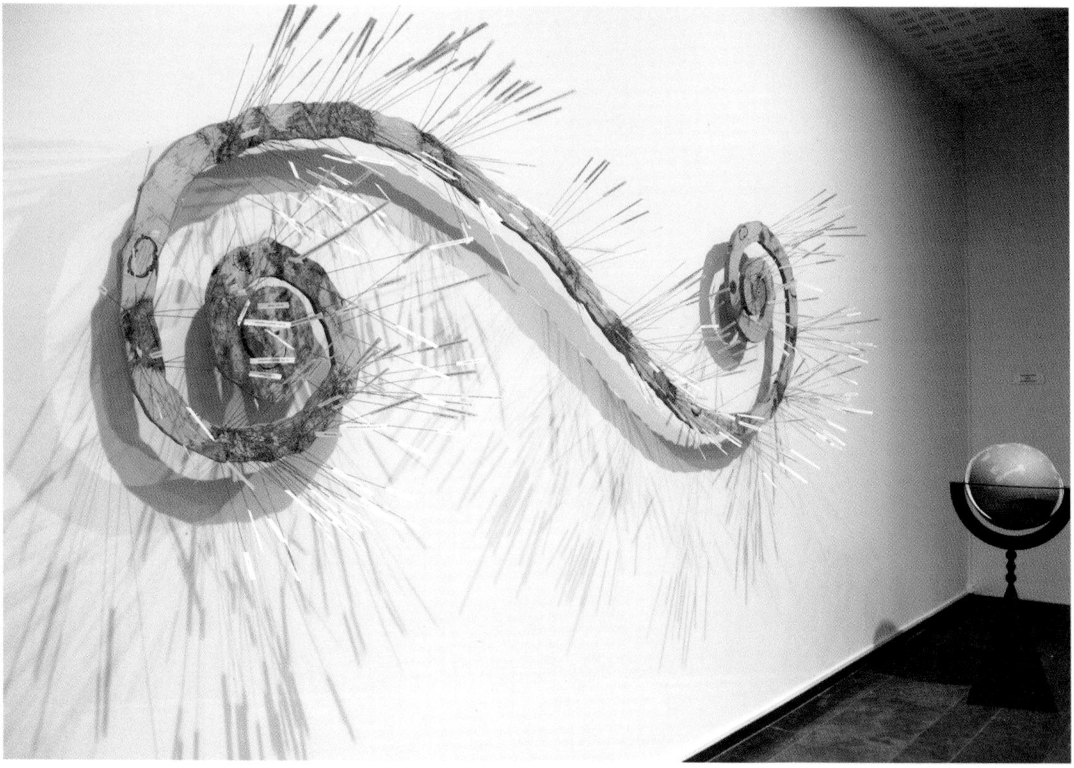

[그림10]

중국의 예술가 후앙 용 핑의 작품은 시간과 기회, 운명을 주제로 삼고 있다. 그가 2000년부터 2007년에 걸쳐 제작한 〈세계 지도〉는 소용돌이 모양으로 펼쳐진 지구의 거죽 위에 미래에 일어날 재난을 나열한 연표이다.

위해 사용하는 표현 양식들을 탐구하거나 비평하고 있다.

물론 예술적인 크로노그래피들 또한 계속해서 존재해왔다. 에우세비우스에서 프리스틀리에 이르기까지, 그리고 프리스틀리에서 우리 시대에 이르기까지, 학자들은 형언할 수 없이 많은 수의 아름다운 크로노그래피 공예품을 만들어냈다. 하지만 그러한 것들 가운데 애초에 예술 작품으로 의도된 것은 거의 없었다. 이러한 점에서 볼 때, 크로노그래피 차트는 미국의 역사가 제임스 엘킨스가 말한 "정보적"이거나 "실용적"인 이미지들과 동일한 범주에 속한다고 할 수 있다. 엘킨스는 그래프와 차트, 도표, 지도, 기하학적 도형, 악보, 도면, 기술 도안, 도해와 같은 것들을 그러한 사례로서 언급했다.[1]

최근까지 크로노그래피는 본질적으로 학자와 기술자, 아마추어와 공상가의 분야로 남아 있었다. 이들은 예술가가 아닌 역사가들, 역사가가 아닌 디자이너들, 혹은 예술가도 역사가도 아니지만 여러 가지 이유로 인해 이러한 도식화의 수단을 활용해온 선지자들이었다. 그리고 20세기 이전의 크로노그래피 가운데 시각적으로 가장 흥미로운 것들은 대개 이러한 사람들의 작품이었다. 이를테면 로렌츠 파우스트의 다니엘 우상, 크리스토프 바이겔의 『연표 원반』, 누군가 손수 그린 『존 디킨슨을 위한 차트』, 엘리자 스폴딩의 『개신교의 사다리』, 엘리자베스 파머 피보디의 학생들이 제작한 아름다운 모자이크 행렬과 같은 것들이었다.

가장 매력적인 연표 차트 가운데 상당수는 연표나 예술을 교육받지 않은 아마추어들의 작품이다.[그림11~12] 예를 들어, 1931년 처음 출간된 뒤 50년 이상 큰 인기를 끌었던 랜드맥널리Rand McNally 사의 아름다운 『역사 지도』는 정식으로 훈련받은 역사가의 작품이 아니었다.[2] 작가인 존 스파크스John Sparks는 전간기에 스위스 국적 네슬레 사의 미국 공장 책임자를 지낸 인물이었다. 역사 마니아였던 스파크스는 직업상 장거리 기차 여행을 떠나야 할 때면 언제나 역사책 한 권과 공책 한 권을 지니고 갔다. 그는 여행하는 중에 역사책에 등장하는 이름과 연도를 공책에 볼펜으로 휘갈겨 적었고, 집에 돌아온 뒤에는 메모들을 오려내 커다란 차트에다 풀칠해 붙였다. 그 자신의 참고 자료를 만들기 위함이었다.[3]

스파크스는 이러한 작업이 화이트헤드*나 허버트 스펜서**와 같은 철학자들에게서 영향을 받은 것이라고 설명했다.[4] 첫째로 도식화의 방식을 통해 양적 연구와 질적 연구를 하나로 통합할 수 있다는 아이디어를 얻었으며, 둘째로 현대에는 정보를 취급하는 데 과거 어느 때보다도 엄청난 노력이 필요하다는 신조를 갖게 되었다는 것이다. 스펜서는 "어떤 사람의 지식이 체계를 갖추지 못한다면, 그는 더 많은 것을 알수록 생각의 혼란만 더 커질

* 화이트헤드(Alfred North Whitehead, 1861~1947): 영국의 수학자이자 철학자이다. 런던 대학의 응용수학 교수로 있다가 하버드 대학으로 옮겨 철학교수로 일했다.

** 허버트 스펜서(Herbert Spencer, 1820~1903): 영국의 사회학자이자 철학자이다. 진화의 개념을 대중화시키며 사회진화론을 확립했다. 36년에 걸쳐 집필한 10권 분량의 『종합철학체계』가 유명하다.

The HISTOMAP $1.00

FOURTH EDITION

The Answer to the Demand for

40,000 HISTOMAPS

Lies in Hundreds of Comments Like These:

"I am much impressed with its accuracy and with the striking manner in which it aids one to visualize History."
F. A. OGG, Historian, Univ. of Wis.

"There is no more important work than a short and sound cut to knowledge."
ARTHUR BRISBANE

"The Histomap is so clear, so interesting, and so easily interpreted that it is certain to be popular."
LOS ANGELES TIMES

"It gives one a fresh realization of the very recent insignificant contribution to history of those we are accustomed to call the great powers."
NEW YORK TRIBUNE

FOUR THOUSAND YEARS OF HISTORY ON A SINGLE PAGE

Assembles and classifies historical facts • • •

• • • Dramatizes the great adventure of mankind

Gives you the world's history at a glance • • •

Clear, vivid and shorn of elaboration HISTOMAP holds you enthralled as you follow the curves of power down time's endless course • • • • HERE IS THE ACTUAL PICTURE OF THE MARCH OF CIVILIZATION from the mud huts of the ancients thru the monarchistic glamour of the middle ages to the living panorama of life in present day America • • • •

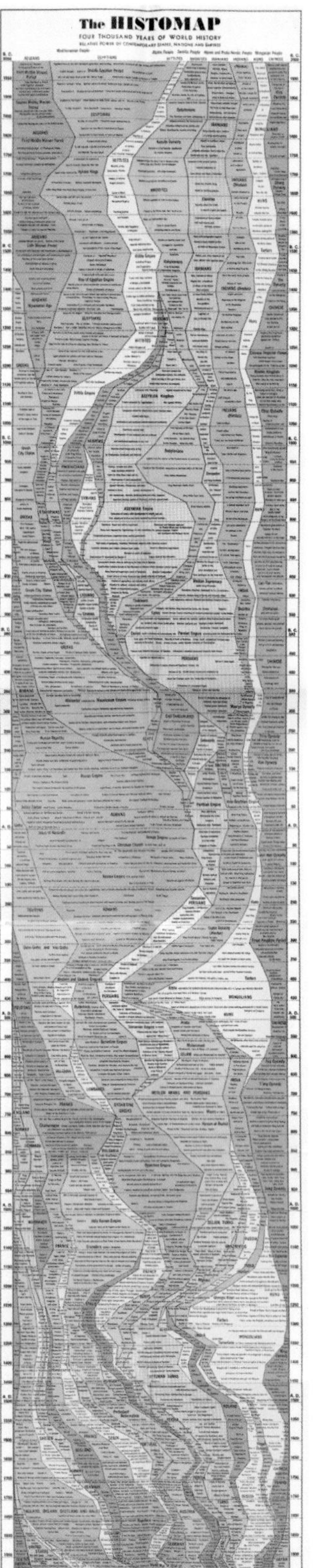

[그림11~12]

존 스파크스, 『역사 지도』, 뉴욕, 1931년.

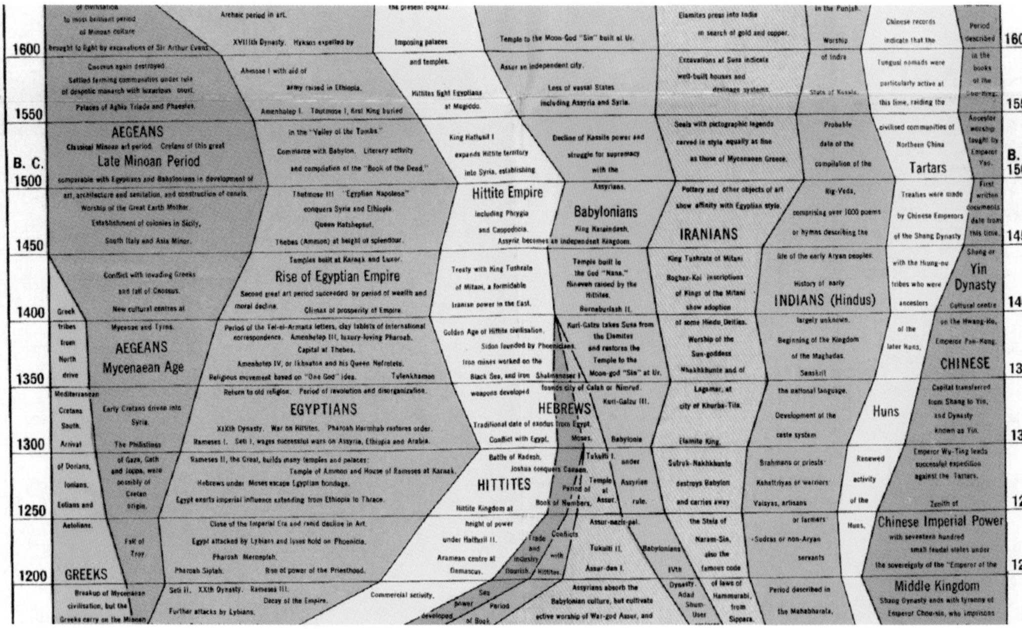

1600 1550 B. C. 1500 1450 1400 1350 1300 1250 1200

AEGEANS
Late Minoan Period
Hittite Empire
Babylonians
IRANIANS
Tartars
Rise of Egyptian Empire
INDIANS (Hindus)
Yin Dynasty
AEGEANS
Mycenaean Age
CHINESE
EGYPTIANS
HEBREWS
Huns
HITTITES
Chinese Imperial Power
GREEKS
Middle Kingdom

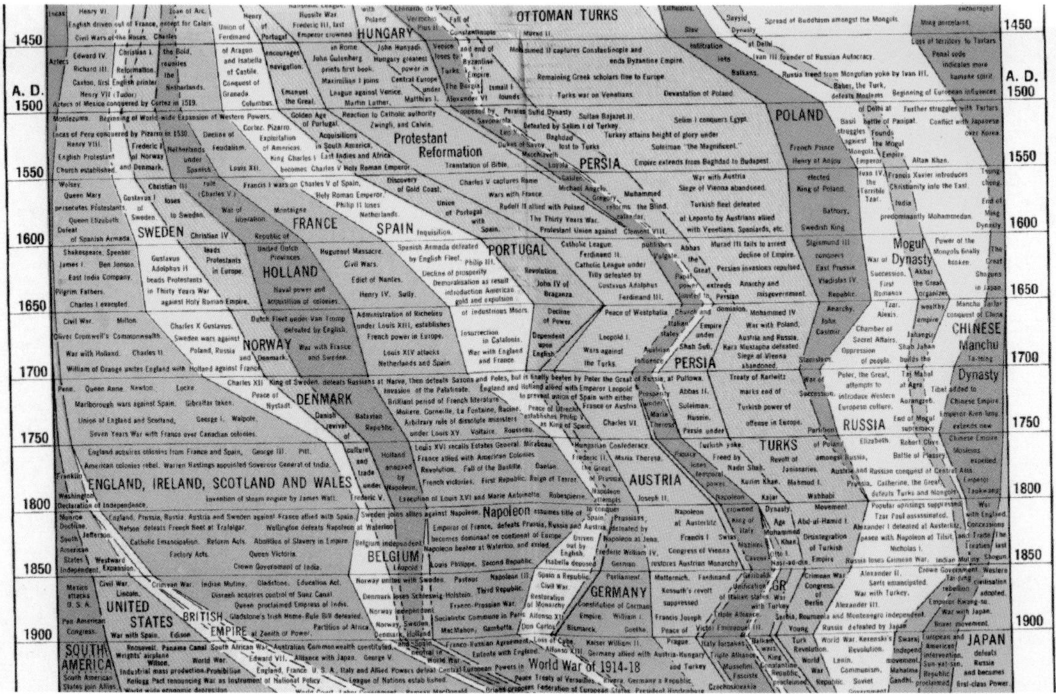

1450 A. D. 1500 1550 1600 1650 1700 1750 1800 1850 1900

OTTOMAN TURKS
HUNGARY
POLAND
Protestant Reformation
PERSIA
SWEDEN
FRANCE
SPAIN
PORTUGAL
Mogul Dynasty
HOLLAND
NORWAY
PERSIA
CHINESE Manchu Dynasty
DENMARK
RUSSIA
TURKS
ENGLAND, IRELAND, SCOTLAND AND WALES
AUSTRIA
Napoleon
BELGIUM
UNITED STATES
BRITISH EMPIRE
GERMANY
GR
SOUTH AMERICA
World War of 1914-18
JAPAN

뿐이다"라고 적었다.[5] 자신이 손수 제작한 차트가 다른 이들의 흥미도 끌지 모른다는 생각은 스파크스에게 뜻밖의 선물을 가져다주었다. 차트가 출간되자 그 강렬한 시각적 효과가 사람들의 시선을 사로잡았던 것이다. 스파크스는 한 번 큰 재미를 보자 곧 이 새로운 차트를 다른 분야들에도 활용했다. 그는 『종교 역사 지도』, 그리고 그보다 훨씬 더 야심만만한 시도인 『진화의 역사 지도: 100억 년 동안의 지구, 생명, 인류』 등을 뒤이어 출간했다.[6]

1930년대에는 칼턴 브라운Carleton Brown이라는 자칭 "특명 역사가" 또한 차트 제작에 관심을 보였다.[그림13] 그는 박물학자인 존 제임스 오듀본*의 1840년 작 『미국의 새』를 화려한 천연색 판본으로 새로이 제작하던 중에, 미국 역사 연구소History Institute of America의 후원을 받아 전 세계의 역사를 포괄하는 거대한 연표 차트 시리즈인 『행진하는 역사』를 작성하기 시작했다. 이 차트 시리즈는 만약 완성되었다면 길이 30.5미터, 높이 1.5미터에 이르렀을 텐데, 그렇다면 자크 바르뵈-뒤부르의 『세계사 연표』조차 난쟁이처럼 보이도록 만들었을 것이다. 그러나 브라운의 거대한 차트 시리즈 가운데 실제로 출간된 것은 오로지 19세기에 해당하는 9번 차트 하나였던 것 같다. 적어도 오늘날 미국의 도서관에서 그 흔적을 발견할 수 있는 것은 그것뿐이다. 브라운의 구상 속에는 학술적인 목표, 아마추어적인 추구, 발명가가 아닌 사람이 고안해낸 독창적인 도식, 그리고 위대하나 실현하지는 못한 백과사전적인 매력과 같은 온갖 것들이 한데 뒤섞여 있었다. 그리하여 그의 시간 차트에는 아합**과 에펠***과 오그던 내시****가 함께 돌돌 말려 있었던 것이다.

1930년대에 들어 연표는 예술 고유의 영역을 침범하기 시작했다.[그림14] 1936년에 뉴욕 현대 미술관MoMA의 설립자이자 관장인 앨프리드 H. 바 2세*****는 『입체파와 추상예술』이라는 유명한 책을 출간했는데, 이것은 같은 제목으로 열린 전시회의 안내서이기도 했다.[7] 이 전시회는 여러 측면에서 사람들의 이목을 끌었다. 미국에서 이처럼 많은 현대 추상예술 작품이 전시된 것은 최초의 일이었으며, 입체파가 모더니즘의 발전에 끼친 영향을 보여주는 강력한 사례였다. 또한 이후 열릴 다양한 분야의 현대 미술 전시회의 첫 테이프를 끊음으로써, 뉴욕 현대 미술관이 나아갈 방향과 추구해야 할 목표를 제시해주었다. 그뿐 아니라 유럽의 모더니즘을 역사적인 맥락 속에서 종합적으로 조망하고자 하는 명확한 의도를 갖고 기획된 미국 최초의 전시회이기도 했다. 20세기 모더니즘의 역사에서만이 아니라, 그것에 대한 역사 기록의 측면에서도

* 존 오듀본(John James Audubon, 1785~1851): 미국의 동식물 연구가이자 화가이다. 미국 조류학의 아버지로 불린다.

** 아합(Ahab): 고대 이스라엘의 왕이다. 서기전 876년에서 서기전 854년까지 22년간 재위했으며 부패한 폭군의 상징이다.

*** 에펠(Alexandre Gustave Eiffel, 1832~1923): 프랑스의 건축가이다. 에펠탑 외에도 파나마 운하의 수문공사, 뉴욕 '자유의 여신상' 설계에도 관계했다.

**** 오그던 내시(Frederic Ogden Nash, 1902~1971): 미국의 시인이다. 자유롭고 기발한 형식의 가볍고 재치있는 시로 인기를 얻었다

***** 앨프리드 H. 바 2세(Alfred Hamilton Barr, Jr., 1902~1981): 미국의 미술 역사가이자 평론가이다. 뉴욕 현대 미술관 관장으로서 현대 미술의 흐름에 많은 영향을 끼쳤다.

하나의 분수령을 제공했던 것이다.

이러한 사실은 그 전시회에 진열되었다가 얼마 후 바의 책 표지에 실리는 예술사 영향 관계 도표에서 가장 명백하게 드러난다. 전시회가 말하고자 하는 핵심 주장을 간결하고 양식화된 형식으로 표현했던 것이다. 이 차트에서 입체파는 예술사의 근본적인 전환점으로 등장한다. 입체파의 위쪽에는 19세기의 중요한 예술가들의 이름이 나열되어 있다. 르동, 반 고흐, 고갱, 세잔, 쇠라, 그리고 바가 입체파 및 입체파와 관련된 예술 운동에 가장 큰 영향을 끼쳤다고 평가한 루소와 같은 예술가들이다. 바의 계보는 그 형태가 썩 깔끔하지는 않다. 시종일관, 근대라는 영역 속에서 공존하고 있는 기하학적 경향과 유기적 경향 사이의 긴장 관계를 보여주고자 했기 때문이다. 하지만 그의 차트는 모더니즘을 역사적으로 해석하는 것의 중요성, 그리고 모더니즘의 여러 단계를 연대기적으로 이해하는 것의 중요성을 강하게 역설하고 있다.

바는 또 다른 작품에서도 예술의 시각적 형식들과 역사의 시각적 형식들 사이의 관계를 다루었다.[그림15] 1930~1940년대에 그는 미술관의 소장품 수집 전략을 세우기 위한 비공식 메모에서 새로운 형식의 시간 차트를 활용했다. 바는 뉴욕 현대 미술관의 소장품들을 시간을 가로지르며 나아가는 (프로펠러가 장착된) 어뢰로 묘사했다. 바는 시간이 흐를수록 현대를 구획하는 경계선은 점차 앞으로 이동하게 될 것이며, 지금 현대 예술로 분류되는 다양한 작품들은 구시대의 것으로 취급되리라고 생각했다. 그렇다면 그러한 작품들은 메트로폴리탄 미술관Metropolitan Museum으로 옮겨져, 더 오래된 과거의 예술사 속에 재배치되어야 할 것이었다. 그의 어뢰 도표는 언뜻 보면 대강 그린 것처럼 보이지만, 실제로는 『입체파와 추상예술』의 표지에 실린 차트 못지않게 양식화되어 있으며, 근대 역사의 일관되고 방향성 있는 변화의 과정을 매우 설득력 있게 논증하고 있다.

어떤 측면에서 바의 도표들은 그가 일찍이 1920년대에 프린스턴 대학과 하버드 대학에서 예술사를 강의할 때 제작했던 것과 크게 다를 바 없었다. 그러나 그가 이처럼 익숙한 기법을 뉴욕 현대 미술관에서 활용한 방식은 매우 도발적인 것이었다. 바는 타임라인 자체를 하나의 근대적인 공예품으로 제시함으로써, 학문적 실천과 예술적 실천 사이의 새로운 동맹을 제안했다. 나아가 자신의 차트에서 계보적인 요소와 연표적인 요소를 한데 결합시킴으로써, 입체파 전시회를 둘러싼 유기적 경향과 기하학적 경향 사이의 긴장 관계를 반영해 보여주었다.

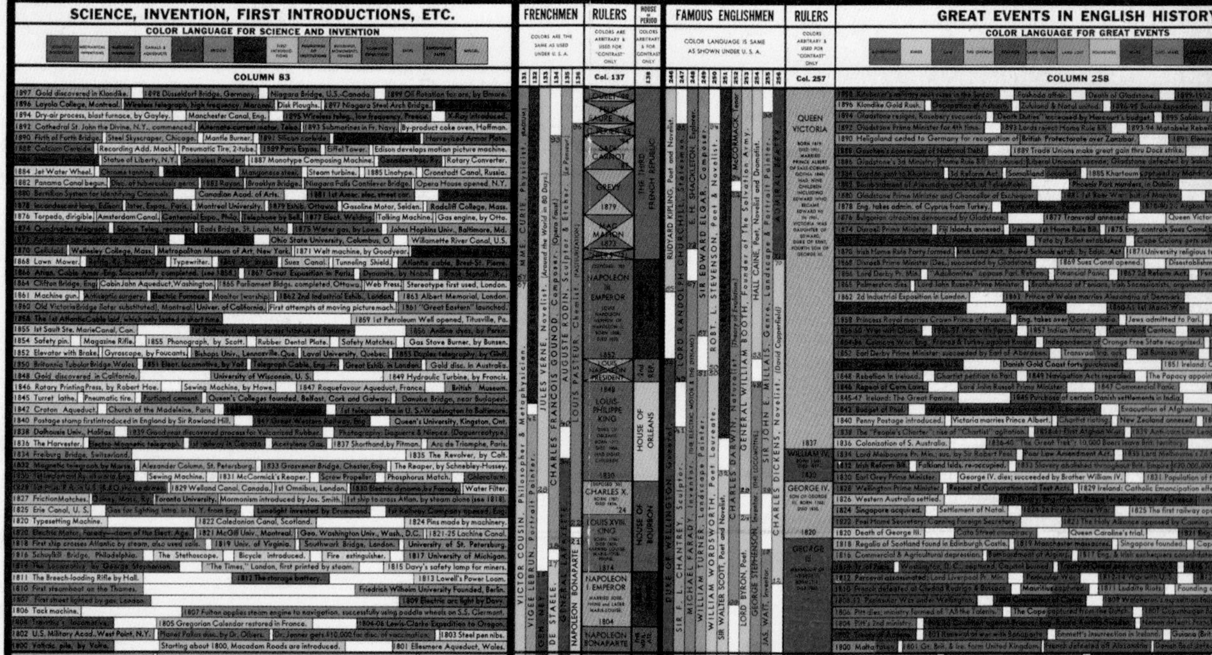

[그림13]

칼턴 브라운이 1936년에 제작한 『행진하는 역사』의 9번 차트와 거기에 실린 시.

연표에 대한 지나친 야심은 종종 실용성의 문제를 간과하기도 했다. 1936년에 칼턴 브라운은 (실제로 성공하지는 못했지만) 길이가 무려 16미터에 이르는 자크 바르뵈-뒤부르의 『세계사 연표』를 축소하려 시도했다. 차트 뒷면에 인쇄된 한 편의 시는 이 시리즈가 직면했던 난관을 잘 알려준다. 이 시는 크로노그래피적인 집념이 지닌 야심과 어리석음을 동시에 포착하고 있다.

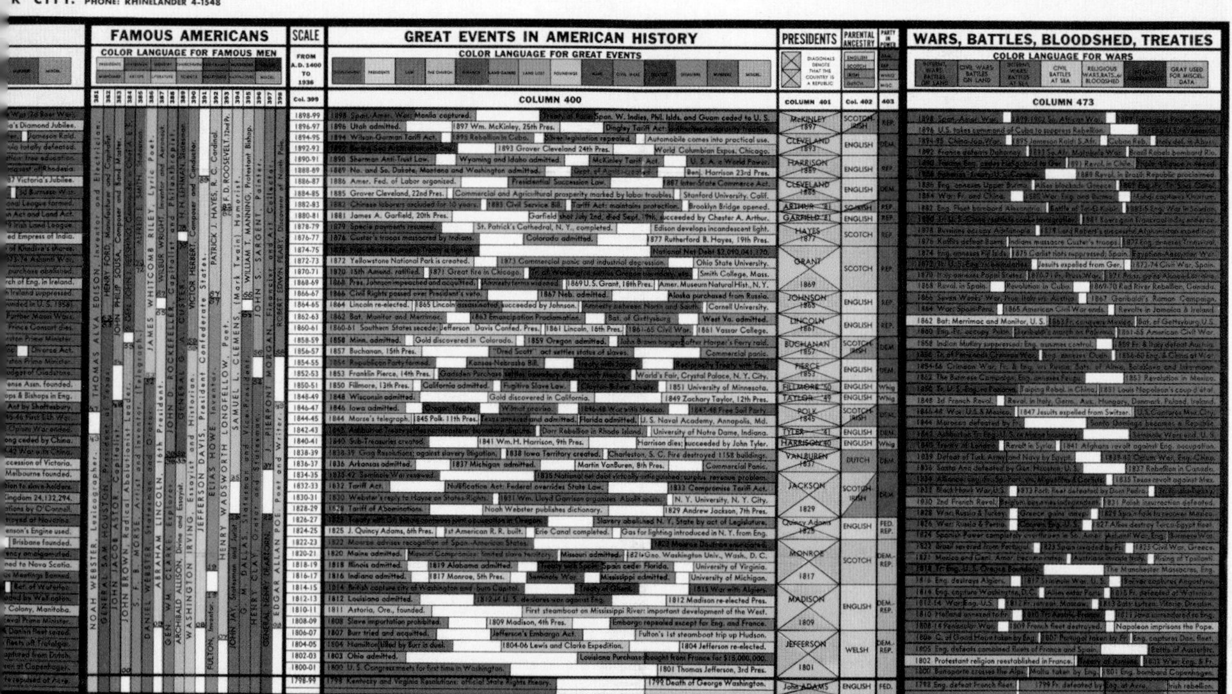

고귀한 이여, 나는 대지와 바다에서
과거의 인간들이 행한 바를 살펴보았다네
그리고 역사가 지나온 경로와 과정을
천연색 그래프로 그려냈지

나는 어떠한 편견도 갖지 않았다네
중요한 사건들을 냉철히 기록하고
펜과 붓을 들어
하나하나의 사건을 뚜렷이 대비시켰지

어떤 평론가도 나의 근거를 조롱하지 못하리
시끄러운 헛소리 따위에는 꿈쩍도 않고
중요한 작업에만 몰두하며
평론가의 절규에 조소를 날려줄 것이라네

온전한 6년 동안 온갖 고생을 했다네
연구에 힘쓰며 한 줄 한 줄 상호 참조했다네
아! 친구여, 깊은 밤 등잔불을 밝히고
이 거대한 디자인을 완성했지

유명한 사람들이 행한 모든 일을 알고 싶은가?
하나도 남김없이 "툭 까놓고" 밝혀두었다네
그러하니 친구여, 궁금한 사건들을 찾아보면서
이 "행진하는 역사"를 꼼꼼히 훑어보게나

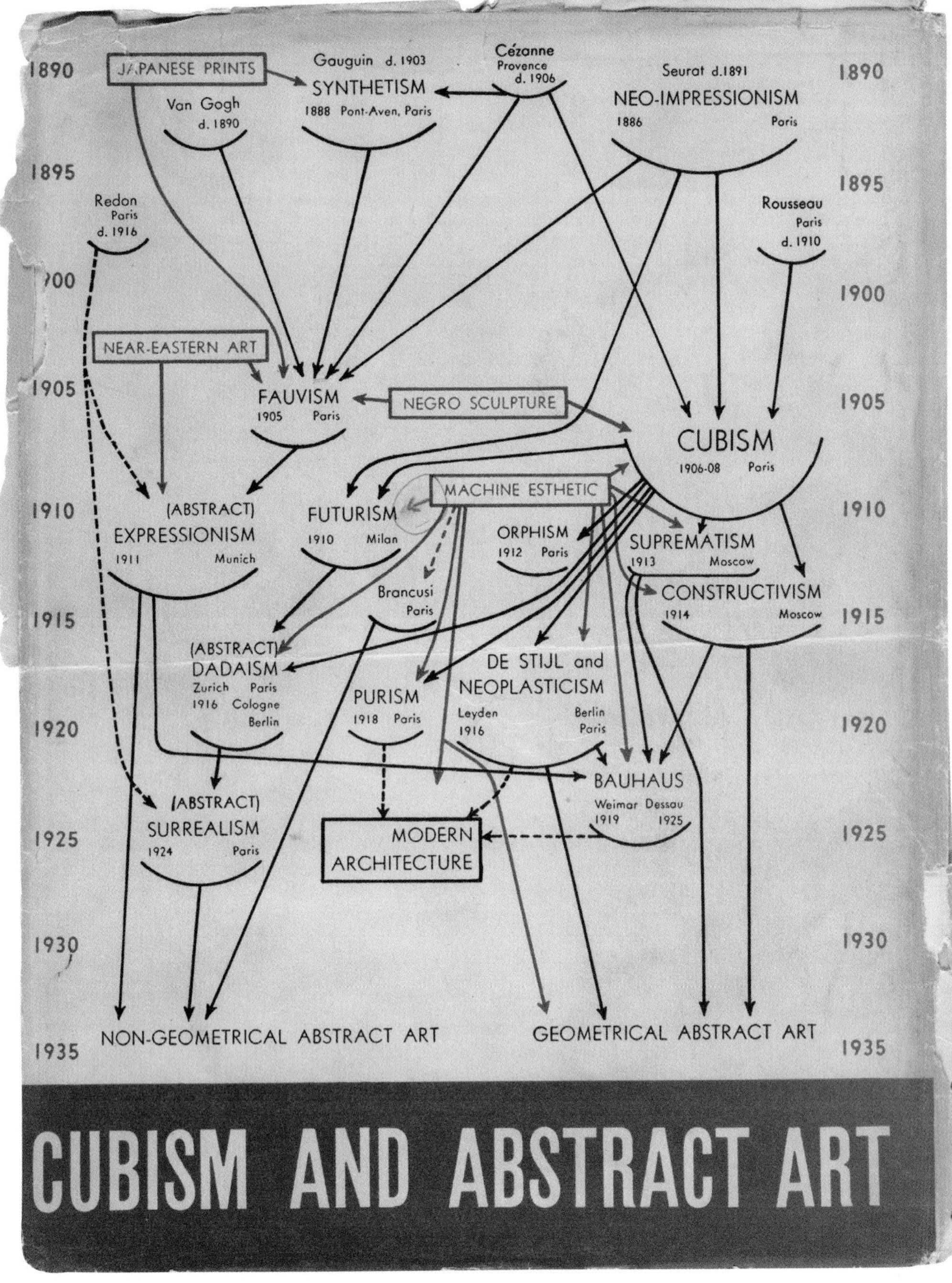

[그림14]

앨프리드 H. 바 2세가 그린 '입체파와 추상예술' 전시회 카탈로그의 표지. 오프셋, 컬러 인쇄, 7¾x10¼.
앨프래드 H. 바 2세, 종이, 3.c.4. 뉴욕 현대 미술관 아카이브. (MA208)
소장처: 미국 뉴욕 주 뉴욕 현대 미술관. 사진: 디지털 이미지 © The Museum of Modern Art/Licensed by SCALA/Art Resource, NY.
이미지 참조부호: ART164117

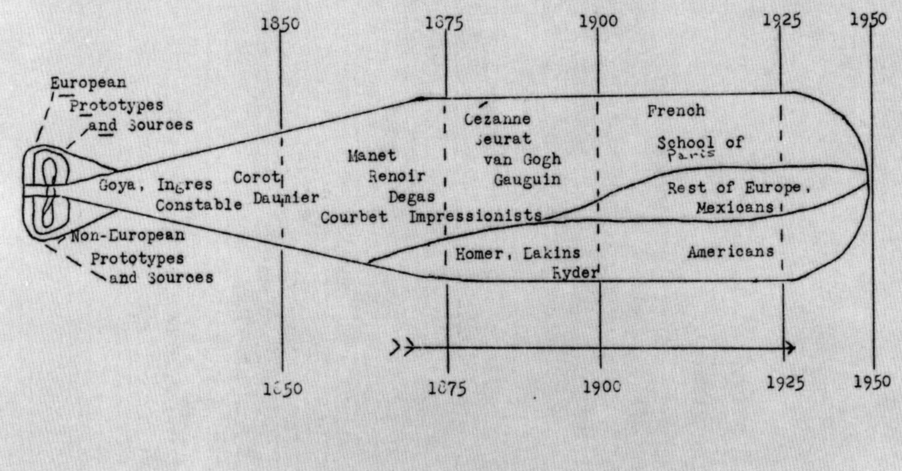

In the past nine years the torpedo has moved a little farther and the Committee would sketch it today in the following form:

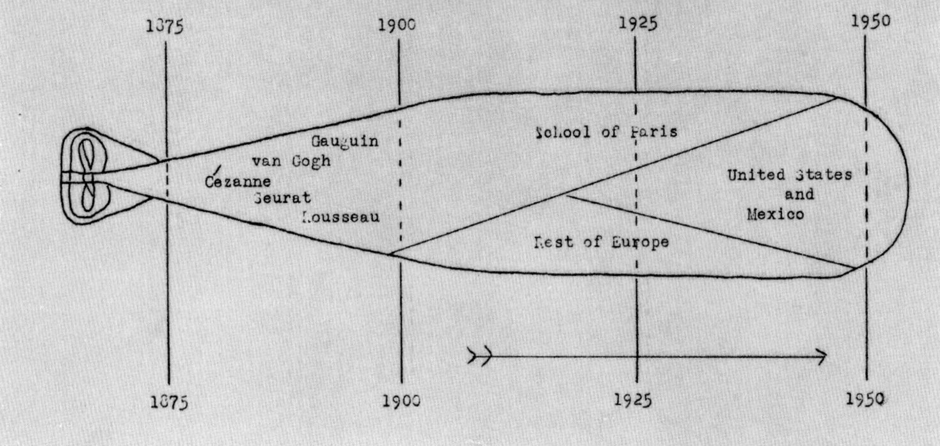

[그림15]

앨프리드 H. 바 2세의 '어뢰' 도표. 이 도표는 뉴욕 현대 미술관의 이상적인 상설 소장품 목록을 보이고 있다. 위는 1933년에 작성된 것이고, 아래는 1941년에 작성된 것이다. 1941년에 앨프리드 H. 바 2세가 「미술관 소장품에 대한 자문 위원회 보고서」에 수록했다.

뉴욕 현대 미술관 아카이브: 앨프리드 H. 바 2세, 종이, 9a.15 (MA208) 소장처: 미국 뉴욕 주 뉴욕 현대 미술관. 사진: 디지털 이미지 © The Museum of Modern Art/Licensed by SCALA/Art Resource, NY. 이미지 참조부호: ART166227

바 이전에도 몇 명의 예술가가 예술사 도표가 지닌 예술적 가능성을 얼핏 보여주었다.[그림16] 프랑스계 쿠바인 예술가인 프란시스 피카비아는 초현실주의로 전향하기에 앞서 《391》이라는 다다이즘 잡지를 편집하던 1910년대에 기술 도표의 시각적 표현 양식을 실험한 바 있었다. 어떤 경우에는 잡지나 사용설명서에 등장하는 기술 도해를 그대로 모방했지만, 어떤 경우에는 자신만의 장난기어린 도표를 그려내기도 했다. 1919년에 잡지 《다다》에 실은 현대 예술에 관한 무제無題 도표가 그 대표적인 사례였다.

피카비아가 《다다》에 실은 도표는 엄밀히 말하자면 연표 차트라고 할 수 없다. 이 도표가 묘사하는 관계들은 주제적이고 연상적이며, 규칙적인 정확성을 결여하고 있다. 그럼에도 피카비아는 도식적인 요소들을 선별하고 이름들을 배치하는 데에서 크로노그래피의 시각적 표현 양식들을 의식적으로 활용하고 있다. 도표에 그려진 관계들은 연대기적인 성격을 갖고 있는 것이다. 앵그르, 코로, 세잔, 로댕을 비롯한 초기 집단의 이름은 아래쪽에 나열되어 있고, 브라크, 아르프, 뒤샹, 차라와 같은 후기 집단은 꼭대기에 있는 경보 장치나 폭탄

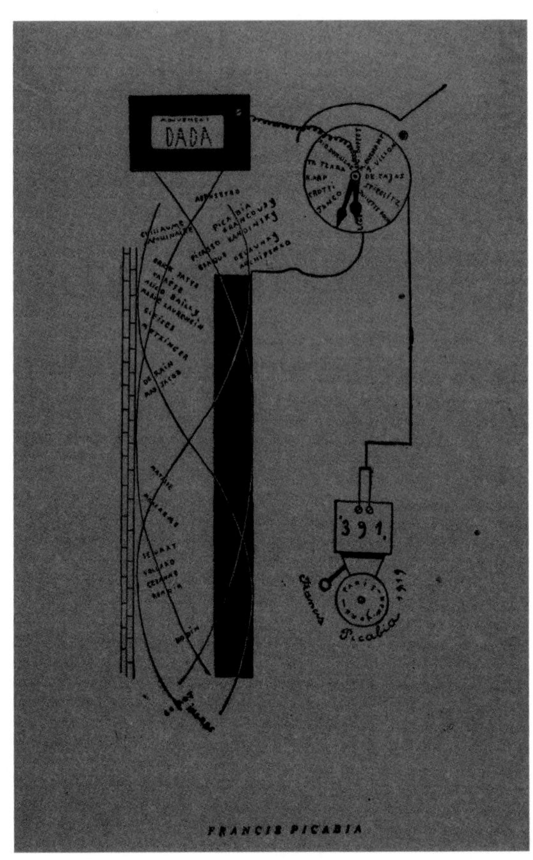

[그림16]

1919년에 프란시스 피카비아가 《다다》에 실은 무제 도표.

의 부품처럼 생긴 시계 문자판 형태의 원 안에 배치되어 있다. 그러나 이러한 이미지의 효용은 사람들이 그것 안에 숨겨져 있는 암시적인 관계들을 인지하고 상상할 수 있느냐, 그리고 그 속에서 연표 차트와 비슷하게 생긴 것을 발견할 수 있느냐에 달려 있다. 피카비아의 이미지에서 연대기적인 표현은 여전히 암시적으로만 드러날 뿐이다. 예술가들이 연표라는 주제를 더 일반적으로 다루게 되는 데에는 아직도 수십 년의 시간이 더 필요했다.

바의 1936년 차트는 당대에 끼친 영향력도 상당했지만 징후적인 성격 또한 다분히 갖고 있었다. 현대 미술의 자아상 속에서 예술사와 큐레이터 활동의 중요성이 점차 커져가는 상황을 보여주었기 때문이다. 그의 차트는 뉴욕 현대 미술관의 핵심 프로젝트였던 예술과 그래픽 디자인 사이의 관계를 암시적으로 드러냈다. 그리고 다다이즘이 집요하게 제기해온 예술과 비非예술의 경계 설정의 문제 또한 다시금 묻고 있었다.

1930~1940년대에 시간 차트는 많은 대중적인 예술 작품과 학술적인 연구에서 그 모습을 드러냈다.[그림17~19] 독일의 예술사가 파울 리게티Paul Ligeti는 1931년 작 『혼돈으로부터 벗어나는 길: 예

[그림17]

파울 리게티가 작성한 파동 형태의 예술사 차트. 『혼돈으로부터 벗어나는 길: 예술의 발전 과정』, 뮌헨, 1931년.

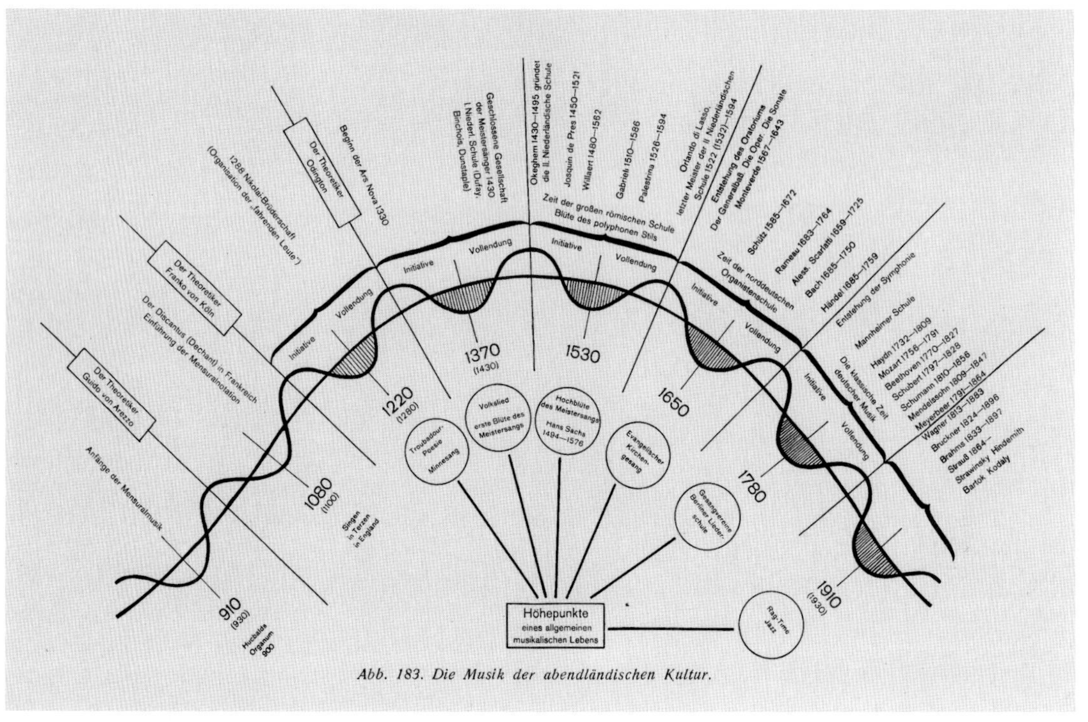

[그림18]

에릭 뉴턴의 예술사 차트. 『유럽의 회화와 조각』, 하몬즈워스, 1941년.

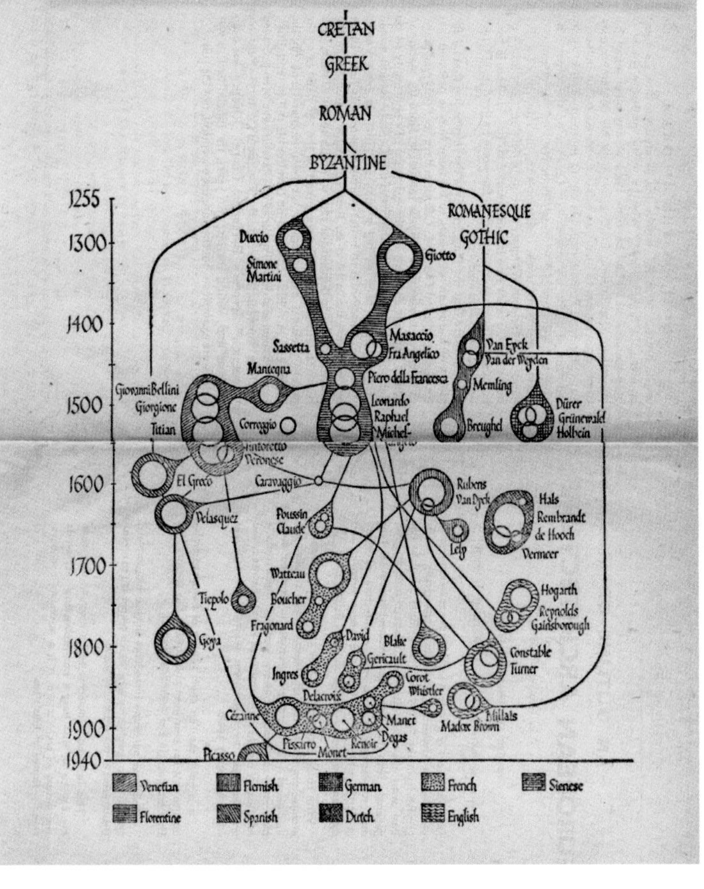

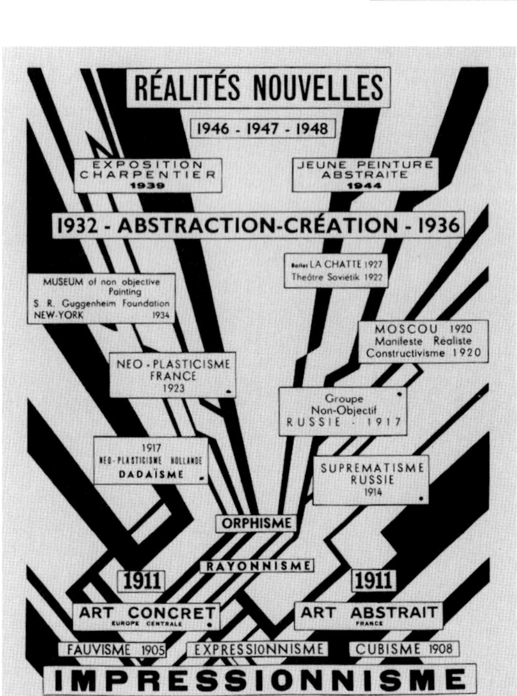

[그림19]

비非구상 예술의 발전 과정을 그린 무제 도표. A. 프레도 시드A. Fredo Sides가 편집한 《레알리테 누벨》 제2호, 파리, 1948년.

술의 발전 과정』에서 일련의 파동 형태 차트를 활용해 자신이 주창한 예술사의 주기 이론을 설명했다.[8] 펭귄 출판사는 1941년에 제2차 세계대전에 참전한 미군들에게 배포할 목적으로 에릭 뉴턴Eric Newton의 『유럽의 회화와 조각』이라는 소책자를 출간했는데, 여기에는 샤를 조제프 미나르의 정보그래픽 관습에 따라 그려진 아름다운 계보나무 하나가 삽입되어 있었다.[9] 뉴턴의 차트는 각각의 인물이 갖는 예술사적 중요성을 크기를 통해 표현했다. 위대한 예술가는 커다란 원으로 표현되고, 상대적으로 그렇지 않은 예술가는 작은 원으로 표현되었다. 1948년에 프랑스에서는 추상예술 및 기하학적 예술을 주제로 한 '레알리테 누벨Réalités Nouvelles'이라는 제목의 전시회가 개최되었다. 이 전시회의 카탈로그에는 한편으로 바에게 바치는 헌정이면서 다른 한편으로 전시회에서 다루는 예술의 양식에 따라 새롭게 수정된 시간 차트가 실려 있었다.[10]

1940년대의 예술에서 시간 차트는 전복만이 아니라 풍자를 위해서도 상당히 중요하게 활용되었다.[그림20~21] 풍자 목적의 시간 차트 가운데 가장 유명한 것은 애드 라인하르트Ad Reinhardt라는 추상 표현주의 화가가 1946~1947년에 그린 「현대 예술을 보는 방법」이라는 연작 만화였다. 라인하르트의 연작 만화는 바가 작성한 현대 예술의 계보에 대해 지지를 표하면서도 동시에 그것을 놀림거리로 삼았다. 라인하르트의 차트 가운데 가장 유명한 작품에는 바가 언급한 이름과 범주 들이 적혀 있는 예술의 나무가 한 그루 등장하는데, 이 나

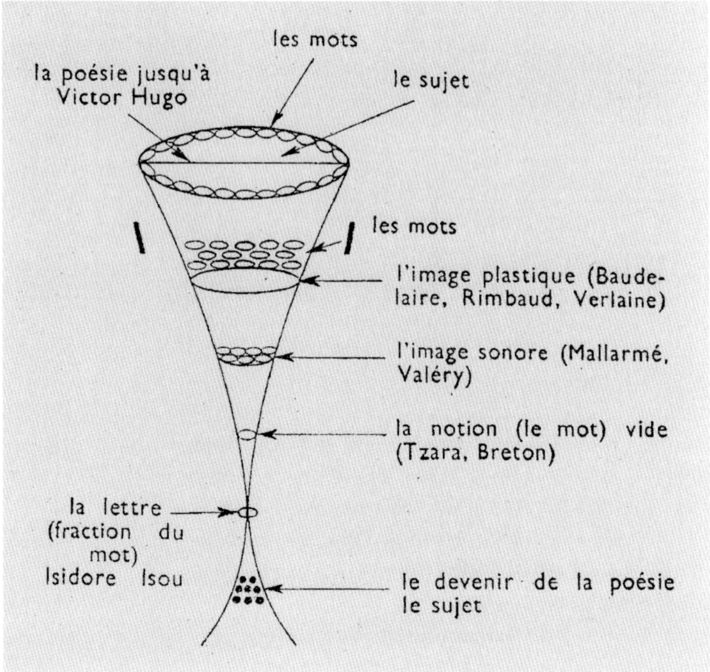

[그림20]

이시도르 이주, '시에서 기술적 감수성의 발달 과정', 『새로운 시와 새로운 음악 입문』, 파리, 1947.

HOW-----TO---LOOK

by Ad Reinhardt.

A sixth and a summation of a series on modern art (more to come)

HISTORY

2000 BC 1000 BC AD 1000 AD 1300 1492 1800 "PICTURES" 1946

We saw that pictures these days are only imitations and substitutes of real things and therefore not "high" art. If you think that a "picture" of a sunset or a nude is real, then you don't have much fun, do you?

We saw that "pictures" belonged to another age, when human beings (after years of concern with religious salvation and the supernatural) discovered the natural world and what it looked like (the Renaissance).

We saw that perspective, shading, anatomy, naturalistic drawing are simply a bag of illustrative tricks and that anyone can do it better with a camera, huh?

We saw that an artist who makes "pictures" and purveys subject-matter is a peddler of phoney spaces (buckeye) and optical illusions. We saw that "pictures" are a kind of opium of the people and not good.

1492
FLAT? ROUND?
COLUMBUS
ARISTOTLE
EUCLID
ISAAC NEWTON
FIXED POINT OF VIEW
GENIUS
THAT'S ME
MY STYLE
BAG OF TRICKS
"SOUND FOUNDATION IN ART"
PHONEY SPACE OPTICAL ILLUSION
RELATIVITY SIMULTANEITY SPACE-TIME
REAL SPACE
IT 'MEANS' WHAT IT 'DOES' TO YOU
ATOMS
EINSTEIN
FOUR DIMENSIONAL SPACE
LIGHT COMES BACK TO WHERE IT STARTED IN 500 BILLION YEARS

(Five minute break, boys, to refresh your memory.)

We saw that surrealists spend their space-time satirizing the tricks, tools and techniques of the "picture-making trade." Not only one picture or story, but numberless pictures, endless stories, infinite subject-matter.

Because surrealist painters ran the "picture-art" tradition into the ground, and out-illustrated the illustrators, we called it "low" art, see....

FREE COMPETITION
SECOND PRIZE
THIRD PRIZE RIBBON
INDUSTRY AS ART PATRON
SOFT DRINK
I'M O.K. DRINK!
BUSINESS
ART
PEANUTS GRAND PRIZE

We saw that both light and time is space, that you yourself are a space, that a painting is a flat space. We saw that an abstract painting is not a window-frame-peep-show-hole-in-the-wall but a new object or image hung on the wall and an organization of real space relations, line structures, color activity.

Because it paralleled the condition of "pure" music, we called it "high" art and no "picture."...

Now we can go on to really look.

THE CAMERA MAKES BETTER PICTURES, MAN!
TOP VIEW
ROUND TOP
FLAT BOTTOM
SIDE VIEW
HALF VIEW
OUTSIDE OF GLASS
SPACE AROUND GLASS
BACK VIEW
FRAGMENT
TOP VIEW
BOTTOM
RIGHT SIDE
INSIDE
FRONT
ETC.

The form of a glass from a fixed point of view at one instant in one light (optical illusion, perspective, modeling)

The form of the glass from two points of view at the same time (a child knows its form instead of merely seeing it)

The forms of the glass, all glasses, and all things, from many relative points of view expressed simultaneously on a flat surface.

WHAT YOU KNOW IS MORE IMPORTANT THAN WHAT YOU SEE, SEE?
HA HA WHAT DOES THIS REPRESENT?
WHAT DO YOU REPRESENT?

[그림21]

추상 표현주의 계열 화가 애드 라인하르트의 연작 만화 「보는 방법」의 제6화이다. 이 만화는 1946~1947년에 《피엠PM》이라는 신문에 연재되었다. 라인하르트의 만화에는 「현대 예술을 보는 방법」에 등장하는 계보나무와 같은 정보 그래픽이 다수 포함되어 있다. 또한 사실주의와 추상예술의 역사를 다룬 위의 작품에서 볼 수 있듯이 이 연작 만화에는 항상 선형의 타임라인이 등장한다.

무는 잎과 가지를 모두 잃은 채 그릇된 관념과 후원이라는 무거운 짐에 짓눌려 있었다. 라인하르트의 연작에는 비록 눈에는 잘 띄지 않을지라도 언제나 선형의 타임라인이 등장한다. 사실주의와 추상예술의 역사를 설명한 '보는 방법'이라는 간략한 제목의 1946년도 작품이 그 대표적인 사례이다. 1947년에는 문자주의* 계열의 시인인 이시도르 이주**가 『새로운 시와 새로운 음악 입문』이라는 책을 출간했는데, 그 마지막 부분에는 현대 시의 역사를 총괄하는 연표 형식의 도표가 실려 있었다.[11] 하지만 이주의 도표는 대개의 크로노그래피가 진지한 역사적 실증주의를 지향했던 것과 달리 본질적으로 선언문의 성격을 갖고 있었다. 그의 도표는 시의 역사에 대한 매우 독특한 해석을 그림으로 보여주었다. 이에 따르면 시의 역사는 이주의 문자주의 시로 수렴되었다가, 그 지점으로부터 다시 외연을 확장해가고 있었다.

피카비아와 이주, 라인하르트는 차트와 예술 사이의 경계선을 흐렸다. 그러나 같은 시기의 그래픽 디자이너들에게는 애초에 흐려질 경계선조차 존재하지 않았다.[그림22~23] 미국의 영향력 있는 산업 디자이너인 레이먼드 로위***는 1936년부터 디자인의 역사를 다룬 연표를 여럿 출간했다. 이주가 그러했듯이, 로위도 해당 분야의 역사가 그 자신이 주도하고 있던 양식, 곧 유선형의 디자인이라는 방향으로 나아가고 있다고 설명했다. 로위는 자신이 1935년에 디자인한 시어스콜드스팟 사의 냉장고, 1939년에 디자인한 S_1 증기기관차, 1947년에 디자인한 스튜드베이커챔피언 자동차를 사례로서 제시했다. 익살맞고 때로는 자조적인 측면도 보이지만, 로위의 차트는 자신의 업적이 세상에 커다란 영향을 끼쳤음을 자랑스럽게 보여주었다. 한편으로 차트는 그의 디자인을 생생하게 그려냈지만, 다른 한편으로는 거꾸로 차트가 그의 디자인에 구체적인 형태를 부여하기도 했다. 이러한 부류의 자의식은 유독 대중적인 상업 디자인에서만 살펴볼 수 있는 것이 아니다. 일찍이 1926년에 바우하우스의 건축가 마르셀 브로이어****도 유사한 자의식이 드러나는 디자인 역사 연표를 출간한 바 있었다. 브로이어는 바우하우스의 기관지 창간호에 수록한 한 장의 삽화를 통해 지난 5년에 걸친 바우하우스 디자인의 진화 과정을 보여주었다. 이 삽화에는 점차 더욱 단순한 형태로 변화해가는 의자들의 이미지가 해당 연도와 함께 나열되어 있었으며, 가장 마지막 칸에는 눈에 보이지 않는 공기 기둥에 기대어 앉은 사람의 모습이 그려져 있었다.

* 문자주의(lettrism): 1940년 이시도르 이주에 의해 시작된 프랑스 아방가르드 운동이다. 다다이즘과 초현실주의의 영향을 받았다.

** 이시도르 이주(Isidore Isou, 1925~2007): 루마니아에서 태어난 프랑스의 시인, 영화비평가이자 시각예술가이다.

*** 레이먼드 로위(Raymond Loewy, 1893~1986): 프랑스에서 태어난 미국의 디자이너이다. 코카콜라 병과 럭키스트라이크 담배의 디자인으로 유명하다.

**** 마르셀 브로이어(Marcel Lajos Breuer, 1902~1981): 헝가리에서 태어난 미국의 가구 디자이너이자 건축가이다. 하버드 대학의 건축과 교수로도 근무했다.

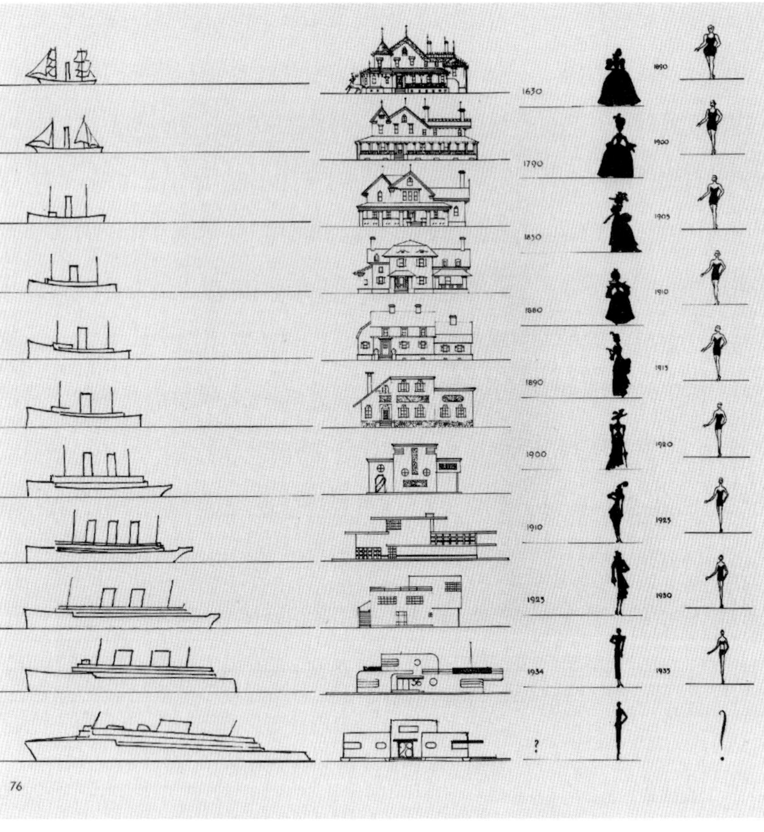

[그림22]

1933년경 레이먼드 로위가 그린 진보의 차트. 로위의 차트는 산업 디자인을 비롯한 다양한 분야에서 미학적 단순성의 방향으로 나아가는 역사적 이행을 보여준다. 이 차트에는 전화기, 자동차, 의류, 주택, 선박, 신발, 시계, 와인 잔, 의자, 그리고 다소 당황스럽게도 여성의 신체가 등장한다. 여성의 신체는 차츰 가늘어지다 결국은 완전히 사라져버린다.

[그림23]

마르셀 브로이어, '바우하우스 필름: 지난 5년', 《바우하우스》, 1926년.

1940~1950년대에 연표 차트는 더 넓은 문화의 영역에서 전성기를 맞았다.[그림24~27] 지난 여러 세기 동안 그러했듯이 기술 발전과 묵시록적 전망의 결합은 시간의 미래상에 대한 새로운 관심을 불러일으켰다. 이를테면 《핵 과학자 회보》의 표지에 실린 유명한 '운명의 날 시계'는 옛 천년왕국적 상징 가운데 하나를 부활시켰으며, 현실 세계의 원자폭탄에 의해 갑자기 멈추어버린 시계의 이미지를 세계인의 마음에 강렬히 각인시켰다. 하지만 파멸이나 근심거리를 주제로 한 것들만 있었던 것은 아니다. 리처드 버크민스터 풀러*를 비롯한 기술-유토피아주의자들은 시간 차트가 진보의 개념을 설득력 있게 표현하는 기술적 형식이자 도상으로서의 성격을 지닌다고 생각했다. 1943년, 풀러는 조지프 프리스틀리와 윌리엄 플레이페어의 고전적 디자인의 요소들을 한데 결합시킨 몹시 아름다운 하나의 모범 사례를 출간했다. 그의 시간 차트는 우리 세계가 빈곤과 전쟁을 완전히 종식시킬 기술 혁명을 눈앞에 두고 있음을 논증했다. 풀러는 『우주의 절대자, 즉 92개 원소의 기초 목록을 채워온 연대기적 과정을 통해 나타낸 산업 혁명 도표』라는 제목의 이 차트에서 과학적 발견과 사회적 변화의 상관관계를 보이고자 했다. 그는 과학과 기술이 과거 어느 때보다 급속히 변화하고 있으며, 그러한 영역에서 일어나는 진보는 자기강화적인 속성을 갖고 있다고 생각했다. 그리고 더 나아가 기술의 진보가 사회 혁명을 추동할 수 있으리라고 믿었다. 풀러는 1943년의 차트에서 과학과 사회 영역의 역사적 분기점이 모두 1970년 전후에 도래할 것으로 예상했다. 그때에 이르면 '생명'의 힘이 '무기'의 힘을 능가하게 되리라는 것이었다. 그러나 1960년대에 들어 풀러는 (천년왕국설의 신봉자들이 지난 여러 세기에 걸쳐 그러했던 것과 유사한 방식으로) 그 시기를 2000년으로 연기했다. 이제 그에게 남은 일은 오직 상황의 변화를 지켜보는 것뿐이었다.

20세기 후반에 일어난 시각적 환경의 변화 속에서, 심지어는 순수하게 기술적인 주제의 차트조차 도상적인 형태를 취하는 경우가 생겨났다. 인텔 사의 설립자인 고든 무어Gordon Moore가 《일렉트로닉스》라는 잡지의 1965년 4월 호에 실은 단순한 선형 그래프가 바로 그러한 사례였다.[그림28~29] 무어의 그래프는 어찌 보면 특별할 것 없는 곡선에 지나지 않았으나, 예상 가능한 범위의 미래에 컴퓨터의 처리 속도가 지수함수적인 증가를 계속하리라는 예언을 담고 있었다. 훗날 약간 수정이 가해지기는 했지만 그의 예언은 실제로 거의 정확하게 들어맞아 '무어의 법칙'으로 알려지게 되었다.[12] 무어의 성공 이후 많은 유사한 도식이 그 뒤를 이었다. 이를테면 레이 커즈와일**의 차트는 '특이점Singularity'의 도래를 보여주고 있는데, 여기서 특이점이란 "인류 역사의 흐름을 단절시킬 만큼 매우 급격하고 심원한" 기술적인 도약을 의미했다.[13] 풀

* 리처드 버크민스터 풀러(Richard Buckminster Fuller, 1895~1983): 미국의 건축가, 물리학자이자 발명가, 디자이너이다. 측지선 돔(geodesic dome)을 처음으로 고안했다.

** 레이 커즈와일(Ray Kurzweil, 1948~): 미국의 미래학자이자 발명가이다. 구글의 엔지니어링 이사이다. 1980년대에 인터넷의 폭발적 성장을 예상했으며, 그 밖에 여러 발명과 미래예측으로 '에디슨의 적자'로 불린다.

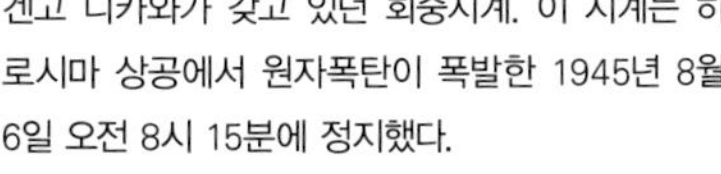

[그림24]

겐고 니카와가 갖고 있던 회중시계. 이 시계는 히로시마 상공에서 원자폭탄이 폭발한 1945년 8월 6일 오전 8시 15분에 정지했다.

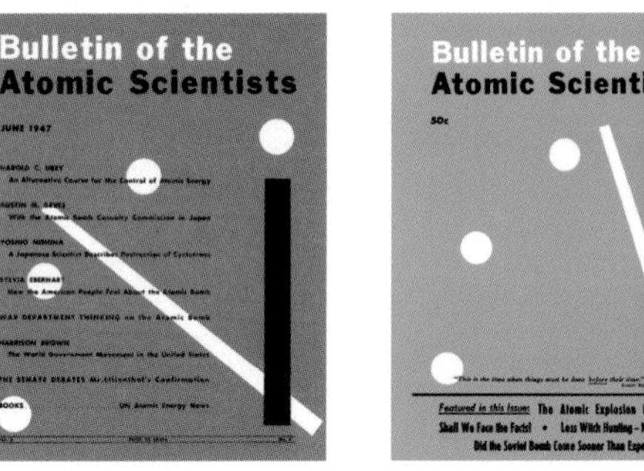

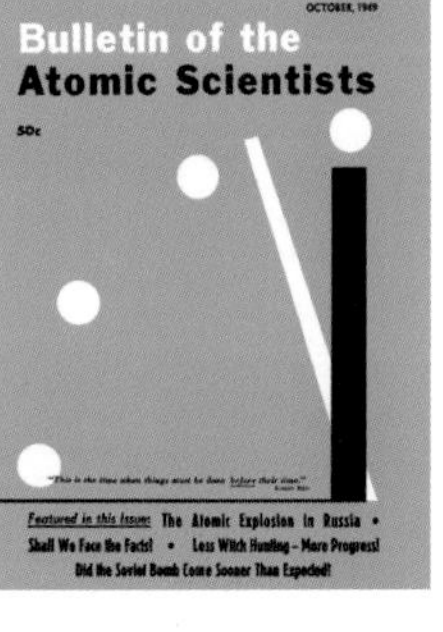

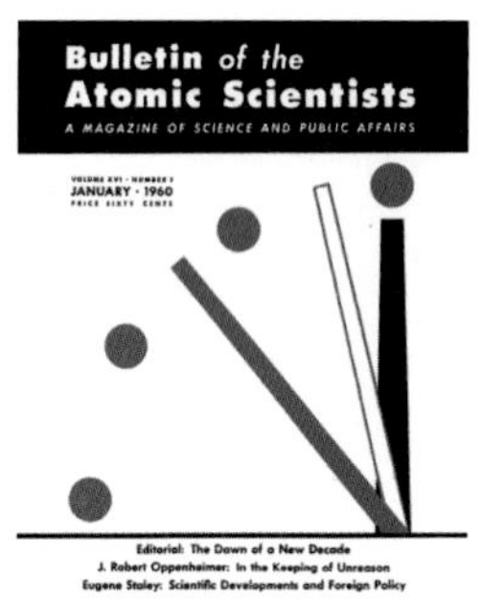

[그림25]

1947년부터 2007년까지 《핵 과학자 회보》 표지에 그려진 운명의 날 시계.

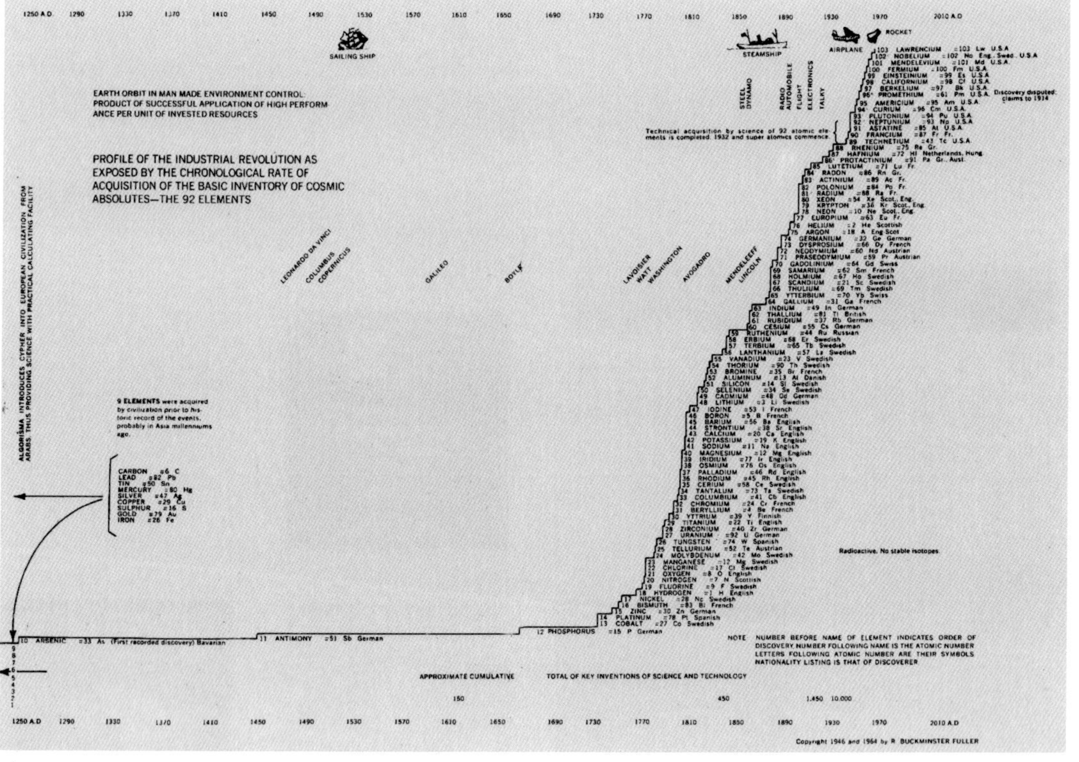

[그림26]

R. 버크민스터 풀러, 『우주의 절대자, 즉 92개 원소의 기초 목록을 채워온 연대기적 과정을 통해 나타낸 산업 혁명 도표』, 1943년.

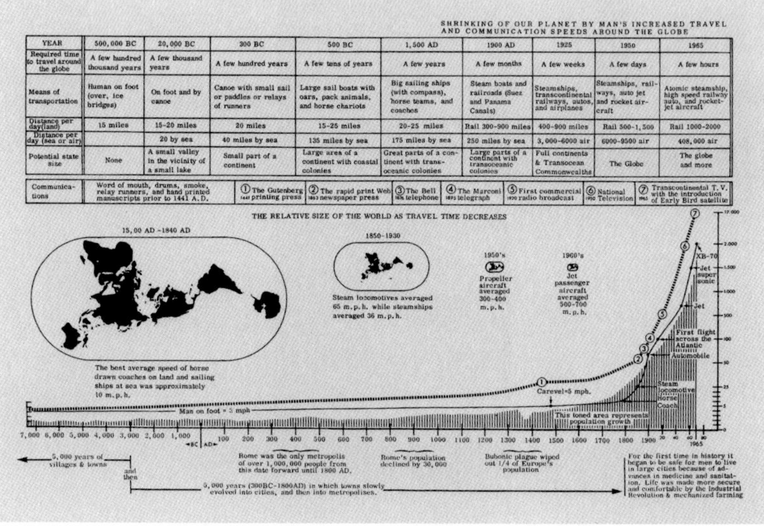
SHRINKING OF OUR PLANET BY MAN'S INCREASED TRAVEL AND COMMUNICATION SPEEDS AROUND THE GLOBE

YEAR	500,000 BC	20,000 BC	300 BC	500 BC	1,500 AD	1900 AD	1925	1950	1965
Required time to travel around the globe	A few hundred thousand years	A few thousand years	A few hundred years	A few tens of years	A few years	A few months	A few weeks	A few days	A few hours
Means of transportation	Human on foot (over, ice bridges)	On foot and by canoe	Canoe with small sail or paddles or relays of runners	Large sail boats with oars, pack animals, horse chariots	Big sailing ships (with compass), horse teams, and coaches	Steam boats and railroads (Suez and Panama Canals)	Steamships, transcontinental railways, autos, and airplanes	Steamships, railways, auto jet and rocket aircraft	Atomic steamship, high speed railway auto, and rocket-jet aircraft
Distance per day (land)	15 miles	15-20 miles	20 miles	15-25 miles	20-25 miles	Rail 300-900 miles	400-900 miles	Rail 500-1,500	Rail 1000-2000
Distance per day (sea or air)		20 by sea	40 miles by sea	135 miles by sea	175 miles by sea	250 miles by sea	3,000-6000 air	6000-9500 air	408,000 air
Potential state size	None	A small valley in the vicinity of a small lake	Small part of a continent	Large area of a continent with coastal colonies	Great parts of a continent with transoceanic colonies	Large parts of a continent with transoceanic colonies	Full continents & Transocean Commonwealths	The Globe	The globe and more
Communications	Word of mouth, drums, smoke, relay runners, and hand printed manuscripts prior to 1441 A.D.	① The Gutenberg printing press	② The rapid print Web newspaper press	③ The Bell telephone	④ The Marconi telegraph	⑤ First commercial radio broadcast	⑥ National Television	⑦ Transcontinental T.V. with the introduction of Early Bird satellite	

[그림27]

R. 버크민스터 풀러, 『교통과 통신 속도의 증가에 따른 우리 행성의 축소 과정』, 1963년.

[그림28]

고든 무어, 「집적회로에 더 많이 구겨 넣기」, 《일렉트로닉스》, 1965년.

a few diodes. This allows at least 500 components per linear inch or a quarter million per square inch. Thus, 65,000 components need occupy only about one-fourth a square inch.

On the silicon wafer currently used, usually an inch or more in diameter, there is ample room for such a structure if the components can be closely packed with no space wasted for interconnection patterns. This is realistic, since efforts to achieve a level of complexity above the presently available integrated circuits are already underway using multilayer metalization patterns separated by dielectric films. Such a density of components can be achieved by present optical techniques and does not require the more exotic techniques, such as electron beam operations, which are being studied to make even smaller structures.

Increasing the yield

There is no fundamental obstacle to achieving device yields of 100%. At present, packaging costs so far exceed the cost of the semiconductor structure itself that there is no incentive to improve yields, but they can be raised as high as is economically justified. No barrier exists comparable to the thermodynamic equilibrium considerations that often limit yields in chemical reactions; not even necessary to do any fundamental res or to replace present processes. Only the engi ing effort is needed.

In the early days of integrated circuitry, yields were extremely low, there was such incen Today ordinary integrated circuits are made yields comparable with those obtained for dividual semiconductor devices. The same pa will make larger arrays economical, if other siderations make such arrays desirable.

Heat problem

Will it be possible to remove the heat gener by tens of thousands of components in a si silicon chip?

If we could shrink the volume of a stan high-speed digital computer to that required the components themselves, we would expect glow brightly with present power dissipation. it won't happen with integrated circuits. Si integrated electronic structures are two-dim sional, they have a surface available for co close to each center of heat generation. In a tion, power is needed primarily to drive the va lines and capacitances associated with the sys As long as a function is confined to a small on a wafer, the amount of capacitance which be driven is distinctly limited. In fact, shrink dimensions on an integrated structure mak possible to operate the structure at higher sp for the same power per unit area.

Day of reckoning

Clearly, we will be able to build such compo crammed equipment. Next, we ask under w circumstances we should do it. The total co making a particular system function must be m mized. To do so, we could amortize the engi ing over several identical items, or evolve fle techniques for the engineering of large func so that no disproportionate expense need be b by a particular array. Perhaps newly devised sign automation procedures could translate t logic diagram to technological realization wi any special engineering.

It may prove to be more economical to b large systems out of smaller functions, which

LOG2 OF THE NUMBER OF COMPONENTS PER INTEGRATED FUNCTION
0 1 2 3 4 5 6 7 8 9 10 11 12 13 14 15 16
1959 1960 1961 1962 1963 1964 1965 1966 1967 1968 1969 1970 1971 1972 1973 1974 1975
YEAR

116 Electronics | April 19, 19

[그림29]

레이 커즈와일, '특이점을 향한 카운트다운', 『로거리드믹』, 2007년.

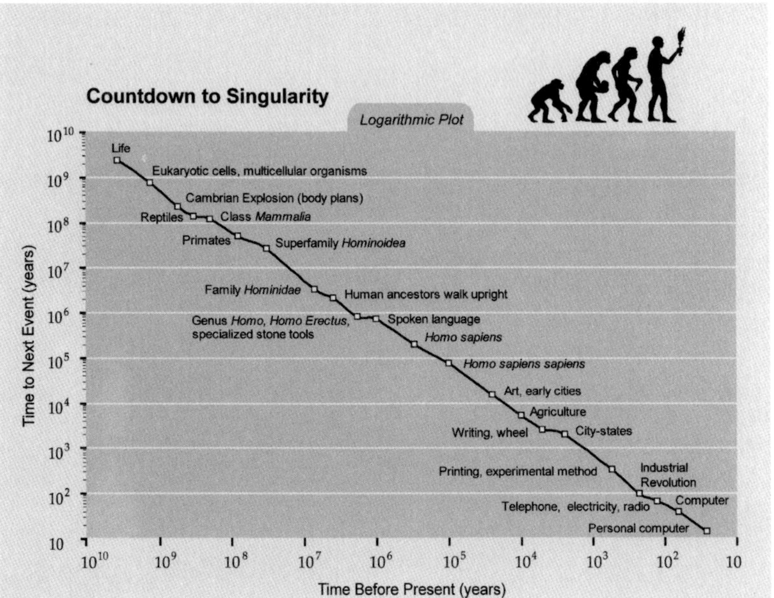

러와 무어, 커즈와일의 차트가 제시한 예언들은 정확성의 측면에서 각각 다른 평가를 받고 있다. 풀러의 예언은 (적어도 아직까지는) 잘 들어맞지 않았고, 무어의 예언은 지금까지 훌륭하게 적중했으며, 커즈와일의 예언에 대해서는 시간이 더 지나야 논할 수 있을 것이다. 그러나 도식적인 표상이라는 관점에서 보자면 이들의 차트는 하나같이 감탄스러울 만큼 훌륭하다. 세 차트 모두 지수함수 곡선이 역사적인 변화를 얼마나 탁월하게 표상할 수 있는지를 입증하고 있으며, 프리스틀리와 플레이페어가 보여준 시각적인 직관성을 탁월하게 표현할 뿐 아니라 그 적용 범위를 더욱 확대하고 있다.

시간 차트는 1960년대 중반에 플럭서스 예술가 조지 마키우나스George Maciunas의 작업을 통해 최종적으로 예술의 일부가 되었다.[14] 마키우나스는 이론가이자 선동가였고, 행위 예술가이자 기획자였지만, 이 모든 직업들과 더불어 열정적인 차트 제작자이기도 했다. 그는 역사에 대해 상당한 수준의 배경지식을 지니고 있었다. 바가 그러했듯이, 역사 강의를 들으며 처음으로 차트를 제작하기 시작했던 것이다. 펜과 종이로 제작한 콜라주 형태의 초기 차트는 학습을 위한 실용적인 목적이 있었지만, 이는 마키우나스 자신에게 새로운 통찰력을 주기도 했다. 그는 시간이 흐름에 따라 원래의 메모에 새로운 메모를 층층이 덧붙이고, 그것들을 함께 안으로 접어 넣었다.

마키우나스는 그 자신이 플럭서스 운동 배후의 개념들을 체계화하기 시작한 1960년대 초반에 차트 제작자의 자리로 위풍당당하게 복귀했다. 1962년에 네오다다이즘 선언문의 발표회에서 시간 및 공간 기반 예술에 대한 분석적 차트를 극적으로 선보였던 것이다(실제 행사장에서는 마키우나스의 동료 예술가인 백남준이 차트를 펼쳐 보였다).[그림30~32] 마키우나스가 이후에 제작한 연표 차트들은 기본 구조에서라면 그다지 새로울 것이 없었다. 하나의 물줄기를 통해 예술가 및 예술 운동이

[그림30]

1962년에 독일 부퍼탈에서 아더스 C. 카스파리Arthus C. Caspari가 조지 마키우나스의 선언문을 낭독하고 있다. 그 뒤에서는 백남준이 마키우나스의 차트를 펼쳐 들고 있다. 디트로이트의 길버트 릴라 실버먼 플럭서스 콜렉션 제공. 사진: 롤프 예를링.

[그림31]

조지 마키우나스, 『플럭서스(그 역사적 발전 과정 및 아방가르드 운동과의 관계)』, 1966년경.
디트로이트의 길버트 릴라 실버먼 플럭서스 콜렉션 제공. 사진: 헤르만 사이들/잘츠부르크와 아스트리트 슈미트-부르크하르트.

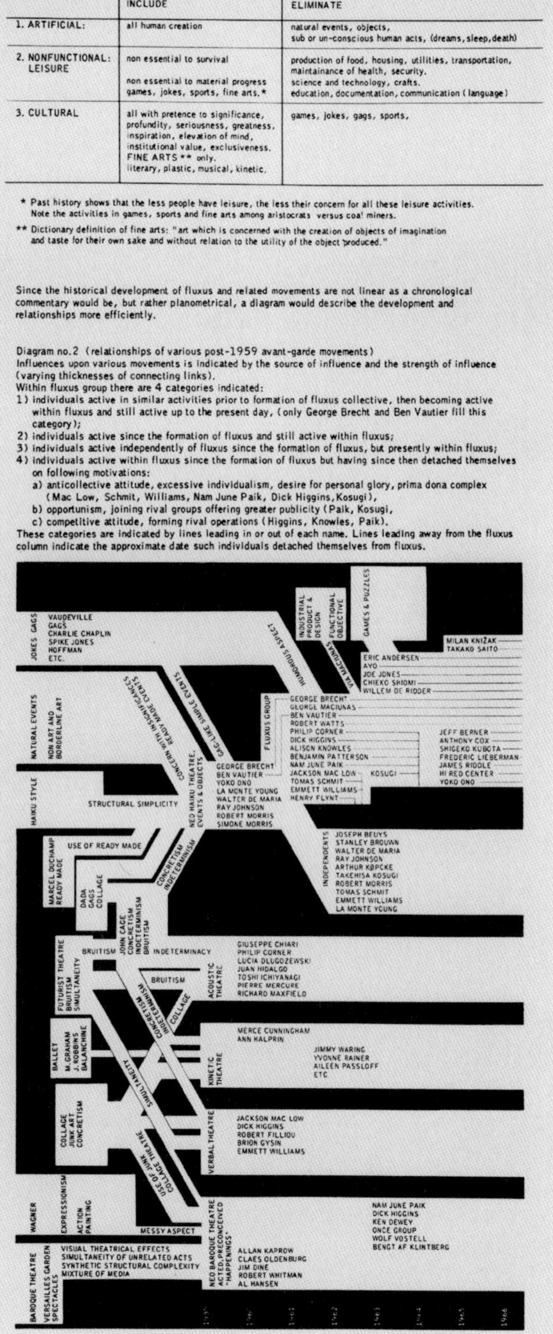

FLUXUS (ITS HISTORICAL DEVELOPMENT AND RELATIONSHIP TO AVANT-GARDE MOVEMENTS)

Today it is fashionable among the avant-garde and the pretending avant-garde to broaden and obscure the definition of fine arts to some ambiguous realm that includes practically everything. Such broad-mindedness although very convenient in shortcutting all analytical thought, has nevertheless the disadvantage of also shortcutting the semantics and thus communication through words. Elimination of borders makes art nonexistent as an entity, since it is an opposite or the existence of a non-art that defines art as an entity.
Since fluxus activities occur at the border or even beyond the border of art, it is of utmost importance to the comprehension of fluxus and its development, that this borderline be rationaly defined.

Diagram no.1 attempts at such a definition by the process of eliminating categories not believed to be within the realm of fine arts by people active in these categories.

DEFINITION OF ART DERIVED FROM SEMANTICS AND APPLICABLE TO ALL PAST AND PRESENT EXAMPLES.

(definition follows the process of elimination, from broad categories to narrow category)

	INCLUDE	ELIMINATE
1. ARTIFICIAL:	all human creation	natural events, objects, sub or un-conscious human acts, (dreams, sleep, death)
2. NONFUNCTIONAL: LEISURE	non essential to survival non essential to material progress games, jokes, sports, fine arts.*	production of food, housing, utilities, transportation, maintainance of health, security, science and technology, crafts. education, documentation, communication (language)
3. CULTURAL	all with pretence to significance, profundity, seriousness, greatness, inspiration, elevation of mind, institutional value, exclusiveness. FINE ARTS ** only. literary, plastic, musical, kinetic.	games, jokes, gags, sports,

* Past history shows that the less people have leisure, the less their concern for all these leisure activities. Note the activities in games, sports and fine arts among aristocrats versus coal miners.

** Dictionary definition of fine arts: "art which is concerned with the creation of objects of imagination and taste for their own sake and without relation to the utility of the object produced."

Since the historical development of fluxus and related movements are not linear as a chronological commentary would be, but rather planometrical, a diagram would describe the development and relationships more efficiently.

Diagram no.2 (relationships of various post-1959 avant-garde movements)
Influences upon various movements is indicated by the source of influence and the strength of influence (varying thicknesses of connecting links).
Within fluxus group there are 4 categories indicated:
1) individuals active in similar activities prior to formation of fluxus collective, then becoming active within fluxus and still active up to the present day, (only George Brecht and Ben Vautier fill this category);
2) individuals active since the formation of fluxus and still active within fluxus;
3) individuals active independently of fluxus since the formation of fluxus, but presently within fluxus;
4) individuals active within fluxus since the formation of fluxus but having since then detached themselves on following motivations:
a) anticollective attitude, excessive individualism, desire for personal glory, prima dona complex (Mac Low, Schmit, Williams, Nam June Paik, Dick Higgins, Kosugi),
b) opportunism, joining rival groups offering greater publicity (Paik, Kosugi,
c) competitive attitude, forming rival operations (Higgins, Knowles, Paik).
These categories are indicated by lines leading in or out of each name. Lines leading away from the fluxus column indicate the approximate date such individuals detached themselves from fluxus.

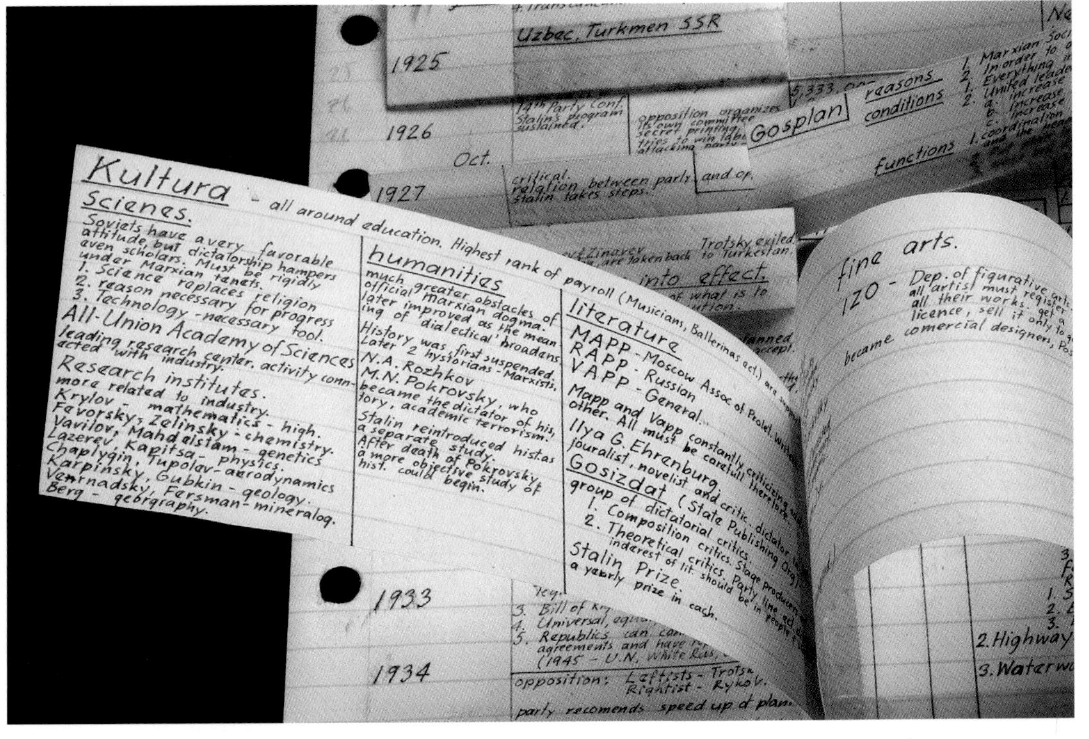

[그림32]

조지 마키우나스가 1950년대 초반에 작성한 러시아 역사 수기 차트. 디트로이트의 길버트 릴라 실버먼 플럭서스 콜렉션 제공. 사진: 헤르만 사이들/잘츠부르크와 아스트리트 슈미트-부르크하르트.

주고받아온 영향 관계를 시간의 흐름에 따라 보여주었던 것이다. 그러나 마키우나스는 바 또는 바의 동시대인들과 달리 차트 제작을 일종의 예술적인 실천으로 격상시켰다.

마키우나스는 1966년에 체코의 한 예술잡지에서 이러한 크로노그래피 차트 가운데 최초의 것을 발표했다. '플럭서스(그 역사적 발전 과정 및 아방가르드 운동과의 관계)'라는 제목의 차트였다.[15] 뒤이어 수십 개의 다양한 차트를 여러 잡지를 통해 발표하거나, 직접 배포하거나, 인쇄물 형태로 판매했다. 그리고 무엇보다, 자신이 고안한 플럭스키트Fluxkit, 즉 발견되거나 제작된 오브제의 수집품 보관함 속에 그것들을 포함시켰다.[16] 물론 역설은 도처에 존재했다. 플럭서스 운동은 스스로를 예술과 삶의 차이를 흐리는 일종의 비非운동이라고 천명했다. 그러나 마키우나스의 차트는 바가 전제했던 차이 및 서술의 원칙들을 거리낌 없이 사용했다. 실제로도 마키우나스는 플럭서스가 예술과 비非예술의 사이에서 활동하는 비운동이기 **때문에**, 예술과 비예술의 경계가 어디에 위치하는지를 명확히 밝히는 것이 특별히 중요하다고 주장한 바 있었다. 플럭스차트Fluxchart는 플럭서스 작품의 특징

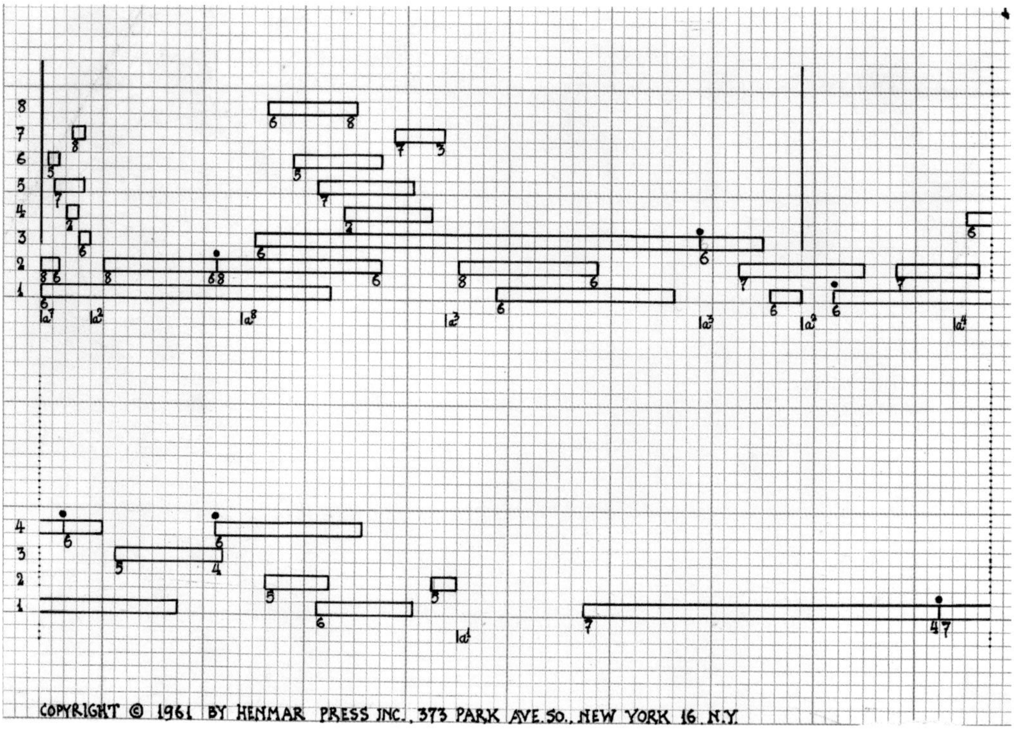

COPYRIGHT © 1961 BY HENMAR PRESS INC., 373 PARK AVE. SO., NEW YORK 16 N.Y.

[그림33]

존 케이지의 〈상상의 풍경 제5번〉 악보, 1952년.
애스터 레녹스 틸덴 재단의 행위 예술을 위한 뉴욕 공공 도서관 음악국. 헨마 프레스 제공.

이라 할 수 있는 기이한 예술적/비예술적 오브제에 대한 한 가지 사례를 제공했던 것이다. 같은 시기에 스테판 테머슨Stefan Themerson을 포함한 그래픽 예술가들, 그리고 앤트팜Ant Farm과 같은 몇몇 집단도 이와 유사한 작품들을 내놓았다. 이들이 보여준 기이하고 새로운 도식화의 맥락은 결과적으로 에우세비우스와 프리스틀리의 차트를 미학적인 관점에서 이해할 수 있는 길을 열어주었다.

크로노그래피는 개념 예술과 시간 기반 예술 양쪽 모두에서 엄청난 가능성을 갖고 있었다. 그리고 1950~1960년대 들어 작곡가 존 케이지*와 같은 예술가들은 다양한 관점에서 크로노그래피가 지닌 가능성을 타진했다.[그림33~34] 케이지가 이 시기에 작곡한 작품 가운데 상당수는 시간의 문제를 직접적으로 다루었다. 〈4분 33초〉라는 곡은 4분 33초의 시간 동안 연주자들이 전혀 악기를 연주하지 않아야 하는 작품이었다. 〈4분 33초〉의 악보는 글로 쓰인 일련의 지시들로만 이루어져 있었다. 그러나 케이지의 악보 가운데에는 도식 형태의 것들도 존재했다. 이를테면 같은 해에 작곡한 또

* 존 케이지(John Cage, 1912~1992): 미국의 현대음악가이다. 음악에 우연적 요소를 도입해 유럽 음악계에 큰 영향을 주었다.

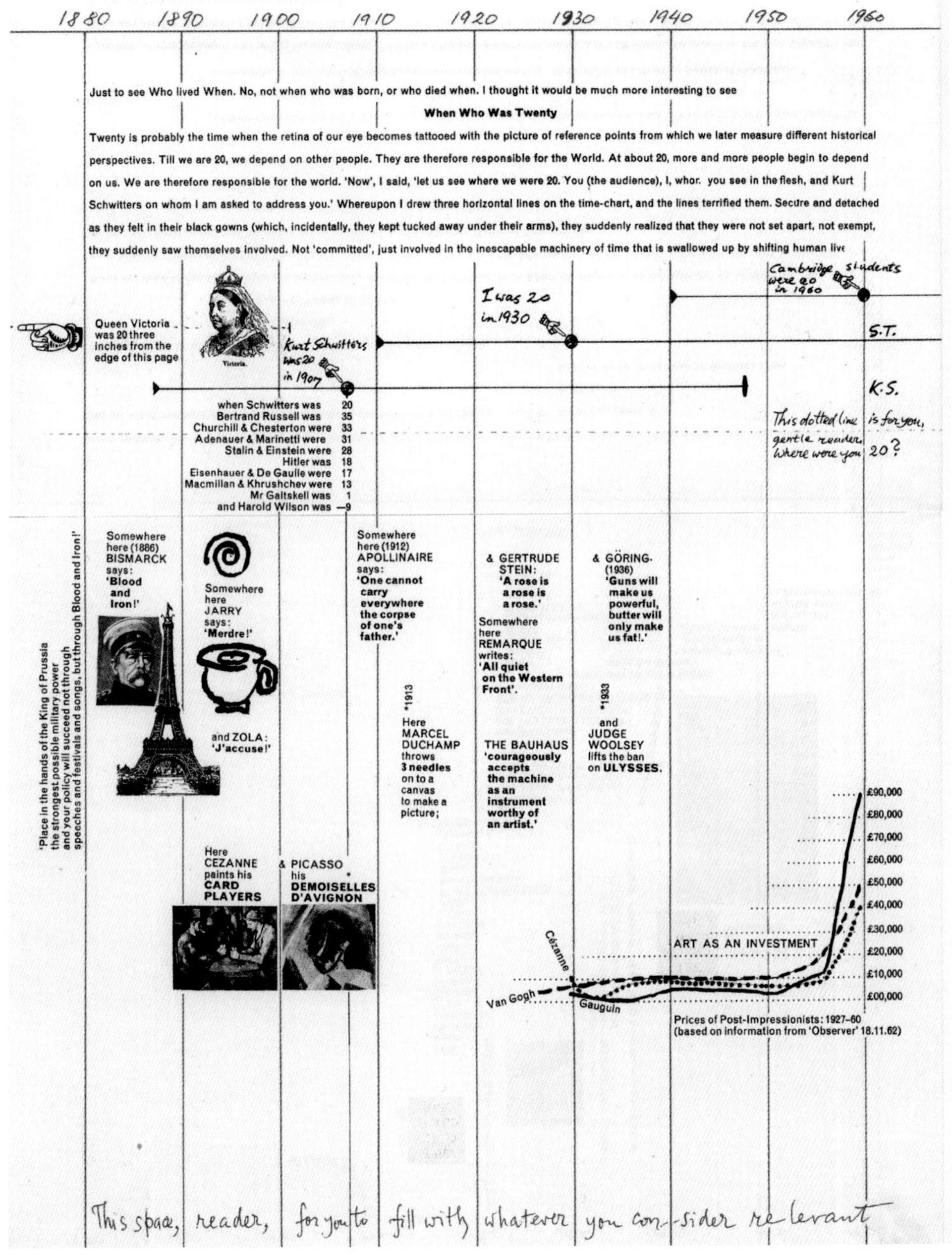
I have just come back from Cambridge, where I was asked to address a Society of Arts on Kurt Schwitters in England. The average age of the audience was about 20. Consequently, I learnt more from them than they did from me. What I learnt I will tell you later. One of my tasks was to make those 20-year-old men and women see that the objects they liked or disliked (such objects as Schwitters' collages) were produced in a world quite larger than theirs, in a world in which clocks turn much more quickly than do those embedded in the old walls of the colleges. Their minds lived in the specially cultivated quiescent isolation of the university green lawns. The objects they wanted to know whether to like or dislike came to them from a different context. They were produced in a world which changes with each turn of its clocks.

I drew a time-chart on the blackboard:

Just to see Who lived When. No, not when who was born, or who died when. I thought it would be much more interesting to see

When Who Was Twenty

Twenty is probably the time when the retina of our eye becomes tattooed with the picture of reference points from which we later measure different historical perspectives. Till we are 20, we depend on other people. They are therefore responsible for the World. At about 20, more and more people begin to depend on us. We are therefore responsible for the world. 'Now', I said, 'let us see where we were 20. You (the audience), I, whor. you see in the flesh, and Kurt Schwitters on whom I am asked to address you.' Whereupon I drew three horizontal lines on the time-chart, and the lines terrified them. Secure and detached as they felt in their black gowns (which, incidentally, they kept tucked away under their arms), they suddenly realized that they were not set apart, not exempt, they suddenly saw themselves involved. Not 'committed', just involved in the inescapable machinery of time that is swallowed up by shifting human live

[그림34]

스테판 테머슨의 「시간 차트 위의 쿠르트 슈비터스」 4~5쪽. 1967년에 발간된 《타이포그래피카Typographica》 16호에 처음 수록되었다.

다른 우연성 음악인 〈상상의 풍경 제5번〉의 악보는 전통적인 크로노그래피 양식을 활용했다. 연주자들은 조지프 프리스틀리의 『전기 차트』와 같은 방식으로 그려진 시간의 도식을 따라 42장의 음반에서 조금씩 발췌해 조합한 악보를 연주해야만 했다.[17] 케이지의 작품들은 지속성과 동시성, 반복성과 우연성을 보여준다는 점에서 프리스틀리의 차트와 강력한 개념적 공명을 드러냈다.

이후 20년 동안에는 정치 참여적인 성향의 예술가들이 역사가나 사회학자의 방식으로 시간 차트를 활용하기 시작했다. 예를 들어 한스 하케*는 뉴욕 슬럼의 부동산 시장을 지배하는 야바위 놀음을 '샤폴스키 등의 맨해튼 부동산 소유 현황, 1971년 5월 1일 현재의 실시간 사회 체제'라는 제목의 도표로 그려냈다.[그림35] 하케의 차트는 도식의 측면에서 보자면 단순한 것이다. 매매 날짜가 기록된 직선들은 각각 특정한 회사에서 다른 회사로의 부동산 소유권 이전을 또렷이 보여준다. 그러나 전체적으로 보면 이 직선들은 맨해튼 부동산의 상당 부분을 차지하고 있는 단일한 거대 금융회사의 복잡하게 얽힌 내부 거래 관계를 폭로하고 있다. 미술관을 활동가들의 공론장으로 만들려 한 하케의 프로젝트는 정치적인 측면과 형식적인 측면에서 공히 도발적이었다. 결국 구겐하임 미술관에서의 전시는 취소되었으며, 이로 인해 많은 논쟁과 반발이 터져 나왔다.

일본의 미술가 온 가와라는 크로노그래피에 대한 색다른 접근법을 시도했다. 실시간 회화라는 방식이었다.[그림36~37] 가와라는 1966년 이래로 현재의 날짜를 하나씩의 작품으로 제작해왔다. 각 〈날짜 그림〉은 해당하는 날짜에 만들어지기 시작했고, 또한 완성되었다. 그리고 이 작품에는 지역 신문 스타일로 적어 넣은 날짜 그 자체 외에는 아무것도 포함되지 않았다. 〈날짜 그림〉은 실시간 기록물이었던 것이다. 하지만 가와라는 이 작품을 통해 사람들이 실시간 기록물이 보여주리라고 기대하는 바에 대한 가정들을 전복시킨다. 영화나 동체사진법과 같은 조금 더 친숙한 실시간 기록물들은 조밀한 표본 추출을 통해 인지적 경험과 매우 유사한 경험을 제공한다. 그러나 이와 반대로 가와라의 작품은 달력, 일기, 신문과 같은 인쇄물의 리듬과 일치하게끔 시간의 속도를 더 늦추어버린다.

가와라의 작업은 회화가 지닌 시간적인 속성을 역설할 뿐 아니라, 우리가 애초부터 그러한 시간성을 인식하는 데 크로노그래피적인 표상에 크게 의존해왔다는 사실을 강조한다.[그림38] 그의 작품이 다루는 날짜들은 실제의 그리고 시각적인 문화 공예품이며, 모두가 각기 다른 것들이다. 요컨대 〈날짜 그림〉은 프리스틀리 차트의 표면에 초점을 맞춘 거대한 접안렌즈와 같은 기능을 하는 셈이다. 이 접안렌즈는 시간에 관한 우리의 표상들이 지니고 있는 아름답고도 당혹스러운 물질성을 드러내준다.

* 한스 하케(Hans Haacke, 1936~): 독일에서 태어난 미국의 예술가이다. 현실을 비판하는 정치적 미술작품으로 잘 알려져 있다.

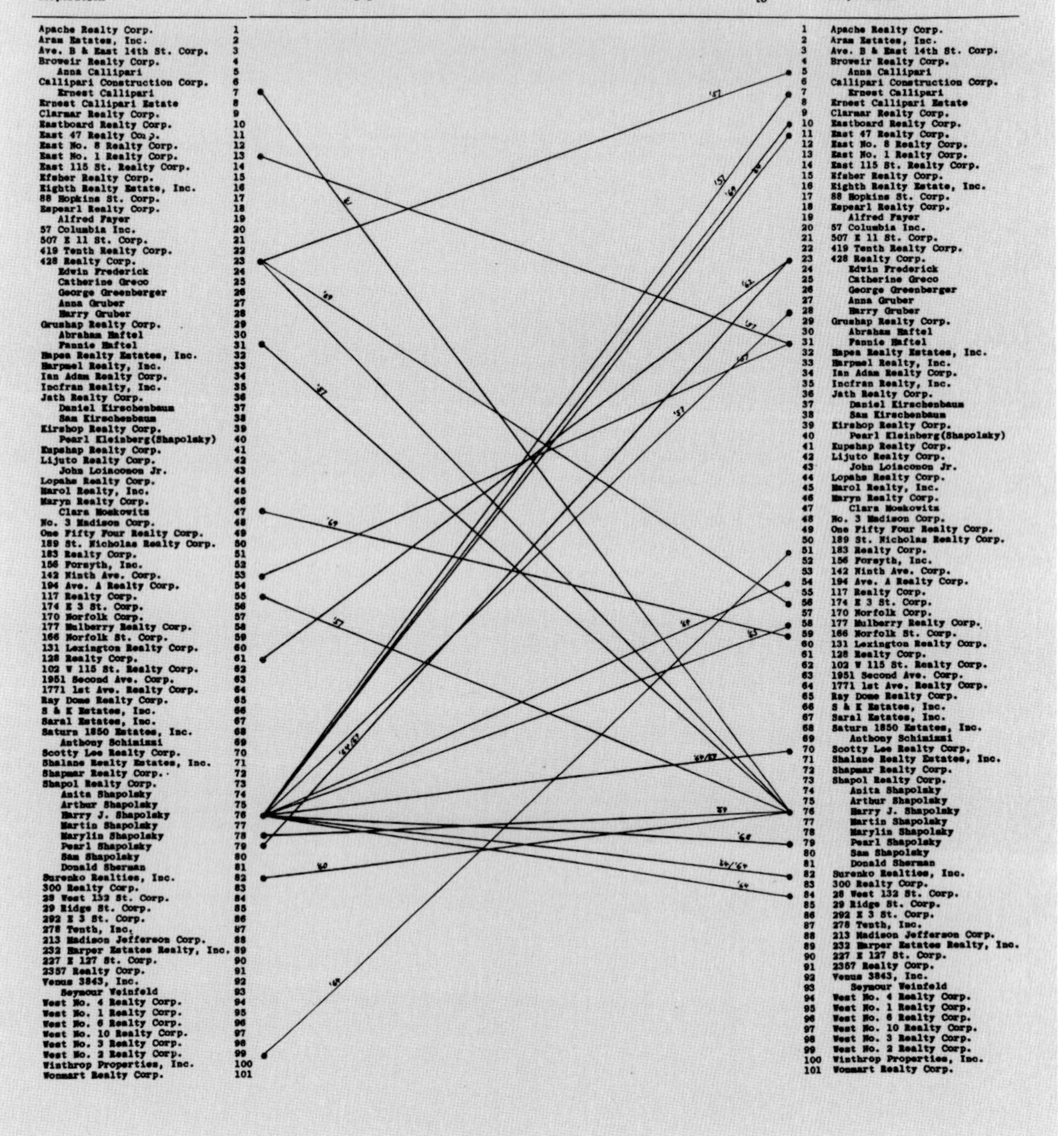

[그림35]

한스 하케는 〈샤폴스키 등의 맨해튼 부동산 소유 현황, 1971년 5월 1일 현재의 실시간 사회 체제〉에서 맨해튼의 거대 부동산회사와 그 회사 소유의 많은 위장 회사들 사이의 복잡한 법률적이고 재정적인 내부 거래 관계를 추적하고 있다. 이 작품은 1971년에 뉴욕 구겐하임 미술관에서 열리는 전시회에 설치될 예정이었으나 정치적인 내용에 대한 논란으로 인해 취소되었다.

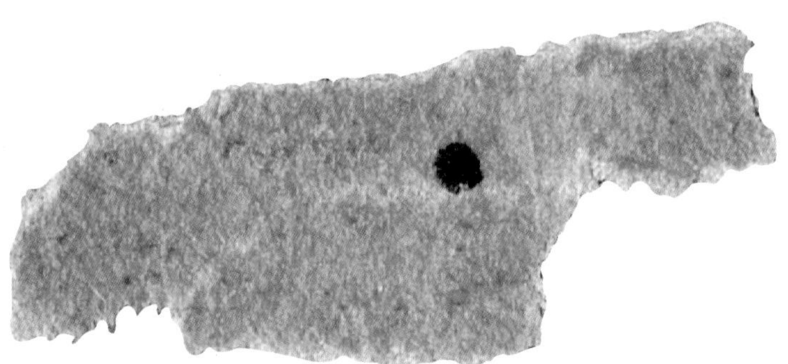

[그림38]

조지프 프리스틀리 『전기 차트』의 길 잃은 점 하나.
미국철학학회 제공.

[그림36]

온 가와라의 〈1000일, 그리고 1,000,000년〉. 1993년 1월 1일부터 12월 31일까지 디아아트센터에 설치되었다.
사진: 캐시 카버. 디아아트센터 제공.

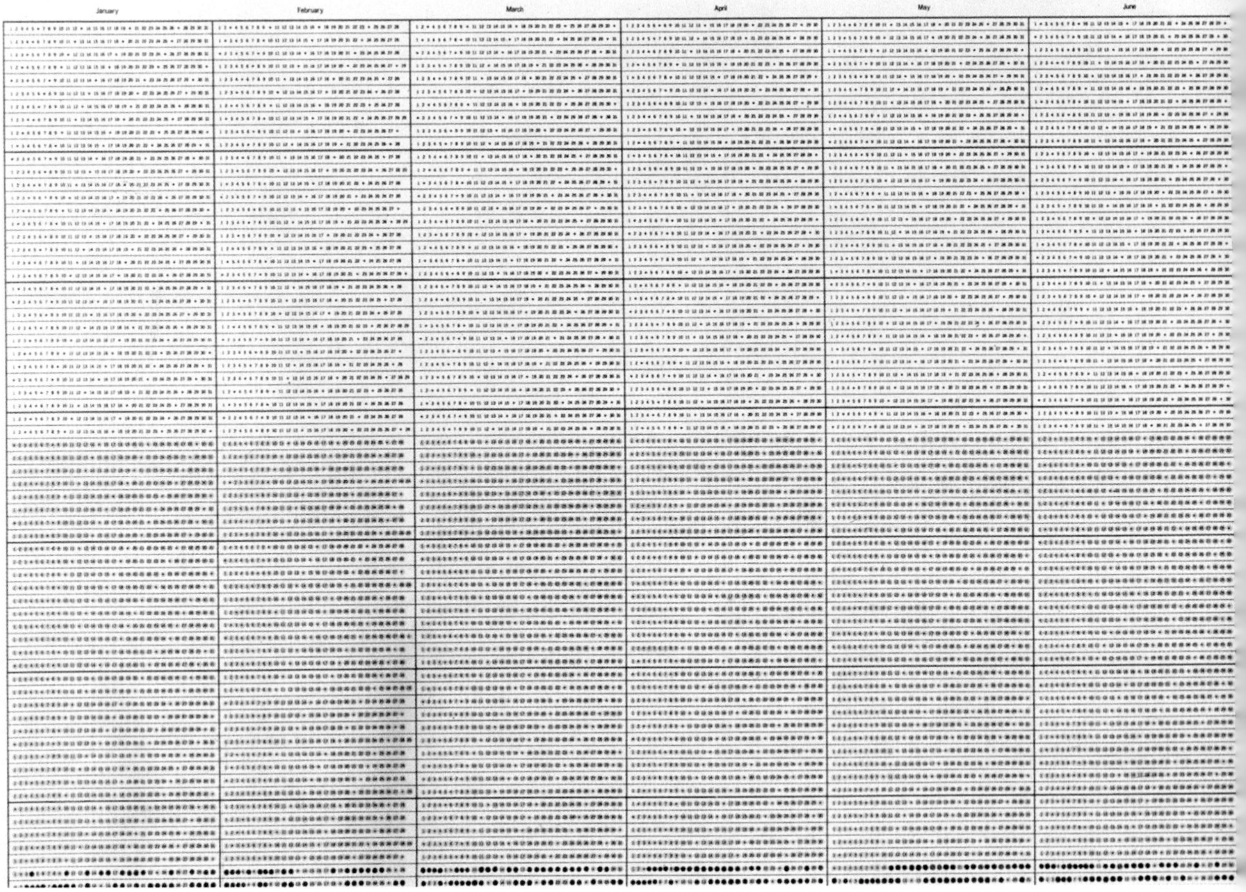

January	February	March	April	May	June

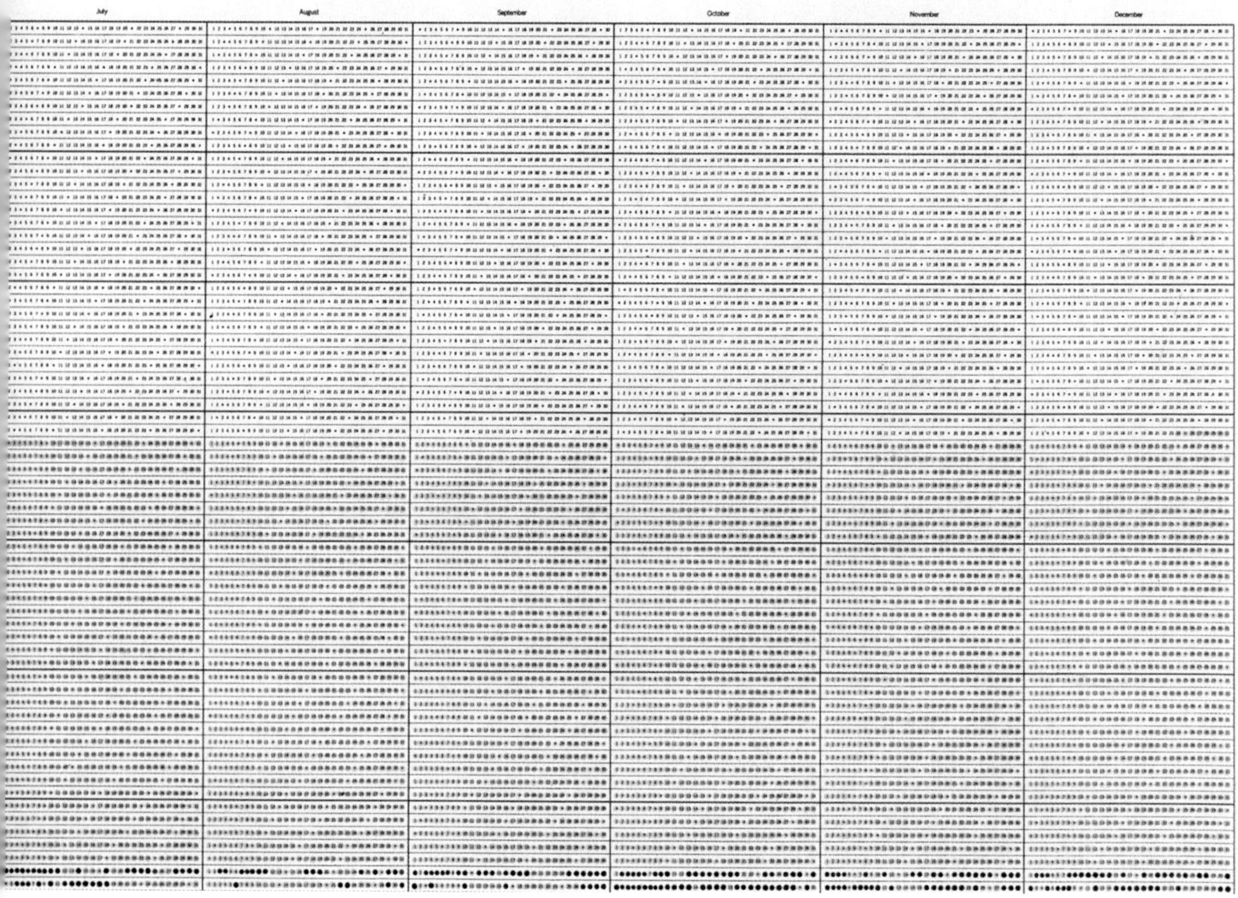

July August September October November December

[그림37]

온 가와라, 〈100년 달력(24,698일)〉, 2000년 8월 6일.
온 가와라 콜렉션. 온 가와라 제공.

제8장

거대한 시간

Big Time

2000년, 두 개의 거대한 타임라인이 뉴욕의 센트럴파크를 사이에 두고 서로를 정면으로 마주보며 등장했다. 하나는 미국 자연사 박물관에 설치된 〈헤리엇과 로버트 하일브런의 우주의 길〉이었고, 다른 하나는 메트로폴리탄 미술관의 〈예술사 타임라인〉이었다. 두 프로젝트가 별개로 기획되었으며 딱히 서로를 염두에 두지 않았음에도 같은 시기에 세상에 출현한 것은 그저 우연의 산물이라 할 수 없었다. 양쪽 모두 하일브런 가문이 1990년대에 제공한 기부의 결과였으며, 게다가 이처럼 거대한 시간 프로젝트의 제막식을 거행하기에는 새로운 천 년에 대한 열광으로 가득 찼던 그해보다 더 적절한 시기가 없었을 것이기 때문이다.

두 타임라인은 몹시 인상적인 대비를 보여주었다. 〈우주의 길〉은 빅뱅에서 현재까지 우주의 역사를 추적했고, 〈예술사 타임라인〉은 라스코 동굴 벽화 이래 문화의 역사를 다루었다. 전자는 길이가 106미터에 이르는 경사로 형태의 거대한 구조물로서 미국 자연사 박물관에 높이 매달려 있었다. 반면 후자는 2만 5000여 페이지의 정보로 이루어진 가상공간으로서 인터넷 접속을 통해 전 세계 어느 곳에서든 접근할 수 있었다.

둘의 차이는 더할 나위 없이 명백했으나, 다른 한편으로 당대의 특징을 더할 나위 없이 훌륭하게 드러내고 있었다. 하나는 강철과 유리로 제작되었고, 다른 하나는 바이트와 픽셀로 구성되었다. 그러나 이러한 차이에도 불구하고 두 개의 거대한 프로젝트는 그것들이 설치되어 있는 시설들 사이의 관계만큼이나 가까운 사촌 관계를 맺고 있었다.

어떠한 관람객이라도 메트로폴리탄 미술관과 미국 자연사 박물관을 미술관 또는 박물관으로 받아들이게 마련이듯이, 누구든 이러한 프로젝트들을 타임라인으로 부르는 데 주저함이 없을 것이다. 두 타임라인 모두가 규칙적이고 정연한 시각적 연표이고, 비율과 연속성, 동시성의 중요성을 강조하며, 수많은 사실들을 단일하고 통일적인 체계 속으로 통합시키고, 객관성과 중립성, 단순성의 특징을 보인다. 나아가 〈우주의 길〉과 〈예술사 타임라인〉은 공히 광대한 연대기적 시간을 포괄한다. 각각 130억 년을 거슬러 오르는 우주의 역사와 2만

5000년에 이르는 예술의 역사를 다루고 있는 것이다. 그리고 이것이야말로 우리가 거대한 타임라인과 거대한 박물관에 대해 기대하는 웅대한 종합의 기능이다.

그러나 〈우주의 길〉과 〈예술사 타임라인〉이 고전적인 타임라인의 특성을 상당 부분 지닌다 하더라도, 양자 모두 전적으로 전형적인 타임라인이라고 말하기는 어렵다.[그림1~3] 우선, 이것들은 심지어 19세기의 초대형 타임라인들보다 더 엄청난 규모를 자랑한다. 실제로 〈우주의 길〉을 통해 보여주려는 핵심은 그 크기와 비율이다. 애초에 이 타임라인은 관람객에게 압도적인 거대함을 느끼도록 하기 위해 제작되었던 것이다. 심지어 이 작품을 관람하려면 반드시 헤이든 천체 투영관Hayden Planetarium을 대면해야 하는데, 이 육중한 크기의 금속 구체는 그보다 훨씬 더 큰 유리 구조물 속에 2층 높이로 매달려 있다.

〈우주의 길〉은 관람객이 역사의 무한함을 눈으로 볼 뿐 아니라 몸으로 직접 느낄 수 있게끔 설계되어 있다. 관람객들은 이 타임라인의 입구에 서서 자신의 보폭을 공간의 길이가 아니라 시간의 길이로 측정한다. 보통의 성인이라면 한 걸음이 대략 600만 년에 해당한다. 하지만 사람마다 다소 차이가 있기 때문에, 관람객들은 그 자신의 역사적 보폭에 따라 앞으로 나아가게 된다. 우주의 역사를 따라가는 이 산책로는 박물관을 가득 채운 수많은 디지털 설치물 가운데서 신선한 아날로그적인 즐거움을 선사한다. 관람객이 북적이지 않는 화창한 날이라면, 느긋하게 여유를 만끽하며 정보 패널들을 훑어보거나 천체 투영관을 둘러싼 거대한 유리 구조물을 통해 쏟아지는 햇볕을 즐길 수도 있다.

〈우주의 길〉에는 공부할 거리도 많다. 곳곳에 설치된 패널들은 130억 년에 걸친 우주의 역사에서 중요한 시점들에 대해 설명해준다. 그리고 마지막 패널 아래에서는 깜짝 놀랄 만한 것을 마주하게 된다. 거기에는 사람의 머리카락 한 올이 팽팽하게 잡아당겨져 있다. 머리카락의 두께는 대략 3만 년에 해당하는데, 이는 유럽에서 가장 오래된 동굴 벽화가 그려진 때로부터 〈우주의 길〉의 제막식에 이르는 시간이다.

[그림1~3]

〈헤리엇과 로버트 하일브런의 우주의 길〉, 뉴욕, 2000년. 미국 자연사 박물관의 로즈 지구 우주관에 설치.

센트럴파크 너머 메트로폴리탄 미술관에서는 조금 다른 상황이 벌어지고 있다.[그림4~5] 이 미술관에서는 시간의 나이에 어느 정도 크기의 물리적 공간을 할애할 것인가가 꾸준한 문젯거리였다. 미술관은 전 세계에서 수집한 200만 점이 넘는 귀한 소장품의 카탈로그를 제공하기 위해 순수하게 전자식의 〈예술사 타임라인〉을 제작했다. 메트로폴리탄의 타임라인 담당자들은 거대한 미술관 구석의 다락방이나마 분명히 실재하는 장소에서 일하고 있다. 그러나 타임라인 자체는 아무데도 존재하지 않는다. 아니 정확히 말하자면 그것은 모든 곳에 존재한다. 사람들은 수십 가지 경로를 통해 수만 장에 이르는 이미지와 정보 페이지의 바다를 항해할 수 있다. 여기서는 자신의 보폭에 맞추어 역사를 가로지른다는 표현이 완전히 다른 의미를 지닌다. 메트로폴리탄의 인터페이스도 〈우주의 길〉과 마찬가지로 역사 연표를 기본적인 색인으로 삼고 있다. 그러나 〈예술사 타임라인〉에서 시간은 다양한 구성 형식 가운데 하나일 뿐이며, 역사를 투영하는 여러 가지 방법 가운데 하나에 지나지 않는다. 이용자들은 단지 시간의 순서를 따르는 것만이 아니라, 지도의 이곳저곳을 들여다보거나 이름과 주제를 검색하는 방식을 통해서도 〈예술사 타임라인〉을 오갈 수 있다.

실제로 메트로폴리탄의 웹사이트는 오직 특정한 관점에서 바라볼 때에만 타임라인으로서 존재한다. 디자이너들이 강조하는 바대로, 그것은 실제로 하나의 정보 데이터베이스이기 때문이다. 이 데이터베이스는 계속해서 몸집을 불려갈 것이고, 마침내는 더 강력한 검색 능력과 더 다양한 시각화의 체계를 갖추게 될 것이다. 〈예술사 타임라인〉이 처음 도입되었을 때 미술관의 큐레이터들은 어느

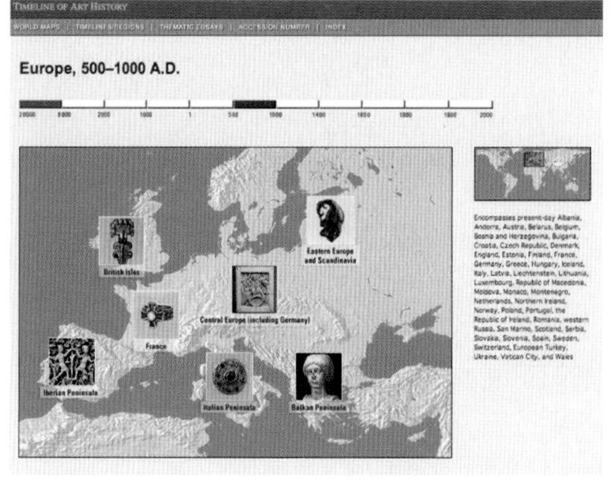

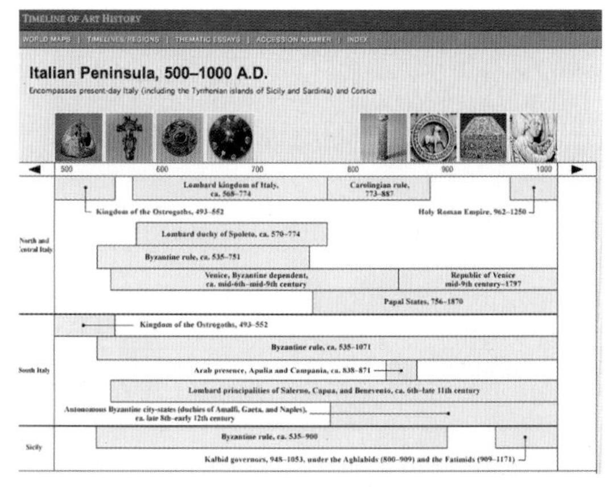

[그림4~5]

메트로폴리탄 미술관이 2000년에 개설한 〈예술사 타임라인〉 웹사이트.

정도 혼란을 겪었다. 모든 부서로부터 만장일치로 지지를 받고자 하는 것은 지나친 기대이게 마련인 것이다. 하지만 꾸준한 설득은 성공적인 결과를 가져왔다. 타임라인의 은유가 애초부터 미술관의 프로젝트 속에 자리 잡고 있었다는 사실은 금세 명백해졌다. 오히려 너무나 본질적인 요소로 여겨진 나머지, 왜 이제야 그러한 사실을 깨닫게 되었는지가 의아할 지경이었다.

거대한 타임라인은 서구 사회나 전통적인 형태의 미술관에서만 인기를 끌었던 것이 아니다.[그림6] 타이베이 국립 고궁 박물관의 〈중국 예술 타임라인〉은 설령 중국의 예술과 역사에 무지한 관람객이라 할지라도 쉽게 이해할 수 있다. 사라 파넬리Sarah Fanelli가 런던의 테이트모던 미술관을 위해 디자인한 장난기 넘치는 현대 예술 타임라인 역시 마찬가지이다. 미술관은 파넬리의 타임라인을 갈색과 분홍색이 섞인 매력적인 접이식 인쇄물로도 제작하고 있다. 그래서 호기심 강한 관람객들은 테이트모던 미술관의 분위기와 약간의 연대기적 지식을 한꺼번에 집으로 챙겨갈 수 있다.[1] 포스트모더니즘의 진원지라 할 수 있는 이 미술관에서조차 타임라인의 도식은 단지 살아남았을 뿐 아니라 계속해서 번창하고 있는 것이다. 그리고 포스트모던 예술에서 특정한 아이러니가 여전히 허용될 뿐 아니라 심지어 전형적이기까지 한 것처럼, 사실에만 집착하는 구식의 역사 타임라인도 마찬가지라 할 수 있다. 오늘날에도 〈역사 미터자〉의 복제품을 팔지 않는 미술관 기념품점은 거의 찾아보기 어렵다. 〈역사 미터자〉는 1미터짜리 접이식 자에 온전하고 기본에 충실한 역사 타임라인을 인쇄한 창의적인 제품이다. 파넬리의 접이식 인쇄물에서도 그러했듯이, 이러한 변형은 이점이 매우 큰 것으로

[그림6]

사라 파넬리, 〈테이트 예술가 타임라인〉, 런던, 2006년.

드러났다. 대중이 이와 같은 역사적 도식을 미술관에서 구경하는 데 만족하지 않고 집으로 가져가고 싶어하게 되었기 때문이다.

물론 거대한 타임라인을 휴대가 가능한 크기로 축소하면 불가피하게 생략되거나 변경되는 부분이 생기게 마련이다.[그림7] 그러나 타임라인은 시각적인 인터페이스가 무엇보다 중요하다. 사이버네틱스 이론가들은 많아질수록 다양해진다는 이야기를 즐겨 한다. 그러나 타임라인의 세계에서는 거대할수록 다양해진다. 타임라인은 종합적인 이해를 목적으로 하기 때문에, 독자들은 더 많은 것을 볼수록 더 많은 것을 이해할 수 있다. 거대한 타임라인의 가정용 판본들이 접어 넣거나, 돌돌 말거나, 혹은 다른 어떤 방식으로든 최대한의 정보를 압축해 담으려 애쓰는 이유가 바로 여기에 있다. 그렇게 해서 독자들은 이러한 가정용 타임라인을 자기 집 거실 마루에 활짝 펼침으로써 거대한 타임라인이 제공하는 효과의 일부나마 다시 접할 수 있는 것이다. 실제로 19세기의 타임라인 제작자인 메디슨 가의 행정관 맨리 M. 길리엄Manly M. Gilliam은 자신이 고안한 타임라인에 대한 특허 출원이 거부당하자 바로 이러한 논거를 제시했다. 길리엄에 따르면, 특허청에서 자신의 타임라인이 지닌 직관성의 가치를 제대로 이해하지 못한 까닭은 규정상 원본이 아니라 축소판의 제출만이 허용되었기 때문이다. 바가 그린 어뢰 이미지의 선조 격으로 보이는 길리엄의 차트는 1893년 2월 21일 마침내 특허를 획득했다.[2]

물론, 이러한 프로젝트들은 거대한 타임라인 중에서도 최근에 등장한 일부의 사례일 뿐이다.[그림8] 현대적 타임라인의 옛 선조라 할 수 있는 고대의 왕과 집정관의 목록이나 중세의 두루마리 계

[그림7]

〈2000년: 역사 미터자〉
© MeterMorphosen 2000.
www.metermorphosen.de

보 역시 공공의 영광을 널리 알리려는 목적으로 매우 거대하게 제작된 경우가 종종 있었다. 서기전 18~17년에 아우구스투스는 로마 포룸의 동쪽 경계에 위치한 아치에, 집정관의 지위에 올랐던 이들의 목록인 '집정관 달력'을 새겨 넣었다. 아우구스투스는 옛 로마의 역사를 신성화하기 위해 여러 행동을 취했는데, 전통의 보전에 힘쓴 것도 그러한 노력의 일환이었다. 로마 공화정 후기에는 공식적인 집정관 목록이 달력의 기능과 로마 역사의 기능을 동시에 갖고 있었다. 집정관 목록에는 축제와 장날이 함께 기재되어 있었고, 매해 선출되는 두 집정관의 이름이 곧 각각의 해를 지시했기 때문이다. 전통적으로 로마인들은 과거에 일어난 사건에 대해 이야기하거나 각자의 행복하던 젊은 시절을 추억할 때 특정한 집정관의 이름을 언급함으로써 그 시기를 특정했다. 그러나 아우구스투스는 이러한 달력의 형식을 근본적으로 바꾸어버렸다. 집정관의 재임 연도를 건국 이래의 로마 역사 속에 배치함으로써 공식적인 시간의 질서를 변화시킨 것이다. 이는 로마의 시간이 공화국보다 앞선 왕정으로부터 시작되었음을 의미했다. 이 목록에는 아우구스투스의 이름이 너무 자주 등장했기 때문에, 집정관들은 자신들의 지위가 (그들이 시간과 맺고 있는 관계와 더불어) 이전과 달라졌음을 깨닫게 되었다.[3] 18세기에 조반니 바티스타 피라네시*는 이 유적의 잔해를 판화로 묘사했다. 그의 작품은 인간이 이룬 성취의 부질없음만이 아니라, 거대한 크로노그래피 형식이 지닌 문화적인 힘 또한 강렬하게 웅변하고 있다. 피라네시는 폐허가 되어버린 〈로마 집정관 달력〉의 이미지를 통해 포룸은 다른

* 조반니 바티스타 피라네시(Giovanni Battista Piranesi, 1720~1778): 이탈리아의 판화가이자 건축가이다. 이탈리아 낭만주의 화풍에 많은 영향을 주었다.

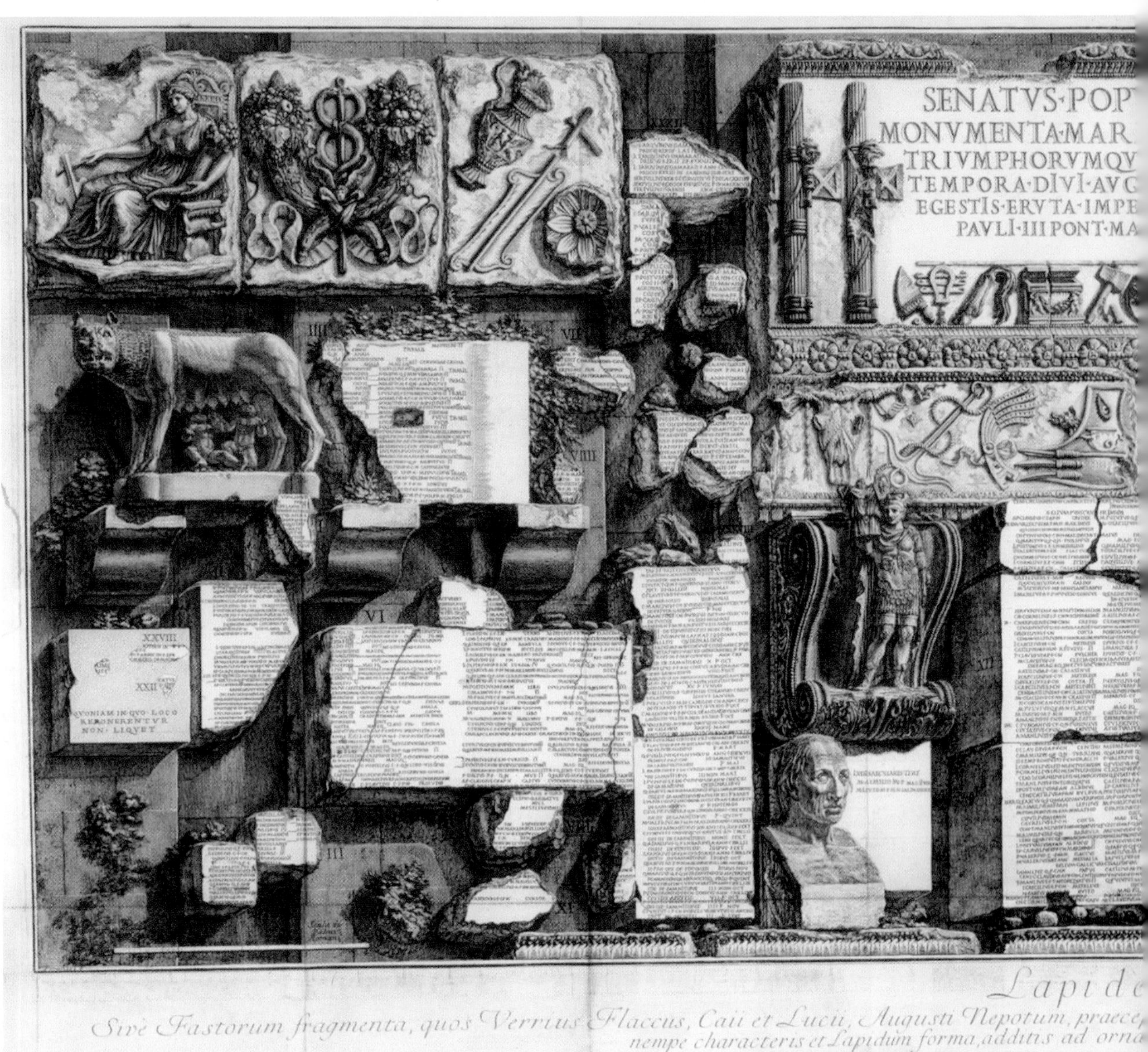
SENATVS·POP
MONVMENTA·MAR
TRIVMPHORVMQV
TEMPORA·DIVI·AVG
EGESTIS·ERVTA·IMPE
PAVLI·III PONT·MA
QVONIAM IN QVO LOCO
REPONERENTVR
NON· LIQVET.
Lapide
Sive Fastorum fragmenta, quos Verrius Flaccus, Caii et Lucii, Augusti Nepotum, praece
nempe characteris et Lapidum forma, additis ad orna
Fragmentum XLIX in Collegio Ro

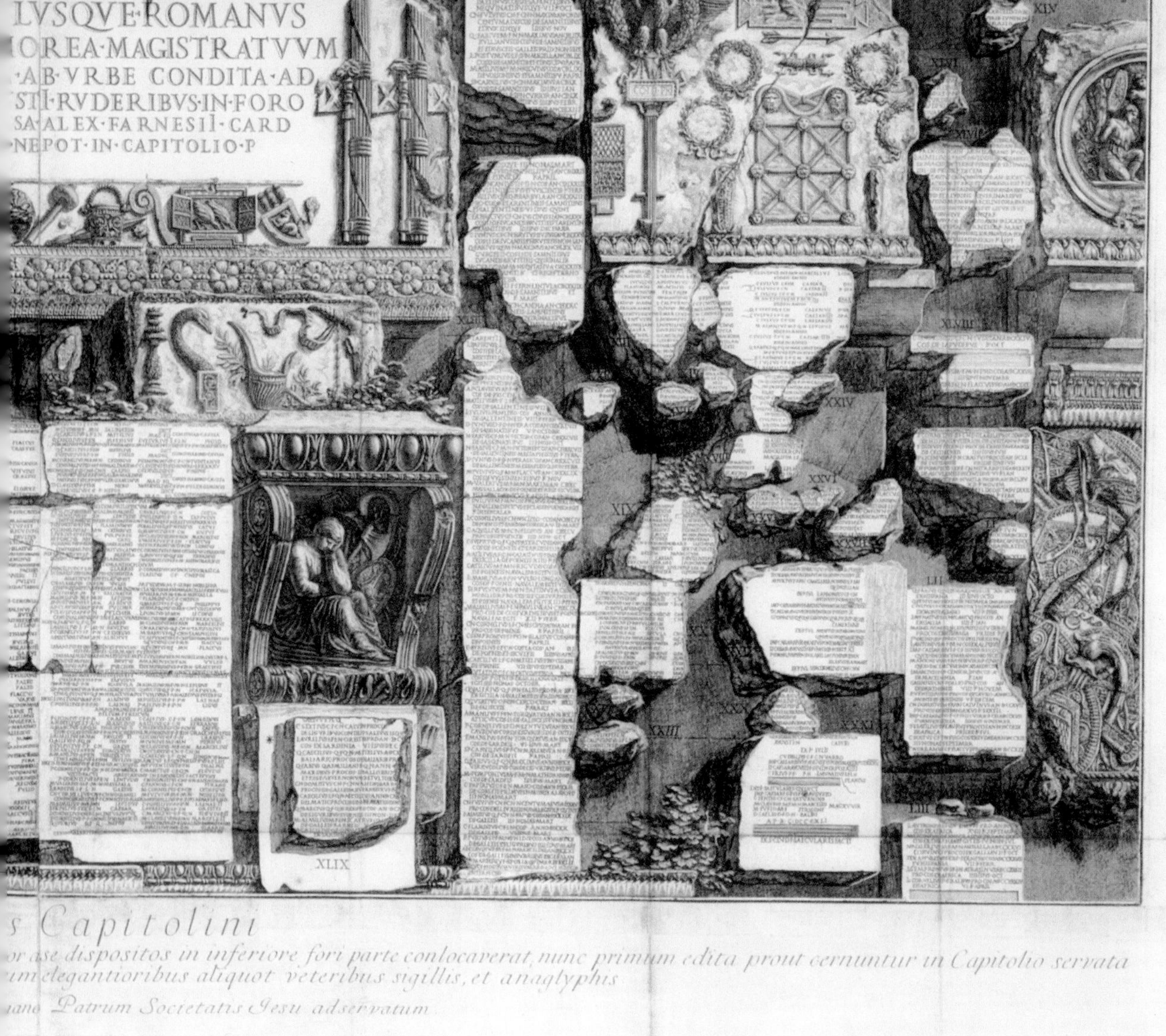

[그림8]

조반니 바티스타 피라네시, 〈로마 집정관 달력: 로물루스의 치세로부터 티베리우스 카이사르까지〉, 로마, 1761년.

무엇보다 일종의 크로노그래피적 공간이었음을 보여준다.

이러한 규모의 전략은 여러 세대를 거쳐 살아남았다.[그림9] 1516년경에 알브레히트 뒤러가 황제 막시밀리안 1세를 위해 제작한 〈명예의 문〉은 합스부르크 왕가의 족보와 그 정치적인 업적을 매우 세밀한 그림으로 표현했다. 이 작품은 실제의 건축물로 세워질 의도가 전혀 없었음에도, 개념적으로든 실제적으로든 그 기념비로서의 위상에는 터럭만큼의 손상도 입지 않았다. 〈명예의 문〉은 45장의 도판으로 이루어져 있었으며, 하나로 이어 붙이면 벽을 통째로 가릴 수 있는 크기였다. 막시밀리안 1세는 이 아치 형태의 문을 자신이 아내 마르게리타 Margaret of Austria와 함께 그녀가 통치하던 저지대 도시들을 처음으로 공식 방문했을 때 기쁜 마음으로 통과했던 현실 세계의 문을 시각화한 것으로 간주했다. 〈명예의 문〉에는 '명성의 입구', '영광과 권력의 입구', '고귀함의 입구'라는 3개의 작은 입구가 그려져 있었는데, 뒤러와 그의 동료들은 그것들 주변에 합스부르크 왕가의 역사라고 할 만한 것을 여기저기 배치했다. 합스부르크 왕가의 역사는 트로이 전쟁에서 시작해 현재까지 이어졌다. 거기에는 율리우스 카이사르 이래의 모든 로마 황제들, 막시밀리안 1세의 조상들, 그리고 혼인으로 맺어진 인척 가운데 사자왕 리처드와 같은 걸출한 인물들이 포함되어 있었다. 합스부르크 왕가의 성인聖人 레오폴드Leopold는 눈에 잘 띄는 기둥 자리를 차지하고, 막시밀리안 1세에 앞서 독일의 왕이나 황제를 지낸 4명의 합스부르크 왕가 사람들은 꼭대기 주변에 서 있다. 막시밀리안 1세 자신은 여러 동물과 상징들에 둘러싸인 채 가운데 높은 자리에 위엄 있게 앉아 있다. 동물과 상징 들은 이집트 상형문자를 재조합해 만든 일종의 찬양문이었다. 〈명예의 문〉은 역사로부터 놀라울 만한 감정을 이끌어냈다. 이 작품은 시간-공간을 주제로 한 현대의 작품들과 마찬가지로 예술가와 학자의 협력에 의해 제작되었으며, 보는 이가 역사 그 자체를 거닐 수 있도록 초대했다. 그리고 현대의 거대한 타임라인들이 그렇듯이 보는 이에게 그 자신이 보잘것없는 존재일 뿐이라는 느낌을 심어주었다. 하지만 크기 때문이라기보다는, 위대한 인물들이 빽빽이 들어서 있는 데다 황제가 직접 제작을 총괄했기 때문이었다.[4]

과거의 연표들이 모두 거대하게만 제작되었던 것은 아니다.[그림10] 때로는 사용자의 기호에 맞추어 자그마한 크기로 만들어지기도 했다. 에스파냐의 디자이너 프란시스코 아센시오Francisco Assensio가 프랑스 왕 루이 16세를 위해 1790년에 제작한 보석 연표가 그 대표적인 사례였다. 오늘날 타임라인들이 그렇듯이, 근대 초기에는 이처럼 잡다한 크로노그래피의 형식들이 문화적으로 중요한 위치

[그림9]

알브레히트 뒤러, 〈명예의 문〉, 1516년경.

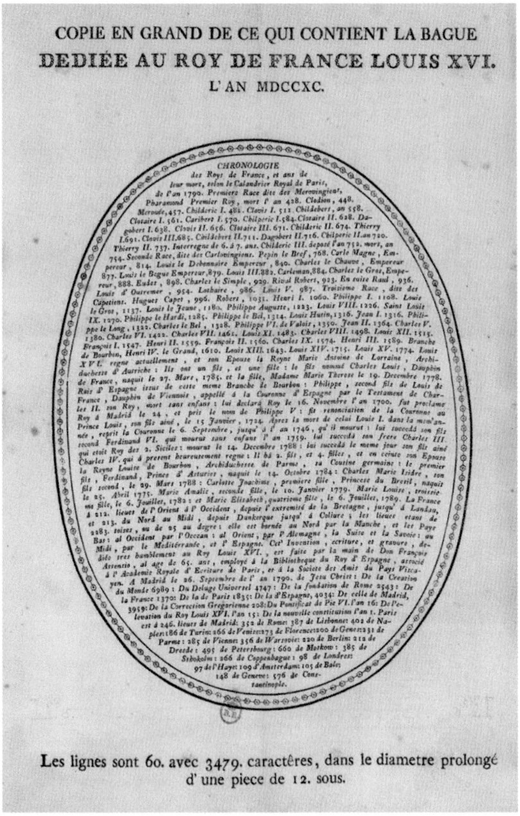

COPIE EN GRAND DE CE QUI CONTIENT LA BAGUE
DEDIÉE AU ROY DE FRANCE LOUIS XVI.
L'AN MDCCXC.

Les lignes sont 60. avec 3479. caractères, dans le diametre prolongé d'une piece de 12. sous.

[그림10]

프란시스코 아센시오, 『파리의 왕실 달력에 따라 1790년에 제작한 프랑스 왕들 및 그 사망 연도 연표: 루이 16세에 증정된 반지에 새겨진 문구의 확대 복사본』, 1790년경.

를 차지하고 있었다.

18세기 이후 타임라인은 역사적인 관계를 표현하는 일반적인 형식으로 자리 잡으면서 당대의 문화적인 배경 속으로 자연스럽게 융합되었다. 아우구스투스나 막시밀리안의 시대에 목록과 계보가 그러했던 것처럼 말이다. 하지만 타임라인이 시간을 표상하는 이러저러한 형식들을 모조리 몰아내버렸다고 말할 수는 없다. 그렇기는커녕 우리 시대의 시각예술 분야는 근대 초기를 살았던 선조들이라 해도 즉시 이해할 수 있을 만한 표와 나무, 원으로 가득 차 있다. 타임라인이 근대성 내에서 맡고 있는 기능 가운데 가장 주목할 만한 것은 다른 형식의 도식적 표상들을 조직하고 구조화하면서 모든 종류의 시각적 이미지들 속에서 아주 매끄럽게 작동하고 있다는 점이다. 마치 그 자신이 그곳에 존재하지도 않는 것처럼 말이다.

타임라인은 근대인의 역사적 상상력에서 특별한 역할을 맡고 있다. 역사 그 자체의 도식적인 예시로서 활용되고 있는 것이다.[그림11~12] 실제로 우리는 J. J. 그랑빌이나 솔 스타인버그처럼 뛰어난 시각적 상상력을 지닌 이가 나타나 타임라인을 뒤죽박죽으로 헤집고 완전히 뒤틀어버렸을 때에나 그것의 존재를 깨닫는다. 우리는 타임라인을 시각 디자인 분야에서 이룬 기술적인 성취로 알기보다

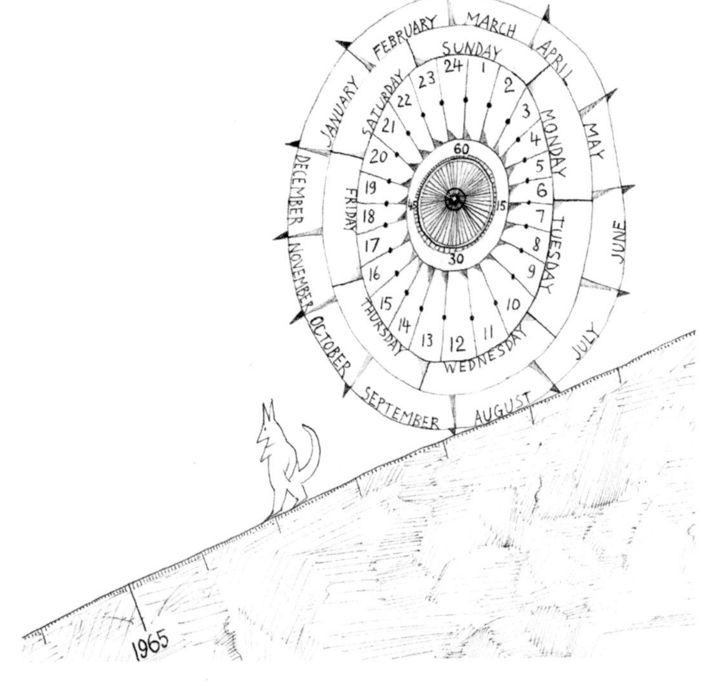

[그림11]

솔 스타인버그, 〈무제〉, 1965년.
뉴욕의 솔 스타인버그 재단. © The Saul Steinberg Foundation/Artist Right Society (ARS), New York.

는, 다른 모든 것을 벗겨낸 뒤에도 남아 있는 앙상한 뼈대 같은 것으로 생각한다. 하지만 이는 역사적인 사실과는 완전히 어긋나는 이야기이다. 타임라인은 역사적 시간을 표상하는 다른 방식들보다 앞서 등장하지도 않았고, 많은 이들이 그것에 대해 기대하는 순수한 가치중립성을 담보한 적도 없었다. 타임라인은 연대기적인 상호관계를 표현하고 정량화하는 새로운 방법으로서 등장했을 뿐이며, 그저 당대의 역사적인 시대정신과 일치한 덕분에 널리 활용되었을 따름이다.

타임라인이 오늘날만큼이나 중요한 역할을 하며 어느 곳에서나 등장하게 된 시기가 이제껏 없었다는 것은 거의 틀림없는 사실이다. 전통적인 인쇄매체에서도 매우 대중적으로 활용되고 있지만, 새로운 쌍방향 미디어에서는 사실상 존재하지 않는 곳을 찾기 어려울 지경이다. 타임라인은 목록, 링크와 더불어 현재의 사용자 인터페이스에서 가장 핵심적인 구성 체계라고 할 수 있다.[5] 그 이유를 짐작하기는 어렵지 않다. 오늘날에는 손쉽게 이용할 수 있는 전자 정보의 절대량이 어마어마하게 늘어났기 때문에 색인 체계가 갖는 중요성이 그만큼 커졌다. 또한 동영상과 같은 동적인 표현 형식이 일반화됨에 따라 정보를 조직하는 축으로서 시간의 중요성이 특별히 강조되고 있다. 정보의 양이 지속적

[그림12]

「패션의 수레바퀴」. J. J. 그랑빌, 『별세계; 변형, 상상력, 구체화 …… 그리고 그 밖의 것들』, 파리, 1844년에서.

으로 혹은 끝없이 늘어나고 있는 국면에서 타임라인이 지닌 중요한 매력 가운데 하나는 안정성을 제공해준다는 점이다. 세계는 점점 더 좁아지고 정보의 이동 속도는 점점 더 빨라지겠지만, 시간 표상의 영역에서는 실재와의 유사성이야말로 변함없는 당면 과제인 듯하다.

이는 근래 폭발적인 성장세를 보이고 있는 웹 2.0 및 오픈 소스 애플리케이션의 분야에서 가장 명백하게 드러난다. 구글의 뉴스와 금융 사이트에서 볼 수 있는 막대 차트나 선형 그래프처럼 도식적으로 단순한 타임라인들은 이미 보편적으로 활용되고 있으며, 새로운 응용 형식들도 끊임없이 등장하고 있다. 최근 몇 년에 걸쳐 미오미Miomi, 시밀레Simile, 므니모그래프Mnemograph, 디피티Dipity, 그리고 롱나우 재단의 롱뷰어Longviewer와 같은 신생 인터넷 서비스들은 출처가 다양한 연대기적 자료를 하나로 모아 통합하는 새로운 방법들을 제시해왔다. 이러한 프로그램과 웹사이트 들은 정치적인 연표와 개인적인 연표의 경계를 허문다. 이용자들이 올리는 자료는 그들 자신의 생애, 언론 보도, 역사책에 이르기까지 다양한 출처를 갖고 있기 때문이다. 일종의 풀뿌리 타임라인이라고도 볼 수 있겠지만, 이러한 유형의 타임라인이 품은 야심은 앞서 살펴본 박물관 타임라인에 결코 뒤지지 않는다. 오히려 풀뿌리 타임라인의 궁극적인 시야는 특정한 작가와 예술가가 제작을 맡았던 옛 시간 차트들보다 훨씬 더 광대할 수 있다. 누구나 편집에 참여할 수 있는 위키의 원칙을 따르며, 하나의 소프트웨어로 다른 소프트웨어의 자료까지 취합할 수 있는 데이터 스크랩핑의 원리를 지니고 있기 때문이다.

그러나 비록 최신 세대에 속하는 타임라인들이 과거와는 결코 비할 수 없을 정도의 연대기적 풍부함을 약속하고 있을지라도, 이것이 반드시 진보를 뜻한다고 단언할 수는 없다. 시간 차트가 애초부터 추구해온 가장 중요한 목표는 더 많은 자료를 모으는 것이 아니라, 역사의 뚜렷한 그림을 그리는 것이었기 때문이다. 다시 말해 직관적이고, 기억하기 쉬우며, 참조하기에도 편리한 하나의 형식을 만들어내고자 했던 것이다. 웹 2.0 시대의 타임라인이 그러한 과제를 성공적으로 수행할 수 있을지를 판단하기에는 아직 시간이 더 필요하다. 지금 확실하게 말할 수 있는 것은 새로운 타임라인들이 오래도록 오직 예술적 판단의 영역에 속해 있던 시간 차트의 외형에 새로운 형식을 부여하고 있다는 사실이다. 그러함으로써 시간 차트라는 놀라운 문화적 형식이 지닌 끈질긴 생명력을 더욱 또렷하게 드러내고 있는 것이다.

감사의 말

《캐비닛: 계간 예술과 문화Cabinet: A Quarterly of Art and Culture》 13호에 실린 「타임라인의 타임라인Timeline of Timelines」의 작업을 함께했던 시나 나자피, 사샤 아치볼드, 브라이언 맥멀런에게 깊은 감사의 마음을 전한다. 그들의 비범한 재능이 없었더라면 이 책은 결코 존재하지 못했을 것이다. 수잔 하딩, 마르코 하딩, 조지프 매스코를 비롯해 미래의 역사Histories of the Future 모임의 모든 구성원에게도 같은 감사를 전한다. 나는 수잔이 캘리포니아인문학연구소에서 조직한 한 세미나에 참석하면서 처음으로 타임라인을 수집하기 시작했다. 그 이후로 계속해서 여러 기관들에 빚을 져왔다. 러트거스 대학의 현대문화비판분석센터, 캘리포니아-로스앤젤리스 대학의 클라크도서관, 클라크예술협회, 매사추세츠 현대미술관, 아르고스, 슬라우트재단, 루피노타마요미술관, 인디애나대학의 18세기연구센터, 베를린의 막스플랑크과학사연구소, 국립인문학재단, 오리건인문학센터와 같은 곳들이다. 도움을 주신 훌륭한 사서들에게도 감사의 인사를 드린다. 특히 오리건 대학 나이트도서관, 필라델피아조합도서관, 프린스턴 대학의 희귀도서및특별소장품관리부 등에서 근무하는 스티븐 퍼거슨, 도널드 스키머, 안나리 폴스, 안드레아 이멀, 존 블라제예브스키, 샬린 피콕에게 감사드린다. 이 프로젝트의 가장 중요한 연구 조사는 그들의 도움으로 수행되었다.

알레타 브레너, 테레사 챔프, 마이크 위트모어, 대니얼 셀커, 조너선 시핸, 아리엘 세이버, 소피아 로젠펠트, 미리얌 세스, 패멀라 잭슨, 켄 위소커, 에이미 그린스타트, 스티븐 스턴, 제이머 헌트, 저스틴 노박, 프레데리크 프레스만, 엘레나 필리포비치, 핍 데이, 나토 톰슨, 드로 워먼, 미셸 샤울리, 마틴 제이, 랜돌프 스탄, 에비아타르 제루바벨, 존 길리스, 해럴드 마, 조엘 스미스, 실라 슈워츠, 닐 디 그래스 타이슨, 마야 린, 크리스토프 핑크, 케이티 루이스, 재키 글란츠, 앤 글란츠, 아스트리트 슈미트부르크하르트, 짐 쇼, 스티븐 생크먼, 바버라 앨트만, 줄리아 헤이든, 조지아 반힐, 마이클 파울루스, 로이 굿맨, 비키 커팅, 제임스 폭스, 레슬리 라슨, 엘리즈 브레이크스톤, 그리고 오리건 대학의 근대초기연구그룹 전현직 회원들인 엔드루 슐츠, 데이비드 카스티요, 파비엔 무어, 다이앤 뒤고, 어맨다 파월, 제임스 하퍼, 리사 프라인켈, 레아 미들브룩,

나탈리 헤스터에게도 감사드리고 싶다. 마크 존슨은 이 프로젝트를 위한 최초의 제안서를 작성해준 통찰력 있는 편집자였다. 제프 라벨은 《18세기 문화 연구Studies in Eighteenth-Century Culture》에 수록한 나의 논문 「조지프 프리스틀리와 근대적 시간 도식의 발명Joseph Priestley and the Graphic Invention of Modern Time」을 훌륭하게 편집해주었다. 조지프 프라키아, 데이비드 프랭크, 리처드 크라우스를 비롯한 로버트클라크우등대학의 동료들과 제프 오슬러, 마틴 서머스, 존 맥콜, 조지 셰리던, 랜덜 맥고언, 데이비드 뤼프케, 카를라 헤세를 포함한 오리건 대학 역사학과의 동료들에게 감사드린다. 특히 카를라 헤세는 여러 해 동안 나를 성심성의껏 지도해주었다. 앤드류멜론재단과 오리건 대학에도 감사드린다. 두 기관 덕분에 프린스턴 대학에서 이 책의 공동 작업을 진행할 수 있었다. 프린스턴 대학의 인문학위원회, 캐럴 리고룻, 캐스 가너, 린 드티타, 바버라 리비, 통합역사센터, 역사학과에도 감사의 인사를 드린다. 또한 앤서니 그래프턴과의 공동 연구 및 그의 조언과 통찰력은 내게 새로운 시야를 제공해주었다.

개인적으로는 해리 로젠버그, 바버라 필너, 조슈아 로젠버그, 퀜덜린 그로스, 제이컵 로젠버그, 커리너 로젠버그, 잭 패리스, 주디 청 패리스, 수린 니콜스, 빌 니콜스, 찰리 니콜스, 윌 니콜스에게 감사드리며, 다른 누구보다 나의 아내 마이린 청에게 감사드린다. 그녀가 준 도움은 가히 측량할 수 없을 정도이다. 그리고 에이미 진 쿤츠의 영전에 이 책을 바친다.

—대니얼 로젠버그

『시간 지도의 탄생』 가운데 내가 맡은 역할은 많은 은인과 지인, 동료의 도움 덕분에 착수할 수 있었을 뿐 아니라 한없이 만족스러운 결과를 거둘 수 있었다. 앤드류멜론재단, 특히 누구보다 해리엇 저커먼, 조지프 메이즐, 윌리엄 보언의 훌륭한 상상력과 풍부한 재정적 지원에 진심으로 감사의 말씀을 드린다. 멜론재단 및 베를린의 막스플랑크과학사연구소는 연표를 주제로 한 워크숍에 재정을 지원했으며, 그곳에서 처음으로 이 책에 관한 논의가 이루어졌다. 워크숍의 공동 후원자이자 주최자였던 러레인 대스턴에게는 가장 따뜻한 감사의 인사를 전한다. 그녀는 여러 해에 걸쳐 나에게 친절을 베풀었으며, 수준 높고 날카로운 조언을 아끼지 않았다. 멜론재단은 이후에도 추가로 재정적 지원을 해주었다. 그 덕분에 대니얼 로젠버그는 2006~2007학년도를 프린스턴에서 보낼 수 있었고, 나 또한 그와의 공동 작업에 전념할 수 있었다. 인문학위원회의 캐럴 리고룻, 캐스 가너, 린 드티타, 역사학과의 바버라 리비, 주디 핸슨은 공동 작업에 필요한 온갖 복잡한 실무적 문제들을 해결해주었다. 그들이 보여준 효율성과 신속함, 따뜻한 태도는 어떠한 칭찬의 말로도 부족할 정도였다. 프린스턴 대학 희귀 도서 및 특별 소장품 부서의 임시 직원들인 벤 프리머, 스티븐 퍼거슨, 폴 니드햄, 도널드 스키머, 안나리 폴스는 프린스턴에 존재하는 연표 연구에 필요한 자원들을 놀라울 만치 끌어모아주었다. 우리가 행한 연구의 대부분은 그들의 지혜와 수완, 너그러움에 힘입은 것이다. 또한 그들은 이 책에 실린 사진 가운데 상당수를 직접 촬영하는 업무 외 작업까지도 맡아주었다. 프린스턴 대학 도서미디어연구센터의 원장을 지낸 우리의 친구 로버트 단턴은 당시 센터에서 진행 중인 한 세미나에서 우리 연구의 초기 단계를 발표할 수 있도록 허락해주었다. 참석자들은 열렬한 호응과 유익한 비평을 아끼지 않았다. 그 발표문은 이 책의 진정한 초고라고 할 수 있었다. 우리가 이 책에서 살펴볼 연표학자들이라면 대문자와 붉은 잉크로 기록할 만한 사건이었다.

마지막으로, 근대 초기 학문 세계의 창조성과 기괴함에 흥미를 갖고 있는 전 세계의 학자들에게도 감사를 드린다. 그들의 조언과 비평, 학자로서의 모범적인 태도는 우리에게 결정적인 도움을 주었다. 우리 세대의 일인자, 대니얼 로젠버그의 호기심과 열정, 지식 덕분에 우리의 공동 작업은 늘 기쁨으로 충만했다. 앤블레어, 제드 부크발트, 막스 앙가마르, 모르데하이 파인골드, 피터 밀러, 필리프 노태프트, 닉 포퍼, 잉그리드 롤런드, 빌헬름 슈미트비게만, 제프 슈웨그먼, 낸시 시라이시, 벤저민 스타이너, 월터 스티븐스, 노엘 스워들로, 그리고 고故 조지프 러빈에게도 감사드린다.

—앤서니 그래프턴

and Boston: Brill, 2008)를 보라.

18 Alexander Ross, *The history of the world; the second part in six books, being a continuation of the famous History of Sir Walter Raleigh...beginning where he left...at the end of the Macedonian kingdom* (London: J. Saywell, 1652), preface.

19 Daniel Rosenberg, "Joseph Priestley and the Graphic Invention of Modern Time," *Studies in Eighteenth-Century Culture* 36 (Spring 2007): 55~104.

20 Joseph Priestley, *Description of a New Chart of History* (1769), in *The Theological and Miscellaneous Works of Joseph Priestley*, ed. John Towill Rutt, 25 vols. (London: G. Smallfield, 1817), 24:479~480.

21 Laurence Sterne, *The Life and Opinions of Tristram Shandy, Gentleman* (1759~1766; repr., New York: W. W. Norton, 1980), 26.

22 Henri Bergson, *Matter and Memory*, trans. N. M. Paul and W. S. Palmer (New York: Zone Books, 1988), 207.

23 Olaf Stapledon, *Last and First Men: A Story of the Near and Far Future* (London: Methuen, 1930).

제2장 표로 담아낸 시간

1 Anthony Grafton and Megan Williams, *Christianity and the Transformation of the Book* (Cambridge, MA: Belknap Press of Harvard University Press, 2006)에서 훨씬 더 풍부한 설명을 접할 수 있다.

2 Brian Croke, "The Originality of Eusebius' *Chronicle*," *American Journal of Philology* 103 (1982): 195~200.

3 Vespasiano da Bisticci, *The Vespasiano Memoirs: Lives of Illustrious Men of the XVth Century*, trans. William George and Emily Waters (Toronto and Buffalo: University of Toronto Press in association with the Renaissance Society of America, 1997), 417.

4 Eusebius, *Chronicum*, trans. Jerome (Venice: Ratdolt, 1483), unpaginated; 번역은 저자들이 직접 한 것이다(근대의 번역서가 언급되지 않은 경우에는 모두 저자들의 번역이다).

5 Kathleen Biddick, *The Typological Imaginary: Circumcision, Technology, History* (Philadelphia: University of Pennsylvania Press, 2003), 46. 중세의 연대기 작가들이 사용한 형식들에 대해 개괄적인 정보를 얻고자 한다면 Gert Melville, "Geschichte in graphischer Gestalt: Beobachtungen zu einer spätmittelalterlichen Darstellungsweise," *Geschichtsschreibung und Geschichtsbewusstsein im späten Mittelalter*, ed. Hans Patze (Sigmaringen: Thorbecke, 1987), 57~156.를 보라.

6 Albrecht Classen, "Werner Rolevink's *Fasciculus Temporum*: The History of a Late Medieval Best Seller, or, the First Hypertext," *Gutenberg Jahrbuch* (2006): 225~230.에서 최신의 논평을 읽을 수 있다.

7 *Genealogia Christi* (Barcelona: Moleiro, 2000), a volume of essays that accompanies the facsimile edition *Genealogia Christi* roll, Rome, Biblioteca Casanatense, MS 4254를 보라; 무엇보다 Miguel Vivancos, "The *Genealogia Christi* by Peter of Poitiers," *Genealogia Christi*, 15~27.를 참조하라.

8 Christiane Klapisch-Zuber, *L'Arbre des familles* (Paris: Éditions de la Martinière, 2003).

9 Gabrielle Spiegel, "Genealogy: Form and Function in Medieval Historical Narrative," *History and Theory* 22 (1983): 47.

10 Werner Rolevinck, *Fasciculus temporum*

(Venice: Georg Walch, 1479), 1 verso.

11 Rolevinck, *Fasciculus temporum*, 1 verso.

12 고전적인 저술인 Robert Scribner, *For the Sake of Simple Folk: Popular Propaganda for the German Reformation*, 2nd ed. (Oxford: Clarendon Press, 1994)를 참조하라.

13 Adrian Wilson, *The Making of the Nuremberg Chronicle* (Amsterdam: Nico Israel, 1978).

14 Rolevinck, *Fasciculus temporum*, 1 verso.

15 Wilson, Making of the Nuremberg Chronicle.를 보라.

16 '새로운 세계'의 민족들을 위한 계보학적 자리를 마련하고자 했던 연표학자들의 노력에 관하여는 Giuliano Gliozzi, *Adamo e il nuovo mondo: La nascita dell'antropologia come ideologia coloniale: dalle genealogie bibliche alle teorie razziali (1500~1700) (Florence: La Nuova Italia, 1977)*를 보라; 중국 연표에 관하여는 Edwin J. Van Kley, *"Europe's 'Discovery' of China and the Writing of World History," American Historical Review* 76 (1971): 358~385.를 보라; 이집트 연표 및 그것과 중국 연표의 관계에 관하여는 Anthony Grafton, "Kircher's Chronology," in *Athanasius Kircher: The Last Man Who Knew Everything*, ed. Paula Findlen (New York, Routledge, *2004*), 171~187.를 보라. 연표의 확장에 관한 가장 방대한 연구는 (매우 많은 정보의 갱신이 필요하기는 하지만) 여전히 Adalbert Klempt, *Die Säkularisierung der universalhistorischen Auffassung; zum Wandel des Geschichtsdenkens im 16. und 17. Jahrhundert*(Göttingen: Musterschmidt, 1960)이다.

17 안니우스와 그의 작품에 관하여는 무엇보다 Anthony Grafton, *Defenders of the Text* (Cambridge, MA: Harvard University Press, 1991), ch. 3; Walter Stephens, *Giants in Those Days: Folklore, Ancient History, and Nationalism* (Lincoln: University of Nebraska Press, 1989); Ingrid Rowland, *The Culture of the High Renaissance: Ancients and Moderns in Sixteenth-Century Rome* (Cambridge: Cambridge University Press, 1998); Rowland, *The Scarith of Scornello: A Tale of Renaissance Forgery* (Chicago: University of Chicago Press, 2004)를 보라.

18 Paulus Constantinus Phrygio, *Chronicum* (Basel: Herwagen, 1534), 1 verso. 여기서 논의된 것을 포함해 다양한 표 형식 작품들에 대한 더 상세한 분석은 Benjamin Steiner, *Die Ordnung der Geschichte: Historische Tabellenwerke in der Frühen Neuzeit* (Vienna: Böhlau, 2008)를 보라.

19 Roberto Bizzocchi, *Genealogie incredibili: scritti di storia nell'Europa moderna* (Bologna: Il Mulino, 1995); Larry Silver, *Marketing Maximilian: The Visual Ideology of a Holy Roman Emperor* (Princeton: Princeton University Press, 2008), 41~77.

20 Reiner Reineck, *Oratio de historia* (Frankfurt: Wechel, 1580), 25.

21 Reineck, *Oratio de historia*, 24.

22 D. P. Walker, *Unclean Spirits: Possession and Exorcism in France and England in the Late Sixteenth and Early Seventeenth Centuries* (Philadelphia: University of Pennsylvania Press, 1981)를 보라.

23 Daniel 2:32~35 (King James Version)〔한국어판에서는 개역개정판 성서를 따랐다〕.

24 Arnaldo Momigliano, *Essays on Ancient and Modern Judaism*, ed. Silvia Berti, trans. Maura Masella-Gayley (Chicago: University of Chicago Press, 1994), ch. 3.를 보라.

25 Rolevinck, *Fasciculus temporum*, 1 recto.

26 Lorenz Faust, *Anatomia statuae Danielis* (Lepizig: Steinmann, 1585), 40. Thomas Rahn, "Geschichtsgedächtnis am Körper: Fürstliche Merk- und Meditationsbilder nach der Weltreiche-Prophetie des 2. Buches Daniel," in *Seelenmaschinen*, ed.

Jörg Jochen Berns and Wolfgang Neuber (Vienna: Böhlau, 2000), 521~561.에서 매우 방대한 연구를 접할 수 있다.

27 Majorie Reeves and Beatrice Hirsch-Reich, *The Figurae of Joachim of Fiore* (Oxford: Clarendon Press, 1972); Reeves, *Joachim of Fiore and the Prophetic Future* (London: SPCK, 1976); Bernard McGinn, *The Calabrian Abbot: Joachim of Fiore in the History of Western Thought* (New York: Macmillan, 1985).

28 Nicholas Popper, "'Abraham, Planter of Mathematics': Histories of Mathematics and Astrology in Early Modern Europe," *Journal of the History of Ideas* 67 (2006): 87~106.를 보라.

29 대회합의 이론과 세계사에 관하여는 Laura Smoller, *History, Prophecy, and the Stars: the Christian Astrology of Pierre d'Ailly, 1350~1420* (Princeton: Princeton University Press, 1994)를 보라. Robin Barnes, *Prophecy and Gnosis: Apocalypticism in the Wake of the Lutheran Reformation* (Stanford: Stanford University Press, 1988); Claudia Brosseder, *Im Bann der Sterne: Caspar Peucer, Philipp Melanchthon und andere Wittenberger Astrologen* (Berlin: Akademie-Verlag, 2004)는 이 이야기를 16세기로 끌고 내려온다.

30 James Barr, "Why the World Was Created in 4004 BC: Archbishop Ussher and Biblical Chronology," *Bulletin of the John Rylands University Library of Manchester* 67 (1984~1985): 575~608.를 보라.

31 Don Cameron Allen, *The Legend of Noah: Renaissance Rationalism in Art, Science, and Letters* (1949; repr. Urbana: University of Illinois Press, 1963); Klempt, *Säkularisierung der universalhistorischen Auffassung*, Paolo Rossi, *The Dark Abyss of Time: the History of the Earth & the History of Nations from Hooke to Vico*, trans. Lydia Cochrane (Chicago: University of Chicago Press, 1984); Eric Jorink, *Het 'boeck der natuere': nederlandse geleerden en de wonderen van Gods Schepping, 1575~1715* (Leiden: Primavera Pers, 2006); Thijs Weststeijn, "*Spinoza sinicus*: An Asian Paragraph in the History of the Radical Enlightenment," *Journal of the History of Ideas* 68 (2007): 537~561.

제3장 도식으로의 이행

1 Genesis 11:4 (King James version).

2 템포라리우스의 로마사에 대한 견해에 관하여는 H. J. Erasmus, *The Origins of Rome in Historiography from Petrarch to Perizonius* (Assen: Van Gorcum, 1962)를 보라.

3 Arno Borst, *The Ordering of Time: From the Ancient Computus to the Modern Computer* (Cambridge: Polity, 1993); G. V. Coyne, M. A. Hoskin, and O. Pedersen, eds., *Gregorian Reform of the Calendar* (Vatican City: Pontifica Academia Scientiarum, Specola Vaticana, 1983)를 보라.

4 이러한 역사 달력의 유행에 관하여는 Max Engammare, *L'ordre du temps: l'invention de la ponctualité au XVIe siècle* (Geneva: Droz, 2004)를 보라.

5 Samuel Quiccheberg, *Inscriptiones vel tituli theatri amplissimi* (Munich: Berg, 1565), fol. B ij recto; for a modern edition containing the Latin text and a German translation see Harriet Roth, *Der Anfang der Museumslehre in Deutschland: Das Traktat "Inscriptiones vel Tituli Theatri Amplissimi" von Samuel Quiccheberg* (Berlin: Akademie, 2000), 54~57.

6 Quiccheberg, *Inscriptiones*, fol. A iij vo; Roth, *Anfang der Museumslehre in Deutschland*, 46~47.

7 예를 들어 Anthony Grafton, "Renaissance Histories of Art and Nature," in *The Artificial and the Natural: An Evolving Polarity*, ed. Bernadette Bensaude-Vincent and William R. Newman (Cambridge, MA: MIT Press, 2007), 185~210; Grafton, *What Was History? The Art of History in Early Modern Europe* (Cambridge: Cambridge University Press, 2007), ch. 3.를 보라.

8 Nicholas Jardine, *The Birth of History and Philosophy of Science: Kepler's A Defence of Tycho against Ursus, with Essays on its Provenance and Significance* (Cambridge: Cambridge University Press, 1984); Anthony Grafton, *Defenders of the Text* (Cambridge, MA: Harvard University Press, 1981), ch. 7.

9 John Heilbron, *The Sun in the Church: Cathedrals as Solar Observatories* (Cambridge, MA: Harvard University Press, 1999).

10 John Heilbron, "Bianchini as an Astronomer," in *Francesco Bianchini (1662~1729) und die europäische gelehrte Welt um 1700*, ed. Valentin Kockel and Brigitte Sölch (Berlin: Akademie Verlag, 2005), 66.에서 인용.

11 Francesco Bianchini, *La istoria universale provata con monumenti e figurata con simboli degli antichi*, 2nd ed. (Rome: Antonio de Rossi, 1747), 21.

12 Tamara Griggs, "Universal History from Counter-Reformation to Enlightenment," *Modern Intellectual History* 4 (2007), 221~228.

13 Daniel Rosenberg, "Early Modern Information Overload," *Journal of the History of Ideas* 64, no. 1 (2003): 1~9.를 보라. 그리고 같은 호에 실린 Ann Blair, Brian Ogilvie, Jonathan Sheehan, and Richard Yeo의 논문들과 Noel Malcolm, "Thomas Harrison and his 'Ark of Studies': An Episode in the History of the Organization of Knowledge," *The Seventeenth Century* 19 (2004): 196~232.를 보라.

14 Wilhelm Schmidt-Biggemann, *Topica universalis: Eine Modellgeschichte humanistischer und barocker Wissenschaft* (Hamburg: Meiners, 1983); Donald Kelley, "Writing Cultural History in Early Modern Europe: Christophe Milieu and His Project," *Renaissance Quarterly* 52, no. 2 (Summer 1999), 342~365; Martin Gierl, *Pietismus und Aufklärung: Theologische Polemik und die Kommunikationsreform der Wissenschaft am Ende des 17. Jahrhunderts* (Göttingen: Vandenhoeck & Ruprecht, 1997); Françoise Waquet, ed., *Mapping the World of Learning: the Polyhistor of Daniel Georg Morhof* (Wiesbaden: Harrassowity, 2000); Martin Mulsow, "Practices of Unmasking: Polyhistors, Correspondence, and the Birth of Dictionaries of Pseudonymity in Seventeenth-Century Germany," *Journal of the History of Ideas* 67 (2006): 219~250; Michael Carhart, "Historia Literaria and Cultural History from Mylaeus to Eichhorn," in *Momigliano and Antiquarianism: Foundations of the Modern Cultural Sciences*, ed. Peter Miller (Buffalo: University of Toronto Press, 2007), 184~206

15 Johannes Buno, *Universae historiae cum sacrae tum profanae idea* (Frankfurt and Leipzig: Apud viduam Reinhardi Waechtleri, typis Christoph. Balth. Lampii, 1689), 11~12.

16 Jan Chiapusso, "Bach's Attitude Towards History," *Musical Quarterly* 39 (1953), 396~414.를 보라.

17 See Gerhard Strasser, "Johannes Bunos Mnemotechnische Verfahren," in *Seelenmaschinen: Gattungstraditionen, Funktionen und Leistungsgrenzen der Mnemotechniken vom späten Mittelalter bis*

zum Beginn der Moderne, ed. Jorg Jochen Berns and Wolfgang Neuber (Vienna: Böhlau, 2000); Gottfried Leibniz, *Schriften und Briefe zur Geschichte*, ed. Malte-Ludolf Babin and Gerd van der Heuvel (Hannover: Hahn, 2004), 565~567.

18 Giambattista Vico, *New Science*, trans. David Marsh (London: Penguin, 2001), 39.

19 같은 책, 9. 비코의 문화사에 관하여는 Arnaldo Momigliano, "Vico's Scienza nuova: Roman 'Bestioni' and Roman 'Eroi,'" *History and Theory* 5 (1966): 3~23; Gianfranco Cantelli, *Vico e Bayle: Premesse per un confronto* (Napoli: Guida editori, 1971); Sergio Landucci, *I filosofi e i selvaggi. 1580~1780* (Bari: Laterza, 1972); Paolo Rossi, *The Dark Abyss of Time: The History of the Earth and the History of Nations from Hooke to Vico*, trans.Lydia G. Cochrane (Chicago: University of Chicago Press, 1984); Cantelli, *Mente corpo linguaggio: Saggio sull'interpretazione vichiana del mito* (Florence: La Nuova Italia, 1986); Harold Stone, *Vico's Cultural History: the Production and Transmission of Ideas in Naples, 1685~1750* (New York: E. J. Brill, 1997)를 보라.

제4장 새로운 역사 차트

1 Jacques Barbeu-Dubourg, *Chronographie, ou, Description des tems: contenant toute la suite des souverains de l'univers & des principaux événemens de chaque siécle depuis la création du monde jusqu'à présent; en trente-cinq planches gravées en taille-douce & réunies en une machine d'un usage facile & commode* (Paris: chez l'auteur, 1753), 5.

2 Jean Rou, *Tables historiques, chronologiques, & généalogiques: contenant ce qui s'est passé de plus mémorable depuis la création du monde* (Paris: chez l'auteur, 1672~1675).

3 Jean Rou, *Mémoires inédits et opuscules*, ed. F. Waddington (Paris: Agence centrale de la Société pour l'histoire du protestantisme français, 1857)를 보라.

4 Francis Tallents, *A view of universal history: from the creation, to the destruction of Jerusalem by Adrian, in the year of the world 4084, and of Christ 135* (London: Littlebury, et. al., 1685). 탤런츠에 관하여는 J. W. Ashley Smith, "Modern History as Subject Matter for Higher Education: The Contribution of Francis Tallents," *Paedagogica Historica* XV (1975): 1~15.를 보라.

5 Nicolas Lenglet du Fresnoy, *Chronological tables of universal history, sacred and profane, ecclesiastical and civil; from the creation of the world, to the year one thousand seven hundred and forty-three. With a preliminary discourse on the short method of studying history; and a catalogue of books necessary for that purpose; with some remarks on them....*, 2 vols. (London: A. Millar, 1762), p. vol. 1, i.

6 Nicolas Lenglet du Fresnoy, *New method of studying history: recommending more easy and complete instructions for improvements in that science than any hitherto extant: with the whole apparatus necessary to form a perfect historian* (London: W. Burton, 1728). First Paris edition 1713.

7 같은 책, i.

8 이 책이 거둔 성공에 관하여는 다음의 번역본에 수록된 헌사를 참조하라. Parsons's translation of André Félibien's *The Tent of Darius Explain'd, or, The Queens of Persia at the Feet of Alexander* (London: William Redmayne for the author, 1703).

9 Jens Bircherod, *Lumen historiae sacrae*

veteris & novi testamenti per tabulas chronologicas (Copenhagen: Johannis Philippi Bockenhoffer and Johann Liebe, 1687).

10 Walter A. Goffart, "The Front Matter of J. G. Hagelgans's 1718 *Atlas historicus* at the Princeton University Library and the Eran Laor Cartographic Collection, Jerusalem," *Princeton University Library Chronicle* 64, no. 1 (2002): 141~162.

11 Girolamo Andrea Martignoni, *Spiegazione della carta istorica dell'Italia, e di una parte della Germania dalla nascita di Gesúu Cristo fino all' anno MDCC* (Rome: Antonio de' Rossi, 1721); Martignoni, *Explication de la carte historique de la France et de l'Angleterre depuis la naissance de Jesus-Christ jusqu'à l'an MDCC* (Rome: Antonio de' Rossi, 1721).

12 Jacques Barbeu-Dubourg, *Chronographie universelle* (Paris: Barbeu-Dubourg, Lamote, Fleury, 1753); Stephen Ferguson, "The 1753 *Carte Chronographique* of Jacques Barbeu-Dubourg," *Princeton University Library Journal* 52, no. 2 (1991): 190~230.

13 Jacques Barbeu-Dubourg, *Chronographie, ou Description des temps, contenant toute la suite des souverains des divers peuples, des principaux événements de chaque siècle, et des grands hommes qui ont vécu depuis la création du monde, jusqu'à la fin du dixhuitième siècle* (Paris: Paulin, 1838).

14 Thomas Jefferys, *A Chart of Universal History* (London: Thomas Jefferys, n.d., ca. 1750). 제프리스의 작품은 Jean-Louis Barbeau de la Bruyère's 1750 *Mappe-Monde historique, ou carte chronologique*에 기초를 두었다.

15 Joseph Priestley, *Description of a Chart of Biography* (1765), in *The Theological and Miscellaneous Works of Joseph Priestley*, ed. John Towill Rutt, 25 vols. (London: G. Smallfield, 1817), vol. 24, 467.

16 같은 책, vol. 24, 470.

17 같은 책, vol. 24, 468.

18 같은 책, vol. 24, 470.

19 같은 책.

20 Joseph Priestley, *Lectures on History and General Policy* (1788), in *The Theological and Miscellaneous Works of Joseph Priestley*, ed. John Towill Rutt, 25 vols. (London: G. Smallfield, 1817), vol. 24, 134.

21 같은 책, vol. 24, 136. 고대의 시인 사포와 같은 극소수의 예외가 있기는 했지만, 프리스틀리의 차트에 등장하는 인물들은 거의 남성이었다. Pierre-Nicolas Chantreau, *Science de l'histoire: contenant le systêeme général des connoissances à acquérir avant d'étudier l'histoire, et la méthode à suivre quand on se livre à ce genre d'étude, développée par tableaux synoptiques*, 3 vols. (Paris: Goujon fils, 1803~1806)는 여성을 포함시키는 문제에 있어서 몇 걸음의 진전을 보여준다.

22 Joseph Priestley, *Description of a New Chart of History* (1769), in *The Theological and Miscellaneous Works of Joseph Priestley*, ed. John Towill Rutt, 25 vols. (London: G. Smallfield, 1817), vol. 24, 480.

23 같은 책, vol. 24, 481.

24 Priestley, *Lectures on History*, vol. 24, 133.

25 같은 책, vol. 24, 30.

26 Erasmus Darwin, *A Plan for the Conduct of Female Education* (Derby: J. Drewry, 1797), 23, 121; Robert Steele, "A Catalogue of Books," *Cambridge Magazine: or, Universal Repository of Arts, Sciences, and the Belles Letters*, no. IX (London, September 1769): 368; Hester Chapone, *Letters on the Improvement of the Mind, Addressed to a Young Lady* (London: J. Walter and C. Dilly, 1786), 207; Maria Edgeworth and Richard Lovell Edgeworth, *Practical*

Education, 2 vols. (London: J. Johnson, 1798), vol. 2, 419~422.

27 Jefferys Taylor, *Harry's Holiday, or the Doings of One Who Had Nothing to Do* (London: Rest Fenner, 1818).

28 Priestley, *Description of a Chart of Biography*, vol. 24, 476.

29 같은 책, vol. 24, 475~476.

30 프리스틀리의 진보와 천년왕국에 대한 이론에 관하여는 무엇보다 Jack Fruchtman, *The Apocalyptic Politics of Richard Price and Joseph Priestley: A Study in Late Eighteenth Century English Republican Millennialism* (Philadelphia: American Philosophical Society, 1983); Clarke Garrett, "Joseph Priestley, the Millennium, and the French Revolution," *Journal of the History of Ideas* 34, no. 1 (1973): 51~66.를 보라.

31 Priestley, *Description of a Chart of Biography*, vol. 24, 475.

32 같은 책, vol. 24, 475.

33 같은 책, vol. 24, 264.

34 같은 책, vol. 24, 475.

35 같은 책, vol. 24, 464.

36 같은 책, vol. 24, 467.

37 같은 책.

38 Goffart, *Historical Atlases*; Black, *Maps and History*; David Rumsey and Edith M. Punt, *Cartographica Extraordinaire: The Historical Map Transformed* (Redlands, CA: ESRI Press, 2004).

39 Abraham Ortelius, *Theatrum orbis terrarum* (Paris: 1572), 1; Goffart, *Historical Atlases*, 1.에서 인용. Catherine Hoffman, "La genèse de l'atlas historique en France (1630~1800): Pouvoirs et limites de la carte comme 'oeil de l'histoire,'" *Bibliothèque de l'École des chartes* 158 (2000): 97~128.도 보라.

40 Goffart, *Historical Atlases*, 100, 105~111.

41 같은 책, 132~133.

42 같은 책, 303~314.

43 같은 책, 314~323.

44 William Playfair, *The Commercial and Political Atlas, Representing, by Means of Stained Copper-Plate Charts, the Exports, Imports, and General Trade of England: The National Debt, and Other Public Accounts* (London: J. Debrett, 1786). 그리고 Howard Wainer, *Graphic Discovery: A Trout in the Milk and Other Visual Adventures* (Princeton: Princeton University Press, 2005), 9~38; Albert Biderman, "The Playfair Enigma," *Information Design Journal* 6, no. 1 (1990): 3~26; Patricia Costigan-Eaves, "Some Observations on the Design of William Playfair's Line Graphics," *Information Design Journal* 6, no. 1 (1990): 27~44; Erica Royston, "Studies in the History of Probability and Statistics III: A Note on the History of the Graphical Presentation of Data," *Biometrika* 43, no. 3/4 (1956): 241~47; H. Gray Funkhouser and Helen M. Walker, "Playfair and His Charts," *Economic History* 3, no. 10 (1935): 103~109.도 참조하라.

45 William Playfair, *The Commercial and Political Atlas*, 3rd ed. (London: J. Wallis, 1801), viii~ix. Patricia Costigan-Eaves and Michael Macdonald-Ross, "William Playfair (1759~1823)," *Statistical Science* 5, no. 3 (1990): 325.에도 인용되었다.

46 William Playfair, *The Statistical Breviary* (London: T. Bensley, 1801), 15.

47 통계 그래픽의 역사에 관하여는 에드워드 투프트Edward Tufte(제1장의 주 1번을 보라), 하워드 와이너Howard Wainer의 작품들과 더불어 Daniel R. Headrick, *When Information Came of Age: Technologies of Knowledge in the Age of Reason and Revolution, 1700~1850* (New York: Oxford University Press, 2000); Thomas L. Hankins, "Blood, Dirt, and

Nomograms: A Particular History of Graphs," *Isis* 90 (1999): 50~80; James R. Beniger and Dorothy L. Robyn, "Quantitative Graphics in Statistics: A Brief History," *American Statistician* 32, no. 1 (1978): 1~11; Laura Tilling, "Early Experimental Graphs," *British Journal for the History of Science* 8, no. 30 (1975): 193~213; H. Gray Funkhouser, "Historical Development of the Graphical Representation of Statistical Data," *Osiris* 3 (1937): 269~404; Michael Friendly and Daniel J. Denis, "Milestones in the History of Thematic Cartography, Statistical Graphics, and Data Visualization," Department of Mathematics and Statistics, York University, http://www.math.yorku.ca/SCS/Gallery/milestone/.를 참조하라.

48 나이팅게일에 관하여는 무엇보다 Edwin W. Kopf, "Florence Nightingale as Statistician," *Quarterly Publications of the American Statistical Association* 15 (December 1916): 388~404; Howard Wainer, *Visual Revelations: Graphical Tales of Fate and Deception from Napoleon Bonaparte to Ross Perot* (Hillsdale, NJ: Lawrence Erlbaum, 2000), sec. 3.를 보라. 미나르에 관하여는 무엇보다 Arthur H. Robinson, "The Thematic Maps of Charles Minard," *Imago Mundi* 21 (1967): 95~108; Edward R. Tufte, *The Visual Display of Quantitative Information*, 2nd ed. (Cheshire, CT: Graphics Press, 2001). 워커에 관하여는 Funkhouser, "Graphical Representation," 339~340.를 보라.

49 Alexander Ross, *The history of the world: the second part, in six books, being a continuation of the famous history of Sir Walter Raleigh* (London: John Saywell, 1652), preface.

50 Walter Benjamin, "Theses on the Philosophy of History," in *Illuminations*, ed. Hannah Arendt, trans. Harry Zohn (New York: Schocken, 1969), 262.

51 Reinhart Koselleck, *The Practice of Conceptual History: Timing History, Spacing Concepts*, trans. Todd Samuel Presner (Stanford: Stanford University Press, 2002), 166.를 보라.

52 Nicolas Rieucau and Pierre Crépel, "Condorcet's Social Mathematic, A Few Tables," *Social Choice and Welfare*, 25 (2005): 243~285; Nicolas Rieucau, "Condorcet et l'art de former des tableaux historiques," *Mathematics and Social Sciences*, 176, no. 4 (2006): 89~117.

53 Chantreau, *Science de l'histoire*.

54 Charles Fourier, *The Theory of the Four Movements*, ed. Gareth Stedman Jones and Ian Patterson (New York: Cambridge University Press, 1996), 41. 처음으로 출간된 판본은 Charles Fourier, *Théorie des quatre mouvemens et des destinés générales* (Leipzig: n.p., 1808)이다. 비록 첫 판본에는 이 책이 특정한 출판업자의 도움 없이 라이프치히에서 출간되었다고 적혀 있지만, 실제로는 펠쟁Pelzin이라는 출판업자에 의해 리옹에서 출간되었다.

55 William Bell, *Descriptive Guide to "The Stream of Time," or, General Outline of Universal History, Chronology, and Biography, at One View* (Hull: Joseph Simmons, 1812), 7.

56 Bell, *Descriptive Guide*, 8~10.

제5장 변경의 선들

1 David Ramsay, *Historical and Biographical Chart of the United States* (Charleston, SC: John Hobb, 1811), 7. 램지에 관하여는 Robert L. Brunhousek, "David Ramsay, 1749~1815: Selections from His Writings," *Transactions of the*

American Philosophical Society, New Series 55, no. 4 (1965): 1~250.를 보라.

2 Philip M. Hanley, *History of the Catholic Ladder* (Fairfield, WA: Ye Galleon Press, 1993); Kris A. White and Janice St. Laurent, "Mysterious Journey: The Catholic Ladder of 1840," *Oregon Historical Quarterly* 97, no. 1 (Spring 1996): 70~88; François Norbert Blanchet, *The Key to the Catholic Ladder* (New York, T. W. Strong, 1859). 프틀랜드에 있는 오리건역사협회와 마운트앤젤에 있는 마운트앤젤수도원은 19세기에 제작된 사다리 형식의 연표들을 대량으로 소장하고 있다.

3 이들 사이의 종교적 갈등은 Hubert Howe Bancroft, *History of Oregon*, 2 vols. (San Francisco: History Co., 1886~1888), vol. 1.에서 처음으로 충실하게 소개되었다. Clifford Merrill Drury, *Henry Harmon Spalding* (Caldwell, ID: Caxton Printers, 1936); Drury, ed. *The Diaries and Letters of Henry H. Spalding and Asa Bowen Smith relating to the Nez Perce Mission 1838~1842* (Glendale, CA: Arthur H. Clark, 1958); Drury, *First White Women Over the Rockies; Diaries, Letters, and Biographical Sketches of the Six Women of the Oregon Mission Who Made the Overland Journey in 1836 and 1838* (Glendale, CA: A. H. Clark Co., 1963~1966). 스폴딩은 1874년 사망할 때까지 이러한 말의 전쟁을 중단하지 않았다. 그리고 그의 고발은 그 자신보다 훨씬 더 끈질긴 생명력을 지녔다. 1903년 미국연방의회는 스폴딩의 고발을 지지하는 증언들을 수집하여 *Letter from the Secretary of the Interior, communicating...the Early Labors of the Missionaries...in Oregon...commencing in 1836* (Washington, DC: Government Printing Office, 1903)로 출간했다.

4 Bancroft, *History of Oregon*, vol. 1, 125~126. 사다리의 교육학적 측면에 대하여는 Charles D. Schreibeis, *Pioneer Education in the Pacific Northwest (1789~1847)* (Portland, OR: Metropolitan Press, 1937); Albert Furtwangler, *Bringing Indians to the Book* (Seattle: University of Washington Press, 2005)를 보라.

5 Bancroft, *History of Oregon*, vol. 1, 656.에서 인용.

6 Russell Thornton, "A Rosebud Reservation Winter Count, circa 1751~1752 to 1886~1887," *Ethnohistory* 49, no. 4 (Fall 2002): 723~742; Thornton, "A Report of a New Mandan Calendric Chart," *Ethnohistory* 50, no. 4 (Fall 2003): 697~705.

7 Garrick Mallery, "The Dakota Winter Counts," in *Pictographs of the North American Indians*, Fourth Annual Report of the Bureau of American Ethnology, 1882~1883 (Washington, DC: Smithsonian Institution, 1887), 89~114; Mallery, *Picture-Writing of the American Indians*, Tenth Annual Report of the Bureau of Ethnology, 1888~1889 (Washington, DC: Smithsonian Institution, 1893), 266~328.

8 Thomas Loraine McKenney, *History of the Indian Tribes of North America*, 2 vols. (Philadelphia: E. C. Biddle, 1836~1838); Alexander Marshack, "A Lunar-Solar Calendar Stick from North America," *American Antiquity* 50, no. 1 (1985): 27~51; Marshack, "North American Indian Calendar Sticks: The Evidence for a Widely Distributed Tradition," in *World Archaeoastronomy*, ed. A. F. Aveni (New York: Cambridge University Press, 1988), 308~324; Robert H. Merrill, "The Calendar Stick of Tshi-Zun-Hau-Kau," *Bulletin of the Cranbrook Institute of Science*, no. 24 (1945): 1~6; Paul Radin, *The Winnebago Tribe* (Lincoln: University of Nebraska Press, 1970).

9 Marjorie Reeves, *Joachim of Fiore and the Prophetic Future* (London: SPCK, 1976). 그리고

Marjorie Reeves and Beatrice Hirsch-Reich, *The Figurae of Joachim of Fiore* (Oxford: Clarendon Press, 1972)도 참조하라.

10 미국인의 사유 및 그 배경에서 종말론과 진보주의가 맺고 있는 관계에 관하여는 어네스트 리 튜버슨Ernest Lee Tuveson의 고전적인 저술인 *Millennium and Utopia: A Study in the Background of the Idea of Progress* (Berkeley: University of California Press, 1949); 그리고 Paul Boyer, *When Time Shall Be No More: Prophecy Belief in Modern American Culture* (Cambridge, MA: Harvard University Press, 1992)를 보라. (중세를 배경으로 한 연구이기는 하지만) 종말의 날짜를 헤아리는 일과 관련된 정치적이고 문화적인 문제들에 관하여는 다음의 탁월한 논문(과 타임라인)을 보라. Richard Landes, "Lest the Millennium Be Fulfilled, Apocalyptic Expectations and the Pattern of Western Chronography, 100~800 C.E.," in *The Use and Abuse of Eschatology in the Middle Ages*, ed. W. D. F. Verbeke, D. Verhelst, and A. Welkenhysen (Leuven, Belgium: Leuven University Press, 1988), 137~211.

11 William Miller, *Views of the Prophecies and Prophetic Chronology, Selected from manuscripts of William Miller, with a Memoir of his Life by Joshua V. Himes* (Boston: Joshua V. Himes, 1842).

12 David Morgan, *Protestants and Pictures: Religion, Visual Culture, and the Age of American Mass Production* (New York: Oxford University Press, 1999); Morgan, *Visual Piety: A History and Theory of Popular Religious Images* (Berkeley: University of California Press, 1998); Ronald L. Numbers and Jonathan M. Butler, *The Disappointed: Millerism and Millenarianism in the Nineteenth Century* (Bloomington: Indiana University Press, 1987).

13 John Greenleaf Whittier, "The World's End," in *The Prose Works*, vol. 1 (New York: Houghton Mifflin, 1880), 425~426.

14 Richard Cunningham Shimeall, *The Political Economy of Prophecy* (New York: John F. Trow & Co., 1866).

15 Edith W. Osgood, "The Development of Historical Study in the United States (Concluded)," *School Review* 22, no. 8 (October 1914): 511~526.

16 Review of the *Historical Chart, Philanthropist*, August 30, 1843; *Christian Advocate and Journal*, November 27, 1844, 62.도 참조하라.

17 Marcius Willson, *The History of the United States for the Use of Schools* (Cincinnati: William Moore, 1847), 1.

18 Robert Henlopen Labberton, *An Historical Atlas Containing a Chronological Series of One Hundred Maps, at Sucessive Periods, from the Dawn of History to the Present Day* (Philadelphia: Claxton, Remson & Haffelfinger, 1874); Labberton, *Historical Chart, or, History Taught by the Eye* (Philadelphia: Claxton, Remson, & Haffelfinger, 1874).

19 Robert Henlopen Labberton, *Outlines of History; with Original Tables, Chronological, Genealogical and Literary* (Philadelphia: Claxton, Remsen & Haffelfinger, 1872), 3.

20 같은 책, 3~4.

21 Alexander Campbell; Robert Frederick West, *Alexander Campbell and Natural Religion* (New Haven: Yale University Press, 1948), 161.에 인용.

22 "Science the Handmaid of Religion," *Churchman's Magazine* 4, no. 7 (October 1825): 193.

23 "Sketches of the Speeches at the Last Working Men's Meeting," *Workingman's Advocate* 1, no. 9 (May 25, 1844): 1.

24 같은 글.

25 "The Uses of History to the Preacher," *New Englander* 22, no. 84 (New Haven, July 1863): 7.

26 James Schoulder, "The Spirit of Historical Research," *National Magazine: A Monthly Journal of American History* 15, no. 3 (New York, January 1892): 3.

제6장 땜장이의 기술

1 Stuart Sherman, *Telling Time: Clocks, Diaries, and English Diurnal Form, 1660~1785* (Chicago: University of Chicago Press, 1996), 78.

2 Thomas Pie, *An Houreglasse Contayning a Computation from the Beginning of Time to Christ by X Articles* (London: John Wolfe, 1597), 1; Robert Cary, *Palaeologia Chronica: A Chronological Account of Ancient Time* (London: J. Darby, 1677), 1.

3 Anthony Grafton, *Joseph Scaliger: A Study in the History of Classical Scholarship*, 2 vols. (Oxford: Clarendon Press, 1983~1993), 2:16.

4 Edward P. Thompson, "Time, Work-Discipline, and Industrial Capitalism," *Past and Present*, no. 38 (1967): 56~97.

5 골턴이 작성한 지도들에 관하여는 Funkhouser, "Graphical Representation of Statistical Data," 345.를 보라. 에드먼드 핼리Edmund Halley의 1686년 작 무역풍 지도에 관하여는 Arthur H. Robinson, *Early Thematic Mapping in the History of Cartography* (Chicago: University of Chicago Press, 1982), 46~47, 70~71.를 보라.

6 마르코니전신회사가 활용한 시스템에 관하여는 Funkhouser, "Statistical Graphics," 308.를 보라. 그리고 Étienne-Jules Marey, *Du mouvement dans les fonctions de la vie* (Paris: Germer Baillière, 1868); Marey, *Movement*, trans. Eric Pritchard (London: W. Heinemann, 1895), 37.도 참조하라.

7 Stephen Kern, *The Culture of Space and Time: 1880~1918* (Cambridge, MA: Harvard University Press), 65~66.

8 *Scientific American Reference Book*, 2 vols. (New York: Munn, 1914), 1:310.

9 Étienne-Jules Marey, *La Méthode graphique dans les sciences expérimentales* (Paris: G. Masson, 1885); Marey, *Du mouvement* François Dagognet, *Étienne-Jules Marey: A Passion for the Trace*, trans. Robert Galeta (New York: Zone Books, 1992); Mary Ann Doane, *The Emergence of Cinematic Time: Modernity, Contingency, the Archive* (Cambridge, MA: Harvard University Press, 2002).

10 Antoine-François Vincent and Georges Claude Goiffon, *Mémoire artificielle des principes relatifs à la fidelle représentation des animaux, tant en peinture qu'en sculpture. Première partie concernant le cheval...Ouvrage également intéressant pour les personnes qui se destinent à l'art de monter à cheval* (Paris: Vve. Valat-La-Chapelle, 1779).

11 Marey, *Movement*, 2~3.

12 Laura Tilling, "Early Experimental Graphs," *British Journal for the History of Science* 8, no. 30 (1975): 195~196; J. A. Bennett, *The Mathematical Science of Christopher Wren* (New York: Cambridge University Press, 1983); 그리고 H. E. Goff, L. A. Geddes, and Roger Guillemin, "The Anemograph of Ons-en-Bray: An Early Self-Registering Predecessor to the Kymograph," *Journal of the History of Medicine* 12, no. 4 (October 1957): 424~448.도 참조하라.

13 Wainer, *Graphic Discovery*, 9~38; Biderman, "The Playfair Enigma," 3~26.

14 Jody Rosen, "Researchers Play Tune Recorded Before Edison," New York Times, March 27, 2008.

15 오늘날에는 컴퓨터의 도움으로 포노토그래프 기록도 연주될 수 있다. Thomas L. Hankins and

Robert J. Silverman, *Instruments and the Imagination* (Princeton: Princeton University Press, 1995), 133~137; Jonathan Sterne, *The Audible Past: Cultural Origins of Sound Reproduction* (Durham, NC: Duke University Press, 2002), 35~51.를 보라.

16 Larry A. Viskochil, "Chicago's Bicentennial Photographer: Charles D. Mosher," *Chicago History* 5, no. 2 (Summer 1976): 95~104; Heinz K. Henisch and Bridget A. Henisch, *The Photographic Experience, 1839~1914: Images and Attitudes* (University Park, PA: Pennsylvania State University Press, 1994), 187~194.

17 Kern, *Culture of Time and Space*, 21.

18 Ann Thomas, "Capturing Light: Photographing the Universe," in *Beauty of Another Order: Photography in Science*, ed. Ann Thomas (New Haven, CT: Yale University Press, 1998), 192~193.

19 Revelation 6:14 (King James Version).

20 18세기, 그리고 19세기의 시각적 교육 및 새로운 교보재에 관하여는 무엇보다 Barbara Stafford, *Artful Science: Enlightenment Entertainment and the Eclipse of Visual Education* (Cambridge, MA: MIT Press, 1996); Barbara Stafford and Frances Terpak, *Devices of Wonder: From the World in a Box to Images on a Screen* (Los Angeles: Getty Publications, 2001); Jonathan Crary, *Techniques of the Observer: On Vision and Modernity in the Nineteenth Century* (Cambridge, MA: MIT Press, 1990)를 보라. 미국의 초중등학교에서 그러한 교보재가 활용된 방식에 관하여는 Deborah Jean Warner, "Commodities in the Classroom: Apparatus for Science and Education in Antebellum America," *Annals of Science* 45 (1988): 387~397.를 보라.

21 Daniel Rosenberg, "An Eighteenth Century Time Machine: The *Encyclopedia* of Diderot," in *Postmodernism and the Enlightenment: New Perspectives in Eighteenth-Century French Intellectual History*, ed. Daniel Gordon (New York: Routledge, 2001), 45~66.

22 Samuel L. Clemens to United States Patent Office, 9 October 1884, United States National Archives.

23 같은 글.

24 Mark Twain, "Mark Twain's Memory-Builder," reverse.

25 같은 글.

26 같은 글.

27 Emma Willard, *Guide to the Temple of Time; and Universal History for Schools* (New York: A. S. Barnes, 1850); 그리고 Willard, *Universal History in Perspective* (New York: A. S. Barnes, 1857). 윌러드에 관하여는 Susan Schulten, "Emma Willard and the Graphic Foundations of American History," *Journal of Historical Geography* 33, no. 3 (July 2007): 542~564.도 참조하라.

28 Antoni Jażwiński, *Méthode polonaise appliquée à la chronologie, l'histoire, la géographie....* (Lyon: J.-M. Boursy, 1832); Józef Bem, *Méthode mnémonique polonaise perfectionnée à Paris* (Paris: Librairie Polonaise, 1838); Elizabeth Palmer Peabody, *The Polish-American System of Chronology, Reproduced, with Some Modifications, from General Bem's Franco-Polish Method* (Boston: G. P. Putnam, 1850); Peabody, *Chronological History of the United States, Arranged with Plates on Bem's Principle* (New York: Sheldon, Blakeman, 1856); Napoléon Feliks Zaba, *La méthode de N. F. de Zaba pour faciliter l'étude de l'histoire universelle....* (Montreal: M. Magnus, 1874); Nelson Loverin, *Loverin's Historical Centograph and Slate: also, a Description of the Chart of Time with Key* (Montreal: D. Bentley, 1876).

29 Elizabeth Palmer Peabody, "A Method of

Laying the Foundation of History," *District School Journal of the State of New York* 12, no. 11 (March 1852): 171~172. Peabody, *Letters of Elizabeth Palmer Peabody, American Renaissance Woman*, ed. Bruce A. Ronda (Middletown, CT: Wesleyan University Press, 1984), 290~294.도 보라. 그리고 Bruce A. Ronda, *Elizabeth Palmer Peabody: A Reformer on Her Own Terms* (Cambridge, MA: Harvard University Press, 1999), 226~241; Nina Baym, "The Ann Sisters: Elizabeth Peabody's Millennial Historicism," *American Literary History* 3, no. 1 (Spring 1991): 27~45.도 참조하라.

30 John Milton Gregory, *The Hand-Book of History and Chronology...Adapted to Accompany the Map of Time* (Chicago: Adams, Blackmer & Lyon, 1867), vii.

31 Ida P. Whitcomb, *Students' Topical History Chart from the Creation to the Present Time* (New York: A. S. Barnes, 1878), preface, n.p.

32 Mark Twain, "How to Make History Dates Stick," *Harper's Monthly Magazine* 130:775 (December 1914): 3~15.

33 Twain, "How to Make History Dates Stick," 3.

34 같은 글, 11.

35 같은 글, 7.

제7장 바깥에서 그리고 안에서

제사題詞 James Elkins, "Art History and Images that Are Not Art," *Art Bulletin* 77, no. 4 (December 1995), 553.

1 James Elkins, *The Domain of Images* (Ithaca: Cornell University Press, 1999).

2 John Sparks, *The Histomap: Four Thousand Years of World History, Relative Power of Contemporary States, Nations, and Empires* (Chicago: Histomap, Inc. and Rand McNally, 1931).

3 Anne Sparks Glanz and Jacqui Glanz (daughter and granddaughter of John Sparks), interview with author, March 20, 2008.

4 Alfred North Whitehead, "The Aims of Education," in *The Aims of Education & Other Essays* (New York: Macmillan, 1929), 1~23.

5 Herbert Spencer, *The Study of Sociology* (New York: D. Appleton & Co., 1904), 242.

6 John Sparks, *Histomap of Religion: The Story of Man's Search for Spiritual Unity* (Chicago: Rand McNally, 1943); Sparks, *Histomap of Evolution: Earth, Life and Mankind for Ten Thousand Million Years* (Chicago: Histomap, Inc., 1932).

7 Alfred H. Barr Jr., *Cubism and Abstract Art* (New York: Museum of Modern Art, 1936).

8 Paul Ligeti, *Der Weg aus dem Chaos: Eine Deutung des Weltgeschehens aus dem Rhythmus der Kunstentwicklung*, (Munich: Georg D. W. Callwey, 1931).

9 Eric Newton, *European Painting and Sculpture* (New York: Penguin, 1942).

10 A. Frédo Sidès, untitled diagram of the development of nonfigurative art in *Réalités Nouvelles* (Paris: n.p., 1948).

11 Isidore Isou, *Introduction à une nouvelle poésie et à une nouvelle musique* (Paris: Gallimard, 1947), 43. 그리고 David W. Seaman, "French *Lettrisme*—Discontinuity and the Nature of the Avant-Garde," in *Discontinuity and Fragmentation*, ed. Freeman G. Henry (Amsterdam: Rodopi, 1994), 159~170.도 참조하라.

12 Gordon Moore, "Cramming More

Components onto Integrated Circuits," *Electronics* 38, no. 8 (April 19, 1965): 114~117.

13 Ray Kurzweil, "The Law of Accelerating Returns," KurzweilAI.net, http://www.kurzweilai.net/articles/art0134.html.

14 Astrit Schmidt-Burkhardt, *Maciunas' Learning Machines: From Art History to a Chronology of Fluxus* (Detroit: Gilbert and Lila Silverman Fluxus Collection and Vice Versa, 2003).

15 Schmidt-Burkhardt, *Maciunas' Learning Machines*, 18.

16 이후 크로노그래피적인 양식은 데이비드 디아오David Diao, 피터 데이비스Peter Davies, 마누엘 오캄포Manuel Ocampo와 같은 예술가들에 의해 계속해서 발전되었다. Astrit Schmidt-Burkhardt, *Stammbäume der Kunst: zur Genealogie der Avantgard* (Berlin: Akademie, 2005).

17 John Cage, *Imaginary Landscape No. 5, for Any 42 Phonograph Records* (New York: Henmar Press, 1961).

제8장 거대한 시간

1 Sarah Fanelli, *Tate Artist Timeline* (London: Tate Modern, 2006).

2 Manly M. Gillam, Letter to United States Patent Office, 8 June 1892, United States National Archives.

3 더 상세한 설명은 Denis Feeney, *Caesar's Calendar: Ancient Time and the Beginnings of History* (Berkeley and Los Angeles: University of California Press, 2007)를 참조하라.

4 Larry Silver, *Marketing Maximilian: The Visual Ideology of a Holy Roman Emperor* (Princeton: Princeton University Press, 2008).

5 Alex Soojung-Kim Pang, "Old Wine for New Bottles: Making the *Britannica CD* Multimedia Times," *Human IT: Tidskrify för studier av IT ur ett humanvetenskapligt perspektiv* (1999), http://www.hb.se/bhs/ith/1-99/askp.htm. 또한 Daniel Rosenberg, "Electronic Memory," in *Histories of the Future*, ed. Daniel Rosenberg and Susan Harding (Durham: Duke University Press, 2005), 123~152. 도 참조하라.

참고문헌

Benedict, Philip. *Graphic History: The Wars, Massacres and Troubles of Tortorel and Perrissin.* Geneva: Droz, 2007.

Bizzocchi, Roberto. *Genealogie incredibili: Scritti di storia nell'Europa moderna.* Bologna: Il Mulino, 1995.

Black, Jeremy. *Maps and History: Constructing Images of the Past.* New Haven: Yale University Press, 1997.

Daston, Lorraine, and Peter Galison. *Objectivity.* New York: Zone Books, 2007.

Elkins, James. *The Domain of Images.* Ithaca: Cornell University Press, 1999.

Funkhouser, H. Gray. "Historical Development of the Graphical Representation of Statistical Data," *Osiris* 3 (1937): 269–404.

Goffart, Walter A. *Historical Atlases: The First Three Hundred Years, 1570–1870.* Chicago: University of Chicago Press, 2003.

Grafton, Anthony, and Megan Williams. *Christianity and the Transformation of the Book: Origen, Eusebius and the Library of Caesarea.* Cambridge, MA: Harvard University Press, 2006.

Headrick, Daniel. *When Information Came of Age: Technologies of Knowledge in the Age of Reason and Revolution, 1700–1850.* New York: Oxford University Press, 2000.

Klapisch-Zuber, Christiane. *L'arbre des familles.* Paris: Éditions de la Martinière, 2003.

Koselleck, Reinhart. *The Practice of Conceptual History: Timing History, Spacing Concepts.* Translated by Todd Samuel Presner. Stanford: Stanford University Press, 2002.

Lakoff, George, and Mark Johnson. *Philosophy in the Flesh: The Embodied Mind and its Challenge to Western Thought.* New York: Basic Books, 1999.

Lynch, Michael, and Steve Woolgar, eds. *Representation in Scientific Practice.* Cambridge, MA: MIT Press, 1990.

Marey, Étienne-Jules. *La Méthode graphique dans les sciences expérimentales.* Paris: G. Masson, 1885.

McKitterick, Rosamond. *Perceptions of the Past in the Early Middle Ages.* Notre Dame: University of Notre Dame Press, 2006.

Mitchell, W. J. T., ed. *The Language of Images.* Chicago: University of Chicago Press, 1980.

Morgan, David. *Protestants and Pictures: Religion, Visual Culture, and the Age of American Mass*

Production. New York: Oxford University Press, 1999.

Reeves, Marjorie. *Joachim of Fiore and the Prophetic Future*. London: SPCK, 1976.

Robinson, Arthur Howard. *Early Thematic Mapping in the History of Cartography*. Chicago: University of Chicago Press, 1982.

Rosenberg, Daniel, and Susan Harding, ed. *Histories of the Future*. Durham: Duke University Press, 2005.

Scafi, Alessandro. *Mapping Paradise: A History of Heaven on Earth*. Chicago: University of Chicago Press, 2006.

Schmidt-Burkhardt, Astrit. *Stammbäume der Kunst: zur Genealogie der Avantgard*. Berlin: Akademie, 2005.

Steiner, Benjamin. *Die Ordnung der Geschichte: Historische Tabellenwerke in der Frühen Neuzeit*. Cologne: Böhlau, 2008.

Thapar, Romila. *History and Beyond*. New York: Oxford University Press, 2000.

Tufte, Edward. *Beautiful Evidence*. Cheshire, CT: Graphics Press, 2006.

——. *The Visual Display of Quantitative Information*. Cheshire, CT: Graphics Press, 2001.

Wainer, Howard. *Graphic Discovery: A Trout in the Milk and Other Visual Adventures*. Princeton: Princeton University Press, 2005.

White, Hayden. *The Content of the Form: Narrative Discourse and Historical Representation*. Baltimore: John Hopkins University Press, 1987.

Zerubavel, Eviatar. *Time Maps: Collective Memory and the Social Shape of the Past*. Chicago: University of Chicago Press, 2003.

도판 크레디트

모든 이미지는 다른 표시가 없다면 저자가 소유한 것입니다.

제1장 시간을 인쇄하다

[그림2~3] Annals of St. Gall. Ms. 915, S. 196, S. 197. Stiftsbibliotek St. Gallen. Courtesy of Stiftsbibliotek St. Gallen.

[그림4] *Marmor Parium* (264/3 BCE). Courtesy of the Ashmolean Museum, Oxford.

[그림5~6] Eusebius, *Chronicle*. Codex Oxon. Merton 315, f61v, f62r. Courtesy of the Warden and Fellows of Merton College Oxford.

[그림7~9] Courtesy of the Department of Rare Books and Special Collections, Princeton University Library

[그림10] Courtesy of the American Museum of Natural History

[그림11] Courtesy of the Bibliothèque nationale de France

[그림12] Charles Renouvier, *Uchronie* (Paris: Bureau de la Critique Philosophique, 1876).

[그림14] Courtesy of the Long Now Foundation

제2장 표로 담아낸 시간

[그림1~13] Courtesy of the Department of Rare Books and Special Collections, Princeton University Library

[그림14~18] Courtesy of the Houghton Library, Harvard

[그림19~30] Courtesy of the Department of Rare Books and Special Collections, Princeton University Library

[그림31] Courtesy of Burke Library, Union Theological Seminary

[그림32~38] Courtesy of the Department of Rare Books and Special Collections, Princeton University Library

[그림43~44] Courtesy of Marquand Library, Princeton University

[그림45~47] Courtesy of the Department of Rare Books and Special Collections, Princeton University Library

[그림50~53] Courtesy of the Department of Rare Books and Special Collections, Princeton University Library

[그림54] Oxford MS. 255a, Corpus Christi

College, f. 7v. By permission of the President and Fellows of Corpus Christi College, Oxford.
[그림55] Oxford MS. 255a, Corpus Christi College, f. 11r. By permission of the President and Fellows of Corpus Christi College, Oxford.
[그림56~63] Courtesy of the Department of Rare Books and Special Collections, Princeton University Library
[그림67~68] Courtesy of the Department of Rare Books and Special Collections, Princeton University Library
[그림72] Courtesy of the Abteilung für Alte Drucke, Zentralbibliothek, Zürich
[그림73~74] Courtesy of the Department of Rare Books and Special Collections, Princeton University Library
[그림75] Courtesy of Penrose Library, Whitman College

제3장 도식으로의 이행

[그림1] By permission of The Huntington Library, San Marino, California
[그림5~6] Courtesy of the Department of Rare Books and Special Collections, Princeton University Library
[그림9~19] Courtesy of the Department of Rare Books and Special Collections, Princeton University Library
[그림22~24] Courtesy of the Cotsen Children's Library, Princeton University Library
[그림25~26] Courtesy of the Department of Rare Books and Special Collections, Princeton University Library

제4장 새로운 역사 차트

[그림1] Courtesy, The Winterthur Library: Printed Book and Periodical Collection
[그림2~3] Courtesy of the Department of Rare Books and Special Collections, Princeton University Library
[그림4] Courtesy of Beinecke Rare Book and Manuscript Library, Yale University
[그림5~7] Courtesy of the Department of Rare Books and Special Collections, Princeton University Library
[그림8~9] By permission of The Huntington Library, San Marino, California
[그림10~17] Courtesy of Department of Rare Books and Special Collections, Princeton University Library
[그림18] Courtesy of the British Library
[그림21] Courtesy of Cotsen Children's Collection, Department of Rare Books and Special Collections, Princeton University Library
[그림24~28] Courtesy of Department of Rare Books and Special Collections, Princeton University Library
[그림29] Courtesy of the University of Oregon Library
[그림30~31] Courtesy of Department of Rare Books and Special Collections, Princeton University Library
[그림33~36] Courtesy of Department of Rare

Books and Special Collections, Princeton University Library

[그림38] Courtesy of the Bibliothèque nationale de France

[그림39~44] Courtesy of Department of Rare Books and Special Collections, Princeton University Library

[그림45] Courtesy of Cotsen Children's Collection, Department of Rare Books and Special Collections, Princeton University Library

[그림46] Courtesy of the American Philosophical Society

[그림47] Courtesy of the American Antiquarian Society

[그림48~50] Courtesy of Department of Rare Books and Special Collections, Princeton University Library

제5장 변경의 선들

[그림1] Thomas Jefferson Papers. Series I. General Correspondence 1651–1827. Courtesy of the Library of Congress.

[그림2] Courtesy of the American Philosophical Society

[그림3] De Smetiana Collection, Jesuit Missouri Province Archives, St. Louis IX-C9-67. Courtesy of the Midwest Jesuit Archives.

[그림4] OrHi 89315. Courtesy of the Oregon Historical Society.

[그림5] OrHi 87847. Courtesy of the Oregon Historical Society.

[그림8~10] Courtesy of Department of Rare Books and Special Collections, Princeton University Library

[그림11~13] Courtesy of the American Antiquarian Society

[그림14~15] Courtesy of Department of Rare Books and Special Collections, Princeton University Library

[그림16] Courtesy of Burke Library, Union Theological Seminary

[그림17] Courtesy of Department of Rare Books and Special Collections, Princeton University Library

[그림18] Used with permission of the Rev. Clarence Larkin Estate, P.O. Box 334, Glenside, PA 19038, U.S.A., 215-576-5590

[그림20~24] Courtesy of Department of Rare Books and Special Collections, Princeton University Library

[그림25] Van Pelt-Dietrich Library, University of Pennsylvania Libraries

[그림26] Courtesy of the American Antiquarian Society

[그림27~28] Courtesy of Department of Rare Books and Special Collections, Princeton University Library

제6장 땜장이의 기술

[그림1] Courtesy of Department of Rare Books and Special Collections, Princeton University Library

[그림2] Francis Galton, *Meteorographica, or Methods of Mapping the Weather* (London: Macmillan, 1863).

[그림3] Reproduced from John Booth and Sean Coughlan, *Titanic—Signals of Disaster* (Westbury, UK: White Star Publications, 1993).

[그림4~10] Courtesy of Department of Rare Books and Special Collections, Princeton University Library

[그림12~14] Courtesy of Department of Rare Books and Special Collections, Princeton University Library

[그림15] Courtesy of Burke Library, Union Theological Seminary

[그림16~17] Courtesy of Department of Rare Books and Special Collections, Princeton University Library

[그림18~19] Courtesy of Cotsen Children's Library, Department of Rare Books and Special Collections, Princeton University Library

[그림20~22] Courtesy of the National Archives

[그림23] Courtesy of Cotsen Children's Library, Department of Rare Books and Special Collections, Princeton University Library

[그림24~25] Courtesy of the American Antiquarian Society

[그림26~27] Courtesy of Department of Rare Books and Special Collections, Princeton University Library

[그림28] Courtesy of the National Archives

[그림29] Courtesy of the American Antiquarian Society

[그림30~32] Courtesy of the National Archives

[그림33] General Research Division, The New York Public Library, Astor, Lenox and Tilden Foundations

[그림34] Courtesy of Department of Rare Books and Special Collections, Princeton University Library

[그림38] Courtesy of Department of Rare Books and Special Collections, Princeton University Library

[그림39] Van Pelt-Dietrich Library, University of Pennsylvania Libraries

[그림40~46] Courtesy of Department of Rare Books and Special Collections, Princeton University Library

[그림47] Courtesy of the Bibliothèque nationale de France

제7장 바깥에서 그리고 안에서

[그림1~2] Photo: Norman McGrath. Courtesy Maya Lin Studio.

[그림3] Gates of Time at the Oklahoma City National Memorial. 1997. Photo: Ann Clark. Oklahoma City National Memorial Museum, Oklahoma City, OK.

[그림4~5] Photo Jim Simmons, Annette del Zoppo Studio. Courtesy of Sheila Levrant de Bretteville and Jim Simmons.

[그림6] Courtesy of Christoph Fink

[그림7~8] Courtesy of Katie Lewis and Mina Dresden Gallery, San Francisco

[그림9] Courtesy of Marjolijn Dijkman

[그림10] Huang Yong Ping. *Carte du monde.* 2000–2007. Map mounted on wood, globe. 600×100×300 cm. Exhibition View: *Huang Yong Ping, Ping Pong*, Astrup Fearnley Museum, Oslo, 2008. Copyright Huang Yong Ping. Courtesy of the artist and Gladstone

Gallery.

[그림11~12] Beinecke Rare Book and Manuscript Library, Yale University. Courtesy of the Glanz Family Trust.

[그림13] Courtesy of Beinecke Rare Book and Manuscript Library, Yale University

[그림16] Courtesy of the Marquand Library, Princeton University

[그림17] Courtesy of Callwey Verlag

[그림18] Art History Chart taken from *European Painting and Sculpture* by Eric Newton (Penguin Books 1941). Copyright by the Estate of Eric Newton, 1941. Reproduced by permission of Penguin Books Ltd.

[그림19] Archives du salon des Réalités Nouvelles

[그림20] Courtesy of Éditions Gallimard

[그림22] Courtesy of Raymond Loewy Design LLC. Raymond Loewy ™ is a trademark of Loewy Design LLC. www.RaymondLoewy.com

[그림23] Courtesy of Bauhaus-Archiv, Berlin

[그림24] Pocket watch owned by Kengo Nikawa. Donated by Kazuo Nikawa. Courtesy of the Hiroshima Peace Memorial.

[그림25] Courtesy of the *Bulletin of the Atomic Scientists / www.thebulletin.org*

[그림26~27] Courtesy of the Estate of R. Buckminster Fuller

[그림28] Courtesy of Intel Corporation

[그림29] Courtesy of Ray Kurzweil

[그림34] Reproduced with permission of the Themerson Archive

제8장 거대한 시간

[그림1~3] Courtesy of the American Museum of Natural History

[그림4~5] Courtesy of the Metropolitan Museum of Art

[그림6] ©Tate, London, 2009

[그림8] Department of Rare Books and Special Collections, Princeton University Library

[그림9] *Maximilian's Triumphal Arch: Woodcuts by Albrecht Dürer and Others* (New York: Dover Publications, 1972). Courtesy Dover Publications.

[그림10] Courtesy of the Bibliothèque nationale de France

[그림12] Courtesy of the Department of Rare Books and Special Collections, Princeton University Library

옮긴이의 말

시간 그 자체가 본질적으로 상대적인 것이듯, 시간에 대한 우리의 관념도 상대적인 것이라 시대에 따라 계속해서 변화해왔다. 이 책 『시간 지도의 탄생』은 그러한 시간에 대한 관념의 변화를 시간에 대한 다양한 시각적 표상을 텍스트로 삼아 추적하는 일종의 연표-타임라인의 역사서이다. 그리고 지은이들이 책의 앞머리에서 밝히고 있듯이, 이 주제에 대해 사실상 처음으로 이루어진 본격적이고 방대한 연구라고 할 수 있다.

이 책을 함께 쓴 대니얼 로젠버그와 앤서니 그래프턴은 서구의 고대와 중세, 근대, 오늘날을 종횡무진으로 오가며, 연보, 계보나무, 물의 흐름 도표, 지도, 통신 차트, 통계 그래프, 공공 기념물, 미술관의 웹사이트에 이르기까지 온갖 종류의 시각적 표상에 대해 꼼꼼하고 독창적인 해석의 잣대를 들이댄다. 그들이 우리 앞에 펼쳐 보이는 이미지들은 때로 거대하고 때로 세밀하며 때로 기괴하고 때로, 아니 하나같이 아름답고 놀랍기 그지없다.

지은이들이 이처럼 다양한 이미지들에서 공통적으로 발견하는 시간의 흔적은 다름 아닌 선線이다. 우리는 언제나 선-공간의 은유를 매개로 시간을 사유하는 까닭이다. 본문에 인용된 W. J. T. 미첼의 말대로 "우리는 시간이 '길고' '짧다'고 말하고, 시간의 '간격'을 말하며, 시간의 '전'과 '후'를 말"하는 것이다. 선들은 어느 곳에서는 노골적으로 자신을 드러내고 어느 곳에서는 눈에 잘 띄지 않게 숨어 있지만, 어찌됐든 그 모든 시간의 시각적 표상 속에 확고하게 존재한다.

그러한 선들은 정치적인 정통성을 확보하거나, 목전에 닥친 세계의 종말을 예언하거나, 장밋빛 진보의 전망을 제시하거나, 환경 파괴 등의 사회 문제를 비판하거나, 교육과 학문, 상업적 목적을 위해 활용되어왔다. 또한 그러한 선들은 직진하고 순환하고 역행하고 엇갈리며, 당대인들이 자신들의 현재와 과거와 미래에 대해 어떠한 생각을 품고 있었는지를, 다시 말해 자신들이 어떠한 우주의 시간 속에서 어떠한 지점에 위치하고 있다고 믿었는지를 우리에게 은밀한 귓속말로 일러준다.

그런데 이 책이 취하는 방법론은 시각적 표상을 통해 인간 관념의 변화를 밝히는 데 주력할 뿐 이른바 '구조'에 대해서는 언급을 아낀다는 점에서, '구조→관념→표상'의 구도로 짜여 있던 기존의 역사서들과 차이를 보인다. 근래의 많은 역사가들과 마찬가지로, 사회경제적 하부구조와 이데올로기적 상부구조의 이분법을 견지했던 구조주의적 역사관 혹은 그와 서로 밀접한 관계를 맺고 있던 단선적인 진보주의적 역사관으로부터 일정한 거리를 두고, 구조보다는 인간 그 자체에 대해 더 많은 관심을 쏟고 있는 탓이다.

어쩌면 지난 세기말의 역사적 격변으로부터 유래한 이러한 역사관–시간관의 변화야말로 이 책이 다루는 주제의 일부이자, 그 마지막 페이지로부터 다시 이어질 뒷이야기일 수 있다. 시간에 대한 우리(당신과 나)의 관념 또한 개인의 생애주기, 사회의 정치경제적 상황, 그리고 더 나아가 우주적 시간에 대해 밝혀지고 있는 새로운 지식들과 더불어 계속해서 변화하고 있는 것이다. 물론 앞의 두 문장이 지시하듯, (우리가 그것을 '구조'라고 부르는 것이 정당한지는 논외로 하더라도) 여기서도 구조의 자리는 아직 견고하다.

이처럼 참신하고 매력적인 주제를 다루며 탁월한 학술적 성취를 거둔 저술을 번역할 기회를 주신 현실문화연구의 김수기 대표께 감사의 인사와 게으름에 대한 사죄를 함께 드린다. 까다로운 편집 작업을 멋지게 소화해주고 적잖은 분량의 인물 설명까지 꼼꼼하게 달아주신 편집진께도 심심한 감사를 드린다. 책이 다루는 내용의 방대함과 높은 논의의 수준으로 인해, 그리고 사적으로는 다소의 신상 변화에 따른 분주함으로 인해 책을 옮기는 데 한 해가 훌쩍 넘는 시간이 걸렸다. 그럼에도 옮긴이의 부족한 역량 탓에 혹여 훌륭한 저술에 흠을 내지는 않았을까 우려스럽다. 번역상의 모든 오류는 온전히 옮긴이의 책임이다.

누구보다 석사 과정의 지도교수이셨던 서울대학교 서양사학과의 한정숙 선생님께 언제나 그러했듯이 깊은 존경의 인사를 드린다. 선생님의 가르침은 단지 학문적인 데 그치지 않고 삶의 큰 격려가 되었다. 어려운 시간을 함께해준 소중한 이들, 현태, 덕련, 상준, 창용, 기호, 형진, 돌규, 민주, 헌창, 지혜에게도 지면을 빌려 진심어린 사랑과 연대의 인사를 드린다. 끝으로 그리운 북극과 라오스에게, 최인석, 미치오 카쿠, 우에무라 나오미 선생님께도 따뜻한 안부와 감사의 인사를 전한다.

색인

ㄷ

ㄹ

ㅁ

ㅂ

ㅅ

ㅇ

ㅈ

ㅊ

ㅋ

ㅌ

ㅍ

ㅎ

숫자와 영문

지은이

대니얼 로젠버그

오리건 대학교의 역사학 부교수이다. 역사, 이론, 예술에 관해 폭넓게 글을 발표했으며, 《캐비닛 매거진》에 대기자로서 종종 글을 쓰고 있다.

앤서니 그래프턴

프린스턴 대학교의 헨리 퍼트넘 대학교 교수이다. 『텍스트의 방어자들』, 『주석』, 『역사란 무엇이었나?』 등을 비롯해 유럽사에 관한 책을 여러 권 썼으며, 《뉴리퍼블릭》, 《아메리칸 스콜라》, 《뉴요커》 등에 다양한 주제로 글을 쓰고 있다.

옮긴이

김형규

서울대학교 동양사학과를 졸업하고 같은 대학원 서양사학과에서 러시아와 시베리아의 역사를 공부해 석사학위를 받았다. 남부고등공민학교, 셋넷학교, 한국방송통신대학교 등에서 강의했고, 『근현대사 신문』(2010), 『만화로 이해하는 세계 금융 위기』(2011) 등의 책을 함께 쓰거나 옮겼으며, 인문사회과학 분야의 여러 책들을 기획하고 편집했다.